東アジア海域文化の生成と展開

〈東方地中海〉としての理解

野村伸一 編著

慶應義塾大学
東アジア研究所叢書
KEIO INSTITUTE OF EAST ASIAN STUDIES
KIEAS

はじめに

一　プロジェクト解題

慶應義塾大学東アジア研究所におけるプロジェクト「日本・中国・韓国からみた海域文化の生成と変容」（二〇一一年度〜二〇一二年度）について、以下、「1　プロジェクトの名称、目的・背景、方法」「2　経緯」「3　成果一覧」の順に記す。

1　プロジェクトの名称、目的・背景、方法

名称　「日本・中国・韓国からみた海域文化の生成と変容――『東方地中海』をめぐる基層文化の比較研究」（以下、「海域文化の生成と変容」と略称）

目的・背景　東シナ海をひとつの文化圏をなすものとして認識し、それにより日本、中国、韓国（および朝鮮半島）の人びとの相互信頼構築とこの地域をめぐる人文知の新しい知見獲得を最終的な目的とする。この背景には東シナ海地域の歴史と文化についての相互の無知・忘却とそれによる誤認が今日、容易ならぬ閉塞状況をも

たらしているという現実がある。ここではさらに近代国民国家間の、領土、国益をめぐる争いが加わり、危機の状況を呈してもいる。人文知の側からすべきことは何か。そうした問いかけが研究の背景にはある。

方法　上記の目的達成のためにはふたつのことが必要と考える。第一は新しい視点。すなわち東シナ海をひとつの文化圏として把握する視点を堅持すること。第二は大枠のなかの地域単位設定。すなわち東シナ海文化圏という大枠のうちに、さらにいくつかの地域単位を設定して、相互比較対照すること。以上の二点は次のような順序で推進される。これは具体的な研究方法に相当する。

すなわち、第一の視点の堅持のために東シナ海を「東方地中海」と命名する。現在、この海域を中国では東《ドン》海《ハイ》、韓国では東中国海《ドンチュングクヘ》とよぶ。日本では通例、東シナ海だが、一部学会などではシナを避けて環中国海ともいう。これらは、どれも普遍的ではない。そこで、「東方地中海（東方地中海地域）」という名のもと、その根源的な一体性、統一像を提示しようとする。換言すると、この海域は一国本位の地方史、地域史として語ることはできないということである。第二の地域単位設定については次の三段階を経ている。すなわち（一）中国、朝鮮半島、日本の三地域からの接近　（二）それぞれからより小さい単位を取り出すこと　（三）その小単位の基層文化を祭祀、芸能、民間信仰（民俗宗教）などいわば精神文化をもとに顕現させること。こうして次の三地域を取り出した。すなわち、一、福建南部・台湾（閩台《ミンタイ》）地域　二、韓国全羅道・済州島地域　三、琉球諸島・九州地域、である。

これについて説明すると次のようになる。従来、日本の比較研究では主として日本文化究明のために中国や朝鮮半島を調査研究してきた。つまり、それは日本からみた二国間（日中、日韓・日朝）の比較研究である。日本民俗学における日本本土と琉球の比較などもその一類である。この視点は日本（本土の）文化の形成、特徴について一定の像を描くことには貢献した。しかし、限界もある。すなわち、結局は日本を中心点としてアジア世界をみるものであり、相手方が日本以外の地域と日本をどのように位置付けてきたのかは視野の外である。たとえば、中国は、朝鮮、琉球、日本を歴史的にどう位置付けてきたのか、こういうことに関しては余り知ろうともしない。こうした限界の克服のため、本研究では上記、三地域それぞれの現地側の見方を通して、この海域の基層文化を統合された「文化地図」のなかに収めようとした。それにより国家単位の視野を越えた文化地図が整備されるはずである（文化地図作成の試みについては後述四頁も参照）。遺憾ながら、そうした文化地図は、現在、十分ではない。また、それが提示されても、教育システムは硬直化し、制度的に広く活用する体制にない。従って、東方地中海地域の文化地図は、すぐに役立つことはないかもしれない。しかし、東アジアについての既存の知の体系が閉塞していることもまた確かであり、将来的には必ず必要となるであろう。要するに、本研究では、この海域は元来つながっていたものと確信しつつ、その回復のために、まずは文化地図を用意するということである。

2　経緯

本プロジェクト「海域文化の生成と変容」は以下の研究成果を踏まえて出発した。すなわち、それは近い過去のふたつのプロジェクトとその後のいくつかの刊行物である。ふたつのプロジェクトはいずれも慶應義塾大学地域研究センター（現、東アジア研究所の前身）を拠点にしたものである。第一は、研究プロジェクト「危機の共同体——東シナ海周辺の女神信仰と女性の祭祀活動」[1]（研究代表者、野村伸一、二〇〇〇〜二〇〇一年）。この成果は野村伸一編著『東アジアの女神信仰と女性生活』（慶應義塾大学出版会、二〇〇四年）として刊行された。第二は、国際交流基金の支援を得て開催した国際シンポジウム「目連戯とその広がり——東アジアの女人救済と芸能」（二〇〇二年）とその後二〇〇四年まで地域研究センターにおいて継続した研究例会および海外調査である。この成果は、野村伸一編著『東アジアの祭祀伝承と女性救済——目連救母と芸能の諸相』（風響社、二〇〇七年）として刊行された。

これらのプロジェクトを踏まえて、東シナ海地域が一文化圏をなすことを痛感した。野村伸一『東シナ海祭祀芸能史論序説』（風響社、二〇〇九年）ではそれをまとめた。同書ではこの海域の祭祀と芸能における基軸の設定を試みた。その後さらに、この海域を「東方地中海」として認識し、基層文化全般にわたって基軸の設定を試図した。野村伸一『東シナ海文化圏——東の〈地中海〉の民俗世界』、講談社、二〇一二年はそれをまとめたものである。また、この海域内の重要な小単位として、韓国南部湖南《ホナム》地方（全羅道、忠清南道南部）を取り上げ、その地域研究を推進した。これは、韓国・朝鮮文化研究会第一〇回研究大会のシンポジウム「全羅道への地域研究的アプローチ——環シナ海の視点から」（二〇〇九年）を出発点としたもので、野村伸一編著『湖南文化論——東方地中海文化からみた全羅道』となった（二〇一五年、風響社より刊行予定）。この著作では内と外の視点の交差を試みた。すなわち韓国側の内の視点と日本を含めた周辺の外の視点を交差させた。以上の研究史は、いわばひとつの「文化地図」の提示でもある。これらを踏まえて、本プロジェクト「海域文化の生成と変容」は出発した。

3　成果一覧

1　ウェブサイトによる資料公開

（一）研究例会に使用した要旨の公開

①山田明広・藤野陽平「福建泉州地域の寺廟・宗祠調査報告——王爺および観音信仰を中心に」
http://www.keio-asia.org/e-med/documents/reports/

②野村伸一「台湾鹿港地域文化研究（要旨）」
http://www.keio-asia.org/documents/taiwan/lugang_digest/

③野村伸一「鹿港古風貌（図説）（二）」
http://www.keio-asia.org/documents/taiwan/luguan2/

④謝聰輝「南臺灣靈寶道壇道法與閩南信仰習俗關係研究：以正一經籙、牽車藏喪俗與和瘟送船為例」
http://www.keio-asia.org/e-med/summary2012/02-01/
「（日本語訳）南台湾霊宝道壇の道法と閩南信仰習俗との関係についての研究――正一経籙、牽車藏喪俗および和瘟送船を例として」 http://www.keio-asia.org/e-med/summary2012/02-01-jp/
⑤金良淑「済州島の堂クッ――概況と事例」
http://www.keio-asia.org/2012/09/meeting0929/
⑥道上知弘「福建伝統戯曲の伝播と台湾歌仔戯の形成」
http://www.keio-asia.org/e-med/summary2012/03-01/
⑦山田明広「金門の宗教文化――道教儀礼」
http://www.keio-asia.org/e-med/summary2012/03-02/
⑧叶明生「閩南傀儡戯と閩南人の社会生活の関係探討」
http://www.keio-asia.org/2012/11/meeting1117/
⑨上原孝三「祭祀を通してみた宮古島――東方地中海文化圏のなかで」
http://www.keio-asia.org/e-med/summary2012/miyako/
⑩金容儀「御後絵から見る琉球王の神格化――朝鮮の仏画との類似性から」
http://www.keio-asia.org/e-med/summary2012/0502ogoe/
⑪宮下良子「在日コリアン寺院――グローカリズムの視点から」
http://www.keio-asia.org/e-med/summary2012/0701gloca/
⑫稲澤努「広東省汕尾における「普渡」――福建、台湾そして東方地中海での比較のために」

http://www.keio-asia.org/e-med/summary2012/0602f

⑬野村伸一「東方地中海をめぐる地域文化研究について」

http://www.keio-asia.org/e-med/summary2012/local_culture/

⑭稲澤努「地域文化研究の課題――それぞれの拠点から」

http://www.keio-asia.org/author/inazawa/

2　地域別公開資料

以下、本プロジェクト用に解説したサイト「東方地中海基層文化研究 http://www.keio-asia.org/e-med/」に公開中のものから、主要なものを選んだ。なお同サイトでは継続して資料を追加している。

〔福建省〕

①目連戯の伝承（三殿超度の映像）

http://www.keio-asia.org/documents/fujia/mokuren_sandian/

②三一教の転蔵（二〇〇一年の映像）

http://www.keio-asia.org/documents/fujia/tianzang/

③物乞い、女吊、無常鬼――目連戯にみる雑劇の名残

http://www.keio-asia.org/documents/fujia/zatugeki/

④【中文】中国闽南文化生态保护实验区的个案简介――泉州市丰泽区蟳埔女习俗与古民居保护区域

http://www.keio-asia.org/documents/fujia/banlam/

〔台湾〕

⑤台湾鹿港潤沢宮の暗訪——王爺巡行による平安への希求（附映像）
http://www.keio-asia.org/documents/taiwan/anfang/

〔韓国全羅道〕

⑥全羅道人의音樂的 志向——감상악곡 중심으로
http://www.keio-asia.org/e-med/digest_t_music/

⑦（日本語訳）全羅道人の音楽的志向—鑑賞楽曲を中心に
http://www.keio-asia.org/e-med/traditional_music_jp/

〔済州島〕

⑧済州島の正月——新過歳（一九八七年）の映像
http://www.keio-asia.org/documents/cheju/shingwase/

〔沖縄〕

⑨波照間島のムシャーマ——二〇〇五年、ホトケをかけての豊年祭
http://www.keio-asia.org/documents/okinawa/hateruma2005/

⑩安田のシヌグ——二〇〇七年の図録および東シナ海文化からの小考
http://www.keio-asia.org/documents/okinawa/ada/

⑪二〇〇〇年、伊良部島ダツマスの映像
http://www.keio-asia.org/documents/okinawa/irabu/

⑫沖縄のウンジャミ——一九九六年の図録および蜡祭からの小考
http://www.keio-asia.org/documents/okinawa/unjyami/

⑬二〇〇七年古宇利島のウンジャミおよび「長者の大主」（映像）

http://www.keio-asia.org/documents/okinawa/unjyami/

⑭西表島のシチィ――一九九四年、祖納、干立の図録と小考（野村伸一）

http://www.keio-asia.org/documents/okinawa/iriomote1994/

〔奄美大島〕

⑮奄美大島秋名のアラセツ――ショチョガマと平瀬マンカイ（図版と映像補遺）

http://www.keio-asia.org/documents/amami/amami-akina/

二　本書所収論考解題

本書『東アジア海域文化の生成と展開――〈東方地中海〉としての理解』は、第一部　総説、第二部　論考篇からなる。第一部は編者（野村伸一）による総説である。以下、総説と各氏論考の概要である。

1　第一部総説の概要

第一部総説は四章～附論からなる。すなわち、一、「東方地中海文化圏」の相貌――通底する基軸、二、三地域概観――基軸の上での異と同、三、三地域比較対照、四、現況と提言――現代の変容のなかで、附論――基層文化の共有に基づいた東アジア共同体へ、である。

第一章では、東方地中海地域の基層文化をひとまとまりの文化とし、東方地中海文化圏を想定する。その内容は多様で、多元性を含む。とはいえ、そのうちを貫く基軸もみられる。ここでは五つの基軸を取り上げた。すなわち、一　海、野、山の文化、二　村落の景観と祭場、三　海洋他界観、四　霊魂不滅と祖先の到来、五　女神と女性の世界、である。一は海、野、山が迫る自然環境のなかで文化と社会が展開されたこと、二は沖縄の村落の景観が他地域のそれと通じること、三は、この海域における船、鳥、海彼、水中孤魂、天が一連のものだということ、四は、死後の霊魂が花、鳥、蛇、蝶に化すこと、祖霊が諸種のかたちで故地を訪れること、五は東方地中海地域の根柢には女神と女性の世界があり、それが生活の場、生命と豊饒、暮らしを支えたことを述べた。

第二章では、三地域、すなわち、一　福建南部・台湾（閩台）地域、二　韓国全羅道・済州島地域、三　琉球諸島・九州地域の特色を理解するために、基軸の上での分別《フォンビエ》異同《イトン》（相違点と共通点の識別）の記述を眼目とした。ただし、共通点は第一章で多く述べてあるので、ここではおのずと相違点を多く取り上げた。

第三章は三地域比較対照の暫定的なまとめである。ここでは一　三地域大観から、二　海洋文化の顕現から、三　寺廟文化の顕現から、四　他界観の顕現から、五　祖先観の顕現から、六　祭祀芸能の顕現から、という節を立て、順に異、同を述べた。

第四章は「総説」全体を踏まえての「現況と提言」である。提言とは一言でいうと、たゆむことなく東アジアへの視座を伸ばし、整備することである。換言すると「近代国民国家本意の文化から国境なきアジアの文化へ」である

附論は、東アジア地域研究に対する編者（野村伸一）の理念《ヴィジョン》提示である。このために、一　回顧に代えて——慶応義塾と朝鮮、二　福沢諭吉と朝鮮、三　朝鮮と福沢諭吉——崔徳寿の視点、四　そののちの「福沢諭吉と朝鮮」、五　ひとつのアジア論——基層文化の共有に基づいた東アジア共同体へ、を設けた。福沢諭吉時代の「慶応義塾と朝鮮」を改めて省察し、そこから、ひとつの「東アジア共同体」構想を提示した。

2　第二部論考篇の概要

第二部論考篇では、一〇名の著者による一〇点の論考、二点の調査報告（共同執筆）を収録した。以下、その概要である。

1　福建南部・台湾（閩台）からの視点

第一章　葉明生「閩南傀儡戯と閩南人の社会生活との関係」（道上知弘翻訳）

東方地中海地域の基層文化のうち、傀儡戯は人びとの暮らしと密接な関係があり、祭祀芸能の中心的な位置にあった。しかし、それは歴史のなかで徐々に忘れられていった。おそらく仏教や道教、またそれと習合した巫俗儀礼がそれぞれの祭祀儀礼を整えていったため、傀儡戯は脇役的なものとなっていったのであろう。しかし、閩南地域においては、傀儡戯の本来の姿が今なお存続している。著者葉明生はかねてからこれを緻密に調査、研究し、すでに『福建傀儡戯史論』上下（中国戯劇出版社、二〇〇四年）という大冊を刊行している。本論ではその研究の一端を紹介しつつ、閩南人の社会生活を照射した。本論は、「一、閩南傀儡戯の流伝の歴史」「二、閩南傀儡戯の形態」「三、閩南人の社会生活と密接な関係を持つ傀儡戯」「四、まとめ」からなる。中心部分はいうまでもなく第三節である。そこでは傀儡戯が閩南人の生、老、病、死と密接にかかわっていることを述べる。すなわち、閩南人は「求嗣」、「求財」、「求科挙」、「求寿」、「消災」、「脱難」など、諸種の願掛けのあと、所願成就すれば、願ほどきのために傀儡戯をおこなった。また、結婚に当たっては、その年齢になるまで無事成長したことを感謝し、末長く添い遂げることを祈願する。さらに新生児が満一か月を迎えたときなどにも傀儡戯を演じる。一方、「禳災祈福の傀儡戯」の節では、家の新築、村落の造橋、火災の発生後、井戸の開設時、干魃などに当たって傀儡戯がおこなわれることを述べる。また、死者の魂を救済する傀儡戯もある。このときは、『目連救母』を演じることが欠かせない。それで福建では、これを「傀儡目連」とよんでいる。これは横死者が出たときにもおこなわれる。以上のことから、著者は、閩南傀儡戯が閩南人の社会生活においていかに大きな役割をはたしているかがうかがわれるという。

第二章　呉慧穎「閩南地方演劇からみた女性生活」（道上知弘翻訳）

閩南地区は宋代以来、地方演劇が盛んなことで知られる。葉明生のあげる傀儡戯だけでなく、地方演劇もまた民間信仰や習俗と関係しつつ、閩南人の社会生活に大きな影響を与えている。廈門在住の著者は長年閩南と台湾の演劇を調査、研究してきた。本論では、閩南演劇における女性像の分析を通して、閩南女性と地域社会、家庭、両性との関係、また公共事業への参加の様相を探究した。閩南には、竹馬戯、梨園戯、潮劇、高甲戯、打城戯、歌仔戯といった閩南語による演劇や偶戯（提線木偶、掌中木偶、鉄枝木偶、影戯）などがある。こうした地方演劇の熱心な観衆は女性たちであった。それは宋代の文献にすでに記されている。女性たちにとって演劇は特殊な意義を持っていた。日常の重労働の合間の重要な娯楽活動であり、神と祖先をまつる重要な機会であった。また伝統や礼節、道徳の規範が厳格な閩南社会においては、舞台という演劇空間こそ唯一、広い外の世界や多様な人生に触れ、現実の不条理を忘れることのできる場所であった。この視点のもと、著者は「三、閩南演劇の舞台上の女性像に反映された女性生活」のなかで、「1　外に出て行く男性と留守をまもる閩南女性」「2　堪え忍ぶ慈愛に満ちた偉大な母親像」「3　両性関係における攻防」「4　辺境と民間における教訓と抵抗」を論じた。このうち4は閩南の歴史地理と深くかかわる。著者は、閩南社会は辺境に位置し、文化の中心からは遠く隔てられている。そのため、閩南社会の底層には、主流の文化や世に流行する観念や思想に対して、一定の距離を持った思考空間があり、より旺盛な民間性と庶民性を保っているという。そして、主流文化が動揺し、思想の歪みが社会にはびこると、郷土と民間からの声が、陰に陽に伝えられ、教訓と抵抗をもたらす。民間から生まれた高甲戯はそれを最もよく表しているという。閩南の女性について、風土、歴史、海外との結びつきをみるには演劇は欠かせない。著者はそう述べている。

第三章　謝聡輝「産難の予防、禳除《はらえ》と抜度《すくい》——台湾南部と泉州地区に見られる道教科法を主として」(山田明広翻訳)

本論は台湾在住の道教研究者の立場から、女性の産難にかかわる文献記述を概観し、併せて、現今なお実施されている道教儀礼を台湾南部と泉州地区の実地調査を踏まえて論じたものである。産難とは「難産」のことではない。それは「女性が妊娠期間および出産前後に直面する危険な災難」を広く指し示す。漢族に限らず、生育儀礼は一大事であり、どの民族も独自の文化を育んできたが、中国では古来、産難の予防、禳除、抜度についての記述がことに多い。後漢時代の『漢書』外戚伝、五世紀宋代の『小品方』、南宋の『婦人大全良方』などの記述がそれである。それらによると医療関係者だけでなく宗教者の役割が大きいことが知られる。産難の予防、除去、また産死者が生じたとき、道士による救済儀礼が必要とされた。医に携わる者についての研究は李貞徳によりなされたが、これを民間の儀礼とともに論じたものは多くはない。そこで著者はこれを四章に分けて論じた。第一節では産難に対する原因分析と結果の認知とがさまざまな背景のもとでなされてきたことを述べる。第二節では産難予防のためには医療による方法と道法による祝祷があることを述べる。第三節では産難の兆候が起こった際の医療技術による処理について分析する。第四節では不幸な産難による死者に対する道法の救済科儀と文書運用について明らかにする。とくにこの節では文献記録だけでなく、泉州南安地区でみられる血湖から女性を救い出す転轍儀礼を現行の文書に基づいて詳しく述べていて、注目される。著者によると、この儀礼は道教が「女性の信者に対する宗教的配慮を重視」していることを示すものである。女性特有の地獄を説く血盆経はそれ自体差別的なもので問題があるが、それが現実としてあった状況下、道士や僧はそこからの救済を目に見える形で示さざるをえなかったということであろう。著者によると、南宋の道教教典中に血湖科儀のことがすでに記されている。そして清初の泉州では牽轙という習俗が形成されていて、これが転轙として台湾の功徳儀礼のなかに残ったという。この方面の研究はまだ余りなされていないので、その点でも注目される。

2　閩台現地調査報告・研究

第四章　山田明広、藤野陽平「福建泉州地域の寺廟・宗祠調査報告――王爺および観音信仰を中心に」

本稿は二〇一一年一二月二七日から二〇一二年一月二日までの七日間、中国福建省泉州地域でおこなった実地調査の報告および若干の考察である。調査にあたっては、以下の三つのテーマを掲げた。すなわち、「一、泉州と台湾の地域宗教文化の比較――持続と変容、断絶」「二、村落祭祀と演劇」「三、宗教文化の現況」である。このうち、一、ではさらに、①鹿港の施氏との関係、②王爺祭祀の状況、③媽祖とその他の祭祀の状況、④祠堂の復活の諸相、⑤台湾との往来の現況などを検討することをこころがけた。調査、研究には、日本からは野村伸一、鈴木正崇、山田明広、藤野陽平、中国からは馬建華、呉慧穎が参加した。調査地での見聞と図版は本文に収めた。以下、調査で得られた印象をあげると、次のようになる（本文の「二、考察」も参照のこと）。第一、文革の際の断絶にもかかわらず、総じていうと泉州では宗教文化が復活している。たとえば寺廟、宗祠はどこでも増改築の傾向にある。第二、信仰の度合いにおいては観音（その系譜の媽祖）と王爺が断然、抜きんでている。観音は寺廟内だけでなく、家庭のなかでもまつられている。衙口村だけでも王爺廟がたいへん数多いことが知られる。第三、祭祀儀礼のうち、普度、送王船、王爺の暗訪《アンファン》（暗訪については論考篇「台湾鹿港地域文化研究——寺廟を中心に」参照）などは断絶している。第四、奉納演劇が各地で盛んにおこなわれる。とくに晋江《ジンジャン》では梨園戯など、高額の費用が必要なものも住民みずからの総意で招請し公演している。これは注目に値する。第五、泉州市元妙観の賑わいをみると、道教文化そのものは庶民生活とともに維持されてきたとみられる。第六、台湾との交流が盛んになされている。たとえば晋江市東石鎮の嘉応廟は王爺をまつる廟で、その分霊は台湾各地に広がっている。このつながりで台湾からの訪問客がたいへん多い。

第五章　野村伸一・藤野陽平・稲澤努・山田明広「鹿港の地域文化調査報告——寺廟を中心に」

本稿では台湾鹿港《ルーガン》の歴史と文化を概観し、併せて祭祀の事例研究に基づき、その地域文化の特徴、意味を考察した。研究班としては、二〇一二年八月三〇日～九月三日まで旧暦七月の盆行事を調査、研究した。参加者は、野村伸一、鈴木正崇、藤野陽平、山田明広、稲澤努である。野村と藤野は、それ以外にも単独で複数回、鹿港を訪問している。その上で、ここでは鹿港の歴史、民俗、王爺信仰（事例研究1「潤沢宮の暗訪」）、龍山寺の観音信仰（事例研究2）、七月の普度（事例研究3）、主要寺廟の紹介をした。鹿港は台湾の中部西海岸にあって、一八～一九世紀には大陸との交易の中心として栄えた。俗諺に「一府、二鹿、三艋舺」とある。つまり府城《フーチャン》（台南）、鹿港、艋舺《バンカ》（台北の萬華）と順に発展していったという。鹿港の地域文化は独特のかたちで残存し、今日に至る。一言でいうと、やや時勢に乗り遅れた感がある。しかし、それは近代以降の東方地中海地域文化の在り方に一石を投じるものともおもわれる。王爺の暗訪では地域の安寧のために、夜間、王爺が巡行し災厄を払う。これは大陸の晋江で古くからおこなわれていたものだが、大陸ではすでに途絶えた。それは台湾の他地方の王爺巡行とは異なり、観光行事の要素はない。それだけに意味深い。また龍山寺は住職のいない地域の大寺である。ここでは住民が主体的に観音をまつり、数々の行事をおこなう。また七月の普度《プドゥ》は泉州由来の祭祀行事である。元来は鹿港内の地区を変えつつ、一か月間、孤魂供養と各家庭の祖霊迎えをやった。今日、規模は縮小したものの、なお、数か所の地域では伝来の日時を守って普度をしている。寺廟内だけでなく、普度公《プドゥゴン》が小地域の家々を巡る行事も残されている。鹿港の寺廟は地域民のこころの拠り所として機能している。人びとは全く自然に寺廟に出入りし、祈祷して帰っていく。聖俗の空間を隔てる閾は高くない。それでいて、人びとは神仏の前では謙虚に祈念する。その謙虚さは東方地中海地域の多くの地域では忘れかけているものだといえる。

3　沖縄、韓国、九州からの視点

第六章　上原孝三「祭祀を通してみた宮古島――ウヤガンとユークイ」

本論は宮古島狩俣のウヤガン祭にまつわる文献上・伝承上の神話・歌謡・儀礼を考察したものである。著者はウヤガン祭についてはすでに長年、考察を加えてきた[2]。ウヤガン祭は村落のウヤガンと称される女性達によって、集団的に実施される村落祭祀である。ウヤガンには親神、祖神の漢字が当てられている。ウヤガンとは女神である。そしてまた、それは「祖霊」と考えられている。ただし、その祖霊は部落の始祖、代々の先祖を含めたもの、特定の祖霊、血縁の祖先、そのどれを指すのかは判然としないという。いずれにしても、この祖霊であるウヤガンは村人のために世乞い《ユークイ》をする。そして、著者は祭祀構造の比較、女神が神歌のなかで歌われることなどからウヤガン祭はユークイ祭と同一のもの、その地域的な呼称だろうという。沖縄本島の年の切り替え時になされるシヌグ、ウンジャミにも世乞いの性格がある。宮古諸島では世乞い、ユークー、世乞い拝み《ユークーウガン》ともいう。宮古島南部のンナフカ、伊良部島伊良部の神下り《カンムリ》、水納島の祭り《マッティー》も同じものである。

ウヤガン祭、世乞い《ユークイ》などはいずれも秘祭であった。著者は「ウヤガン祭・ユークイ祭は死臭の漂う祭りでもある」という。なぜそうなのかは説明がないが、おそらくこの祭儀では海洋他界から神と祖霊、そして死霊がやってくるからであろう。年の終わりに、それらを手厚く迎えて送り返すことが豊饒予祝の祈願ともなる。そうした祭儀が東方地中海地域の基層文化にはあった。なお、著者によると、ニコライ・A・ネフスキーは、一九二二年に伊良部調査をし、のちに京都大学史学会で「宮古島の結婚と祭礼」という表題の講演をした。そこではカムシュウリ（すなわちカムス、カンムリ）の報告をし、また「他に宮古島にはウジャム祭といふものもある。ウジャガムは親神の意にて」とも述べた。ネフスキーはカンムリ祭とウヤガン祭との関連を考えていた節がある（著者上原氏の教示）。著者の現在の見解とも通じる点があり、興味深い。

第七章　金容儀「沖縄の御後絵と朝鮮時代の仏教絵画の類似性」

韓国全羅道在住の著者は沖縄文化研究を継続している。本論はその一環である。御後絵とは琉球国で王の死後にえがかれた肖像画のことである。実物は消失したが、写真を通して一〇点が確認されている。著者はこれが朝鮮時代の仏教絵画と類似することに気付き、この絵画の背景を探究した。本論は五節からなる。第一節では、御後絵研究の趨勢が中国の影響を論じる方向であるとし、それに対して朝鮮時代の仏教絵画の様式が反映された可能性があると問題を提起した。第二節「沖縄の文献記録から見る御後絵」では、現存の御後絵はすべて一五世紀後半以降の第二尚氏の王のものであること、それらが円覚寺に安置されたこと、しかし、一八世紀には王権が強化され、円覚寺の本殿が宗廟とされたことが指摘される。ここでは儒教の祭祀方式が仏教信仰に代替されていく過程が読み取れる。第三節「朝鮮時代における沖縄への仏教伝播の歴史」では朝鮮の大蔵経を琉球にもたらすことが両者の仏教交流の主内容であったことが明かされる。第四節「御後絵と朝鮮時代の仏教絵画の比較」は本論の中心部である。著者は中国絵画からの影響は否定できないものの、実際に『中国帝王圖志』によって検討すると、「御後絵の絵画様式に似たような肖像画を確認することができなかった」、つまり肖像画の全体的な構図において、中国のものとは相当な差異があるという。一方、朝鮮時代の地蔵幀や十王幀と対比すると、その類似性が明らかだという。これについて、第五節「御後絵と琉球国王の仏教的神格化」では、円覚寺が第二尚氏の仏教様式の王統廟であったことをあげ、そのなかで仏像、とくに地蔵に代わって御後絵が置かれた、つまり歴代先王の仏教的神格化がなされたのだろうという。斬新な視点の提示で注目される。同時に、著者は、東アジアにおける国王の肖像画やそれをめぐる祭祀儀礼の比較などを課題として提示した。なおいえば、朝鮮から仏教文化が伝来したとするとき、その裾野の追究が課題となるであろう。たとえば、死者を供養する念仏者は庶民の間では重要であった。死者霊供養は王室において、より一層、切実だったはずである。

第八章　金良淑「済州島の龍王信仰――堂信仰とチャムスクッ（海女祭）を通して」

著者は、自身の参与観察と研究史を踏まえつつ済州島《チェジュド》の巫俗信仰における龍王信仰の受容の様相を考察した。済州島の龍王《ヨワン》は堂《タン》信仰において重要な位置を占める。堂にまつられる龍王のうち、特徴的なポンプリ（神話）を伴うものは二種類ある。第一は七日堂に代表される龍王の娘である。この女神は治病や子供の成育を司る。この神話にみられる龍王国は海底のユートピアである。第二は蛇神信仰と混淆して定着した龍王である。済州島の蛇神は一種類ではないが、そのうち八日堂の神は龍と混淆している。この堂神は精神疾患や生業の繁盛を司る。外来神であった龍王は堂信仰に受容されることで土着化したという。著者はさらに潜嫂《チャムス》クッ（海女祭）のなかの龍王を具体的に提示する。龍の引き《ヨンオルリム》上げの龍王は畏怖の対象であると同時に、海女の守護神であり、如意珠を銜《くわ》えた万能の神でもある。また道均《ジルチム》しのなかの龍王は、亀差使《コブクチャサ》や龍王セギョンなど、多くの眷属を従えることで、その職能が補完されている。そこでは龍王とあの世を司る十王《シワン》との重なりがみられる。さらに金寧里の潜嫂クッの龍王は龍王セギョンを従え、海産物の与え手という職能をも持つ（セギョンは農耕神）。日々海にはいる海女にとって、龍王国は決して恐ろしい死の国ではない。海女たちは潜嫂クッを通して龍王を守護神に転化する。そこでは本土とは異なる多様な龍王観、龍王国観が形成された。著者は、最後に、済州島の龍王信仰の多様性は「東シナ海域における済州島の周縁性や島嶼性を反映している。……外来の神であった龍王は……親しみ深い土着の神となっている」という。東方地中海地域の龍王が女神性をもって親しまれていること、それが龍の引き上げ《ヨンオルリム》のようなかたちで表現されることは他地域にはみられない。この点はたいへん興味深い。なお、これは龍王の土着化というよりは、原初の海の女神との習合とみるべきかもしれない(3)。

第九章　藤野陽平「東方地中海への／からのマリア信仰——九州北部の事例から見るグローカルな展開」

長崎のマリア信仰は一六世紀以来の歴史を持つが、これは現在なお生動しつつある。それは民間信仰との習合という地域性を帯びる一方、またカトリックという世界性のなかに組み込まれ、両者が相互作用しつつ展開している。著者はこうした視点から全体を四節で構成した。「一、東方地中海の女神信仰と長崎のマリア信仰」では、長崎のマリア信仰は観音や媽祖といった女神信仰の上に位置することを図像学的に考察した。次に「二、篠栗霊場とマリア信仰」では、マリア信仰と民間信仰の連続性を述べた。すなわち福岡県篠栗霊場第二十八番札所の大日寺の住職、庄崎氏は「おみくじ」（所謂シャーマンの儀礼）をおこなう。同氏は、以前は熱心なカトリックの信徒であった。そして現在もその信仰を捨てたわけではなく、両者を融合させた信仰実践をし、信徒たちもそれを自然と受けいれている。このことからローカル化の流れとしてマリア信仰を考察した。次に「三、被爆マリア信仰の展開――ローカルなマリアのグローバル展開」では、長崎の浦上天主堂の「被爆マリア」を取り上げた。このマリア像は一九四五年八月九日に被爆した。その直後、首から上の部分だけが廃墟のなかで発見され、今日に至るが、近年、反核運動や平和主義と結びついて世界的な規模で展開するに至っている。これを踏まえて「おわりに――東方地中海化したマリア信仰とグローバルなマリア信仰」では、長崎におけるマリア信仰の意味を考察した。ここでは民間信仰のなかに取り込まれるというローカルな動き（文脈化）がある一方で、被爆マリアは欧米や国連などと連携し、グローバルな動き（脱文脈化）をみせてもいる。著者は「こうしたダイナミックな文脈化・脱文脈化・再文脈化の動きは、東方地中海の海洋文化の交流史のなかで繰り返されてきた」という。この視点は興味深い。かつてインド南部の観音信仰も海民の移動とともに東アジアに定着し、地域的な女神化を遂げた。同時に、それは仏教という普遍性を通して国境を越えていった。この海域では、こうしたことが今後もくり返されるであろう。著者が末尾にあげるルルド信仰がそれを示唆する。

第一〇章　宮下良子「接続するローカリティ／トランスナショナリティ――在日コリアン寺院の信者の語りを中心として」

在日コリアン社会における民俗信仰、仏教を中心とする寺院は「朝鮮寺」とよばれていた。それは一九四〇年代後半から七〇年代にかけて形成された。担い手は在日一世のスニム（僧侶）やポサル（菩薩。信徒）とそれを支えた在日一世の女性信者たちであった。ところが、現在、その朝鮮寺の担い手は大きく変容しつつある。著者はそれを追究する。まず朝鮮寺を「在日コリアン寺院」と命名し、それらを、①韓仏連（在日本韓民族仏教徒総連合会）と朝仏協（在日本朝鮮仏教徒協会）、両者を結ぶ海東会、②上記①に属さない仏教系寺院、③民俗宗教系寺院、④貸会場（龍王宮など）や廃寺、と四分類した。そしてそれに沿って精査した結果、在日コリアン寺院に属する宗教者たちの多くはニューカマーであり、日韓を往復するライフスタイルを体現していることが知られた。ところで、上記四類の信者たちをみると、五〇歳代〜九〇歳代である。ニューカマーもほとんどが韓国系キリスト教会へいく。こうした趨勢のもと、在日コリアン寺院側ではニューカマー信者へのサポート、日本人信者の獲得に努め、「海東会」のような親睦会では南北や宗派、民族の境界を越えようと努力している。それだけでなく、東日本大震災による被災者救援のための義援募金活動、被災霊位慰霊活動をも実施した。また二〇一四年からは韓国の太古宗本山との連携をはかることにした。さらに、京都の高麗寺《こうらいじ》を「日本における対外的な韓国仏教寺院として位置づける計画」も進行中である。こうしたことをみるとき、在日コリアン寺院をとり巻く状況はトランスナショナルな動向のなかにあるといえる。すなわち生駒や大阪市内に展開されるローカルな民俗宗教や仏教はそこに留まらず、グローバルな世界状況と接続している。こう述べた上で著者は、地域社会、地域文化に対する従来の見方は再検討されるべきだという。「朝鮮寺」は衰退したが、一方では新しい地域社会作りが着実に胎動しているということである。

4　東方地中海から南海へ、また記憶の海へ

第一一章　稲澤努「東方地中海における水上居民――広東東部の水上居民モンゴル族祖先伝承を中心に」

東方地中海上の水上居民のうち、福建語系の言語を話す蜑《ダン》（蜒、蛋、疍）の間では祖先モンゴル族伝承が語られる。これは一見「荒唐無稽な説」であるが、それを語り継いできたのには理由がある。それは華南社会の歴史を解明する資料となりうる。筆者はこうした観点から、まず文献における「蜑」を検討する。そこでは、蜑は南方の蛮のひとつ、また水上居民、舟を家とするなど、諸種の記述がある。しかし、モンゴル族伝承は

否定される。一方、広東省汕尾《シャンウェイ》の「漁民」（水上居民の末裔）は祖先モンゴル族伝承を語る。これには否定説もあるが、当地では陸側と漁民、双方の間でこの伝承が受容されていることもまた確かである。ここで、著者は、「漁民」のモンゴル族起源伝承の意味を考察していう。この伝承でのモンゴルはかつての支配者のことであり、そこには「陸で暮らしていた高貴な身分」という自負とそののちの「困難、陸への被害者意識」がみいだされると。他方、著者は、陸側の人びとは別の観点からこの伝承を語るという。すなわち、そこにあるのは蛮、異民族としてのモンゴルであっただろうという。そもそも華南の陸地民の多くは祖先中原起源伝説を持つ。そして、彼らは「漁民」のモンゴル族起源伝承を取り上げることにより、自分たちと漁民との差異化をはかったというのである。漢族の間の祖先中原起源伝説にしろ、漁民のモンゴル族祖先伝承にしろ、非土着性のなかに正統性を求めるという点では共通している。著者によると、そこには「極めて華南的な住民の意識」があるのだという。著者は、また陸地民が水上居民に対して差異化をはかるという、さらに大きな問題をも提起した。これについてなおいえば、汕尾の「漁民」にみられるような、一見、荒唐無稽な祖先起源伝承は、倭人の間の「呉の太伯起源伝説」[4]にも通じる。倭人もまた移住地においては「先住性が優位性を持たず」、そのため「外来性に正当性」を求めたのである。その種の語りは東方地中海地域全般にみられるものといえるであろう。

第一二章　鈴木正崇「神話と儀礼の海洋性――中国ミャオ族のばあい」

本論では山地民、主としてミャオ族（苗族）の神話と儀礼のうちに海洋性を幅広く探究した。彼らは狩猟と焼畑をおこない、併せて水稲耕作も営む。祖先祭祀の折には魚を供物とし、神話を語る。神話では、祖先は元は東方の海辺、大河の岸辺にいたなど、水とかかわる場所が語られることが多い。そこには洪水型兄妹相姦神話が含まれる。それはまた黔東南のミャオ族社会で十三年目に一度おこなう祖先祭祀ノンニウのなかで儀礼的に再現される。黔南小脳村のノンニウでは供物に魚のほか麻糸が含まれる。麻糸は魚網の材料だという。それは祖先が東方の海辺で漁をしていたことを意味する。この祭儀では祖先の霊魂が故地と村を行き来する。それを踏まえて著者は「死の世界の彼方、遙かなる故地の記憶の中に海洋性が埋め込まれている」という。一方、第六章「洪水と洞窟と船」では洪水の意味は「原初の大海」であり、その神話は「人類に与えられた試練を乗り越える再生の物語」だという。他方、洪水は「鉄砲水」の災厄という実体験の投影ともみられる。いずれにしても、それは海のイメージを山中に持ち込む想像力と結びついている。また洪水神話の瓢箪すなわち船は儀礼のなかの洞窟に通じる。これはミャオ族の居地などに広く分布する洞窟葬や懸崖葬ともかかわる。著者はこうした埋葬には「霊魂を無事に他界、特に祖先の故地に送り届ける願いが籠められていた」という。以上ミャオ族についていえることはヤオ族についてもいえる。彼らの故地もまた揚子江の中・下流域とする説が有力である。著者は、最終章で船の儀礼を取り上げた。その特徴として、①流動性　②媒介性　③浮遊性　④複合性　⑤境界性　⑥禁忌性（女性の乗船の禁忌）の六点をあげ、「船は神話と儀礼の海洋性が具現化された媒体」だという。その上で、船を媒介に「山と川と海、そして現世と他界が融通無碍に交流して、宇宙全体が一体化する世界を構築することが、人々の究極の願いであったのかもしれない」と結ぶ。これは東アジア、とりわけ東方地中海地域に住む人びとについて言い得ているとおもわれる。なお、本稿に先立つものとして、著者には『ミャオ族の歴史と文化の動態』（風響社　二〇一二年）という大冊がある。

3　二年間の研究例会および海外調査の記録

《二〇一一年度》

第一回

七月一六日　東アジア研究所共同研究室一

発表者　野村伸一（慶應義塾大学教授）

表　題「『日本・中国・韓国からみた海域文化の生成と変容』プロジェクトの趣旨説明」

第二回

一〇月二九日　東アジア研究所共同研究室一

（一）発表者　吉原和男（慶應義塾大学文学部教授）

表　題「ペナン華人社会の同姓団体における祖先祭祀――福建系の謝姓を中心に」

（二）発表者　清水純（日本大学教授）

表　題「台湾を拠点とするアジアの華僑華人――『七大帰僑』のネットワークを中心に」

第三回

一一月二六日　東アジア研究所共同研究室一

発表者　金恵貞（キム・ヘジョン　京仁教育大学校音楽教育科副教授）

表　題「伝統音楽を通してみた全羅道人の音楽的志向」

第四回

一二月一七日　東アジア研究所共同研究室一

（一）発表者　呉慧穎（ウ・フイイン　廈門市台湾芸術研究所研究室主任）

表　題「閩南地方演劇から見る女性生活」

（二）発表者　山田明広（関西大学非常勤講師）
表　題「台湾の王爺信仰とその祭典――台湾南部地域の王醮を例として」

《二〇一二年度》

第一回

七月一六日　東アジア研究所共同研究室一

（一）発表者　山田明広（関西大学非常勤講師）
表　題「福建泉州地域の寺廟・宗祠調査報告――王爺および観音信仰を中心に」

（二）発表者　野村伸一（慶應義塾大学教授）
表　題「台湾鹿港の王爺祭祀、観音慶誕行事、鹿港古風貌（図説）」

第二回

九月二九日　産業研究所会議室

（一）発表者　謝聡輝（台湾師範大学国文系教授）
表　題「南臺灣靈寶道壇道法與閩南信仰習俗關係研究――以正一經籙、牽轙喪俗與和瘟送船為例」
「（日本語訳）南台湾霊宝道壇の道法と閩南信仰習俗との関係についての研究――正一経籙、牽轙喪俗および和瘟送船を例として」

（二）発表者　金良淑（東京大学大学院博士課程）
表　題「済州島の堂クッ――概況と事例」

第三回

一〇月二〇日　東アジア研究所共同研究室一

（一）発表者　道上知弘（慶應義塾大学文学部講師）
表　題「福建伝統戯曲の伝播と台湾歌仔戯の形成」
（二）発表者　山田明広（関西大学非常勤講師）
表　題「金門の宗教文化――中元普度および海醮を中心として」

第四回
一一月一七日　東アジア研究所共同研究室一
発表者　葉明生（前福建省芸術研究院研究員）
表　題「閩南傀儡戯と閩南人の社会生活の関係探討」（「闽南傀儡戏与闽南人社会生活关系探讨」）

第五回
一二月八日　産業研究所会議室
（一）発表者　上原孝三（法政大学沖縄文化研究所研究員）
表　題「祭祀を通してみた宮古島――東方地中海文化圏のなかで」
（二）発表者　金容儀（韓国・全南大学校教授）
表　題「御後絵から見る琉球王の神格化――朝鮮の仏画との類似性から」

第六回
一月二六日　東アジア研究所共同研究室一
（一）発表者　宮下良子（大阪市立大学都市研究プラザ特別研究員）
表　題「在日コリアン寺院――グローカリズムの視点から」
（二）発表者　稲澤努（東北アジア研究センター専門研究員）

表　題「広東省汕尾における「普渡」——福建、台湾そして東方地中海での比較のために」

第七回

三月五日　東アジア研究所共同研究室一

発表者　野村伸一（慶應義塾大学文学部教授）

表　題「東方地中海をめぐる地域文化研究について」

2　海外調査

《二〇一一年度》

一　二〇一一・八・二四～九・二（韓国全羅道、海辺地域民俗の現況調査）

〔参加者〕野村伸一、金容儀、李京燁

二　二〇一一・九・二九～一〇・二（台湾鹿港の王爺祭祀「暗訪」調査）

〔参加者〕野村伸一、鈴木正崇

三　二〇一一・一一・一五～一一・二二（台湾金門の道教儀礼調査）

〔参加者〕山田明広

四　二〇一一・一二・二七～二〇一二・一・二（中国泉州の基層文化現況調査）

〔参加者〕野村伸一、鈴木正崇、藤野陽平、山田明広

五　二〇一二・二・八～二・一四（韓国全羅南道地域文化研究）

〔参加者〕野村伸一、李京燁

六　二〇一二・三・九～三・一四（台湾鹿港の寺廟文化現況調査）

〔参加者〕野村伸一、藤野陽平

《二〇一二年度》

一　二〇一二・七・三〇〜八・七（韓国全羅南道、全羅北道の伝統文化の変容調査）

〔参加者〕野村伸一、金容儀

二　二〇一二・八・三〇〜九・三（台湾鹿港の旧七月普度調査）

〔参加者〕野村伸一、鈴木正崇、藤野陽平、山田明広、稲澤努

注

（1）http://www.flet.keio.ac.jp/~shnomura/cas_repo_2000.pdf　参照。

（2）本論所収の上原孝三論文、また上原孝三「宮古島の祭祀歌謡からみた女神」野村伸一編著『東アジアの女神信仰と女性生活』、慶應義塾大学出版会、二〇〇四年、二七五―三〇四頁。

（3）これについては、後述「第一部　総説」中の「五　女神と女性の世界　Ⅰ　女神の世界　2　海の女神（1）蛇体の海神」、以下参照。

（4）野村伸一『東シナ海文化圏――東の〈地中海〉の民俗世界』、講談社、二〇一二年、一五頁参照。

●目次　東アジア海域文化の生成と展開――〈東方地中海〉としての理解

はじめに……1

第1部　総説

第2部　論考篇

●1　福建南部・台湾（閩台）からの視点

●3　沖縄、韓国、九州からの視点

装丁＝佐藤一典・オーバードライブ

●第1部　総説

一　「東方地中海文化圏」の相貌――通底する基軸

東方地中海地域の基層文化はひとまとまりの文化である。その立場を堅持するために、ここでは東方地中海文化圏を想定する。その概要を述べるため、わたしは『東シナ海文化圏――東の〈地中海〉の民俗世界』を著した[1]。そこではこの文化圏の基層に呉越文化の広がりがあることをはじめとして、農と交易、死生観、他界観、女の世界、祭祀と芸能などを叙述した。これらは歴史学の海域史からは漏れることが多い。それゆえ、この叙述は従来、等閑《なおざり》にされていた論点を相応に明示しえたものと確信する。ただし、そこでは、この文化圏にとって何が基軸となるのか、整序して明確に提示することがなかった。それはこの文化圏の内容の多様さ、多元性を前にして、筆者の展望が今ひとつ煮詰まらなかったこともある。基軸は多すぎても少なすぎても有効でない。その後、今回のプロジェクト「海域文化の生成と変容」や祭祀芸能の比較プロジェクト[2]を経て、この文化圏の基軸を次のように定めた。

一　海、野、山の文化
二　村落の景観と祭場

三　海洋他界観
四　霊魂不滅と祖先の到来
五　女神と女性の世界
　Ⅰ　女神の世界
　Ⅱ　女性の世界

多少、多目ではあるが、いずれも、この文化圏の基底に通じるものとして重要である。

第一部「総説」では、第一に、この五つの基軸を取り上げ、点検する。第二には、この基軸に沿って、三地域それぞれの特色を述べる。そこではおのずと異、同への配慮がある。そして、第三に、三地域比較対照の暫定的なまとめを述べる。第四に「現況と提言」として現代における基層文化の変容に言及しつつ、現況から若干の提言をする。最後の附論では編者の東アジア地域研究に対する理念《ヴィジョン》を提示する。

一　海、野、山の文化

依山帯海――山と海を併せ持つ文化　東方地中海文化圏は海と島嶼だけでなく、中国沿海部、朝鮮半島という陸地部を含む。その陸地は野と山におおわれている。それゆえ、この文化圏では、海と野、さらには山の文化が含まれる。このことを表現したのが、古代馬韓《マハン》の次の描写である。すなわち『晋書』（七世紀）列伝第六によると「東夷馬韓、新弥諸国依山帯海、去州《やまにより、うみをおびしゆうをさること》、［幽州］四千余里、歴世未附者《れきだいいまだつかざるもの》二十余国、並遣使《ともにつかいをつかわして》朝献」とある。(3)すなわち、馬韓の新弥諸国、(4)二十余りの連盟国家がともに西晋（二六五～三一六）に朝貢したという。ここで注目されるのはこの諸国が依山帯海（山に依り海を帯びる、つまり併せ持つ）とされていることである。彼らは山居もし、海辺に住まいもしたということになる。ただし、馬韓の地は海と山が接しているが、平野もあり、そこでは江南経由の稲作がなされた。それはおそらく朝鮮半島で最初になされたであろう。つまり野の文化も含まれていた。

ところで、こうした環境は馬韓に限らない。越族ひいては東方地中海地域の海民の居地にもいえることである。『越絶書』巻第八には越王勾践（紀元前五世紀）のことばとして「（越人は）水行して山処《やまずまい》する。船を車とし、楫《かじ》を馬とする。往けば飄風《つむじかぜ》のごとく、去れば則ち従い難い」と記される。(5) 呉越の地だけでなく、その南、福建、広東に至る地域も山が海に迫っている。それらを含む華南の地については次のような記述もある。すなわち、華南は、西の五嶺山脈（中原と広東、広西の間の山脈）から東へと伸び、「浙江省寧波の南方で東シナ海に到達する」地域である。その山系は「低い丘陵のまま海に到達するため、海岸線は激しく入り組み、岩性の岬や湾入の多い自然の景観を形成している。華南は……〈海〉が優れて地域的特性を表わす」のだという。(6) つまり華南とは、海と野、山の文化の地ということである。

琉球、対馬、済州島などでも山や崖は海に近い。それらの地では恵まれた平地で田園生活を享受することはむしろまれである。彼らは海辺から川を遡って山地にまで進出したのだろう。馬韓人は忠清道の錦江《クムガン》、全羅道の栄《ヨン》山江《サンガン》を利用した。越族は長江《チャンジャン》、銭塘江《チエンタンジャン》、南に下っては閩江《ミンジャン》、晋江《ジンジャン》、九龍江《ジウロンジャン》（いずれも福建省）などを遡って内陸に進んだ。この文化圏の基本的な生業は稲作（環境により粟、雑穀）と漁撈である。居住地、耕地は川伝いに山に向かい、山裾は次第に開拓されていった。その際、山は絶えず野の集落の背後にあって、これを見守った。そこには古来、山の神がいた。東アジアの稲作、漁撈民の山の神は海神と同様、もとは女神であった。たとえば、古越系少数民族のひとつ壮族ミルォジャ（ミロチャ）は花山（あるいは花園）に住んで花を育てている。この女神は壮族に稲作、牛の飼育を教えた(7)

1　珍島の霊魂上げの最初は山神コリ。豚の頭などの供物を置いて山神に祈祷する。全羅南道珍島

海神と山神　山と海、野の文化においては、往々、山神と海神は対になってまつられる。興味深いのは百済の山神《サンシン》が別名海神であったことである。すなわち、依山帯海の馬韓諸国を平定した百済は馬韓人同様、航海に長けていた。彼らの航海神は日本にもたらされた。『伊予国風土記逸文』には「乎知《をち》の郡《こほり》。御嶋《みしま》。坐《いま》す神の御名《みな》は大山積《おほやまつみ》の神、一名《またのな》は和多志《わたし》の大神なり。（仁徳天皇時代に所顕した）……此神、百済の国より渡り来まして、津の国の御嶋に坐しき」とある。(8) つまり百済からきた山神《サンシン》（大山積）は同時に海神（ワタ《うみ》シの神）でもあった（ワタは朝鮮語パダ〈海〉のこと）。これは仁徳天皇の時代に姿を現したという伝承に基づけば、四世紀ごろから知られていた。おそらく、この神は馬韓、百済の船人が山あて(9)をしつつ航行していたこと、瀬戸内から難波に至るまで山の神を航海の守り神として崇拝していたことを意味するものだろう。

一方、東方地中海を航行する船人も山神と海神をまつった。一一二三年、徐兢ら宋の使節一行は高麗に向かうことになった。彼らはその船出にあたって、浙江省定海県で龍王と招宝山の山神をまつった（『高麗図経』第三十四巻）。さらに朝鮮半島西海の群山島では崧山神《ソンサンシン》（開京〈開城〉松山《ソンサン》の神）と龍王が高麗国によってまつられていた。また民俗の事例では、珍島《ジンド》のタンゴル（巫女）が、水死者の霊魂をよぶ霊魂上げ《ノクコンチギ》のクッ（굿　巫祭、巫儀）があり、そこでは山神《サンシン》コリ（図版1）と龍王《ヨンワン》コリがまずおこなわれる。(10) 水死者の霊は龍王のもとにいくという観念が東方地中海の各所に広く存在する。それゆえ、龍王コリは容易に理解されるが、山神の祭儀はなぜなのか。それは山神の共助もなお必要とされるということなのだろう。山神は風を支配する。福建省南安の九日山は西晋時代に延福寺

があり、よく知られていたが、ここの昭恵廟では南宋代以来、航海者の順風を祈る儀礼がおこなわれていた。[11]また船人は海をいくとき「山あて」の必要がある。それゆえ、この海域の海民にとって、山はおろそかにはできなかった。山神と海神を対にしてまつる、こうした習俗はおそらく古代からおこなわれていたものとおもわれる。山と海の間には野があり、そこでは稲作や粟、雑穀、芋類の農耕がある。東方地中海地域の多くは半農半漁であり、時には水上民となった。依山帯海、野を含んだ文化はまさにこの海域の基軸である。ちなみに、沖縄の村落がやはり背後の森と密接にかかわる。海の神を迎える沖縄本島のウンジャミ（海神祭）では山の神（神女）も現れる。これもまた古くからの慣行なのだろう。沖縄の村落背後の森は祭祀場であり、御嶽《うたき》で代表される（後述、「二　村落の景観と祭場」参照）。

野の文化

呉越の地の野の文化といえば、七〇〇〇年前の浙江省河姆渡《ハムドゥ》遺跡に代表される稲作、また狭隘な地に展開する畑作、麻、苧麻、木綿などの織物[12]や養蚕の文化、茶摘み、そして農耕生活に伴う年末年始の祭祀などをあげることができる。これらはほとんど朝鮮半島や日本、また琉球に伝わった。[13]農耕生活に伴う年末年始の祭祀のうち、古代中国中原の蜡祭《ささい》が江南では謝年《シエニエン》として民俗化しておこなわれていた。江南では一二月二九日に各家庭で謝年をした。そこでは、一、作物神　二、先農（または先嗇）　三、農田官田畯神　四、田の間にある亭舎や道路の諸神　五、禽獣神　六、水利施設の神（「水利設施神」）　七、社神［土地神］、天宗［天の神］などがまつられた。[14]これは『礼記』郊特牲にある古代の国家単位の蜡祭における諸神[15]の祭儀とよく似ている。強いていうと、上記の社神、天宗はあとから付け加わったといえる。一方、浙江省紹興では一二月三〇日に「祝福《ジユフー》」という行事がおこなわれた。祝福は「作福」「作年福」「作冬福」ともよばれる。これは神祖（先祖神）に感謝すると同時にきたる年の幸福を祈るものである。[16]

魯迅『祝福《ジュフー》』にみられる祭祀文化

魯迅（一八八一～一九三六）の小説『祝福』（一九二四年）は当時の祭祀文化をよく窺わせる。まず、紹興では年末の「祝福」が村でも鎮《まち》でも当時まだ生きた民俗としてあったことを伝える。これによると、祝福は大晦日から元旦にかけて、夜明け前の時間（五更）におこなわれる。各家庭では数日前から、女性たちが祖先のために鶏、鵞鳥、豚肉を準備する。当日、五更のときに、煮上がった肉に箸を添える。これは福礼《フーリ》とよばれる。このとき到来する祖先たちは福神《フーシェン》、また祖宗《ズーゾン》ともよばれる。福神たちを迎えるのは男だけである。小説では、福礼を調える際に敗壊風俗《よのならいにそむいた》の女性が手を添えると、供物は不浄となり、祖宗《ズーゾン》はこれを食べないなどともいう。こうした祝福の描写は朝鮮半島でおこなわれる忌祭祀《キジェサ》を連想させる。忌祭祀は年末ではなく、四代までの祖先の命日を期して家庭でおこなわれる。その際、前日から女性たちが供物の準備をし、当日の深夜はやはり、男だけが祖先に拝礼をする。

ところで、小説『祝福』のなかには、このほかに紹興の祭祀文化を窺わせる描写があり注目される。それは寡婦の身で再婚させられた女性（祥林嫂《シアンリンサオ》）が、周囲の者から大きな罪を犯したといわれ、みずからもそれを信じたことからはじまる。二夫につかえたから、死後、閻魔により切り裂かれる。祥林嫂はこんな地獄の裁きを聞かされる。山里育ちの祥林嫂はこんな話は知らなかった。そのためひどく苦悶する。彼女は二度目の結婚も失敗し、子もなく、死後はどうなるかをしきりに考える。今は下働きの身の上である。そんなとき、土地廟に門檻《しきい》を寄進し、世間の人に踏まれれば、贖罪できるといわれる。そしてそれを実行する。これですっきりとしたものの、冬至の祭祀（祖先祭祀）のとき、ふたたび祭祀の供物に手を触れるなと主人側から命じられる。それ以来、気落ちする。敗壊風俗《よのならいにそむいた》という罪は依然として身につきまとっていた[17]。

この土地廟での贖罪のこと、村よりも鎮《まち》で地獄の裁きを強調していたことなどは興味深い。また冬至にも除夕

（大晦日）同様、祖先をまつることは江南一帯にみられた。これはさらに、朝鮮半島にまで伝わっていた。冬至を亜歳という（『東国歳時記』）。つまり、この日になると新しい年がはじまるとみていた。民間では、冬至告祀《トンジゴサ》ということばもあり、家によっては祖先をまつる祠堂に供物を献じ、また成造《ソンジュ》などの家神にも供物を供えた。(18) なお、紹興の祝福ではひどく不干不浄《ふじょう》を懼れていたが、この日は元来、儺儀の日でもある。それは年の終わりには祖霊だけでなく、無祀孤魂もやってくるということを前提としている。おそらくそうしたことも念頭にあったのか、小説のなかで、祥林嫂は乞食の身の上となり、祝福の当日に行き倒れとなった。こうして無祀孤魂となったわけである。餓鬼が年末に到来することは朝鮮半島にも伝わっていて、ここでは農楽隊が音楽を奏でつつ、海辺で献食《ホンシク》をした。(19) これは一種の儺戯である。ただし、東方地中海文化圏の儺の祭儀は正月に移行してなされることが多く、献食も今日では正月の堂山祭《タンサンジェ》で多くみられる。

海の文化

東方地中海地域に通有の海の文化としては、海産物（魚、貝、海藻類）を好むこと、とくに生で食べること、塩辛（鮓）の発達、高床式家屋、船の活用、海洋他界観（後述五二頁）などをあげることができる。中国では古くから鮓《ジャ》（塩や糟で漬けた魚）を用いた食べ物を作った。宋代の蘇軾『仇池筆記』盤遊飯骨董羹に「江南人好作盤遊飯《パンヨウファン》、鮓《しおから》脯《ほしにく》膾《なます》炙《あぶりにく》無不有《なんでもあり》、埋在飯中《めしのなかにうめる》。里諺曰『掘得窖子《あなぐらみたいなもの》』」とある。(20) この食べ物は朝鮮半島でも知られていて、『東国歳時記』一一月の条に引用されている。今日、朝鮮伝統食として知られるまぜご飯《ビビムパプ》の源流であろう。塩漬けした生物《なまもの》は発酵食品となる。それは魚だけでなく獣の肉、野菜類にも及んだ。それは古来、醢《かい》（朝鮮語は해）として知られている。朝鮮半島の発酵食品といえば、各種の沈菜《キムチ》、食醢《シッケ》はよく知られている。食醢はナレズシを指すが、今日の韓国では甘酒で代表される。これは今なお儀礼には欠かせない。日本の「鮓」は現在は通例、近世に考案されたスシを指すが、それは酢を入れた即席の食品で元来の鮓ではない。元来のものはナ

2　茅亭《モジョン》。朝鮮半島では南部農村地帯に特有のもの。なお中国の水田稲作地帯には広くみられる。撮影李京燁。全羅南道潭陽

レズシである。ただし、中国でも今日は宋代の盤遊飯そのものを好んで食べることはない。たとえば、その系譜のものとされる福建省恵州の筒《トン》仔米糕《ズミガオ》（竹筒に入れたおこわ）は十分に火を通して作る。

高床式家屋

東方地中海地域の住居は木材で骨組みを成し、床に板を張って造る。湿気を避けて床を高くした高床式建築は稲の保管場所としても用いられる。この基本形は七千年前の浙江省河姆渡《ハムドウ》遺跡にみられる。中国では干欄《ガンラン》（干闌）式建築と称される。中国の遺跡中では河姆渡のものが最も古く、江南ではそののちの遺跡からも干欄式家屋が発見されている。江南の家屋の基本となったものといえる。朝鮮半島南部農村地帯に特有の茅亭《モジョン》（図版２）、田畑の番小屋としての円頭幕《ウオンドウマク》、また家屋内の地面から離したところに作る板張りの空間マル（マルレ）も同じ系譜のものといえる。日本でも弥生時代以来、土器上の図像に高倉式の建物がみられる。それらは、琉球の高倉を踏まえると、米倉か祭祀用の建物であろう。[21]

船の延長としての家

以上のほかになお、付け加えるべきことがある。すなわち、福建の中部莆田《プティエン》から南、泉州、広東省東部潮汕地区（潮州、汕頭、掲陽市など）の海辺の古い建物は屋脊（屋根）が船形をしている。とくに興味深いのは、「沿海地区の祠堂、廟宇、また家屋の傍らの土地神廟がことごとく屋根を船形にしていること」である。これは「古代海辺居民の建築」にならったものである。この特徴ある家は、その地の居民が元来、海産物を採取しつつ船上で生活していた名残だとみられている。[22]これは船棺の問題とも関係する（後述「三　海洋他界

観」参照)。一方、宮本常一は日本の海洋文化を論じたなかで、漁民の家の間取りが並列型なのは「船住居の型をそのまま陸へ持ってあがったのではなかろうか」と推察した。宮本は、間取りのほか、家屋内の居間としての八畳間(船の胴の間の延長)、蔀戸または蔀格子、さらには日本の床のある家そのものが船住まいの者の陸上がりと関係すると考えた(23)。福建南部の船形の屋根や日本の海辺の家屋など、いずれも海の文化を陸に移したものとしてみれば、興味深い。そして、さらに大きな問題は海洋他界観である。これについては船の活用とともに後述する(「三　海洋他界観」参照)。

二　村落の景観と祭場

沖縄の村落　東方地中海地域の原初の村落の景観、祭祀がどのようなものであったかを知ることはむずかしい。中国沿海部や朝鮮半島では古代に強力な王権が存在した。当然、その支配が及ぶところは村落構造も祭祀の場も変容している。こんななか、仲松弥秀の提示した沖縄の村落構造はたいへん示唆的である。仲松『神と村』によると、次のようになる。村落の背後、多くは北側の丘に腰当森《くさてもい》がある。そこには腰当神がいる(24)。くさて(くさてぃ)とは「信頼し、寄り添い身をまかす」という意味である(25)。この神は祖霊神である。村人は、この神に「訴え、愛護を求め、信頼し、クサテにしてきた」。この森には納骨場所があり、大切にされた。この森が御嶽《うたき》である。腰当《くさて》の神は、村を守り育てる。これをオソイという。このオソイとクサテの関係は「親と子の関係」であった。ところが、のちにはオソイが変容し、支配の意味になっていくこともあった。腰当の神には元来男女の別はなかった。だが、のちには神の来歴を語ることになり、男女の別が現れてくる。この点は宮古諸島が顕著で、これには血縁集団同士の戦いが関係しているとみられる(26)。御嶽の神をまつるのは女性で、村の最高の神女は根神《ねがみ》とよばれた。これは草分けの家（根家《ニーヤ》）の長男根人《ニーッチュ》の姉妹でもある。[27]祈り、また祈る人を意味するノロ（祝女）も元来は根神と同じ女性とみられるが、それは支配とかかわる性格が強い。[28]御嶽の数は一村ひとつとは限らない。これにはいくつかの理由がある。合併した村落のばあい、それぞれがもとの御嶽を持ちつづけること、祖霊神以外にニライ・カナイの神をまつること、「お通し御嶽」（遙拝所）を単に御嶽とよぶこと、神女や村の貢献者を神とした御嶽があること（先島諸島）などがその理由である。[29]

村落生活の精神的な支え

仲松の簡潔な描写から次の構図が読み取れる。すなわち、原初の村落の背後に森があり、そこに祖霊神などの神がいて、村の女性がこれをまつったこと、その森は村が移動し、合併したりするときも、村落生活の精神的な支えとなったということである。そして、これは中国南部の社《シャ》、済州島や朝鮮半島南部の堂《タン》、堂山《タンサン》の存在とその祭祀を連想させる。社は通例、土地神、またその祭場を意味する。中国のどの村落にもこれがあり、移住先においても真っ先にまつられる。経済的に余力がなければ自然石などを神体とするが、のちには祠を作り、さらに立派な廟、宮とすることもある。人びとは社の神のほかにさまざまな神をまつり、それを移動先においても維持する。一方、堂、堂山も村落生活の精神的な支えである。もちろん、以上は構図だけ述べたものであり、細部においてはなお、解くべきことがいろいろある。そもそも仲松は「祖霊神と村人とは、血のつながる親子関係になっている」と理解した。けれども社では偉大なる母神、[30]堂、堂山でも、母神あるいは非血縁の祖上《チョサン》（祖先）神の趣が濃い。また済州島の村落では、外来の蛇神を村落の祖上とすることもあった[31]（兎山里の兎山堂《トサンダン》）。そして、それらは御嶽の神の原初の姿でもあったのではなかろうか。血縁へのこだわりは、後世のものといわざるをえない。

海からくる神と霊の祭場

ところで、仲松の御嶽観のなかでもうひとつ注目すべきは、御嶽にはニライ・カナイの神をまつったものがあるという点である。これは「御通し御嶽」の性格のものだが、それには海難者の漂着死体をまつったものがある。一方で、仲松は、ニライ・カナイは神の居所、青の世界であり、そこには死者もいった。奥武《おー》という島名や御嶽名はその名残であるという。つまり仲松説では、死者のいく青の世界が根源にあり、のちに御嶽に祖霊神をまつるようになった。これは「定住集団共同社会において、いわば農耕に重点が置かれるようになった時代から」のことだという。そして「祖霊神信仰より以前に、ニライ・カナイに対する信仰が先行していた」ともいう。[32] 以上のことは納得できる。仲松によるまでもなく、ニライ・カナイからくる神は御嶽の出現以前にも集落に到来したであろう。この神は豊作、豊漁、諸種の文化と技術、雨をもたらす。その神の祭祀場はもとはグスク、スクといった。仲松は、さらにニライの神がみの居所は「ニライヌ《の》スク、すなわちニイルスク、ニラスク」だといった。[33] これは興味深い。

仲松説、すなわち死者をまつる御嶽の存在をはじめとして、神や死者のいる青の世界、スクの解釈はいずれも同感できる。それだけでなく、この一連の考察は朝鮮半島南部の堂《タン》、堂山《タンサン》における祭祀を理解するのにも有効だとおもわれる。そこでも祖霊神的な神（たとえば全羅道の堂山婆《タンサンハルモニ》さん、堂山爺《タンサンハラボジ》さん）をまつると同時に、海からくる神と霊をまつる。こちらは通例、龍王《ヨンワン》（済州島ではヨワン）、水中孤魂（水死者の霊）とよばれる。それは海の彼方からくる。まつれば漁民に海上安全、豊漁を授ける。その居所を何とよんだのか、民俗語彙としては知られていない。巫歌では江南天子国《カンナムチヨンジヤグク》、[34] あるいはまた龍宮《ヨングン》、水宮《スグン》とよんだ。[35] いずれにしても死者霊を伴っているのであり、そこはやはり青の世界だったであろう。ちなみに、文学の世界で龍宮は多分に理想化される傾向があるが、中国の龍宮は死者の国という面もある。これは朝鮮半島周辺のばあいも同じである（前注35参照）。以上のことを踏まえると、沖縄の御嶽をめぐる祭祀は東方地中海文化圏の海洋他界観と密接にかかわることが知られる。次に海洋他界観について、さらに探究してみよう。

三　海洋他界観

東方地中海文化圏の基層文化には海洋他界観がある。中国の陸地からみた蓬莱山、観音の居所補怛洛迦《ポタラカ》山、沖縄のニライカナイ、中国、朝鮮、日本の文学や説話で知られた龍宮などはその一端である。この問題について、わたしは前著である程度言及した[36]。また、最近、日韓比較民俗学の竹田旦が新著で興味深い問題提起をした[37]。それらを踏まえて、以下では、まず古代閩人の船棺葬を取り上げる。中国では古くから「船棺葬」（舟葬）がなされている。それは長江以南から東南アジア一帯にかけての特殊な葬送習俗である[38]。そのうち中国福建省の武夷山《ウイシャン》では高さ数十メートルもの崖の上の洞窟に船形の棺が置かれていた。これは炭素年代測定の結果、今から三四〇〇年ほど前、商代に造られたものと推定されている[39]（陳国強等『百越民族史』）。徐吉軍『中国喪葬礼俗』（浙江人民出版社、杭州、一九九二）によると、中国では夏商の時代から懸棺葬（木棺を絶壁の杙や洞穴に置くこと）がおこなわれた。それについては古代の諸書に少なからぬ記録がある。そのうち武夷山の船棺葬は最も早い時期のものである。

浙江省瑞安臨溪一帯の越人の后裔は三国時代に至ってもなお往々、懸棺葬をした（『中国喪葬礼俗』）。これについて、李新魁は次のようにいう。これらの懸棺の多くは船形をしていて、またその名称にも船の字が使われる。たとえば、四川では懸棺を「敞艇」といい、湖南では「鉄舟山」というと。そして『中国喪葬礼俗』の記述を踏まえつつ、「船棺は古代越族人が常用した一種の葬具」だという。李新魁によると、越族のうち、とくに東南沿海一帯の古越族が船棺をおこなった。彼らの一部は後代に蜑家《ダンジヤ》（蜑民《ダンミン》）とよばれる水上民となった。蜑家の蜑の古音は「船」の音に似ている。それゆえ蜑家とはそもそも「船家」の意味だという[40]。彼らは日ごろ舟を居室とし、死にあっては船を墓穴とした。水辺の高所にそれを置いたのは、始源のときに立ち返る意味があったのだという[41]。蜑家の生活した福建から広東東部の比較的古い建物は屋脊（屋根）が船形をしている。これは、その地の居民が元来、船上で生活していた名残だとみられている[42]（前述四八頁）。

中国沿海部の越系の海民は船を家とした。彼らは破旧した船に死者を載せた。そして、紀元前千数百年もの古い時代に死者の安葬の場を求めて懸棺葬、とくに船棺葬をおこなった。常人には上れない高所に船棺を置いたのは死者の霊魂の昇天を願ってのことだろう。ただ、この天は、北方系の諸民族が持つ垂直的な天上観念とは別であろう。水平線の延長としての天だとおもわれる（後述）。

ところで、古代福建には、越人とはまた別に山東からきた東夷系の濮人《プーレン》（濮族）がいた。武夷山にいって船棺葬をしたのは濮人だともいわれる[43]。濮人はまた銅鼓を用いた。そして、周知のように銅鼓上には太陽（日紋）、鳥（鳥紋）、船（船紋）、鞦韆（鞦韆紋）がみられる[44]。この紋様、とくに太陽、鳥、船は日本の古墳壁画などとつながることがすでに唱えられている[45]。そして、それらは海辺の民でもあった濮人を介して船棺葬と結びついていく。なお、濮人と越人の関係については諸説がある。大別すると、両者を同一視する説、両者は別とする説がある。近年は別途とみる説が増えているという[46]。ここでは濮人を東夷とする見方に従っておく。

他界観の根源——水天の接近

おそらく、船、船棺、さらに、懸棺葬のひとつとしての船棺葬を結び付けるのは海洋他界観であろう。そこには霊魂の他界入り願望がみられる。これは霊魂の昇天、いわゆる「天上他界観」のようでもあるが、元来、水辺で一生を終えた者たちにとって、海上と鳥、天はそう明確に区別はできなかっただろう。日本では、一般に、天空他界・天上他界と海上他界は別物として議論されるが、竹田旦は「天空他界・天上他界と海上他界とは、峻別が無理なばあいが生ずる」と明確に指摘している[47]。妥当な所説である。竹田の引用した頼山陽の漢詩「雲か山か　呉か越か　水天髣髴　青一髪」は興味深い。これは現代日本人には古人の単なる詠歎にみえるかもしれない。けれども、中国の沿海部の側から、東シナ海を眺めるならば、水天の接近こそは古代から近現代にまで引きつづく日常の光景なのである。そしてその光景こそが海洋他界観の根源である。

越人または濮人の末裔の多くは陸で居住したが、水上民となる者もいた。その末裔が疍民（蛋民）である[48]。古代水上民、その末裔の疍民だけでなく、海辺の住人をも含めて海民というならば、東シナ海周辺地域には近現代まで海民の海洋他界観が生きていた。彼らは船に乗って海と天を駆けめぐった。

この海洋他界観が次にあげる民俗伝承を生みだした。徐福がめざしたという蓬莱山、沖縄のニライカナイ、南《パイ》波照間《パティロマ》（波照間島民の憧憬した南島、後述一五二頁）、朝鮮半島の江南天子国《カンナムチョンジャグク》あるいは南への渇望（南朝鮮信仰）などである。また済州島のイヨド（伝承の島）もそこに含めることができるだろう。イヨドを死と幸福の島とする伝承は近代の文学者が作り上げたという指摘もある[49]。それは相応の根拠があるのだが、東方地中海地域の他界観の広がりを踏まえると、イヨド伝承を産みだす下地があり、その上で形成されたものとみるのが妥当であろう。

船の来往

こうした海洋他界観の核心に船の来往がある。東方地中海地域で最も早く船を活用したのは越人である。『越絶書』に「（越人は）以船為車、以楫為馬、往若飄風、去則難従」とある（前述四三頁）。呉越は船をもって熾烈な戦いをくり広げ、結局、越の水軍が呉国を滅ぼした。水軍を持つほどの越人はまた船に乗って沿海を移動し、移住した。それは越国の滅亡（前三三四年）以後、加速されたことだろう。船の往来は新天地を求めての移住の歴史を意味する。それは独木舟の使用からはじまる。江蘇省武進淹城では春秋時代の独木舟が発掘されている。また浙江省河姆渡遺跡（前三〇〇〇～五〇〇〇）からは木《き》槳《かじ》が多数発掘されている。越人の祖先はそのころからすでに独木舟を駆使していたとみられる。

船は移住、移民、戦闘の用だけでなく、死者を他界に送り出す乗り物でもあった。さらに疫神、悪鬼、諸種の災厄を送るのにも用いた。同時に船は他界からくる神や祖先の乗り物でもあった。以上のことは、この海域の民俗伝承に反映されている。福建、台湾の疫神王爺《ワンイェ》を載せた船は他界に向かった。そしてそれがのちには平安をもたらす王船に変わった。それは今日の台湾では何千、何万もの人が待望するものとなっている。一方、日本の民俗でも、室町時代には悪しきものを載せて流す船が知られていた。ところが、いつしかこれが宝船となる。それは米俵、獏《ばく》(凶夢を食うもの)、七宝、七福神などを載せてやってくる。この種の転換はいずれも船と海洋他界の密接な結びつきに淵源する。他界には明と暗の両面があった。

海外移民と帰郷の淵源

福建、広東を故郷とする華僑(50)、また沖縄人《ウチナーンチュ》は積極的に移住するが、一方では故地とのつながりを持とうとする。済州島人もまたそうである。これらは多くは狭小な土地、生活苦により促されたものとしてえがかれる。従って経済史、社会史の問題として論じられることが多い。しかし、移住先で生活が安定したとき、なお彼らは故地をめざす。むしろより一層、故地に錦を飾りたがる。彼らはなぜ、易々《やすやす》と故地を離れながらも移住先に安住せず、故地にこだわるのだろうか。新天地で成功し、相応の家庭を持てば、それで満足ではないのか。だが、衣食足りても満足しない。それは生活苦という現実問題の解決以前に、代々の移住願望があったからではなかろうか。それは海の彼方に別世界があるという見方、つまり海洋他界観に淵源するものではなかったか。

一九世紀前半から華僑の大量出国があった。しかし、彼らの多くは出稼ぎタイプで、大半は帰国した。斯波義信は、これを人口圧や極度の貧困だけで説明することはできないという。その時代、福建や広東の生活水準は「全国のどん底」にあったとは決していえない。むしろ「先進地域」に属していた。そこからの移住は「単純労働に就業するというよりは、郷里でなじんだ技術を身におびた出国」という特色がある。[51] この指摘は興味深い。大正末年から急増した沖縄糸満漁民の海外進出は男中心で、やはり「出稼ぎ者という性格が顕著」であった。彼らは南洋にいってカツオ漁業の担い手として重要な役割をはたした。もちろん、沖縄県全体の貧困という要素が働いていたであろうが、糸満漁民のばあい、出漁の合間には現地で大盤振る舞いをした。彼らは「海の上には国境線は見えないから……[52]」といった。彼らにとって境界とは海の果て、つまり他界だけだったのだろう。

出稼ぎタイプということでいえば、一九九〇年代以降、日本にくる韓国人や中国人が必ずしも故地において貧窮者でないことも想起される。彼らニューカマーは日本定住にこだわらない。こうした特質を持つ移住は一九世紀の華僑にはじまるのでなく、おそらく古代からあったものといえるだろう。かつては船、現代は飛行機による越境、跨境である。そして、彼らは故地とのつながりを維持し、できれば戻ろうとする。これもまた意識がそうさせるというよりは基層の心意によるものだろう。人の霊魂は他界をめざすが、同時にまた時を経て故地（原風景のある地）に戻ろうとする。魯迅の小説『祝福《ジュフー》』のなかで、祥林嫂《シアンリンサオ》は、「一個人死了之後、究竟有没有魂霊的？（人は死んだあと、いったい、たましいはあるの）」と問いかける。知識人の語り手はそんなことは考えたこともない。それで適当に「也許有罷（たぶんあるだろう）」と答える。これと同様に、なぜ故地にこだわるのかと問われれば、深く考えたことがない人は、さしあたりはわからないと答えるしかない。しかし、慣習に従えば、魂はある。あってほしいと人びとはおもっているのである。そしてその魂は故郷に帰ろうとする。東方地中海地域ではどこもそういうことだったといえる。これについては、東方地中海地域の霊魂観をみる必要がある。以下のように、それは祖先の到来と関係がある。

四　霊魂不滅と祖先の到来

東方地中海地域の人びとは人の霊魂は死後も残るとみていた。それは祖霊ということばで抽象化される以前に、まず花、鳥、蛇、蝶などに変身し、さらにまたそれらから人へと姿態変容《メタモルフォーゼ》をくり返す。人が蝶になることは中国江南の民間伝承「梁山伯《リャンシャンボー》と祝英台《ジュインタイ》」に表現された。人が鳥になることは精衛填海《せいえいうみをうずむ》の話として知られていて、これはいち早く『山海経』第三北山経に記されている。蛇が人になる話は『白蛇伝』に象徴される。花が新生児の象徴とされること、命が尽きると花が散り、魂は花の故郷に帰るということは古越系の民族の間ではよく知られている[53]。

ただし、人でも花、鳥、蛇、蝶などでも、死に方によっては変身できず、悪しき霊魂となる。それは災厄を引き起こす。この災厄に対処するために巫が必要とされた。巫は神や霊と人の間に立って、災厄を鎮め、もとの秩序を取り戻す。ところで、花、鳥、蛇、蝶と人とのかかわりあいの長い時間を経て、古代人は祖霊観を育んだのであろう[54]。朝鮮巫俗では祖霊は鳥や蝶になると信じられているが、一方では巫を通して故人の姿で来臨し、生前の声音で心境を語る[55]（チノギセナムクッの霊室《ヨンシル》）（図版3）。

祖先のかたち　東方地中海地域の霊魂観からみた祖先はどのような姿をしているのか。儒教では祖先を祖霊として抽象的に迎え、酒や食べ物などを供えてもてなした。これを表現するのは神位（位牌）である。しかし、越人をはじめとしてこの海域の人びとは具体的な姿でこれを表現した。最も原初的な祖先の姿は蛇である。湖南省沅江《ユエンジャン》のほとりの侗族は古越系民族であるが、その女性たちは五月端午の祖婆節《ズーポジェ》で独特の粽《ちまき》を作り、祖神の祖《ズー》

5　傀儡目連戲の三殿超度。祖先が血湖地獄から救済される。福建省莆田《プティエン》仙游県楓亭

3　チノギセナムクッの霊室《ヨンシル》。巫を通して故人と遺族との対話がなされる。韓国ソウル

6　富美宮《フメイゴン》（王爺廟）の主神王爺、前漢の名臣蕭太傅《シャオタイフ》。福建省泉州市鯉城区南門

4　壺にえがかれた百歩蛇《ひやつぽだ》。排湾《パイワン》族は蛇を祖先とする。『えとのす』第1号

婆《ポ》を迎えまつる。粽そのものが祖婆とよばれ、神聖視されるのだが、万一、祖婆を怒らせると、この祖神は「青蛇」に変身し、粽を入れた器のなかにわだかまる。こうなると、一年中運が悪いという(56)。

蛇で表される祖先　百越という語が示すように、越族にはさまざまな民族が含まれていたが、彼らが広く蛇を祖先として崇めたことは一般に認められている。古くは、後漢許慎の『説文解字』虫部で、「南蛮は蛇種」、「閩《ミン》〔福建人〕は東南越〔東南部に住む越族〕、蛇種」とした。祖先としての蛇は文身の紋様としてえがかれた。たとえば、海南島の黎《リーズ》族は今日なお蛇紋を残している。すなわち黎族のひとつ「美孚《メイフ》」黎の女性たちは顔と四肢に蚺蛇《ランシャ》（大蛇）の蛇紋をえがく。このため彼らは「蚺蛇美孚《ランシャメイフ》」とよばれる(57)。また、台湾の排湾族《パイワン》は蛇を祖先とする。この祖先は太武山の頂上から五年に一度下りてくる。これは「五年祭」としてよく知られている。彼らはこの祖先の蛇を壺や柱、衣服などにたくみにえがいて表現した(58)(図版4)。

木偶、人、神像による祖先の顕現

歴史的にみて、祖先の姿を木偶で表現することもまた古代からおこなわれてきたとみられる。これは死者とともに埋葬された俑(ひとがた)がすでに示唆している。そして傀儡戯のなかで祖先の演戯がなされた。その開始の時期は未詳だが、今日、福建省莆田《プティエン》の傀儡目連戯では三殿超度のなかで、死者の姿(祖先)が血湖(血盆)地獄から救済される(図版5)。莆田ではまた、超度される故人を俳優が演じる(59)。これはおそらく傀儡による表現のあとに登場したものであろう。一方、泉州市鯉城区南門の名高い王爺廟「富美《フメイ》宮《ゴン》」の王爺は前漢の名臣蕭太傅《シヤオタイフ》をまつったものである。ここでは地域の平安、瘟神送り、水上の悪鬼鎮めなどの祭祀がなされるが、この王爺は元来は蕭《シヤオ》氏一族の祖先崇拝の対象であった(図版6)。蕭氏だけでなく王爺には実に一〇〇近くの姓氏がある。それらを踏まえると、王爺信仰の広がりの根柢には祖先崇拝があったといえる(60)。

祖神の巡行

琉球宮古諸島では祖先が祖神《ウヤガン》(親神)とされ、それが人の姿で現れ巡行する。宮古島のウヤガン祭(祖神祭)では村の神女が祖神になって巡行しつつ、子孫繁栄、五穀豊穣、航海安全を約束する。これは大神島《おおがみじま》(旧暦六月から一〇月、択日、五回)、島尻、狩俣(いずれも旧暦一〇月から一二月、択日、五回)でおこなわれてきた(島尻は現在中断)。上原孝三によると、ウヤガン祭は宮古島各地のユークイ行事と本質的には同じ祭儀である。すると、この地方では、どこでも祖神が神女の姿を借りて現れ、村人を祝福して回ったということになる。ウヤガンなる神は「海からの来訪神」の性格が濃い。そして一般的には祖霊と考えられている。ところで、この祖霊について、上原は「その祖霊が部落の始祖を指すのか、代々の先祖を含めた観念なのか、はたまた特定の祖霊を指すのか、血縁の祖先を指すのかについては判然せず、曖昧なままである」という。そして上原は、この問題は保留とした[61]。しかし、東方地中海地域の祖霊顕現の事例を踏まえると、この祖霊は非血縁の「部落の始祖」ということになる（前述五〇頁）。

以上述べたことを踏まえると次のようになる。東方地中海地域では、霊魂は不滅で姿態変容を遂げる。祖霊もまた花、鳥、蛇、蝶のかたちをとるものとみた。村落や民族集団全体の祖神、祖霊が先にあり、やがて個々の家の祖霊としてまつられた。しかし、蕭太傅のように、個々の家の祖霊も広く地域の平安、水上安全などを司るものとみられるようになる。これは元来、祖先（祖霊）とはそういうものだったからであろう。ところが、儒教はこうした祖霊観を抑えて、祖霊を男系の血縁中心に組織した。そこでは漢字で名を記した位牌が祖霊を象徴した。

五　女神と女性の世界

東方地中海地域の基層文化においては「女神と女性の世界」は大きな基軸をなす。女神は人間の男女を区別せずに庇護する。また女性は必ずしも女神だけを奉じるわけではない。従って、女神と女性は別途に論じることもできる。しかし、この海域の多くの女神は巫女をはじめとした女性が斎きまつることで地域に顕現し成長した。歴史のなかで生成された女神たちはとくにその時々の女性たちのこころの支えとして機能した。それゆえ、ここでは「女神と女性の世界」をひとつの基軸として提示する。

Ⅰ　女神の世界

東方地中海地域の女神は数多い。その分類は容易ではない。ここでは見通しをよくするために次のように四分した。すなわち、一、始祖女神　二、海の女神　三、家の女神　四、女鬼、である。ただし、これらは以下でみるように截然と区分できないこともある。また、四、女鬼、あるいは女妖は霊魂の一類型で神とは別ともいえようが、朝鮮ではこれらも雑鬼《ジャプキ》雑神《ジャプシン》といい、神の一類である。この海域の基層文化ではどこでもそのようにみなすといえよう。以下、それぞれについて概観する。

1　始祖女神

東方地中海の周辺では原初の偉大なる女神が広く信じられていた。このうち太陽と密接なかかわりのある女神たちがいる。すなわち中国雲南の景頗《ジンポ》族の神話『開天闢地』では太陽は女性、月は男性である。神話『創世記』では人類の始祖となった女性が太陽の御者として空を駆けめぐる。(62) 一方、侗《トン》族の「遠祖歌」（創生神話）『カマンマンタオシチャ（私たちの遠い祖先の歌）』に現れる女神サテンパは「たくさんの伯母・叔母を産んだ祖母」で、天地、神がみ、日月、動植物、さらに女性、男性の始祖を創りだした。(63) このほか、プヌ瑶《ヤオ》族のミロト（密洛陀。ミロトシ、略称ミ〈ミは母親〉。世界を創造した母親）、壮《ジュアン》（チワン）族のミロチャ、水《シュイ》族のヤウなどもやはり偉大な女神たちといえる。

巨大な身の女神から聖母へ

ところで、プヌ瑶《ヤオ》族のミロトは巨人である。「天地の間」に屹立し、「東海」（東シナ海）もその足を濡らすことがないという。(64) この種の巨大さを語る女神伝承は済州島や朝鮮半島南部にもある。済州島には漢拏山《ハルラサン》を枕にして寝るソルムンデお婆《ハルマン》さんという巨大な女神がいて、済州島のオルム（小火山）を作った。また、慶尚南道密陽郡三浪津邑《サムナンジン》の麻姑婆《マゴハルミ》さんも巨女で、山を背負い岩にまたがり小便をする。全羅北道辺《ピョン》山《サン》半島の格浦《キョクポ》にまつられる水聖堂《スソンダン》のケヤン婆《ハルミ》さんも同類である。この女神は西海の守護神で、背丈が大きく、ぼっくりを履いて水深をはかり漁夫に知らせて風浪を防いであげるという。(65)

7　智異山《チリサン》の聖母天王《ソンモチヨナン》。かつて智異山の天王峰山頂にあったが、今は慶尚南道山清郡矢川面中山里天王寺《サンチョングン シチョンミョンジョンサン ニ チョナン サ》に安置される。

8　智異山《チリサン》の老姑壇《ノゴダン》。山神婆《サンシンハルモニ》さん（老姑《ノゴ》）をまつる。智異山吉祥峰《キルサンボン》

9　臨水夫人。福建省古田の臨水夫人祖廟

こうした巨大な女神の一部はやがて山の聖なる女神としてまつられるにいたった。全羅南道の霊山ともいえる智異山《チリサン》には聖母《ソンモ》がいて（図版7）、これは八道巫堂《ムーダン》の祖になったともいい、また高麗の太祖王建の母だという伝説もある。この聖母には白衣《びやくえ》観音の信仰が習合された。また智異山吉祥峰《キルサンボン》には聖母とは別の脈絡で老姑壇《ノゴダン》（図版8）があって、多くの人びとに尊崇されている。こちらは道教の影響であろう。

太姥山の女神

山の偉大なる女神といえば、福建省の太姥山娘娘《タイムシヤンニヤンニヤン》も同類である。太姥山（大母山《ダームシヤン》）は福建の各所にあった。福建北部、南部（漳州）、またその南の金門島にもあった。そのほか福建には武夷山の「太姥《タイム》魏真人」をはじめとして、各地に太姥の伝説がある。漳州海澄県の太姥山には大武夫人壇がある。この女神は閩《ミン》（福建の古名）にまだ人が住んでいなかったとき、はじめて土地を拓き民を居《す》まわせた。そしてまた、この山は古くは大母山《ダームシヤン》ともいい、当地の人びとはこの女神を「八閩人祖」とよんだ。(66) 太姥山の女神は漢代にすでに神仙術の影響をかなり被り、女の神仙のような姿になっていく。しかし、おそらく、もとは原初の女神として崇拝されたもののとおもわれる。

琉球の宮古島狩俣の豊見赤星テダナフラ真主《マヌシ》[67]（ンマティダ。母太陽）、久高島のアマミヤ[68]はそれぞれ当該の地の島建《しまだて》の神話伝承で語られる女神である。ンマティダは口頭伝承によれば、山ヌフシライというむすめとともに到来して、飲むに足る井戸を求めつつ巡行をした。これらは、通例、男神との対で語られるが、久高のアマミヤについては女神の優位を示唆する伝承もみられる。[69]この女神たちはシマという世界を創った。それは規模は異なるが、太姥山娘娘《ニャンニャン》やミロトに連なる女神であろう。

花山の女神　ここでもうひとつ花山の女神をあげておこう。これもまた東方地中海地域の重要な女神である。花とかかわる女神は各地にみられる。そのうち最も包括的なのは、前述した壮《ジュアン》（チワン）族のミロチャである。ミロチャは創世の大女神で天地、人、鳥獣を創った。[70]それと同時に花にかかわる点が注目される。ミロチャは花山（あるいは花園）に住んで花を育てている。この神が紅花、白花を人びとに授けると、女児、男児が生まれる。一方、散花すなわち人が死ぬと、魂は花山に戻る。そうしてまた花となる。こうした始祖女神ミロチャを人びとは花婆《ファポ》あるいは花王聖母《ファワンシェンム》ともいう。ミロチャはまた壮族に稲作、牛の飼育を教えた。[71]この女神の系譜にあるのが、福建省の民間で奉じられる臨水夫人（図版9）、花婆である。また済州島の仏道婆《プルトハルマン》さんという生育の女神も同様である。[72]臨水夫人以下の花の女神は今日なお祭祀のなかで生きている。この海域の女性たちがこれを支えている。

2　海の女神

東方地中海地域の女神では海の女神の系譜が重要な位置を占める。船、航海、漁撈、海辺生活における生死、あらゆる面において海の女神が関係する。これもまた展望は容易ではない。ここでは次のように分類した。（一）蛇体の海神、（二）蛇の分化——海の女神と龍王、（三）観音からフナダマまで、（四）海から訪れる神の属性である。以下、これらについて概観する。

（1）蛇体の海神

船中の蛇　東方地中海の海神というと通例は龍王、とくに東海龍王を想起する。しかし、龍王以前に蛇体の海神がいた。清代の『海上紀略』によると、次のように記されている。

凡、（福建）海船中、必有一蛇《かならず蛇がいっぴきいる》、名曰木龍《ムーロン》、舟船成日即有之、平時曾不可見《ふだんはけっしてみられない》、亦不知所処《いどころもわからない》、若見木龍去《もしムーロンがさるのをみると》、則船必敗《ふねはかならずこわれる》。(73)

この伝承は興味深い。船中に一蛇が必ずいる、しかし、平時には姿がみえず、それでいてこれが去ると「船必敗」という。これはまさにフナダマである。そして、東方地中海の海民はこれを木龍とよんだ。今日なお、広東省汕尾《シャンウェイ》市の漁民は年の切り替え時に、舳先《へさき》に「木龍」と墨書した赤い紙を張り付ける（図版10）。これは船の安全を願ってフナダマの更新をしていることになる。

蛇体の女神　船を守る蛇はすなわち海神でもあった。しかもそれは原初は女神であったとみられる。朝鮮半島南部全羅北道扶安郡竹幕洞《チュンマクドン》格浦《キョクポ》の水聖堂《スソンダン》のケヤン婆《ハルミ》さんについての伝承がそれを示している。すなわち、「ケヤン婆さんは七山洋《チルサンパダ》を管掌する海神である。遠いむかし、……ヨウル窟からケヤン婆さんが現われ、海を開き、風浪と深さを調《ととの》えて漁夫たちの生命を保護し豊漁を司ってきたという。……むすめを八人産んで……七山海の要所に配置し、自分は末娘を連れて水聖堂に留まり西海を総括しているという」(74)（全北郷土文化研究会編著『扶安郡誌』）。ヨウル窟から現れ、海の要所にむすめを配置したという伝承そのものが蛇を示唆する。そして実際、ケヤン婆さ

んは「とぐろを巻いた姿또가리를 튼 모습」であったという伝承もある(75)。この女神をまつる竹幕洞《チュンマクドン》の考古遺跡によると、ここでは四世紀のころから祭祀がおこなわれていた。

蛇体の女神ケヤン婆さん《ハルミ》との関連で想起されるのは宗像三女神である。谷川健一は古代の海人豪族宗像が「水底に住む蛇神の女神を奉祭していた」可能性を述べた。宗像氏に限らず、日本古代の海人は海蛇を祖先としてまつったという(76)。このことは東方地中海地域の伝承に照らしてみると、納得がいく。

キンマモンという蛇体の女神

浄土僧袋中（一五五二〜一六三九）は明国行を試みるがはたせず、一六〇三年、琉球にいき、三年後に京都に戻った。この間、国王の懇請により『琉球神道記』を著した(77)。当時、琉球はまだ島津の支配を受ける以前、いわば古琉球の光景が至るところに残っていたであろう。袋中はその琉球でキンマモンという蛇体の海神をみる。

10 「木龍」の墨書。年の切り替え時に舳先に貼られる。広東省汕尾《シャンウェイ》

人間生長シテ守護ノ神現ジ給フ。キンマモント称ジ上ル。海底ヲ宮トス。毎月出テ託アリ。所々ノ拝林ニ遊ビ給フ。……七年一回ノ新神……十二年ニ一回、荒神、悪シキ者ヲ罰スル(78)（『琉球神道記』巻五）。

この新神《あらかみ》が一〇月に出現したとき、託女らは、王宮の庭で「鼓を拍ち、謳《おもり》をうたふ。皆龍宮様《やう》なり」とある。また、神下ろし、神送りに伴う詞を列挙する箇所では、「国ノ習トシテ蚖蛇［毒蛇、ハブ］ヲ呼ビ回スコト、皆詞ヲ以テス」ともある。これらによると、次のことが知られる。すなわち、キンマモンは琉球人の守り神として信仰されていた。それは龍宮からくる蛇神、とくにハブで年中、姿をみせる（蚖蛇は通例、毒蛇の意味）[79]。しかも七年、また十二年に一回は悪人を糺す神でもある。神女も国王もこの神を恭しくまつっていた。そして、袋中の記述にはないが、この神はもとは女神であったとみられる。すなわち、伊波普猷は、「君《きみ》」は古琉球語では神女の称号に用いられているから、「君真物（または君手摩《きみてずり》）も古くは女神と考えられていたと思う」と述べた。ただし、沖縄の芝居では男神となっている。これについて伊波は、それは「後に変化したものだろう」という[80]。

琉球の蛇神は航海安全のために御嶽に留まることも多い。宮古島の漲水御嶽の伝承はそれをよく示す。ここには島を創った恋角、恋玉が主神としてまつられるが、『琉球国由来記』巻二十によると、恋角は蛇体で平良のあるむすめと契り、三人のむすめを設ける。それは島の守護神を立てるためであった。この三姉妹は三年後、漲水御嶽にいき、姿を消し、宮古島の守護神となる[81]。ところで、人びとはこの漲水御嶽にまずは「島中諸船海上安穏」（『御嶽由来記』）を祈願した。つまりこの三体の蛇体の女神は航海安全の海神でもあった[82]。これは東方地中海地域の海の女神の典型的な坐定の仕方である。

海からくる蛇は守り神

東方地中海の海蛇は浜によく上がったようである。済州島七星本縁譚《チルソンポンプリ》ではこれを次のように伝える。すなわち、江南の長者のむすめが、父母のいないときに僧の子をはらんで流された。このむすめは済州島に漂着してから、七人のむすめを生む。母もむすめもみな蛇体である。のちに、母親は官庁の部屋あるいは個々の家を守り、むすめたちは家内あるいは納屋を守る神となった[83]。今日、この蛇神は「内の七星《アンチルソン》」「外の七星《パッチルソン》（後ろのお婆さん《トゥイッハルマン》）」とよばれていて、屋敷内の巫俗儀礼では必ずまつる[84]。海からくる蛇神は日本の出雲、石見地方でもまつられる。出雲の佐太神社の神在祭では佐太の近傍の浦や海上で捕らえた海蛇を「龍蛇《りゅうじゃ》さま」とよんで、神殿に奉納する。この海蛇は龍宮の使いと信じられていて、これをまつれば火難水難除けになるという。[85] 済州の蛇神七星《チルソン》と変わるところはない。

（2）蛇の分化──海の女神と龍王

以上のことから、東方地中海地域では海から蛇がきて、島、地域、家庭を守り、また航海、漁撈の守り神となることが確認される。そこでは海の女神伝承が濃厚である。ところが、この海域では公的には東海龍王の存在が重要である。龍王は廟内の神像（図版11）、目連戯中の役柄、巫俗の図像（図版12）などをみても男神の性格が濃厚である。海の女神と男神、この両者の関係はどう説明できるのか。わたしは、これは原初の偉大なる女神である蛇が男女に分化し、後世、男神が公的な地位に置かれたものと考える。

ところで、秦漢の時代には海神、水神はみられるが、龍王はまだ出現していない。龍王の国家祭祀が定着するのは唐代である。唐に至るまでの海神は基層文化では女神優位でありつづけたが、公的には次第に男神性を増していったものとみられる。これには仏教の影響もあるだろう。仏典では龍は護法神、龍衆として位置付けられる。[86] ところで古代の文献『山海経』第十四大

11　龍王。台湾鹿港新媽祖廟

12　韓国巫神図の龍王。『韓国巫神図』

荒東経には禺虢《ぐうごう》なる海神がみられる。そこでは「東海の渚中［渚、島］に神がある。人面鳥身にして、両黄蛇《にひきの》を珥《みみわ》とし、両黄蛇を践む。名づけて禺虢という。黄帝は禺虢を生み、禺虢、禺京《ぐうけい》を生む……禺京は北海に処《す》み、禺虢は東海に処《す》んだ。是こそは海神だ」とある。(87) 東海の最初の海神は蛇を耳輪にし、また踏みつける。蛇を従える神で、皇帝の子という。これがのちに皇帝とともに龍の子、龍王となっていったとおもわれる。ちなみに、『山海経』では、すでに四海の海神が記されていた。すなわち、上記東海、北海のほか、南海の渚中の神は「不廷胡余」（大荒南経）といい、専ら風を司った。また西海の渚中の神は「弇茲《えんじ》」という。これらはいずれも蛇と密接な姿でえがかれる。

四海の海神祭祀は漢代にはじまった。すなわち、宣帝元年（前七三）に「以四時祀江海雒水、祈為天下豊年」という詔勅が出されている。(88) このころに、国家による海神祭祀が定着したことが知られる。これがやがて、唐代に至ると、四海龍王が祭祀の対象となる。この龍王は唐明皇（玄宗）により封号を賜った（『通典』）。また東海龍王は人格神化され、「滄寧徳王敖広」などという名を与えられた。(89)

（3）観音からフナダマまで

東海龍王は王権や国家祭祀と結びつくことにより、必然的に官僚風の趣を帯びていく。そして龍王廟は各地で公的な支援を受け、厳かなものとなっていく。ところで、興味深いことに、この海域ではそれと同時に原初の海の女神が台頭してくる。すなわち、唐代から宋代を経て、さらに、それ以降、龍王のみならず、あるいはそれに代わって観音や媽祖、臨水夫人などが広く信仰されるようになる。このうち、観音信仰については、浙江省の普《プ》陀山《トゥオシャン》が観音道場となったことがとくに注目される。

普陀山の観音道場は東晋時代（三一七～四二〇）に遡る可能性がある。すなわちその時代、翁州《ワンジョウ》（現舟山市）には観音庵が建てられていた。一方、梅岑山《メイツァンシャン》（普陀山島）には漁民がいた。それゆえ、普陀山にいち早く観音信仰が伝播した可能性がある。そののち九世紀後半、日本僧慧萼《えがく》が五台山から観音像を携えて日本に戻るとき、普陀山に立ち寄り、観音の示現に従ってここに安置した。それは不肯去観音としてよく知られている(90)。この時代の普陀山の観音信仰の流布はひとえにこの海域を往来した僧や商人などによる。そして、その海の観音は在来の海の女神と習合したのであろう。それは唐以降に顕著となった観音の女神化という状況とも密接にかかわっている。いずれにしても、このなかから唐代に臨水夫人信仰が起こり、宋代には媽祖信仰が起こる(91)。臨水夫人、媽祖、いずれも、その出生に観音が関係している。ただし、伝承をよくみると、両者はもとは在地の巫女で、死後にその霊験が称えられ神となったものである。そもそも現地での信仰の様態をみれば、これらの女神名は余り重要ではない。浙江省の島嶼部では媽祖はただに娘娘《ニャンニャン》とよばれ(92)、観音やその他の女神と本質的な差異はない（図版13）。

13　娘娘殿《ニャンニャンディエン》の娘々。浙江省舟山島定海毛峙《マオジ》天后宮

媽祖は地域的な広がりを持ち、とくに注目される。この女神は宋代、九六〇年三月二三日に莆田市の南の賢良《シエンリャン》という漁村（通説では湄州島《メイジョウダオ》）で生まれた。現地伝承によると、幼くして神異を顕した。しかし、その生涯は短く、わずか二七年で湄州島から昇天した。死後、地域の人びとにまつられた。媽祖はそののち、さまざまな霊威を示し、やがて、媽祖廟は国家に承認される。明代以降、その信仰は福建にとどまらず、東方地中海地域、さらには東南アジア以遠にまで広がった。日本への伝播に関しては琉球、長崎、鹿児島、さらに茨城、宮城、青森においてその信仰が確認されている。朝鮮半島の海域のばあい、媽祖の神像や祠はみられないものの、海神への祭文のなかに天妃［媽

祖」への言及があることから、その存在が認識されていたことが推察される。(93) そして、その拡散は現代に到るまでつづいている。近年では、台湾各地の媽祖が里帰りとして大陸の媽祖廟を訪れたり、また福建省湄州島の媽祖が台湾を巡ったりした（二〇一一年）。それは行政側の思惑などもあるようで、必ずしも信仰次元の行事とばかりはいえない。しかし、動機はともかく、媽祖が閩南人《ミンナンレン》を惹きつけるのは確かであり、大陸と台湾の交流の糸口となっていること自体は好ましいことである。

フナダマ　寺廟を中心にした女神たちの宗教活動はともすると、管理委員会が主体となる。それとは別途に、航海者、漁民は原初の海の女神の系譜を引きつづき敬虔にまつっている。すなわち、中国沿海部の港に停泊している船舶には大なり小なり船の守り神が据えられている。浙江省では観音が多く、福建省では媽祖が多い。一方、それらとはまた別に東方地中海上の船にはフナダマが安置されている。両者の関係はいかなるものか。歴史的にみればフナダマが先にあり、後発の観音や媽祖はより一層、威力ある神としてまつられたとみるべきであろう。すなわちもうひとつの新しいフナダマということである。なお、フナダマのかたちは固定したものではない。浙江省東部沿海地域では龍潭水《ロンタンシユイ》がフナダマである。すなわち大型の漁船では、飲み水用の倉とは別にもうひとつフナダマとして水倉を用意しておく。ここには小さな穴があり、海水がはいりこむようになっている。(94) このフナダマは穴を通して海と船を行き来する。つまり原初のフナダマは蛇の代用だったのであろう。また今日、広東省東部汕尾《シヤンウエイ》の漁船にはフナダマはなくその代わり船頭公《チユアントウゴン》をまつる。これには神像はない。漁民たちは正月の朝、各々、自身の船の上で供物をあげて船頭公をまつる（図版14）。これは本質的にはフナダマと同じである。ちなみに朝鮮の海域では船王《ソナン》、先王《ソナン》という船の神霊がいて、これがフナダマに相当する。興味深いことに、一九世紀の申在孝『沈清歌』のなかで、船上の船告祀《ペコサ》（祈禱）の描写があり、そこに次の件《くだり》がある。「船首《へさき》の大監先王《デガムソナン》、船尾《とも》の将軍先王《ジヤングンソナン》、

14　船頭公《チュアントウゴン》をまつった漁船。広東省汕尾《シャンウェイ》

15　玄天上帝をまつった元山寺の賑わい。一年中参拝客が絶えない。広東省陸豊市碣石鎮

炊事場《ホリツカン》の飯炊き《ファジャン》先王、本堂《ボンダン》の閣氏《カクシ》先王［女神］、同参酔飽《おでましなされのみめしあがり》……」という[95]。このうち、船首の大監先王はまさに船頭公のようなものである。これはパンソリの詞章ではあるが、おそらく当時の朝鮮の船人たちの伝承を取り込んだものであろう。

中国沿海の民俗を踏まえると、次のようにいえるだろう。東シナ海の船は、はじめは刳《く》り船（丸木舟）で、蛇に守られていた。その蛇がのちには木龍とされ、あるいは水倉ともなる。さらには蛇龍、龍となっていく。龍には、仏法の護法神、龍衆、男神の趣があり、そこからは玄天上帝も現れる。この神は広東東部汕尾《シャンウェイ》では媽祖と一対で船、漁民を守るありがたい神である（図版15）。一方、はじめの海の女神はまた観音や媽祖ともなる。そして、そうした名のある女神に至らなかったものが朝鮮や日本でもまつるフナダマである。それはもともとが女神であったから、その象徴として女性の髪や持ち物が選ばれ、船に納められた。これは至極、当然のことである。

（4）海から訪れる神の属性

海の女神に関しては、この神がしばしば陸地、島を訪れることもあげなければならない。先にキンマモンのことを述べた（六五頁）。伊波普猷はキンマモンの祭儀が沖縄では一般的であったこと、それは衰退したが、海神祭《ウンギャミ》のかたちで継承されたと述べた。そして、キンマモンの来訪行事は「南島特有のものではなく、本土にもあることを知らなければならない（折口さんの『古代研究』参照）」と述べた[96]。これは、すなわち折口信夫のいうマレビト来訪とつながるものだという意味である。興味深い観点である。しかし、キンマモンの来訪は日本のマレビト来訪だけにかかわるのではない。それは、この海域の女神の来訪、全般とかかわっている。

八重山の来訪神マユンガナシ、弥勒は一般には男神的な趣があるが、川平のマユンガナシ伝承のうち、上《うえ》の村を訪れた神は女性とされる[97]。また、波照間のムシャーマに現れる弥勒面は女性だという伝承もある[98]。こうした伝承は元来、その来訪神が女神だったからこそ存続しているのであろう。そもそも男神であれば、女性伝承が付加されるとはおもえない。一方、済州島では、ヨンドゥン婆《ハルマン》さんが旧暦二月に定期的に訪れ、半月後に帰っていく。これはそのころ激しく吹く北西季節風を説明するために、女神来訪ということにしたのであろう。地域環境、とくに風を説明するために神の来訪を説くことはこの海域の基層文化にあった。すなわち、浙江省嵊山《シャンシャン》海域では「二月一九日観音暴《あれ》、三月二三日娘娘《ニャンニャン》暴《あれ》、八月二〇日烏亀《ウーグゥイ》［カメ］暴《あれ》、一二月三〇日犁星落地暴《あれ》、どれも危害極大の暴風だ」という[99]。特定の日に海上が荒れるのを神の到来によって説明している。ヨンドゥン婆《ハルマン》さんの来訪もこの一例とみられる。東方地中海地域の到るところで、海の女神が到来した。しかし、こうした来訪する女神は次第に男のマレビトに取って代わられる。日本本土の民俗芸能における翁の来訪などがその事例であろう。

3　家のなかの女神

先に済州島の来訪の蛇神が家の守り神「内の七星《アンチルソン》」「外の七星《バッチルソン》（後ろのお婆さん《トゥイッハルマン》）」となったことを記した（六六頁）。朝鮮半島南部でも主婦たちは壺《タンジ》のなかに祖上、世尊、三神《サムシン》（産神）などを安置して部屋の片隅、あるいは棚の上にまつる。その名は祖先壺《チョサンタンジ》のほか、帝釈壺《ジェソクタンジ》、帝釈甕《ジェソクオガリ》、神主壺《シンジュタンジ》などいろいろである（図版16）。これは家庭によくないことがあったり、男系祖先の祭祀《チェサ》があるとき、また稲が実る直前、あるいは元旦や正月十五日にまつる。

16 祖先壺《チョサンタンジ》。主婦は祖先や寿福の神を壺に迎えてまつる。祖上壺《チョサンオガリ》。世尊壺《セジョンタンジ》、帝釈甕《チェソクオガリ》などともよばれる。全羅南道霊岩郡

17 家にまつられた観音女神。中央のものは、古来、名高い安平橋上の水心亭から迎えて安置したもの。何日かのちにまた戻る。背後のものは常在。福建省安海鎮王厝村

この形式は男たちが男系の祖先を神主《シンジュ》（位牌）のかたちでまつるのと対照的である。なぜ女性たちは壺《タンジ》に入れた神を代々まつってきたのか。それは、元来、祖先や穀物の神、産神などをまつったのが、専ら女性たちであり、それが家庭を円満に運営するのに必要だったからであろう。この視点で中国南部の家庭をみると、まず観音女神が多くの家にまつられていることが理解できる（図版17）。近世中国では俗に「家家有阿弥陀《どこのいえにもあみだがある》、戸戸有観音《どこのうちにもかんのんがある》」といった。この観音はすでに娘娘《ニャンニャン》と近い。福建省ではまた臨水夫人や媽祖の像を家のなかにまつる。沖縄でも、家のなかに観音をまつる。そして正月、五月、九月の十八夜には例祭をした。観音は仏教を経由しているためか、沖縄では宗家の家長も率先してまつった。正式にまつるときは厨子に入れた仏像であるが、近代には掛け絵を掛ける風もあった。そのときは「子安観音を描いたものが多かったようである」という[100]。

この種の家宅神を誠心誠意まつるのは主婦であり、なかでも「嬰児を抱いた像」や子安観音に傾いていくのはありうることである。要するに、七星《チルソン》という名の蛇神をまつるのも、壺《タンジ》で祖先をまつるのも根は同じであり、さらに家々で観音をまつるのも参与者をより普遍的にしたということであり、本質において変わりはない。担い手の中心は主婦である。ここにはさらに朝鮮南部、沖縄、日本各地の初穂儀礼を加えてもよい。朝

鮮南部のオルベシムニの行事は前述の祖先壺《チョサンタンジ》とかかわりがある。すなわち、全羅南道求礼《クレ》郡位安里では、稲がよく実る直前、穂を数本刈り取り、祖先壺を載せた棚に一年間掛けておく。また刈り取った稲穂の米と古米とを混ぜて炊き祖先に収穫を感謝する。[101]対馬でも正月一四日に脱穀した藁（根こそぎした株のままのことも）でホタレを作り、一五日にホタケサマ（ホタケ、ホガケ）に供えた。それは農作の神であり、また祖先のようなものとおもわれていた。[102]沖縄では「五月ウマチー」が稲穂のまつりであった。今帰仁の平敷では五月一三日から一五日まで神女が一人クラにこもって「結実した稲が実り無事に収穫できるよう、神の加護が得られるように」精進潔斎をした。[103]これらは広義の祖先祭祀に属するものであろう。初穂儀礼は家庭祭祀の中心となるもので主婦が主管したものといえる。

４　女鬼

中国の小説、伝承類には女鬼が多数みられる。六朝から明清に至るまで、それは一貫してえがかれてきた。これは女性の精神生活の一面を物語るものであろう。女鬼にはいくつかの類型がある。その最初期のものは東晋（三一七〜四二〇）の干宝『捜神記』にいくつかみられる。そこでは、三類の女鬼がいる。すなわち（一）生前、相思相愛であった女鬼　（二）生前面識がないものの、進んで男に寄り添う女鬼　（三）死後に相応の仇《あだ》を取る女鬼、である。たとえば（三）の部類に属すものに次の話がある。漢代、安徽省九江の何敞《ハーチャン》が交州刺史（刺史：地方長官）として広西省蒼梧郡高安県にきて鵠奔亭《こくほんてい》に宿泊する。すると階下から女が現れて次のように語る。名は蘇娥《スーア》、かつて寡婦となり、生活が苦しく繒《きぬ》帛を近県に売りにいこうとした。途中、牛車とともにこの亭に一泊したとき、亭長の龔寿《ゴンショウ》に殺され、建物の下に埋められてしまったと。刺史何敞はこれに応じて事実を検証する。そして朝廷に上奏して、「鬼神がきて訴えるとは千年に一度もないことだ」といって、龔寿と「その一族を処刑したい」という。皇帝はこれに同意した[104]（巻一六「蘇娥」）。

これは女鬼が刺史に訴えるというかたちであったが、この種の鬼神の訴えは以後も継続して伝承された。今日でも台湾の法師、道士の儀礼をみていると、死者霊が霊媒（法師または道士）を通して生前の事件の真相を告げるなどということがある。実に千数百年前からこうしたことが伝えられてきたといえよう。なお宋代の南戯《ナンシ》『王魁』では無念の死を遂げた妓女桂英が裏切りの夫王魁に取りつき、ついには死に至らせる。これもまた戯曲のかたちで現代にまで伝承されている。[105]

女鬼は朝鮮半島でもたいへん恐れられた。女鬼が取りつくと、精神疾患を引き起こすと信じられた。そのため、東海岸中部ではかつて狂人《クァンイン》クッがおこなわれた。その一過程に女天王《ヨチョナン》クッというのがある。女天王《ヨチョナン》は人間に取りついて病を引き起こす。しかし、このクッでは、女天王は四天王《サーチョナン》に囲まれ、病人から引き離される。そして飯、餅、酒、カネをもらって退散する。[106] 孤魂となった鬼神はこの世の人の体調不良、病、災いを引き起こす。これは東方地中海地域の基層文化に共通する。その慰撫のため台湾、韓国では今日もなお、冥婚をたびたびする。それは未婚の霊魂が取り憑いているということが判明しておこなうことが多い。この判断は台湾では童乩《タンキー》、韓国では占い師《チョムジャンイ》が専ら担う。

II　女性の世界

東方地中海地域の女性の世界は多彩でいうべきことが多い。まず第一にあげるべきは、女性による地域社会の統率がなされたということである。たとえば閩南人《ミンナンレン》の間には各地に女酋娘子媽《ニャンズマ》がいた。清代小説『楊文広平閩十八洞』では、これら女酋は人間のかたちをした妖怪で漢人の将軍楊文広《ヤンウェングァン》により平定される。しかし、それは勝者の漢人による合理化にすぎない。そこに登場する娘子媽はまさに倭の卑弥呼に相当する地域の首長であったとみられる。[107] また宮古島狩俣のニーリという神歌によると、祖先神山のフシライがマヤノマツメガというむすめを産む。これは女酋である。次には、大城《うぷぐふ》マダマという女酋、さらに、そのむすめマズマラーという女酋が語られる。与那国島にもサンアイ（村名）・イソバという名の島立ての女酋がいた。イソバは四人の男を各地に配して社会を統率した。こうした伝承は、一見荒誕だが、おそらく実体を踏まえたものとみてよいだろう（後述一二七頁）。

ところで、女性の世界については、前著『東シナ海文化圏』第四章で、次のように分類して具体的に述べた(108)。

一、結婚のかたち——男が通う
二、嫁入りの諸型
三、働き
四、あそび
五、集い——会、契、講
六、戦う女たち
七、巫女と遊女
八、比丘尼、社堂《サダン》
九、観音と生命

ここでは基軸の提示が趣旨なので、これらに沿いつつ、その要点だけを記すことにする。

1　婚姻のかたち

東方地中海地域の婚姻はどこでも基本的には父系制を取る。しかしまた中国沿海部から沖縄、朝鮮半島、西日本を大観すると、母系制あるいは母系優位の名残とみられるものがある。中国沿海部では、福建省泉州東部沿岸部の恵東《フイドン》にかつて「長住娘家」がおこなわれた。すなわち、結婚後、三日すると新婦は娘家《じっか》に戻る。その後一、二度これをくり返すが、やがて子供ができるまで実家にそのまま留まる。また広東省の珠江《ジュジャン》三角州一帯では「不落夫家」がおこなわれた。このばあい、新婦は結婚後、老年あるいは死ぬまで夫の家に住まない。[109]

沖縄でも通い婚式の、一時的な母処婚があった。結婚後も夫が妻のもとに通い、ときには労働奉仕もした。そして一、二年後あるいは一、二子ができてから妻子を迎えた。[110]女性が男の家に移る際にはニービチ（結婚式）をした。またこのとき、婿使い《ムクジケー》の儀があった。すなわち青年たちが花婿を模造の馬（ドウドウ馬グヮ）に跨らせてひやかしながら花嫁の家に連れていく。そして、唐辛子入りの吸物を飲ませるなどして婿いじめをした。[111]

朝鮮半島でも男の通いはよくみられた。一六世紀、中宗の朝廷では民間の出贅《チュルチェ》［妻方居住］が問題視されて議論された。しかし、全羅道では朝鮮朝中期までは聟入り婚がおこなわれていたとみられる。それが抑制されたのちには、一、二年、妻方に通うことが多くみられた。また嫁入りに伴う婿いびりもあった。東床礼《トンサンネ》という。これは、元来、実家にいるべき女性を他所《よそ》の男がきて連れ去る、ついては代償が必要だということの儀礼的表現であろう。この代償の支払いは沖縄でも中国福建でもみられた。その代償は、沖縄では地手間《じでま》あるいは馬手間《シマディマ》（馬酒《シマザキ》）、馬代《シマダイ》といい、福建では攔期館《ランチグァン》とか攔期銭《ランチチエン》といった。[112]

こうした母処婚のかたちは東方地中海地域に顕著な女性の甲斐性を裏付ける。実家に居《い》つづける女性は父母の庇護を得、また家の仕事も分担した。ところが、男中心に運営される宗族や一門、一家のもとへ嫁入りするようになれば、女性の対外的な地位は低下するほかはない。しかし、近代に至るまでこの海域では陸地でも島嶼部でも、女性は男と同様に労働し、また海に出た。ときにはその経済力で夫や子を養った。かつて中国南部の女性は、北方とは異なり、遺産相続の権利を持っていた。これは宋代の福建で確認される。[113]女性たちがかつて実家で男兄弟と同様に働き、逞しく生きたことは精神的な伝統となって生きていたといえる。それだけではなく、東方地中海地域の女性たちは外でもよく働いた。以下、この点をみてみよう。

２　女性の生活と働き

東方地中海地域の女たちは家の外でよく働いた。しかも庶民層の女性は男と共に働いた。陳普《チエンプ》（一二四四—一三一五）の詩「古田女《グティエンニュ》」によると、饒州《ラオジョウ》（江西省）の女性は朝昏《あさゆう》、魚蝦《えび》を売り、晴雨にかかわらず耕稼《のうさく》し、樵採《たきぎとり》をし、夫とともに馬に乗った。福建省の福州《フージョウ》辺の女性は、桑柘《くわつみ》をせず、男のようである。遇合《きがあうと》、多く自嫁《よめいり》する。山では恣《ほしいまま》に歌を謡《うた》い、湯池《おんせん》につかる。頭に花を挿し牙儈《ヤークァイ》（仲買人）の仕事をする。城市《まち》では雄覇《おやだま》となり、男たちを従える。また古田の女性は田植のとき、青裙《チンチュン》（庶民の婦人服）を半絡《から》げにし、水泥を厭わない。古田ではただ、みな年末の蜡祭《ジャジ》（農耕感謝の祭儀、四五頁）に狂わんばかりである。(114)

一方、海が近い興化府《シンファ》（莆田地方）のばあい、女性は漁撈にも携わった。すなわち「沿海婦女の皆能く捕魚すること」は、よく知られているという(115)（民国『莆田県志』巻二十一）。以上の山野、田畑、市場、海辺での働きに加えて、福建省の女性には、さらに夫の海外出稼ぎに伴う留守居という仕事があった。これは、先祖祭祀に気を配り、舅姑や子供たちの暮らしを守ることで、その負担は並大抵のものではなかった。(116)

沖縄でも女の働きは際立つ。明代冊封使の『使録』では、女性の機織り、水汲み、市場での商売、汪嬶《かかぁ》天下が指摘された。あるいはそれらを総括して「男逸女労」（李鼎元『使琉球記』）ともいった。伊波普猷は、これに対して那覇は男逸女労といえるが、地方においては男女ともに労働に務めるといった。また一九世紀半ばの具志川間切東恩納村の耕地の帳簿をみると、女性が責任者となった家が全体の三割にも達する。これについて、宮城栄昌は、男は「半永久的に出稼ぎにでていたから」かもしれないという。(117) 女性が家を守るという点は福建のばあいと似ている。男が家にいなければ、それは当然のことである。男女が助け合い、必死に生きることは朝鮮半島でも同様である。朝鮮王朝時代、南の海岸には以船爲家人《ふねをいえとする》びとがいた。その女たちはとくに陸に上がると物を頭に載せて運び商った。こうした販女は日本漁村にもみられた。四国の高松や徳島の「いただきさん」は昆布やワカメを頭に載せて売り歩いた。これらはみな同じ文化の上にあるだろう(118)。

3　女性のあそび

東方地中海地域の女性たちはどんなあそびをしたのだろうか。これについては、ふたつのことを考えておく必要がある。すなわち、第一は男女がこぞってあそんだこと、第二は儒教規範の影響で女性たちだけであそぶようになったことである。第一に属するものとしては蜡祭《ジャジ》がある。先に「古田女」を引用したが、そこには「古田ではただ、みな年末の蜡祭に狂わんばかりだ」とあった。宋元のころの福建の内陸部では収穫を感謝して地域挙げての歌舞があったとみてよい。ところが、明清時代を経て、男女がともにあそぶことは許されなくなった。それは東方地中海地域に広くいきわたったとみてよい。琉球でも朝鮮でも女性だけのあそびとなっていく（後述）。中国の農村では男女のあそびの熱気は演劇の場に移っていった。舞台上では男女が大いにあそぶ。ただし、女形《おやま》の担い手は男に限られた。女性が舞台に上がるのは近代に至ってからである。とはいえ、中国西南の少数民族のもとでは、男女こぞっての元来のあそびが存続した。瑶族や苗族の正月の跳舞はよく知られている。苗族の跳花《ティアオファ》では、山から取ってきた花樹《ファシュ》のもとで若い女性たちが輪をなして踊る。その際、若い男たちが蘆笙を奏でる。女性たちは気に入った男に赤い布を贈る（図版18）。そして夜は近くの山で若い男女が交歓する。跳花は一義的には米の収穫を増すためにおこなう。それは豊饒招来の舞である。

琉球でもこうした男女のあそびがあった。それは稲の収穫後に沖縄本島でおこなわれるシヌグ（シノグ）である。

18　苗族の跳花《ティアオファ》。貴州省安順市上寨

19　ウシンデーク後のカチャーシーの踊り。沖縄県国頭村安田

シヌグの意味については諸説あるが、伊波普猷説が興味深い。すなわち、シノグは「豊年祭のこと」だといい、「この祭式は、六月と八月とに、南島全体で行われた。稲の刈り入れが済んで、シキヨマ（お初）を国初の神アマミキョに奉る報本返始の祭式で、あわせて子孫繁昌を祈る祭式」だという。このシヌグ舞には「うちはれの遊び」の性格があった。それは裸踊りを意味する。儒者からみれば、蜡祭と同様、「狂わんばかり」の光景だったであろう。この狂を伴うシヌグ舞は民間ではかなりのちまでおこなわれたとみられるが、一八世紀には禁止された[119]。伊波普猷もあげているが、恩納ナビが「よかてさめ姉べ、シヌグしち遊《あし》で、わすた世《ゆ》になりば、うとみさりて（姉さんたちはよかったですね。シヌグ遊びもできて。わたしたちの世になると禁止になってつまんないね）[120]」と歌ったことはよく知られている。今日、シヌグではウシンデークという踊りが女性たちにより、なされる。ここでは周囲に男女の観衆がいて見守り、踊りの最後には男女こぞってのカチャーシーの踊りがある（図版19）。これはかつての熱狂的なシヌグの名残とおもわれる。

朝鮮半島の女性のあそびというと、南部全羅道《チョッラド》のカンガンスッレが名高い。八月一五日秋夕《チュソク》の晩の行事としてよく知られるが、かつては一月一五日の晩にもあそんだ。興味深いことに、近年の研究によると、カンガンスッレは男女が出会う機会でもあった。女性が主体となるあそびだが、傍らには男がいたということである[121]。一月、八月の満月のもと、南部の農漁村で男女が歌い舞った。

それはこの踊りが豊年の感謝、予祝のためのものであったことを意味する。カンガンスッレは系譜的には跳花やシヌグとつながる。

4 女性と祭祀

東方地中海地域の祭祀全般については前著『東シナ海文化圏』「第六章祭祀世界」で概観した。それは実に多彩である。その多彩さの由来は次のように説明できる。すなわち、「東方地中海地域には独特の生命観がある。その上に仏教、道教、巫俗の霊魂儀礼が重なり、祭祀世界を彩《いろど》った」ということである。それはまた、この海域では僧、道士、法師（福建、台湾の男の神人）が中心となる祭祀が多いということになる。ただし、祭祀の執行者は男であっても、祭儀に参与し、それを支持したのはどこでも圧倒的に女性が多かった。さらに朝鮮半島では朝鮮朝五〇〇年の仏教抑圧の歴史が逆に巫堂《ムーダン》という女性巫者を温存させた。また琉球では、首里を中心に仏教が受容されたが、伝来の女性神人《カミンチュ》による祭祀は淘汰されなかった。巫堂や神人の祭儀はやはり女性たちが支えた。それゆえ、この海域の「女性と祭祀」という主題を考えるときは、現存する民俗伝承の背後に女性参与者の世界観（霊魂観、神観、死生観、願望など）をみてとる必要がある。以下、この観点から、（一）目連戯中の女性心意、（二）済州島の甕解き《トンイプリ》、（三）パンソリにみる女性の心意、（四）南戯と女性、について述べることにする。

（1）目連戯中の女性心意

目連戯《ムーリエンシ》は目連救母譚に基づいて目連尊者が母の霊魂を救済する祭祀芸能である。この芸能は七月中元、あるいは福建の莆田《プーティエン》などでは一〇月下元のころに多くおこなわれる。傀儡目連戯が多いが、芝居の一座が招かれてやることもある。餓鬼供養という法事の一環なので、見世物としては演じない。目連救母譚は唐代の俗講の場で

20　目連戯における劉氏回煞。福建省楓亭鎮斗北村大浦

21　転蔵。塔の基底に置かれた血盆から霊を救済する。

語られた。その歴史の上で宋代に目連戯が現れた。この祭祀芸能はすでに千年近い歴史がある。この間、民俗化してさまざまなかたちで演じられるようになった。そこには女性の心意が如実に反映された場面がある。

たとえば、福建では戯中に「劉氏回煞」がある。すなわち、死んだ劉氏（目連の母）の霊（煞）が服喪中の羅卜の夢枕に現れる（図版20）。これは「新喪家《あらぼとけのあるいえ》、七七回煞《しちしちにちにれいがもどる》」という民俗に基づく。その場面は女性にとくに好まれる。また三殿超度《サンディエンチャオドゥ》と転蔵《ティエンザン》（塔懺《ターチャヤン》）にも女性たちの心意がよく表現されている。両者は福建省莆田、仙游《シエンヨウ》地区の目連戯でみられる。すなわち、目連は母親救済のために地獄巡りをする。その途中、三殿まできたとき、現実の人びとのために霊魂済度をする。この際、目連は故人の霊牌《いはい》、生前の衣服（傀儡戯では紙製の衣服）を家族から渡され、携える。そして亡魂の名をよび、召魂幡を振って血盆（血湖）に堕ちた霊魂を西天に引き上げる。この儀礼は『血盆経』（偽経）の流布以後に付加されたものとおもわれる。舞台上の目連は、この救済儀礼を死者霊の数だけくり返す（前掲図版５参照）。一方、転蔵は目連戯が終結したあとにおこなわれる。これは模造の塔を回して霊を救う祭儀である。塔の基底にはやはり血盆が置かれる。血盆からの救済が目的である。遺族は僧（目連）に導かれて塔を回し、亡魂を引き上げ、供養する（図版21）。これらは何よりも血盆地獄からの救出を目指したものである。そもそも『血盆経』は月経や出産の血を堕獄の原因とするもので、女性に向けて説かれた。それゆえ、三殿超度や転蔵は女性参

与者の救済願望にこたえるものということができる。(122)

（2）済州島の甕解き《トンイプリ》

済州島《チェジュド》には祖先本縁譚《チョサンボンプリ》というものがある。これは巫俗儀礼で神房《シムバン》（심방 巫覡）により歌われる。各氏の祖先の来歴を語る巫歌《ムガ》であるが、内容は女性主人公の悲劇の一生を語るものが多い。たとえば、明道菴《ミョンドアム》（済州市奉蓋洞《ボンゲドン》）を本拠とする高氏《コシ》と金氏《キムシ》の一族（両氏族は縁戚関係）では次のような祖先本縁譚を伝える。すなわち、あるとき金《キム》典籍《ジョンジョク》という人のむすめに日月祖上《イルウォルチョサン》（神）が憑き、異変が生じる。むすめは結婚間近の身であったが、家を出て山野を踊り巡る。帰郷した金典籍はむすめを探し当て、連れ帰り部屋に幽閉する。だが、むすめは食事をせず痩せ細る一方である。金典籍はやむなく巫祭《クッ》をする。しかし、その病は踊らなければ癒えないといわれる。両班《ヤンバン》の金典籍は体面上、それを認めることができず、身代わりに侍女を踊らせる。しかし、効果はなく、侍女もむすめも、さらには神房《シンバン》も金典籍もみな死んでしまう。そののち金氏、高氏の家門では死んだむすめ《アギシ》を祖上《そせん》としてまつった。その巫歌では「甕大解き《トンイテップリ》では……こころを解いてやろう」と唱える。甕《トンイ》にはコメが盛られている。つまり空腹のまま死んだむすめ（祖先）に米の飯を十分に捧げようということである。実際の儀礼では神房が甕《トンイ》に衣服を着せたものを祖上《チョサン》として踊らせ、また祭儀の依頼者も踊る（図版22）。わたしが実見した事例では、この祭儀の依頼者は、上述の祖上が身に憑いたため、長年にわたって持病を抱えていた。(123) この甕解き《トンイプリ》は儀礼も、祖先観も独特である。輝かしい両班の

22　済州島の甕解き《トンイプリ》。甕《トンイ》に衣服を着せたものを祖上《チョサン》として踊らせる。

家に薄幸な女性がいてそれがクッを通して祖先となったなどいうことは、男系の血縁を重んじる家門には馴染まない。そのような伝承はそもそも族譜には記されない。しかし、こうした「祖先」が現実にいた可能性はある。神房はそれを祖先本縁譚《チョサンボンプリ》として伝承し、なお、それに基づいた祭儀をおこなってきた。これは女性の意向を反映してのことであろう。

（3）パンソリにみる女性の心意

一七、一八世紀のころ、朝鮮半島南部で成立した語り物パンソリは、元来は広大《グァンデ》という芸能者が歌い、庶民の間で享受された。ところが、これが胥吏などの中人《ジュンイン》層に好まれ、詞章に手が加えられる。中人申在孝《シンジェヒョ》（一八一二～一八八四年）が詞章を文人好みに改変したことはよく知られている。こうしてパンソリは一九世紀には高度に洗練され、両班《ヤンバン》や国王の鑑賞するところとなった。パンソリは専門の歌い手により演じられた。そのため、のちには祭祀性を離れ、興味本位の昔話や中国古代の戦闘場面なども歌われた。例えば『赤壁歌』は赤壁の戦いをえがいている。しかし、発生期のパンソリはおそらく巫祭の周辺の芸能であったとおもわれる。すなわち、パンソリの代表とみなされる『春香歌《チュニャンガ》』には次のような民間伝承がある。春香《チュニャン》は老妓の子である。これが高官の家の息子と情を交わしたのち、焦がれ死ぬ。すると、その冤魂が南原《ナモン》一帯に災いを引き起こす。それは三年もつづいた。そのとき、「農民と婦女たち」は、その災厄は「冤鬼春香の所使《しわざ》だ」とみなした。これを時任、吏房が取り上げ『春香伝《チュニャンジョン》』を書いた。そして、巫女がこれをクッ（煞解き《サルプリ》クッ）にした。祭祀《クッ》ののち、災厄は収まり、南原には平安が訪れた。[124]以上は口頭伝承にすぎないが、死霊慰撫の祭祀から語り物へ進展したということは大いにありうる。ただし、時任、吏房がまず『春香伝』を書き、それに基づいてクッがなされたのかどうか。おそらくは、民間の口頭伝承とクッが先にあり、そのあとパンソリ『春香歌』となり、また小説にもなったのだとみられる（春香歌の名は一八世紀後半の文献に初出）。ところで、パンソリ『春香歌』および漢文小説『春香伝』は伝承過程で悲劇から幸福を語るものへと改変されていく。すなわち春香は刑死の直前、思い人李道令《イトリョン》に救済され結婚をする。ここにおいて民間の祭祀用の語り物は文人、庶民の享受する物語となる。これは死んだ春香を救出したいという聴衆がいたからであろう。そこには明らかに女性たちの意向が反映されている。

ところで『春香歌』だけでなく、パンソリ『沈清歌《シムチョンガ》』にも女性聴衆の心意に訴える箇所がふんだんにみられる。『沈清歌』は、沈清《シムチョン》が盲目の父親の開眼のために海商にわが身を売り、寺に寄進をする話である。その物語の核心は沈清が龍王《ヨンワン》の犠牲にされるところにある。怒濤押し寄せる海上で商人たちが告祀《コサ》（祭儀）をする場面は具体的で、おそらく海民の民俗を踏まえたものであろう。これについては別途に述べた[125]。ところで、一九世紀後半以降、つまり申在孝以降の『沈清歌』はかなり文芸化が進展している。そこでは、沈清は徹底して親をおもう孝女としてえがかれる。そして、海中に沈んだはずの沈清は玉皇上帝、四海龍王らの手により救済されてこの世に戻り、さらには宋の皇后になる。最後は盲目の父親を開眼させてもいる。こうした脚色はもちろん空想、願望である。しかし、その細部をみていくと、到るところに女性たちの現実生活を反映した点がみて取れる。以下、その概略である。ここでは金素姫《キムソヒ》『沈清歌』[126]を中心としてみていく。

女性が一家を支えること

黄州《ファンジュ》桃花洞《ドファドン》の両班沈鶴圭《シムハツキュ》は零落した身の上、しかも盲目であった。しかし、清廉で人びとからは君子と讃えられる。一方、その妻郭氏夫人も賢明で、その上いかなる仕事にも通じている。手間仕事に暇ない。針仕事、洗い張り、刺繍、胸背《ヒュンベ》〔官服の胸と背の模様〕に鶴を描くことなど、一年中、休むこともない。カネを稼いでは上の人に貸し増やし、また一門の時享祭《シヒャンジェ》、家庭の祭祀《チェサ》では盲目の夫の代わりに誠意を尽くす。こうした妻に対して、近隣の老少がこぞって褒めそやす。『沈清歌』は郭氏夫人の働きを讃える歌ではじまる。

むすめが福禄をもたらすこと　郭氏夫人は神仏に祈禱したお陰で、女児を授かる。ところが、それを知らされた郭氏夫人は「むすめだなんて、ひどく残念です」という。これは、朝鮮後期社会の男児待望の通念を代弁したもの、いわば決められた台詞であろう。それに対して、沈盲人《シムボンサ》は「息子でも、ひとつ間違えば、辱及先霊《ごせんぞさまをはずかしめる》」ものだといい、つづけて「ドゥンドゥンドゥン　かわいいむすめ　オードゥンドゥン　かわいいむすめ……大きくなって　賢く　孝行して　父《エビ》ちゃんに　尽くしておくれ」などと女児讃歌を歌い出す。ここには母親たちの女児への慈しみが現れている。それは沈盲人の口を借りたまでのこと、そもそも両班がこのような歌を歌うことはありえない。こうしたあからさまな矛盾が『沈清歌』には多い。両班が一瞬にして庶民の心情になって喜怒哀楽を赤裸々に語る。しかし、女性の聴衆はこうした潤色を大いに好んだ。

郭氏夫人は産後の処理を誤って病み、七日目にして死んでしまう。死に際のことばにはこうある。「あの児が育って歩けるようになったら、先立てて道を尋ねてわが墓にきて、母女相逢《はは、むすめのであい》をさせてくれれば、魂《ホン》に恨《ハン》は残りません」と。そして、郭氏夫人が息を引き取ったあと、沈盲人は屍をなでさすり「アイゴ妻《マヌラ》よ　妻よ　死んではならない……妻《マヌラ》よ　妻よ　妻よ」とよびかける。それは山所《はかば》にいって埋葬するときもくり返される。「妻《マヌラ》の霊魂《たましい》はどこへいくのだ　……アイゴ　妻《マヌラ》よ　おれは帰るよ　無事でいておくれ」、そういって沈盲人は腹痛断腸声《あいせつやるかたないこえ》で泣いた。両班はいうまでもなく、常民の男たちもこうまではしなかっただろう。これは女性たちが聞きたがったことであり、それがあけすけに反映されている。

村人の助け合い　郭氏夫人がいなくなったあと、沈盲人《シムボンサ》は赤子を抱いて村のなかを回る。そして「乳があげられず死んでしまうので、この児に乳を飲ませてください」と頼む。これには婦人たちが「かわいそうに」といって乳をたくさんのませてあげ、「明日も抱いてきなされ　明後日も抱いてきなされ　うちの児にはあげられなくても　この児は飢えはさせません」という。あちこちで乳をもらったあと、沈盲人は日向に腰をおろして沈清《シムチョン》に向かい「これはみな村《トンネ》のおかみさんたちのおかげだ　（みなは）寿福康寧《ふくにめぐまれてながいき》なされよ　お前も無事に育っておくれ……貧乏してても金持ちの息子に劣らない児だ」という。葬礼も子育ても、そしてまた幼い沈清が乞食に歩くときも、村人たちは手を差し伸べ、物を分け与えた。こうしたことは聴衆、とくに村の女性たちが日ごろ当たり前にやっていることであり、歌い手の広大《グァンデ》はそれをごく自然にえがいてみせた。

やがて報われる女性の犠牲

六、七歳になった沈清《シムチョン》はある日、父親に向かって「今日からはわたしが乞食《こつじき》に出ます」という。沈盲人《シムボンサ》は大いに驚く。そして「そんなところまで　母さんに似たんだな」という。物乞いして盲目の父親を助ける沈清はまさしく郭氏夫人の成り代わりである。それだけではない。一五歳になったとき、南京の商人が船人としてきて臨塘水《インダンス》の人祭需《いけにえ》を求めているのを知ると、沈清はためらいなく身売りをして海に投じられる。龍王への人身御供は古代には事実あったとおもわれる。七六三年、日本の板振鎌束《いたぶりのかまつか》が海に人を投じさせた[127]。この事例をみてもわかるように、龍王への犠牲は朝鮮半島周辺の海民たちの遠い記憶として伝承されていたのであろう。しかし、時代が変わり、朝鮮朝末期ともなれば、そのことへの疑問もあっただろう。実際、金素姫《キムソヒ》の『沈清歌』では、南京にいった商人たちが帰るとき、臨塘水にきてこんなことをいう。「商売もいいけれど、人を買って海に投げ込み、後日いいことがあるだろうか。来年からは、この商売をやめよう。」

これは聴衆の気持ちを代弁したものだろう。それはさらに次のように展開する。すなわち玉皇上帝が四海龍王に命じて沈清を手厚く迎えさせる。沈清は龍宮で宴に預かる。そのとき、天上から水宮《スグン》（龍宮）へ玉真夫人がやってくる。それは郭氏夫人の成り代わりで母女相逢《はは、むすめのであい》のために下りてきた。沈清は父に先立ってきたことを心残りとして

23　『沈清伝《シムチョンジョン》』全唱に感動する聴衆。『朝鮮日報』1938年4月29日

夫人に泣いて訴える。すると、母はいう、「泣かないで、お前はやがて父に再会し、万鍾禄《とてつもないほうび》を授かるだろうから」と。実際、物語はこのあと、沈清の栄光の話となっていく。すなわち沈清は花に包まれて海上に浮かぶ。折しも宋の皇帝は后に死なれたあとで、日がな花を眺めて過ごしていた。一方、花と化した沈清は船人らに掬い上げられる。そして皇帝のもとへ花として贈られる。花から人の身となった沈清は皇后となり、やがて全国の盲人の宴を催して父に再会する。その宴のなかで沈盲人は開眼した。物語の末尾はこうである。「オルシグ　ジョルシグ　盲人たちもこぞって　喜び踊ってあそぶ」「桃花洞《ドファドン》の人びとは　歳役《ほうしのぎむ》を免れたので　千千《おめでとう》万万歳《おめでとう》と歌ったね」

これはまさに聴衆、とくに「不重生男《むすこをおもんじず》、重生女《むすめの誕生をおもんじる》」女性たちの一篇の夢である。犠牲はやがては報われる。こうした聴き手の想いは近代に到ってもなお相当に残っていた。たとえば、植民地下、一九三八年、四月、朝鮮日報社主催で「朝鮮特産品展覧会」が開催され、併せて「全朝鮮郷土演芸大会」が開かれた。京城の府民館では四月二七日に『春香伝《チュニャンジョン》』、四月二八日には『沈清伝《シムチョンジョン》』が全唱された。そのときの聴衆の反応はものすごかった。すなわち「数千観衆無我境！　沈清が売られていくときの可憐な場面に婦人席では涕泣声」とある。記事によると、その前日も「数千観衆」であったが、この晩はさらに多くの観衆が集まり「立錐の余地もなかった」（『朝鮮日報』一九三八年四月二九日）（図版23）。

これは唱劇として演じられたものだが、それにしても当時、人びとは何に感動したのか。それは基層文化のなかに根付いていた想い、すなわち「やがて報われる女性の犠牲」に共感したということであろう。

以上、『春香歌』、『沈清歌』というパンソリの代表作に女性聴衆の参与をみた。パンソリという歌物語は、両班《ヤンバン》、中人《ジュンイン》層に受容されるために、烈女、貞節、孝行といった徳目を強調するように改変されていく。しかし、庶民層では女性が聴き手の中枢を占めたとおもわれる。その状況は巫堂《ムーダン》によるクッのばあいと同じであり、歌い手は女性の意向をくみ上げるほかはなかったのである。

（4）南戯と女性

中国は明清時代に地方劇が増加し、清末までにはおよそ三〇〇もの地方演劇が生まれた(128)。こうした地方演劇の初期のかたちを示すのが宋元の南戯《ナンシ》である。南戯は明清時代にさらに地方劇を派生し、今日に至る。現在、福建省でおこなわれている梨園戯《リユエンシ》や莆仙戯《プシエンシ》などのうちにも南戯作品のいくつかが伝承されている。南戯とはいかなるものか(129)。田仲一成は、その大冊のなかで、南戯は道士による孤魂救済祭祀（建醮儀礼）、祭祀と不可分の醒感戯のような過度的段階を経て成立したこと、そこでは「女性孤魂の救済」が作品形成の動因となっていること、結論として「南戯は、巫術の盛んであった浙東山間地区に、その源を発している」と述べた(130)。南戯は女性の慰霊と深くかかわる祭祀芸能だったという点は妥当で、説得力がある。以下、それについて述べてみたい。

明代中期の祝允明『猥談』によれば、「南戯は宣和〔北宋末、一一一九～一一二五〕の後、南渡（一一二七年）の際に出《あらわれ》た。之《これ》を温州雑劇と謂う」とある。一方、徐渭『南詞叙録』にも似たような記述がある。すなわち「南戯は宋の光宗朝（一一九〇～一一九四）に始まる。永嘉人の所作《つくる》『趙貞女蔡二郎』と『王魁』の二種が首《はじめ》だ。……或は宣和の間に已に濫觴《おこる》。其の盛行は則ち南渡からである。号《な》を永嘉雑劇と為《す》る」という。これらによると、南戯の開始時期は、一二世紀、場所は浙江省温州《ウエンジョウ》（永嘉《ヨンジャ》と実質的に同じ）である。そして徐渭『南詞叙録』では、『趙貞女蔡二郎』について「里俗妄作也《みんかんのつくりばなし》」だといい、また「村坊小曲而為之」だという。つまり南戯の物語は民間伝承に基づき、音楽は正式なものではなかった。

この二作品は民間で発生した。内容は次のようなものである。まず『王魁』が注目される。元末明初の葉子奇『草木子』には「俳優の戯文は『王魁』に始まる」とある。『王魁』こそは南戯の出発点に位置する。宋代の原文は失われたが、諸書の引用文によると、こんな話である。王魁《ワンクウイ》は科挙に落ちて失意のなかにあった。そのとき妓女桂英《グヮイイン》に会い、夫婦の契りを交わす。王魁は海神廟で「神かけて誓いに背かぬ」と言明し科挙にいく。王魁は状元《しゅせき》として及第するが、有力者崔氏のむすめと結婚する。桂英は王魁に書信を送るが、王魁はそれを拒否する。それを知った桂英は憤激して自殺する。そしてその鬼魂《ぼうれい》が王魁を取り殺す。一方、『趙貞女蔡二郎』も原文は伝わらない。ただ『南詞叙録』その他によると、こんな話である。すなわち趙貞女《ジャオジェンニュ》と蔡二郎《ツァイアラン》は結婚してまもなく、南浦《ナンプー》で話別《別れの語らい》をする。趙貞女は家にあって翁姑《しゅうとしゅうとめ》に孝敬《よくつく》すが、翁姑は亡くなる。趙貞女は彼らの墓を作る。この間、蔡二郎は都で立身出世をしたが、父母も妻も顧みない。趙貞女は上京して夫を訪ねるが、蔡二郎の放った馬に踹《け》られ死ぬ。その後、蔡二郎は暴雷《おおいなるかみなり》に震《うた》れて死ぬ。

南戯の初期作品は、いずれも夫に裏切られて死んだ女の話である。桂英の鬼魂《ぼうれい》による討命《あだうち》は宋代以降、長く伝承された。女鬼による仇討ちは『捜神記』以来の庶民の関心事である（七四頁参照）。そののちも同類の作品が多数、作られている。現存する莆仙戯《プシエンシ》『王魁』『敫《ジャオ》桂英』では桂英の自刎の場は「桂英割《くびきり》」といって見せ場でもある。女性の自刎や女吊《おんなのくびつり》はひとつの芸能伝承となっていた。これは女鬼伝承の一類型といえる。

ところで、自刎や馬に蹴られての死など、無残な死の経緯を祭祀のなかでありのままに語ることは、実は東方地中海地域に普遍的な死者霊救済の方法だったとおもわれる。今日の韓国の慰霊の巫祭《クッ》でも死の経緯が巫堂《ムーダン》により如実に語られる。事故死までのさま、生前の孝子やよき母、主《あるじ》が病死するまでなど。ときにはこれを死者の声で語る。それは口寄せであり、文学以前、つまり慰霊の祭儀である。桂英や趙貞女もまた超度儀礼のなかで死の経緯が如実に語られたのであろう。(131)

　初期南戯の眼目は女性救済にあった。それは後世、さまざまな女性像を作りだした。『白兎記《バイトゥジ》』、『上華山《シャンファシャン》』（『宝蓮灯』）は今日もしばしば演じられる。それはいずれも母子再会を最大の見せ場とする。その構図は明らかに目連救母の構図を踏まえている。久しく別れ別れになった母子、息子が成長して苦難の母を救済する。この場面には江南の女性観客のこころの琴線に触れるものがあった。それで途切れることなく伝承されたのだとおもわれる。興味深いのは、南戯およびそこから派生した世界はこれに留まらないということである。そこには頗《すこぶ》る強い女性が登場し活躍する。槍や刀を携えて男を薙《な》ぎ倒す。夫が危機に陥ると救出する。策略があり、家や国の危機を救う。これを巾幗英雄《ジングォインション》という。巾幗とは女性の頭巾、また女性を意味する。中国演劇ではとくに明末以降、この種の女性が輩出する。それは朝鮮半島にも伝わり、朝鮮王朝では小説類でこの類いの女性が語られた。

　以上のことをみると、巾幗英雄は突然、現れたものではなく、基層文化のうちに元来、存在したものが浮上したのだとおもわれる。すなわち女性の甲斐性、また実際に家や地域を統率した過去の記憶が明清の社会的な動揺期に再び興ったものとみられる。東方地中海地域の女性たちは祭祀、芸能の場で生き方を学んだ。儒教倫理が支配するもとで教育の場を奪われたため、ほかに手段はなかった。女性たちの大半は文字を知らなかった。しかし、南戯の世界は生きていくための智慧の源泉となった。福建の民間歌謡『唱六十裙釵《チャンリーシイチュンチャイ》』（六十人の裙釵《じょせい》の歌）はその指標《インデックス》といえるであろう。二十一字で一人の女主人公を歌う。多くの女性たちは芝居の中味を熟知しているから、二十一字で一人の女性の生き方を反芻することができた。[132]「南戯と女性」の世界は総じていうと次のようになる。すなわち、その世界は「祭祀と女性」の系譜の上に生まれたものであり、そこにさらに、現実の日々の苦難や喜びを加味し、究極的には生き方の指針を教えるものとしてあったと。

注

（1）野村伸一『東シナ海文化圏──東の〈地中海〉の民俗世界』、講談社、二〇一二年。

（2）神奈川大学日本常民文化研究所国際常民文化研究機構におけるプロジェクト「アジア祭祀芸能の比較研究」（二〇一一〜二〇一三年）。同プロジェクト報告書『国際常民文化研究叢書』第六巻（二〇一四年）における野村伸一「総説　東アジア祭祀芸能の比較のために──基軸の設定」一九〜六六頁参照。

（3）漢籍原文は台湾中央研究院「漢籍電子文献資料庫」「晋書」一〇七一頁による。http://hanchi.ihp.sinica.edu.tw/ihpc/hanjiquery?@53^1068518186^807^^^70202005000300060002000 2^20@@1913090568　なお、本書中の［　］およびルビの箇所に付した訳文は筆者（野村伸一）による補注である。以下同。

（4）その所在地について、栄山江流域説（姜鳳龍『바다에 새겨진 한국사』、하얼미디어、二〇〇五年、三七頁）、西南海地域説がある（李海濬『역사 속의 전라도』、다지리、一九九九年、二一頁）。

（5）前引、『東シナ海文化圏』、一〇八頁。

（6）可児弘明編『僑郷華南　華僑・華人研究の現在』、行路社、一九九六年、二二三頁。

（7）野村伸一『東シナ海祭祀芸能史論序説』、風響社、二〇〇九年、二一六頁。

（8）訓読は『風土記』日本古典文学大系、岩波書店、一九五八年、四九七頁参照。

（9）山を目印として海上での船の位置を知る航海術。地域により、山立て、山をみる、山手をみるともいう。九州では、星あて、波あてともいう（柳田国男監修、民俗学研究所編『改訂綜合日本民俗語彙』第四巻、平凡社、一九五六年、一六四一頁参照）。

（10）これについては野村伸一「死者の道行──死霊供養の実際（一）」『慶應義塾大学日吉紀要・言語・文化・コミュニケーションNo.11』、慶應義塾大学日吉紀要刊行委員会、一九九三年、二二頁以下参照。

（11）泉州市文化局編『閩南文化生態保護区知識読本』、泉州市文化局、二〇一〇年、二九頁。

（12）一九七八年に、福建省崇安の武夷山白岩、清里で、越人のものとみられる船棺葬遺跡が発見された。その際、大量の麻、苧麻、木綿などの織物が出土した。これは殷代のものと推定されている（陳国強、蔣炳釗、呉錦吉、辛土成『百越民族史』、中国社会科学出版社、一九八八年、三七、一八二頁参照）。

（13）前引、野村伸一『東シナ海文化圏』「一　呉越文化概観」、一四頁以下参照。

（14）前引、野村伸一『東シナ海祭祀芸能史論序説』、四〇頁および姜彬主編『稲作文化与江南民俗』、上海文芸出版社、一九九六年、四七七頁。

（15）前引、野村伸一『東シナ海祭祀芸能史論序説』、三六頁参照。

(16) 浙江省民間文芸家協会選編『浙江民俗大観』、当代中国出版社、一九九八年、六八頁。

(17)『祝福』の訳文は、藤井省三訳『酒楼にて／非攻』（光文社古典新訳文庫）、二〇一〇年所収、また原文は「鲁迅《祝福》全文原文閲読」http://www.5156edu.com/page/10-01-25/53194.html　参照。

(18)「국립민속박물관　한국세시풍속사전」［冬至告祀］http://terms.naver.com/entry.nhn?docId=1012431&ref=y&cid=41070&categoryId=41078　ちなみに日本の民間でも冬至は一年の区切りとされていたとみられる。冬至をフユナカとか冬至トウヤ、あるいはチュウヤ（中夜）という。南瓜は冬至まで取っておいて、この日に食べる（冬至南瓜）。また一一月二三日ころに大師講、大師の年取りといって大師をまつるのは、年末の来訪者を想起させる（以上柳田国男編『祭祀民俗語彙』「六四　大師講」、民間伝承の会、一九三九年参照）。

(19) 正月の堂山祭の献食については、前引、野村伸一『東シナ海祭祀芸能史論序説』、七六頁の図版四八参照。献食は年末におこなうのが元来のものだろう。

(20) 百度百科「盤遊飯」http://baike.baidu.com/link?url=Ly1bufwB-x8U-8uLB71uQbRzhPot0wo783VEcACA4VH8Gqa_Rr6Pzo-Cin8HMsgodTEXOXQDEAQlkkb2xndBHq

(21) 前引、野村伸一『東シナ海文化圏』、八九頁。

(22) 李新魁「試論潮汕文化的特征」『韓山師専学報』、一九九二年第二期、七四頁。

(23) 宮本常一『日本文化の形成』（講談社学術文庫）、講談社、二〇〇五年、一七二頁以下。

(24) 以下は仲松弥秀『神と村』、梟社、一九九〇年、一八頁以下参照。

(25)『沖縄大百科事典』上、沖縄タイムス社、一九八三年、九三六頁。

(26) 前引、仲松弥秀『神と村』、五五頁。

(27)『沖縄大百科事典』下、沖縄タイムス社、一九八三年、一〇一頁。

(28) とくに首里王府から辞令書を公布された公儀ノロにおいてはそういえる（同上、一八一頁）。

(29) 前引、仲松弥秀『神と村』、四三―四六頁。

(30) 中国北方では「社公《シャゴン》」というが、南方では、「社母《シャムー》」とされていた。地神（社）を母とする話が漢代の『淮南子』説山訓にみられる（前引、野村伸一『東シナ海祭祀芸能史論序説』、五三頁）。ただし後世では、どこでも社神は土地公で代表されるようになる。福建、台湾でも現今の土地神は男神が優勢である。

(31) 前引、野村伸一『東シナ海文化圏――東の〈地中海〉の民俗世界』、二六頁。

(32) 前引、仲松弥秀『神と村』、一四七頁。

(33) 同上、一一八、また一〇九頁。
(34) 前引、野村伸一『東シナ海文化圏――東の〈地中海〉の民俗世界』、一一五頁。
(35) 金素姫のパンソリ『沈清歌』では、末尾、沈盲人が皇后になった沈清に遇ったとき「わしは今死んで水宮《スグン》にきたのだろうか」といっている（『김소희 沈清歌』제四집、YBM서울음반、一九九五年）。
(36) 前引、野村伸一『東シナ海文化圏――東の〈地中海〉の民俗世界』、「第三章　他界」参照。
(37) 竹田旦『東アジアの比較民俗論考――龍宮・家族・村落をめぐって』、第一書房、二〇一四年、「Ⅰ　龍宮・海洋他界観」参照。
(38) 辻尾榮市「舟・船棺起源と舟・船棺葬送に見る刳舟」『人文学論集』、大阪府立大学、二〇一〇年、一五七頁。
(39) 陳国強、蔣炳釗、呉錦吉、辛土成『百越民族史』、中国社会科学出版社、一九八八年、六二、一八二頁、李新魁「試論潮汕文化的特征」『韓山師専学報』、一九九二年第二期、七七頁参照。
(40) 前引、李新魁「試論潮汕文化的特征」、七六頁。
(41) 同上、七八頁。
(42) 同上、七四頁。
(43) 涂元済、涂石「船棺葬・銅鼓船紋・龍舟競渡――端午節小考」『思想戦線』、一九八九年第四期、三五頁。
(44) 同上、三六―三七頁。
(45) 松本信広編『論集日本文化の起源』第三巻　民族学Ⅰ、平凡社一九七一年所収「古代伝承に表れた車と船」ほか。
(46) 前引、陳国強、蔣炳釗、呉錦吉、辛土成『百越民族史』、七頁。
(47) 前引、竹田旦『東アジアの比較民俗論考――龍宮・家族・村落をめぐって』、二〇一四、五八頁。
(48) 前引、涂元済、涂石「船棺葬・銅鼓船紋・龍舟競渡――端午節小考」、三五頁。
(49) 金ジンハ（김진하）「제주 민요의 후렴〝이여도〟의 다의성과 이여도 전설에 대한 고찰」『耽羅文化』二八巻、済州大学校耽羅文化研究所、二〇〇六年。
(50) 「僑居（流寓すること）華民」を縮約した「華僑」は一九世紀末以降のことばである。古くは唐人、一九七〇年代からは海外の中国系住民の呼称として華人がよく用いられる。斯波義信『華僑』（岩波新書）、岩波書店、一九九五年、一九頁参照。
(51) 同上、一二六頁以下。
(52) 上田不二夫「糸満漁民と東南アジア」尾本恵市・浜下武志・村井吉敬・家島彦一編『海のアジア六　アジアの海と日本人』、岩波書店、二〇〇一年、一七一、一七八頁以下参照。
(53) 前引、野村伸一『東シナ海文化圏』、一九八頁以下参照。

(54) 前引『百越民族史』では、越人の鳥トーテム崇拝が祖先神鬼の崇拝へと転じたという（六一頁）。しかし、越人にはここにあげた花や蛇とのかかわりもまたたいへん密接であり、どれかひとつに由来したとはいえないであろう。
(55) 前引、野村伸一『東シナ海祭祀芸能史論序説』、一九五、二〇五頁参照。
(56) 同上、二三〇頁。
(57) 前引、陳国強、蒋炳釗、呉錦吉、辛土成『百越民族史』、六四頁以下。
(58) 前引、野村伸一『東シナ海祭祀芸能史論序説』、二五六頁以下。
(59) 同上、三〇一頁参照。
(60) 習五一「簡論当代福建地区的民間信仰」『世界宗教研究』、二〇〇八年第二期、一二一頁。
(61) 上原孝三「祭祀を通してみた宮古島――ウヤガンとユークイ」、本書所収論文参照。
(62) 李子賢「太陽＝女性神話考――中国雲南省景頗族の場合」『日中文化研究』三、勉誠社、一九九二年、一一九頁。
(63) 吉田敦彦、松村一男編著『アジア女神大全』、青土社、二〇一一年、二六二頁、君島久子「蜘蛛の女神」『日中文化研究』四、一九九三年、一九三、一九四頁参照。
(64) 徐暁光「日本与我国西南少数民族的女性始祖神話及女神崇拝観念比較」『貴州民族学院学報』、二〇〇六年第二期（総第九六期）、一九―二〇頁。
(65) 野村伸一編著『東アジアの女神信仰と女性生活』、慶應義塾大学出版会、二〇〇四年、七頁。
(66) 徐暁望『福建民間信仰源流』、福建教育出版社、一九九三年、一五〇頁。
(67) 上原孝三「宮古島の祭祀歌謡からみた女神」野村伸一編著『東アジアの女神信仰と女性生活』所収論文参照。
(68) 比嘉康雄『神々の原郷久高島』上巻、第一書房、一九九三年、九六、九七頁。
(69) 同上、九七頁。
(70) 前引、吉田敦彦、松村一男編著『アジア女神大全』、二九一頁。
(71) 過偉「南方稲作民俗壮族女性人文始祖」『文山師範高等専科学校学報』、第一九巻第三期、二〇〇六年、六―七頁。前引、野村伸一『東シナ海祭祀芸能史論序説』、二二六頁。
(72) 前引、野村伸一『東シナ海祭祀芸能史論序説』、二一九頁以下。
(73) 郭志超「閩台崇蛇習俗」『台声』、二〇〇一年、〇二期、四六頁。
(74) 前引、野村伸一『東シナ海文化圏』、二〇七頁。
(75) 宋華燮「서해안 해신신앙 연구」『아시아 해양과 해양민속』（国際学術大会）、木浦大学島嶼文化研究所、二〇〇三年、七八頁。

(76) 谷川健一『古代海人の世界』、小学館、一九九五年、三八頁以下。

(77)『沖縄大百科事典』中、沖縄タイムス社、一九八三年、六五六頁。

(78) 渡辺匡一「蛇神キンマモン」『文学』第九巻第三号、一九九八年、七四頁参照。なお、弁蓮社袋中著、原田禹雄訳注『琉球神道記・袋中上人絵詞伝』、榕樹書林、二〇〇一年、四〇二頁以下の原文によると、引用箇所はやや異なる表現だが、ここでの論旨に差し障りはない。弁蓮社は号。

(79) 漢典によると、蚖蛇は「土虺蛇。亦泛指毒蛇。」土虺蛇はマムシのこと。http://www.zdic.net/c/6/a7/196295.htm

(80) 伊波普猷「君真物の来訪」『をなり神の島2』東洋文庫、平凡社、一九七三年、二六頁。

(81) 渡辺匡一「蛇神キンマモン——浄土僧袋中の見た琉球の神々」『文学』九（三）、一九九八年、七五頁参照。

(82) 前引、上原孝三「宮古島の祭祀歌謡からみた女神」、二八三頁以下参照。

(83) 秦聖麒『済州島巫俗論考』、済州民俗研究所、一九九三年（原版一九六六年）、二一九—二二〇頁、前引、野村伸一『東シナ海祭祀芸能史論序説』、二三二頁以下参照。

(84) 前引、秦聖麒『済州島巫俗論考』、同頁。なお玄容駿によると、七番目のむすめは「家の裏に置いた藁蓋《ジュジョリ》のもとの下にはいって府君七星《プグンチルソン》（外の七星《パッチルソン》）」となった。また母親は内の七星《アンチルソン》として庫房《コバン》（納屋）で穀物を守っている。つまり母は内の七星、むすめは外の七星として家を富ませるという（玄容駿『済州島巫俗資料事典』、新丘文化社、一九八〇年、八九九頁）。

(85) 谷川健一『蛇——不死と再生の民俗』、冨山房インターナショナル、二〇一二年、九四頁以下。

(86) 前引、野村伸一『東シナ海祭祀芸能史論序説』、二三七頁以下。

(87) 前野直彬訳注『全釈漢文大系三三 山海経・列仙伝』、集英社、一九七五年、五一七頁参照。

(88) 姜彬主編、金濤副主編『東海島嶼　文化与民俗』、上海文芸出版社、二〇〇五年、四三六頁。

(89) 同上、四三九頁。

(90) 柳和勇、方牧編『東亜島嶼文化』、作家出版社、二〇〇六年、二一六頁、前引、野村伸一『東シナ海祭祀芸能史論序説』、二三九頁参照。

(91) 臨水夫人については、前引、野村伸一『東シナ海祭祀芸能史論序説』、一八九頁以降、媽祖については、同、一八五頁参照。

(92) 娘娘（ニャンニャン）は女神、皇后の意味で使われることばで、日本語の娘（むすめ）の意味は全くない。

(93) 藤田明良「航海神——媽祖を中心とする東北アジアの神々」桃木至朗編『海域アジア史研究入門』、岩波書店、二〇〇八年、二一一頁以下参照。

(94) 前引、姜彬主編、金濤副主編『東海島嶼　文化与民俗』、一四一—一四二頁。

(95) 姜漢永校注『申在孝 판소리 사설集（全）』、韓国古典文学大系八、教文社、一九八四年、一九七頁。
(96) 前引、伊波普猷「君真物の来訪」、三三頁。
(97) サイト「マユンガナシの映像（一九九四年の記録）補遺」 http://www.flet.keio.ac.jp/~shnomura/mayun/mayunganashi.html
(98) サイト「波照間島のムシャーマ——二〇〇五年、ホトケをかけての豊年祭」 http://www.keio-asia.org/documents/okinawa/hateruma2005/2/
(99) 前引、姜彬主編、金濤副主編『東海島嶼 文化与民俗』、四二四頁。
(100) 平敷令治『沖縄の祭祀と信仰』、第一書房、一九九〇年、四六四頁以下。
(101) 前引、竹田旦『東アジアの比較民俗論考——龍宮・家族・村落をめぐって』、一五三頁以下。
(102) 前引、野村伸一『東シナ海文化圏』、一七頁以下
(103) 前引、平敷令治『沖縄の祭祀と信仰』、一六八頁。
(104) 張更禎「《捜神記》中的女神、女鬼、女妖形象」『和田師範専科学校学報』、二〇〇九年 第二八巻第四期、一〇六頁。また干宝、竹田晃訳『捜神記』（東洋文庫）、平凡社、一九六四年、三〇一頁以下参照。
(105) 前引、野村伸一『東シナ海祭祀芸能史論序説』、二七九頁。
(106) 국립민속박물관 한국민속신앙사전(무속신앙 편)、광인굿[네이버 지식백과]광인굿（국립민속박물관 한국민속신앙사전（무속신앙 편）、2010.11.11, 국립민속박물관）
http://terms.naver.com/entry.nhn?docId=1010087&cid=41071&categoryId=41109
(107) 前引、野村伸一『東シナ海文化圏』、二六四頁以下。
(108) 同上、第四章、一三一頁以下。
(109) 同上、一三六頁。
(110) 宮城栄昌『沖縄女性史』、沖縄タイムス社、一九七三年、一〇頁。
(111) 比嘉政夫『女性優位と男系原理——沖縄の民俗社会構造』、凱風社、一九八七年、一二六頁。
(112) 前引、野村伸一『東シナ海文化圏』、一三八頁。
(113) 徐暁望「福建省における女性の生活と女神信仰の歴史」野村伸一編著『東アジアの女神信仰と女性生活』、慶應義塾大学出版会、二〇〇四年、九七頁。
(114) 同上、九四頁。
(115) 同上、九五頁。

(116) 呉慧穎「閩南地方演劇からみた女性生活」、本書所収論文参照。
(117) 前引、宮城栄昌『沖縄女性史』、一一四頁。
(118) 前引、野村伸一『東シナ海文化圏』、一三八―一四〇頁参照。
(119) 伊波普猷『沖縄女性史』平凡社ライブラリー、平凡社、二〇〇〇年、一六五頁参照。
(120) 宮城鉄行『安田の歴史とシヌグ祭り』、未来工房、一九九三年、一五七頁。
(121) 李京燁『地域民俗の世界』、民俗苑、二〇〇四年、一五七頁。
(122) 前引、野村伸一『東シナ海文化圏』、二四九頁以下参照。転蔵（転轆、牽轆）については、本書所収論文、謝聡輝「産難の予防、禳除と抜度」も参照のこと。
(123) 同上、二四一頁以下。
(124) 鄭魯湜『朝鮮唱劇史』、형일출판사、一九七四年、一五頁以下。
(125) 野村伸一編著『湖南文化論――東方地中海文化からみた全羅道』、風響社、二〇一五年（近刊）。
(126) 『김소희 沈清歌』 제二집、YBM 서울음반、一九九五年。
(127) 『続日本紀』天平宝字七年（七六三）の記事によると、遣渤海使板振鎌束は、日本に戻る際、風浪により遭難の憂き目に遭う。その時、板振鎌束は船上の異国人の高氏と学問僧が衆人と異なるとし、これが「風漂の災い」の原因だとした。そして彼らを海中に投じさせた。前引、野村伸一『東シナ海祭祀芸能史論序説』、二三五頁以下参照。
(128) 廖奔・劉彦君『中国戯曲発展史』第四巻、山西教育出版社、二〇〇〇年、五頁。
(129) 南戯については、田仲一成『中国地方戯曲研究』、汲古書院、二〇〇六年が現在、最も詳細である。そこでは南戯が中国戯曲の源流、起源のひとつとして一九八〇年代以来、注目されてきたこと、また南戯には目連戯が含まれていて、そこから目連戯の研究が派生したことを指摘し、この流れの上で、改めて、南戯を多角的に考察している。
(130) 同上、「第一章　南戯の発生――女性冤魂の鎮撫」（三三頁以下）参照。
(131) 前引、野村伸一『東シナ海文化圏』、二五八―二六〇頁。
(132) 前引、野村伸一『東シナ海祭祀芸能史論序説』、二八八頁以下参照。

二　三地域の特色――基軸の上での異と同

前章では東方地中海文化圏に通底する基軸を五点あげた。こうした基軸の上で、小単位、すなわち、一、福建南部・台湾（閩台）地域　二、韓国全羅道・済州島地域　三、琉球諸島・九州地域をみていくと、どのような特色が現れるかをみていきたい。長い歴史のある地域社会を較べると、基軸は共通していたとしても、その上での変異は当然、ありうる。以下では三地域の特色を理解するために、基軸の上での分別異同《フォンビエイートン》、すなわち、相違点と共通点の識別を眼目とする。とはいえ、共通点は前章で多く述べた。それゆえ、ここではおのずと相違点を多く取り上げて言及することになる。なお、以下の文では前章「一『東方地中海文化圏』の相貌――通底する基軸」であげた五つの基軸を基軸一、基軸二……と略記し、また三地域をそれぞれ地域一、地域二、地域三と略記する。

一　福建南部・台湾（閩台）地域

ここではまず閩南《ミンナン》地域の概要を述べ、次に閩南との関係における南の地について述べる。

１　閩南地域概要

閩南は今日の福建省南部、そこには旧石器時代以来、居住民がいた。その末裔が閩人である。春秋戦国の時代、中国南部には百越族と総称される人びとがいたが、閩人はそのひとつである。彼らは、越国の人びとがそうであったように、稲作、漁撈、船による頻繁な移動をしていたとみられる。秦の統一を経て前漢のころには閩越国が成立していたが、前漢の武帝のときに滅亡する（前一一〇年）。滅亡までの間は百年余り[1]（『史記』東越列伝）。閩越国の歴史は閩人の基層文化の最下層に位置付けられるであろう。そののち、紀元三世紀以降、中原からこの地の晋《ジン》江《ジャン》流域（閩南の主要河川）に漢人が移住し、文化の習合が進んだ。これが閩南文化の基本的な性格を形成したとみられる[2]。最下層に閩人の女性優位の社会と文化があった（基軸五）。そして、その上に男の首長をいただき、血縁の系譜を重視する社会、文化が重なったとみられる。そののち、閩南は仏教、道教文化を受容し、さらに、唐代以降、海上シルクロードの往来が活発となり、これを通して外来の諸文化を受容した。こうした歴史から、閩南文化の性格は「兼容並蓄《ジエンロンビンシュ》」（諸種のものを併せ持つこと）だといわれる[3]。華僑、華人の柔軟性、粘り強さなどの根柢にもこれがある。

２　今日の閩南の位置付けと泉州

今日、閩南地域は中国南部の重要な文化生態保護区として指定されている。その中心は泉州である。これには、次のような背景がある。二〇〇七年六月、中国国家文化部は全国に十箇所の国家級文化生態保護区を設定し、そのひとつとして「閩南文化生態保護区」を認定した。以来、泉州、漳州、廈門を中心として言語、風俗、信仰などの掘り起こしと保護、育成が盛んとなった。このうち、泉州市は閩南文化を最もよく代表している。泉州市は現在、南安、晋江、石獅の三市のほか恵安、安渓などの県（五県）、区（四区）を含む。常住人口は七八六万人[4]

24　泉州開元寺の石塔（西塔）。宋元時代に東西二基建立され、いずれも今日に伝わる。

25　元妙観。泉州の道教の中心施設。

（戸籍人口六八〇万人、二〇〇九年）。泉州は歴史的にも多元文化の集約地であった。以下、泉州市文化局編『閩南文化生態保護区知識読本』と現地調査に基づき、閩南の人と文化の概要を記す。

閩南人　福建南部の人びとを閩南人《ミンナンレン》という。閩南人の現在の主要分布地域は泉州、廈門、漳州、台湾、東南アジアの華僑華人居住地域である。その人口は、閩南一五〇〇万、台湾一八〇〇万、南洋一帯二千万人、その他福建、広東などを併せると、約六千万人にのぼる。[5] なお広東省の潮州、汕頭は古く閩南人が移住したところで、のちには独特の文化を形成した。とはいえ、近年、言語からみて潮汕文化は広義の閩南文化に属するという説が提示されている。

文化の歴史、宗教的背景　閩南人は戦国時代以降に百越とよばれた諸種の民族のひとつである。その一部は山地にいて、のちに山畲《シャンシャ》とよばれた（畲 she は火田の意味）。また海辺にあって漁をした人びとはのちに疍民《ダンミン》とよばれた。ところで三世紀初、中原は大乱を迎えた。これを避けて北方から中原の人びとが閩南にはいってきた。この結果、閩南人の文化と中原文化が習合し、独特の閩南文化が形成されていく。そして、さらに宋元時代には泉州を中心として外来文化が受容された。マルコ・ポーロは、一三世紀後半の泉州をアレキサンドリアに匹敵する世界的な貿易港と称えた。[6] 泉州は海上シルクロードの重要な拠点のひとつであり、閩南人もまたこの道を利用して文化を享受し伝播した。

泉州では古来の巫俗の上に仏教、道教、さらにイスラム教も受容され、多元

26　晋江陳埭《チェンダイ》丁《ディン》氏《シ》宗族の礼拝堂。

27　基督教聚宝堂。泉州聚宝街

文化が長い時間にわたって維持された。唐代に創建された泉州の開元寺には、宋元時代に東西の石塔が建立された。その塔は堅固で八百年を経て今なお健在である（図版24）。また、古い道教の廟「元妙観」（清代に玄妙観から改名）は西晋太康年間（二八〇〜二八九）に創始され、明清代には泉州府の道教の中心施設の役割をはたした。ここは市民生活とも密接な関係にあり、参拝者が絶えない（図版25）。一方、回族の宗教施設清浄寺（一〇〇九年創建）の建物の一部は市内の繁華街の一角に遺跡として残存する。回族の末裔はのち、陳埭《チェンダイ》氏丁《ディン》氏《シ》晋江鎮宗族として漢化したが、今日なお、独自の礼拝堂を維持している。そこは彼らの祈りの場所として機能している（図版26）。

仏教、道教、イスラム教が同居するだけでなく、泉州地域はキリスト教の拠点のひとつでもあった。キリスト教は早く宋元時期に伝来している。当時、外国の商人が到来した地域は聚宝街とよばれるが、そこには、一八八八年に教会が建てられた。現在、同地には「基督教聚宝堂」の建物が残されている（図版27）。

3　生きている基層文化——若干の事例

閩南文化の最古層には閩越文化がある。この地域で顕著な花を生命の源とする見方、女性の働き、甲斐性、海神、蛇神、木龍（フナダマ）への崇敬、祖先（祖霊）への敬愛などは閩越文化に由来するとおもわれる。そしてその上に儒教、仏教、道教が習合した。これらが融合したかたちで今日なお生彩を放っている。それは民間の自発的な文化であり、そのこと自体が閩南文化の最大の特徴といえるかもしれない。以下の三つの事例には、こうした閩南文化がよくうかがわれる（事例はいずれも野村伸一の見聞による）。

（1）事例一　蟳浦

蟳《シュン》浦《プ》地区　蟳浦地区(7)は泉州市内から東南方一二、三キロの海辺に位置する。人口約一万人。以前も今も漁村である。女性たちの生活力、また髪形（粗《ツ》脚《ジャオ》頭《トウ》、簪《ザン》花《ファ》囲《ウェイ》）が特徴的である。ここの女性は少女時代から髪を長く伸ばす。そして髷を結い、鮮花の花輪をし、簪を挿す（図版28）。住居の壁には蚵殻《かきがら》を用いる（図版29）。近年ではこの風俗がマスメディアに乗ってよく知られるようになった。ただし、かつてここの人たちは魚を籠に入れ泉州

28　蟳《シュン》浦《プ》地区の女性たちの独特の髪形。泉州市豊沢区蟳埔

29　壁に蚵殻《かきがら》を用いた住居。泉州市豊沢区蟳埔

30　船首に龍目をえがいた漁船。泉州市豊沢区蟳埔

31　媽祖の誕生日を祝う蟳浦の女性たち

市内まで歩いて、または自転車で売りにいった。泉州市民にとって、蟳浦はかなり遠いところであった。この付近の漁民たちの木造船の船首には龍目がえがかれている（図版30）。下野敏見によると、それは奄美、沖縄の「船の目玉」と同じである。[8] また、その独特の髪形はトカラ列島中之島の女性たちの明治初期の髪形と似ているという。[9]

媽祖廟の祭祀と芸能　蟳浦の媽祖廟順済宮《シュンジゴン》は明代万暦年間に建立された。媽祖の誕生日（旧暦三月二三日）は村の女性たちの舞踊で賑わう。二〇一一年の誕生日（四月二五日）には、日中、躍鼓舞、扇舞、斗笠舞、車鼓隊、涼傘舞などが力強く演じられた。それはほとんど女性たちの自発的な舞踊である（図版31）。娯楽的な雰囲気が濃厚だが、根柢には、やはり媽祖女神の誕生日をともに祝うという心意があるだろう。さらに夜は廟前の舞台で専門劇団による芝居が奉納される。この日の夜、芝居が奉納されることは、ここだけのことではない。南安、晋江を含めた泉州市の各地の媽祖廟でそれがみられる。

（2）事例二　晋江市西坂村《シバン》娘媽宮《ニャンマゴン》の賑わい

泉州市内から南一〇キロほどのところに位置する晋江市は奉納演劇がたいへん盛んである。年中、どこかの廟で高甲戯《ガオジャシ》あるいは梨園戯《リュエンシ》がおこなわれている。晋江市内陳埭《チェンダイ》鎮西坂村娘媽宮では二〇一一年四月二五日から二七日まで、媽祖の誕生日に梨園戯を奉納した。梨園戯はいくらか古典的な演劇であり、劇団招請の経費がかさむ。そのため比較的上演が少ない。それもあるのか、毎晩、開演の一時間前にはかなりの座席が埋まった。およそ二、三百人は詰めかけた。当地は現在、靴の生産、販売など、商工業で活況を呈している。その一方で梨園戯のような祭祀演劇がなされるのは興味深い。舞台の一番前には子供たちがいてはしゃいでいる。これは母親や祖父母が連れてくるのもあるが、みたところ、遊び半分で勝手に集まった者たちも多そうである。こうした子供たちにとって祭祀演劇はまさに原風景となるだろう。そうした文化のなかで暮らす晋江の人たちは当然、芝居の演目や演戯の善し悪しをよく知っている。

梨園戯

梨園戯《リユエンシ》は閩南に伝わる演劇中、最も古く典雅なものとされる。それは宋元南戯の末裔である。梨園戯は大梨園（成人によるもの）と小梨園（児童によるもの）に大別される。大梨園はさらに下南と上路に分かれる。三流派それぞれに独自の演目、歌い方がある。民国時代に梨園戯はより大衆的な高甲戯《ガオジャシ》や歌仔戯《ガーズシ》に押されて衰退した。しかし、新中国成立後、一九五〇年代後半に、三流派出身の芸人たちが中心となり、創作、改編活動をはじめた。現在は「泉州市梨園戯実験劇団」がただひとつ存在し、梨園戯を伝承している。

32　梨園戯『陳三五娘』。これは閩南を代表する物語のひとつである。泉州市梨園古典劇院

『陳三五娘』

娘媽宮《ニャンマゴン》で演じられた梨園戯演目は六篇あった。そのうちに『陳三五娘』があった。これは梨園戯の代表作のひとつである。当日はさわりだけをごく短く演じる折子戯であったが、人びとにはそれだけでも十分、堪能《たんのう》できたのであろう。ちなみに、別の機会に泉州市内梨園古典劇院でみた『陳三五娘』はたいへん興味深かった（図版32）。これは梨園戯の代表作のひとつである。典雅な古典美をみせつつ、一方で閩南の男女のあり方をよく示してくれる。これは「千年流伝」の物語であり、閩南、潮汕、台湾、東南アジアの華僑地区に広くいきわたっている。

33　加冠進録。子孫の繁栄を予祝するもの。中国地方演劇の冒頭にはつきものの祭祀劇。晋江市陳埭《チェンダイ》鎮西坂《シバン》村娘媽宮《ニャンマゴン》

物語の舞台は泉州と潮州である。書生陳三が嫂とともに広南にいくとき、潮州を通り過ぎる。そのとき黄五娘《ファンウーニャン》と出会う。五娘は陳三に一目惚れする。荔枝を投げて働きかける。揚げ句に二人は出奔する。紆余曲折ののち二人は結ばれ団円となる。明代にはこの伝承をもとに小説『荔鏡伝』が書かれた。そこでは五娘の働きかけが顕著で、若いむすめを主人公とした物語ともいえる。閩南の「婦孺皆知《おんなたちはみなしっている》」という。これは閩南で最も著名な民間伝説だという[10]。こうした女性主導の恋愛は東方地中海地域の女性の甲斐性の一端を示すもので、興味深い。

敬演――演劇の奉納　現今、一晩の芝居を催すと、一般の演劇（高甲戯）は五千元（約六万八千円）、梨園戯はその約三倍一万五千元（二〇万円余り）はかかる。娘媽宮では梨園戯を三日間催した。それには特定の奉納者がいた。演戯の開始前、舞台の傍らにその名前が掲げられる。ただし通例、このように掲示をするだけで、本人からの挨拶はない。奉納者（家族の代表）は演戯の冒頭、舞台の人物から「加冠進録」（図版33）の赤い布片をもらう。それは奉納者の子孫繁栄の予祝であり、御札のようなものである。これだけのために寄付をする。この金額はどれほどのものか。今日、中国の庶民は三千元の月給を得るのに懸命に働く。一晩の寄付としては高額なことは確かである。しかし、奉納者はこれを惜しまず、また引きも切らない。この種の芸能の奉納は地域社会への貢献である。華僑にとっては故郷との紐帯の確認でもある。こうした地域貢献の仕方は今日、閩南や莆仙地区以外では失せつつあるようだ。それだけに閩南の「敬演《ジンイエン》」（演劇奉納）の文化は特筆に値する。

35　泉州市内の天后廟。媽祖の誕生日には朝から大勢の参拝客がみられる。

34　普陀山にいって戻ってきた観音。南安市霞美鎮四黄村

36　泉州市内の関岳廟。関帝と岳飛をまつる。終日、参拝者が絶えない。

37　観音菩薩に祈願する人びと。圧倒的に女性が多い。台湾鹿港龍山寺

（3）事例三　観音、その他

二〇〇二年旧暦九月、南安市霞美鎮四黄村草亭寺では観音の出家の日（九月一九日）から、一週間、晋江の傀儡戯班による目連戯がおこなわれた。これは草亭寺の増築記念行事として、地域住民が資金を出し合い主体的に催したものである。四黄村の住民は観音信仰に篤い。彼らは二、三年に一度、観音を先立てて浙江省の普陀山（観音信仰の本拠）に参拝する（図版34、三八一頁図版55も参照）。閩南の人びとは寺院でまた家庭内で観音をまつっている。閩南人と神仏との密接なつながりは、泉州市内の天后廟（図版35）や関岳廟（図

版36）でもみられる。それらは台湾の人びとが、日常、時間の合間に寺廟に立ち寄り、祈りをささげて帰っていく光景とも通じる（図版37）（四一二頁以下参照）。

4　閩南と南の地

住番　閩南人は古来、海外に出た。宋代には南洋に出ている。それはとくに明清代には顕著であった。彼らは通例、一一、一二月の東北の季節風に乗って華南沿海から南下し、インド洋にまでいった。そして七、八月には西南の季節風に乗って戻った。しかし、この間、季節風に乗り損ねると、「住冬《ジュドン》」「住番《ジュファン》」することになる。すなわち番地《ファンディ》（外国）暮らしである。また貿易の必要から滞在が数年になることもあり、ここに僑居（仮住まい）がはじまる。このなかには越南（ベトナム）の国王となった李公蘊がいる。また、呂宋国（フィリピンの中心呂宋島にあった国）には閩南人が多く住んだ。現在、当地の一五〇万人とされる華僑、華人のうち九〇パーセントは閩南を祖籍とするという。(11)ただし、その生活は容易なものではなかった。それは、「猪仔《ジューザイ》（仔ブタ。苦力《クーリー》のこと）」という蔑称がよく物語る。

5　今日の台湾

台湾の人口は、二〇一〇年現在、二三一二万三八六六人、うち、原住民は五一万四八七人である。(12)また国情統計通報によると、二〇一三年の「来台旅客人数」は八〇一万六〇〇〇人、うち陸客（大陸からの観光客）が二八七万五〇〇〇人で第一位である。(13)馬英九政権下（二〇〇八年～）、台湾と大陸との急接近は周知のところだが、それは観光客数の上でも歴然としている。ただし、一方で、台湾ではこの十数年間に台湾人意識が高揚してきた。一九九〇年代後半からの各種世論調査において、自身を台湾人とする回答が増え、中国人は減っているという。

国民党の李登輝は、一九九九年、台湾と中国は「特殊な国と国との関係」だとする「二国論」を掲げた。次の民進党政権下（二〇〇〇〜二〇〇八年）、陳水扁総統は「一辺一国論」により、中台はそれぞれ別の国だと主張した。さらに台湾独立派は「中華民国」から「台湾国」「台湾共和国」への変更を求める運動を展開している。[14] こうした台湾人意識は、二〇〇八年三月の総統選で馬英九が当選することにより、一旦、水面下に抑えられた。しかし、馬英九政権は大陸との融和政策、経済面での接近を急速に推進した。そして、二〇一四年三月、大陸との「サービス貿易協定」が批准段階に到った。すると、台湾の学生たちは国会の議場占拠という未曾有の行動によって、それに対する批判の声を上げた。彼らは「台湾の中小企業が危機に陥る」とし、また政権側が十分な説明をせずに法案を推進している、「民主政治の危機だ」として行動に出た。根柢には「中台統一への流れ」に対する警戒感がある。[15] これは台湾人意識が再浮上したものとみるべきであろう。

台湾地域に住む人びとの主体的な意識は今や時々の政権によって左右できるものではなくなっているといえる。ちなみに、これは沖縄人による「沖縄独立論」にも似ている。それは本土による沖縄利用、支配、無理解、また沖縄に対する本土側の一方的な「消費傾向」に対する異議申し立てとして唱えられている。[16] 現実の国際政治、経済構造からみて、台湾や沖縄の独立は実現性は薄いだろう。しかし、精神の独立志向は今後、一層、上昇するに違いない。問題はそのとき、各々の地域の基層に潜む文化を東方地中海地域の人びとがどの程度、深く自覚できているかである。現在の生活、状況に捕らわれる余り、自身の基層文化を今は昔の話ていどにしか認識できないのであれば、その足元はひどく脆弱である。独立や民主、自由といった普遍的な枠組だけで進むのは限界がある。基層文化へのたゆまぬ自覚こそが真の矜恃をもたらすであろう。

二　韓国全羅道・済州島地域

1　全羅道・済州島地域——湖南と耽羅

東方地中海地域の基層文化を論じる上で、閩《ミン》（福建）の語を用いたように、ここでは湖南《ホナム》（全羅道）と耽羅《タムナ》（済州島）を用いる。以下では、まず湖南文化について概観し、次に耽羅文化を取り上げ、最後に両者のかかわりを述べる。

湖南　湖南地域は韓国忠清道錦江《クムガン》以南（忠清道南部）、全羅北道、全羅南道を指す(17)。この地域の基層文化の歴史では馬韓時代の文化が最下層をなすとみられる。その上に、百済、新羅、高麗の仏教文化が重なり、さらに朝鮮朝の儒教文化が習合した。馬韓時代の年代区分は諸説あるが、ここでは最も広く紀元前三〜二世紀ごろ成立、五世紀末消滅とする。これは北方からきた百済との相剋の時間が長かったことを意味する(18)。

馬韓文化の特徴六点　馬韓文化の特徴は多々あるが、ここでは六点を指摘しておきたい。第一、前述の基軸一「依山帯海——山と海を併せ持つ文化」のうち、海山の文化が他地域に較べてとくに明確である。二十余りの連盟国家がともに西晋に朝貢した（四二頁）。これは馬韓人が船による移動を得意としたことを意味する。また馬韓、百済の大山積《おほやまつみ》の神が海神として知られていて、これが日本に到来している（三四頁）。これは山神がすなわち海神でもあることをよく示している。そうした系譜の上で湖南の巫俗をみると、海難死した人の霊魂上げの巫儀でまず山神をまつり、次に龍王をまつることの意味がよくわかる。馬韓文化はまさに海と山の文化の上にあった。これに加えて、災厄をホスアビ《ひとがた》とともに船に乗せて流す茅船送り《ティベポネギ》（ティベクッ。蝟島《ウィド》）のような民俗も、時代的には馬韓時代に遡らせることができるだろう。

38　半身を地中に埋めた石仏。高麗時代の弥勒といわれる。全羅北道井邑市蓮池洞

第二、海の女神信仰が顕著である。オオヤマツミは男神像として伝わるが、当時、朝鮮半島の西海（黄海）には海の女神ケヤンハルミがいた。これは四世紀以降の祭祀遺跡を伴っていて、馬韓の海民に尊崇されていたとおもわれる。この女神だけでなく、九州と朝鮮南部を結ぶ航路に沿っては宗像女神がいた。これがやはり多数の祭祀遺跡を伴うことから、馬韓周辺の海域においては海の女神は普遍的な存在だったといえるだろう。ちなみに上記の女神はいずれも蛇体でもあったとみられる。

第三、野の文化、とくに稲作が広くおこなわれた。馬韓の人びとは五月に播種し、十月に収穫祭をした（『三国志』東夷伝韓の条）。そこでは初穂儀礼があったとみられる。全羅道や忠清道に伝わるオルベシムニ（またオルゲシム六一頁）はそれを今に伝える民俗である。一方、カンガンスッレは八月と一月の満月のもとで、女性（あるいは男女）が踊るものだが、これも稲作の収穫、予祝を祈願するあそびであったとみられる。

第四、神仏の信仰に篤い。『三国志』によると、馬韓人は「常以五月下種訖《たねまきをおえると》、祭鬼神」「信鬼神……主祭天神……又諸国各有別邑、名之為蘇塗、立大木縣鈴鼓」とある。種まき後の祭鬼神は農にかかわる諸神への祈願であろう。また、それとは別に天神をまつり、さらに各地域では蘇塗という神域に鈴を付けた大木を立てて祭儀をおこなった。これはのちの堂山祭《タンサンジェ》に通じるものであろう。そして、こうした「信鬼神」の基盤の上に中国南方から仏教が伝来した。すなわち三八四年に東晋から摩羅難陀《マラナンダ》がきてこれを伝えた（『三国史記』）。これは通例、百済の文化史として語られるが、この時代はまだ馬韓の文化が根強く残っていた。朝鮮半島南部の仏教の受容は信鬼神の一環としてなされたというべきであろう。これが百済の弥勒、観音信仰の根柢にあった。その系譜から、湖南地方ではのちに地中から仏菩薩が出現すると語られることになる。これは民間信仰化し、半身を地中に埋めた石仏が各地に残存する（図版38）。

第五、馬韓人は果敢に海を越えた。二十余国が西晋に朝貢したことは先述した。馬韓人は百済に支配されるなかで、南に移動したとみられる。九州北部には馬韓人の移住を想起させる考古遺跡がみられる。考古学の林永珍《イムヨンジン》は「五世紀末に至るまで日本列島の対外交流関連資料のうち、百済と直結できるものはみいだしにくい」といい、馬韓との関係を強調している。[19] また百済滅亡後、百済人の一部は東方地中海地域に移住し、交易を担ったとみられる。それが「在唐新羅人」の主体であり、その代表者は張保皐《ジャンボゴ》であった。張保皐とその一団は湖南の莞島《ワンド》出身とみられる（一六三頁）。さらにいえば、百済、新羅、高麗の時代に東方地中海を往来しつつ交易をした朝鮮語を話す者たちは馬韓の海民集団の歴史の上に形成されたというべきであろう。

第六、女性の世界が馬韓の基層社会を支えていたとみられる。馬韓の「女性の世界」について、古文献はほとんど何も語らない。それゆえ、後世の記述や民俗から推測するほかはない。それによると古来、海辺の女性は婚姻において主体的であり、また農耕だけでなく、男とともに船にも乗ったとみられる。たとえば『三国志』東夷伝における婚姻の記述は示唆的である。すなわち高句麗には男が通う婚姻（「率婿婚」「預婿」）があり、弁辰では「嫁《よめいり》娶《よめとり》礼俗、男女有別」（弁辰の婚姻は礼儀にかなっている）とある。しかし、馬韓については記述がない。つまり馬韓にはとくに礼俗がなかった。おそらく馬韓の男女は気が合えば勝手に結婚したのであろう。それは後述する「流求」の婚姻と似ていたのかもしれない（一二二頁参照）。すなわち、嫁入りもあり、男の通い婚もありというものである。朝鮮半島の妻方居住は朝鮮朝前期までは広範囲にみられた。全羅道の事例では扶安金氏金次孫《キムチャソン》が妻方居住をしたこと、その妻の家で育った子金錫弼《ソクピル》が文科に合格したなどということが知られている。[20] 一方、女性の働きについては、朝鮮朝のことではあるが、『顕宗実録』三年（一六六二）七月、「湖南務安県の男女十八人、入島し漁採《りょう》するとき、猝《にわかに》顚風《とっぷう》に遇い琉球国に漂い至った」とあり、琉球での見聞が記されている。それだけでなく、男女の乗った船が漂流した記録はいくつもある。(21) 古来、海辺の女性たちは男とともに海の仕事に携わった。これは地域一の女性と同じである。こうした女性世界から生み出されたのがパンソリにおける春香であり、沈清である。春香は貞節、烈女とされたが、はじめは愛する男を想い、死んで祟りをもたらした。それは「礼儀」に則らない女性像を示唆する。閩南の黄五娘《ファンウーニャン》に通じる（一〇六頁）。一方、沈清はのちには孝女の典型として称えられるが、『沈清歌』には一家の生活を支える働き者の母とむすめという原像がみられる（八五頁以下参照）。

2　耽羅

耽羅については多くの点で湖南の上記の特徴と重なる。それを含めて記しておく。

第一、海と山と野の文化。今日済州島は「海女文化《ヘニョムナ》」で国内外にもよく知られている。そこでは龍王《ヨワン》と水中孤魂への畏怖が顕著である。しかし、日本時代漁業が進展する以前は中間部の村（陽村）が海村の上位にあった。この点は、東方地中海地域全般についていえるだろう。陸地に暮らす者は総じて海辺、島嶼部の暮らしを低くみた。同じことは島のなかでも起こっていた。

第二、海の女神信仰。済州島の海女《ヘニョ》（潜嫂《チャムス》）たちはヨワンということばを日常よく使う。海難死した者が出たとき、また旧二月のヨンドゥンクッのときにはヨワンクッをおこなう。ところで、このヨワンはどういう神かと尋ねるとおばあさん《ハルマン》だという。ヨワンは龍王の音読だが、女性たちはそれとはかかわりなく、伝来の海の女神を信仰していることが知られる。(22)

第三、頻繁な渡海。馬韓人と同様、済州島人も果敢に海を越えた。『三国志』東夷の条によると、州胡《ジュホ》（済州島人）は「乗船往來、市買韓中」とある。この海域ではこれが普通のことだったのだろう。ちなみに対馬についても「乗船、南北市羅《なんぼくでこうえきをする》」とある。生きていくためには船に乗って移動し、生活物資を入手しなければならなかった。その伝統は引き継がれ、高麗時代の済州人は大型の船を造ることができた。『高麗史』巻第一世家には、顕宗三年（一〇一二）、「耽羅人来、献大船二艘」とある。[23] また朝鮮朝初期には西南海に出る者が多数いた。彼らは鮑作人、鮑作漢、豆禿也地、頭無岳、豆毛岳などと記録されている。[24]『成宗実録』八年（一四七七）には「豆禿也只、乗船、移泊慶尚、全羅沿辺者、幾千余人」とある。男だけでなく妻子を伴っている。彼らは船上で暮らしていたとみられる。こうした水上民がすべて済州島民であったとは限らないが、主体をなしていたのは確かであろう。朝鮮時代、仁祖七年（一六二九）、済州島に対しては出陸禁止令が出された。以後、二〇〇年間、海彼への自由な往来は制限され、済州島民の社会と文化に大きな支障がもたらされた。この間、本土の儒教倫理が浸透していったとみられる。[25] しかし、幕藩制下の琉球と同様、基層のところにある移動への渇望は生きつづけていたといえる。実際、二〇世紀の済州島民は多数、日本に向かった。その近因は生活苦であろうが、それだけではなかろう。彼らは一方では故郷とのつながりを絶えず保持した。秋夕や旧正月にはできれば、戻ろうとした。日本での都市生活が長引き、家庭を築けば、おのずと帰郷もむずかしくなる。しかし、高鮮徽《コソンフィ》によると、二〇世紀の済州島民の移動の軌跡をみると、「一五～一六世紀」に朝鮮半島や遼東半島にまで移動した時代の名残がみられる。その「伝統的な生活様式は、国家によって変えられるものではなかった」という。[26] これは閩南人、琉球人の移動と同じというべきである。

第四、女性の世界。済州女性の自立性は古来、よく知られている。結婚については、次のことが注目される。すなわち、済州島の女性はすぐに嫁入りしない。また嫁の独立性が強く、舅姑が老衰しても炊事をともにしないという。[27] 済州島の女性はよく働いた。そのため、済州島の村落社会には女児待望の風があった。金尚憲『南槎録』（一六〇一年の見聞記）巻一によると、済州の父母は「むすめが生まれたら、われらによく仕えてくれるだろうといい、息子が生まれると、われらの子ではなく鯨などの餌になるだろう」ということである。[28] また、申光

洙の「潜女歌」（一八世紀後半）には「土俗婚姻重潜女《チャムニョ》　父母誇無衣食憂《いしょくのうれいなきことをほこる》」とある。[29] 潜女は嫁ぎ先の暮らしを保証してくれるありがたい存在だったことがわかる。一般に済州海辺の半農半漁の主体は女性であった。[30] 済州にはジョニャン（조냥 倹約精神）という語があるが、この精神も女性がよく体現している。勤勉な女性たちが仕事と育児の両立のため工夫して作りだしたのが子守り籠《エギクドク》である。これは朝鮮半島の陸地部ではみられないが、日本ではイジコ、イズミあるいはイズメ、イズミキ、エズメ、エジミなどとよばれる嬰児籠があった。基本的に同じものである。[31] ちなみに日本のイジコは籾などを入れる畚《ふご》、あるいは飯櫃入れの籠のことでもあり、またイズミには弁当や道具を入れた。同時に、この籠に赤子を入れることにしたのであろう。それは、この地域の女性が古来、稲や温かい飯を管理し、たいせつに守ってきたことから、自然に起こったものとおもわれる。母親たちにとっても稲も赤子も広義の祖先（祖霊）からの授かりものという意味で別物ではなかった。いずれにしても子守りの籠は東方地中海地域の女性の甲斐性、命あるものへの見方をよく告げるものである。一方、済州女性は家庭のなかだけでなく、地域のためにも働いた。元妓生金萬徳《キムマンドク》は身銭をはたいて米を買い入れ、困窮民の飢えを救った。これは当時（一八世紀末）からも周囲によく知られていた。[32] また近代の海女《ヘニョ》（潜嫂）たちは日本、朝鮮半島、ウラジオストックにまで出稼ぎにいった。海女の活力は今日なお健在である。一方、済州には戦う女性の伝統もある。すなわち済州島には近来までイェチョン예청（女の軍隊）という語があった。『南槎録』に女丁《ヨジョン》여정の語がある。倭寇に対抗した女の組織である。イェチョンはその名残である。この伝統は近代に到って発揮された。一九〇一年、李在守《イジェス》の反乱（天主教・教徒への反旗）の際、済州の「女陣《ママ》」（ヨジンすなわち女丁）は先頭に立ち、済州城内の天主教徒を攻撃したという。[33] また植民地下、済州の海女組合は行政に対しても果敢に示威をおこなった。一九三二年には検挙者も出て大規模な事件となったことはよく知られている。歴史を遡ると、古代の女の首長を含めて、戦う女性は東方地中海地域に広くみられた。しかし、二〇世紀になお、集団をなして実際の戦いに参加したとい

39　シッキムクッのタンゴル。巫歌といくらかの振りをもって死霊をあの世に送る。全羅南道

40　冥府の使者差使《チヤサ》。十王迎《シワンマジ》えに現れ、死者霊を薦度させる。冥府からこの世へくる道を均すところ。済州島新村

うのは他地域にはみられない特色といえるだろう。

3　全羅道文化と済州島文化の若干の比較

全羅道文化と済州島文化を比較しつつ、その分別異同《フォンビエイトン》をみてみたい。

第一、共通点。依山帯海、海辺での龍王祭祀、海の女神信仰、水中孤魂への懼れと供養、災厄を載せた船を他界へ流すこと、移動しての交易、女性の甲斐性、男とともにする漁撈、蛇、龍の信仰などは共通する。蛇に関しては先に全羅北道の海神ケヤンハルミの信仰取りをあげた。一方、済州島では、古代の文献資料はないが、朝鮮朝の『新増東国輿地勝覧』、金浄（一四八六～一五二一）『済州風土録』、李健（一六一四～一六六二）「済州風土記」などには済州島民が蛇を神として畏怖していることが述べられている(34)。おそらくこの蛇信仰は、馬韓人と同じく古代の州胡、耽羅の海民から引き継いだものであろう。それらはすべて地域一、閩人の基層文化と通底するもので、この海域の海洋文化の一端といえる。他方、この両地域は朝鮮朝時代には陸側、中央の視点により遠ざけられ、また流刑地として利用された。一方、全羅道、済州島の内部においても、陸側の居民は海辺の人びとを低くみた。

第二、巫俗の顕現。これは共通しつつもまた異なる点が多々ある。全羅道のタンゴル、済州島の神房はともに村落に定居し、村と家庭のために祭儀をおこなう。ただし、神房は霊魂泣き《ヨンゲウツリム》（死霊の口寄せ）をするが、タンゴルは口

寄せの類いのことはしない。タンゴルの祭儀の音楽シナウィは民俗音楽としては洗練されていて、相応に巫儀も鎮魂の方面に特徴がある。すなわちタンゴルは唱えごとといくらかの振りをもって死霊をあの世に送る（図版39）。これに較べると、神房の祭儀には激しい回旋舞《トランチュム》、奏楽が伴う。また済州島の十王迎え《シワンマジ》では冥府の使者差使《チャサ》が現れ、死者霊を薦度させる（図版40）。それは祭祀芸能といってもよい。

第三、仏教伝来以降の相違。巫俗における差違は仏教の浸透度の違いによるだろう。全羅道は百済、新羅の統治以来（海辺では馬韓時代から）、仏教文化の影響を深く受けた。死霊祭儀シッキムクッでは念仏の勧めが唱えられる。般若龍船《バニャヨンソン》に死者霊を乗せ、陀羅尼を詠む。極楽に向かう船を導くのは引路王菩薩《インノワンボサル》である。一方、済州島では朝鮮半島の古代の仏教から余り影響を受けていない。済州島に大きな影響を与えたのは、一三世紀後半、元の統治時代に伝来したモンゴルの仏教である。西帰浦の法華寺、済州市外徒洞《ウェドドン》の水精寺がよく知られている。『世宗実録』によると、済州の僧たちは寺で妻帯し、子を設けて住んだ。これはチベット仏教の一般的な在り方をそのまま導入したものである。この系譜の寺院は朝鮮朝の後期まであったとみられる。済州牧使李衡祥は一七〇二年、一二九の堂《タン》と五寺を破壊させた。玄容駿はこの措置に対して、僧たちは妻子とともに安全なところに逃亡したのだろうという。そして、これが済州島の巫俗と習合したという。実際、神房たちは「巫俗は仏教からきたものだ」といっている[35]。済州島の神房の儀礼は全羅道のタンゴルのそれと較べて、高度に組織立っている。科儀書はないが、ある点で中国の道士たちの儀礼を髣髴させる。それはおそらく、チベット仏教の法会の形式が元代末期に流入したことによるのだろう。

4　今日の全羅道と済州島

全羅道の人口は二〇一四年現在、全羅北道一八七万一一七四人、全羅南道二〇五万三八三七人、光州広域市

一四七万一八五〇人である[36]（全南と光州の合計は三五二万五六八七人、全羅道全体の合計は五三九万六八六一人）。一九八〇年代には、全北二二八万八〇〇〇人（一九八〇年）、全南三七四万八四八四人（一九八五〜一九八六年）、全羅道合計六〇三万六四八四人であった[37]。この三〇年前後の間に全羅北道は約一九パーセント、全羅南道は約六パーセントの人口が失われた。全羅道全体では約一一パーセントの人口減である。一方、済州道の人口は二〇一四年現在、五九万八〇一五人[38]、一九八六年には四八万九四六四人であった[39]。こちらは約二二パーセント増加している。

以上は全羅道と済州道の現代における歩みを如実に反映している。すなわち全羅道は近代に到っても、なお韓国の穀倉地帯といわれたが、一九七〇年代以降、人びとの都市への転出に有効な方策を取り得なかった。一方、済州道は一九七〇年代以降、観光開発に向かい、中央から資本が投入された。こうした違いが人口統計に表れている。短期間の人口の増減が地域の基層文化を根柢から変容させるとはおもわれない。とはいえ、この近代の趨勢は留まるところを知らない。それに伴い上記の基層文化の基軸が衰退していくのか、人口の増減にかかわらず、活かされていくのか。これは、ひとえにその自覚の度合いによるであろう。

５　地域二の展望

全羅北道では二〇〇一年から「全州《ジョンジュ》世界ソリ祝祭」を開催している。それを紹介する文には「私たちの伝統音楽であるパンソリに根幹を置いて世界の音楽との隔たりをなくす全州世界音楽《ソリ》祝祭は、特定の音楽ジャンルに偏らず誰でも参加できる周辺《フリンジ》から、各分野で世界的な名声を得ている巨匠クラスの演奏家の公演まで、多様な公演を一場にして体感できる品格の高い世界音楽芸術祭です[40]」とある。これは、パンソリを中心に全世界の音楽とのつながりをはかり、併せて観光事業にも役立てようという趣旨の事業といえる。ちなみにこれは毎回、祝祭テーマを掲げる。たとえば、初回二〇〇一年は「音楽への愛　世界へ 소리사랑 온 누리에」、二〇一三年は「ア

リ　アリラン　ソリ　ソリラン아리 아리랑、소리 소리랑」、二〇一四年は「デマディ　デジャンダン대마디 대장단」(41)である。国際的でありながらもパンソリという根幹を維持しようとしている。歌で世界を結ぼうというのは興味深い。ただし、次のようなことも指摘されている。すなわち、二〇〇一年の全州世界ソリ祝祭を前にして、二〇〇〇年一〇月に全州で予備行事がおこなわれることになり、国楽、クラシック音楽、パンソリ、日中韓の名匠の招請公演などが計画された。それらについて、作家の崔ギウは、喜ばしいことという一方、懸念と批判も少なくないとして、次のようにいう。「私たちの文化をみせ、音楽を聞かせることで世界の人々の共感を引き出すのではなく、外国の有名な文化と音楽を全州に呼び入れることに焦点が当てられている」「地域の人びとの熱い呼応と支持が確保されていない状態で外国人と彼らのための宴を地域で催すとき、はたして人びとは感動するだろうか」「道知事が組織委員長と執行委員長を兼ねる体系と総花式の人選も問題だ」(42)。いずれももっともな指摘、そしてどこの地域の祝祭にも付きまとう懸念でもある。要するに、全羅北道の基層文化として培われ現代にまで維持されてきた音楽《ソリ》芸術をいかに世界化することができるかが問われている。

一方、全羅南道では、「全羅南道の展望《ビジョン》と発展方向」のもと、「北東アジアの物流・観光・未来産業の先導地域」という壮大な展望を掲げている。そして文化面では「北東アジアの文化観光のハブ造成」をめざすとしている(43)。また光州《グァンジュ》市では二〇〇七年から「アジア文化中心都市造成事業」が進められている。これは市内中心部の旧道庁一帯に「国立アジア文化殿堂」を作り、光州をアジア文化のハブとする事業である。盧武鉉《ノムヒョン》政権から李明《イミョン》博《バク》政権へと移行したこともあり、当初二〇一〇年完工予定であったが、二〇一四年現在、事業は遅延している。二〇一二年末のある報道では、「コンテンツが問題」「今は中身を満たさなければならない。アジア文化殿堂のコンテンツは……文化中心都市の建設の成否を左右する重要な要素だ」と指摘されていた(44)。二〇一四年四月現在、アジア文化殿堂は二〇一五年の開設が予定されていて、併せて付近には八キロ余りに及ぶ公園がすでに造成されているともいう。[45] 着実に進行しているようである。ただし、依然としてこの殿堂で何をし、アジアをどう結び付けるのかが問われている。

　済州道は二〇〇六年に「済州特別自治道」となり、国防、外交、司法以外は自治権が確保された。これは二〇〇二年に公布された「済州国際自由都市特別法」の延長上に位置付けられる。[46] この間、年間観光客は増加し、二〇一三年現在、一〇〇〇万人を越える。[47] 文化面では、二〇〇九年に「済州《ジェジュ》チルモリ堂燃燈《ダンヨンドゥン》グッ」がユネスコの世界文化遺産に登録され、現在は「海女文化《ヘニョムナ》」の登録を推進中である（二〇一三年末）。それに合わせて、済州では済州観光にかかわる案内書が多数刊行され、また耽羅《タムナ》、済州の歴史、文化のかなり細部にわたった研究もみられる。済州の書店にいくと、その著作の多さに驚く。一方、済州島をめぐる国際シンポジウムも盛んである。たとえば、二〇〇七年、「済州民俗の年」ということで、済州大学耽羅文化研究所では「四〇周年記念〈東アジアのなかの済州民俗〉国際学術大会」が開かれた。そこでは一〇人の発表があり、後日論文として出された。しかし、残念ながら、そこには東方地中海の他地域と済州の民俗を直接、比較したものがみられなかった。その後、二〇一二年一一月、済州大学校耽羅文化研究所主催国際シンポジウム「済州と日本の海洋文化の出会い」があり、表題通り、周辺海域に一歩踏み出したことがわかる。ただし、核心である東方地中海地域そのものへの取り組みはまだ本格的とはいえない。[48] 全羅道島嶼部、中国山東半島や浙江省の島嶼群（舟山、嵊泗群島）、南西諸島、九州西海岸などと済州島地域の比較対照を掲げた論著はまだ十分ではない。

　以上、全羅北道、全羅南道、済州道の現況を概観した。基層文化の基軸を考察する視点からいうと、つながりの不在を感じる。すなわち上記、三地域がそれぞれの自治体次元で個別に「世界」と結びつこうとしている構図が浮かび上がる。それは第一段階としてはやむをえないであろうが、そこには限界もある。たとえば琉球文化とのつながりの探究は済州道を除くと、余り活発でない。また中国の島嶼部とのつながりの研究は全羅南道、とくに木浦大学島嶼文化研究所以外は余りなされていない[49]。

三　琉球諸島・九州地域

ここでは奄美諸島から先島諸島までを含んだ地域を中心にして、その基層文化を概観する。上記の地域は、一五世紀初頭に中山王（第一尚氏）によって統一された琉球王国の範囲とほぼ重なる。以下では主として琉球の呼称を用いる。

1　琉球における北と南について

琉球は地理、歴史的にみてひとつではなかった。沖縄の考古学では、グスク時代（一一、一二世紀〜一五世紀）以前の奄美、沖縄諸島を北琉球圏とし、一方、宮古、八重山を中心とする先島諸島を南琉球圏とする。北琉球圏は縄文文化の系譜をもち、弥生文化の影響を受けている。九州で流行した箱式石棺墓や大型の甕棺もみられる[50]。これらは朝鮮半島南部ともつながり、ひいては中国山東半島、さらに越族文化ともつながるだろう。一方、南琉球圏では、「台湾や東南アジア島嶼部そしてポリネシアの先史文化につながる土器や石器ならびにシャコ貝製の貝斧」などが発見されていて、南方文化の系譜に属するとされる[51]。ここで注意したいのは、華南、とくに福建地域の閩人とのつながりである。閩人は越人とつながり、漁撈も稲作もおこなう。それゆえ、農耕儀礼や海洋他界観などにおいては北琉球圏も南琉球圏も通底する可能性がある。グスク時代にはこの混融が促進された。それはあたかも閩越の地に中原文化が到来して習合していったのと似ている。琉球ではグスク時代にすでに東方地中海の基層文化（基軸一〜五）が敷かれていたというべきであろう。

2　東方地中海上の琉球の相貌

琉球（流求）国の名が『隋書』列伝第四十六東夷（七世紀）に記されている。ただし、この「流求」が台湾（のちの小琉球）なのか、沖縄なのかは今日に到るまで両説があって定説をみない。ここではどちらも大いにありうるという立場から、そこに何が記されているのかをみることにする。

①建安郡の東　「流求国、居海島之中、当建安郡東、水行五日而至。土多山洞。(52)」

建安郡は現在の福州から泉州辺りに置かれた郡で、流求はそこから東、水行五日で到達する所である。福州から台湾はおよそ二〇〇キロ、一昼夜の距離である。一方、沖縄まではおよそ千キロ。ただし、当時の帆船でも沖縄まで五日でいけるという説がある。(53) 従って、この部分だけみると、琉球は沖縄のようでもある。

②婦人の黥手　「婦人以墨黥手、為虫蛇之文」

女性の手に虫、蛇の入れ墨をした。虫蛇に親近感を持ち、護身の神とみなすことは東方地中海の海民の習俗であり、これをもって場所を決めることはできない。

③婚姻の自由　「嫁娶以酒肴珠貝為娉、或男女相悦、便相匹偶」

引用文の前半は嫁取りの習俗だが、後半は男女は気が合えば、容易に結婚したことを述べていて、これもまたこの海域では後世まで広くみられる。従って、どこといって特定はできない。

④出産の民俗　「婦人産乳、必食子衣《えなをたべる》。産後以火自炙《みずからあぶる》、令汗出、五日便平復。」

産後、密室で火を焚き、体を温める風習は明治大正ごろまでの沖縄では到るところでみられた。ただし、子衣（胞衣）を食べることは沖縄にはないという。(54)

⑤男女の歌舞　「銜杯《杯をくちにあて》共飲、頗同突厥《突厥にたいへんよくにている》。歌呼蹋蹄《歌いつつあしぶみしてととのえ》、一人唱、眾皆和《まわりのものがあいわす》、音頗哀怨。扶女子上膊《おんなのうわうでをとり》、

搖手而舞《てをゆすってまう》。」

　酒を飲んだあと足踏みして踊る。一人の歌に皆が唱和する。男が女の腕を取って揺すりつつ踊る。阿波根は、これは沖縄の「今の打組踊を想像させる」というが、(55)これは集団での踊りであり、台湾でもありえたであろう。

⑥死後の処置　「其死者気將絶《たえんとするや》、挙至庭、親賓哭泣相弔。浴《ゆあみし》其屍、以布帛纏之《これをまき》、裹以葦草《あしくさでくるむ》、親土而殯《棺にいれずにかりまいそうする》、不起墳《つちもりをしない》。子為父者、數月不食肉。南境風俗少異、人有死者、共食之《ともにしかばねをたべる》。」

屍を洗って布帛でくるむという点は中国沿海の古代の葬礼が伝わっていたのであろう。そして、のちに屍体を葦草で覆って仮埋葬（殯）するのは、舟山群島などの草挟墳《ツァオジャフン》、朝鮮半島の草墳《チョブン》をおもわせる。また最後の屍体を食す点は、琉球でも台湾でもありうる。そもそも骨噛み、死者の肉を食すことは日本本土から琉球、(56)台湾の原住民の間に広くみられた。(57)その理由については諸説あるが、これは、死者の霊魂が不滅であること、他界入りした霊魂は家郷、故地に戻りたがること、その霊魂の加護を信じていたことなどが複合した習俗であろう。

　以上のように、七世紀の『隋書』における流求は、沖縄、台湾のいずれでもありうる。おそらく、こうした文を記すにあたって官僚たちのもとに集められた情報そのものが錯綜していたものとおもわれる。そのことは、実は、宋元時代の琉球像についてもいえる。大田由起夫は、同時代史料（陸游の詩、『元史』、地図など）を諸種あげつつも、琉球像が定まらないこと、つまり、当時は、琉球を台湾とする見方と沖縄とする見方のふたつの「琉球」認識が存在していたという。(58)これはそののちも引きつづいた。そして、文献では明初洪武二五年（一三九二）に到って、ようやく大琉球（沖縄）、小琉球（台湾）と区別される。(59)この区別がいつ成立したのかは文献史学では問題となるかもしれない。しかし、福建あたりの海民の視点で考えると、台湾と沖縄を区別することにさしたる意味はなかったに違いない。彼らは、福建の東にいけば、人の住む島嶼があることを知っていて、そこで見聞したことを「琉球」でのこととして語ったのだとおもわれる。従って、葬礼にしろ歌舞にしろ、どちらか一地域のものと限定して判別するには無理がある。台湾、沖縄の見聞が混淆しているというべきであろう。なお、外間守善によると、「琉球」は中国など外側からの呼称だが、オキナワの語は固有語だという。それは『唐大和尚東征伝』（七七九年）の阿児奈波島が初出である。(60)

ところで、その「琉球」は『隋書』以後、宋代に到るまで、ほとんど文献に登場しない。その間の基層文化はどのようだったのだろうか。『隋書』にみられるもののほかは後代の民俗から推測するほかはない。そしてあらかじめいえば、今日、わたしたちが知る琉球の諸種の祭祀、海神祭や豊年祭などの大半は稲作をはじめとした穀類の栽培とともに形成されたとみられる。それがなされたのはグスク時代とよばれている。以下、これについて大観しておく。

3　グスク時代の琉球基層文化

琉球の政治、文化史は、通例、次のように区分して語られる。まず狩猟採集（貝塚）時代があり、これを経て、一一～一二世紀にグスク時代がはじまる。これは三山（北山、中山、南山）の鼎立を経て一五世紀初の中山による統一王朝の樹立へとつづく。一五世紀後半以降、琉球王国による中央集権がなされ、グスク時代は終焉する。(61)そのあと、島津の支配（一六〇九年）にはじまる幕藩体制下の時代がつづく。近代においては、廃藩置県（一八七九年）により、沖縄県が生まれ、現代に至る。(62)

このうち、グスク時代は琉球の基層文化にとって決定的な意味を持つとみられる。グスクの意味するところは一様ではない。それには聖域、住居、城塞の性格がある。各地のグスクでは本格的な農耕が営まれ、按司《あじ》とよばれる首長が出現した。彼らは一三世紀ごろになると、大型の城塞的グスクを築き、次第に支配地域を拡大し、統合へと向かった。この主体は、在来の按司だけとは限らない。当時、東方地中海はすでに宋商が行き交う交易の時代となっていた。それゆえ、外来者が琉球に到来して、有力者となることもあっただろう。それは一四世紀ごろの宮古島の戦乱を歌った「唐人渡来のアヤゴ」に示唆される（後述）。

先述したようにグスク時代の文化を直接、語る文献史料はない。しかし、そののちの年中行事や祭祀は性格上、いずれもグスク時代のものとみなされる。すなわち、年中行事で最も重要な各種のまつり、とくに旧六月のウマチー《ウマチー》は稲の収穫感謝、初穂儀礼であり、それにつづく旧七月の年の切り替え時の行事（シツ、シヌグ）は稲作の収穫感謝、祖霊祭祀、新年の稲作の予祝であり、さらにそれを祝祭化した旧八月の豊年祭も稲作の実りへの祈願が中心に置かれている。また神歌や祭祀の詞章をみると、海と山、野の文化が渾然一体となっている。すなわち、聖域としてのグスクや御嶽という神域が野と山に設けられ、人びとはそのもとに集落を作った。そのほかまた、海からくるキンマモンという蛇体の海神が山に姿を現すこと、ニライカナイの神を迎える海神祭《ウンジャミ》のなかに模擬的な漁撈や狩猟がみられること（安田のウンジャミ）なども渾然一体の例としてあげられる。琉球史において、上記の文化が形成されたのはグスク時代というほかはない。グスク時代の人びとは農耕を営む海民であり、船で移動することを日常としていた。国頭村安田や安波のシヌグにみられる船の移動を象徴した儀礼（ヤーハリコー、唐《トー》タビ）は彼らの日常の一部を再現したものといえる（図版41）。

41　国頭村安田のシヌグにみられるヤーハリコー。船の移動を象徴した儀礼

ところで、グスクの時代は中国史では宋、元、明代前期に相当する。この時代の東方地中海では東アジア交易体制が成立し、宋商をはじめとした

日本や高麗の商人、また僧が海上を往来していた。彼らは琉球に到ったのか否か。これは文献にはほとんど記されなかったが、北から南から断続的に琉球に到ったとみるのが穏当であろう。船乗りたちは行く先々で海神、龍王を祈るのが常であり、その居所が琉球においては龍宮とよばれたとみられる。またグスク時代の終わりころ、すなわち一五世紀後半には、琉球の商人も暹羅《シャム》、安南、スマトラなどに果敢にでかけていき交易をした。ポルトガル人アルブケルの『アルブケル伝』では琉球人とみられるゴーレスの記述がある。それによると、彼らの国は「レケア」という。ゴーレスは勇敢でマラッカでは畏敬されていた。彼らは誠実で、「貿易が終われば、……ただちに帰還し船を長く外国に留めない。かれらは……母国を長く離れることを好まない人種である(63)」という。こうした交易活動の結果、「舟楫をもって万国の津梁となし異産至宝は十方刹〔十方国土〕に充満せり」（一四五八年鋳造の「万国津梁の鐘」の銘文）という状況がもたらされた。ところで、果敢な移動をしつつも、彼らは故国、故郷に戻ろうとした。この点は注目される。だが、それは実は琉球人に限らない。閩人も済州島人もそうであった。これについてはのちにまた取り上げることにする（一五八頁以下参照）。

４　神歌にみる文化史

宮古島の「狩俣ウヤガンのニーリ」はさまざまな文化史を告げてくれる。外間守善はこれを五章に分けた。すなわち「人格神の出現」「女性優位」「部族の闘争」「男権の台頭」「政治的社会の成立」である。これらは村落創世の時代から十五世紀ごろまでの歴史を告げている。そのうち、「人格神の出現」「女性優位」の章は興味深い。それは次のようである。山のフシライは大蛇で女神、狩俣の祖先神である。そして、マヤノマツメガというむすめを産む。これは女酋である。次に、大城《うぷぐふ》マダマという女酋が語られ、そこからむすめと息子が生まれる。末子は七番目でマズマラーという。これもまた女酋となる。マズマラーはティマサリャー（手勝り人）ともよばれる。

それは機織りなどの生産技術に長じた者を意味する。[64] 女酋の時代が何代つづいたのかは未詳だが、ここで注意されるのは、現地の口頭伝承では、山のフシライがンマティダ（母《ンマ》なる太陽神《ティダ》）の娘神とされていることである。[65] 上掲ニーリでは「太陽《てだ》の大按司豊見親《うぷあずとよみや》」がまず語られるが、それは後世の変改であろう。つまり、狩俣の伝承では、最初に太陽女神ンマティダが蛇体の女神山のフシライを伴い狩俣にやってきたのである。当然、ンマティダにも蛇体の一面があっただろう。そして山のフシライの子である女酋マヤノマツメガもまた蛇体であったはずである。この女酋をいただく集団がよき井戸水を求めて移動しつつ狩俣集落を作ったというのである。このかたちの神話伝承は越系の民族集団を示唆する。

ところで、宮古だけではなく、与那国にも偉大なる女酋がいた。伝承によると、サンアイ村のイソバは一五〇〇年ごろ、与那国を支配した巨体の女傑である。イソバは田を開き、牧場を作った。イソバには「中央集権的な統治の才能があった」。すなわち四人の兄弟（一説、盟友）を四つの村の按司として配置して治めさせた。そののち宮古の仲宗根豊見親の送った遠征軍と戦い、四人の按司は殺された。イソバは遠征軍を撃退したというが、そののちは、願所にこもって朝夕、子の平安を祈っていたという。その子孫は島袋家で、「先代まで女系であった」という。[66] ここには祭祀者イソバの姿とその伝承がみられる。イソバが与那国を統治したというのは一見すると、神女らの期待を込めた神話にすぎないようにみえるが、根拠がなかったとはいえない。前述したように、閩南人の間には各地に女酋がいて、これが漢人の将軍楊文広《ヤンウエングアン》により平定されたという伝承が根強く残されていた（清代小説『楊文広平閩十八洞』）。そこに登場する娘子媽《ニャンズマ》はまさに、山のフシライやイソバのような首長であった。これらは実態のあるものだったというべきであろう。[67]

5　福建とのかかわり

琉球文化史は福建と密接なかかわりを持っていた。一三九二年、明の太祖は中山に「閩人三六姓」を下賜した（『中山世鑑』ほか）。しかし、それ以前から、閩人は琉球に渡来し、貿易その他のさまざまな活動に従事したとみられる。(68) こうした閩人の一人が宮古島の「唐人渡来のアヤゴ」に歌われている。主人公は一四世紀に宮古の北部大浦にいた大浦多志豊見親《おほらだすとよみや》である。そのアヤゴによると、大浦多志は福州生まれ、戦乱を避けて、船に乗り大浦湾にきた。大浦には井戸があり田もある。そこで喜び家を構えた。世果報《よがほ》、満て世《みてよ》、豊年満作がつづき栄えていった。妻がほしくて嘉手苅村のタマネクロフニャッを娶り、ほきり森おかい嶺《ね》に家を建て、村中に子孫を広げ、偉く拝まれた。ところが、大浦多志は平良の与那覇原《よなはばら》に攻撃され滅ぼされて、村人は離散した。大浦グスクは、その一部が跡を留めるばかりである。のちに人びとは、この唐人を大浦多志豊見親とよんで崇めた。(69)

アヤグに歌われるほどではなくとも、渡来して稲作をし、村立てをし、子孫を広げた唐人は、宮古に限らず、おそらくグスク時代の琉球には少なからずいたことだろう。そうしたことの積み重ねにより、琉球の基層文化には閩南を経由した中国の民間信仰が浸透した。そこには、渡来（移動）、女性始祖、女酋、女の働き、村立て、森に村の始祖をまつること等々がある。さらに付言すると、閩南経由で観音女神の信仰が民間に普及したとみられる。琉球の民間には観音信仰が広くみられる（前述七三頁）。これは仏教信仰というよりも古い海の女神崇拝が船人を経由してはいったものといえるだろう。

6　仏教文化の到来

琉球の仏教は一四世紀英祖王時代に日本から伝えられた。本格化するのは一五世紀、第六代尚泰久王時代（一四五四～一四六〇）である。尚泰久王は即位二年目に朝鮮に大蔵経を求めた。また、京都五山の禅僧芥隠を迎えて寺院を建立した。在位中に建立した寺院は二〇にのぼる。今日、琉球の交易による繁栄を高言したものとしてよく知られる「万国津梁の鐘」の碑文が作られたのもこの時代（一四五八年）である。仏教文化を通して琉球では旧七月の盆が定着した。また念仏が念仏者《ニンブチャー》、京太郎《チョンダラー》を通して民間化した。こうした芸能者は島津（薩摩）の琉球入り（一六〇九年）以前に本土から渡っていたという。[70] ただし、地域一や地域二において、庶民が寺院詣でをし、さまざまな願掛けをすることを踏まえると、琉球の仏教信仰は十分に流布しなかったといえる。これは御嶽が身近にあり、ユタやノロがこころの拠り所として機能していたからであろう。

7　今日の沖縄

沖縄の人口は現在、一三九万二八一八人（二〇一〇年国勢調査）、一九五二年の琉球統計報告によると沖縄群島の総人口は六二万七五五六人であった。この五〇年で倍増した。収入は少ない。けれども出生率は全国一である。これは一九七四年以降、三八年間連続している。[71] 興味深いのは一九五六年の段階で人口増が深刻な問題とされていることである。すなわち宮平弘志「移民の経緯と将来」によると、「今から二百年前、……蔡温は沖縄の人口は三〇万人以上の包容は無理であると予測したと云われるが、現状はその倍以上に達して、死活の問題」だという。当時は沖縄の全人口の七割が零細農民であり、到底、生活できない状態であったが、移民からの送金によって辻褄を合わせていた。そこで、海外移民の必要が力説された。一方、軍関係の仕事で沖縄の経済が成り立っている。宮平によれば、軍の仕事の「性格は海外移民と同一」だという。[72] 戦後間もなく、農民たちの土地の一部は米軍の基地となり、それにより暮らしの大きな部分が支えられる構造が出来上がった。それは一九五〇年代の沖縄の悩みであった。[73] 一九五〇年代、米国の大統領アイゼンハワーは「沖縄を無期限に保持する」といい、国務長官ダレスも「米国は将来長期にわたって琉球諸島を管理する」といった。[74] 一九七二年、施政権は返還され、沖縄県民は旅券なしに日本本土を往来するようになった。しかし、そののちも沖縄が「日米同盟の軍事的根幹部分」をなすこと自体は何ら変わりがない[75]。

この間、人口が倍増した。それは米軍の仕事だけでなく、本土から提供される仕事（とくに土木関連事業）が増えたということであろう。問題は、悩みの本質が変わらないという点にある。自立を損なう本土からの多額の援助、観光や開発に頼るほかはない構造的な脆弱さは沖縄の社会を分断しつつある。「沖縄には復帰後、約六兆四〇〇〇億円の補助金が投下されてきたが、今なお自立的な経済発展には到っていない」という。資金の使い道、流れが本土中心であること、開発は海の埋め立てをはじめ、自然破壊をこととする。不労所得である補助金は県民の精神をも蝕んでいるとのことである[76]。二〇一三年一二月に沖縄県知事仲井間弘多は米軍普天間基地の移設のための辺野古埋め立てを承認した。元来、仲井間弘多は移設賛成派であったが、沖縄世論に押され、一時的に反対派になっていた。ところが、本土の世論の趨勢をみて、また元に戻ったわけである。その直後、沖縄では激しい批判論が出された。この趨勢では基地の県外移設はむずかしく、辺野古移設が実行される可能性が高い。そして、移動後の基地は東方地中海地域における日米同盟の最も重要な戦略拠点として機能しつづけることになる。これが二〇一四年の沖縄の状況である。

一方では一三九万の県民に向けて大量の資本、好奇の眼差しが投入され、沖縄の観光化が進展している。近い過去に「沖縄ブーム」があった。よく売れた沖縄紹介本『好きになっちゃった沖縄』（一九九八年）では太平洋戦争、基地問題、サンゴの海の話をそもそもはずした。ブームのなかで沖縄に移住する人も現れた。しかし、景気の変動とともに、下火となり、それも一段落した[77]。もっとも沖縄県文化観光スポーツ部によると、二〇一三年の入域観光客数は前年比九・九パーセント増の六四一万三七〇〇人となり、暦年で過去最高を更新した[78]。編者（野村）はこうした流行や観光客数の増減に余り関心がなく、ＮＨＫドラマ『ちゅらさん』をめぐる話題もよく知らなかった。ただし、流行があってもなくても、本土復帰以後、沖縄の「本土並み」は確実に進み、「神と村」がいよいよ遠くなっていくということだけは時々の訪問を通して実感していた。一九七八年、新川明は『新南島風土記』のあとがきに、「『復帰』後は、予想されたとおり沖縄のすみずみに至るまで日本《ヤマト》に侵蝕されて、目に見えるものも見えないものも急速な崩壊へと向かいつつあるのが現実である」と記した。[79] それからまた三〇数年が経過した。この間、新川の憂いは打ち消されたのか。日本本土で沖縄ブームが起き、沖縄の歌や人の善さがもてはやされた。その称賛は本物のようでもある。存外、沖縄文化は健在だといえなくもない。けれども、二〇一五年現在、沖縄では思想としての「沖縄独立論」が再び浮上しそうでもある。[80] 憂いを取るか、現状肯定を取るか、その帰趨は予断を許さない。もっとも、それは「琉球」に限らない。これは、基層文化のなし崩し的衰退が留まらない東方地中海全域にいえることでもある。結局、みずからの足元、地域に対する自覚こそがその帰趨を決定することになるだろう。

注

(1) 陳国强、蒋炳釗、呉錦吉、辛土成『百越民族史』、中国社会科学出版社、一九八八年、一七四頁。
(2) 泉州市文化局編『閩南文化生態保護区知識読本』、泉州市文化局、二〇一〇年、四頁。
(3) 同上、五頁。
(4) 同上、六頁。
(5) 同上、三頁。
(6) マルコ・ポーロ、愛宕松男訳『完訳 東方見聞録』二、平凡社ライブラリー、二〇〇〇年、一六五頁。
(7) 以下の説明については、サイト馬建華「中国閩南文化生態保護実験区的箇案簡介——泉州市豊澤区蟳埔女習俗与古民居保護区域」の記述および野村伸一「東方地中海地域文化の生成と変容」参照。http://www.keio-asia.org/documents/fujia/banlam/

http://www.keio-asia.org/e-med/generation/3/

（8）下野敏見『東シナ海文化圏の民俗』、未来社、一九八九年、二一〇頁。

（9）同上、二一三頁。

（10）前引、泉州市文化局編『閩南文化生態保護区知識読本』、一五頁。『陳三五娘』の梗概については、田仲一成『中国地方戯曲研究』、汲古書院、二〇〇六年、五一〇頁参照。

（11）同上、五一頁。

（12）中華民国統計資詢網「九九年人口及住宅普查結果綜合報告」http://ebas-ebas.gov.tw/phc2010/chinese/51.htm

（13）中華民国統計資詢網「國情統計通報」http://www1.stat.gov.tw/public/Data/43311554234J9NJE4Q.pdf

（14）「（歴史は生きている　東アジアの一五〇年）台湾――高まる台湾人意識」『朝日新聞』、二〇〇七年五月二八日。http://www.asahi.com/international/history/0528/03.html

（15）『東京新聞』社説「台湾学生退去　運動は終わっていない」、二〇一四年四月一七日参照。http://www.tokyo-np.co.jp/article/column/editorial/CK2014041702000140.html

（16）内原英聡「絶えない『独立論』の背景」『週刊金曜日』、二〇一四年、第九七五号、また一九九〇年代の沖縄独立論については、下川裕治、仲村清司『新書　沖縄読本』（講談社現代新書）、講談社、二〇一一年、二二八以下参照。

（17）『韓国民族文化大百科事典』二四、八七〇頁。なお、このばあいは湖《ホ》は錦江《クムガン》を意味する。

（18）野村伸一編著『湖南文化論――東方地中海文化からみた全羅道』、風響社、二〇一五年（近刊）の総説参照。

（19）林永珍「湖南地域の古代文化」野村伸一編著『湖南文化論』、風響社、二〇一五年（近刊）。

（20）この金氏家門も朝鮮後期になると、嫁入りの婚姻となった。全炅穆「分財記에 나타난 조선시대 生活 風俗의 변화」http://jha.chonbuk.ac.kr/jn/01/5.htm

（21）小林茂・松原孝俊・六反田豊編「朝鮮から琉球へ、琉球から朝鮮への漂流年表」『歴代宝案研究』九、沖縄県立図書館、一九九八年参照。これはサイトにも掲載されている。http://matsu.rcks.kyushu-u.ac.jp/lab/wp-content/uploads/76de2285fee2580455b9fead48cb0d80.pdf

（22）済州島の龍王信仰の包括的な理解については、金良淑「済州島の龍王信仰――堂信仰とクッ（海女祭）を通して」本書所収論文参照。

（23）조성윤「바다로 열린 세계、제주의 해양문화 : 제주도 해양문화 전통의 단절과 계승」『탐라문화』四二권、二〇一三年、八〇頁。

（24）同上、八二頁。

(25) 玄容駿『제주도 사람들의 삶』、民俗苑、二〇〇九年、四二頁。
(26) 高鮮徽『二〇世紀の滞日済州島人：その生活過程と意識』、明石書店、一九九九年、七二頁。
(27) 李光奎「東아시아 에 있어서의 済州島의 位置」『耽羅文化』一三号、一九九三年、二〇一頁。
(28) ソウル市根の深い木社編著、訳：安宇植『ソウル・釜山・済州島 新・韓国風土記 第一巻』、読売新聞社、一九八九年、一六六頁。
(29) 耽羅研究会編『済州島』第九号、新幹社、二〇〇四年、三七頁。
(30)『桝田一二地理学論文集』、弘詢社、一九七六年、七一頁。
(31) 柳田国男監修、民俗学研究所編『改訂綜合日本民俗語彙』第四巻、平凡社、一九五五年「イジコ」「エズメ」の項および同七八頁、一八二頁掲載の図版参照。
(32) 野村伸一『東シナ海文化圏――東の〈地中海〉の民俗世界』、講談社、二〇一二年、一八一頁。当時は出陸禁止令のもとにあったが、本土との交易はそれなりにおこなわれていた（前引、ソウル市根の深い木社編著『ソウル・釜山・済州島 新・韓国風土記 第一巻』、二五三頁も参照）。
(33) 김일우「고려、조선시대 외부세력의 제주진입과 제주여성」『韓國史學報』제三二호、二〇〇八年、一六四頁）。
(34) 済州島の蛇神信仰については、玄容駿、玄丞垣「済州島 뱀神話와信仰研究」『耽羅文化』一五巻、済州大学校耽羅文化研究所、一九五五年、一～七四頁が詳細である。
(35) 前引、玄容駿『제주도 사람들의 삶』、二六五頁以下参照。
(36) 韓国安全行政部「住民登録人口統計」、二〇一四年四月現在。http://rcps.egov.go.kr:8081/jsp/stat/ppl_stat_top.jsp なお、二〇一四年四月現在の韓国の全人口は五一二〇万二二三〇人。また慶尚北道（含大邱市）は五一九万七三一八人、慶尚南道（含釜山市、蔚山市）は八〇一万九六〇〇人、慶尚道全体では一三二一万六九一八人である。
(37)『한국의발견 전라북도』、뿌리깊은 나무、一九八七年（第四版、初版一九八三年）、六〇頁、『한국의 발견 전라남도』、뿌리 깊은 나무、一九八七年（第四版、初版一九八三年）、五九頁。
(38) 韓国安全行政部「住民登録人口統計」、二〇一四年四月現在。
(39)『한국의 발견 제주도』、뿌리 깊은 나무、一九八七年（第四版、初版一九八三年）、九四頁。
(40)「축제소개」http://www.sorifestival.com/2014html/korean/SubPage.html?CID=pages/int01.html
(41)「デマディ デジャンダン」とは、技巧を凝らさないパンソリ本来のリズム形態をさすことばで、これにより歌い手の真髄がうかがわれる。今回の祝祭では伝統のうちに潜む芸術的な優秀性と粋《モッ》を取り上げたいという。「개요」http://www.sorifestival.

com/2014html/korean/SubPage.html?CID=pages/program02.html

(42) 최기우「전북의 가을은 축제의 계절」『한겨레二一』[二〇〇〇・一〇・二二 제三二八호]

(43)「전남의 비전」 http://www.jeonnam.go.kr/mbs/jeonnam/subview.jsp?id=jeonnam_070901010000

(44) 権景顔「光州市をアジア文化中心都市へ」『朝鮮日報／朝鮮日報日本語版』、二〇一二・一二・三〇 http://awabi.2ch.net/test/read.cgi/news4plus/1356835625

(45)『東亜日報』、二〇一四年四月一六日。 http://news.donga.com/3/all/20140415/62795839/1

(46) 呉錫畢「済州国際自由都市の出帆と済州経済発展の可能性」沖縄国際大南島文化研究所編『韓国・済州島と沖縄（南島文化研究所叢書）』、編集工房東洋企画、二〇〇九年、一四一頁以下。

(47) 二〇一三年度の観光客は一〇八五万四一二五人、うち外国人観光客は二三三万二七〇三人。「聯合ニュース」二〇一四／〇一／〇二 http://japanese.yonhapnews.co.kr/society/2014/01/02/0800000000AJP20140102003100882.HTML

(48) 東方地中海地域との直接の比較を試みたものとしては高光敏「중국 주산군도（舟山群島）하치진（蝦峙鎮）의 민속문화：하치도（蝦峙島）의 죽공예（竹工藝）」『도서문화』二九권、二〇〇七年がある。二〇一二年一一月のシンポジウムに伴う論文としては、조성윤「바다로 열린 세계、제주의 해양문화：제주도 해양문화 전통의 단절과 계승」、朱剛玄「〝탐라〟와〝제주〟의 해양문명사적 성찰」がある。いずれも『탐라문화』四二권、二〇一三年掲載。

(49) 済州島と沖縄の比較研究を試みたものとしては、津波高志編著『環東中国海における二つの周辺文化に関する研究――沖縄と済州の〝間地方〟人類学の試み』（平成一〇～一二年度科学研究費補助金基盤研究（A）（二）研究成果報告書、二〇〇一年、沖縄国際大南島文化研究所編『韓国・済州島と沖縄（南島文化研究所叢書）』、編集工房東洋企画、二〇〇九年がある。また、木浦大学による東方地中海地域（舟山群島）研究の成果は、島嶼文化研究所から『중국의 섬과 민속』一、二、二〇〇九年として刊行されている。

(50) 赤嶺守『琉球王国――東アジアのコーナーストーン』、講談社、二〇〇四年、六頁以下。

(51) 同上、七頁。

(52) 漢籍原文は台湾中央研究院「漢籍電子文献資料庫」「隋書」一八二三頁以下による。 http://hanchi.ihp.sinica.edu.tw/ihpc/hanjiquery?@5^600131 7^807^^^70202015000300460001000 5^11@@723648489

(53) 阿波根朝松『沖縄文化史』、沖縄タイムス社、一九七〇年、三五頁。

(54) 同上、三六頁。

(55) 同上、三九頁。

(56) 酒井卯作『琉球列島における死霊祭祀の構造』、第一書房、一九八七年、「四　骨正月」の項「骨噛みの諸事例」、三六一頁以下、また国分直一『環シナ海民族文化考』、慶友社、一九七六年、二八一頁以下参照。

(57) 酒井卯作、「四　骨正月」の項「骨噛みの諸事例」、三六一頁以下参照。

(58) 大田由起夫「ふたつの『琉球』――一三・一四世紀の東アジアにおける『琉球』認識」、科研費報告（文学）、二〇〇九年、二〇七頁。http://reposit.lib.kumamoto-u.ac.jp/bitstream/2298/16119/1/kaA17251007_201-218.pdf

(59) 同上、二〇八頁。

(60) 外間守善『沖縄の歴史と文化』、中央公論社、一九八六年、三二頁以下。

(61) 第二尚氏三代目尚真は各地の按司を首里城下に集住させ、代わりに各地に按司掟（あじうっち）を派遣し、各地のグスクを完全に支配した（赤嶺守『琉球王国――東アジアのコーナーストーン』、講談社、二〇〇四年、二〇頁）。

(62) 同上、赤嶺守『琉球王国――東アジアのコーナーストーン』および前引、外間守善『沖縄の歴史と文化』参照。

(63) 同上、赤嶺守『琉球王国――東アジアのコーナーストーン』、五二頁以下。

(64) 前引、外間守善『沖縄の歴史と文化』、二〇五頁以下。

(65) 前引、上原孝三「宮古島の祭祀歌謡からみた女神」、二九四頁。

(66) 池間栄三『与那国の歴史』、琉球新報社、一九七二年、七一―七九頁。

(67) 前引、野村伸一『東シナ海文化圏』、二六四頁以下。

(68) 前引、赤嶺守『琉球王国――東アジアのコーナーストーン』、三八頁以下。

(69) 慶世村恒任『宮古史伝』復刻版、発行者吉村玄得、一九七六年、五四、二六三頁以下、前引、外間守善『沖縄の歴史と文化』、二一〇頁。

(70) 念仏歌は念仏聖だけでなく、夷舞わしその他の雑多な芸能者が伝えたものとみられている（池宮正治『沖縄の遊行芸　チョンダラーとニンブチャー』、ひるぎ社、一九九〇年、三二頁）。なお傀儡を用いて諸種の祈祷、祝福をすることは福建の基層文化においては普遍的であり、これがグスク時代の琉球に伝播したことも考えるべきであろう。

(71) 沖縄県ホームページ、「Ⅲ 母子保健の主なる統計（PDF：1313KB）」
http://www.pref.okinawa.lg.jp/site/hoken/kenkotyoju/boshi/documents/3syunarutoukei24.pdf
なお、収入が少なくても子供を育てる環境は伝統的に整っていた。血縁のつながり、模合（もあい）による金銭の融通、助け合いの精神ユイマールなどが健在だったという（下川裕治、仲村清司『新書　沖縄読本』（講談社現代新書）、講談社、二〇一一年、五一頁以下）。

(72) 金城唯泰編『新沖縄文化史』、郷土誌研究会、一九五六年、一二三頁以下。
(73) なお沖縄県のホームページによると、基地経済への依存度は、一九七三年の「復帰直後の一五・五％」から二〇一一年度には「四・九％と大幅に低下」している。しかし、「過重な米軍基地」は地域の振興開発を図る上で大きな制約となって現在に至っている。http://www/pref.okinawa.jp/site/kikaku/chosei/kikaku/yokuaru-beigunkichiandokinawakeizai.html
(74) 前引、金城唯泰編『新沖縄文化史』、一三三頁。
(75) 新崎盛暉『沖縄現代史 新版』岩波新書、二〇〇五年、「はじめに」参照。
(76) 松島泰勝「沖縄人を隷属化させる政府の『経済振興策』」『週刊金曜日』、二〇〇一年、第三五〇号参照。
(77) 前引、下川裕治、仲村清司『新書　沖縄読本』。本書は、日本一の長寿県とされていた沖縄人の異変、つまり、今や身心ともに「肥満」の民となりそうな状況をはじめとして、沖縄社会の今昔を愛情込めて語る。本土復帰後、四〇年の等身大の沖縄のあれこれ――肥満だけではない。鬱病、それに応じる自殺率の高さ、数多いホームレス、低い進学率、顕著な所得格差、「サンゴでメシが食えるのか」「海は利益に変えていかないと」と主張する漁師、斎場御嶽（せーふぁうたき）で一人二〇〇円の施設料徴収など、沖縄社会の揺らぎ、変容の諸相が語られる。その根源には基地がある（同書、第１章、仲村清司参照）。
(78) 『琉球新報』、二〇一四年一月二二日。http://ryukyushimpo.jp/news/storyid-21813б-storytopic-4.html
(79) 新川明『新南島風土記』（岩波現代文庫）、岩波書店、二〇〇五年、二四四頁。
(80) 本章注16参照。

三　三地域比較対照

以上、東方地中海地域における三地域の相貌を大観した。ここでさらに三地域を比較対照しつつ、その結果をまとめておきたい。

一　三地域大観から

1　海、山、野の文化

いずれも海と山、野の文化として把握される。これは越族の地、さらには華南閩越の地域とその居民たちが移動して定居したこととかかわりがある。稲作は最も期待される生業で、一年の節目はこれに沿って形成された。しかし、同時に、海洋文化も伴っていた。それは海の神の祭祀として顕現した。船や海民を守る蛇、龍王、龍宮、また海の彼方の他界はこの三地域の基層文化に属する。

２　基層文化の習合性

基層文化は必ずしもひとつの層をなすものではない。それ自体が諸文化の習合からできている。地域一では百越のひとつとしての閩人の文化、また中原文化と習合した閩越の文化が最古層をなす。さらに仏教、道教が習合し、在来の巫俗と習合した。これらがこの地域の基層文化をなす。地域二では「依山帯海」とされる馬韓文化が最古層をなす。これは地域一の閩越文化と通底する。そこに百済、新羅文化が習合した。地域三では狩猟、漁労文化が最古層をなす。そこに農耕文化が重なる。それは北方からであれ、南方からであれ、そもそも中国沿海部の稲作、漁撈文化の系譜の上にあった。そこにさらにグスク時代の渡来民文化が重なる。この中心は閩人であったとみられる。彼らは優れた航海術で大きな船を操り、広く移動した。移住先では勤勉で子孫を広げ、伝来の基層文化を根付かせた。

３　始祖女神または偉大なる女神の存在

三地域ともに始祖また地域の偉大なる女神がいた。地域一の太姥山娘娘、地域二のソルムンデ、ケヤンハルミなど、地域三のンマティダ、イソバなどがそれである。

４　移動と定居

三地域ともに移動して定居することをくり返した。これが生活苦によるものか、積み重ねられた他界への憧憬によるものかは一概にはいえない。今日、グローバリズムのもと、盛んにいわれる越境、跨境は東方地中海地域においては基層文化のうちにあったものだといえる。

5　観音女神の信仰

三地域において仏教文化は必ずしも一様の広がりをみせなかった。しかし、観音は船や海民の生活を護る女神として広く信仰された。地域一と地域三では個々人の家のなかにも仏像、図像が安置されている。長崎のマリア信仰はその系譜の上に位置付けられる。地域二では家庭で観音像をまつることは一般的ではないが、観音が庶民生活に深く浸透していることは確かである。全羅道の海辺の寺院では白衣観音がまつられている。(1) また求禮郡聖徳山観音寺の縁起伝承はパンソリ『沈清歌』と同じである。こうしたかたちで庶民の心琴に触れあってきた。これは東方地中海地域の女神、強いていえば母親崇拝に由来する。

6　近代の到来と試練

三地域いずれにおいても近代の到来により、基層文化は揺らいでいる。とはいえ、地域一は比較的基盤が堅固で、媽祖や王爺の廟は復興、拡大さえしている。一方、地域二、地域三においては、寺廟という施設がなく、神域とそこでの祭祀はなし崩し的に衰退している。そこでは「神は遠くへ」(仲松弥秀)ということばが相当する。ただし、地域二ではキリスト教による新しい神、普遍的な愛が説かれ、基層文化の衰退に取って代わろうとしている。地域三ではそれもあまりみられない。キリスト教の布教の歴史を持つ長崎は別として、琉球は今、伝来の基層文化の行方をみいだしかねているとおもわれる。この点については「四、現況と提言」でもう一度述べることにする。

二　海洋文化の顕現から

東方地中海地域の文化は必ずしも海の文化ではない。「山、野、海」の面からみていくべきだというのがこの総説の前提である（基軸一）。とはいえ、海洋性、海洋文化ということから究明すべきことが多いのは確かである。すなわちコメや雑穀を主食とし海産物を副食とする食生活、板張りの住居、多様な海神信仰、海洋他界観などがそれである。それについてはある程度のことは述べた（基軸一、基軸二）。ただし、三地域でのその顕れ方は一様ではない。以下、地域一における海洋文化の顕現を中心に据えつつ、一、閩台文化のつながり　二、福建の船の歴史　三、媽祖廟の重要性、に分けてみていく。

1　閩台文化のつながり

陸地と島嶼部の関係を大観すると、主として陸地から船により人、物、文化が運ばれた。島嶼部からは海産物、あるいは他地域の価値ある物が陸地に運ばれた。ただし、台湾のばあいはさらにコメが大陸にもたらされた。この点は琉球、済州島とは異なる。以上のうち、琉球と中国、済州島と陸地との関係は多くの著述がなされ、日本でも比較的よく知られている。しかし閩台（福建、台湾）間のつながりに関してはまだ余り知られていない。そこで以下、若干の説明を加えておく。台湾の歴史では、通例、一六世紀にポルトガル人がこの島を発見して美麗島とよんだことがまず語られる。そして、一七世紀後半、鄭成功がオランダ人を駆逐し台湾南部に政権を樹立した（一六六二年）。これによって漢人統治がはじまる。次いで、それに伴う大量の移民の流入、清朝による鄭氏政権の打倒（一六八三年）、清による支配、福建人による台湾各地の開拓などが述べられる。それは台湾にとって重要な歴史だが、鄭成功以前にも大陸とのつながりがあった。これを含めて福建文化の流入をみることは台湾の基層文化を考える際、重要である。そこで、この面について確認しておきたい。

閩越人の移動　春秋戦国時代の越国が前三三四年に楚に滅ぼされたあと、越人は各地に移動した。海路閩

(福建)に向かった越人は閩国を建てた。これがまた漢により滅ぼされて閩越人は各地に移動した。彼らは越国以来の優秀な航海術を持っていた。その行き先のひとつに澎湖島があった。文献で確認される閩人の澎湖島移住は南宋以降であるが、その以前にも閩越人の末裔は不断に澎湖島に向かっていたであろう。元代、王大淵『島夷志略』(一三四九年)は「彭湖」(清代以降、「澎湖」と表記)の記述からはじまる。それによると、彭湖には「自泉州二昼夜可至。……泉人結茅為屋居之。……人多眉長《ながいきする》。……煮海為塩、醸秫《コーリヤン》為酒《さけをつくる》、採魚虾螺蛤以佐食《ふくしょくとする》、……魚膏為油。……工商興販、以楽其利」とある。(2) 澎湖島に移住した泉州人は海洋性の生活を享受して長寿、工商も盛んで利益もあるという。一七世紀前半、オランダ人が台湾に到来する以前、漢人は台湾南西部の雲林県北港《ベイガン》から大員《ダーユエン》(安平《アンピン》)にかけての沿海地帯に赴いて貿易、漁撈をしていたとみられる。ただし、当時はかならずしも定住ではなく、短期間の滞留でふたたび福建に戻ったのであろう。ところが、オランダ人の定住とともに生活物資が必要とされ、漢人の定住も促進される。一六二六年のイエズス会士の年度報告によると、大員にはすでに六千人余りの漢人がいたとされる。(3) これだけでなく、明清代には閩人の大規模な移住がはじまる。『台湾府志』によると、一六二四~一六六二年の間の台湾移住漢人は六~一〇万に達した。その多くは漳州、泉州人である。そして、鄭成功による台湾統治時代に漢人は一二万人余りに至った。清は光緒年間(一八七五~一九〇八)、招墾局を設け、台湾東部に向けて開拓民を積極的に送り出した。その結果、一八九四年には漢人数は二五四万人に達している。(4) こうした大規模な移動、移住は琉球や済州島ではみられなかった。

こころの支え

この間、福建移民は故郷の寺廟にまつる神仏をこころの支えとし、盛んに寺廟を建立した。泉州、漳州籍の移民が多い台湾西岸の鹿港《ルーガン》では清末までに四〇近くの寺廟が建立された。(5) この際、土地公、媽祖(後述)、王爺などがこころの拠り所とされた。(6) また祖先をまつる祠堂《ツータン》も重要で、これは宗族の結集の拠点となった。

祖廟（宗祠《ゾンツ》）には通例、共有の耕地があり、経済的な裏づけもあった。大陸では近代の政治、社会状況の変化のもと、宗祠の土地は消失したが、宗祠の祭祀そのものは今日も引きつづいている。しかも、現今、在外華人の支援を受けることが多く、その改築、増築は頻繁で、いよいよ立派な施設となっていることが多い(7)。これについては「四　祖先観の顕現」で取り上げる。寺廟が福建移民のこころの支えとして日常生活と密着して機能していることは地域二、地域三とは大いに異なる。ただし、朝鮮半島については、高麗時代と朝鮮朝の間で宗教環境が大きく転換したので、必ずしも一概にはいえない。高麗時代までの朝鮮南部、済州島では仏教寺院は民間信仰化しつつ、住民たちと密接な関係を持っていた、つまり地域一と似た状況にあったとみるべきであろう。

2　福建の船の歴史

海洋文化を語る上で船の歴史は不可欠である。そして、これは福建文化の大きな一部でもあった。西晋（二六五〜三一六）の左思『呉都賦』には「篙工楫師《ふなざおこうかじしは》、選自閩禺《福建からえらんだ》」とある。閩禺は福建のことである。唐代の泉州、福州は海外貿易の拠点であった。次の宋元時期、福建の海洋文化は最盛期を迎えた。沿海の各地に造船所があり、当時は、福建船が最上位、次が広東西船とされた（宋代『忠穆集』）。南宋時代の船の規模については、「海商之艦《おおぶね》、大者可載五六百人、中等可載二三百人」（『夢粱録』巻十二）とある。この記述では、その艦が福建船であったとは記されていない。しかし、福建泉州の后渚港で発見された南宋時代の外航船(8)などをみると、『夢粱録』の記述は福建船について述べたものといえるだろう。明代には福州、興化、漳州、泉州などに公私の造船所があった。明代の船では福船《フーチュアン》（戦艦）、鄭和の遠征に使われた宝船《バオチュアン》がよく知られている。福建船は安定性と積載量に秀でただけでなく、航海術にも優れていた。そうした船で大規模な移民を送り、貿易を伸展させた(9)。ちなみに高麗の王都開京には宋商が多数いた。『宋史』高麗伝には「王城には華人数百、多くは閩人、賈船［商船］に因って至った者だ」という。一〇一二年から一二七八年までの間に高麗に赴いた宋商について、その回数は一三〇余り、延べ五〇〇〇人以上ともいう。[10] 当時、東方地中海は閩人の往来する時代であったといっても過言ではない。

3　媽祖廟の重要性

媽祖は閩台《ミンタイ》、とりわけその海辺の人びとにとって重要な神である。これについては今日、論著も多いので、改めて記す必要がないかもしれない。ここでは、福建省南部の海辺恵安《フイアン》の漁村の報告をもとに[11]媽祖廟が日常、どのように人びとの暮らしとつながっているのかをみておきたい。第一に媽祖は観音と密接にかかわる。観音媽《グァンインマ》は他の道教の神と同様に女神として崇拝されている。毎月一日と一五日には焼香し敬仏する。二月一九日、観音の誕生日には、大岞《ダーズオ》の村民はこぞって媽祖廟にいきまつる。第二に、媽祖は海を司る最も重要な神である。大岞《ダーズオ》の媽祖廟（図版42）の入口には「万世護漁」の扁額が掲げられていた（改築後の今日はみられないが）。漁民は廟内に置かれた媽祖の小像（分身）《フオンシエン》を借りていき自身の船の上で祭祀をする。第三に、節日ごとに媽祖廟に詣でてまつり祈る。三月二三日、媽祖の誕生日、七月の中元節にはこぞって廟にいき拝礼する。また家によっては大晦日にも媽祖廟にいき、媽祖とともに団聚《トゥアンジュ》（団欒）する。第四に、大規模な船隊が出漁する前には必ず媽祖を船に迎えて祭儀をする。その際、媽祖の神像を神輿に載せ、音楽、爆竹で盛り立てつつ浜まで行進する。船上では海上安全のための儀礼をする。この媽祖像は翌日、廟に戻す。第五に、媽祖は常に身近に置かれる。大岞《ダーズオ》の人びとは媽祖を船室に安置するだけでなく、媽祖廟の香炉の灰を取って袋に入れ護身用に身につける。家庭に心配事があれば、人びとは媽祖廟にいって占いをし、祈る。第六に、ここの人びとは「三十多年来」（三〇年余り前から）湄州島にいき媽祖に挂香（参拝）している。[12]

福建と台湾の媽祖廟を中心とした信仰世界は他の地域に較べても出色である。それは海辺だけでなく内陸部の

42　漁村の媽祖廟。観音の誕生日には、大岞《ダーズオ》の村民はこぞって媽祖廟にいく。福建省恵安市大岞《ダーズオ》

43　チャジャンコチ潜女堂《チャムニョダン》。龍王（女神）をまつる。海女《ヘニョ》は海で作業をする前にはまず海辺の神堂《シンダン》にいく。西帰浦市大浦洞

人びとの間にも広がっていった。ところで、このように日常的に神、神域と接することは他地域ではみられないのだろうか。このように問うとき、琉球の御嶽、済州島の堂《タン》が想起される。そこでも人びとは日常、神に接してきた。済州島の海女《ヘニョ》は今日でも海で作業をする前にはまず海辺の神堂《シンダン》にいって祈る（図版43）。こうみると、閩台の媽祖のあり方は根柢において東方地中海地域の海の女神とかかわっていることがよくわかる。

以上「一、閩台文化のつながり」「二、福建の船の歴史」「三、媽祖廟の重要性」は地域一を特色づけるものといえる。船の建造では中国沿海部が歴史的にも早く、水準が高かった。とくに福建は閩越以来、その優れた造船術、航海術で名を馳せた。媽祖が閩台海洋文化を象徴することはいうまでもない。ちなみに歴史家徐暁望には『媽祖的子民』という著述がある。そのなかで媽祖信仰は閩人の巫女信仰に基づいていること、つまり本質は民間信仰だという。そして、宋代以降、国の内外でとくに媽祖の名が知られることになった点について、五点指摘した。第一は北宋以降顕著になった閩人の海外活動、第二は水上生活民にみられるように海上を巧みに移動する技術があったこと、第三は閩人の盛んな商業活動、彼らは各地に会館を設け、そこに媽祖を主神として安置した。その財力を背景にして各地に媽祖が浸透した。第四に、水を司る神としては河の神よりも海神が尊ばれたこと。第五は官府の崇拝を受けたこと、そしてまた、媽祖信仰は世界に分布するが、何といっても福建と台

湾二省が最も盛んだという。今日、台湾の媽祖数は九〇〇余りに達して最多である。また福建の莆田《プティエン》だけでも媽祖廟は百を下らないという[13]。

以上、「海洋文化の顕現から」として、とくに海民の船の歴史と彼らの媽祖信仰の今日的な姿を述べた。ただし、両者の濃厚な結びつきは宋代以降の展開によるところが大きい。そのためか地域二、地域三にはそのままのかたちでは伝わらなかった。

三　寺廟文化の顕現から

三地域を通観するとき、地域一では都市と農村を問わず寺廟が人びとの精神生活の中枢として機能している点が特徴としてあげられる。一方、孤魂救済儀礼は、三地域いずれも重要な関心事としてなされる。とはいえ、この面でも、地域一における祭儀が数も規模も突出している。こうした差異は何によるのか。地域一のこうした特徴はやはり仏教、道教文化の顕現として理解すべきであろう。そこで以下では、この視点から、寺廟のあり方、孤魂救済儀礼の二点についてみていくことにする。

1　寺廟、堂山（堂）、御嶽など

村落の神域　東方地中海地域の村落の神域はその精神文化の出発点であり、おそらくは終結点であろう。故郷なるものも結局はこれと関係する。こうした神域を体感として知らない都市人には「故郷」は多分に観念的なものであり、移居も容易、帰郷についても格別の思い入れはないだろう。ところが特定の神域をこころのなかに持つ人たちは、移居したあとにも帰郷への思いが去らない。おそらくその精神の原風景には、家族、朋輩とともに神域に出入りしたときの自身の姿があるのだろう。

これを踏まえて神域をみていくとき、地域一の寺廟、地域二の堂山《タンサン》（済州島の堂《タン》）、地域三の御嶽《うたき》は一繋《ひとつな》がりとなる。わたし（野村）は個人的には、まず地域二の堂山、堂、次に地域三の樹木に囲まれた神域に接し、その上で地域一の神域としての寺廟をみた。この順番による影響もあるのか、地域一の神域のあり方はたいへん興味深かった。何よりも閩台地域では寺廟と神像の数が多く、しかも、そこに出入りする人びとの祭祀行動がごく自然である。そこにはまた、寺廟が設けた戯台《シタイ》（舞台）があり、節日ごとに神がみへの奉納芝居がなされる。このことに注目しなければ、地域一の基層文化は理解できないとおもわれた。

村廟と村民の結合

地域一における寺廟の重要性という点では、石田浩（一九四六〜二〇〇六）も同様であった。石田は台湾、中国の農村経済を現地調査に基づいて緻密に分析したが、その出発点の論文は「台湾の村廟について――廟を中心に見た村民の結合」であった。これは一九七八年に台湾をみてまわったあとに書かれた。その村廟考察の結論として、第一、村民の篤実な廟信仰⒁、第二、廟祭費用は村民の共同負担、第三、廟が村の社会保障的機能をはたすこと、第四、廟に「活動中心」が設けられ、行政の一部の機能が委ねられていることをあげた。そして、「村廟を中心とした村民の結合は強固に存在している」といい、また「現在では村廟によって村民の結合が補完されている」と述べた⒂。石田は、一九八七年には、台湾鹿港の施氏と密接な関係のある福建省晋江《ジンジヤン》県衙口《ヤーコウ》で同族組織の結合の様相を調査した。その結論では、施氏は族産という経済的裏づけを持つ宗祠《ゾンツ》を中心に同族結合を維持してきたが、宗祠にはまた地縁結合の性格もみられること、この両者の補完性が重要なことを説いている⒃。このことは台湾の村廟についてもいえる。簡単にいうと、村廟、宗祠は大なり小なり血縁と地縁のつながりを促すということである。

寺廟数と種類　ところで、地域一の寺廟の祭神は一体、どのくらいあるのか。神の種類だけでも百数十はあるだろう。その延べ数は計り知れない。一九三〇年代の台湾に関しては、増田福太郎の記述がある。「全島寺廟調査書」によると、神は一三二神、祭神は第一位福徳正神《ふくとくせいしん》（土地公）、第二位王爺、第三位観音菩薩、第四位天上聖母（媽祖）、第五位玄天上帝であった。ただし、石田の調査した村では土地公、媽祖が圧倒的に多かったという。[17]

百姓公（有応公）　こうした多数の神からなる地域一の寺廟は、まずは仏教、道教文化の顕現としてとらえられる。また宗祠《ゾンツ》は儒教文化の顕現であることはいうまでもない。しかし、土地神、王爺神、女神（観音、媽祖など）、さらに宗祠内の祖先信仰の根柢には在来の霊魂観がある。ここにはさらに百姓公《バイシンゴン》（有応公〈有求必応《もとめがあればかならずこたえる》の意味〉）の信仰を加える必要がある。これをまつった廟が至るところにあり、地域の人びとに尊重されている。台湾の鹿港鎮だけでも現在、二八の百姓公がある。[18] これは地域一の特色である。百姓公は好兄弟、大衆爺、万善同帰、万善公、水流公（漂着屍体）、義民爺（客家人の戦死者）などともいう。劉枝萬はこれらを厲鬼《れいき》と一括し、その祟りに対する恐れが「中国の南方的な神鬼尚巫《しんきしょうふ》の習俗を馴致するに至った」という。[19] これに相応する神霊は地域二ではトッケビ、令監《ヨンガム》などとよばれる。一種の雑鬼雑神で対応をよくすれば幸をもたらす。しかし、それらを祠や神域にまつることは通例、みられない。済州島に令監を祭神としたトッケビ堂《ダン》がいくつか存在するが、[20] これは例外的である。琉球でもこうした霊を神域にまつるのは一般的ではない。

　地域一の寺廟がいわゆる民間信仰を組織化したものであることは間違いがない。一方、地域二の堂山《タンサン》（堂《タン》）、地域三の御嶽《うたき》は特定の施設を設けないことが多い。仲松弥秀によれば、沖縄のティラ（テラ）とよばれるところは元来、神まつりの場所であり、そこにのちに寺院が設けられたのだという。[21] ありうることである。全羅道の堂山《タンサン》には小さな祠が伴うことがあるが、とうてい寺廟の比ではない。しかし、施設の有無だけで差異を強調するのは余り意味がない。済州島の海女は日常的に堂神をまつり、また沖縄の御嶽も依然として地域住民のこころの支えとして機能している。全羅道の堂山とその祭祀も時代を遡れば、全住民の結合の象徴であった。それはおそらく『三国志』魏書東夷馬韓の条に記された神域「蘇塗」にいきつくであろう。

教会、聖堂

ところで地域二、地域三の人びとのこうした「こころの支え」を組織化したものとしては教会、聖堂をあげることができる。韓国全体がそうであるが、全羅道でも教会、聖堂は地域住民の日常と密接な関係を持って今日に至っている。また長崎県生月島《いきつきじま》には徳川時代の禁教を生き延びたカクレキリシタンが今なお存続している。(22)これらは東方地中海地域における寺廟文化のひとつの変異形ともいえる。その根柢には民間信仰がある。とりわけマリア信仰においては海の女神信仰が潜在し、生きつづけていることは確かである。(23)たとえば、キリシタン書「天地始之事」にみられる「さんたー丸や」の姿がそれである。丸やはどこの誰だかわからぬ子を懐胎したということで家から追放される。丸やに対して父親は「なんぢは帝王をきらい……その体たらく合点ゆかず……はやはやたちされ」とある。そこでは追放の真の原因が、実は国王との結婚話を丸やが拒否したことにあるということが示唆される。家を出たあと、丸やはあちこちをさまよい、大いなる苦難ののち、御子キリストを生む。(24)こうした一連の叙述は朝鮮半島の巫祖神バリ公主《ゴンジュ》の苦難の旅、さらには中国の妙善（観音）苦難の物語『香山宝巻』を髣髴させる。バリ公主や妙善の根柢には中国の女神像があったとみられる。それらの上に丸や像が習合した。長崎県の外海《そとめ》、五島などではカクレのご神体として、一般的に、陶磁器の子安観音、慈母観音を用いた。いわゆるマリア観音である。(25)キリシタンの信仰の基層に女神との強い結びつきがあったことは確かであろう。

2　孤魂救済儀礼

旧暦七月一五日を中心に各地の寺廟と家庭でこぞって孤魂救済儀礼をおこなう。これは東方地中海地域に通有のもので、まずは仏教の盂蘭盆会の流布として把握できる。ただし、地域一の七月の祭祀文化は地域二、三と較べて遙かに大規模かつ念入りである。これは寺廟だけでなく、各家庭でも進んでおこなうので、とくに盛大なものとなる。その淵源は何か。それは、七月の盂蘭盆会が水陸斎、黄籙斎および普度《ブドゥ》と密接にかかわっておこなわれてきたことによるであろう。普度については、別稿（本書所収）「第二部　論考篇「台湾鹿港地域文化研究――寺廟を中心に」で詳しく述べた。それは古代中国で実施された「夭折、不幸な死者の霊を供養すること」すなわち「殤《ヤン》（またシャン）という民間の儺の祭儀」に遡る。(26)

一方、水陸会、黄籙斎については次のようにいえる。水陸会は施餓鬼の一種である。伝承では、それは梁の武帝が一神僧の夢告に端を発して金山寺《ジンシャンス》ではじめておこなったとされる。ただし、実際に流布したのは七世紀後半（唐咸亨年中）以降である。牧田諦亮は、「水陸」の語は宋代の遵式（九六四～一〇三二）『金園集』「施食正名」のころにみられるものがはじめだろうかという。(27) すなわち「施食正名」によると、「今、呉越諸寺は多く別院を置き、水陸と題榜《額をかかげること》するものがある……世に水陸の無主孤魂に施すと言うが、理は誘俗《そのりくつぞくじんとりこみ》に出るのであり、言《ことば》は不渉教《おしえとかかわりがない》」という。つまり水陸会は多分に民間信仰だと述べている。中国の水陸会は王后貴族から庶民、罪人、寄る辺なき者たち、横死者までを救済する。それは現在の中国の寺院においても盛んである。

水陸会は朝鮮半島でもなされた。すなわち高麗時代初期、九七一年に、恵居《ヘゴ》（八九九～九七四）が水原葛曜寺《スウォンカルヤンサ》で「水陸道場」を設けたのにはじまる。その地は百済の故地、すなわち地域二に属する。水陸会はそののち全国的に広まり、仏事を規制した朝鮮王朝にあってもなお継続し、一七世紀半ばごろまでは『朝鮮王朝実録』で度々言及されている。そして正史の記述はみられなくなっても、各地の寺院内では小規模ながら催されていたとみられる。

今日なお水陸会は伝承されている。

一方、琉球では水陸会挙行の記録がみられない。しかし、一五世紀の漂流朝鮮人の見聞記によると、彼らは那覇に近接した地にあった泊御殿《トマリウドゥン》（公館）で歓待されると同時に、七月一五日の寺廟の行事をみている。それは祭祀芸能の面からみて貴重である。すなわち次のように述べられる。「諸寺刹では幢蓋《きぬがさ》を造る。……その上には人形や鳥獣の形を作り、王宮に送る。居民は男子の少壮なる者を選んで、黄金の仮面を着けさせたりもする。笛を吹き鼓を打ち、王宮に詣でる。……その夜は大いに雑戯を設ける。国王が臨観し、そのため男女の往観者は街を塡《う》め、巷に溢れる。財物を駄載《うまのせ》し、宮詣でする者もまた多い」と。これは今日の台湾の中元節を想起させる。台湾の廟では、中元の夜は異様な隈取りの鬼神が厄払いをしつつ行進する。また寺廟の舞台では歌仔戯《ガジャシ》などの演劇がおこなわれる。一方、当時の琉球では華やかな幢蓋や黄金仮面の行列と雑戯があった。後世の沖縄本島ではこうした民俗はみられないが、波照間では旧七月に「仏をかけた豊年祭」ともいわれるムシャーマがおこなわれる。そこでは黄金の弥勒の行進、またニンブチャー（念仏踊り）ほか獅子舞などがなされる。ムシャーマの初期の形態が一五世紀の首里でおこなわれていたのではなかろうか。これらはまさに孤魂供養と関連した雑戯(28)である。同時にそれは寺廟文化の顕現でもあった。また沖縄の庶民の間では観音が広く信奉された（前述七三頁）。これも寺廟文化の重要な顕現といえる。

四　他界観の顕現から

三地域を対照させるとき、基層の海洋他界観の顕れ方がそれぞれかなり異なることがみてとれる。そしてまた他界観との関係では二次葬が注目される。東方地中海地域では広く二次葬がおこなわれるが、それは、霊魂の順調な他界入りを望む心意に由来するとみられる。この二次葬は三地域それぞれかなり異なっておこなわれる。以下、これについて概観する。

1　水際の船棺、江南天子国、ニライカナイ

地域一の他界観は古代の船棺に象徴される。閩人（福建人）は船棺を作り水際の高所に置いた。彼らは越系の海民（または濮人）であったとおもわれる。[29] 彼らは船で移動し、海と天を駆けめぐった（前述五二頁以下）。そして死後も船に乗って天にいこうとした。その天は儒教の天や北方民族の天とは異なり、海と接する天であっただろう。ただし、のちに道教の影響を受けると、神仙の遊ぶ天界という性格が強くなる。いずれにしても、地域一の海民たちは海と天のかなたにこの世とは別の世界があるとみていた。そこから、この世の災厄、願望を船に載せて流すことがはじまった。それが王爺の船（王船）であり、のちには王爺信仰となった。

海の彼方、天からくる王爺　王爺は、この世で非業の死を遂げた者たちの総称であった。それは放置すれば災厄をもたらす。王爺の船が流されていく先は他界に違いない。しかし、往々にしてその船が海辺に戻ってきた。そのとき、閩台人は他界からの船としてこれを引き上げ、祠、堂を作って手厚くまつった（図版44）。王船が安置されまつられると、時を経て、臨時にそこに王爺が到来すると信じられた。その王爺は海の彼方からの使者である。さらに最終的には、王爺は天から派遣された代天巡狩の神となる。ところで、閩人の利用した最初期の船は独木舟であった。それが、やがては構造船になった。しかし、船が大型化しても、彼らの他界観は本質的に変わらなかったのだろう。初期閩人の末裔は他界をめざして果敢に海外に出た。それが華僑の歴史を形成した。

地域二では、海の他界は江南天子国《カンナムチヨンジヤグウク》、時には龍宮《ヨングン》、水宮《スグン》などとよばれた。また朝鮮朝後期には南の地《ナムニヨクタン》への漠

45　正月の行事茅船《ティベ》クッ（通称茅船あそび《ティベンノリ》）。船を他界、龍王の居所に流す。全羅北道蝟島《ウィド》

44　王爺の船。海から引き上げられまつられ、やがて大きな廟となる。船縁には船眼がみえる。台湾小琉球三隆宮

然とした憧憬となり、それが『鄭鑑録』や小説のかたちで説かれた。たとえば許筠《ホギュン》の小説『洪吉童伝《ホンギルトンジョン》』（一七世紀初）における理想の地硉島国《ユルドグク》、朴趾源《パクチウォン》の小説『許生伝《ホセンジョン》』（一八世紀後半）における「長崎と廈門の間の無人島」がそれである。これらは朝鮮の南にあり、崔南善《チェナムソン》（一八九〇～一九五七）はこれを南《ナム》朝鮮信仰《ジョソンシンヤン》とよんだ。[30] この命名は近代のもので、現代韓国人には、語感上やや抵抗があるようだが、基層文化としてみるときは妥当であろう。いずれにしても、そうした地にいくということは実際には朝鮮半島から東方地中海あるいは南の海に向かうことを意味した。そして、実際、稲作民の移動時代以来、朝鮮半島の人びとはそれをくり返していたのである。一方で、海の彼方に向けて災厄を載せた船を流すこともおこなわれる。全羅北道蝟島《ウィド》の正月の行事茅船《ティベ》クッ（通称茅船あそび《ティベンノリ》）（図版45）は今日では観光行事にまでなったが、この種の放船はかつては各地でおこなわれた。その目的は災厄を流し、同時に海の神霊（龍王と水中孤魂）に豊漁を祈ることにある。

地域三では海の他界は一般にニライカナイとよばれる。その方角は一定しない。北、東、西にもある。各村落にとって海側がどちらに向いているかが決め手のようである。また八重山地方では、南波照間《パイパティロマ》、南与那国《パイドゥナン》にみられるように南の島への憧憬も語られた。それは現実には苛酷な人頭税からの逃亡ということのようである。[31] ところで仲松弥秀によると、ニライ・カナイは「明るさに通じるところの黄泉の国……淡い蒼の世界」である。悪病、寒い

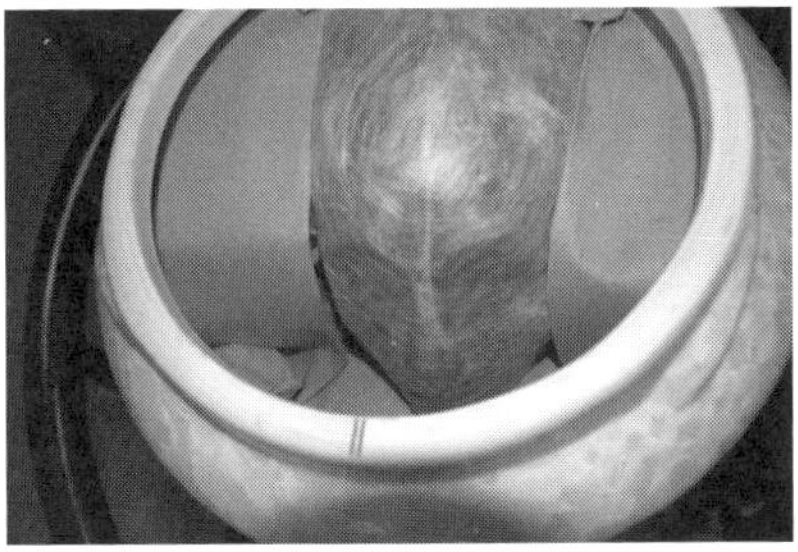

46　金斗。洗骨し、整えた骨をなかに収め、のち、墓に埋葬する。台湾鹿港

47　草墳《チョブン》。撮影李京燁。全羅南道珍島義新面

風もそこにはある。従って、病気・鼠・害虫などに対して、「もとの世界へ帰れ」「ニライ・カナイに行け」といって海へ流す行事があるという。(32) これは王爺の船流し（地域二）、朝鮮半島や済州島の放船（地域二）と同じ他界観の上にある。その顕れ方が異なるというだけのことである。

2　二次葬の仕方――骨壺、草墳

東方地中海地域の海民は霊魂が滞りなく他界にいくようにと二次葬をした。三地域どこも二次葬をするが、その具体的なやり方はそれぞれ特徴的である。地域一では、次のようである。たとえば前述した福建省恵安の漁村では、埋葬後七、八年または十年余りのちに開棺し骨を拾う。洗骨後、骨を整えて「黄金《ファンジン》甕《ワン》」のなかに置く。そして瓮棺葬をする。黄金甕は並べておくか墓地に半ば埋める。石の間に置くこともある。そののち、家庭が順調なばあい、本格的に甕を埋める。しかし、そうでないときはさらに場所を変えて甕を埋める。家によっては何度も移動させることもある。(33) 台湾ではこの甕を金斗《ジンドウ》とよぶ。また骨を整えることを撿骨《ジエング》といい、今もこれを生業とする家がある。今日、金斗は通例、墓に埋葬する(34)（図版46）。こうした二次葬文化は祖先崇拝の一形式ともいえるが、より大きくみると、祖霊の他界入りを願っての祭儀といえるであろう。

地域二では、全羅道に近年まで残っていた草墳《チョブン》（図版47）が二次葬に該当する。これは地域一の金斗《ジンドウ》と趣旨は同じであろう。ここでもまずは仮埋葬し、何年かして骨を拾って洗い、改めて埋葬する。祖霊は浄化された骨を便りに到来し、子孫を保護する。一方、地域三の二次葬は、地域一に似ている。ただし、仲松弥秀によると、沖縄では古くは死者はすぐに神となると信じられたらしく、屋敷内に埋葬された。風葬のばあいもあるが、要するにそれらは二次葬ではない。しかし、「石垣内に出土した人骨を入れた骨ツボが四十個」あって、これを拝している事例もある。このばあいは二次葬に移行する過渡期のかたちであろう。それは前記、恵安の報告にあったものに似通う。すなわち、そこでも「並べておく」ことがあった。恵安では、並べ置いたあと、埋葬したとみられるが、沖縄の上記の家ではどうなのか、未詳である。おそらく仲松の報告した事例では壺に入れたままだったのであろう。なお、後世の沖縄では、墓におさめた死者の骨を洗骨後、厨子甕《ジーシガーミ》に入れ、ふたたび墓に収める（洗骨後、位置をずらしてそのまま墓に置くこともある[35]）。甕に入れてから墓に収めるのは福建、台湾と似ている。それはほとんど福建のやり方そのものである。

三地域の祖霊の去就を巡る民俗では地域三が最も注目される。すなわち、沖縄では、死者の扱いは次のように多様であった。第一は風葬あるいは屋敷内に埋葬するだけのばあい（二次葬なし）。第二は洗骨するものの、甕には入れず、骨のまま墓に埋葬するばあい。第三は洗骨後、厨子甕に入れて墓に置くばあい、第四に、三十三年忌後に、厨子甕から取り出してそれ以前の骨と合葬してしまうばあい（そのまま甕に入れておくこともあるが）。こうした多様な形式は、簡単にいうと、二次葬以前と以後の併存である。いうまでもなく、仲松のいうように、二次葬以前のかたちがはじめであろう。人は死んだらニライ・カナイにいく、というのが基本である。しかし、世の中が複雑になり、横死者、戦死者などが生じてきて、沖縄でも、二次葬が必要となったのであろう。ちなみに、仲松が沖縄本島の安部村で老媼から聞いた祈りのことばは、いくらか複雑になった他界観を反映している。

御天にのぼられて、海の神、リューグの神と手を結ばれて……[36]

これは三十三年の法事後の祈りだという。これによると、死者霊はすぐにニライ・カナイにいくのではない。おそらく、まずは海底あるいは海の彼方、そしてさらに海と接する天（御天）にいくと信じられていたのであろう。ただし、「御天」もまた老媼にとってはニライ・カナイだったにちがいない。こうした天は地域一の海民たちの天とも通じる。

五　祖先観の顕現から

東方地中海地域、いな東アジアに共通することだが、祖先祭祀は極めて重要なものとして位置付けられる。この地域では祖先には非血縁、血縁の二類がある。前者がより古層のものであろう。また、その祭祀の担い手も多様である。家の女性あるいは男性だけでやるばあい、あるいは巫覡、僧、道士らがやるばあいなどである。ただし、最も古層にあるのはやはり女性による祭祀であろう。以下では、それら多様な祖先祭祀のうち、集落の結合を促す祖先について述べる。すなわち地域一の宗祠《ゾンツ》にまつられる祖先がその典型で、それらと地域二の堂《タン》、地域三の御嶽《うたき》における祖先とを比較してみる。そして、こうした祖先祭祀が帰郷意識の基盤となっているのではないかということを述べる。

1　祖廟、宗族と宗祠

閩台人は移住をくり返す。その移住先で彼らのこころの拠り所となるのは神仏と祖先である。台湾の漢人のばあい、神仏ではまず福徳正神（土地公）が欠かせなかった。次いで、王爺、媽祖、玄天上帝などが多い（一三二頁）。

一方、宗族の祖先をまつる宗祠も不可欠である。宗祠を建てるには資力が必要である。台湾では、同族の結束を維持するために爐主制により、毎年、爐主を代えつつ祖先祭祀を維持した。その持続力は驚くほどで、現代に至ってようやく建廟されるなどということもある。たとえば、台湾鹿港の樹徳堂がそれである。

樹徳堂は潯江（潯海）派施氏の宗族の廟である。福建省晋江《ジンジャン》県衙口《ヤーコウ》村に祖廟がある。台湾鹿港のものは一九六五年に建てられた。それは一九九二年、道路拡張工事のため敷地が削られ、現在では建物の二階に移された。敷地は狭くなったものの、祭祀の熱意は依然として維持されている。ここでは一族の先人施琅将軍（清朝の軍人。台湾の鄭氏政権を攻略し清朝による支配に貢献）や伽藍神をまつる。ここは伽藍神を主神とするので伽藍公廟ともいう。伽藍神は潯海施氏が二〇〇年ほど前に鹿港にきたとき伝来した神である。それは元来、故郷衙口村定光庵の祭神でもあった。潯海施氏は現代に至るまでその加護に与り、よって、この神を主神としたとのことである[37]（図版48）。

宗族の廟といっても一族の祖先だけをまつるのではない。これは鹿港の真如殿についてもいえる。真如殿は晋江の銭江派施氏が建てた宗族廟である。主神は玄天上帝、ほかに黄府王爺などもまつり、角頭廟（地域の廟）の一面もある。玄天上帝は、銭江派施氏の施家褒が晋江衙口村の祖廟からもたらした神である。そのため、現在でも玄天上帝の祭祀に関しては施姓の者だけが担当する。鹿港の銭江派施氏は大きく三つに分かれていて、彼らが分担してその祭儀をする。一方、合祀する王爺に関しては近隣の居民が共同でまつる[38]。こうした祭祀分担はまさに血縁と地縁のつながりをよく物語る。

ところで、華僑は移住先で一定の成功、安定を得たあと、故郷とどのようにかかわるのだろうか。晋江衙口村からフィリピンに移住した華僑たちは、（一）電力設備、（二）宗祠の修復、（三）幼稚園経営、（四）小・中学校の校舎の新築と人材育成、（五）道路・橋梁の建築などに投資した[39]。つまり村落生活の下部構造と精神的な施設への投資である。これは華僑が故郷とかかわるときの典型といえるだろう。このうち宗祠の修復があげられている

49　靖海侯府（施琅宅）が全国重点文物保護単位とされたことを告げる石碑。現在、中国の至るところにこの種の石碑が建てられている。

48-1　伽藍神。潯海施氏はかつて鹿港に移住したとき、この神を伝来し、今もまつっている。福建省晋江県衙口《ヤーコウ》村定光庵

48-2　伽藍神。神像。定光庵

のは極めて興味深い。それは宗祠が移住先でのこころの支えであったことを物語る。一方、大陸の宗祠修復には支援が是非、必要であった。それは、清末以降、宗祠が元来、所有していた土地などの財産（族産）が消失し、また各分節（施氏の分派）にあった土地なども現代中国のもとでは没収されたからである。ところが、今日、華僑による資金面の支援を得て各地の宗祠は急速に修復されている。もともと精神的には強い結びつきがあったので、これは当然であろう。晋江の施氏のばあいも例外ではない。現在、潯海施氏の大宗祠、施琅宅などは極めて大きな施設となっている（図版49）（第二部第四章の図版4、5参照）。これには、現在、管理費の名目で毎年、晋江県から支援金が与えられている。ただし、この大宗祠は今は施琅だけをまつり、個々の位牌は各派ごとの祖庁や家にまつられている[40]。これは極端な事例だが、宗祠における祖先のまつり方も一様ではないということになる。

以上、地域一の祖廟を通した祖先祭祀の概観である。これと地域二、三を較べると、どのようなことがいえるだろうか。地域二にも祖廟はある。一般には祠堂《サダン》、家廟《カミヨ》という。大小さまざまだが、これは各氏の祖先祭祀の

施設として留まり、地縁組織とは通例かかわりがない。血縁の祖先以外の神を合祀し、地域住民が拝礼にいき、祈るということはまずありえない。ただし、地域一の事例を踏まえると、堂山《タンサン》（堂《タン》）のばあいは微妙である。そこでは、原初には各氏の祖先（村の草分け）をまつったものがあったとおもわれる。それがのちには村落全体の神域となり、祭神も単に婆《ハルモニ》さん、爺《ハラボジ》さんとよばれるようになったのだろう。つまり地域一における宗祠と同様の性格はあったとみられる。一方、済州島の神域堂《タン》の神は祖先祭祀の原初的なかたちを考えるとき、示唆的である。その祭神は個々には山神、海神、蛇神などであるが、一方で、村民はその神を広く祖先《チョサン》とみてもいる。それゆえ、日本在住の済州島出身者が神堂整備などのかたちで故郷に貢献するとき、そこに祖先への感謝が潜在している可能性もある。

また地域三の御嶽の多くは仲松弥秀のいうように、もとは祖先をまつった神域とみられる。それがやがて一族だけでなく地縁の結束を促すことになったものとみられる。こうみると、東方地中海地域の祖先たちは根柢を同じくしつつ、歴史のなかで諸種の顕れ方をしてきたということがみてとれる。

2　故郷への回帰

地域一を故郷とする華僑に限らず、東方地中海地域の人びとは帰郷に特別な思いを込めてきた。東南アジアの華僑、在日韓国・朝鮮人は近代以降、帰郷といえば、「祖国」に帰ることと重なりもした。しかし、近代国民国家の意識が浸透する以前、故地をあとにした人びとに明確な「祖国意識」があったとはおもわれない。「祖国」ではないとすると、帰郷を促したものは何か。これを考えるには出立の原因を考えなければならない。そこには生活苦、生地の天変地異、戦乱、地域の混乱などの直接的な原因があっただろう。これは当然、想定される。しかし、それだけでは解けない。別の動因もあった（前述五五頁～）。彼らには、海の彼方（他界）に対する憧憬があった。わたしはそれを「魂は故郷をめざす」とよんだ。(41) その故郷はまずは海洋他界、そこにある天または花の山である。ところが、この魂は絶えず、生前、馴染んだ家に戻ろうとする。それが目連戯などでもみられる回煞《フィシャ》である。これはまた朝鮮の巫歌「死《チュグメ》の語《マル》」のなかでもはっきりと語られる。そこでは、亡者は一旦、「優曇華《うどんげ》、長生花、蘇命花、蘇息花」が咲く極楽世界をみたあと、花を携えてこの世の家族のもとに戻っていくと語られる。(42)

こうした深層における霊魂の往来を踏まえて、現実の移住者の帰郷をみるとき、彼らの心意に形成される故郷意識はかなり重層的である。「なぜ帰郷するのか」は本人にも語りつくせないものがあるだろう。ここには少なくとも三層の意識がある。すなわち、第一は最下層の霊魂の帰郷願望（生前に馴染んだ地に戻ろうとすること）、第二は代々の祖先祭祀（祭儀）の記憶、第三は故地に錦を飾ること——現実的な名誉、達成感成就である。以下ではこのうち第二に関して述べてみたい。この問題は地域一のさまざまな実態をみることで十分な手がかりが得られる。

福建省恵安の一漁村には、祖先祭祀の祖厝《ズーツオ》が二〇ある。祖厝はひとつの宗族の分節（分家筋、房《ファン》）がそれぞれ設けた祖先祭祀の場である。祖厝の語義は「祖先の家」である。(43) そこには各房《ファン》の祖霊が神主《シェンジュ》（位牌）のかたちで安置されている。ただし、神主の祭儀がすべてではない。祖厝はその地の人びとの暮らしと密接な関係がある。たとえば、そこでは子孫に恵まれた五〇歳以上の者の葬儀がなされる。彼らは大福《ダーフー》とよばれ、臨終間際になると、この祖厝に運ばれ死を待つ。そうして祖先の仲間入りをはたす。また死後の七日忌、一周忌、その他の超度儀礼（功徳《ゴンダ》）もここでやる。また婚礼のいくつかの儀礼も祖厝内でやる。それは祖先の目の前で婚礼を遂げることで彼らの承認と加護が得られるからである。

さらに重要なのは、閩南で一般にいう八大節日（春節、元宵、清明、立夏、端午、中元、中秋、冬至）にも祖厝にいくことである。恵安の漁村の人びとは、これらの日にも焼香し、供物を献じ、祖先をまつる。この際の祖先祭祀は「孝公媽《シャオゴンマ》」という。公媽とは祖父母のことである。この祭祀は主婦、嫁などの既婚女性が中心となってやる。孝公媽の祭祀方法にはとくに規定はなく、祈願内容も各自で決める。(44) こうした祖先祭祀は大宗祠内ではやらない。それは家のなかでの祖先祭祀でもなく、いわば地域の生活と密着した次元のもので注目に値する。(45) 大宗祠にまつる祖先は始祖、官位に登った偉人などである。そして、その直系の子息が祭主となる。一方、祖厝の祖先は身近な祖先である。通例は四代までの祖先をここでまつる。(46) ただし、女性たちが年に何回も祖厝にいき、公媽（祖父母）をまつる根柢には、広義の祖先、すなわち非血縁の祖先を含めた祖先が存在するとおもわれる。それは地域二、三にみられる原初的な祖先観とも通じる。かつて全羅道では主婦たちが壺にまつる祖先に諸々の祈願をした。(47) 沖縄の人びとは今なお旅立ちや諸種の行事の際には祖先に加護を祈る。それは閩人が公媽に祈るのと本質的に変わりはない。

移動する人びと

公媽《ゴンマ》（祖父母）を祖先とみなす。こうした祖先観に最も馴染んでいたのは女性たちであろう。そして、その女性たちは、元来、「霊魂の帰郷」に親しんでいた。漢人が古来、国内でも移動をくり返してきたことは今日、人類学者が等しく認めている。その際、南への志向が顕著だが、それだけではない。それは未知の地への移動という視点でみるべきであろう。たとえば、明清以降西北や東北地方に向かう人びとの流れもあった。また山東半島から朝鮮半島に向かって移動し、定住した華僑もいた。(48) ここで興味深いのは、この移動は漢人に限らないということである。朝鮮半島、沖縄の人びともよく移動した。しかも、元来は男女ともに移動したのであろう。地域二、三においても男女ともに船に乗って移動することはよくみられた。沖縄には「女子《おなご》や生まれや一国《ちゅくに》、育《そだ》ちや七国《ななくに》」という俚諺があった。伊波普猷によると、これは古代沖縄女性の移住欲の盛んなことを歌ったものだという。(49) かつて移動、移住の推進者はむしろ女性であったかもしれない。今日の韓国女性の英語圏への移住熱などをみると、現実生活上の打算だけでは説明できないものがある（後述）。

定住と帰郷

華僑の多くは移動後に元来の故地、つまり生地に戻ろうとした。しかし、また少なくない人びとが移動先に定住した（通常、「華人」とよばれる）。定住にも諸相があり、故地とのつながりを持ちつづけるばあいもある。このばあいは故地の村の祭や危機の際には戻ったりする。(50)ただし、これも華僑、華人に限らない。とくに、村の節目になる大きな祭儀のために里帰りすることは朝鮮半島や沖縄でもみられる。ここにはやはり広義の祖先祭祀への参与という心意が生きているとみられる。ところで、今日の帰国華僑にそうした祖先祭祀への参与という意識があるのだろうか。その人びとの実態はどうなのか。帰国華僑の生活、意識の問題は今日、人類学の一分野でもあるが、故郷への思い、帰郷意識などはまた古来、文学の主題でもあった。たとえば詩人の千祥炳《チョンサンビョン》（一九三〇〜一九九三）は日本で生まれ、父母の故郷、植民地朝鮮に往き来し、韓国で死んだ。彼は、あるとき、ソウルにいてこう詠った。

父、母は故郷の山所《はか》にいて　ひとりぼっち《ウェトルベギ》のおれは　ソウルにいて　兄さんと姉さんたちは　釜山にいるけ
れど　路銀《あしだい》がなくて　いくことができない　あの世にいくにも　路銀がいるというなら　おれは永遠に　逝
くことができないのか　（「小陵調」）

ここには東アジアの帰郷意識がよく表れている。あの世にもいきたい。そしてまた父母の故地、兄弟の暮らす地にもいきたい。いったところで、何があるわけでもなく、また旅に出るかもしれないのにだ。

華僑の帰国

名倉京子は廈門《シャメン》の「帰国華僑の家」という組織の実態を文化人類学の面から探究した。その著作では、インドネシア、フィリピン、ミャンマーから帰国した男女からの聞書がみられて興味深い。それによると、彼らの帰国の動機のひとつはやはり「母国に対する憧れのような気持ち」である。それは、鐘理和『原郷人』の主人公と似ているという。つまり愛国主義ではないが、「故郷の血が故郷に戻ることを望んでいる」というのである。ただし、これは帰郷後の現実の暮らしのなかで萎えることが多い。名倉は「故郷認識」という一節を設け、そこで、華僑からの聞書をまとめた。一言でいうと、その「故郷に対する気持ちはとても複雑」である。すなわち、中国は第一の故郷ではない、あるいは、元移住先と中国は区別ができない、できれば第三国に移住したいなど、否定的な認識がみられる。[51]いうまでもなく、観念上の故郷と現実生活上の「祖国」、故郷はおおむね一致しないものである。従って、こうした複雑な証言は当然、予想される。

ところで、帰国者たちのことばを仔細にみると、興味深い点もある。すなわち、ミャンマーからの帰国女性X氏は、帰国にあたっては祖国中国に夢を抱いていた。ミャンマーでの家庭は裕福であったが、彼女は家族の反対を押し切って一六歳のとき（一九六九年）、中国にいく。しかし、夢は現実のなかでまたたく間に崩れていった。そうして帰国華僑の男性と家庭を持った。その後三五年ほど中国で暮らしてきたX氏はいう、「中国はわたしたちの口に合わない（口味不合）、わたしたちのもともとの味ではない（不是我們的原味）」と。そして、籍貫（父方祖先の出身地）の安渓《アンシ》には全く関心がなく、そこにはいったこともない。それでいて、中国を離れる気もない。すなわち「今は中国に家族がいるのでまたミャンマーに戻って生活したいとは思わない[52]」という。この帰国女性X氏の故郷認識は興味深い。つまり帰国以前に抱いていた「祖国」が祖先の地という思いは観念に過ぎなかった。それは容易に失せた。従って、父方祖先の地安渓を訪問することもなかった。X氏にとって、実際には、家族の暮らす廈門が故郷なのである。X氏は、「流浪しているような」思いを抱いているといいつつも、廈門にある「帰国華僑の家」の活動には熱心である。ここはある意味で、祖廟のようなところなのであろう。おそらく、ここに集う他の帰国華僑の人たちも同様であろう。彼らの元移住先は区々《まちまち》である。しかし、元来の出発地が閩南であったという一事で、今、彼らは結びついている。ここに潜在するのは非血縁の祖先であろう。とはいえ、閩南を一度も離れたことのない生粋の閩南人と帰国した閩南人との間には隔たりがあるのも事実のようである。それは口味、原味とでもいうほかはないものかもしれない。これは女性特有の表現だが、深い意味がある。この海域の人たちは、みずからの口味、原味を持っている。ただし、それが何で、どこにあるのかは特定できない。

朝鮮半島における帰郷

地域二、朝鮮の人びとも古来、盛んに移動した。たとえば朝鮮半島南部の馬韓人は北方からきた百済に支配される過程で南方へ移動した。百済は唐、新羅の連合により滅亡し、そのうち少なからぬ百済人が南へ向かったとおもわれる。一方、同時代以降、在唐新羅人とよばれる人びとがいた。彼らは唐の沿岸部に定居し、海上貿易を展開した。そのうちには百済人も多かったとみられる。その一人が九世紀前半に貿易王として名をあげた張保皐《ジャンボゴ》で、かれはのちに全羅道の莞島《ワンド》に戻って、そこを拠点とした。出身地に関する文献の記載はないが、おそらく張保皐は朝鮮半島の南部の島嶼（つまりは莞島）出身[53]で帰郷したのであろう。

またパンソリ『沈清歌《シムチョンガ》』では、沈清の懐郷の想いが歌われる。すなわち沈清は龍王への生贄として海に投げ込まれたが、南海龍王に救われる。そして、宋の皇后になったあと、故郷の父親をおもってこころを痛める。これは物語ではあるが、そこには、やむなく故地を離れて異郷に暮らす人びと、とくに女性たちの家郷への想いが込められている。南の海での死、龍王の救助、江南天子国《カンナムチョンジャグク》（物語では宋国）での栄華、にもかかわらず慕る帰郷の想い、これらは朝鮮半島から南へ移動、移住した人たちの何百年来の懐郷の念を庶民的に表現したものといえる。彼らの多くはまた実際に戻っただろう。しかし、帰郷したあとの現実は物語の桃花洞《トファドン》のようなところであったか。前述の張保皐は政治の争いのなかで殺された。それはいわば、既得権を持った先住者たちと新来者たちとの葛藤の結果であった。この両者間の葛藤は根強いもので、朝鮮半島だけでなく、東方地中海地域の文化史を貫く大きな問題でもある。

トッセと克服の装置

今日の韓国でも中国、ロシアや日本などから帰還した僑胞たちは生来の韓国人との間に問題を抱えている。古くからの居住者と新参者の間にある垣根は伝統的にはトッセ（텃세）[54]とよばれた。トッセの類いは、自身の縄張り《テリトリー》を守ろうとする半ば本能的なもので、時代を問わず、またアジアに限ったものでもないであろう。問題は、これを克服する装置があるか否かである。厦門の「帰国華僑の家」はその役割をはたしつつある。同様に、韓国でも然るべき空間、施設が必要である。韓国では今日、国境を越えての移動、移住が頻繁となって、今や一五七万を越える外国人がいる（二〇一三年、韓国統計庁）。彼ら新来者たちが居住地域をひとつの「故郷」とすることができるような体制は作り出せるだろうか。それはいわば新しい祖厝《ズーツオ》であるべきだろう。それは近年の韓国の趨勢をみると十分、可能なようである。実際、地縁や血縁のしがらみにとらわれない現代の祖厝は韓国では各地にできつつある。京畿道安山市の元谷本洞《ウォンゴクポンドン》は今日「アジアの元谷洞」として、韓国ではかなり知られている。元谷本洞には一万一千人の外国人がいるが、これは何と当該地区全住民の七割を占めている。[55]市には多文化福祉館、図書館がある。[56]全羅北道では多文化家庭の意思疎通をはかるための定期消息誌『人びと』が創刊された。これには全北各地にある一四の多文化支援センターが協力している。[57]韓国では、盧武鉉《ノムヒョン》政権下（二〇〇三〜二〇〇八年）に外国人、マイノリティを受容、統合するための政策が本格的に展開された。二〇〇三年、雇用許可制、二〇〇四年、中国、ロシアなどの同胞に対する訪問就業制を経て、二〇〇七年には「在韓外国人処遇基本法」が制定された。[58]こうした流れを受けて、今や「多文化」「多文化家庭（国際結婚または二重文化家庭）」を受容し、

育むことは社会の主要課題として定着しつつある。一方、日本では、アジアからの人の移動に向けての政策的な取り組みはないも同然である。とくに国内の在日韓国・朝鮮人に対する日本社会のトッセは依然として根強い。しかし、それを克服するひとつの試みが宗教施設においてなされつつある。彼ら、とくに新来の韓国人のための各地の教会はいうまでもなく、大阪のコリアン寺院もその役割をはたしている(59)。

それにしても人びとは移住、定住先からなぜ帰郷しようとするのか。今日では、その動因として「祖国」や国家の役割は少なくなった。むしろ、祖先あるいは、父母の地の文化、それらとのこころのつながりに惹かれてという面が大きい理由かもしれない。これは国外だけにみられるのではない。たとえば、現今、中国や韓国で毎年くり広げられる旧正月や秋夕《チユソク》（八月一五日）のときの大移動、都市からの帰郷の様相には驚くべきものがある。しかも、そこでの移動者はおおむね衣食足りている。それを促す真の原因を十分に説明するのはむずかしい。ここでは、東方地中海地域の人びとの帰郷においては、最基層に潜む霊魂の回帰、非血縁の祖先とそれにまつわる光景があると考えた。ただし、現実の故郷は幻滅を強いることが多い。だが、そうであっても、なお帰郷者たちは新たな祖廟のごときものを作ろうとする。その名は「帰国華僑の家」であり、多文化福祉館、多文化図書館など多様である。そこでは往々にして女性の参与が目につく。そして、祖国や国家、民族という枠組ははるか後ろに引き下がる。同時に、この新たな参与者たちは国内、国外との新しい結びつきを作ろうとする。現状では、その新しいつながりは、国家や地縁、血縁といった枠組のもとに安住していた先住者たちのこころのなかの壁を打ち破るところまでは至っていない。とはいえ地域一、地域二における、新しい「祖厝」（祖先の家）と国境を越えたつながり作りには未来への展望がある。

六　祭祀芸能の顕現から

三地域の比較の最後には祭祀芸能があげられる。各地域の特徴を概観してみよう。

地域一の祭祀芸能　この地域、とくに閩南では芸能が数多く演じられる。それはひとえに上演の機会が多いことによる。すなわち、数々の神仏の聖誕、廟の記念行事、廟での各種の醮（神事）、地域の平安感謝、民間の社（土地神）の祭祀、家庭の婚礼、葬儀などに芸能が伴うのである。これらは煎じ詰めると、①民間信仰、②年中行事（歳時節慶＝季節性の儀礼）、③人生儀礼の場に三分される[60]。①は七月の普度が典型で、このとき、かつて泉州などでは連日、地区を変えて芸能がおこなわれた。また真夏の前に多くおこなわれる「送王船」[61]（王爺船流し）の祝祭的な祭儀もこの地域の特徴的な祭祀芸能である。ただし、災厄を海の彼方に流すという意味では地域二、地域三とも共通する。②では、たとえば、二月と八月の社のまつりがある。すなわち、廈門では土地神に対して「春祈而秋報（春に祈り、秋に報じる）」（道光『廈門志』）。この際にも芸能がおこなわれた[62]。③では、慶事、凶事いずれにも芸能はつきものであった。清末民初の林紓（一八五二～一九二四年）『畏廬瑣記』には、次のようなことが記されている。すなわち泉州郡の人びとの葬礼では、「礼懺の末日に僧をして『目連救母』の劇をさせ、また梨園戯を催して夜を明かす。これを和尚戯といっているが、わたしは聞いたことがなかった」とある[63]。葬礼の際に目連戯の一部を演じることは台湾でも近年までおこなわれていた[64]。泉州からの移住者が多い台湾ではその故地の伝統が生きていたのである。

ところで地域一の芸能も仔細にみると、次のように分類できる。①祭祀性の強い芸能　②祝福性、娯楽性の濃

い芸能　③演劇である。①としては、演劇の冒頭におこなわれる「八仙」「加冠進禄」「魁星」「仙姫（天仙）送子」などの祭祀劇、台湾中元節の鬼神の巡行、王爺（王船）の巡行（代天巡狩）などがある。また、龍王の巡行（福建省安海鎮、台湾鹿港）は古層の祭祀芸能といえる。②には、五月五日の「賽龍舟《サイロンジョウ》」（競漕）、泉州の拍胸舞《パイシヨンウ》、車鼓（男女両人が石臼のような籠を担ってする歌舞）、宋江陣（武術の演戯）、劃旱船《ファハンチユアン》（模造の船を身につけて行進するもの）などがあげられる。このうち、拍胸舞は閩南原住民の原始舞踊に由来するとされる特異な舞踊である。これが梨園戯に取り入れられて大流行した。胸をはだけた男たちが自身の胸、脇、腿などを手で打ちつつ踊るものである。頭には草の冠り物、蛇模様をつけている[65]（図版50）。

50　泉州の拍胸舞《パイシヨンウ》。閩南原住民の原始舞踊に由来するとされる。頭には草の冠り物、蛇模様をつける。劇中では乞食の舞。

一方「③演劇」は、その種類の多いことが特徴といえる。すなわち、目連戯、竹馬戯、梨園戯、潮劇、高甲戯、打城戯、歌仔戯（清末民初に台湾宜蘭で成立した演劇）など、また偶戯（提線木偶、掌中木偶、鉄枝木偶、影戯）などがある[66]。これらはいずれも寺廟の行事の際の奉納演劇としておこなわれることが多い。なお、閩南では提綫傀儡戯が祭祀芸能の核心にあり、人びとはこれを通例、嘉礼戯《ジャリーシ》（冠婚儀礼のあそび）とよぶ。さらに、その音楽は嘉礼調《ジャーリディアオ》とよばれ、梨園戯、打城戯などにも用いられている[67]。以上の舞台上での多彩な演劇は、地域一に隣接する莆仙地区についてもいえる。この両地域は、現在、東方地中海全体（あるいは中国全体）のなかでも祭祀演劇の豊富な地域として出色のものがある。なお舞台上での芸能は、地域二、三でもなかったわけではない。地域二のばあい、朝鮮朝末期、漢陽（ソウル）の市場などでは架設舞台を設けて、芸能公演がなされた。たとえば、漢陽《ハニャン》の阿峴《アヒョン》や龍山《ヨンサン》（漢陽〈漢城〉

51　ムシャーマ（仏をかけての豊年祭）の際の臨時舞台。波照間島

52　済州島令監戯《ヨンガムノリ》に現れる令監《ヨンガム》という来訪者。現在はチルモリ堂の末尾に挿入されて演戯されている。済州市健入洞

の漢江《ハンガン》沿いの新興商業地域）の「舞童演戯場」では舞童《ムドン》（肩車に乗った子どもの演戯）の雑技をみせた。これは官憲の取り締まりの対象となったという。おそらくそこでは舞童だけではなく、批判、諷刺に満ちた仮面戯や人形戯もおこなわれたであろう。[68] また、地域三では、波照間島や与那国などの豊年祭で、臨時の舞台を設けて芸能を演じる[69]（図版51）。臨時に舞台を架設することはそもそも中国沿海部の影響とみられる（地域一では今日なお、寺廟の常設舞台以外の場で奉納芸能がよくおこなわれる）。ただし、地域二、三の舞台は一回性のもので、常設の舞台を設けるまでには至らなかった。

地域二の祭祀芸能

上演の機会としては、年末年始（とくに正月）と臨時の祭儀に集約される。また芸能の内容については、①巫覡（タンゴル、神房《シムバン》）による芸能　②男巫、男寺党《ナムサダン》（放浪芸人）による芸能　③農楽、④年中行事に伴う芸能があげられる。①では、死者霊儀礼である洗いクッ《シッキム》（全羅道）、十王迎え《シワンマジ》（済州島）、生育儀礼仏道迎え《ブルトマジ》（済州島）、②では葬戯としてのタシレギ（巫系の男による演戯、全羅南道）、パムダレ（全羅南道）、パンソリ。また済州島に令監戯《ヨンガムノリ》があり、そこでは令監《ヨンガム》という来訪者が現れる。これは他界からきた疫神だが、丁重に送り返すとサチをもたらす（図版52）。③では、農楽隊によるパンクッ（広場、庭での各種の演奏、演戯）、献食《ホンシク》（水死者の霊の供養と演戯。豊漁、海上安全祈願）、④では一月、八月の月夜に女性が中心となってや

る舞踊カンガンスッレがあげられる。この舞踊は今日では女性のあそびとして知られるが、もとは男女がともに参与した。それは収穫感謝、予祝のためのものである。

地域三の祭祀芸能

上演の機会としては、①民間信仰の場、②祭祀性の強い年中行事があげられる。①では久高島のイザイホーがあったが、これは伝承が断絶した。②は、今日なお数多くみられる。これは民間信仰と分かちがたく結びついている。すなわち、旧七月盆のころになされる波照間のムシャーマ、沖縄本島のエイサー（近来は見世物化したものが多いが）、琉球の年の切り替え時である八、九月ころの祭祀芸能（平瀬マンカイ、海神祭《ウンジャミ》、シヌグ、多良間の八月御願《ウガン》〈八月踊り、豊年祭〉、シチ〈節〉など）、また宮古島のユークイ（含ウヤガン、ンナフカ）、などがある。[70]

芸能の内容からみると、①御嶽の神事と密接な芸能　②演劇化した芸能があげられる。①はウンジャミ、シヌグのウシンデーク、各地の八月踊りなど数多い。そのうち、獅子舞、棒踊り、長者の大主（福禄寿）、船漕ぎなどは中国からの伝来とみられる。またマユンガナシ、アカマタ・クロマタ、パーントゥ（宮古島）などの来訪神の出現は地域一にはみられない。ただし、地域二では令監《ヨンガム》という来訪神がみられる。もっとも令監は村の神事に伴って現れるのではない。令監戯《ノリ》は病気治しの祭儀である。②では八重山のアンガマー、エイサー、村踊り、組踊があげられる。

以上、三地域の祭祀芸能を概観した。これをまとめると、次のようになる。

①　祭祀芸能の時期について

地域一、地域三においては、一年中、祭祀芸能がおこなわれていて、そこに人びとの暮らしそのものがあった

53　観音の誕生日に遠くからきた参拝団。媽祖の神輿を伴って媽祖廟にもいく。日常の光景。生活力の源泉か。台湾鹿港龍山寺

といえる。ただし、地域三ではすでにだいぶ前から、これが薄れつつある。仲松弥秀は一九七〇年代に「神は遠くへ」という表題のもと、次のように記した。すなわち、沖縄にも支配と服従がはびこり、御嶽（祖先）による「おそい」（慈しむこと）と人びとからの腰当《こしあて》（神への尊敬と信頼）が失せていくなかで、「愛が強く叫ばれるようになった」と。元来、沖縄の村は愛などということばを必要としなかったのだが、その文明は「消え失せつつあるかのようだ」という[71]。これは含蓄のある指摘である。そして、それを踏まえると、地域二の人びとにとくに顕著な、キリストの愛への志向はひとつの代替行為として理解される。もちろん、キリスト者にとっては、従来とは次元の異なる、別の新しい愛への開眼なのかもしれない。ただ、解釈はどうあれ、東方地中海地域の基層にあった類いの「慈しみ」は人びとの日常から遠ざかっていったといえるだろう。

②　祭祀芸能の場について

地域一では寺廟の舞台、海辺の広場（王爺迎え、王船送り、龍王祭祀）、海上（賽龍舟《サイロンジョウ》）、家庭（婚礼、葬礼）、地域二では堂山《タンサン》（済州島の堂《タン》）、村落の広場、家庭（死霊祭、家神祭）、海辺（龍王祭、済州島のヨンドゥンクッ）、海上（全北蝟島《ウィド》の茅船送り）、地域三では御嶽、村落の神域（神アシアゲ[72]）、広場、海辺（海神祭、シヌグ）、海上（船漕ぎ）が舞台となる。三地域に共通して海辺、海上が舞台として大きな役割をはたす。一方、地域一においては、とくに寺廟の戯台《シタイ》（舞台）における祭祀芸能が大きな比重を占める。これは他地域にはみられない。

③　暮らしのなかの祭祀芸能について

三地域、いずれにおいても祭祀芸能は人びとの暮らしから離れつつある。近現代の都市化のもと、これは不可避の趨勢である。しかし、地域一の福建省晋江《ジンジャン》では、今日なお寺廟の奉納芸能が頻繁にみられる。これには在外華僑の援助も与っている。彼らはことあるごとに出身地域の神仏に寄付をし、自身の家族と住民たちの平安を祈る。それは「故郷に錦を飾る」行為でもあるが、また真実、こころから故郷の平安を願ってのことであろう。こうした点は東方地中海地域全体を見渡しても突出している。その根柢には寺廟詣でが暮らしのなかに生きつづけているということがある。泉州、晋江、台湾の至るところで、会社員、主婦、若い男女が廟にいき進香し、拝礼をして帰っていく。その光景は世俗と神聖さの奇妙な混在のようでもある。単なる習慣といえるかもしれない。しかし、こころの均衡を保つのには欠かせないのだろう。いずれにしても、地域二、地域三ではそれはみられない。それは地域二のキリスト教会、カトリック聖堂、寺院への参拝とはだいぶ異なる。また地域三における御嶽の神聖さとも異なる。地域一の清濁併せた寺廟詣でとそこでの祭祀芸能の光景は、地域二、地域三の祭祀芸能のあり方にひとつの展望を与えるであろう。現場に立てばわかるのだが、そこでは押し寄せる近代化の波の前でなお、したたかに生き延びる力が感じられる（図版53）。

注

（1）野村伸一『東シナ海文化圏――東の〈地中海〉の民俗世界』、講談社、二〇一二年、一五六頁以下。

（2）汪大淵原著、蘇継庼校釈『島夷志略校釈』、一九八一年、中華書局、一三頁。なお、「彭湖」につづいては「流求」の条がある。この流求は台湾を指す。

（3）湯錦台『閩南人的海上世紀』、果実、二〇〇五年、二一五頁以下。

（4）呉志「閩台区域文化形成的海洋文化学分析」『雲南地理環境研究』第二四巻第三期、二〇一四年、一一頁参照。

（5）鹿港に関しては興安宮（媽祖廟。伝承では一六八四、文献では一七八八年）から玉渠宮（一九〇二年）まで三七の寺廟があげられている（葉大沛『鹿港発展史』、左羊出版社、一九九七年、一五二—一五五頁）。また本書所収の野村伸一、藤野陽平、稲澤努、山田明広「台湾鹿港地域文化研究——寺廟を中心に」参照。

（6）これらについては本書所収の「台湾鹿港地域文化研究——寺廟を中心に」の該当箇所参照。

（7）これについては本書所収、山田明広、藤野陽平「福建泉州地域の寺廟・宗祠調査報告——王爺および観音信仰を中心に」参照。

（8）呉自牧、梅原郁訳注『夢粱録　二』（東洋文庫）、平凡社、二〇〇〇年、二四八頁以下の注参照。

（9）前引、呉志「閩台区域文化形成的海洋文化学分析」、一三頁参照。

（10）李梅花「宋麗関係史上的特殊群体——宋商」『遼東学院学報（社会科学版）』第一三巻第三期、二〇一一年、一二七頁。

（11）潘宏立「一箇閩南漁村的信仰世界—福建恵安港村信仰民俗的田野調査」『民俗研究』、一九九一年第二期。港村は仮名である。今日もこの一帯は旧来の漁村の家並みが残る。しかし、現在は観光対象地域となり、案内板の設置など整備が進んでいる。それゆえ、この報告は一九九〇年代の福建漁村の信仰方面の実情を伝えたものとして貴重である。本論には巫婆（巫女）が三九人、男巫一人、その声望は比較的高いという記述がある（八三—八四頁）。そして末尾には「信仰活動の面では婦女が主体」とある（八四頁）。これらは東方地中海地域の基層文化そのものである。

（12）同上、八二—八四頁。

（13）徐暁望『媽祖的子民——閩台海洋文化研究』中華地域文化研究叢書、学林、一九九九年、四〇〇—四〇六頁参照。

（14）祭神の生誕日には廟祭があり、芝居が奉納される（石田浩『台湾漢人村落の社会経済構造』、関西大学出版部、一九八五年、三七頁）。これは福建の伝統である。

（15）同上、三七—三八頁。

（16）石田浩、中田睦子「中国における同族組織の展開とその実態——福建省晋江県の施氏宗族と地縁組織の関係」『アジア経済』三〇、アジア経済研究所、一九八九年、八五—八六頁。

（17）前引、石田浩『台湾漢人村落の社会経済構造』、一六頁。なお、台湾では、現在、最多神は媽祖で、その数九〇〇余りに達している（前述一二八頁参照）。また台湾鹿港の土地公については、本書所収「台湾鹿港地域文化研究——寺廟を中心に」における藤野陽平の論考参照。

（18）卓神保『鹿港寺廟大全』、財団法人鹿港文教基金会、一九八四年、所収「各里百姓公一覧表」、二一二頁以下参照。本書所収「台湾鹿港地域文化研究——寺廟を中心に」参照。

(19)　劉枝萬『台湾の道教と民間信仰』、風響社、一九九四年、一三八頁以下。

(20)　文武秉『제주도 本鄕堂 신앙 과 본풀이』、民俗苑、二〇〇八年、二五八頁以下参照。

(21)　仲松弥秀『神と村』、梟社、一九九〇年、一〇二頁以下。

(22)　ちなみに宮崎賢太郎はこの呼称について次のように提唱する。すなわち、「一六四四年より一八七三年のあいだ」の潜伏時代の信徒を「潜伏キリシタン」とよび、一八七三年以降、信仰の自由が基本的に認められたのち、「幕末に再渡来したカトリック教会に戻った人々」を「復活キリシタン」、そして、そののちもなお潜伏時代と同様に寺社との関係を持ちつづけ「現在にいたっている人々」を「カクレキリシタン」とよんで明確に区別したいという。宮崎によると、このカクレキリシタンは信徒らの自称ではなく、明治以降の呼称としては適当ではない。しかし、世間的に広まっているのも確かなのでカタカナ表記とする。ただし、今日では隠れているわけではないので、「隠れキリシタン」の表記は使うべきではないという。いずれにしても、その信仰はすでにカトリックとは一線を画したものであり、「長年月にわたる指導者不足のもと、日本の民俗信仰と深く結びつき、重層信仰、祖先崇拝、現世利益、儀礼主義的傾向を強く示すもの」と定義している（宮崎賢太郎『カクレキリシタン　オラショ――魂の通奏低音』、長崎新聞社、二〇〇一年、二一頁以下）。

(23)　本書所収、藤野陽平「東方地中海におけるマリア信仰――九州北部の事例から見るグローカルな展開」参照。

(24)　海老沢有道、H・チースリク、土井忠生、大塚光信校注『キリシタン書　排耶書』日本思想大系二五、岩波書店、一九七〇年、三九一頁以下。

(25)　ただし、生月ではマリア観音はみられないという（前引、宮崎賢太郎『カクレキリシタン　オラショ――魂の通奏低音』、一三四頁）。

(26)　本書所収第二部　論考篇五「台湾鹿港地域文化研究――寺廟を中心に」参照。

(27)　牧田諦亮「水陸会小考」『中国仏教史研究』第二、大東出版社、一九八四年、二一六頁。

(28)　この「雑戯」について、伊波普猷は「似念仏（にせねんぶつ）またはエイサー」と注記した。さらに首里の荒神堂ではエイサーがおこなわれたという伝承をあげている（伊波普猷「朝鮮人の漂流記に現れた十五世紀末の南島」伊波普猷『をなり神の島1』東洋文庫、平凡社、一九七三年、九三―九四頁）。

(29)　元来の閩人はどんな人びとだったのか。これについては諸説がある。閩の地に土着民が居住していて、そこに春秋時代に越人が南下し、彼らを併呑した。これが閩越国（前三三三～前一一〇）を作ったという説、元来の閩人は百越のひとつで、それは南下した越国の越人と密接な関係であったという説などである（前引、徐暁望『媽祖的子民――閩台海洋文化研究』、八三頁）。いずれにしても閩人は越人と基層文化を共有する海民であったのだろう。彼らは水田耕作もし漁撈もした。

(30) 前引、野村伸一『東シナ海文化圏』、一一二頁以下参照。
(31) 『沖縄大百科事典』下、沖縄タイムス社、一九八三年、一九三、一九四頁。
(32) 前引、仲松弥秀『神と村』、一〇八—一〇九頁。
(33) 前引、潘宏立「一箇閩南漁村的信仰世界―福建恵安港村信仰民俗的田野調査」、七九頁。
(34) サイト「温かい道士の一家――鹿港地域文化研究」http://www.flet.keio.ac.jp/~shnomura/rokkou3/taiwan2.html
(35) 『沖縄大百科事典』中、洗骨、沖縄タイムス社、一九八三年、五九二—五九三頁。
(36) 前引、仲松弥秀『神と村』、八一頁。
(37) 林志雄『神遊鹿港――寺廟伝奇』、彰県鹿港鎮公所、二〇一〇年、二二二頁。
(38) 同上、一二二—一二三頁。
(39) 前引、石田浩、中田睦子「中国における同族組織の展開とその実態――福建省晋江県の施氏宗族と地縁組織の関係」、六二頁。
(40) 同上、八三頁。
(41) 前引、野村伸一『東シナ海文化圏』第三章、一〇五頁以下参照。
(42) 赤松智城・秋葉隆『朝鮮巫俗の研究』上巻、大阪屋號書店、一九三七年、三三三—三三五頁参照。また前引、野村伸一『東シナ海祭祀芸能史論序説』、風響社、二〇〇九年、一九六頁。
(43) その名前からして、祖厝（ズーツオ）は房（ファン）の祖先が最初に居住したところとみられる。現在なお村民が居住することもある。ここでは大庁がとくに祭祀空間として重要である。そのため、「祖庁」「公媽庁」［公媽は祖父母の意］「公庁」ともよばれる（潘宏立『現代東南中国の漢族社会　閩南農村の宗族組織とその変容』、風響社、二〇〇二年、一六三頁以下）。
(44) 同上、一九二頁以下。
(45) 潘宏立の祖厝に対する注目はそれ自体興味深い。すなわち著者によると、従来の人類学は「宗族分節と祭祀空間との関わりについての研究はあまり多くない」という。とくに、台湾では祖厝と宗祠の概念が曖昧だが、閩南ではそれは区分されるとし、宗祠、祖厝、家祠の三つの祭祀空間を分ける必要性を述べている（同上、潘宏立『現代東南中国の漢族社会　閩南農村の宗族組織とその変容』、一一九頁以下）。この指摘はもっともである。
(46) 同上、一七四頁。
(47) 前引、野村伸一『東シナ海文化圏』、一七頁。
(48) 西澤治彦「村を出る人・残る人・村に戻る人・戻らぬ人」可児弘明編『僑郷華南　華僑・華人研究の現在』、行路社、一九九六年、六頁。

(49) 伊波普猷『沖縄女性史』平凡社ライブラリー、平凡社、二〇〇〇年、七七頁、前引、野村伸一『東シナ海文化圏』、一二一頁参照。

(50) 前引、西澤治彦「村を出る人・残る人・村に戻る人・戻らぬ人」、二〇頁。

(51) 奈倉京子『中国系移民の故郷認識——帰還体験をフィールドワーク』、風響社、二〇一一年、五一頁以下。

(52) 同上、五二頁以下。

(53) これについては、野村伸一編著『湖南文化論——東方地中海文化からみた全羅道』、風響社、二〇一五年（近刊）の総説参照。

(54) トは敷地、セは勢、勢力。トッセは通例、先住者の優越感顕示、新来者への見下しを意味する。

(55) 곽병찬「‘파장’ 무렵 원곡동 ‘소릉조’」『ハンギョレ』、二〇一四年一月一四日。なお、同記事によると現在、安山市の外国人数は六万名余りとのことだが、二〇一二年の安山市の統計では四万四二一三名であった（「다문화주의와 초국적 이주민：안산 원곡동 이주민 집주지역의 사례」『비교문화연구』제一九집 二호、서울대학교 비교문화연구소、二〇一三年、二一頁）。この間にも外国人が増加していることが知られる。

(56) 「‘행복 충전소’ 다문화도서관、정부지원은 ‘〇’」『ハンギョレ』、二〇一四年二月二三日。http://www.hani.co.kr/arti/society/area/625516.html

(57) 「전북 다문화가족 삶、소식지로 만나요」『ハンギョレ』、二〇一四年四月三日。http://www.hani.co.kr/arti/society/area/631185.html

(58) 李妊姫「韓国における多文化社会化の進行と移民政策の現状」吉原和男編著『現代における人の国際移動　アジアの中の日本』、慶應義塾大学出版会、二〇一三年、三五四頁、また、구본규「다문화주의와 초국적 이주민：안산 원곡동 이주민 집주지역의 사례」『비교문화연구』제一九집 二호、서울대학교 비교문화연구소、二〇一三年、二三頁参照。

(59) すなわち従来の朝鮮寺から地域文化に貢献しようとする寺院へと性格が変わりつつある。これについては宮下良子「在日コリアン寺院——グローカリズムの視点から」（本書所収論文）に詳しい。

(60) 陳世雄、曽永義主編『閩南戯劇』、福建人民出版社、二〇〇八年、二七頁。

(61) 泉州市文化局編『閩南文化生態保護区知識読本』、泉州市文化局、二〇一〇年、三八頁。

(62) 前引、陳世雄、曽永義主編『閩南戯劇』、三二頁。

(63) 同上、三二頁。

(64) 野村伸一編著『東アジアの祭祀伝承と女性救済』、風響社、二〇〇七年、二六六頁の図版六〜八参照。道士らに尋ねても、葬礼で目連戯を演じることは台湾ではほとんどなくなったという。しかし、この図に示されるように釈教では今なお、その一部を演じている。

(65) 前引、泉州市文化局編『閩南文化生態保護区知識読本』、四二頁以下。
(66) 本書所収、呉慧穎「閩南地方演劇からみた女性生活」参照。
(67) 前引、泉州市文化局編『閩南文化生態保護区知識読本』、四〇頁。
(68) 史真実、「개화기 한국연극의 근대적 발전 양상 연구」『한국연극연구』三권、한국연극사학회、二〇〇〇年、二七頁。
(69) 沖縄県八重山の豊年祭では舞台を設けて各種の芸能をする。規模は小さいが、地域一に通じる。また目連戯はかつて日本本土の神楽のなかで演じられた。さらに石川県などの盆踊りのなかでも『目連尊者地獄巡り』という題で目連の故事が歌われ踊られた（前引、野村伸一編著『東アジアの祭祀伝承と女性救済』、一五二頁以下参照）
(70) 上原孝三「祭祀を通してみた宮古島――ウヤガンとユークイ」、本書所収論文参照。
(71) 前引、仲松弥秀『神と村』、二七〇―二七二頁。
(72) 仲松弥秀によると、アシアゲは祭祀の場所であり、建物の有無とは関係がない（同上、一七八頁以下）。

四　現況と提言――現代の変容のなかで

以上の諸章では、まず「東方地中海文化圏」の基軸をあげてその相貌を述べた。次に、東方地中海地域のうちに三地域を設定し、それぞれの基層文化の特色に触れつつ、分別異同《フォンビエイトン》つまりは比較を試みた。また第三章では簡単ながら、三地域の比較対照、現況にも触れた。ただし、現況は近代とのつながりのなかでとらえなければならない。しかし、この三地域の近代は外からの支配と抵抗、悲惨な事件に満ちている。すなわち、日本帝国による植民地時代のあとにも、一九四五年、日本で唯一おこなわれたアジア太平洋戦争「沖縄地上戦」、一九四七年、台湾での二・二八事件、一九四八年、済州島の四・三事件、一九八〇年、五・一八光州民主化運動（光州事件）などがある。それらは現代の地域社会の相貌を述べるには欠かせないものだが、到底、ここでは述べきれない。そのためには別稿が必要である。[1]とはいえ、本稿ではまがりなりにも三地域の比較をした。それゆえ、それを通しての提言をしておきたい。わたしの提言は一言でいうと、たゆむことなく東アジア基層文化への視座を伸ばし、整備することである。すなわち「近代国民国家本意の文化から国境なきアジアの文化へ」である。

この実現のための具体的な指針は次の五点に集約される。

第一、枠組の転換が必要だということ。志向する世界、教育システム、カリキュラム、文化創造における枠組の転換が伴わなければ「アジアの文化へ」は掛け声倒れに終わるであろう。

第二、東方地中海地域の基層文化のうち、最も根源的な基軸を取り出し、整備すること。本稿で掲げた五つの基軸は一案である。代案があれば、ぜひ提示していただきたい。

第三、本論で取り上げた三地域に限らず、東方地中海地域のなかの小地域をさらに設定し、この海域全体のなかで他と比較すること。こうした作業を伴わず、ひとつ、ふたつの地域に限定するだけならば、それは従来の「郷土文化史」と異なるところはない。

第四、いわずもがなのことだが、現場に即したテキストを作り上げること。みずからの手足を用いて精査する。現地での音、色、香り、喜怒哀楽、そして歴史と現代の交差するさまを現代人として実感しなければならない。それには、現地に行き交うことば、現地の慣習にある程度は通じることが必要である。そうでない限り、その視線は通訳や現地解説者のものと大差なく、結局は表面を掻い撫でしたものにとどまるであろう。ただし、東方地中海地域には、北京語、朝鮮語のほかに、閩南語、沖縄語、済州語、さらにはそれらのうちにもさらに地域言語(方言)がある。その言語文化の総体はたいへん複雑で、一人がすべてに通じることは不可能といえる。

第五、東方地中海文化圏への新たな展望を持つこと。一人の力の限界を知りつつも、この海域ではかつて、いくつかのことばを操りつつ、逞しく生き抜いた海民が多くいたことを想起するべきである。そうして、この地域の歴史と風土に根をおろした文化論を展開することが望まれる。それは、外と内の視点の絶えざる交差を意味する。あるいは、彼我の視点の違いを常に意識することといってもよい。それを忘れると、従来、くり返しなされたこと、つまり日本本土(それも非常に限られた都市)の視点からする自文化中心の地域文化論となる。それは、欧米の基準から「東洋」をみる視点、つまりはオリエンタリズムの一変異形にすぎない。それによる限り、主題あるいは話題は次々と提示され、すぐに移っていく。このことは周知のところである。しかし、そのくり返しでは、東方地中海地域をひとつのまとまりとして捉えることはいつになってもできないだろう。それを自覚した上での新たな展望が必要なのである。

注

（1）一九〇五年に日露戦争が終わった。これを基準にその前後五〇年を振り返ると、東アジアは国も地域も「文明」の到来を前にして大いに動揺した。そのうち、日本国はいち早く「文明」を取り込んだ。そして、それに遅れた中国、朝鮮、琉球を下にみて支配した。けれども、その日本の「文明」は所詮は速成であり、大いに限界があった。この間の東アジア各国とのつながりと断絶について山室信一は思想史の枠のもと、社会の諸方面から幅広く追究した（『日露戦争の世紀――連鎖視点から見る日本と世界』岩波新書、二〇〇五年）。そして、そのあとがきの最後の文に「憤怒と侮蔑の連鎖が、理解と敬愛の連鎖に転じる日の、一刻も早からんことを祈りつつ」とある。それがどのような世紀であったかのはこの祈念により一目瞭然である。だが、そののちの現実はどうだろうか。今年（二〇一五年）は日露戦争後一一〇年、朝鮮併合から一〇五年、区切りはよいが、この地域の歴史認識は一向に合意に至らない。いや、合意どころか、むしろ東アジアの諸国家は山室のいう「日露戦争の世紀」に戻っていくかの感がある。国境、領土、歴史観など、国家の視点でみる限り、解決への展望は容易に開けない。これが現状である。しかし、留まってはいられない。別の視点が必要である（これについては附論参照）。

附論——基層文化の共有に基づいた東アジア共同体へ

一　回顧に代えて——慶應義塾と朝鮮

私事にわたって恐縮ですが、編者（野村伸一）は二〇一五年三月をもって、慶應義塾大学を定年退職します。振り返ると、一九九〇年度、非常勤講師として一年間勤め、そのあと、常勤として二四年間在籍しました。この間、学部では朝鮮語、朝鮮文化の歴史など、そして大学院では芸能史などを担当しました。朝鮮半島の文化と社会に関して多少の教育活動は、なし得たかとおもいます。また研究面では朝鮮言語文化を出発点として東方地中海地域の基層文化に至るまで、他から何の掣肘も受けることなく、真に自由に探究することができました。加えて、所属学部や学内の地域研究所（現、東アジア研究所）からは時宜にかなった支援も受けました。感謝すべきことは多々あります。研究者の自由という点では慶應義塾はまさに誇るに足るところです。一身の来し方だけを振り返るならば、学生とともに「若き血」を歌いつつ去るべきかもしれません。

ところが、やはり、東アジアと日本社会のために伝えておくべきことも多いとおもっています。そのうち、ここでぜひ記しておくべきことがあります。それは「慶應義塾と朝鮮」にかかわる一点です。それは慶應義塾だけでなく、日本とアジアのかかわり方の問題をも含んでいます。

二　福沢諭吉と朝鮮

わたしにはふたつの問いがあります。第一は、慶應義塾は洋学、「文明」をこの日本にいち早くもたらした学校なので、伝統的に西欧の学問が中心だという世間的な認識をどう考えるか。第二は、福沢諭吉は朝鮮と中国、アジアをどう考えたのかということです。うかつなことに、わたしは第一の点については、暗黙のうちに了承し、それゆえか、第二の点については、「いろいろ変遷はあっても福沢諭吉においてアジアは二の次にされた」と考え、みずから納得していました。

ところが、これはどちらも不誠実な答えであると思い直しました。第一点の世間的な認識は肯定と否定いずれもありうるので、そのことから答えることはできない。今のところはさておくしかありません。けれども第二点は、どういった変遷があったのか、これを自身のことばで説明する必要があります。それができなければ、「世間的な認識」に従っているに過ぎないことになります。それは東アジアの地域研究をこころざした者としては不明この上もないことです。みずからの怠慢を反省しつつ、次のような考えに至りました。いささか長くなるので、ここでは本節のほか「三　朝鮮と福沢諭吉――崔徳寿の視点」「四　そののちの『福沢諭吉と朝鮮』」、「五　ひとつのアジア論――基層文化の共有に基づいた東アジア共同体へ」と節を分けて述べます。

福沢諭吉は一八八一年、四六歳のとき、慶應義塾に朝鮮からの留学生兪吉濬《ユギルチュン》と柳定秀《ユジョンス》を迎え、翌年には、三一歳の金玉均《キムオクキュン》と出会います。彼らは慶應義塾の他の学生と余り違いのない若者でした。当然、福沢は彼ら若き朝鮮人に「文明」の必要性を説いたはずです。そして、金玉均らは帰国してまもなく、国を改造しようと軍事行動を起こします（一八八四年、甲申政変）。しかし、それは三日でつぶされます。福沢は、このとき、「独立党」の家族までが処刑されたという知らせを聞きます。そして『時事新報』に社説「朝鮮独立党の処刑」を書きます。すなわち、朝鮮は「野蛮の惨状」「儒教主義に心酔」して「精神の独立」を失っている。「人間娑婆世界の地獄は朝鮮の京城に出現」した。そして「今この文を草するにも涙落ちて原稿紙を潤ほすを覚へざるなり」と記しました。さらに福沢は、内政干渉ということは承知しつつも、各国人民の交際は条約の公文にのみ依頼すべきものではない、「双方の人情相通ずるに非ざれば」、修信使[1]も貿易も無駄だとまでいって、清と朝鮮の政府に不快感を表明しました。併せて「人を殲す」ことはできても「精神は殲す可からず」、数年ならずして、第二の独立党が生まれるだろうといいます[2]。

私信ならともかく、新聞の社説としては、ひどく感情的です。しかし、これは各国の普通の人びとの間の「信頼」の造成が何よりも先立つのだということ、また自立、独立の志向は官憲の力では決して押さえつけることはできないということを公言したものとみることができます。これは福沢、四九歳のときの主張です。おそらく六一歳で他界するまで、この思いは生きていただろうとおもわれます。

甲申政変後、朝鮮の「若き血」たちはなおも改革を試みます。しかし、それはことごとく失敗します。福沢は、この間、鋭意、彼らを見守り、時には金銭的な支援もします。また一八九四年三月、金玉均が亡命先の上海で同国人により暗殺され、しかも清と朝鮮が連携して、その屍を京城に運び、凌辱したことを知ると、両国を激しく非難します。金玉均や朴泳孝《パクヨンヒョ》などは政治的亡命者である。こうした人士は亡命先では安居できるというのが「万国公法」（国際法）である。だが、それが通用しない。「無識無法なる朝鮮人」（朝鮮国）、「支那政府の筋」は感情で動いているに過ぎず、これらに対しては「我国人の感情」も鋭敏なものとならざるをえないといいます[3]（「金玉均暗殺に付き清韓政府の処置」）。このとき、福沢は五九歳。一〇年前の義憤はそのまま残っていました。

金玉均は死んだ。けれども福沢は、朝鮮改造の思いを断ち切ることはできなかったようです。とはいえ、開化派支援策は現実には失敗します。それは、日清戦争後、一八九五年四月、仏、独、露の三国干渉があり、ロシアの位相が高まったころに決定的となります。これを期に朝鮮国内では、王后閔妃がロシアに接近し、それがもとで日本人に殺害されます（同年一〇月）。このあと、一八九六年二月、朝鮮国王高宗はロシア公館に遷ります（俄館播遷）。一八九七年一〇月に大韓帝国の皇帝となった高宗は開化派とそれを支援する日本に対して不信感を抱いていました。このさなか、日本と関係の深い朴泳孝や兪吉濬など開化派は一旦は政権の要職を担うものの、まもなく中枢から遠ざけられます。こうした状況に対して福沢諭吉は朝鮮の独立（「文明」への移行）がいかに難しいかを思い知らされます。

明らかに朝鮮改造の従来の方途は壁にぶつかったことを認めています。すなわち、福沢は「朝鮮人を教育風化す可し」（一八九五年）において、教育の重要性を説きます。その論旨は次のように展開されます。顧みると朝鮮の軍制改革、官制の改革は悉く失敗した。朝鮮は、「復た本の弊習に還り、日本人の尽力は都て徒労に属するのみ」だと。今、朝鮮の国事は「腐敗の極」に達している。従って、朝鮮の「一切の組織を根柢より転覆」してしまえばよかろうという見方もあるだろう。しかしそれは「他国の内部に深入するもの」であり、取るべき手段ではない。今肝要なのは「一般の国民を直接間接に教育風化」することである。とくに留学生は大切で、現今、日本には百余人しかいないが、これを千人以上にして、一切の費用を引き受けるべきである。その長期的な利点は「金銭を以て計算す可からざるもの」がある。そして、結論として、わが政府は「大胆以て其期する所を遠大にせんことを祈るのみ」であるといいました(4)。福沢のこの提言は一二〇年後の今日にも通用するものです。それは「直接の政略」に齟齬するなという戒めでもあります。そしてまた、ここでは、朝鮮を併合して根こそぎ「大掃除」するなどということはありえないと述べている。これは逝去六年前の主張であり、衷心からの提言であったと考えます。

ところで、同じ文脈で、福沢は次のようにもいいます。こちらは内省に属するものです。すなわち、一八九八年四月二八日の社説「対韓の方針」では「日本の対韓政策の失敗原因を『義侠心』と『文明主義』に求め、今後はこれを排除すること」を掲げます[5]。文の主語は日本ですが、実は自身のことをいっているとみられます。ここで福沢はさまざまな比喩を用いて、かつての朝鮮政策がうまくいかなかったことを認めます。それは一言でいうと「政治上の熱心」であったが、今はこれを「一切断念」し、「成る可く多数の日本人」を移居させ朝鮮人と雑居させること、「先づ此一事」からだといいました[6]。この社説の翌日には「対韓の方略」を書き、日本人は五〇万人でも六〇万人でもかまわない、日本人が朝鮮の土地を所有できるようにすること、その場所は三南地方がよいという。一方、また産業発展のためには鉄道を敷設し、鉱源を開発すべきことも強調しました[7]。日本人の殖民は福沢諭吉の死後、朝鮮の保護国化（一九〇五年）、合併（一九一〇年）という状況下、実現します。一九四〇年の国勢調査によれば、植民地下、朝鮮居住の日本人は七一万人に達しました。さらに朝鮮以外の日本帝国圏内への移民を含めると、三〇〇万人ほど、最終的には三二〇万人が海外へ出ていったといわれています[8]。この日本人たちが朝鮮や中国および東アジア、南洋、樺太に「文明」をもたらしたかどうか。それは一概にはいえないのですが、全体として、その「文明」は大いに疑わしい。けれども、それは福沢以後の日本人の問題です。あらかじめいえば、慶應義塾や『時事新報』の後継たち、またおよそ多数派の日本人たちは、必ずしも福沢の幅のある朝鮮観、アジア観を持ちつづけなかったといえます。むしろ、日本国が現地の政体を「大掃除」して、日本主導のもとでアジア主義、さらには大東亜共栄圏を形成しようとすることになりました。

わたしは､日本人による｢福沢と朝鮮｣の論だけでは限界があると考えます｡朝鮮半島と中国の地から福沢をもっと数多く論じるべきであり､それに対して､日本の論者たちは虚心に耳傾け答えなければならないとおもいます｡以下「朝鮮と福沢諭吉」はそうした意図に基づいています。

三　朝鮮と福沢諭吉――崔徳寿の視点

歴史学の崔徳寿《チェドクス》は、一九八三年と一九八六年のふたつの論文で福沢諭吉の朝鮮観を論じました。[9] その立場は明快です。すなわち朝鮮近代史研究においては、開港（一八七五年）以後の朝鮮の対応がさまざまに論じられてきたけれどもそれらの「大部分」は「内部の対応姿勢」の分析である。しかし、朝鮮の当時の対応が結果的にどうであったのかは、朝鮮進出勢力の立場を併せて究明することによって判断されるべきだといい、福沢諭吉を取り上げました。なぜ福沢なのか。その理由は福沢が明治最大の思想家であり、『時事新報』の社説を通して日本の世論形成に大きな影響力を及ぼしたこと、また朝鮮内の開化論者と広範囲な関係を持っていたからだといいます。崔徳寿の視点は己を知り、相手を知ってこそ「客観的な評価」が得られるというもので、全くそのとおりです。しかも、時間軸に沿って福沢全集を緻密に読み込んでいます。二篇の論文は朝鮮からみた福沢像ひいては「日本の朝鮮観」の分析であり、わたしたち日本人が「福沢と朝鮮」また「日本と朝鮮」を考える上で、ぜひ知っておくべきものです。ところが、日本では、この二篇の紹介がきちんとなされていません。これはまさに「彼を知らずして己を知る」に過ぎない。これでは真っ当な朝鮮認識には至らないでしょう。以下では、とりあえず、その要点だけを記しておきます。

崔徳寿は、福沢についてこういいます。福沢の対外論は全生涯にわたっている。それゆえ、「脱亜論」（一八八五年三月）までに留まって、彼を論じるだけでは限界があると。[10]そうして第一の論文では、一八八二年の壬午軍乱前後と、一八八四年の甲申政変前後を取り上げ、第二の論文では一八九四年の甲午更張時期について論じました（表題は「日清戦争前後」とあるが、本文では、さらにこれを一八九〇年代の前半と後半の二期に分類）。つまり、全体を四期に分けてその対外観を追究しました。

第一の論文では、次のことが指摘されました。

一、福沢は社説「朝鮮の交際を論ず」（一八八二年三月）の冒頭で、開港後の朝鮮は幕末の日本と同じ状態であり、これを開国させた日本はその開化に義務と責任を持つといった。[11]

二、つづけて福沢は、西洋諸国の進出という状況下、アジア各国が協力してこれを防ぐべきだとし、その際、日本は盟主としてこれを助けるべきだといった。

三、しかし、壬午軍乱が起こり（一八八二年七月）、そののち中国（清）の朝鮮への影響力が増した。そのため福沢は、中国は朝鮮の開化、独立を損なう国だとしてこれを敵対視した。そしてフランスが安南を巡って清仏戦争（一八八四年八月）で中国に勝利した。これをみた福沢は、日本は朝鮮に対して、フランスと同様の立場に立つべきだといった[12]（「安南朝鮮地を換へば如何なりし歟」）。

四、甲申政変後の「脱亜論」（一八八五年）において、福沢は中国、朝鮮は日本のために「一毫の援助」ともならないばかりか、西洋からみて、このような国と同一視されかねないという。また中国に対しては「卑屈にして恥」を知らないという。総じてこの両国の文明開化は期待ができないとし、「我は心に於て亜細亜東方の悪友を謝絶するものなり」と記した。中国を敵視する福沢の見方は実は壬午軍乱（一八八二年）以後一貫したもので、それは結局、日清戦争につづいていく。しかし、朝鮮に対しては違う。確かに脱亜論では、朝鮮の開化支援を断念したように書いている。しかし、これだけをもって「福沢の朝鮮に対する姿勢が根本的に変化したと断言するのは難しいとみられる」。たとえば、脱亜論後、一か月も経たないうちに記された社説「英国の挙動掛念なき能はず」では「朝鮮の交際を論ず」以来の姿勢に戻っている。要するに脱亜論での朝鮮観は朝鮮内の状況に応じた一時的なものであった。福沢の朝鮮への関心、開化派への期待は以後一〇年も継続していた。そして、日本の国内政治とのかかわりでいつでもまた朝鮮への積極的な関与をみせることにもなる[13]。それは一八九二年の後半以降に現れる。当時はまた日本国内において政治的な葛藤が昂じていた時期でもあった。この時期以降の福沢の朝鮮観については第二の論文で詳説される。

以上の崔徳寿の所論は妥当なものだとおもいます。とくに「脱亜論」に関して、「支韓両国」という表現で一括りに記されてはいるものの、そこでの中国観と朝鮮観を区別した点は興味深いものがあります。つまり福沢は生涯、朝鮮のことを考えていた。決してアジア（朝鮮）を放念していないのです。それは、崔徳寿の第二の論文でもわかります。この論文では、一八八五年から一八九八年までが扱われています。福沢の五〇歳から六三歳までの時期で、その要旨は次のとおりです。

一、「脱亜論」前後の時期、福沢の朝鮮観は英国の巨文島占領（一八八五年四月）、ロシアの大韓帝国への接近に大きく影響されている。

二、一八八七年二月、英国が占領地巨文島から撤退した。このあと、一八九二年まで朝鮮半島は力の空白期であった。福沢はシベリア鉄道建設を推進していたロシアを警戒し、一時的に清との提携により朝鮮の独立をはかるべきだとした。その一方で、日本は朝鮮に積極的にかかわりをもつべきことを提示した[14]。すなわち社説「一大英断を要す」（一八九二年七月二九日）では日本国内の政治が停滞不通の状況であり、これを解消するためには朝鮮への積極的介入が必要だと説いた

三、日清戦争時期、福沢の朝鮮論の核心は「改革主導勢力の交代および親日勢力の扶植」にあった。すなわち福沢は甲申政変の担い手であった朴泳孝《パクヨンヒョ》、徐光範《ソグァンボム》、徐載弼《ソジェピル》[15]などを高く評価し、社説で彼らの改革に期待を寄せた[16]。

四、しかし、日清戦争後から一八九八年までの福沢は、開化派の挫折（朴泳孝の日本亡命）、ロシアと朝鮮王室の接近という状況に遭遇する。そして、それへの対処として、日本は英国と同盟すべきことを提案する。一方で、日本は朝鮮の内政改革のための政策として移民、僧侶、留学生の派遣を推進すべきことを説いた[17]。

以上にみられように、崔徳寿は福沢の生涯にわたる論説を時間に沿って読み解きました。そして次のようにいいます。すなわち、

（福沢は）「時には『アジア主義』的立場を標榜し、時には『脱亜的』立場を取った。また方法においても軍事力を背景とした政治的干渉を、あるいは経済部門や文化部門を強調したが、福沢の対外論の本質は日本の朝鮮侵略を先導し、朝鮮支配を合理化するためのものであったといえよう[18]」と。

崔徳寿は福沢の所論を仔細にみた上で、それは朝鮮侵略と支配のための論であったといっています。これに対して慶應義塾、いや、日本人はどう答えることができるか。東アジアの一員として明日を考えるためにはぜひ答えなければなりません。当然、わたし自身も答えを書きます（後述「五　ひとつのアジア論」）。ただ、その前に、「福

沢と朝鮮」を巡ってすでに出された回答は少なくないので、それらをみておく必要があります。

四　そののちの「福沢諭吉と朝鮮」

福沢諭吉の朝鮮観は簡単な文章で表現することはむずかしい。端的にいうと、毀誉褒貶入り混じっていて、現在のところ、収集は不可能です。朝鮮併合の思想的背景を作った保守思想家ともいわれる。市民的自由主義者だったともいわれる。また晩年の十数年、朝鮮の文明開化のために、思想的な取り組みをしたものの、結局は放棄したともいわれる。いかなる人も書き残したもので評価されるのは仕方がありません。たとえ、一部分であれ、侮蔑や差別のことばが残されていれば、それにより批評されることもありえます。福沢諭吉にはその種の表現はいくらでもあります。

こうしたことを踏まえてみていくとき、福沢諭吉の朝鮮観は大別すると四種類ほどになるでしょう。すなわち、1、朝鮮併合の基礎を築いた思想家　2、朝鮮ひいてはアジアの独立を志向した思想家　3、朝鮮ひいてはアジア侵略を唱えた思想家　4、「朝鮮改造」の理念を掲げては挫折した思想家というものです。それぞれを概観すると次のようになります。なお、以下はあくまでも些細なノートの一部です。

＊　＊　＊　＊　＊

ノート1　朝鮮併合を予見した思想家

石河幹明『福沢諭吉伝』[19]（一九三二年）では、「福沢と朝鮮」に関して次のようにいう。福沢は朝鮮の存亡が日本の安危に関する重大事とみた。それで朝鮮を文明独立させ、これを東洋の屏障とさせようとした。しかし、朝鮮には自立の力がない。加えて、ロシアの干渉圧迫が迫ってきた。日本は「自国の安危のために」清や露西亜と戦争をせざるをえなくなり、その結果、日韓合併となった。それは「先生の予期してゐられたところであった」。福沢が多年、朝鮮問題に身心を労したのはこの「目的に到達せんがための努力であったと云ふて差支へない」という[20]。つまり、福沢は日本のために朝鮮を屏障としようと努力した、朝鮮併合の立役者というわけである。

石河幹明は一八八一年、慶應義塾にはいり、一八八五年から一九二二年に退くまで時事新報社に三七年間いて、そのうち日清戦争前あたりから三〇年近くは主筆を勤めた[21]。福沢の身近にいて、彼なりの福沢像を持っていたのだろう。世間でもそれは認めていた。それゆえ、この書は影響力が大きかった。石河幹明の助手富田正文によると、昭和初期の日本には、この『福沢諭吉伝』により福沢ルネサンスの風潮が起こったという。ところで、平山洋は、富田のいう福沢ルネサンスの意味を問うた。そして、いう。福沢は、昭和初期の政党政治崩壊の局面にあって、そうした風潮に抵抗する思想家として評価されたのではなく、「早くから日本による朝鮮の領有と中国の分割を企てていた、いわば満州事変後の状況を鋭く見抜いた予言者として高く評価されている」と[22]。つまり、平山は福沢ルネサンスなるものがあったのは認めつつも、それは時局に利用されたものだという批判である。とはいえ、一九三二年刊行の『福沢諭吉伝』で述べられた福沢像は、昭和初期までの慶應義塾、いや日本の言論界の代表的な見方を示したものには違いない。いいかえると、それは福沢没後三〇年余りの間に日本人の多くが抱いた福沢像だったといわざるをえない。

ノート2　朝鮮ひいてはアジアの独立を志向した思想家

平山洋は、石河幹明の福沢像を全面的に否定した。とくにアジア認識については一節を設けて、石河と福沢とでは「全く異なる」という（前引平山、第四章４）。そこでは『時事新報』社説「支那人親しむ可し」（一八九八年三月二二日）を取り上げる。福沢はここで、三国干渉後の清国は遼東半島を還付されたものの、かえって今、フランスなどの過大な要求に苦しめられていて、むしろ日本に親しもうとしているといった。そして、これは「好機会」であるから、日本も好意を以て清に接しなければならないという。そこではまた、中国人への罵詈雑言を戒め、「日本人たる者官民上下に拘はらず、自から支那人に親しむの利益を認め、真実その心掛を以て他に接すること肝要なりと知る可き」だといっている[23]（一八九八年三月二二日）。平山によると、これは日本国内に「自大自尊」の風がはびこって清国人を蔑視している現状への福沢なりの批判でもある。そもそも、平山は日清戦争後の社説には、アジアを蔑視する石河幹明のものが相当に多く、これが福沢像を貶めているという立場に立つ。すなわち『時事新報』の社説には日本の優位をかざし、領土拡張を唱え、民族差別をする社説が数多い。そんななか、この「支那人親しむ可し」は福沢の真筆であり、まさにこれは「一服の清涼剤」だという[24]。

平山はまた、「脱亜論」について一章を設けた（第五章）。そこでは福沢は、儒教主義を排するために脱亜思想を持ちつづけたが、それと新聞社説としての「脱亜論」は別であるという。後者は当時の状況を反映したものとしてあったという。すなわち、福沢はこの社説だけでなく、一連の社説のなかで清と朝鮮政府が独立党（開化派）を弾圧することを一貫して批判していた。社説「朝鮮独立党の処刑」（一八二頁参照）では独立党への支援がよく表現されているとし、こうした立場が「脱亜論」には反映されている。つまり社説「脱亜論」は「アジア蔑視」などではない。それは「朝鮮独立党の処刑」の要約に過ぎないものだという[25]。

こうしたことをあげた上で、平山は、社説「脱亜論」についていう。それは、一九六〇年代以降の社会状況のなかで一躍有名になった。それを巡る諸論者の立場については同書に委ねるが、その叙述の最後に平山は次のようにいう。「結局のところ福沢は［丸山真男のいうような］[26]市民的自由主義者と見なされるべきなのか、それとも侵略的絶対主義者だったのか」と。そして、平山は、「市民的自由主義者」としての福沢諭吉像を支持した。ただし、それは石河幹明の造り上げた像を削ぎ落とした上で現れる福沢像という立場であり、その全貌はまだみえてこない。ちなみに、『時事新報』における差別表現については次のようにいう。すなわち福沢の署名論説には朝鮮領有や中国分割の主張はない。一方、無署名のものにはそれがあり、福沢以外の者の執筆が考えられると。[27]

平山による、福沢像の提示は、二〇〇一年の安川寿之輔の論説「福沢諭吉——アジア蔑視広めた思想家」に対する反論からはじまったという。両者間には公開論争もあった。その帰趨はともかく、平山の所論は、二〇〇〇年代の日本はアジアとどう取り組むべきかという思想的課題に対する、ひとつの問題提起として興味深い。ただし、『時事新報』の無署名論説における、朝鮮、中国への蔑視表現をすべて福沢本人の観点とは異なるものとするのは、贔屓の引き倒しの面もあるといわざるをえない。たとえば「脱亜論」では支那、韓国は「道徳さへ地を払ふて残刻不廉恥を極め、尚傲然として自省の念なき者の如し」などという。この類いの表現は拾い上げていけば相当にある。問題は、無謬のリベラリストを描き出すことではない。福沢の朝鮮、中国観を媒介に、みずからがアジアにいかに取り組むかである。この意味で、なお、二つの論を提示しておきたい。

ノート3　朝鮮ひいてはアジア侵略を唱えた思想家

安川寿之輔は『日本近代教育の思想構造—福沢諭吉の思想構造』(原版一九七〇年)で福沢の教育思想を取り上げ批判した。その核心は次の点にあるといえよう。1、近代百年の日本の教育は量的な隆盛にもかかわらず、「まずしくみじめな」人間形成しかできずファシズムに至ったのだが、その根源に福沢の教育論があったということ、2、戦後、一九五二年に丸山真男が掲げた福沢の「市民的自由主義者像」が一九六〇年代になっても依然として支配的だが、それは糺さなければならないということ。[28] これに基づき、著者は二十代の後半から数年がかりで福沢に取り組んだ。その研究の最も根本的な動因はその時代の教育に対する「危機意識」にあった。そして、この思考の枠組はその後さらに二〇年以上、維持され、『福沢諭吉のアジア認識』[29]（二〇〇〇年）が著された。

この間、安川の時代への危機意識は一層、深まった。同書は日本の戦争責任を問いただす市民運動を担うなかで、「再び〝戦争国家〟への道を歩みはじめた」現代日本の歴史認識を黙認できないという切実な思いから記された。課題は二点あった。第一は、日本における福沢は「近代日本の『民主主義』の先駆者」とされるが、アジア（韓国、台湾）からは民族の敵とされる。この溝を埋めること、第二は、福沢を明治時代の師匠ではなく、「日本近代化の道のり総体の『お師匠さま』として位置づけなおす」ことであった。同氏の旧著の思考の枠組と較べると、「福沢とアジア」の要素が大きく浮上した。そしてアジアからみると、明治の日本はけっして明るくはない。これが同書を貫いている。

その意図は理解できる。すなわち安川は、朝鮮半島の植民地化、アジア侵略の正確な認識がなされないまま、「明るい明治」や明治前期の「健全なナショナリズム」が唱和されることに対して異議を唱えたのである。日清、日露のふたつの戦争をした明治は「明るくない明治」であったということも可能であり、それを忘れた現今の日本の思想状況は糺さなければならない。その観点も理解できる。その論旨の展開はたとえば次のようになされる。福沢は社説「朝鮮の交際を論ず」（一八八二年）では「武力を用ひても其進歩を助けん」といった。これは武力による侵略の合理化だ。また「東洋の政略果たして如何せん」（一八八二年）では東洋の植民地獲得を鼓吹している。「日本臣民の覚悟」（一八九四年八月二九日）では、日本人四千万人が忠義、死を賭して戦うべきことを説いている。これは「暗い昭和」期の先取りだ[30]。

こうした問題提起は、福沢全集掲載の個々の引用に基づいている。従って単なるイデオロギー批判ではない。安川はまた「自説に都合いい部分だけを（それも諭吉の文脈とかかわりなく）引用するという恣意的な研究」をくり返し批判する。そのため、福沢のアジア認識の特徴を示すものとして、時代ごとの叙述のなかから問題箇所を抜粋して、資料編を掲載した。そこでは実に三九七点の引用が提示された。そのうちアジアへの民族偏見に該当するものは七九例ある[31]。福沢の叙述を初期一八六〇年代から晩年まで検討したことは十分わかる。にもかかわらず、その福沢像の位置付けに違和感が残るのも確かである。

福沢を「日本近代化の道のり総体の『お師匠さま』として位置づけなおす」のであれば、やはり、正負両用の叙述が必要である。福沢の保守性、負の資料を網羅したとしても、それだけでは福沢像の全体には至らない。それは、たとえば、『時事新報』における朝鮮関連の初期社説「朝鮮の交際を論ず」（一八八二年三月一一日）をみてもよくわかる。以下では、この社説にみられる福沢の朝鮮、アジア観とそれに対する安川の観点を取り上げ、考えた。五点あげておく。

1　楚越の観をなしてはならない

この社説で福沢は、朝鮮について次のように述べた。「朝鮮は小弱なり」「尚未開なり」。開港（一八七五年）以来、朝鮮と日本との往来は繁多とはいえない。その朝鮮は、「旧幕政府の末年」における日本と同じようなものである。幕末のアメリカと今の日本は同様の位置にある。従って、朝鮮国との交際は「等閑に附す可らざるのみならず、其内国の治乱興廃、文明の改進退歩に就ても、楚越の観を為す可き場合に非ず」という。つまり、朝鮮との交際はおろそかにしてはならないこと、朝鮮国内の社会状況がどうであろうとも、日朝両国は古代中国の楚越が戦い合ったような状況（楚越の観）を呈してはいけないという。楚は越を滅ぼした。しかし、のちに秦という強大な国家に滅ぼされた。福沢の比喩、戒めは当時の日本の識者には呑み込めたであろう。見方によっては日本は楚のように振る舞ってはいけないとも取れる。だが、福沢以後の日本の歴史をみれば、実は日本は楚のようになった。

歴史に学んでいない。福沢を日本近代の師というならば、まさに、こうした日本国への戒めの視点にも注目すべきであろう。

２　朝鮮の文明化への決然とした意思の表明

この比喩を述べたあと、福沢は、現時の朝鮮には鎖国、攘夷を唱える者たちがいて憂わしい状況だと述べる。そして「其国の文明ならんことを冀望し、遂に武力を用ひても其進歩を助けんとまでに切論」していると記した。ここには文明化への決然とした意思の表明がある。

３　ひとつのアジア主義

福沢がこれほどまでに朝鮮の文明化を冀望したのは、なぜか。それは、このままでいれば亜細亜は西洋諸国の文明に蹂躙される懼れがあるからだという。従って、「亜細亜洲中、協心同力、以て西洋人の侵凌を防がん」ともいう。福沢によると、古来、輔車相依り脣歯相助くという。輔車は頬骨と顎（または車の添え木と車のかご）である。これらは十代の福沢が得意だったという『左伝』にあることばで、漢字の語解は難しいが、比喩は至って簡単である。アジアはそのように親密に助け合うべきなのだ。けれども現在の支那、朝鮮はその「輔たり脣たるの実効」をはたせそうもない。これでは支那、朝鮮だけでなく、日本も滅びかねない。それゆえ、隣国に干渉するのである。この両国の現状は真に憂うべき状況である。福沢はこのように論じた。ここには素朴なアジア主義がある。後年、このアジア主義は日本中心の大アジア主義へと変容した。そのやり方は軍事力中心であり、「文明」推進とはほど遠かった。それは批判の対象でしかない。しかし、福沢が想定したアジアの協心同力は地域全体の格差のない文明化という程度のこととみられる。そのために近隣の国同士が助け合うこと自体は当然のことで、大いに語るべきことである。

4　一八八二年の福沢の状況認式と今日の視点の差

当の社説には、「朝鮮は小弱」、「未開」とある。また「朝鮮人の怯弱」「玩陋」という表現もある。一八八二年の日本、朝鮮、清の国際関係に基づくならば、福沢のこの表現は大いにありうるものというべきであろう。ここでは、国家が対象なのであり、個々人のことではない。今日の目からみて、それを隣人蔑視、アジア蔑視というのはどうだろうか。安川にはその嫌いがある。たとえば、社説一篇のなかから「遂に武力を用ひても其進歩を助けんとまでに切論する……」という箇所を取り出す。一方では「協心同力、以て……」は前年の『時事小言』に述べたことと違い、嘘だとし、これらはいずれも「文明史観による侵略の合理化」だとする。[32] これはいささか強引である。福沢の武力云々は「冀望」の程度を強調したものと取るべきであろう。これをもって植民地を視野に入れた表現と取るのはどうみても無理である。一八八二年といえば、慶應義塾に朝鮮の「若き血」(兪吉濬、柳定秀)を迎え入れた翌年である。彼らに「文明」を講じていた福沢に朝鮮の武力侵略の構想があろうはずはない。以上はほんの一例である。

5　安川寿之輔による福沢批判の含意

安川寿之輔は福沢諭吉像を通して、近代日本の教育思想を批判した。さらには一九九〇年代以降の「現代日本批判」に危機感を表明した。それはそれとして意味がある。しかし、福沢像への接近のし仕方には、「偉大な保守思想家」という枠組からする思い込みが多々ある。アジアの側からいうならば、福沢像を巡って、保守だの革新だのといって論争すること自体はさほど興味深いものではない。いいかえると、福沢像の真偽は日本思想史の大きな問題ではあっても、今のアジア（韓国、中国）にとっては決定的に重要なことではないといえるだろう。実際、論著も少ない。従って問題は、日本の論者がみずからの福沢認識に従って、アジアといかなる関係を結ぶのかということなのである。仮に過不足のない、たいへんよくできた福沢像が提示され、日本人の識者が歓迎したとしても、それがアジア各地域の日常とどのようにつながるのか、そうした視野がみえてこなければ、所詮は日本のなかだけでの仲間褒め、あるいは論争にすぎないことになる。現代の福沢像のうちに論者自身の思考、期待が込められているのは当然のことである。その意味では、安川は自身なりの実践をしている。彼は二〇〇三年以来、自費で中国の大学にいって集中講義をして、日本の近代化と福沢諭吉神話を講じているとのことである。[33]一方、慶應義塾社中はどうだろうか。福沢がかつて述べたアジアの「協心同力」をより強く推進するような青写真を提示して然るべきなのだが、こちらは残念ながらまだ余りはかばかしくない。

ノート４　「朝鮮改造」の理念を掲げては挫折した思想家

月脚達彦は『福沢諭吉と朝鮮問題[34]』のなかで、福沢諭吉の朝鮮観を時代に沿って四期に分け綿密にたどり直した。すなわち、（１）一八八〇～一八八四年　（２）一八八五～一八九一年　（３）一八九二～一八九五年、（４）一八九六年以降である。前述崔徳寿がすでにそうであったように、福沢の朝鮮観を時代とともにみていけば、こうならざるを得ないであろう。そして崔徳寿もそうであったが、月脚も、「脱亜論」（一八八五年）前後の論説だけで、福沢の朝鮮観、アジア観はとらえきれないという立場である。

時期区分は崔徳寿と同様である。けれども、著者の観点は異なる。崔徳寿は朝鮮からみて、「一体、福沢とは誰だったのか」と問い、それを追究し、その結語を明確に述べた。つまり朝鮮にとっては、福沢の対外論は、「日本の朝鮮侵略を先導し、朝鮮支配を合理化するためのもの」だったと。一方、月脚の観点は次のようである。すなわち、福沢は一八八一年に朝鮮の留学生を迎えてから朝鮮に「政治的恋愛」[35]をした。それほどに朝鮮に入れ込んだものの、それは一度、二度と失敗した。そして「本書は……（福沢の）挫折の繰り返しを跡づけようとするもの」だという。そして、次のことが示された。すなわち、福沢を単なる脱亜論の思想家としてみることはできない。福沢が「朝鮮」に入れ込み、「文明」の連帯を追究したのは、まさに「義侠心」からだというほかはない。しかし、日清戦争前の国際状況を検討すれば、そもそも、その連帯はありえなかった。現実の力関係をよく知る福沢は日本を盟主とするアジア主義を放棄した。そして日本の支援のもと、朝鮮の内政改革というかたちでの「朝鮮改造」を追究した。しかし、それすらもアジアの国際状況のもとでは挫折したと。時期を追ってのその事実関係の叙述は、開化派の思想構造まで提示し、明快である。

ところで、月脚は福沢の「挫折の繰り返し」を述べることで、いかなる結論を得たのか。とくに数多い「福沢と朝鮮」あるいは「福沢とアジア」論のなかで、福沢像の含意は何なのか。遺憾ながら、これについては、崔徳寿とは異なり、端的な結語がない。それは「本書は歴史から何らかの教訓を導き出すものではないし、初めからそのような意図もない」と記したことからもわかる。これは福沢の朝鮮への取り組みの事実は提示し終えたから、このあと何を学ぶかは読者自身の問題だということなのだろう。そうであれば、わたしとしては次のふたつのことは述べておきたい。

1　福沢の義侠心の行方について

月脚は、福沢の朝鮮への思い入れに両面性をみた。ひとつは義侠心による連帯、他は侵略性である。この侵略性については、次のようにいう。すなわち武力を用いてでも朝鮮を改造させようという朝鮮論は「朝鮮民衆にとって極めて迷惑なもので、侵略と受けとめられるもの」である。しかし、また月脚はいう、「近代日本の朝鮮侵略論は決して一方的に形成されて一直線に進んだのではない」という。(36) 月脚による結論は、要するに、次のようになるだろう。福沢による朝鮮への文明移植の試みは、義侠心に基づきつつも結果的には侵略性を帯びて挫折してしまった、それが一九世紀末の国際状況だったのだと。問題は、月脚のいう、この福沢像がアジア、朝鮮の側に通じるか否かである。福沢の内面に迫って、政治的恋愛、とくに義侠心を取り出したのは、わたしにはたいへん興味深い。しかし、月脚の論だけでは、崔徳寿の結論、朝鮮侵略の先導者という福沢像に対する回答としては力不足だと、わたしはおもう。

2　文明とアジア主義について

月脚は、終章で福沢の義侠心と同時に「文明」の移植のむずかしさに言及した。すなわち、福沢の掲げる「文明」を当の開化派とともに朝鮮に伝えることは時の政府の転覆を目指すことともなり、それゆえ、侵略的とならざるをえなかったという。ここには福沢死後の日本が抱えたアジア主義の問題が潜んでいる。月脚はアジア主義については多くを語らなかったが、同書の末尾では安易にアジア連帯を唱えても、成就はむずかしいということが示唆される。月脚はそれをふたつの「疑念」というかたちで表現した。第一の疑念は、福沢が遭遇した「文明」の移行に伴う葛藤について、その葛藤は「発展の順位が変わりつつある局面で起こっているものではないか」ともいう。月脚はこれ以上は記さないが、つまりは中国、韓国、アセアン諸国がかつての日本と同じように「文明」化し、国力を増したなかでは、アジアの秩序づくりは容易ではないということを述べた。第二の疑念は少し入り組んでいる。すなわち、福沢以後の日本はアジア主義を唱えて挫折した。それを踏まえて戦後、一九六〇年代初に竹内好が「福沢の価値に対置する別の価値」を提示すべきこと述べたが、それは「今もって追究に値するのか」という疑念である。(37) 以上、ふたつの「疑念」は、要するに、アジア諸国が百年この方の文明観に基づいている現状では、新たな価値観の模索による連帯はむずかしいのではないかということであろう。そして、月脚は、「グローバル化の時代」の新しい「関係づくり」を失敗させないためには、このふたつの疑問を「常に念頭に置いておくのがよいのではないかと思う」といって一巻を終えた。この忠告は理解できる。福沢の挫折、そののちの日本国の独善的なアジア主義の展開と失敗を踏まえれば、当然のことでもある。けれども、これでは、「福沢諭吉と朝鮮問題」の含意は説ききれていないと、わたしはおもう。やはり、著者なりのアジアへの展望が望まれる。

以上が月脚の述べたことである。月脚は、本書では「教訓」を導かないと明記しているのであり、これはこれで完結しているといえるのだろう。そうではあるが、やはり、福沢の朝鮮観を述べた本書であるからこそ、著者なりのアジアへの展望が望まれる。竹内好にならっていうならば、「方法としてのアジア」が必要だとおもう。

＊　＊　＊　＊

以上、1～4は「福沢諭吉後の慶應義塾と朝鮮」という課題に向けてのわたしの手控えの一部です。「福沢と朝鮮」に関して、現代日本はこれだけの見方を持っています。これはまさに福沢諭吉の幅のもたらしたもので、この多様な相貌が実体なのでしょう。とはいえ、これはあくまでも、日本人のみた福沢像なのであり、朝鮮半島からみた福沢像はそれらとは一致しないのです。そして、そのこと自体を問うこと、この視点がだいじなことなのだとおもいます。そして、その問いから得られるのは、いかにしてアジア各地域の人びととの信頼関係を作っていくのかという課題です。これは避けて通れない。これに対してわたしの答は次のとおりです。以下はわたしなりの「方法としてのアジア」のつもりです

五　ひとつのアジア論――基層文化の共有に基づいた東アジア共同体へ

二〇一五年現在、日本と朝鮮半島、中国の間には領土問題、安全保障の進め方などをきっかけとして葛藤が生じています。これは政治、経済面での中国、韓国の台頭、日本の経済力の相対的な低下、それによる日本人の自信喪失などに由来するものでしょう。顧みると、近代以前の日本はアジア各地の人びとから敬われるという歴史を持たなかった。近代においては速成の文明化、それによる「富国強兵」により、清国や露西亜を一時、力で押しやり、アジアや欧米を驚かせました。けれども、文明の成熟を獲得しえたのか否か。この点では危ういものがあります。従来、現代日本で誇るべきものはモノ作りと経済行為、それにより蓄積した経済力ということでしたが、近年ではそれすら、特段、頭抜けているわけでもないことが露呈してきました。こんな状況では近隣諸国の人びとに対して、鷹揚にかまえていられない。これが日本の現状なのでしょう。それどころか、韓国の全国紙『ハンギョレ』は二〇一四年春の日本社会の状況を「日本はなぜこうなのか？……〝嫌中反韓〟書籍 熱風」として報道しました(38)。日本では漫画から週刊誌、単行本まで、韓国、中国のあら探しをして鬱憤を晴らす類いの本が何万、何十万の単位で売れている。そのことを呆れたように報じたものです。残念なことに、これに対して日本の政治は、制止はおろか、同調する気配さえあります。こうしたときだからこそ、わたしたちは東アジアに向けての確かな視点を確立しなければならない。わたしは次のように考えます。

1　福沢諭吉と慶應義塾は朝鮮半島と深く結びついていたこと

晩年二〇年ほどの間、福沢諭吉と慶應義塾は朝鮮半島と深く結びついていました。福沢は一八八〇年、四五歳のときに、金玉均らの支援で朝鮮からきた僧李東仁《イドンイン》に会い、翌一八八一年、慶應義塾に二人の朝鮮人留学生を迎えます。さらに一八八二年には金玉均本人に会いました。そののちも、福沢は朝鮮国および朝鮮人との「交際」を絶えず考え、実践もしました。主唱者金玉均は一八九四年三月、上海で暗殺されますが、そののち兪吉濬や朴泳孝が一時政権を担当します。しかし、これも結局は挫折し、開化派の青年たちを通した朝鮮の文明化は成就しえなかった。福沢はこのあと一八九八年、脳卒中で倒れ、二年四ヶ月後、一九〇一年に逝去します。この間、口述筆記の「福翁自伝」が『時事新報』に掲載され出版されます（一八九九年）。しかし、そこでは朝鮮の文明化の試みについては口をつぐみます。一身のこと、日本と欧米見聞のことを縦横に語った饒舌な福沢は「既往を顧みれば……愉快なことばかり」といいました。けれども、朝鮮の文明化については沈黙しました。そのこと自体が意味深長です。月脚達彦はそれを挫折の反映とみました[39]。それは挫折か、後悔か、あるいは開化派への哀惜だったのか。福沢の胸中は最早、誰にもわかりません。けれども、朝鮮を考えつづけていたことだけは確かでしょう。だから敢えて語らなかった。『福翁自伝』は傑作だとおもいます。しかし、小泉信三がいっています、『福翁自伝』のなかで「すべて真実を、包まず語り尽くしているとは誰も保証できぬ」と[40]。同感です。それゆえ、朝鮮とアジアについて、理念《ヴィジョン》をもって語りつづけることは実は福沢死後の慶應義塾、日本社会に課せられた大きな課題だったのだとおもうのです。

2　東アジアに向けた新たな展望——基層文化の共有に基づいた東アジア共同体

わたしは、本論の第四章四「現況と提言」のなかで「新たな展望」が必要だと記しました。以下、これを具体的に述べて全体の結論とします。二点あります。

1 「東アジア共同体」構想、その前提

わたしは、福沢のいう「亜細亜洲中、協心同力」、これこそが日本、そしてアジアの進むべき道だと信じます。それは「東アジア共同体」といいかえてもよい。ただし、これには前提があります。それは「基層文化の共有に基づいた東アジア共同体」の形成です。日常的な次元で基軸（他界観、祖先観、帰郷意識等々）が通じていてこそ、互いにわかり合えるのだとおもいます。国と国との信頼関係ということがよくいわれます。けれども、外交次元の交際は極めて脆いものです。それは利害の調整に基づくものであり、そうした「東アジア共同体」は形式上できたとしても、国益を巡っての葛藤が起こったとき、持ちこたえられるか否か、甚だこころもとないのです。

もちろん今日までに社会科学の方から提示された「東アジア共同体」構想は現実的な処方箋として尊重されるべきです[41]。その先駆者の森嶋通夫は、一九九九年、このままではやがて日本は没落するとし、その「ただ一つの救済案」として「東北アジア共同体」を提唱しました[42]。また谷口誠はOECDにおける長期の研究を踏まえて、二〇〇四年、東アジアの地域統合「東アジア共同体」の必要性を説きました。それは欧州の経済共同体から欧州連合ECの形成という歴史を踏まえたものです。谷口によると、グローバリゼーション下では地域統合は不可避、しかも「東アジア共同体」は将来の経済にも政治にも役立つといいます。日米欧による従来の三極構造は崩れ去り、代わりにEU、NAFTA、中国を含む「躍進するアジア」の三極構造が出現するとの展望[43]は理にかなったものだとおもいます。しかし、谷口の所属先の外務省はもちろん、政界、学会を含めて日本社会の全般的な見方はかつても今も素っ気ないものです。単なる「夢物語」といった扱いです。慶應義塾社中なども同様でしょう。アジア各地に三田会を設けて親睦をはかるものの、それが横につながりアジアの共同体作りを目指しているなどということは寡聞にして聞いていません。これは近代国民国家の枠組のなかだけで「文明」や「文化」を考え、それをもとに競争することに慣れてしまったことの当然の結果かとおもわれます。ここには国境を越えて横につ

ながろうという理念がない。そうして、一国内でも分断の壁が至るところに生じています。この結果、二〇一五年の今日、日本社会はことアジアにおいては深刻な閉塞状況に直面しています。わたしは、これを克服する処方箋として「基層文化の基軸の共有」、その実践を提唱する次第です。

2 結語に代えて――横につながるための実践

実践を伴わない処方箋は空論です。以下、実践に向けた意識変革の必要性とその実例を述べます。前述したように、これは附論全体の結語でもあります。あらかじめいうと、末尾にも述べたことでが、わたしは今、福沢ルネッサンスが必要だと心底、考えています。

①新しいアジア学は不可欠のもの

福沢諭吉以降、日本には多様な「アジア主義」がありました。けれどもそこに、超国家《トランスナショナル》（国民国家を越える）という視点はなかった。ところが、今日、わたしたちは否応なく超国家の現実に向かい合っています。アジアでは、今、貧困、地域間格差、迅速な情報交換が動因となって国境を越える人びとが多数、生じています。彼らの多くは経済的には苦境にある。けれども、そうであればあるほど、その故郷の地域文化を維持し、また生来の地域社会と情報を通じてつながっています。こうした現象は、日本よりも現代韓国でいち早くみられるようになりました。二〇一三年現在、人口約五〇〇〇万人の韓国には一五七万人余りの外国人が暮らしています（韓国統計庁、「出入国・外国人政策統計年報」）。多くは中国東北地方に住む中国籍の「同胞」ですが、東南アジアや中央アジアからの移民も増加しています。彼らと韓国根生いの人びととの共生は現実問題として迫っていて、全国規模でさまざまな取り組みがなされています。この面では、日本よりも一歩、先んじています。日本は他人事《ひとごと》のようにみていますが、日本社会も早晩、この局面に直面することになるでしょう。こうしたことからも「基層文化の共有に基づいた東アジア共同体」の醸成、そのための新しいアジア学が必要です。従来の人文知ではついていけないのです。

②横の連帯

意識変革が必要です。新しいアジア学でめざすべき「共同体」では、日本を盟主に据えた「友好」や「連帯」はありえません。たとえ日本の為政者、官僚が経済力を背景にそれを政策化したところで、アジアの諸国家はいうまでもなく、超国家的に往来する人びとがそれを承認することは考えにくいことです。これは日本だけでなく中国、韓国についてもいえることです。いわんや一国民国家への同化を目論むことは無理です。こうして、この東アジア共同体では、一九世紀以来、とかく人びとの価値観を規制してきた国家主義がそのまま通用するということはなくなる。ましてやそれを以て他者を圧服する(人権を損なう)などということは不可能なこととなるでしょう。ただし現在は過渡期です。二〇一五年の今日、日本、中国、韓国、どこも一見、国家主義《ナショナリズム》が復活しているようにみえます。しかし、わたしは、これは長続きしえないとおもいます。何よりも、それは一時的な代案でしかなく、若い人びとを真に鼓舞しえていない。これに対して、一方では、「東アジア市民」あるいは「東アジア各地域内の人びと」を横につなげる試みがなされています。これについて、若干、述べておきます。

③東アジア共同体に向けた、新たな挑戦

「基層文化の共有に基づいた東アジア共同体」は「方法としてのアジア」であると同時に、それを乗り越えるものでもあります。それはたとえば「公正貿易」「社会的企業」(44)、あるいは、行政主導でない「多文化」(45)を具現する市民運動として実体化しつつあります。近年、韓国ではアジアを視野に入れて、起業し、また団体を作り、活動する人びとが多数、輩出してきました。彼らの多くは一九八〇年代に韓国社会の民主化に寄与した経験を持っています。彼らは、労働者、「花嫁」、故国訪問のかたちで韓国に続々とはいりくるアジアの人びとを前にして、まさに「協心同力」の思いに駆られたようです。そこにあるのはまさに義侠心でしょう。

ひとつだけ例をあげます。今、韓国ソウルに「アジア公正貿易ネットワーク」という組織があります。代表の李康伯《イガンベク》は、二〇一三年、慶應義塾大学文学部の講座で「公正貿易、なぜアジアで、なぜネットワークなのか」という表題の講義をしました。[46] アジアには八億人の絶対貧困者がいる。この現実は不公正な貿易により一層、深刻化している。その克服のためには競争至上、市場原理第一の経済システムに代わるものが必要だ。それは公正貿易《フェアトウレード》だといいます。公正貿易の構想は元来、欧州ではじまり、それが今、韓国ソウルを中心にアジア規模で実践されています。これはすでに一〇年以上の実践を経ています。それは、まさにこの時代における「文明」の勧めです。李康伯代表は福沢の作った慶應義塾にきて、「公正貿易」を通したアジアの連帯を語りました。受講した塾生たちは新鮮な驚きを感じたようです。「この進路はむずかしいかもしれないけれど、関心はある」という類いの感想まで含めると、百名以上の受講生のうち、三、四割は真剣に反応していました。わたしには、これ自体が驚きでした。福沢の時代、アジア（直接には朝鮮）に「文明」を伝えるのはとてつもなく難しいことでした。今日、アジアで「公正貿易」を実践することは同様にたいへん難しい。経済規模からいっても微々たるものです。しかし、閉塞状況は固着したものでもないということをわたしは痛感しました。理念があれば動因が働き、困難は必ずや克服できるはずです。

わたしには、社会科学からの「東アジア共同体」構想、つまり国家単位の政治、経済統合論よりも、こうした国境を越える日常的実践の方に、むしろ、より現実性があるようにおもわれます。「基層文化の共有に基づいた東アジア共同体」さらに「東アジア市民社会」といった構想は福沢諭吉を師匠とする近代日本（僭越ですが、近代日本の学知）では想定できなかったことです。アジアの地域統合に向けた構想と実践は「新しい文明」への挑戦です。ここで福沢が敵対視した儒教を想起しておくのもいいかもしれません。それは実は原初の儒教精神そのものへの批判ではなく、「古風旧習」となって久しい制度化された「儒教主義」に過ぎなかったと考えます。もちろん、今日、慶應義塾あるいは日本社会において、その種の「儒教主義」が全体を覆うなどということはないといえます。しかし、百年この方の「文明」の制度に安住する傾向は、確かにあります。たとえば、本論の冒頭にあげた言説―慶應義塾は洋学者の作った学校なので洋学を中心とするなどという通俗的な見方の跋扈がそれです。これは、福沢諭吉なら、決して認めないことでしょう。しかし、この俗説を否定しうるだけのもの、つまり日本やアジアに向けて主唱できるような大きな構想は慶應の社中からは湧き起こってこない。これも現実です。それどころか、通俗的な「脱亜論」理解（アジアは二の次にするといった程度の解釈）もまだ存外、生きつづけています。これらを真に葬るためには、何よりも、緊張感を伴った「文明」（洋学）とアジア地域との討論が必要です。そのためにも新しいアジア学の場が必要なのです。けれども残念ながら、慶應義塾において、それは未だしといわざるを得ません。

わたしにできることは限られています。しかし、せめては若い世代の「東アジア市民社会」への「挑戦」を支援したいものとおもっています。それはいわば二〇一五年における福沢ルネッサンスなのです。

（野村伸一　二〇一五年三月末）

注

（1）一八八二年七月の壬午軍乱後、朴泳孝以下が日本への修信使として派遣されたことがあります（一八八二年九月）。

（2）「朝鮮独立党の処刑」（一八八五年二月二三日）『福沢諭吉全集』第十巻、二二一頁以下。以下、引用はすべて岩波書店版によります。

（3）『福沢諭吉全集』第十四巻、三四一頁。福沢が侮蔑的に「朝鮮人」というとき、「文明」を無視する当時の政権とそれに従う士人、大衆を含めている。しかし、そこには開化派は含まれていないとみるべきでしょう。こうした「朝鮮人」の用法は『福翁自伝』（一八九九年）の「一身一家経済の由来」のなかで、自身のカネにまつわるみっともない話を率直に語るところに現れています。（福沢自身は）「今の朝鮮人が金を貪ると何にも変ったことはない。嘘も吐けば媚も献じ……」という。そして、同書では、その五年前に殺された金玉均や三年前に再度、亡命した朴泳孝のことは一切、語りませんでした。最晩年の福沢のいう「朝鮮人」とは、結局、その時々の政府、そしてそれを支持した国民という意味だといえます。社会が変わればその「朝鮮人」も変わる。これは若き日の福沢を含めて日本人も同じことなのです。しかし、福沢死後の日本は「朝鮮人」を固定的にとらえてしまったとおもわれます。

（4）福沢のこの所論は政治、経済中心から教育、文化への視点の移動ともいえます。それが従来の政策提言と異なることについては、崔徳寿「청일전쟁 전후 일본의 한국관—福澤諭吉 을 중심으로」（清日戦争前後の日本の韓国観—福沢諭吉を中心として）『史叢』第三〇輯、高麗大学校歴史研究所、一九八六年、二一九頁参照。崔徳寿の論点については項を改めて後述します。

（5）同上、二二一頁。

（6）『福沢諭吉全集』第十六巻、三二七—三二九頁。

（7）前引、崔徳寿「청일전쟁 전후 일본의 한국관——福澤諭吉 을 중심으로」、二二二頁。

（8）木村健二・蘭信三「日本帝国圏内の人口移動と戦後の還流、定着」日本移民学会編『移民研究と多文化共生』、御茶の水書房、二〇一一年、一四八頁。

（9）崔徳寿「福沢諭吉の朝鮮観研究（I）」『民族文化研究』一七巻、高麗大学校民族文化研究院、一九八三年、および崔徳寿「청일전쟁 전후 일본의 한국관——福澤諭吉 을 중심으로」、『史叢』第三〇輯、高麗大学校歴史研究所、一九八六年。

（10）崔徳寿は、坂野潤治や遠山茂樹らの福沢論に言及しつつ、そこでも一八八五年の「脱亜論」までが主たる対象となっていると指摘しています（前引、崔徳寿「福沢諭吉の朝鮮観研究（I）」、一六五頁）。

（11）一八八二年三月一一日。これは『時事新報』創刊年の、朝鮮に関してのもので第二に書かれた社説です。

（12）前引、崔徳寿「청일전쟁 전후 일본의 한국관——福澤諭吉 을 중심으로」、一七五頁。

（13）同上、一八〇頁以下および一八七頁。

（14）『時事新報』社説「一大英断を要す」（一八九二・七・二九）では日本国内の政治が停滞不通の状況であり、これを解消するためには朝鮮への積極的介入が必要だと説きました（同上、二〇四頁以下）。崔徳寿は、福沢が日本の国内政治の延長で朝鮮介入の必要性を説いた点はそれまでの福沢の対外論に較べて最も特徴的な点だといいます（同、二一五頁）。

(15) 徐光範と金玉均は一八八二年に福沢諭吉と対面しています（月脚達彦『福沢諭吉と朝鮮問題』、東京大学出版会、二〇一四年、三〇七頁）。二人はまた、甲申政変直後（一八八四年一二月）、朴泳孝らとともに日本に亡命した。そして、一八八五年、徐光範、徐載弼、朴泳孝はアメリカに渡りました（同上、三二六頁）。
(16) 前引、崔徳寿「청일전쟁 전후 일본의 한국관 ――福澤諭吉 을 중심으로」、二一六頁。
(17) 同上、二一七頁以下。
(18) 同上、二二五頁。
(19) 石河幹明『福沢諭吉伝』全四巻、岩波書店、一九三二年。
(20) 平山洋『福沢諭吉の真実』文藝春秋、二〇〇四年、一三五頁。
(21) 同上、一五〇、一六三頁。
(22) 同上、一三二頁。
(23) 『福沢諭吉全集』第十六巻、二八六頁。
(24) 前引、平山洋『福沢諭吉の真実』、一六四頁。
(25) 同上、二〇二頁。
(26) ［　］内は野村による。
(27) 同上、二二六頁以下参照。
(28) 安川寿之輔『増補 日本近代教育の思想構造―福沢諭吉の教育思想構造』、新評論、一九七九年（原書、一九七〇年）の「増補版へのはしがき」参照。
(29) 安川寿之輔『福沢諭吉のアジア認識―日本近代史像をとらえ返す』、高文研、二〇〇〇年。
(30) 同上、一六八頁および「安川寿之輔　名古屋大学名誉教授に聞く　虚構の『福沢諭吉』論と『明るい明治』論を撃つ」『週刊金曜日』八一二号、金曜日、二〇一〇年、一八―一九頁参照。
(31) なお平山によると、これらのうち、「単なる批判」を除いたものは六六例で、その大半は無署名論説と漫言である。そして、福沢の真筆と確認できるものは四例に過ぎず、それらも民族蔑視ではなく「朝鮮・清国批判」だという（前引、平山洋『福沢諭吉の真実』、一七一頁）。
(32) 前引、安川寿之輔『福沢諭吉のアジア認識―日本近代史像をとらえ返す』、一二二頁以下および二九四〜二九五頁。
(33) 安川寿之輔『福沢諭吉の戦争論と天皇制論』、高文研、二〇〇六年、三八五頁。
(34) 月脚達彦『福沢諭吉と朝鮮問題』東京大学出版会、二〇一四年。

(35) この表現は、一九〇二年に竹越三叉「福沢先生」のなかで用いられた。月脚はこの語に同意して、それを歴史学者の目でたどりなおした（同上、四、六頁参照）。
(36) 同上、二四四頁。
(37) 同上、二四五頁。
(38) 「일본 왜 이러나…… ‘혐중반한’ 서적 열풍」『한겨레』、二〇一四年二月一一日。
(39) 前引、月脚達彦『福沢諭吉と朝鮮問題』、四頁。
(40) 福沢諭吉著、富田正文校訂『新訂福翁自伝』岩波文庫、一九七八年、三一九―三二〇頁。
(41) 一般書としては、森嶋通夫『日本にできることは何か―東アジア共同体を提案する』、岩波書店、二〇〇一年、谷口誠『東アジア共同体』、岩波書店、二〇〇四年、小原雅博『東アジア共同体―強大化する中国と日本の戦略』、日本経済新聞社、二〇〇五年、進藤榮一『東アジア共同体をどうつくるか』、ちくま書房、二〇〇七年などがあります。
(42) 森嶋通夫『なぜ日本は没落するか』岩波現代文庫、二〇一〇年（原版は一九九九年）、一五三頁。
(43) 谷口誠『東アジア共同体』、「はしがき」より。一九九〇年代末における著者の構想は「はかばかしい反応は得られなかった」とのことですが、二一世紀にはいっての数年間、日本社会には東アジア共同体への志向が育まれそうになりました。しかし、二〇一五年の今は再び「夢物語」扱いです。
(44) これは韓国についていうと、相応の利益をあげつつ、その富を社会の公正、アジアとのつながりに還元しようとする企業です。
(45) 行政主導の多文化には問題がある。これは欧米ですでに批判されています。オーストラリアのばあい、多文化主義は多数派の文化を中心としたもので、そこで認められるのは管理された多様性にすぎないと批判されています（塩原良和「隠された多文化主義」日本移民学会編『移民研究と多文化共生』、御茶の水書房、二〇一一年、一四頁以下参照）。現代韓国でも、同様のことが批判されています。つまり行政の観点では、管理し得ない不法滞在者の生活は「多文化」に含まれないことになります。
(46) 李康伯「公正貿易、なぜアジアで、なぜネットワークなのか」慶應義塾文学部設置講座の報告書『極東証券寄附講座 慶應義塾大学文学部日吉設置総合教育科目二〇一三 東アジアの伝統と挑戦―東アジア研究への第一歩』、慶應義塾大学文学部、二〇一四年参照。

●第2部　論考篇

第一章　閩南傀儡戯と閩南人の社会生活との関係

葉明生（道上知弘訳）

閩南地区の提線傀儡戯は「線戯」や「嘉礼」、また俗に「交肋《ジャオレイ》」とも呼ばれる。有史以来、各地で傀儡(1)と言われるものはその多くが木偶戯である。清の乾隆十三年（一七四八）に刊行された『注釈官音彙解』には「抽交肋、正、唱傀儡」とある。初期の傀儡戯の唱は南曲泉腔で行われていたが、清代後期に皮黄声腔の「北管」傀儡戯がはいってきた。そこで、それとの区別のために、閩南では「泉腔傀儡戯」と「北管傀儡戯」の別がある。漳泉二州の傀儡戯は唐五代年間にはすでに流行していた。そして、宋元の時代には南戯の影響を受けて戯曲として発展していき、南戯の声腔《ふしまわし》系で最も影響力のある提線木偶戯の形態となり、民間の郷村で行われる酬神賽願を主とする傀儡戯の芸術表現と大きな差を生むことになった。しかし閩南地区においては、どの時代のどのような形式であっても、傀儡戯はみな社会の各階層の人々の社会生活と密接な関係を持っている。

一　閩南傀儡戯の流伝の歴史

福建傀儡戯は悠久の歴史を持つ。漢代に伝わり、唐代に興り、宋代に栄え、明清の時代に流行したとされ、現在でもなお広く伝播している。傀儡戯そのものの形態について言えば、唐宋の時代の都市においては娯楽として、民間では宗教性を持った儀式活動として多く行われ、明代以降は、新興の戯曲の声腔（ふしまわし）や伝奇劇の演目の影響で、演劇性を備えた傀儡戯を形成していった。閩南は傀儡戯の盛んな地区であるが、以下、その流伝の歴史の状況を整理して、概観を述べたい。

１　唐代の「弄傀儡」の形跡

中国古代の傀儡戯は漢代にはすでに「喪家楽」として現れている。当時の応昭『風俗通』注には「時京師賓婚嘉會、皆作魁儡[2]（今、みやこでは客を招く婚礼で、みな傀儡戯を演じている）」とある。唐代に入ると、傀儡戯はすでに福建に広く伝わっていた。会昌三年（八四三）、閩人である林滋の『木人賦』（図版１）には、傀儡戯の表現形式が「来同辟地、挙趾而根柢則無。動必従縄、結舌而語言何有（同じ僻地より来たもので、その動きにきまりはなく、必ず縄で操られている。言葉遣いも不明瞭で何を言っているのか分からない）」ものであり、「低回而気岸方粛、佇立而衣裾屢振。穠華不改、対桃李而自逞芳顔（あちこちを動き回るがその雰囲気は厳かで、佇立していてもその衣装の裾がしばしば揺れる。あでやかさは変わることなく、桃李の花に向かって自分の顔の美しさを誇り）」、「既手舞而足踏、必左旋而右抽。蔵機関以中動、假丹粉而外周（手や足を使って踊り、左右に旋回し、からくりで動き、表面には化粧がしてある）」とあり、当時においては「貫彼五行、超諸百戯[3]（その五行を貫き、諸々の百戯を超える）」という宗教的な意味を持った芸術形態であったことがわかる。

唐代の福建各地では仏教が盛んであり、仏教寺院が栄え、百戯が流行していたが、その中でも傀儡戯は欠かせないものであった。『雪峰山志』巻五には当時の雪峰寺で演じられていた傀儡戯の情景を詠んだ次のような詩が数首収録されている。

蒲鉢盛来一物無、豈同香枳変珍珠。日月并輪長不照、木人舞袖向紅炉。(4)

鮑老当年笑郭郎、人前舞袖太郎当。及乎鮑老出来舞、依旧郎当勝郭郎。(5)

詩の中の「木人」とはまさに唐五代年間に行われていた提線傀儡戯の呼称である。そして当時の傀儡戯は晋唐の時代に頻繁に演じられていた「耍鮑老」や「耍郭郎」と呼ばれた娯楽的な演し物の内容を含んでいるのであるが、これらの演し物で演じられた「弄傀儡」が、後に閩南に大きな影響を及ぼすことになる。唐末五代年間の文献では傀儡技芸が泉州で流行していた形跡を確認することができる。例えば、五代泉州籍の著名な道士である譚峭が著した『化書』巻二「海魚」の一節には次のようにある。

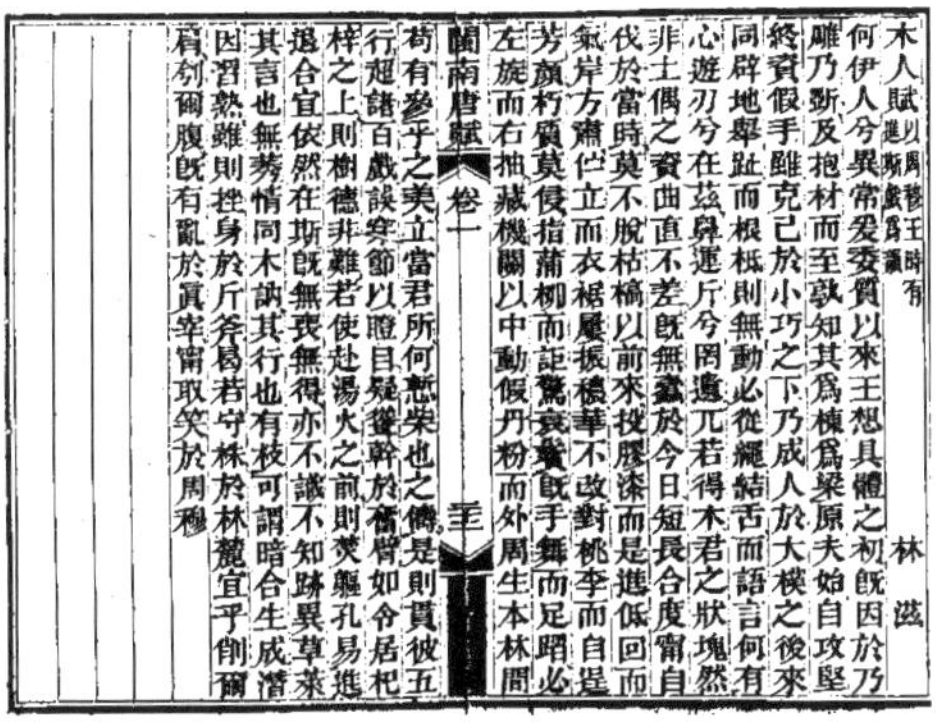

木人賦（以周穆王時有進斯戯爲韻）　林滋

何伊人兮異常爰委質以來王想具體之初既因於乃雕乃斵及抱材而至孰知其爲楨爲梁原夫始自攻堅終資假手雖克己於小巧之下乃成人於大樸之後來同辟地舉趾而根柢則無動必從繩結舌而語言何有心遊刃兮在玆舁運斤兮罔遺兀若得木君之狀塊然非土偶之資曲直不差既無蠢於今日短長合度甯自伐於當時莫不脫枯槁以前來投膠漆而是進低回而氣岸方肅佇立而衣裾屢振穠華不改對桃李而自逞芳顔朽質莫侵指蒲柳而詎驚衰鬢既手舞而足蹈必左旋而右抽藏機關以中動假丹粉而外周生本林間

閩南唐賦　卷十

苟有參乎之美立當君所何慙棠也之儔是則貫彼五行超諸百戯誤節以瞪目疑發幹於舊骨如令居杞梓之上則樹德非難若使赴湯火之前則焚軀孔易進退合宜依然在斯既無喪無得亦不識不知跡異草萊其言也無莠情同木訥其行也有枝可謂暗合生成潛因習熟雖則挫身於斤斧曷若守株於林麓宜乎俯爾覆剣爾腹既有亂於眞宰甯取笑於周穆

1　唐・林滋「閩南唐賦・木人賦」（陳瑞統『泉州木偶芸術』）

観傀儡之假而不自疑、嗟朋友之逝而不自悲、賢与愚莫知、唯抱純白、養太玄者、不入其機。(6)

この詩で述べられているのは隠喩を借りた道教の教義であり、「傀儡」そのものとは関係はないが、唐末五代年間の泉州においてすでに道教寺院である「観」で傀儡戯が上演されていたという重要な情報を含んでいる。これが泉州傀儡戯に関する最も早い時期の文献資料である。

この他にも、明代の莆田籍の状元である柯潜の『陳廬園記』にも唐末五代年間における泉州傀儡戯の流行を認めることができる。そこには北宋初期に泉州清源軍節度使の陳洪進（字は済川、祖籍は仙游楓亭）が「顕徳中、済川帰里修祭、用傀儡郭郎戯、観者如堵[7]（顕徳年間、済川は帰郷して祭祀をおこない、傀儡郭郎戯を上演すると、見物人が塀をなすように大勢押し寄せた）」とある。当時、莆田と仙游はどちらも泉州清源軍の所轄であり、閩中、閩南地区で弄傀儡が祭祀儀式における娯楽的な演目として上演されるのが一般的な奇態として流行し、陳洪進が祖先を祀る時にも、それをもって酬神（神へのお礼）をしたのである。これはまさに唐末五代の遺風であり、当時の傀儡戯は後世でいう「傀儡戯」の成熟した段階には達してはいないものの、閩南泉州などの地域で傀儡戯の盛んだった様子は、ここからうかがい知ることができる。

２　宋代の閩南傀儡戯

泉腔傀儡戯が興ったのは、南宋の趙氏王朝が泉州に南外宗正司を設置したことと関係がある。南宋の建炎三年（一一二九）、皇族である趙氏は西外宗正司を福州に置き、南外宗正司を泉州に置いた。紹定五年（一二三二）までに、泉州皇室の人数はすでに「内外三千余口」に達していた[8]。これらの豪奢な生活に慣れ親しんだ皇室の子孫たちが、経済的に発達し、社会も安定している大後方である泉州において、役者を養って、歌舞を心ゆくままに楽しんだのはきわめて当然のことであり、傀儡戯もまた賓客を迎える際の娯楽として、欠かすことのできない芸術形式となり、皇室の中にさえこの芸を習う者も少なからずいた。傀儡戯が皇族の間に氾濫することは災いとなると見なされた。そこで、子孫が道楽にふけって志を失うことを禁止するため、明の成化年間、趙瑶は『南外趙氏家範』において、条例を出し、家庭で扮装して芝居をすること、また「提傀儡をして娯賓」とすることを禁止させた。その『家範』には次のようにある。

家庭において夜に飲酒すること、扮装して芝居をすること、提傀儡をして娯賓とすることは大いに道に外れることなので、してはならない。また子孫に歌舞を教えることもいけない。淫奔の災いの多くはここから来ているのである。(9)

ここから分かることは、傀儡戯が泉州の趙氏皇室においてかなりの長期間にわたって流行していたことである。北方が金の侵略にさらされてしまったために、多くの貴族の子弟や芸人が南に避難してきたので、中国東南の沿海各省に奇妙な文化が繁栄する現象をもたらした。福建もまた例外ではなく、傀儡戯の技巧が民間の各地に広く伝わり、都市や農村における禳災祈福の儀式と融合し、上層社会の反感を招き、禁止されることになった。光宗紹熙三年（一一九二）に、朱熹が発布したいわゆる『勧農文』には

一、約束城市郷村、不得以禳災祈福為名、斂掠銭物、装弄傀儡。(10)（城市郷村においては、禳災祈福を名目に、かねを掠め取って、傀儡戯を行ってはならない。）

とある。禁止されたとはいえ、民間においては「弄傀儡」の勢いは衰えることはなかった。

それは民間の祭祀活動や社会文化生活に多くの楽しみをもたらすので、社会と民衆側から求められた。その結果、傀儡戯も俳優による演劇と比べてまったく遜色なく、「居民叢萃之地、四通八達之郊」［繁華な地］の舞台へとのぼり、「市廛近地、四門之外、亦争為之」という活気に満ちた状況を呈していた。そのため、朱熹の弟子で漳州籍の陳淳は現地の知州（州知事）に上書して、現地の「役者を招いて芝居や傀儡戯を上演する」風習を禁止

するように求めた。その『上伝寺丞論淫戯』には次のようにある。

某窃以此邦陋俗、当秋収之後、優人互湊諸郷保作淫戯、号〝乞冬〟。群不逞少年、遂結集浮浪无頼数十輩、共相唱率、号曰〝戯頭〟、逐家聚斂銭物、豢優人作戯、或弄傀儡。築棚于居民叢萃之地、四通八達之郊、以広会観者。至市廛近地、四門之外、亦争為之、不顧忌。今秋自七、八月以来、郷下諸村、正当其時、此風在在滋熾。(11)

傀儡戯のような民衆が喜んで鑑賞する芸術を禁止することは容易ではない。禁止することはできても、禁止すればするほど、ますます盛んになる。宋代だけでも傀儡戯は福建、特に閩中、閩南の地において、より広汎に流行した。莆仙の詩人である劉克庄による大量の傀儡戯を詠んだ詩の中にはその様が充分に表現されている。ただし、紙幅に限りがあり、また議論の範囲を制限するために、ここでは取り上げない。

３　明代の閩南傀儡戯

明代は中国戯曲が成熟して栄えた時代で、泉腔傀儡戯の発展の時期でもある。道教の科儀による操作と傀儡芸人による演技をひとつにした数多くの民間の酬神賽願の傀儡、および都市や農村での歴史物語を語る傀儡は、いずれも戯曲における節回し、上演演目、役柄、上演形式に啓発され、戯曲を模倣して演じる本当の意味での傀儡戯となり、都市や農村で幅広い支持を得た。泉州地区で演じられる泉腔や南戯の演目である『目連』等の劇の傀儡芸術形態は、まさしく元・明代の南戯の伝統を引く形態を遺している。伝わるところによると、万暦帝の代に六年間宰相を務めた泉州の李廷機（字は九我）は、帰省の際に故郷の家で傀儡戯を見て、「頃刻馳駆千里外、古今事業一宵中(12)（たちまち千里の遠くから馳せ来たる、古今の事業も一夜のうち）」という対聯をしたためて傀儡戯班に贈っている。当時、泉州傀儡戯の流行は外国人の関心も引いていた。例えば、万暦三年（一五七五）にスペイン人のマルティン・デ・ラダ（Martín de Rada）は『中華大帝国史』という著書で、彼が泉州を訪れた時に「この城《まち》で演じられる木偶戯という極めて面白い演し物」(13)を見たことに言及している。泉州だけではなく、当時の廈門もまた傀儡戯が極めて流行していた場所であり、オランダ人のレオナルド・ブリュッセイ（Leorard Blusse）は万暦三十年（一六〇二）に著した『中国の対バタビア貿易』という著書で次のように言及している。

廈門を出航してから、船員たちは木造の帆船に乗せた神龕から海の女神である媽祖の塑像を取り出し、列を成して寺廟に参るのと同じように供物を捧げて、航海の無事を祈った。このような寺廟（媽祖宮を指す）への礼拝は、しばしば傀儡戯の上演を伴っている。(14)

漳州は宋代以来、一貫して宋傀儡の「以禳災祈福為名、斂掠銭物、装弄傀儡（禳災祈福を名目に、かねを掠め取って、傀儡戯を行う）」という遺風を踏襲しており、正月慶賀の「置傀儡搬弄」（傀儡戯を演じること）の風習は絶えることなく続いている。明の何喬遠（一五五七―一六三一）は、漳州の地方志を引用して次のように言及している。

漳州万暦壬子志。元夕、初十放灯至十六夜止。神祠用鰲山、置傀儡搬弄、謂之布景。(15)（漳州の万暦壬子の年にしるす。元宵節や正月十日から十六日の夜まで提灯を飾る。神祠に鰲山〔鰲の形の模造の山〕を設けて、傀儡戯を演じ、これを布景〔舞台背景〕という。）

明代の閩南の民間における傀儡戯は、一種のはやりの文化となり、貴族たちの社会生活においても、「弄傀儡」

は常に暇つぶしのひとつとして現れる。万暦甲辰年（一六〇四）に翰海書林刊が刊行した『満天春』に掲載された閩南戯曲『呂雲英花園遇劉奎』には、「戯上戯」（劇中劇）に傀儡をもってあそぶ一節が見られる。その戯文には次のようにある。

……（丑）娘子、許事且放一辺、咱今来斗草改［解］悶一下。（旦）許個不好。（丑）不来打獅、撻球得桃。（旦）許個不好。（丑）簡今有思量了、提傀儡仔好得桃。（旦）咱只処句無師父。（丑）不使請師父。簡第一賢、阮父句是提傀儡師父。（旦）句無傀儡仔。（丑）手帕権好。（旦）手帕在只処。（丑）伏請相公真神下降。（旦）賤婢、張許走乜状向生？（丑）娘子爾不識、只是「請神」。……[16]。

この段で演じられる劇の内容は、小間使い翠環と令嬢雲英による諧謔的なものであるが、そこには三つの古い傀儡戯の情報が伝えられている。第一に、小間使いの父親が「提傀儡師父」であることから、古代泉州の傀儡が父子相伝の家庭班あるいはその種の組織によるものであったことが分かる。第二に、その「請神」をみると、傀儡戯が民衆の世俗生活において宗教儀式としての機能と影響力を備えていたことが知られる。第三に、貴族の家族の一員は常に傀儡戯をして退屈しのぎのをしていたことが分かる。

補足すべきことは、当時の閩南の農村では布袋戯が悄然と起こっていたが、泉州各県の村々ではなお提線傀儡戯が併せて流行していたことである。『永春県志』は族譜や伝説を根拠に、このことをひとつの史実として記載している。その県志には「（木偶戯は）明の天啓年間、永春にふたつの木偶戯があった。ひとつは太平村の李順父子による布袋木偶で、もうひとつは卿園村の張森兄弟による提線木偶である」[17]とある。数多くの文献資料からみて、永春県の「太平村の李順父子による布袋木偶」と「卿園村の張森兄弟による提線木偶」が明代の同時期に存在し、流行していたことは疑いない。

4　清代の閩南傀儡戯

清代の初めになると、民間宗教の多くが禁止され、閩南の傀儡戯も一度は消えかかり、史料文献の記載も極めて少ない。康熙年間以降には、政局が安定したので、民俗活動は次第に解禁されてゆき、傀儡戯は再び盛んになった。しかし、いくつかの宗族は依然としてこれを忌避しており、恵安県百奇村の『郭氏族譜』の「開列禁条以訓詰後嗣」条例には、傀儡戯を禁止する態度が見られる。その訓詁には、

一、家禁用線戯、此乃道釈謝神体、禁之方今凡五世矣。(18)（家での傀儡戯を禁じるのは、道教と仏教の神体に感謝することで、これから子々孫々にわたって禁止する。）

しかしながら、寺廟活動が盛んになったことは、傀儡戯の繁栄に良好な機会をもたらした。傀儡戯の祭祀儀式における役割と地位はますます際立ち、明清以来、寺廟では特別に傀儡棚（傀儡戯の場）を目立たぬかたちで設置し、傀儡戯の上演の便宜を図った。閩南での宮廟傀儡戯の流行状況については、『泉州元妙観建置戯棚』の碑文にみることができる。すなわちそこでは、清代中葉、傀儡戯が宮廟において流行したことの大概が記されている。その碑文は次のとおりである。

郡城諸紙料鋪公号金慶順、于道光二十三年癸卯秋、元妙観重新告成。諸紙料鋪虔誠醵金敬塑北斗九星君金身宝座、仍塑北斗星君副象、天上聖母宝象、為値年正東輪請供奉。毎逢重九、各号鳩資在観中慶祝聖誕、已

2　泉腔傀儡戯、田公元帥にささげる神案（供物用の机）（泉州木偶劇団提供）

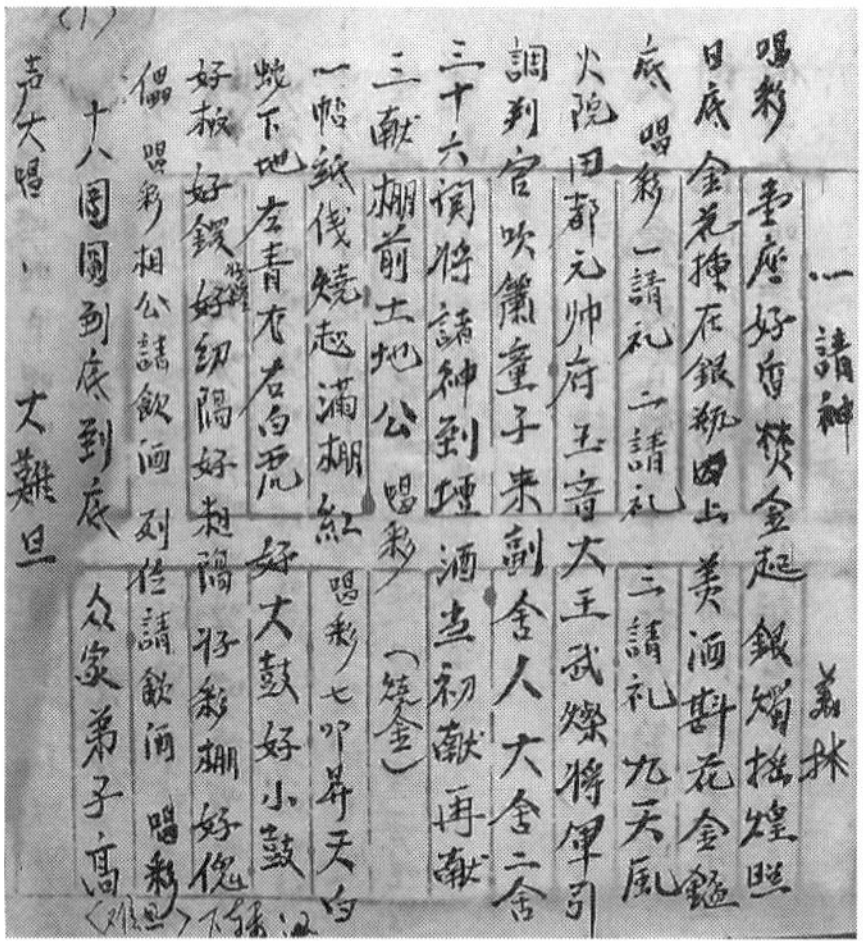
3　泉州民間傀儡班の請神儀式抄本（葉明生撮影）

歴有年矣。因思建業存公、以垂永遠。适観中缺用正音戯台、爰集議仿諸米鋪、建設傀儡棚成規、就我同人捐金共建正音戯台一座、又梨園小棚一座器具斉全。……一、内小棚一座、遇有演唱梨園、線戯、向租此棚者、公訂租銭、依例支收。(19)

この碑文から、泉州の宮廟祭典や演劇の状況がわかる。それと同時に、現地の紙屋や米屋などの社会の業種が宮廟に正音戯台と傀儡戯棚を建てることがすでに風習となり、傀儡戯が現地で盛んに流行していた状況を知ることができる。泉州の大きな宮廟では、傀儡戯を宮廟に招聘するものもあり、また宮廟自身が傀儡戯班を運営するものもあり、このため現地には酬神賽願を専門におこなう「宮廟班」が出現した。これは閩南で隆盛した傀儡戯のひとつの独特の現象である。

泉州傀儡戯は、芸術的に洗練され、名人を輩出し、その名を閩、台湾、さらには東南アジア地域にも馳せている（図版2）（図版3）。清末以来の著名な芸人や戯班（劇団）は数多く存在している。調査によれば、清の道光年間（一八二一―一八五〇）まで、現在から遡れるものとして蔡蛤生、呂馬允、連廷瑞、兔目加など、四つの影響の深い傀儡班社がある。その後四十年間に、連天章、林承池、陳佑八、林火溜の諸班は、一世を風靡し、その名声は四方に鳴り響き、いずれもふたつ以上の班社を設けていた。連天章などは、本班の他、「天章二班」、「天章三班」（「小傀儡班」、俗に「傀儡仔」と呼ばれる）の二班を持っていた。林承池と陳佑八はそれぞれ本班の他に、「承池二班」、「佑二班」と呼ばれる班社を持っていた。そして、この当時の泉州の村々で、芸術的に最も名高い者は、石獅の「陳投班」として推薦された。(20)

二　閩南傀儡戯の形態

中国では、傀儡戯の歴史が最も長く、種類も最多、様式も最も活き活きとしており、内容も最も豊富である。その多くが福建にあり、その中でも泉州と漳州のものが最も代表的である。そしてどの傀儡戯も、そのうちに閩南人の社会生活と密接に関連したところを見出すことができる。

1　傀儡戯の芸術形態

閩南の提線傀儡戯は中国の傀儡戯の中で最も長い歴史を有するもので、声腔や劇種も最も多く、分布も最も広く、その技術も最も複雑なものであり、民衆の社会生活とも最も密接な関係を持っている。泉州傀儡戯は全国の提線傀儡戯の中でも優れたものである。清の蔡鴻儒は『晋水常談録』の中で次のように述べている。

刻木像人、外被以文繍、以線牽引、宛然如生、謂之傀儡、所云木絲也。泉人最工此技。(21)（木を彫って人形を作り、外に模様をつけ、糸で引っ張ると、さながら生きているかのようである。これを傀儡と呼び、いわゆる木糸のことである。泉州の人がこの技巧に最も長けている。）

１　唱腔音楽

泉州の傀儡戯の唱腔は「傀儡調」と呼ばれ、唐宋の時代から閩南地区に流行していた戯曲の声腔と傀儡音楽の曲調および閩南地方の音楽とが融合してできたものである。梨園戯の音楽と同じ源流を持つとは言え、傀儡戯表現形式や演目はやはり梨園戯とは異なったものになっている。黄少龍氏は次の様に考証している。

傀儡戯の伝統的な演目の大部分は歴史物語を敷衍したものが中心であるため、その多くが歴代王朝の君臣や将軍や宰相の波乱に満ちためぐりあいが多く、男女の恋物語や哀婉切々とした悲しい芝居はほとんど見られない。そのため、「傀儡調」は梨園戯の伝統的な歌唱法と比べて明らかに北曲が多く、対になっている部分は少なく、その旋律・曲調は平板で飾り気がなく、剛健、高亢（高らかな声）、雄渾、豪放といった芸術的な特色を具えている。(22)

この黄氏の言葉は、傀儡調の大体の特徴を言い表している。

泉腔傀儡戯の曲牌（曲調）は、もともと文字の記載はなかったが、老芸人である蔡俊の書きとめて整理したものが百余首ある。構造的に長短句の詞牌体に属し、その曲調は大まかに三つのタイプに分けることができる。一つ目は本傀儡調で、俗に「正宗嘉礼調」と呼ばれるもの。二つ目は梨園戯と似ている、もしくは同じ南曲の曲調。三つ目は仏教と道教に関連する宗教曲調である。

泉州の傀儡音楽の専門家の分析によると、泉腔傀儡戯の曲牌は大まかに次の五種類のリズム（節拍）のタイプに分けることができる。慢、七撩（八／四。一小節に一拍七撩、七眼と呼ぶ）、三撩（四／四、一小節に一拍三撩）、一二一（二／四、一小節に一拍一撩）、畳拍（一／四、一小節に一拍。撩拍が重複するもの）などがそれである。どのリズムのタイプにもいくらかの過曲や異なる板式があるが、ここでは簡単にその各リズムの曲牌を羅列するだけにとどめる。それにより、そのおおよそはうかがい知ることができるだろう。

一つ目は「慢」の曲牌である。いわゆる「慢」とは散板のことで、その主要な曲牌は【賺】、【怨】、【正慢】、【北慢】、【大山慢】、【吟詩慢】、【賢後慢】、【連環慢】、【連理慢】、【得勝慢】、【湘子慢】、【粉蝶儿】、【臨江仙】、【哭断腸】、【金蕉葉慢】、【賀聖朝慢】、【破陣子慢】、【虞美人慢】など。

二つ目は「一二」の曲牌で、「一二」タイプの曲牌は「一二」、「慢起過一二」、「一二過慢」、「一二過畳拍」などの曲式の曲牌である。その中からいくつかの曲牌を挙げると【三稽首】、【四辺静】、【四腔錦】、【四季花】、【五方旗】、【五供养】、【五更子】、【千里急】、【大迓鼓】、【古月令】、【番鼓令】、【包子令】、【漿水令】、【繞繞令】、【夜夜月】、【縷縷金】、【魚儿】、【青草】、【北調】、【寡北】、【抛盛疊】、【北地錦襠】、【曲仔】、【双閨疊】、【倒⊠船】、【北烏猿悲】、【滾】などがある。

三つ目は「三撩」の曲牌で、「三撩」（一板三眼）の曲牌が多く、板式の変化が複雑かつ豊富で、その主要な曲牌には【八金剛】、【兆志歳】、【太師引】、【相思引】、【抛盛】、【傌賛】、【献花】、【雁影】、【潮調】、福馬郎】、【倒拖船】、【北青陽】、【三仙橋】、【八声甘州歌】などがある。

四つ目は「七撩」の曲牌である。「七撩」の曲牌も多く、主なものに【一盆花】、【四朝元】、【憶多嬌】、【下山虎】、【大聖楽】、【青牌歌】、【青納袄】、【生地獄】、【死地獄】、【望吾郷】、【望孤儿】、【銷金帳】、【集賢賓】、【森森樹】、【鎖南枝】、【泣顔回】、【漁夫第一】、【両休休】などがある。

五つ目は「畳拍」の曲牌である。「畳拍」のリズムの曲牌は比較的少数であり、【大灤咀】、【北調】、【念咒】などの曲調がある。その中の【大口欒咀】は泉腔傀儡戯の棚台祭祀儀式である『大出蘇』における最も重要な曲調のひとつであり、どの段も曲だけで詞はなく、いずれも「嘮哩嗹《ラオリーリエン》」を何度も反復して唱える。

４　泉州傀儡戯の奏者（泉州木偶劇団提供）

傀儡調の唱腔形式は「聯套」式に属しているが、その他の劇種の組み合わせ式の聯套とは一定の違いがあり、それを「過曲」と呼び慣わしている。このような「過曲」は二つ、あるいはそれ以上の曲牌と「尾声」とで構成されている。なお「過曲」は傀儡調において別の意味も持っている。たとえば、演出中に二人の人物がひとつの曲牌（曲文は同じでない）を交互に歌うとき、一般にはこれも「過曲」という。

泉腔傀儡戯で用いられる楽器は、初期には弦楽器はなく、主に噯仔《アイズ》（小型のチャルメラ）、南鼓、鉦鑼（形は円形で、厚く、半球状の出っ張りがあり、バチで叩く）、鑼仔（鼓仔のこと）拍、南鑼、銅鈸などの数種を楽器としていた。伝えられるところによると、清代の中期以降に演じられた目連戯で「五名家」が現れた時になってようやく簫、二弦、三弦などの管楽器、および響盞、小叫などの小型の打楽器が用いられるようになった（図版４）。原始的な泉腔傀儡戯の楽器や舞台裏での形式は、文字による記述が残っていないので詳しいことは知る術がない。しかし、泉州の民間（徳化、南安、永春などの農村）においては、今もなお泉腔傀儡戯の一種である「土班」が流行しており、その舞台裏で三人が担当する楽器は主に南鼓、鉦鑼、鈸、噯仔などの数種であり、古代の傀儡における「鑼鼓笛」と同じ演じ方である。これは古代泉腔傀儡戯の遺風と言えるであろう。

２　上演される演目

泉腔傀儡戯の演目は大まかに分けて落籠簿、籠外簿、散簿の三つのタイプがあり、その中の「落籠簿」はこの劇種の基本演目（すなわち看家戯）である。「籠外簿」はこの劇種で最も重要な祭祀劇である。普段は上演されず、外部で上演する際に用いる戯籠（演目）の外に置かれるので「籠外簿」と呼ばれる。「散簿」とは、他の傀儡劇では「散戯」と呼ばれるもので、前の二種で語られる連台本戯と異なり、一場（半日または一夜）で演じられる。しかし、現在、専業劇団や研究団体が保存している「散戯」の数は極めて少なく、往時の傀儡班における『皇都市』、『逼父帰家』などの劇は、すでに失伝、もしくは散逸しているようである。このような「散簿」の演目は泉州市や各県の専業劇団では存在しないことは確かだが、民間の「散簿」の存否状況に関する詳細な調査はまだ行われておらず、新しい発見が待たれる。「籠外簿」に至っては、現在、『李世民游地府』、『三蔵取経』（『西遊記』とも呼ばれるが、呉承恩の『西遊記』とはストーリーが異なる）、『目連救母』の三つの連台戯を残しているのみだということがわかっている。この三つの劇は共に泉腔傀儡目連戯の祭祀形態として民間における中元節前後の普度儀式に現れるものであり、「目連戯」の範疇に入れることができる。

3　表演芸術

その他の提線傀儡戯と同じく、線規もまた泉腔傀儡戯の最も基本的な芸術表現形式である。線規は提線傀儡戯の線位、提線法や特定の動作の表現形式などの形式を含んでいる。例えば「官行線」には右方歩、左方歩、扶玉帯、理髯、顛脚、煞脚などの動作があり、「旦行線」には蓮歩、理鬢、整衣、蓮歩行、寄脚、拂袖、理袖、立定などの一連の連続動作がある。しかしながら、泉腔傀儡戯の形式の概念には、さらに比較的精緻で深い概念のものもある。泉腔傀儡戯の芸人は線規形式を用いる時に、さらに基本的な規則を持っている。例えば芸人は登場人物のモノローグや対話の台詞を言う時に、登場人物の台詞で交わされる正確な「度」を把握していなければならず、この「度」によって台詞回しが先導される。

泉腔傀儡戯の行当《やくがら》は、大きく分けて「生」、「旦」、「北（浄）」、「雑」など、四つである（図版5）（図版6）。この

5　泉腔傀儡戯の木偶—烏帔（旦《おやま》のひとつ。泉州木偶劇団提供）

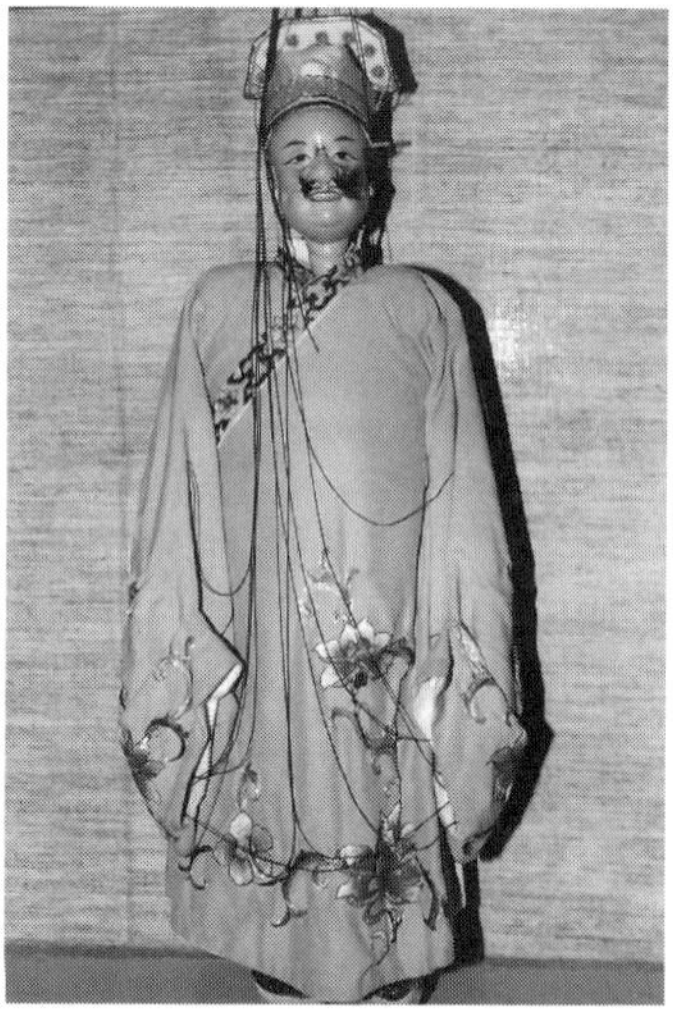
6　泉腔傀儡戯の木偶—笑生（泉州木偶劇団提供）

役柄の決まり事は、宋元の南戯における行当である生、旦、丑、浄、外、末、貼の「七子」と比べて大きな相違があり、宋代の傀儡戯から元明の傀儡戯へと発展する過程において、南戯の行当の影響を受けつつも、南戯の行当の体系を全面的には受け入れていないことを示している。すなわち、この劇種特有の傀儡の行当を通して独自の形および傀儡戯発展の特徴を保持している。

泉腔傀儡戯の四大行当の形成は、二つの方面と関係があると思われる。一つは、宋元の時代に雑劇の「末、旦、浄、丑」の行当の影響を受けたことである。すなわち、この「末」はすなわち傀儡戯の「生」であり、「丑」は変化して広義での「雑」となり、古南戯における「副浄」（「副粉墨者」とも）や、丑などの滑稽な身振りで笑いを誘う雑役夫役や、兵隊役などの「浄丑」の役が、「雑」の行当と融合したこと。いま一つは、元明ののちに上流社会の文人や風流人が傀儡戯の上演活動や芸人の育成に参加するようになったことである。これにより、芸人はそれぞれ分かれて「生」、「旦」、「北」（浄）、「雑」の四大行当の提線師となるように定められたが、こうした分業は行当を制度化し、多くの登場人物がこの四つの中に分類されて所属するようになった。その行当のきまりごとから分析すると、以上の二つの状況が泉州傀儡戯の行当の形成過程にあったものとみられる。

2　傀儡戯劇団の類型

泉州傀儡戯の戯班（一座）の形式には「四美班」、「農家班」、「宮廟班」の三つがあるが、それぞれの班の宗旨、奉仕対象、芸術表現および水準は全て同じとは限らない。以下に例を挙げる。

1　四美班

泉州傀儡戯の「四美班《スーメイパン》」（図版7）の呼び名はいつ始まったかは不詳であるが、舞台に「内廉四美」という幕が多く掛けられているのでその名があるとされる。また一説では、泉州傀儡戯には「生、旦、北、雑」の役があり、「四美」はこれらの役柄の芸術美を表わしているという。さらに「四美班」は「生、旦、北、雑」の役の担い手のことであり、『目連救母』の「副旦」（貼）を入れて「五名家」とする場合もある。

7　泉州傀儡戯“四美班”の演出場面（泉州市木偶劇団提供）

しかし、筆者の考察によれば、泉州傀儡戯の「四美班」の名は「内廉四美」から来ているものである。そして「内廉四美」の本当の出典とその意味するところは、泉州の人々が誇りとしている宋代の泉州籍（一説には莆田籍）の状元で、後に泉州太守となった蔡襄の洛陽橋伝説と関係がある。明代初期には無名氏の『四美記』伝奇があり、そこでは蔡父興宗の「忠」、蔡母王氏の「節」、蔡襄の「孝」、蔡興宗の友人・呉自戒（蔡襄の岳父）の「義」が朝廷により「忠孝節義」の額を賜り、橋の上に四美牌坊を立てるというストーリーが演じられていた。傀儡班の「内廉四美」はこのことを指しているに違いない。そして、傀儡班でいう「四美」は、おそらく以前にこの芝居を演じていたことと関係があるだろう。さらに四つの行当も「四美」と呼ぶが、これは後にその名義を広げたか借用したものである。(23)

古代の地方文献に「四美班」の記述はいまだ見られず、近現代の文献には二十世紀二十年代の廈門刊印の小冊子に見られるのみである。陳佩真等編『廈門指南』によると「傀儡　通称は四美班、専ら娯神のために演じられる」という。(24)これは現在のところ泉州「四美班」に関する比較的早い、最も具体的な記載である。

近代以降、本来の意味での「四美班」は、科班と専業傀儡戯班という限定された班社概念を持つ傀儡戯の班社を指す。閩南の歴史においては「泉州人が最もこの芸に長けている」（蔡鴻儒『晋水常談録』）と社会的に公認されていて、近現代に多くの名だたる芸術家を育て上げ、泉州傀儡戯が豊富な芸術文化遺産を保存することになった。それは、こうした専業的な、科班で訓練された「四美班」に負っている。これは近代以降の客観的な事実である。四美班は明末清初からの泉州傀儡戯の発展の完全な構造を持つ芸術形態の結晶である。その最も早い時期のものは上流社会や、貴族階層のために、官界、賓客の接待、慶賀、祭祀などのために設けられ演じられたが、後に中上流階級の推奨と、幅広い運用とにより、次第に都市から郷鎮社会へと流行していった。そのため、四美班は閩南傀儡戯の高雅な芸術形態の象徴と見なされている。

2　農家班

「四美班」は泉州傀儡戯班社の一側面に過ぎない。一方、泉州城内や栄えている商業地区以外を除くと、泉州の広大な農村経済の状況は都市部と比べることは不可能であり、その社会生活は大きくかけ離れている。そこの傀儡戯班の芸人の多くは半農半芸の、アマチュア性の高い班社をなす。それと同時に、このような班社体制もやはり家族班、もしくは家庭班である。農業社会において、演劇は農業で生計を立てていく上で補助になる職業であることは疑いないもので、『永春州志』の「風俗」には「貧家子喜習優戯（貧しい家庭の子弟は好んで演劇を習う）」とある。[25] このように舞台に二人、舞台裏に三人でおこなう傀儡班社を、旧時、都市の人々は「農家班」もしくは「土班」と呼んでいた（図版８）。

8　晋江新店の農家班。日本目連傀儡研究会編《泉州目連傀儡調査論文集》より

農家班は閩南および泉州の傀儡戯で最も大きなグループであり、閩南各地の都市や農村に分布しており、その主要な対象は農民である。彼らは最も広汎に広がっており、祀堂における祭典、廟会における社火（芸能）、大型の市場、職業団体の大規模な祝典などで上演するだけでなく、さらには一年の季節ごとにおこなわれる「禳災祈福」、「喜慶賽願」、「婚葬喜事」などにおける上演の需要があり、これが傀儡戯の最も大きな市場であり、また閩南傀儡戯の生存と発展の源泉でもある。

清代に入ってからは、傀儡戯の農家班は遍く閩南の農村に分布した。例えば徳化県では「雍正十二年（一七三四）に肖坑村の王達が提線木偶戯『瑶金班』を主催した」[26] とある。徳化文化部門の調査の統計によると、現地の傀儡戯は「線戯」と呼ばれ、二百年余りの歴史を持つ班社が三つ、その他にも十数あり、雷峰、霞碧、水口、桂陽、葛坑、関湖などの十数か所の郷鎮の村に分布している。これらはみな「農家班」に属し、泉腔傀儡戯の歴史的な形態を残しており、泉州郡城内外の「四美班」と大きな相違がある。その最も際立った相違点は、班社の提線師の体制にある。すなわち上下が二人、舞台裏は司鼓、習鑼、司笛（噯仔を含む）の三人、班社全員で五人もしくは六人である。徳化だけがそうなのではなく、かつて泉州の文化界の注目を集めた清代中葉の晋江市における「錫坑傀儡」の状況もおおかた同様で、『泉州文史資料』の記載によれば次の通りである。

錫坑は今の石獅市附近の村落である。「錫坑傀儡」は、最初はほぼ泉州四大廟（関岳廟、元妙観、東獄廟、大城隍廟）の近くで善男信女による禳災祭祀儀式の形態として、二人だけの演師によって演じられていた。後に次第に発展し、「生旦北雑」の四大行当を形成し始めたので、演師もまた四名に増えた。これは実質的には泉州傀儡の「四美」の決まりを採用したものであり、しかも演じるのは、みな泉州傀儡戯の古い脚本である。(27)

これにより「錫坑傀儡」の初期の形態をうかがい知ることができる。それは、初期の泉州傀儡戯も「善男信女による禳災祭祀儀式の上演形態」であったことを証明しており、さらにはその他の傀儡戯の体制と同じく、「二人だけの演師によって演じられていた」。同様に、このような上演形態と体制は清代中葉の泉腔傀儡戯「農家班」の変遷と発展の跡を示している。

南安、晋江などでは、「農家班」に少なからぬ班社が存在しており、それらは現地の寺院や宮廟の神仏の慶誕活動と密接な関係を持っていた。例えば泉州地区の毎年十月の普渡祭祀には泉州と漳州の千以上の劇団と傀儡戯班が集まり、上演をする。その最も典型的なものは晋江市大浦村の十八年に一度の大普渡で、当時「亀湖大普」と呼ばれた。その儀式の規模は非常に壮大で、大小の劇団と傀儡戯劇団の舞台は多いときには百にも達し、最大の福建民間祭祀だと言える。(28)宮廟での上演においては、どの神仏の誕生日にも五日から七日の劇を演じなければならず、その中で上演されるのが最も多いのが布袋戯である。一部の規模の大きな宮廟を除く、圧倒的多数の場合には現地の傀儡「農家班」を招いて劇を上演する。そのため、「農家班」のような伝統的な小規模の傀儡班社が泉州地区で最も大きな戯劇集団となったのである。提線傀儡戯の芸人の地位は布袋戯よりも高い。また農村では福首によって儀礼がなされる、芸人は一般家庭に住み、料金もやや高くなる。これらの条件はかえって傀儡戯の近年来の衰退の要因となっている。提線傀儡戯で言う「前に傀儡戯、後に演劇」の形態が尊重されている状況はいまだ揺らいでおらず、多くの重要な寺社での上演では依然として幕開けに傀儡戯を演じている。しかし、閩南各地に遍く分布した「四美班」は、多くが玉石混淆の状態で維持が困難になっている。そのため、傀儡戯班の芸人は布袋戯の演者も兼業している場合が多く、そこで提線、布袋合班の新しい傾向が現れてきた。陳佩真の『廈門指南』にはこのような農村における四美班の混合現象を示して、次のように述べている。

傀儡　通称四美班。専ら娯神のために上演される。陰暦正月の玉皇誕の日の活動は極めて忙しいが、その他の月は閑散としている。多くが掌上班と兼業しており、歌や台詞もみな掌上班と同じである。館は局口街にあり、料金は一舞台七、八元である。(29)

3　宮廟班

泉州傀儡戯ではさらに特別な現象がある。すなわち、街の内外にある有名な宮廟がそれぞれ専属の傀儡班社を持っていることであり、これは福建全省、さらに中国全土でもきわめて稀なことである。同時に、これら宮廟の傀儡芸人（提線師）の多くは道士も兼ねている。それゆえ、事実上、傀儡班が宗教的な実体となっており、その表現の主体となるのは道師で、傀儡戯は宗教活動における付属的な内容、および形式となっている。泉州の東岳廟、城隍廟、天公観、玄妙観の四大廟では、いずれも道士が傀儡戯の演者も兼ねている。東岳廟の所在地は東岳村に

9　泉州天后宮の慶誕の際の傀儡戯（朱煌年撮影）

あり、この村の代表的な姓氏は陳と蔡の二つで、蔡姓の道士兼傀儡戯演者は蔡双童氏（八二歳、一九二二―）で、すでに、六、七代目になる。彼も道士兼傀儡師の世家の出身で、このような宮廟班の歴史はかなり長いものと考えられる。

「宮廟班」の上演は、主にその宮廟の祭祀儀礼と民衆関連の一部の宗教活動のなかで行われる（図版9）。大規模な上演では中心に舞台を設置して、数夜にわたって演じられるが、このようなものはその多くが宮廟の祀神慶誕と関係がある。小規模の上演は神殿の中でなされる。そこでは舞台を設置せず、小さな台屏一つで、一人か二人の芸師と、二、三人の楽隊でおこなう。上演されるのは主にいくつかの儀式劇の意味を含む小戯か大戯の一節であり、劇を演ずる対象の多くは、結婚、男子の誕生、長寿祝い、発財（致富）等の喜びごとのあった家庭で、その傀儡戯を演じる目的は主に還願酬神、敬謝神恩である。上演される演目は民家の「謝天地」と似通っていて、『父子状元』、『賫滔』、『郭子儀拝寿』などにすぎない。宮廟傀儡班に属しているために、神誕や吉日については熟知されているので、演劇の舞台衣装や小道具は神殿の側に置き、いつでも上演できるように便宜を図っている。これもまた泉州民間の宮廟文化の特殊で大きな景観のひとつである。[30]

三　閩南人の社会生活と密接な関係を持つ傀儡戯

閩南人の社会生活において、傀儡戯はその文化的生活の一部分であるばかりではなく、その宗教や民俗生活を構成する重要な要素でもあり、閩南人の一生における生、老、病、死と密接にかかわっている。今日に至るまで、生活環境とスタイルが変化した一部の都市部に住む人たちを除けば、大部分の農村における傀儡戯（主に提線傀儡戯）と人々との関係は依然として密接なものである。初歩的な統計によると、この傀儡戯の上演は「賽願酬神」、「新婚吉慶」、「禳災祈福」、「普度超亡」の四類型に分けることができる。

1　賽願酬神の傀儡戯

人々の関係が複雑で一定しない社会生活において、一個人や一家庭の存在は小さくて無力なものだが、人々はその生活の中でもつれ合い、災難や不幸に出遭った時に、神の加護を得て、そこから逃れたいと考えた。そのために民間には数多くの「求嗣」、「求財」、「求科挙」、「求寿」、「消災」、「脱難」など、また「許願（願かけ）」と「還願（願ほどき）」（図版10）という賽願の風習が生まれてきた。これらの賽願は、みな酬神の傀儡戯を上演することによって行われる。その中でも提線傀儡戯が効能覿面とされている。

旧永春州徳化道壇の科儀本には、陳姓のある家庭が数年間に遭遇した出来事や、「線戯」を行って酬神謝願を行った事象の記録があり、そこから古代閩南で演じられた傀儡戯と社会生活の密接な関係をうかがい知ることができる。科儀本の内容をみると、永春州徳化県廿二都嵩渓郷呉坪村の陳大経の一家で起こったこと、すなわち清の同治戊辰年七年（一八六八）から光緒四年（一八七八）の十年間にあった、数多くの喜び事や煩わしい事件の情報が得られる。喜び事というのは、錫銅、宗鎮、錫福、宗克の四人の孫を得たこと、陳大経本人が加護による長寿を祈って六十歳に至ったことであ

10　泉州東嶽廟の宮廟班による還願戯（泉州木偶劇団提供）

る。災難の出来事とは、妻の馮氏の病、長男の嫁の李氏が病気になって憂えたこと、また馮氏が突然ならず者にからかわれたことなどである。また家庭の不幸な出来事とは、次男の志敬が道を踏み外して、外国の阿片の嗜みに染まってしまったこと、家庭の事業がうまくゆかず、陶器製造の商売が振るわなかったことなどである。およそ祈求の時には当日、口で願い事を言うか、または神前で加護や解脱を願って誓約する。その還願ではみな「線戯」を行って神に感謝する。おそらく現地の山村では傀儡戯は唯一の演劇形式であり、そのため酬神謝恩の唯一の選択肢となったのであろう。一つの願い事が実現するたびに、一つ、もしくは二つの線戯を上演してそれに報いなければならない。そして、これによって還願（願ほどき）とする。陳大経の六十際の賽恩還願疏文をみると、このような還願と傀儡戯による謝神の関係がわかる。その文は以下の通りである。

賽恩行移条節　李記

福建省永春州廿二都嵩渓郷呉坪保架珠堂居住賽願蒼生陳大経率男志納、志敬符誠心叩干

鴻造所伸意者。念経縁同治戊辰年賽恩以来、屡心黙祷。蒙

空中而感応、祈福寿而康寧、爰巳花甲之歳、果蒙有感、喜伸叩酬。茲植年登杖郷（六十歳）箒届之期、謹択

腊月十四日、掃浄家居、潔置賽壇、列果献花、燃香秉燭、迓

高厚而降格、宰剛鬣于案上、聊表芹藻、火化財金、敬演線戯。昭答

天恩。伏以

主書正直為銷前許之名

玉管清輝再注後来之慶。固本根於磐石枝葉華、申福寿於山陵禧繁祉、永麟之趾鳳之毛、蝉聯鵲起、蘭之香桂之茁、瓜瓞綿長、万年錫嘏、再世其昌。経等下情無任、望

恩之至。
太歳丁丑年十二月　日疏上[31]

願かけの状況により還願謝神の形にも区別がある。陳家では十年間に全部で十二の酬神戯が行われた。たとえば、そこでは「又喜得孫錫銅、一台。（また孫の錫銅を得たので、傀儡戯を一つ）」とあるが、その疏文では「又念今春喜得孫錫銅、幼庚乙歳、合一叩酬、同取良日吉辰、敬演線戯ムムム、昭答上下神祇。伏願大道無私、銷昔日之願。……」[32]とあり、「又喜得孫宗鎮（また孫の宗鎮を得た）」に対しては「鴻造所伸意者、再念喜得第四孫宗鎮、幼庚乙歳、願謝線戯一台。亦就良辰之吉、敬陳浄供、炳化凡儀、昭答高真。……」[33]とある。十年の許願で上演された十二の還願酬神戯の区別は次の通りである。

陳大経祈庇福長寿、已達六十歳、許線戯一台
陳妻馮氏、長媳婦李氏染病、祈禳禍祛病、許線戯両台
馮氏忽被外悪押侮、祈庇剖釈禍患、許線戯一台。
次男志敬、前年运途乖舛、祈禁食外国烏煙、許線戯一台
家事未亨、生理不順、祈家道発祥、窑陶生理如意、許線戯両台
祈孫曹以昌炽、嘉見孫錫福、錫銅、宗尭、宗鎮、合謝線戯四台
乞祈四孫成人長大等、許線戯一台。

そして光緒丁丑四年（一八七八）臘月《うるうづき》、徳化高陽村の李姓霊感壇道師を招いて還願酬恩の儀式を執りおこない、

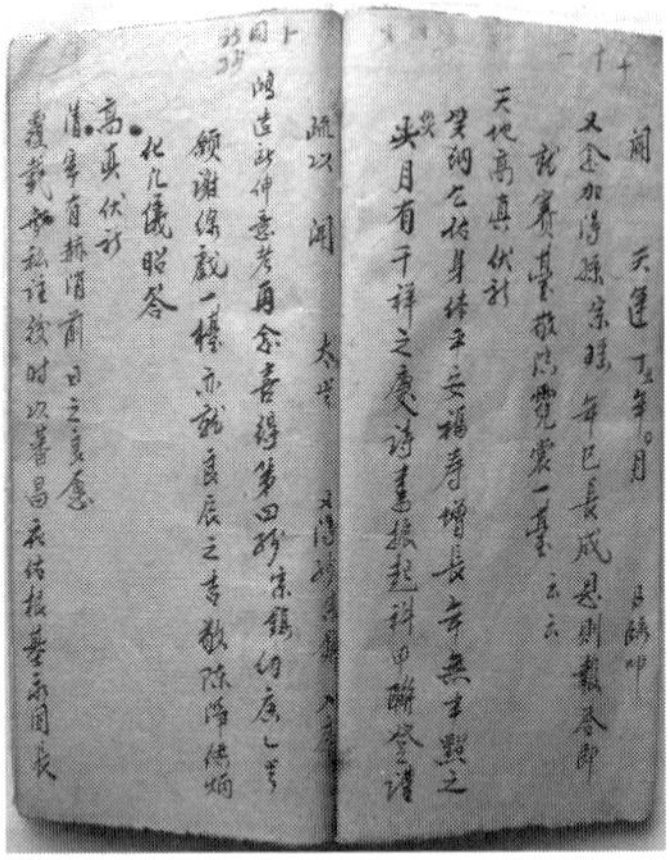
11　徳化民間道壇科儀本に記された求子還願線戯のくだり（葉明生撮影）

同時に傀儡戯班も呼んで十二の線戯を上演し、全ての願ほどき、神恩感謝をした。このように線戯で賽願酬神をおこなうことは、閩南ではよくみられることではあるが、陳家のように十年の願いを一度に十二の傀儡戯で酬謝したのは珍しいことである。その道壇の「還総願全疏文」では、この還願について極めて詳細に記されている。参考のために全文を引用する（図版11）。

伏以

清寧有赫雨露洪沾乎庶彙
復載無私日月普照於万方。凡有投誠、必嘉響嚮報。今拠
大清福建云云、居住賽願蒼生ムムムム、薫沐叩首
鴻造所伸意者、言念経ムム、縁同治戊辰年賽恩以来、承乾坤而蓋載、感三光以昭臨。但念屡心黙祷、許下梨園一台、祈庇福寿康寧。茲植杖郷（六十）之歳、☒届之期。恩則必報。又妻馮氏染恙、再念長媳婦李氏染得採薪（得病）之憂、両許梨園二台、祈求痊安。又前年家事未亨、生理不愧（順）、乞祈家道発祥、財源日進、窯陶昌隆、生理如意、有許梨園両台。又心許梨園、祈孫曹以昌熾、嘉見孫錫福、錫銅、宗尭、宗鎮、合謝四台、乞祈成人長大。又念次男志敬、前年運途乖舛、皓（好）嗜外国烏煙、又下梨園祈保。革故而鼎新。又前年合家男婦困乏、馮氏忽被外悪押侮、祈庇剖釈禍患、告（許）下梨園一台。再念経等、爾来所求十二件、有許梨園十二台。果穫有応、恩則叩酬。爰今杖郷之歳、合当報答。茲植節届嘉平、梅花吐蕊、謹択臘月十四日、掃浄家居、潔置賽壇、敬演線戯、聊表丹心、戞玉而敲金、歌功以頌徳。堂上灯

花燦燦、影雑星光、庭前鐘鼓鏘鏘、声通上載（界）。虔備花香清酒、聊表、牲果粢盛、蘋藻潔陳、金楮火化。伏祈帝其居歆鑑観有赫、神其来格明徳慨馨。注銷前許之名、乞祈後来之慶、固本根于磐枝茂葉華、中福寿於山陵、禧繁社永麟之趾、鳳之毛、蝉聯鵲起桂之馨蘭之茁、瓜秩綿長、百世其昌、葉四時而迭韵、万年錫嘏同二曜以長征。凡有諸事、咸祈日新。経等下情無任、望恩之至。
太歳丁丑年臘月　日具意拝叩(34)

2　新婚の祝いの傀儡戯

泉州と莆田の農村では、子供が結婚した時に願ほどきとして行われる民俗がずっと流行しており、これを「謝天」という。実際には「床公床母（寝床の神）に感謝する」ことである。その儀式は提線傀儡師が戯神である相公爺の人形を携えて新房（新婚者の寝室）に入り、駆邪をするので、傀儡芸人はこれを「探房」と呼ぶ。「探房」は、両親がその子供（特に男子）が幼い時に多病で育てるのが難しい際、習俗に従い天に願いをかけ、もし子供が健康に育てば、その結婚の日に神や天に感謝すると誓うことに由来している。願掛け後、両親は香や蝋燭、三茶（婚礼時の茶のやり取りの総称）五果を準備して近所の宮廟の神仏の前で挨拶をし、天に願い事を詳しく説明し、神の照覧と加護を乞う。そして宮廟から願い事を記した札をもらい、部屋の両側の壁の高いところに貼って備忘とする。そして、子供が成長したあと、結婚すべき吉日を選び、天地の神に加護の恩を感謝し、願ほどきとする。

謝天還願の儀式は新婚の家（男子の側が多い）でおこない、その時間は婚礼前日の夜半過ぎである。家庭によっては、提線傀儡戯の劇団を招くと同時に、道士のグループ（一般に一人から三人）を家に招いて謝神や保安の科儀をおこなう。傀儡戯の小舞台の多くは二枚の門板で玄関の右側、もしくは都合のよい場所に設け、道壇は広間の中央に設置する。新婦側は夜に必ず新郎の家に赴いて、謝神儀式に参加しなければならないが、儀式が終わるとすぐに実家に戻り、その後ようやく正式に嫁入りがなされる。謝天儀式の多くは夜半、またはその後の夜明け頃に始まる。道壇があれば道士がまず太鼓を叩いて「請神科」を行った後に、傀儡戯の舞台で太鼓を叩き、「小出蘇」が演じられる。その後で家の主人が新郎と新婦を伴って、三本の香に火をつける。すると、道士は鼓笛の楽隊を率い相公爺の人形を部屋の中に持ち込んで踊り、【囉哩嗹《ルオリーリエン》】を唱える。その後で挨拶の言葉を述べ、めでたい話をする。その「探房詞」のくだりは次の通りである。

　楽鼓角鬧喧喧、田都元帥到房間、到房間、是好代（事）、相共床公床媽説得知。保庇境主官、五男二女連胎来。
　楽人鼓角鬧喧喧、田都元帥今日探房入房来、入房来、是好代（事）、共你境主官説得知、保庇境主管添丁又発財[35]。

祝いの言葉を述べた後に、傀儡師は相公の人形を携え、寝台の前に行き、寝台のカーテンの両端を両手で持って合わせることによって、百年の良縁を祈る。その後で主人は相公爺を伴って部屋を出て、三枝香を香案の上に挿す。相公爺は舞台に戻り、「探房」儀式は終わりを告げる。

その後に、舞台でようやく祝賀戯である『劉禎劉祥』や『父子状元』（『賽滔』）の上演が始まる。道壇科儀があれば、道師がまず「送灯進房」の科をおこない、事前に鶏を殺して、穢を祓う法事もおこなう。部屋に入る時に家の主人は香を持つ。新房には鼓笛手がいる。そして調理した鶏などの供え物が卓上に並ぶ。寝台のカーテンには飾り提灯を吊る。部屋を出た後、再び傀儡師は相公爺の人形を操って「探房」をおこなう。道壇には「三界壇」（天地人の三界）があるので、傀儡師は相公爺を持って部屋に入る前後に「三界壇」に行って拝礼しなければならない。相公爺が「合帳」する時、家の主人は相公爺に感謝する。すなわち、その人形の体に小さな祝儀袋を入れて謝意を表す。二日目の午前（朝食後）には、傀儡戯の舞台は必ず終わっていなければならないので、傀儡班は朝食をとった後はすぐに道具箱を持って立ち去る。家を去るにあたっては、玄関でまた祝福の言葉を述べなければならない。「探房」の意味は極めて奥深い。その中には、芝居の上演で酬神、謝恩了願を表すこと、相公が部屋に入って駆邪保護をおこなうこと、また新郎新婦の百年の和合吉祥を祈ることなどの含意がある。この習俗は歴史的に莆田、仙游や泉州の南安、永春、安渓などで非常に盛んであり、現在もなおおこなわれている。

泉州の南安などでは、息子が結婚すると傀儡戯班を家に呼んで上演する「結婚戯」もある。上演される時は息子が結婚する前日で、謝神のために演じられる演目は『仙女送孩儿』、『皇都市』などの短い劇である。朝、上演をする。舞台は家の玄関に設け、上演時間は一時間余りにすぎない。

新生児が満一か月を迎えた時にもやはり木偶班を招いて、俗にいう「戯」を上演する。このような上演は主に謝神酬願が目的であるが、同時に新生児が健康に成長してほしいという新たな願かけの意味もある。舞台の多くは家の外の広場、あるいは村に夫人媽（陳靖姑またはその他の女神）や注生娘娘を祀る廟があればそこに設けられる。請神の対象が夫人媽（臨水夫人陳靖姑）であれば、上演する演目は『父子状元』である。

12　泉州民間木偶班による慶壽戯（魏愛棠撮影）

また「生日戯」というものもある。多くは老人の誕生日の祝いに演じられる（図版12）。一般的な家庭では行われず、裕福な家庭の、子や孫が多く、かつ年齢が古希に達している者に対してのみ、この劇が演じられる。さらには道士が家庭に赴いておこなう「拝斗」科儀もある。これは「禳星祈斗」と呼ばれる。福禄寿、南斗、北斗の神などをよび招いて長寿を願う儀礼である。傀儡班の演目は『郭子戯拝寿』で、上演時間は一日である。戯棚は玄関口に設けられ、長寿を祝う親類、友人がやって来て、この演劇を見物する。

３　禳災祈福の傀儡戯

閩南の民間の民俗活動においては提線傀儡戯の果たす役割が際立って突出している。提線傀儡戯は民衆の世俗生活における人々の生態と密接な関係を持っている。その多くは平凡な俗信行為にみえるが、そこには傀儡戯の参与がある。ただし、この点はこれまでの傀儡戯研究者には注視されてこなかった。曽学文の『廈門戯曲』によると「廈門の傀儡戯は他の地方と同じく、その宗教的な機能が際立っており、民間における神誕、葬家、亡霊の超度など、みな傀儡戯班を招いて〈鎮煞駆鬼〉をおこなう」[36]。そこでは傀儡戯の宗教的な機能や役割を見て取ることができる。以下、ここ数年の調査の結果を提示しよう。

１　探屋安龍

泉州郊外の農村では、法事としての傀儡戯の役割を重んじてきた。村人は家を新築する前に神に願掛けをし、完成したら傀儡戯を上演して神に感謝した。このような還願（願ほどき）の意味を持つ謝神の儀式は、龍神を安置して邪を払うという意味があり、傀儡師はこれを「探屋安龍」と呼ぶ。いわゆる「安龍」とは土地龍神と五方龍神を安置することである。龍神が安置されれば家屋は安全であり、家屋が安全なら、人は太平安泰なのである。

探屋の儀式には道士も参加する。道士は一般に一人のみで、伴奏の楽隊を伴う。その壇は新居の敷地内か、広間に設置される。ただ、家によっては、経費節約のため、あるいは陰陽先生の択日《ひえらび》に基づいて、道壇者を呼ぶのは不要だとみなすこともある。そのときは傀儡班の上演だけをおこなう。

傀儡戯の舞台は新居の玄関の右に設けられる。舞台の衝立の後ろには十二の傀儡戯の人形がかけられ、その真ん中に、相公爺の人形を置き、香火神案を設置する。舞台の右隅には香や供え物を置いて天地に感謝する。舞台の左には生きた鴨をつなぎ、右の舞台下には生きた鶏をつなぎ、取血開光の準備をする。新居の広間には「先天八卦盤」を置くが、この盤は一つの米の篩いで、上に一枚の紅い布が掛けてある。紅い布の上には百八枚の硬貨を置き、乾坤の図と対応する「先天八卦」卦象を作る。これは傀儡師が相公爺を持って盤上で「五方八卦」の「探屋」科儀をし、五方龍神を安置するために用いられる。これらの「探屋」と関連する物については、傀儡班の科儀本に詳細な記載がある。例えば南安美林村の通芸術偶劇団所蔵の『請神簿』には次のように記されている。

上梁金紙単（原注：出相公（開台）用）
剣一支　花巾、紅布各三尺五　生圭（鶏）、鴨各一只　生三牲一付　熟三牲二付　八卦銭一〇八片　果盒二个　五色果二付　新席一領　剣礼一封　連炮三串　香燭付用　相公礼一包　大灯二座　中灯三座　小灯五座　元旦時大中小金各一斤　魂袱四把。[37]

儀式を始める時には、まず起鼓すなわち太鼓を叩く（道士がいればまず道師の起鼓をする。彼は玉皇の代表であり、田公よりも地位が高い）。さらに銅鑼や太鼓を鳴らして、傀儡師が舞台上で請神をおこなう。まず舞台前の右側で天地の神を招き、その後で相公爺を招く。つづいて家の主人が三枝香と、一つの小箱（上に鏡が取り付けられている）を持ち、傀儡師とともに舞台を下りる。傀儡師は剣を持って舞台下左側に行き、鴨から血をとり、毛筆で鏡に点を打つ。さらに舞台下右側に行き、鶏冠の血をとって鏡に点を打つ。その後で舞台に上り、相公爺の正面で、「点眼詞」を唱える。そして、相公爺の五官である眼、鼻、耳、口、心肝脾肺腎の五臓六腑、左右の手、左右の脚の一つ一つに点をつけてゆく。これにつづけて舞台前に行き、血を含ませた毛筆で小彩屏に三点、屏蹄（小台屏の台座、左右）に各一点、舞台柱の左右に各一点、舞台前に行き、舞台の蓆を捲り上げて、その中心に三点を打ち、その後で鏡、鋏、毛筆、定規などの道具をその蓆の上に置く。そのあと傀儡師が舞台に上り、相公爺を操って『請神科』をおこなう。その棟上げ、または安宅の請神詞は次の通りである。

今据福建省泉州府△△県△△都△△郷△△里△△人新建造△落△△間、坐△△字、今已完成（或上梁）。灯主虔備灯金花果、拝請三界高真上聖、登梁大神、灯杆大神、八卦祖師、老（魯）班先師、九天玄女娘、女烏（媧）娘娘、二十四山土地、本山土地、本龍土地、烏（荷）葉先生、楊救貧先生、黄妙応先生、張李二将、副葉先師、当境遠近神明、受叩有恩都主、列位尊神、日食井泉神君、家奉合炉香火、灶君土地、問神戸位（尉）、小蘇恐請不尽、調理不週、拝托本宅土地再請。涓吉今月△△日[38]

請神が終わると、傀儡師が相公爺を操って台上で『大出蘇』（小規模の「探屋」では『小出蘇』）を演じる。【囉哩嗹】が舞台の上下で唱えられる。その後、傀儡師は再び相公爺を持って家の主人が持つ三枝香に導かれて新居の広間（もしくは敷地内）に入る。道壇があるばあいは、まず道壇に拝礼をし、そののち、「先天八卦盤」の上で【囉哩嗹】唱える。そして五方八卦の方位を歩く。その順序は東、西、北、南、中であるが、それぞれの方位に行くたびに拝礼をしなければならない。最後に中の方位に戻って、お辞儀をし、銅鑼を大きく鳴らす。傀儡師はここで吉語（めでたい言葉）を述べる。そして、相公を舞台に戻し、舞台で『劉禎劉祥』や『父子状元』などの劇を一つ演じて、劇が終わると、儀式の完了が告げられる。

このほか、家を建てて、棟木を立てる日には「上梁戯」を演じることになっている。演目は『大出蘇』で上演前には傀儡師または道士に「請八卦」の科儀をしてもらう。上演する場所は家の前、もしくは祠堂の中である。儀礼では、内壇は師公が担い、外壇は傀儡戯の上演がなされる。上演の時はいずれも真夜中であるが、時間を指定する時もある。上演時間は一時間前後である。

2　祭橋点光

閩南の農村では大きな橋を架けるときに、傀儡戯の劇団を呼んで「祭橋点光」の儀式をおこなう。傀儡師はまず橋のたもとに傀儡戯の舞台を設置し、相公爺の神位を安置し、舞台前に橋の神位を安置する。そして請神、敕鴨、敕鶏、取血などの前儀の後に、橋のたもと、橋の真ん中、反対側のたもとにそれぞれ筆に血を含ませて点光し、舞台に戻って相公爺を操って『大出蘇』を演じ、その後で相公爺を提げて橋を渡る。地方の福首が道士を招いて「三界壇」を設ける場合には、傀儡班は芝居を上演して神に感謝しなければならず、その演目は『郭子戯拝寿』などの劇だが、一つのみを上演すればよく、時間も一日か半日しかかからない。このような傀儡で橋を祀る儀礼は各地でも珍しいことであるが、南安市美林街道渓二村の「通芸木偶劇団」が、数年前に南安市倉蒼鎮飛虹村の鉄索橋の落成に際して「祭橋」儀式を行っている。このような酬神形式は「私願」ではなく、「衆願」に属するもので、平安が永く確かなものになることを祈祷する公共性の強い儀式である。

3　謝火禳災

閩南の風俗では、家屋で火災が発生した際には、そこに住む人の素行がよくなくて天地の神を怒らせてしまったために、災いがもたらされたと考える俗信がある。火災を起こした家は懺悔し、また今後、二度と災いがないことを願い、道士の一団（三、五人。吹打班を含む）と傀儡戯班を呼んで、彼らと一緒に火災の発生場所で禳災謝火の儀式をおこなう。現地の人々はこの傀儡戯を「謝火戯」と呼んでいる。

「謝火戯」を演じる時、道士は「三界壇」を築くが、傀儡師は一人のみで、相公爺のか木偶か鍾馗を携える（図

13　泉州傀儡戯の禳災演目『跳鍾馗』（泉州木偶劇団提供）

版13）。楽隊は三人伴うが、舞台を設けず、火災のあった廃墟で『小出蘇』を演じ、【囉哩嗹】を唱える。

儀礼の前に傀儡師はまた請神の儀もする。すなわち神前で「請神消災疏」を読む。この疏文は傀儡師の書いたものではない。道壇で抄写されたもので、それに従って読み上げる。今も健在の泉州傀儡戯の著名な芸人陳清波氏の説明では、「謝火戯」を演じる際には明確なきまり事と禁忌があるという。例えば、「謝火戯を演じる際、壇で祀る主要な神は水徳星君、火神爺で、舞台は火災現場に設置する。上演する演目は『水淹七軍』である。劇中の人物は白や緑の衣装を着るが、赤色のものを着てはならない[39]」という。このような道壇科儀や傀儡戯の上演は近年ではすでにあまりおこなわれなくなっている。

4　安神謝井

農村で新しく井戸を掘った時、やはり傀儡班を招いて「謝井」の科儀をおこなう。提線班がない場合は掌中傀儡班を招いて上演してもよい。ただし、「謝井」の儀礼は必ず提線の相公爺によって仕上げなければならない。傀儡師は井戸端にいって神を安置する。その神の名は「日食井泉神君」という。請神が終わると、傀儡師は台上で、【囉哩嗹】を唱え、「小出蘇」を上演する。そのあと、傀儡を提げて井戸のまわりを一周する。その後を銅鑼や笛がついていく。そして傀儡が舞台を巡り相公爺を掛け置く。こうして劇がはじまる。その儀礼は簡単である。ただし、閩南の農村の「謝井」で「小出蘇」が演じられるのは独特で、これは福建の民間でも余りみられない。

5　謝虎駆魅

閩南の風俗では、かつてある場所にて、猟師が虎を打ち殺したりすると、それは小さな出来事ではなかった。必ず傀儡戯班を招いて、一場の劇を演じさせた。民間ではこれを「謝虎」あるいは「打虎戯」とよんだ。俗信では虎は虎魅《フーメイ》（虎の妖怪）に先導されているので、虎を打ち殺したとき、この虎魅を祀らないと、その妖怪は別虎を率いてきて村に報復をするとされていた。そこで、虎の害を避けるために、傀儡戯によって虎魅を追いやり、天地に感謝した。それにより、人びとは天神地祇の加護を期待したのである。「謝虎」の儀においても舞台を設置し、道士を招いて「三界壇」を設ける必要があった。その際の儀礼は前述の通りである。二十世紀の五十年代以降は虎の災いもすでになくなった。聞くところによると、六十年代に豹を一頭打ち殺したので、虎供養の醮である「謝虎」をし、傀儡戯を演じたことがあるという(40)。

また泉州地方には干魃の時に傀儡班を呼んで行う「乞雨戯《チーユーシ》」もある。「乞雨戯」は農村で演じられることが多く、一般には道壇の祈雨醮儀と組み合わせて行うが、村によっては傀儡班単独で行う場合もある。儀礼で招かれる神は主に四海龍王、水神などである。舞台は多くは渓流、川のほとりに設置され、一日に一演目だけ、時間は一時間前後である。演目は『司馬再興復国』である。そこでは晋王の無道により、三年の干魃に見舞われるが、後に暗王が除かれて、再び天下太平の世が訪れるという物語がみられる。雨乞いに成功すると、『四海賀寿』が演じられる。そこでは観音菩薩の誕生日に四海の龍王がやって来て誕生日を祝い、天下太平を慶賀する。

4　超亡普度の傀儡戯

死者の魂を救済する傀儡戯は通常二種に分けられる。ひとつは宮廟で演じる、公共性、地域社会性の強い、陰神祖鬼を祀る類いの大型の傀儡戯である。今ひとつは、一般に普度戯と呼ばれるものである。これは、家庭の家

14　晋江陽春木偶劇団による『目連救母』（葉明生撮影）

屋の内外あるいは特定の場所（万人塚や事故の地点などの野外の場所）で新旧の亡魂を超度するための傀儡戯で、超亡戯と呼ばれる。そして、普度戯であれ超亡戯であれ、傀儡戯の『目連救母』は不可欠な演目である。これは俗に「傀儡目連」とも呼ばれる（図版14）。

1　普度戯

普度戯の多くは七月の中元節前後に演じられる。かつて福州、莆田、泉州、厦門などでは、中元普度に傀儡目連戯を演じるほかに、葬儀のある家で目連戯を演じた。『永春県志』には次のようにある。

> 七月　七夕・乞巧。この月は寺院の多くが盂蘭盆会を行って死者を祀り、広く紙銭を施す。これを「普度」という。七子班や木頭戯を招いて『目連救母』や『玄奘取経』の物語を演じて神に奉納する。[41]

普度戯で演じるのは目連戯であるが、一般の葬儀で演じられる目連戯とは違いがある。上演時間が長いだけでなく、所謂「傀儡目連」は『目連救母』に限られず、その他の宗教劇をも採用している。泉州の提線傀儡戯が普度儀礼で演じる目連戯は専門的なもので、「目連傀儡」と呼ぶ。その内容はたいへん豊富で、まる一か月演じることができる、「短縮して演じても七日を必要」とし、それでようやく上演が完了する。現地の人によれば、「このような劇はもっぱら葬儀のあった家や亡霊の超度に演じられる[42]」とのことである。陳佩真等編『厦門指南』には次のように記されている。

また泉州傀儡というのがある（四美班もまた泉州人によって運営され、常に廈門に住んでいる。これと区別するために泉州傀儡と呼ぶ）。これは、技手や伴奏者の数が、それぞれ四美班の倍で、木偶も多い場合には百を超える。『目連救母』、『西遊記』などの演目を得意とするので、目連傀儡とも呼ばれる。全部の劇を演じるにはまるひと月かかり、短縮して演じる場合にも七日が必要である。七日の劇には金約二、三百かかり、食事や宿を提供しなければならない。歌や台詞は掌上班と同じで、諧謔に富むが、品格は損なっていない。このような劇は専ら喪家や鬼魂を超度する際に演じられる[43]。

普度戯を上演する戯棚の多くは寺院の外、もしくは街道の広い場所に設置される。そこでは神をまつって拝礼し、また供物をあげる。特に最終日に目連が母を救い、地獄から抜け出させる時、舞台下には供物を置いた台が林立し、供え物が山積する。その場面は非常に賑やかなものになる。これと家庭での超度戯の雰囲気はまるで異なるものであり、そこにこの普度戯の社会的な特性を認めることができる。

2　超度戯

超度戯は、民家で人が亡くなった時、道士や斎公（廟の管理人）を呼んで功徳道場を設けるが、それとは別に傀儡班を招いて演じるものをいう。その儀礼でまつられるのは玉皇、閻羅、観音、地蔵菩薩などである。超度戯の舞台は家の玄関前に設置される。「小目連」を上演して、功徳を積む。超度儀礼は一日のみである。

葬礼は人生の締めくくりの礼俗で、各地の葬礼には多くの相違点がある。葬礼で目連傀儡戯を演じることはけっして普遍的なものではない。その原因は葬礼の途中に娯楽を入れることを嫌うからである。しかし、閩南の各地は歴史的に早くから外来文化を受け入れていて、それが多元文化の社会の土台となっている。同時に、目連戯（人戯、傀儡戯を問わず）は閩南の地に深い影響を及ぼしている。それゆえ、目連傀儡戯が流行するのは不思議なことではない。そしてさらには「送死之礼」なるものまで出現させ、それが「かえって親類や友人たちを羨まし」がらせる現象が現れた。道光十九年（一八三九）の『廈門志』には次のようにある。

喪礼、喪葬尤多非礼。……初葬置酒召客、演劇喧嘩以為送死之礼。……至于延僧道礼懺、有所謂開冥路、薦血盆、打地獄、弄鐃鈸、普度諸名目、云為死者滅罪資福。居葬作浮屠、已属非礼、廈俗竟至演戯、俗呼雑出、以目連救母為題、雑以猪猴神鬼諸出、甚至削発之僧亦有逐隊扮演、醜態穢語百端呈露、男女雑観、毫無顧忌。喪家以為体面、親友反加称羨。(44)

葬礼で傀儡戯を演じるのは、死者に礼を尽くし、賓客に娯楽を供する意味のほかに、穢れや煞を祓い、邪鬼を駆って、葬礼後の喪家に安心感を持たせるという意味もある。これも目連傀儡戯が民間に存在するひとつの重要な要素である。

清代中期以降、提線傀儡戯が葬礼や普度儀式における社会的な作用や市場効果を高めたため、本来は目連戯を演じなかった掌中傀儡戯（布袋戯）も次々と真似て目連戯を演じるようになった。南安、永春、安渓などの農村では、民国時期以来、提線傀儡戯は日増しに廃れる一方、掌中戯は農村各地に広まり、目連戯といえばこれが多く上演される。筆者は二〇〇二年五月に永春の民間で調査をしたとき、城関桃城鎮から五キロ離れた東桃村において、ある家庭がちょうど出棺儀礼をするのに出くわした。喪家の玄関前の道端に掌中傀儡儀の舞台が設置されていた。

聞くところによると、現地の葬礼では目連傀儡戯を三日かけて演じることになっているという。ここから葬礼で目連戯を演じる習俗は今なお閩南の農村で衰えることなく流行していることがわかる。

この他、民間では身投げ、首吊り、刃傷、落雷、交通事故など非正常な死が常に見られる。このような場合にも傀儡班を呼んで「圧屍戯」をおこなう。「圧屍戯」とは非正常な死に対する「出煞戯」である。この劇は亡くなった現場に傀儡棚を設置して演じられる。約一時間の上演で、『目連』の中の一段を選んで演じる。多くは、傀儡目連の「打森羅」中の、目連が破獄し、血湖池で亡魂を超度する場面、また「観音雪獄」で目連の母青提夫人を超昇させる場面である。そこには不幸な亡魂を超抜する意味がある。上演場所が不浄の地であっても、その「圧屍戯」には見物人がいたという。

四　まとめ

閩南傀儡戯の発生、形態、特徴、およびその宗教、民俗、儀式などについて考察する時に、人々はいつもその歴史的源流や芸術的特徴や文化的な価値などを論じる。但し、その際、宗教と芸術が一体化した傀儡戯に変化と発展をもたらした社会的基盤を軽視することが多い。ところが、その社会的基盤は民衆の社会生活そのものなのである。筆者は、どのような文化であれ、その発生や形成、発展はみなその文化生態環境と密接不可分の関係にあり、この文化生態環境とはすなわち社会生活なのだと考える。人々の社会生活は文化を生み出していく媒体であり、文化が生まれ、発展してゆく土壌でもある。そのため、閩南傀儡戯を理解するためには、まずその社会の構成、条件、社会的な需要《ニーズ》から始め、あわせて傀儡戯生存する現象から逆に、社会の構成、条件、および傀儡戯への要求を見て取る必要がある。そうしてこそ、傀儡戯の社会的な発展と役割が理解できる。

本論考では傀儡戯と閩南人の社会生活の関係について、満遍なく詳細かつ系統的に描写することはできなかったが、閩南傀儡戯が閩南人の世俗生活にいかなる作用と影響を及ぼすかという面から考察し、新たな視点を提出することはできた。文化生態的、社会学的角度から閩南傀儡戯を考察すれば、傀儡戯がいかに生み出されたかだけではなく、傀儡戯が生み出された社会的な条件はなにかという問題にも答えを導くことが可能である。閩南傀儡戯班の四美班、農家班、宮廟班の類型は、誰かが考えて区分したものではなく、その都市や村の環境、経済条件、祭祀の需要、生産生活などの社会生活の中で自然発生したものである。つまり、民衆の社会生活における需要が、傀儡戯と各階層の民衆の社会生活とを密接に関係させたのであり、それにより、各種の文化的な意味を含んだ、また表現形式を異にする傀儡戯芸術が産み出されたのである。(45)

注

（１）清・蔡奭『注釈官音彙解・戯要音楽』、乾隆戊辰十三年（一七四八）漳浦万有楼重刊本、二八頁。
（２）晋・司馬彪撰、梁・劉昭注『後漢書・志』第十三「五行志一」、漢・応昭『風俗通』注、中華書局、一九八二年版、第一一冊、三二七三頁。
（３）唐・林滋『木人賦』。この賦は『全唐文』巻七六六『閩南唐賦』に記載されている。
（４）唐・伊庵権『詠傀儡』。潘守正編『雪峰山志』巻五、福州雪峰崇聖禅寺、一九五五年八月出版、九三頁より引用。
（５）唐・真浄文『詠傀儡』。潘守正編『雪峰山志』巻五、九四頁より引用。
（６）五代・譚峭『化書』巻二、丁禎彦、李似珍点校、北京：中華書局、一九九六年八月版、二五頁。
（７）明・柯潜『重修陳盧園記』、清・鄭得来纂、鄭孝賜補訂『連江里志』巻一「歳時」、清・雍正六年（一七二八）手抄本、二頁。
この資料は仙游の研究者である楊亜其氏より提供された録本より引用。
（８）『西山真文忠公文集』巻一五「申尚書省乞抜降度牒添助宗子請給」、商務印書館、一九七九年版、二五八頁。
（９）明・趙珤編纂『南外天源趙氏族譜・南外趙氏家範』泉州趙宋南外宗正司研究会編『南外天源趙氏族譜』、整理重版、一九九四年一二月版、一七九頁。
（10）宋・朱熹『勧農文』、清・乾隆三年『龍岩州志』巻之十三「芸文志一」、龍岩地方志編委会整理、福建地図出版社、一九八七年七月版、二三九頁。
(11) 宋・陳淳（一一五三―一二一七）『北溪文集』巻二十七、清『漳州府志』巻三十八「民風」所収。
(12) 李廷機が戯聯を傀儡戯班に贈ったことに関する資料は、多くの著述に引用されているが、その出典を探し出すことはできず、これは明らかに民間の芸人が口伝で伝えてきた物語である。歴史的にはまさに泉州で傀儡戯が盛んに行われていた時期であり、この伝説もまた泉州傀儡戯の発展の実際と相符号しており、この史料を引用するにあたり、大きな誤りがないことをここに説明しておく。
(13) この資料は劉霽、姜尚礼等編『中国木偶芸術』、中国世界語出版社、一九九三年一二月版、二三三頁より引用。
(14) オランダ人レオナルド・ブリュッセイ（Leorard Blusse）が万暦三十年（一六〇二）に著した『中国の対バタビア貿易』。
(15) 明・何喬遠『閩書』巻之三十八「風俗志」、福建人民出版社、一九九四年六月版、第一冊、九五〇頁。
(16) 明・万暦甲辰翰海書林李碧峰、陳我含刊『新刻増補戯隊錦曲大全満天春二巻』、（英）Pier van der Loon 輯『明刊閩南戯曲弦管選本三種』、台北：南天書局有限公司、一九九二年五月版、一六頁。
(17) 永春県志編纂委員会編『永春県志』、巻二十八『文化志』、北京：語文出版社、一九九〇年一〇月版、七八三頁。
(18) 清・恵安県百奇村『郭氏族譜』「開列禁条以訓詰後嗣」条例。福建省戯曲研究所『福建戯曲史資料』、一九六二年二月、油印稿、第十五輯、二八頁。
(19) 清・咸豊六年六月（一八五六）、泉州諸紙料公号金慶順同泐啓『泉州元妙観建置戯棚碑文』。林慶熙等『福建戯史録』一三一―一三二頁より引用。
(20) 王洪濤『百年来泉州提線木偶班組織的初探』、泉州政協文史委員会編『泉州文史資料』、一九六二年一月第四輯、第七三―七七頁。黄少龍『泉州傀儡芸術概述』、中国戯劇出版社、一九九六年一〇月版、二〇頁。
(21) 劉霽、姜尚礼等編『中国木偶芸術』、二三四頁。
(22) 黄少龍『泉州傀儡芸術概述』、中国戯劇出版社、一九九六年一〇月版、六五頁。
(23) 葉明生『福建傀儡戯史論』上冊、中国戯劇出版社、二〇〇四年一一月版、八二頁。
(24) 王洪濤『百年来泉州提線木偶班組織的初探』、泉州政協文史委員会編『泉州文史史料』、一九六二年一月第四輯、第七三頁―七七頁。
(25) 清杜昌丁修『永春州志』巻之十六「風俗・大田県」、乾隆二十二年版。永春県地方志編纂弁公室整理、厦門大学出版社、一九九四年一二月版、第一八七頁。
(26) 徳化県志編纂委員会編『徳化県志』第二十八篇「文化」、第二章「戯劇」、福建人民出版社、一九九五年版、六三一頁。

(27) 王洪涛『百年来泉州提線木偶班組織的初探』、泉州政協文史委員会編『泉州文史資料』、一九六二年一月第四輯、第七三頁―七七頁。
(28) 二〇〇二年五月二八日、泉州梨園戯研究者の劉浩然（七四歳）へのインタビュー。
(29) 陳佩真等『廈門指南』、第四篇「戯劇」、民国二十年版、廈門新民書社出版。九頁。
(30) 葉明生『福建傀儡戯史論』上冊、中国戯劇出版社、二〇〇四年一一月版、九三頁。
(31) 清・光緒四年（一八七八）徳化南潯郷高洋村霊感壇李成玉抄本『賽天地及謝神疏表』。
(32) 清・光緒四年（一八七八）徳化南潯郷高洋村霊感壇李成玉抄本『賽天地及謝神疏表』、九頁。
(33) 清・光緒四年（一八七八）徳化南潯郷高洋村霊感壇李成玉抄本『賽天地及謝神疏表』、一〇頁。
(34) 清・光緒四年（一八七八）徳化南潯郷高洋村霊感壇李成玉抄本『賽天地及謝神疏表』、一二―一四頁。
(35) この資料は二〇〇三年一一月八日に南安市美林街道渓二村の芸人である黄通行の口述録音の記録資料である。「好代」は閩南方言で「よい事」の意味である。
(36) 曾学文著『廈門戯曲』、『廈門文化叢書』第一輯、鷺江出版社、一九九九年八月版、一三頁。
(37) 南安市美林村無名氏一九五〇年抄本『請神簿』。
(38) 本節の各段の内容はいずれも『請神簿』に従っており、これは二〇〇三年一一月八日に南安市美林街道渓二村の傀儡戯「通芸木偶劇団」の芸人黄通行氏に取材した際に氏より提供されたものである。
(39) 葉明生による二〇一二年七月二六日に元・泉州木偶戯劇団の著名な芸人である陳清波（八五歳）に行ったインタビュー記録による。
(40) 葉明生による二〇〇三年一一月八日の南安市美林街道渓二村傀儡戯の芸師である黄通行氏へのインタビュー記録による。
(41) 『永春県志』二十八巻「歳時民俗」、民国十九年、中華書局鉛印本。
(42) 陳佩真等編『廈門指南』、第四篇「礼俗」、一九三一年版、九頁。
(43) 陳佩真等編『廈門指南』、第四篇「戯劇」、民国二十年版、廈門新民書社出版。福建戯曲研究所編『福建戯曲歴史資料』第十一輯、一九八〇年五月油印本、五三頁より引用。
(44) 『廈門志』十六巻「礼儀民俗」、清・道光十九年玉屏書院刊本。
(45) 本論考は慶應義塾大学の野村伸一教授の招聘に応じて、二〇一二年一一月に同大学で講演をした際のものである。この場を借りて、野村伸一教授に謹んで心からの謝意を表したい。

第二章　閩南地方演劇から見た女性生活

呉慧穎（道上知弘訳）

福建閩南地方は中国地方演劇の盛んな重要な地域で、宋代にはすでにこの地に演劇があったという記載がある。明清の時代には閩南地方演劇の活動はさらに隆盛をきわめ、劇団が次々と現れ、演目も数多く生み出された。閩南の演劇は悠久の歴史と多種多様な演目、さらに活力にあふれた演劇生態を持っている。伝統的な閩南の郷土社会においては、地方演劇の活動と民間信仰や習俗は相互に融和しており、人々の社会生活に深く、広範な影響を与えている。閩南の女性たちは地方演劇活動の熱心な観衆であり、上演者であるだけではなく、演劇舞台における重要な表現の対象でもあった。本論文では一連の閩南演劇の演目における女性像の具体的な分析を通して、閩南女性と地域社会、家庭、両性との関係、また公共事業などへの参加にみられる生活体験やその表現を検討する。

一　閩南、閩南民系と演劇活動

中国は人口が多く、国土も広い国であるために、地理や歴史、人々の移動などの各種要素を原因として、それぞれの地域に数多くの異なる方言が形成され、その風俗習慣においても大きな差が生まれている。長年にわたる発展の歴史において、地域文化の中には元来の地理空間を越えて、移民とともに、外に向けて発展していき、〔客家、福佬などの〕民系文化を形成するものもあった。閩南文化もその一例である。閩南文化と地方演劇の間には密接な関係がある。同じ方言を使用する人々が住む場所には、同じ宗教の信仰や民俗があり、長い歴史の流れの中で次第に共同の演劇文化をも形成していった。

「閩南《ミンナン》」という地名は、唐の元和十四年（八一九）に潮州刺史であった韓愈の「唐故中散大夫少府監胡良公墓」の『神道碑』にある「使人自京師南走八千里、至閩南両越之界上請為公銘刻之墓碑于潮州刺史韓愈……」という一文に見える。この古い資料にある「閩南」が最も早い記述である。当時「閩南」と呼ばれていたのは「両越之界（両越が交わるところ）」であり、泉州から潮州にかけての広大な未開の地を指していた。この後の歴史では「漳泉」と並び称されることが多かった。宋、元を経て明の天啓四年（一六二四）年、徐為斌の『明施徳政征倭詩』収録の詩「閩南要路険澎湖、元将専担靖海符」に「閩南」という言葉がみられる。これは漳州、泉州、厦門を指した最も古い例であり、閩南地域を指す語源とされている。[2]

晋代から唐末五代にかけて、南下して閩地方にやって来た多くの中原の漢人たちが、元来の居民である福建南部の古閩越族と融合し、閩南民系を形成した。唐代中後期には閩南方言が生み出された。唐代末期から宋代初期にかけての時期には、閩南方言は次第に成熟し、すでに独自の特色を備えた方言体系を構築していた。[3]その発祥地は福建の南部で、現在の廈門、泉州、漳州管轄の市や県を含み、これが狭義の「閩南」地域でもある。宋・元の時代から始まり、明清の時代に至るまで、福建の閩南人は不断に外に移り住もうとし、その移住先は沿海の地域はもとより、潮州、泉州地域、雷州半島〔広東省〕、浙南、贛南〔江西省南部〕などの地域、さらに海を渡って、台湾や東南アジア地域にも及んで、各地で閩南人の居住区を形成していき、それと同時に演劇を含む閩南文化をも広く伝播していった。[4]統計によれば、全世界で閩南方言を話す人口は少なくとも六千万人以上にも及び、これはフランス語の話者人口に相当する。閩南方言を使う人数は、世界の数千にも及ぶ言語や方言の中で、二〇位以内に入る。[5] これらの閩南文化の及ぶ地域における主要な特徴は閩南方言（その下位方言も含む）を使用し、共通の、もしくは類似した文化伝統と民俗習慣を持っていることである。近年、閩南文化の研究は非常に盛んとなり、閩南民系の概念も次第に人々に受け入れられるようになってきている。

閩南民系の形成は幾度にもわたる中原の漢人の南下により、現地の閩越族と融合してなされたものである。歴史的に、福建は、幾重にも連なった険しい山々によって中原の戦乱の喧噪とは隔てられており、古い風俗は想像以上に完全に近い形で保存されている。代々、閩南人は事細かに伝統を守り、古い礼俗を保ち続けてきた。閩南語は今もなお入声などの唐宋時代の古い音韻を残し、燕尾［燕の尾のような屋根］と赤煉瓦［の外壁］の民家には「穎川衍派」、「延陵伝芳」などの堂号が大きく書かれていて、中原由来の姓氏であることを競って主張している。「俗好巫鬼（俗、巫鬼を好む）」という閩越の遺風もまた、中原に本来あった鬼神を敬う信仰習俗と結びつき、ますます複雑に多元化していった。そして宋・元代における「海のシルクロード」の開拓は、閩南と全世界を結びつけ、「市井に十大陸の人がいる」と言われるほど多様な民族が閩南を訪れ、異質な世界の文化が一気になだれ込むことになった。明清以来、大勢の閩南人が、台湾や東南アジアに渡り、海外に移り住んだ。大航海時代（一五世紀半ば～一七世紀半ば）に福建閩南、台湾、東南アジアを世界と結びつけた閩南海商ネットワークの形成により、閩南人はポルトガル人、オランダ人、スペイン人、イギリス人、日本人たちの間を縫って、機敏に世界貿易の中に加わり、近代中国社会と西洋資本主義文明との最初期の衝突と交渉を始めることになった。[6] さらにアヘン戦争や南京条約による五口通商（広州・厦門・福州・寧波・上海での通商、一八四三年）により、西欧列強勢力が閩南を直撃した。これにより、伝統を保存しつつも、新しい文化を受け入れて吸収するという複雑な矛盾が閩南社会に併存することになった。

社会の流動が頻繁に起こり、地理的にも大陸の辺境地帯に位置し、また異文化交流との最前線にも位置しているようなこの地域において、族群文化の心理は、ある種のこころの核となる安定性をより一層求めるようになった。そこで自分たちで民族の歴史や文化空間における座標を確立し、そこから茫漠とした未来を開拓し、未知の異国に向かおうとする気風を生んだ。文化の根源的な性格を確立するためには郷土、血縁、宗族などの伝統観念が欠かせない。そして、こうした抽象的な観念は多くの一般庶民の集団的な無意識となってゆき、そのためには、様々な、反復される民俗儀式や風俗化された慶典活動などに基づくほかはなく、またそれらによって文化の凝縮機能が反復して強調されることになる。この膨大で雑然とした風俗慶典は、民系文化をしてバリエーションに富んだものとさせ、また、これがあるがために民系文化は一貫して旺盛な活力を保持している。

地方演劇はまさに閩南社会における、これらの膨大で雑然とした風俗慶典の重要な内容のひとつである。移民にとって、演劇の熱気は郷土の風俗の再現であり、異郷における疎外感、孤独感の克服の一助となった。そして彼らは、その文化的アイデンティティーによって異郷に住む漂泊感を緩和させ、また同時に新しい環境の中で神に感謝する儀式をささげることにより、神の加護を得ようとした。［河北省の］唐山戯班や唐山師伝を招くにせよ、あるいは自分たちで子弟班をつくるにせよ、それらはいずれも記憶の中にある故郷の音楽の響きを聞くことにより、幼い頃に芝居小屋で駆け回って、大戯を見物し、銅鑼が鳴り響く中でにぎやかな祭日を過ごした日々を思い出すためなのである。多くの住民たちにとって、特に里帰りした華僑にとって、寄付をして劇団を招いたり、自分たちが扮装して舞台に立って芸を披露して故郷の観衆を楽しませてみたり、あるいはただ舞台の下に座って観劇したりすることは、その熱狂的な雰囲気の中で、懐かしさと確かな主体性を感じさせることになる。閩南の演劇活動を通じて、地域の民衆は自分たち一族の社会公共事業に儀礼的に参与する。地方演劇の活動は文化を集合させる儀礼の役割を強化する。同時にそれはまた、伝統的な郷土意識や民間信仰などの地方色の強い知識を人々に与える。こうして、にぎやかな喜びの風俗儀式の光景が深く人々の心に植え付けられていく。

二　閩南地方演劇活動における女性

閩南地域は中国でも早く戯曲が活発になった地域の一つである。宋代の理学者である朱熹やその弟子たちによる記述の中には、演劇活動が幾度も取り上げられている。現在の竹馬戯や梨園戯は古い南戯の生きた化石と言われている。明清以降、閩南演劇の活動はさらに盛んとなり、数多くの戯班（劇団）や劇の演目が生み出された。

閩南の人々は悠久の歴史を持つ演劇と多種多様な劇種、さらに活力と想像力に富んだ演劇生態を持っている。伝統的な閩南の郷土社会において、地方演劇の活動と民間信仰や習俗は相互に融和しており、人々の社会生活に深く、広範な影響を与えている。劇の種類については、閩南方言系の劇がその主流を占め、竹馬戯、梨園戯、潮劇、高甲戯、打城戯、歌仔戯などや、閩南方言による現代劇やオペラ、偶戯（提線木偶、掌中木偶、鉄枝木偶、影戯）などもそれにあたる。この他、四平戯、北管戯など他の方言区から来た戯曲の演目や、西洋から伝わった演劇やオペラなどもある。閩南社会では、このような様々な演劇が併存しており、その差異を顕在化させながらも、旺盛な生命力と創造性を保ち続けている。

伝統的な閩南の郷土社会において、地方演劇の活動と民間信仰や習俗は相互に融和しており、人々の社会生活に深く、広範な影響を与えている。このような記述は多くの史料の中に見ることができ、各地の県誌や地方誌、小説中の「風俗篇」に演劇活動に関する記述をたやすく見つけることができる。その上演時期は伝統的な民俗祭日、例えば節句、神仏の誕生日、廟の慶典、醮、平安の感謝、民間団体による公的な祭祀事業、個人的な冠婚葬祭、および民間団体や私人による罰戯の上演の時など(7)である。これらの演劇においては、閩南の信仰習俗や民間戯曲が渾然一体となっていて、演劇活動が「迎神賽会」の重要な要素となると同時に、祭祀活動の娯楽的要素としても働き、閩南社会の独特な風俗の光景を構成することになった。とりわけ商業劇場が登場する以前、民間信仰、時節の祭礼、冠婚葬祭といった人生儀礼の三つは閩南戯曲が演じられる最も重要な機会であった。他国に移住した閩南人もまた往々にしてこのような習俗を遵守し、賓客をもてなすのに用いた。例えば、一七世紀に日本の平戸に住んだ泉州海商の李旦は日本の幕府高官やイギリス、オランダ両国の商館の館長の間を頻繁に往来し、常々彼らを宴席に招待した。これら賓客を家に招いてもてなすために、一日は中国の劇を、もう一日は日本の演劇というように二日間の劇を上演したという。[8] 演劇活動は閩南社会の構造にまで影響を及ぼすようになり、重要な文化集合作用を発揮した。その社会的な役割で主要なものを以下に挙げると、一「祈福と祭煞」、二「閩南社会における重要な娯楽」三「民間文化伝統の継承」、四「地域の民衆が社会公共事業に参加する重要な手段」、五「社会の日常的な矛盾を解決する特殊な作用」など[9]である。

宋代の文献の記載を見ると、閩南の女性たちが地方演劇の熱心な観衆であったことがわかる。宋代の理学者である朱熹の弟子、陳淳は『上伝寺丞論淫戯』の中で「某窃以此邦陋俗、当秋収之後、優人互湊諸郷保作淫戯、号〝乞冬〟。群不逞少年、遂結集浮浪無頼数十輩、共相唱率、号曰〝戯頭〟。逐家聚斂銭物、豢優人作戯、或弄傀儡、筑棚于居民叢萃之地、四通八達之郊、以広会観者。至市廛近地、四門之外、亦争為之、不顧忌、今秋自七、八月以来、郷下諸村、正当其時、此風在在滋熾。（大意：この地方の習俗として、秋の収穫の後に、俳優たちが互いに寄り集まって下等な芝居を行うことを「乞冬」という。不逞の若者たちが数十人集まって歌うことを「戯頭」という。みんなで金を集めて俳優を雇って芝居をさせたり、人形劇を行わせたりした。住民が集まる場所に舞台を作ると、周りのあちこちからも広く観衆が集まった）」と述べている。陳淳は劇を上演することの罪状をいくつも並べ立てて、「四、誘惑深閨婦女、出外動邪僻之思。……七、曠夫怨女邂逅為淫奔之丑[10]（四、深窓の女性を誘惑して、外に出してよからぬ思いを抱かせること。……七、年のいった未婚の男女が会ってみだらな行いをすること）」と述べており、ここから観劇者に女性が少なくなかったことが分かる。男女の別を道徳として重んじる士大夫たちは、風俗を乱すとして強く反対し、役所も何度にもわたって禁止令を出したが、民間における演劇活動は盛んなままで、依然として女性たちは熱心にその活動に加わっていた。『廈門志』巻十五「風俗」「俗尚」（清・道光十九〈一八三九〉年刊）には「廈門前有『荔鏡伝』、演泉人陳三誘潮婦王五娘私奔事、淫詞丑態、窮形尽相、婦女観者如睹、遂多越礼私逃之案、前同知薛凝度禁止之。（大意：廈門には『荔鏡伝』という、陳三が王五娘を誘って駆け落ちするという極めてふしだらな芝居があり、これを見て真似をする女性が増えたので禁止された。）」とある。近代の刊行物にも同じような記載があり、「本埠台湾歌仔戯流行以来、一班智識浅陋之男女、無不為之所迷、近聞南薔巷街、有一四十多歳之老婦、竟為歌仔戯所迷、毎逢表演時、即昼以継夜、風雨不辞。雖于百忙中、亦必往観為快……[11]（大意：廈門で台湾の歌仔戯が流行してから、一団の教養の乏しい男女がこれに夢中になった。ある四十歳余りの老婦は、上演の際には昼夜を徹して、風雨も顧みないほどであった。どんなに忙しくても、必ずでかけていき観て楽しんだ……）」とある。閩南の女性たちにとって、地方演劇活動は特殊な意義を持っていた。日常の重労働の合間の重要な娯楽活動であり、神々と祖先を祀る重要な機会であっただけではなく、伝統や礼節、道徳を厳しく守っていた閩南社会においては、ただ舞台の上のみが、外にある広い世界や多様な人生のあり方に触れ、才子佳人の甘い物語の中で現実の不条理を忘れることのできる場所であった。観劇という行為の中で、彼女たちは虚構のあこがれの世界を実現したり、あるいは主人公の悲しみや苦しさに共感したりすることで、それまでに抑圧されていた感情を解放していたのである。観劇の過程において、女性の観衆はいつも強い感情移入をし、時には舞台と現実の境目を忘れて心身ともに舞台に熱中し、舞台上の役者に強く共鳴することもあった。ベテランの歌仔戯役者である葉桂蓮は、一九九四年（当時六八歳）のインタビューで、彼女は十二歳の時に歌仔戯を習い始め、ある時『李士傑』で老旦（老女）を演じて、求乞戯の演技（乞食の演戯）で涙を流すと、観衆は感動したと話している。彼女は「苦旦」（苦労する女性）を演じる時には歌うとすぐに涙を流した。[12]二十歳の時には恵安での「阿三班」の上演で主役の苦旦を演じることになった。「当時、苦旦が涙を流すと、群衆は喝采したので、現地の人々に好評だった」[13]という。老芸師の紀招治は筆者とのインタビューにおいて、苦旦戯について何度も話題にし、「哭調」を歌う時にはいつも舞台と客席が一体になって泣いたと語った。二〇〇七年の夏、筆者は漳州浦南で『観音点孝子』の木偶戯を観た。その時、劇中で孝子（孝行息子）が災難に遭って乞食に身をやつしたシーンでは、感動の余り、劇中の孝子に喜捨をする観客の女性もいた。

閩南社会においては、長い年月にわたって男尊女卑の思想が根強く残っていて、それが演劇習俗の一部にも反映されている。著名な高甲戯の老芸人紀亜福氏の口述によると、閩南の民間習俗では子供が生まれると劇を上演する。それは満一か月や満一歳を迎えた時でもよいが、劇が上演されるのは一般に男児が生まれた時だけで、女児の場合はない。この時、子供が生まれると廟の中に灯籠を掛け、満一か月や満一歳を迎えるのを待って家に持って帰り、玄関口の屋根の下に掛けておく。これを添丁という。しかし、長寿の祝いとしての上演は、ふつう六十歳以上の時のみで、これには男女の区別はない[14]。

早期の閩南地方演劇において、女性の役者が参加していたという記載はほとんど見られない。舞台上の女性の役は一般的に男性によって演じられていた。明代の陳懋仁の『泉南雑志』によると当時の泉州で流行していた「土腔」戯は子役によって演じられ「優童媚趣者、不吝高価、豪奢家攘而有之。蝉鬢傅粉、日以為常[15]（愛嬌のある子役は、金に糸目をつけず、富裕な家が競って抱えた。つややかな鬢を伸ばし、白粉を塗るのが、毎日の常だった）」という。清代の郁永河は台湾媽祖廟の前で演じられた閩南戯曲を描写して「肩披鬢髪耳垂璫、粉面朱唇似女郎（肩にかかるまで鬢を伸ばし、白粉と口紅姿で女性のようだ）」と記しており、若い男性が演じていたことがわかる。清代の施鴻保の『閩雑記』巻七（清・咸豊戊午刊）には「興、泉、漳諸処、有〝七子班〟。然有不止七人者、亦有不及七人者、皆操土音、唱各种淫穢之曲。其旦穿耳伝粉、并有裹足者、即不演唱、亦作女子装、往来市中、此仮男為女者也[16]（大意：莆田、泉州、漳州地域などの「七子班」は、人数はまちまちで、土地の言葉でみだらな曲を歌う。旦は耳飾りのために耳たぶに穴をあけ、白粉をつけているが、それに尻込みする者もいる。演じなくても、女装して街中を往来しているが、これは偽って男が女になっているのである)」とある。一九〇〇年代の三〇、四〇年代に至るまで、閩南地域の高甲戯や梨園戯においては多くの女形の役者が残っていた。近代になってからは、西洋思想の流入と男女平等の観念の伝播、また商業文化の発展に従って、女性の役者も次々と演劇の舞台に現れることになった。一九〇九年、廈門など各地の執権者は幾度にもわたって「男性は男役を演じ、女性は女役を演じ、混同してはならない。風俗を重んじよ」と命じていて[17]、当時すでに女性の役者がいたことがわかる。一九二〇年四月、泉州の林朝素、劉瑜璧は晋江永寧竟女学の創立四周年記念式典の時に、教師と学生からなるメンバーを組織して「女性の目覚め」をテーマにした演劇公演を行った。これは晋江で女性によって演じられた最初の演劇であり、斬新な試みだったので、その後に与えた影響も大きかった[18]。荘長江氏の考証によると、泉州一帯で演劇の舞台に最も早く女旦（女性による女役）が現われたのは一九二〇年代の梨園戯「祥春班」の琴仔旦で、第一回の上演が一九二一年である。梨園戯の七子班が「女性は男装するべからず」という禁忌を破ったので、その影響は、上は路老戯から下は南老戯や高甲戯に至るまで次々に及んで行き、先を争って女旦を育成するようになった。一九三〇年代末期には、晋江県の女優の数は三〇～四〇人前後になっていた。これらの女優を抱える劇団はその上演回数も男性の俳優のみを抱える劇団を凌駕するようになってゆき、一九四〇年代には大部分の劇団に女優がいるようになった。第二次大戦後、多くの女優たちは速やかに立ち上がり、統計は確かなものではないが、晋江県の劇団が抱える女優の数は一〇〇人を超えていたという[19]。これらの女優は舞台上で女役を演じるだけではなく、林玉花が「丑（道化）」役を演じるなど男性登場人物の代役をも務めた。廈門では一九三〇、四〇年代に著名な歌い手である賽月金《サイユエジン》が登場した。彼女は台湾からやって来た歌仔戯の役者で、『周成過台湾』、『甘国宝過台湾』、『陳総殺媳』、『槍斃閻瑞生』、『運河奇案』などの現代劇で男性の主役を演じた。[20]これらの現代劇で、彼女は髪型を男性風にし、スーツを着るなどしていたが、実際の生活の中でもその男装の生活を続けたという。

三　閩南演劇の舞台上の女性像に反映された女性生活

閩南地方演劇には数百数千にものぼる演目がある。その中には伝統を守りつつ、中国の他の地域の劇にある似通ったストーリーや、現地の実際にあった出来事や民間伝説を改編したものもある。二〇世紀の一九五〇年代以降は編導（脚色演出家）制度が劇団のいくつかに成立するにしたがって、更に多くの知識人たちが地方演劇の創作に加わり、知識人の視点から、女性生活を含む閩南社会を観察し、演劇の舞台上に数多くの感動的な女性像を造り出していった。

1　外に出て行く男性と留守をまもる閩南女性

唐宋の時代以来、閩南の人々は絶えず海外に出て、外の世界を切り拓いた。とりわけ、明清の時代に移民の風潮はピークを迎えた。外に出てゆく閩南人は男性が多く、家にいる妻が待ちわびるという光景が数多く生まれた。夫が海外に出ていくのは、およそ、次のような状況である。

①「求学求仕」。これは「学而優則仕（学んですぐれていれば仕官する）」の科挙制度の広範な影響と関係がある。

②「出外謀生」（外に出て生計を立てる）。閩南は山地が多く、耕地面積が小さい。土地が狭く、人は多い。生計を立てるため、宋元の時代から閩南人は絶えず外に出て活路を求めた。人夫になって力仕事をしたり、雑役

をしたり、海に出て漁をしたり、あるいは他の土地に行って耕地を開墾するなどした。
③「経商貿易」。五代末年から今に至る数百年間、閩南人には貿易の伝統があった。明清の時代には太平洋やインド洋を渡って広大な閩南海商のネットワークが形成された。

このような様々な理由で、閩南人は積極的に海を渡って生きた。その足跡は広東東部、浙江南部、また台湾や東南アジアにまで及んでいる。その旅は険しく、異郷で生活することも容易ではない。その上、女性は家を守るべきという伝統的な観念もあったため、外に出て行くのは多くは男性であった。ところが、祖先を祀り、家庭を守る必要から、彼らの家には常に留守をまもる新婚間もない妻たちが残された。閩南女性はそのだいたいが伝統的に保守的で、温和で善良、勤勉に家事をこなし、賢く、有能である。彼女たちは常に、千何百年も継承されてきた「男は外、女は内」という家内分業の戒律を守り続け、たとえ夫がそばにいなくても、依然として妻として、また嫁としての責任を果たし、家にいる老人や子供の世話をよくし、健気に苦しみや辛さに耐え、故郷の家庭を守り、夫を待ち続けた。「守望する女性」（希望をもって人を待つ女性）は閩南では非常によく見られる。

閩南演劇の様々な演目の中には、留守をまもる妻が色々な危機や困難に直面するものがある。例えば、夫が権力や金銭、女性に誘惑されて、勝手に再婚して前妻を顧みない。故郷の家庭では新たな重労働の責任が課せられる。独り身となった弱い立場の女性は伝統的な郷土社会においては弱勢力となってしまい、常々、ごろつき連中の被害に遭い、また時には舅《しゅうと》姑《しゅうとめ》の侮辱や誤解にさらされるなどである。

1　『高文挙』の王玉真

科挙の試験は伝統的な閩南社会に深い影響を与えた。早い時期の演目の中には、宋元の時代の南戯の伝統を持っ

１　梨園戯『高文挙』の「玉真行」

ているものが多数あり、その多くが都に上って科挙の受験をする男性とその妻との物語である。宋元時代の南戯には、『趙真女』や『王魁負桂英』がある。そうした物語などで、男たちの多くは功名を求めて科挙の受験に行く。そして、道中で花街に入り浸ってしまったり、または科挙に合格して都で高官の娘と結婚したりする。苦労しながら郷里の家庭をまもり続けている元の妻は、夫の帰りを待ち焦がれ、甘美な思い出と辛い現実の狭間で日々の苦しみに喘ぐ。梨園戯『高文挙』の「玉真行」の一節[21]では、劇中のヒロイン玉真は夫高文挙の帰りを待つが、彼が都で功成り名を遂げてもなお故郷に帰ろうとしないことを知る。彼女は遠い道のりをものともせず、会いに行こうとするが、道中で強盗に遭って生死の危機にさらされる。しかし、なんとか都にたどり着く。この劇ではもっぱら折子戯の節回しと華麗な演技によってヒロインの道中の艱難辛苦が表現される。手に雨傘を持った玉真はたった一人で曲がりくねった険しい山道を行き、嵐に襲われたり、悲嘆に暮れたりする（図版1）。「十八　雨傘科」の「一句曲、一歩科」は、美しい曲調と嵐に翻弄される彼女の影とで、閩南の女性の弱々しくも、愛情に対して確乎とした信念を持つ様を余すところなく描いている。しかし、千里の道のりを越えて夫を探しに行っても、その結果は往々にして報われない。夫が新しい妻を娶っていることがわかり、悲嘆に暮れたり、さらに悲しむべきは心変わりした夫が自分の功名心から、元の妻を顧みなかったりすることである。梨園戯の高文挙は意志が強く、いささかの気概もあった。そこで、宰相の殷炯《インジョン》に招かれて娘婿になってはいたが、玉真が殷の娘に騙されて、独房に閉じ込められたことを知ると、突如目が覚め、夜中に彼女を探し出して再会を果たし、朝廷に上奏して、官を辞し、結婚を解消する。そして最後には殷炯のとりなしで、殷の娘も罪を認めて謝罪し、大団円を迎える。

このような物語では正妻が夫を探す過程で様々な侮辱や被害に遭う話が度々繰り返される。劇の最後には、よく知られた包公《パオゴン》のような清廉潔白な役人が現われて、司法の裁判によって公明正大に裁き、善悪にそれぞれの報いが施されることになる。死んで霊魂になっていても善悪それぞれの報いを受けることもある。(22)しかし、留守をまもる妻にとって、悲劇はすでに起きてしまっている。身体が苦しみを受けるだけではなく、留守をまもるうちに、愛情も消え失せてしまうという残酷な現実がある。

2　『周成過台湾』の月里

明清以降、閩南の地方演劇では、伝統的な物語や人物にのみ地域の民衆の情感が寄せられたのではなく、郷土の物語や人物にも共感が寄せられた。特定の歴史的背景や地理的背景のもとで希望をもって留守をまもる女性は閩南演劇では常に表現される人物である。

『周成過台湾』は物語としては「一途な女と心変わりした男」の伝統的な型にすぎないが、これは清末に実際にあった物語に基づくという。(23)物語の背景は、明末から福建の漳州や泉州の人びとが多数、台湾海峡を渡り、台湾で開拓をし、商売をしたことにある。物語の舞台は大稲埕《ダダオチャン》である。台湾北部に位置し、清代に栄えて、商業も発達した街である。そこには三郊会館(24)という建物があり、大陸の沿岸地域と貿易をし、福建商人との往来も密であった。一八六〇年、淡水での通商が始まったので、貿易商は淡水河から大稲埕に至るまでの場所に貿易会社をつくり、その多くが茶葉を扱った。多数の中国人商人は茶葉で貿易をした。一八八一年、淡水の税関の報告によると、「中国人商人の荷物の八分の七は台湾茶だった」(25)という。これらの中国人の茶業者の大陸資本はほとんどが厦門や汕頭、あるいは広州などから来た。茶の工場は福州、泉州などで、中でも泉州の安渓の工場がもっとも有名である。この地域はもとから茶葉の産地であった。『周成過台湾』の主人公はこの安渓から台湾に渡った男性で、台湾で茶葉の商売に成功し、現地で娼妓の阿面《アミエン》と二重結婚してしまう。故郷で姑の世話をする妻の月里《ユエリ》は、周成が別に妻を迎えたと知ると、海を渡り、ようやくのこと夫を探し出すが、邪な考えを抱いた周成と新妻に毒を盛られて殺されてしまう。月里は魂になっても恨みが消えなかったが、最後には恨みを晴らす。

『周成過台湾』の物語は語り物や歌仔戯、映画、テレビ、講談、新劇など[26]様々な形で広く伝えられ、『台北奇案』、『無情之恨』、『蓮子湯』、『月里尋夫』などの異なる題名があるが、登場人物やストーリーはほぼ一緒であり、その人気の程度が見て取れる。呂訴上の『台湾新劇発展史』によると、一九一一年五月四日に、日本の新派の元祖川上音二郎率いる一団が台北の朝日座戯院に公演にやって来て、たいへんな注目を集めた。その翌年には日本人の高松豊次郎が川上劇団を真似て、台湾語改良劇の劇団を組織した。しかし集まってきたのは暇をもてあました無頼の徒ばかりで、人々に「流氓戯（ごろつき劇）」と呼ばれるようになってしまい、この劇団はまもなく解散した。当時、上演された物語は台湾社会のニュースや不思議な物語に取材したものが多い。またかつて、『無情之恨』という題目で『周成過台湾』の話が演じられた。[27]

別の版本では、周成の妻は月里であったり、金枝であったりと名前が違っているが、その性格は基本的に一致している。善良で聡明、苦労をいとわず、恨み言を言われても意に介さない。ある版本では、月里が「童養媳《トンヤンシ》」（俗に「媳婦仔《シーフザイ》」とも言う）であったりもする。過去の閩南の伝統社会においては長い間、童養媳の習俗があった。これらの幼女の多くは貧しい家庭の出身で、幼い時に夫の家に買われて婚約をした。夫の家に入った童養媳は幼い時から夫の両親を手伝って家事や家業をした。そのことにより夫の家は結婚する時の巨額な結納金を省くことができ、その上、長く夫の家で一緒に暮らしているので姑との仲もよい。月里は働き者で、夫のために旅費を工面し、彼が台湾に渡って商売するのを助けた。夫の家では一人そのか細い腕で家庭の重労働をこなし、姑に仕え、子供を育て、妻や嫁としての責任を果たした。また夫の代わりに親に孝行を尽くすという伝統的な道徳に沿った女性像の模範であった。これはまた閩南女性が郷土社会の調和と安定に重要かつ積極的な役割を果したことをよく示している。彼女たちの勤労精神と忍耐力は、夫の家の生活を安定させることに換えられた、すなわち「老有所葬、幼有所養（老人には頼り甲斐のある者、幼き者には養育者となること）」であった。彼女たちは外に出て奮闘する男たちの背後を堅実にまもり抜いた。彼女たちの無私の貢献と忍耐力のおかげで、閩南の男性たちは家庭のことを妻に託し、なんの気がかりもなく思い切り危険を冒して新しい世界の開拓に乗り出せたのである。

『周成過台湾』の物語の要点は次の通りである。話は妻の月里《ユエリ》が台湾に夫を探しに行くことからはじまる。まず周成が妻を蔑ろにして、小間使いだとして追い払う。次に義弟の取りなしで、外に安い部屋を借りて月里を住まわせることに嫌々ながら承知する。けれども、妾の阿面の知るところとなる。嫉妬で怒り狂った阿面は、離婚すると脅しながら周成に毒を盛って月里を殺すように迫る。月里は真夜中に毒の入ったスープを飲んで倒れ、その死体は井戸に投げ込まれ、石でふさがれてしまう。月里の亡霊は恨みを晴らそうとして、周成にまとわりつき、阿面やその付き人を責めて呪い殺し、周成もその後で自殺する。月里の亡霊は周成の義弟に遺児を託す。ここで善と悪とのそれぞれの報いが完結する。この物語では、善良な月里が不公平な仕打ちに遭うものの、お上は何ら助けてくれないという、辺境社会の管理上の杜撰さが示される。義弟の忠告が失効することも、伝統的な倫理道徳の拘束力が、新しい移民社会では衰微して行き、宗教的な信仰のみが劇中の弱い女性が唯一頼れる正義であることを示している。別の話では、月里は死後、地獄の閻魔に告発する。閻魔は帳簿で彼女が非業の死を遂げたことを知り、その仇を討つことを許可し、使いの神を調査に派遣する。恨みが晴らされた後は、義弟によってその魂が超度され、救われる。このような行為も閩南の民間信仰の素朴善良な観念の体現であり、悪事を働けば最後にはその報いがあり、善人にはたとえ受難の日々があっても最終的には鬼神までもが助けてくれるということを表している。この劇の上演には次のことが反映されている。すなわち、死人の亡霊が敵討ちをして善悪のけじめをつけるということを通して、移民社会は、善良な風俗に背いた者を処罰し戒め、倫理観の調整や道徳の教化の実現を図ったということである。

3　『晩客嬸』の翁秀榕

福建の閩南地区は海に面しており、海外貿易と移民の長い歴史の伝統を持っている。唐の時代から、ここは対外貿易の港であった。宋元の時代、泉州の刺桐《ツトン》港は世界的にも有名な国際的な貿易港であった。ここから海のシルクロードが始まり、閩南と世界とが結びつけられた。明清の時代には、閩南人が外に出て行き、海外貿易を展開するようになった。また西洋人もアジアで植民地政策を始めた大航海時代には、福建の閩南地域と台湾や東南アジアを結びつける海の貿易ネットワークが形成された。そして海外貿易の発展に従って、多くの閩南からの移民が海外に向けて出て行った。人口の増加と土地資源の不足の矛盾、清代の渡航禁止令などの政策による影響や戦乱などにより、閩南人は敢えて危険を犯しても海を渡り、移民や貿易をした。多数の閩南人が海路を渡って、東南アジアや日本などへ行って商売をしたり、そのまま定住したりした。福建の華僑の数は中国で最も多く、福建の華僑の中でも閩南籍が多い。例えば一九三九年の統計によると、その年の福建籍の華僑は一九一万一四〇二人で、うち泉州籍が一三四万九五二八人で、九九・九パーセントが南洋に渡っている。[28]経済や政治、または民間での紛争などが閩南人を東南アジアに移住させた主な原因である。[29]数百年間、福建の閩南地区では東南アジアに移住する主体は青年、中年の男性で、彼らは往々にして若い時から外の土地に出て商売をした。多くは独り身で出ていった。その際、妻を故郷に置いて出るか、あるいは結婚適齢期になってから故郷に戻り、妻を娶って子供を産ませて、子孫を絶やさないようにした。しかし、多くの人々は結婚後も依然として外地に出て行くので、彼らの妻たちは故郷の家での重責を全て一人で担うことになる。閩南語では外国のことを「番邦」といい、海を渡って外に出ることを「過番」という。華僑のことを「番客」といい、その華僑の留守をまもる妻のことを「番客嬸《ファンカーシャン》」という。

「番客嬸」は閩南社会の独特の歴史的背景から生まれた特殊な社会群体《グループ》であり、数百年に及ぶ閩南の留守家庭の核心でもある。これらの家庭においては、婚姻関係があっても、夫は華僑として妻とは海を隔てて暮らしていて、一緒にいる時よりも離れている時間のほうが長い。東南アジア方面に出て行く男性に嫁ぐにあたって、女性は、長い間一人で家を守る覚悟が必要である。但し、それと同時に華僑は海外で成功する例も多く、故郷の妻や家庭に金銭や物資的な満足を送ることができる。そして、一旦、夫が故郷に錦を飾れば、番客嬸もともに精神的な栄誉を感じることができるのである。

一九八八年、泉州市歌劇団の創作による閩南方言歌劇『番客嬸』は、まさにこの特殊な女性たちの独特の生活状態を反映したものである。脚本家の王再習は華僑の故郷にいる女性たちへの同情と尊敬の念にあふれていて、閩南華僑の妻である翁秀榕《ワンシウロン》を主人公にして彼女が長い年月の人生で経てきた不幸な感情の衝突や悲劇的な運命を劇にした。結婚七日目にして夫は東南アジアに渡り、戦争などの混乱のため、夫が出て行って八年目には完全に音信不通になった。秀榕は毅然として家庭の重労働をこなし、誤解や苦しみに耐え、ようやく夫が帰ってきた。ところが、新しい喜びと同時に新しい妻である安妮と子供までやって来た。しかし秀榕は夫を理解して許し、夫と安妮が再び東南アジアに出て行く時に、母親の慈愛でもって夫と新しい妻の間の子供を育てていくことを決意する。

「父母の言いつけと媒酌人の言葉」に従ってする結婚は、閩南系華僑の中心的な結婚のかたちであった。しかし、劇中では秀榕と夫の結婚が愛情に基づいていることを表現することに多くを割き、その別離がより辛いものとなっている。しかし、その後の二人は異なる空間で婚姻関係を堅持することに対して食い違いが生じる。妻は故郷で苦しい日々を過ごしながら貞節をまもり、夫は異郷の地で別の妻を娶る。「両頭家」(30)の結婚のかたちや、男女で異なる道徳規準は、男尊女卑の閩南の伝統的な社会観念を反映している。(31)

番客嬸の背景には、長期にわたる「守活寡」(32)の孤独と哀愁があり、多くの番客嬸は長期にわたって離ればなれとなり、寂しく、性生活のない婚姻生活に加え、重く、苦しい家庭での負担を背負わなければならない。一九五三年の晋江三呉郷の婚姻状況調査によると、約九七パーセントの妻が、南洋に移民した夫たちとの別離生活を送っていたという。(33)華僑による仕送りは故郷の家庭の重要な経済的支えであった。この演目では、物語は一九三〇年代に起こり、戦争が海外と故郷の関係を完全に断絶する。華僑たちの故郷にいる番客嬸たちは、経済的な源を失うだけでなく、音信も不通となり、生活的にも感情的にも非常に苦しい状態となる。八年の留守の間、妻は家庭全体の重責を担う。劇中では、別の番客嬸である桂花が、仕送りが完全に断たれて、生計を立てる術がなくなったので、姑の病を治すために、十両の白銀で自らを閩北の山地に売るエピソードが描かれる。勤勉で善良な女性も、その運命は極めて悲惨である。これはその時代の大多数の番客嬸が持っていた共通点である。

何年も一人で空閨をまもるが、家には老人と子供だけがいる。絶えず家事と煩瑣な社会の圧力のもとにある「番客嬸」の生活は困難に満ちており、抑圧や焦慮の感情に一生つきまとわれる。『番客嬸』では、秀榕の八年の苦しい留守生活の末に待っていたのは、夫が「番婆」（異国の妻）とともに帰って来るという現実だった。

亡霊になってまで恨みを晴らそうとする『周成過台湾』の月里と異なるところは、『番客嬸』では心変わりした男性に対する報復がないことであり、劇の中にそのような簡単な善悪の対立がないことである。心変わりした男性にもそれなりの苦しみがあり、独り身で外に出て、異郷の地で飢えと寒さの中、貧しさや病気で荒野に倒れるかも知れない中で幸運にも出会った新しい家庭である。男性の主役への道徳的な譴責もずっと弱く、相応の同情と理解が与えられており、男性が外の地で別の女性と結婚しても、やむをえないことだと見なしている。しかし、故郷で待ち続ける妻の身の上にはさらに多くの悲哀と痛みが全面的に降りかかる。男性が外地に出て生活し、女性が待ち続けるという状況にあっては、女性は永遠に敗者なのである。彼女たちは愛情、青春、苦労、そして尊厳と生命を捧げても、そこから得られるのは常に男性の心変わりにすぎない。苦労をしつくしたのちに楽な生活がやって来て、夫の財産に頼ることができたとしても、青春の日々は二度と戻って来ない。夫が持ち帰った財産を享受することもできるが、この劇では、晩年の秀榕は、その博愛精神から故郷の橋や道路を整備し、学校や病院を建てる。番客嬸像は昇華される。それは夫のいない家をまもる妻の姿を示すだけではない。それはまた海外で苦労する華僑たちとも感情的につながる。そうして、辛酸を舐め尽くした閩南の故郷を指し示し、また華僑に対する寛容と呼びかけをおこなう。さらには郷里の共同建設に尽力し、人々に幸福をもたらそうとする深い愛情も表現する。

2　堪え忍ぶ慈愛に満ちた偉大な母親像

閩南の女性たちは勤勉で辛抱強い。閩南の婚姻家庭の構造においては、男性は常に不在で、そのため、子供を育て、しつける責任はより多く母親に委ねられる。閩南の母親たちは慈愛に満ちて、辛抱強い。そして子供の成長に注ぐ心血と感情には並々ならぬものがある。閩南演劇は、さまざまな時期、さまざまな演目においてこのような母親像を提示している。

1　『安安認母』の龐三春

郷土民謡にその起源を発する若い劇種である歌仔戯は、家庭倫理や肉親の情を表現することに長けている。たとえば『安安認母』は母と子の情を歌った折子戯である。この演目は閩南地区のものだけではないが、著名な歌仔戯の演じ手邵江海氏の改編の結果、特に人々を感動させる多くの「哭調」が閩南地域で大流行し、無数の閩南の女性たちの共感を集めた。この劇では、姑と嫁の仲がうまくゆかず、姑は息子に妻の龐三春《パンサンチュン》に暇を出すように強いる。龐三春は首を吊って自殺しようとしたが、幸いにも尼寺の師太（尼）によって救われ、寺に住むようになった。師太は何度も彼女に髪を落として尼になるように勧めるが、彼女は九歳の息子安安《アンアン》をあきらめることができなかった。安安も母親を慕って、尼寺までやって来る。この折子戯は、まさにこの尼寺における母子の出会いの話を描いている。

劇中では多くの細かい心理描写が行われ、母親が息子を気にかけ、溺愛する様子が微に入り細をうがって描かれる。例えば、龐三春は隣家の子供の泣き声を聞くのが嫌で、家の外に出ようとせず、安安に会った時には、彼女は気持ちが逸り、万感胸に迫る思いを抱く。劇中で安安は母親が家にいない様子をさまざまに語り、母親の日常生活における勤労と、家庭や息子に対する細やかな心配りを側面から表現する。劇中に歌われる歌詞「早知女人命運歹、莫嫁莫生莫做人（女のめぐり合わせを知っていれば、嫁いだり、生きたり、人として生まれたりはしないものを）」は、閩南女性の結婚と家庭における苦しい境遇を、悲憤を込めた戒めとともに警告している。しかし、その艱難辛苦や不平不満を閩南の母親たちが知らないわけはない。知ってはいても、彼女らは千百年余り、ただ黙々と無私の愛情をささげてきたのである。

2　『母子橋』の許慈娘

現代劇『母子橋』にはもう一人の感動的な母親像である許慈娘《シュツーニャン》がいる。劇中では県令と許氏の思い出を通して、数年前の苦しい感動的な情景が再現される。暴風雨の夜、許氏は病気の息子を救うために、渡し口で船頭に舟を出すようにひざまずいて懇願する。

船頭は深く感銘し、三人の義士は誓いの酒を飲んで覚悟を決め、川を渡る決意をし、最後には息子の命が助かる。母親の勇敢さと慈愛とが県令を感動させ、その渡し口に橋を架けさせることになった。それが「母子橋」である。

3 『雪梅教子』の秦雪梅

もし血のつながった母子の情が人の天性から来ているのであれば、それは十か月に及ぶ懐胎によるものであり、子供たちは母親の心と肉でできている以上、母子の深い情は必然的なものである。しかし、血縁関係のない子供に対しても、閩南の母親たちは自分で産んだ子供と同じように愛情を注いだ。このような心持ちはさらに広い心と無私の愛情が必要になってくる。

古い梨園戯には『雪梅《シュエメイ》教子』という演目があり、その物語は次のようなものである（図版2）。明代の丞相である秦歓の娘である雪梅と商琳は婚約したが、思いがけなくも婚約者の商琳が病気で亡くなってしまう。秦雪梅《チンシュエメイ》は旧例に従い、商家に入って、後家を通すことになったが、商琳にはかつて下女に生ませた息子商輅がいることを知る。しかし商輅は勉強をさぼって遊んでばかりで、喧嘩騒ぎを起こしたりもするので、雪梅は叱った。しかし、商輅は聞かず、かえって雪梅《シュエメイ》を逆恨みして、自分は実の子供ではないのにと反論され、彼女は心を痛めた。雪梅はそこで悲嘆に暮れ、断機の教えに出る一大決意をする。[34] 姑の取りなしもあって、商輅は自分の誤りを認めて、深く詫び、志を立てて勉学に励んだ。この劇の商輅

2 『雪梅教子』の秦雪梅

は実在の人物とも言われる。明代の科挙試験で三元[35]に合格し、三代の王朝に役人として仕え、兵部上書、戸部尚書、太子少保、吏部尚書などの職務を歴任し、最後には宰相にまでなった。梨園戯には、『雪梅教子』[36]のほかに『商輅』という演目もある。中国戯曲では、閩南で上演された物語だけでなく、その他の劇種にも同様に伝わっており、昆曲に入った『三元記』なども今に至るまで上演されている。

『雪梅教子』の閩南における影響は極めて広く及んでいる。清代初期の大学士で泉州人の李光地は『榕村語録』で幼い頃にこの劇を観たことに触れている。李光地の幼年はまだ明末であり、この劇が明代の中後期にはすでに梨園戯の一般的な演目であったことがわかる。後に興った歌仔戯においても『雪梅教子』、または『断機教子』という名で今に伝わる。

『雪梅教子』で秦雪梅が直面するのは未婚の夫商琳と下女の愛玉との間に生まれた異腹の子商輅である。ここで、女主人公と子供との関係は幾重もの危機に見舞われる。まず、雪梅はもともと子供を育てる責任は全くない。すなわち、未婚の夫が病死したために、二人は結婚していないので、自分の愛、結婚、家庭を追求できるはずである。にもかかわらず、雪梅は商琳に対する愛と礼節を重んじ、婚約時の約束を守ることを選び、商琳の家庭に入って後家を守り抜き、子供を育てる。次に、物語の起こったのは一夫多妻が許されている封建社会においてだが、両性関係における排他性や妻妾間の嫉妬は、往々にしてその火の手が子供の身の上にも降りかかることがある。しかし、秦雪梅は寛容にも商輅という不幸な子供を受け入れ、教え導くことに心を尽くし、彼を成功させようとする。最後に、姑の孫に対する放任と溺愛、子供の無知と反抗、そして世間の偏見の視線など、様々な困難が雪梅の育児の道に積み重なる。そのため、母親としての愛には善良で寛容な胸襟が必要なだけではなく、さらには智慧や努力し続ける忍耐も必要であった。

雪梅は、夫に先立たれても節を守るという、普通の人では為しがたい意思を持って、夫の家に入り、亡き夫への愛を堅くまもり抜いた。そして寛大な気持ちで、妾の子への偏見を捨て去り、満ち溢れる慈愛でその子商輅を養育する。心尽くしが尊重されず、息子に逆らわれた時には、傷心の余り絶望しかるが、諦めず、智慧を働かせて孟子の母親の例に倣って断機の教えをおこない、ついに子供に誤りを認めさせ、更生させた。

4　『保嬰記』の尹三娘

現代の閩南の劇作家である湯印昌が書いた『保嬰記』は、昔の閩南の田舎で起こった物語である。後家を通していた尹三娘《インサンニャン》とその息子の林正義は助け合って暮らしていたが、図らずも息子は重い病気にかかってしまい、母親は息子と生死を共にしたいと願った。危篤の息子は息を引き取る前に母親に、隣村の金満月という娘が自分の子供を身ごもっていて間もなく生まれるが、おそらく無事に生まれることは困難だろうと告げる。母親は息子と一緒に死ぬ考えを捨て、生き残ってその母子の世話をすることに決めた。尹三娘は近所の、律儀で人情に厚い仲間の女性たちに付き添われて、夜中に閨房を訪ね、早まって自らの命を断とうとしていた身重の金姑娘を「誘拐」することに成功し、稳当に事を収めた。あちこちに追っ手が迫る中、隣人の八姨が身を挺して身代わりとなって捕まる。だが、尹三娘の父親は娘が失踪したことを府衙（役所）に通報した。しかし、事の真相を知らない金姑娘の父親は娘が失踪したことを府衙（役所）に通報した。つぶさに事情を聞いた県令は、尹三娘たちの人情に感じ、彼女たちを無罪釈放とする。金姑娘の父親も娘を尹三娘に預けて三か月の世話をさせることを承知する。姑と嫁、そして地元の人々たちが大喜びで生まれた子供の満一か月の祝いをしようとしている時に、金姑娘の夫で、子供の実の父親だと自称する青年書生の林東明がやってくる。実は、その年、林東明は、林正義が崖から落ちるのを救おうとして死んだものと思われていた。そのため林正義は、東明と金満月の間に生まれる子供の命を救おうとして、死ぬまで自分の子供であると偽り続けて、母親として生きていく信念を喚起させようとしたのである。彼ら一家三人が揃った今、尹三娘は一人寂しく立ち去ろうとするが、子供の泣き声にまた呼び戻される。母親の心は、永遠に子供に惹かれ続けているのである。

単純で善良な温かさがこの劇の主調になっており、舞台では藍染めの産着が象徴的な意味を表している。作者は真に迫った筆致で、頑なに伝統的な民間道徳の防御線を張り、民間道徳の温かさを伝えようとする。『保嬰記』はそのような深い閩南文化の本質を含んでいる。劇中に展開される生活のあらゆる面に閩南の風土的な人情が色濃く表れる。登場人物の言動で伝えられる価値観も、称えるべき道徳に則っていて、閩南の伝統的な道徳観と素朴で善良な人間の真情に沿わないものはない。劇中に大悪人は登場せず、一人一人が人情に富み、特に村ざとの女性たちは愛情に満ちている。強く、善良で、素朴な尹三娘、善良で、思いやりのある金満月、親切な七姑と八姨……。監督の呉茲明はまさに次のように述べている。「劇において、尹三娘は息子や孫だけでなく、さらには他人の息子や孫まで愛し、金満月は恋人や息子、身寄りのない母親を愛し、県令は民を愛し、七姑と八姨は隣人たちを思い遣る。林東明は満月を愛し、息子を愛し、友人の母親を愛する。欠点のある金包仁さえ悪人ではなく、これらの登場人物は、十分に人間的であり、理想化された人物なのである。」閩南の母親たちは、もとより口数が少ない。しかし、いざ子供に必要なもの、子供の成長に有益なもののためとなると、彼女たちは何も顧みずに全てを捧げて、見返りを一切求めない。この悪人のいない物語の劇は、登場人物の対抗や衝突で支えられるのではなく、閩南の土地に育まれた真心と人間性の美しさで観客を魅了する。ここでは、強烈な母性愛が命の支えである。この母性愛はまるで何あれ開けることのできる金の鍵のようなもので、一つ一つの話の枷を解いてゆき、全ての登場人物を苦境から抜け出させる。全ての困難な問題は、この愛の感化力のおかげで、一刀両断に解決されてゆく。

主人公の尹三娘は様々な苦労を経て、子供を救うが、それは彼女の孫ではなく、見ず知らずの他人の子供である。『保嬰記』は母親の愛情を純化した。それは、閩南の母親の子供に対する愛情が、生命に対する尊重に根源を置くことを示している。劇中では閩南の母親の群像が描かれる。まさに劇のタイトルにある通り、「子供を守」り、生命を守り、生活の希望を守るのである。このような母親の愛は、まさに古人が言うところの「老吾老以及人之老、幼吾幼以及人之幼（吾《わ》が老《おや》をうやまい、以て人の老《おや》に及ぼし、吾《わ》が幼《こ》をはぐくみ、以て人の幼《こ》に及ぼさん）」の大きな愛情である。このような普遍的な生命に対する尊重と思いやりが、閩南社会をやさしく、温かいものにしている。それは閩南社会の守望互助（希望を持って留守をまもり助け合うこと）の伝統を具体的に体現したものでもある。

そのほか、『三家福』という劇においては、林吉の母親の＋＋がいる。息子が大晦日の夜に自分の家のさつまいもの畑に、泥棒が盗みに来るのを防ごうと見回りに行こうとした時に、劉氏は言った。「年越しじゃないか。どの家もご飯があるんだから盗みになんて来やしないよ。今夜さつまいもをひそかに掘りに来る連中は、きっと暮らしに困った人なんだから、掘らせて年越しに食べさせてやればいいのよ。」彼女は蘇義先生が人助けのために自分の一年の収入を他人に渡してしまい、年を越すためのものがなにもなく、仕方なしに彼女の畑に来てさつまいもを盗んだことを知っているが、彼を責めないばかりでなく、「先生は人助けをしたのだから、私たちも先生を助けないと」と考えて、すぐに家にあるうまい食べ物を取り出し、たくさんの年越し用品を整え送り届けて、共に新年を祝い、彼らが難関を越えるのを助けた。隣近所の人々の間にある親しい感情は、深い情誼であり、多くの善良で慈愛に満ちた母親たちが言葉と行動で身をもって伝えきた伝統と気風なのである。このような見守る姿は、まさに永遠の大地である母親のイメージであり、代々この土地に暮らしてきた閩南女性に共通する精神的な特質である。

3　両性関係における攻防

家庭、婚姻は閩南女性の生活の重要な一部である。閩南演劇での愛情物語では、女主人公たちが愛情に向き合い、男性との攻防を繰り広げるが、その間に、閩南女性の結婚観、恋愛観が照射されもする。礼教という伝統的な観念の力は強大であり、両性関係の中で彼女らが自主的に振る舞える空間は限られたものである。男尊女卑の社会の現実の中で女性は男たちの愛情について度々疑念を抱かされる。そのために、限られた触れ合いの時間と空間の中で、機敏に観察するだけでなく、繰り返し、それが本心か否かを確かめることが必要になる。彼女たちは大方、大胆な暗示、もしくは行動に出て、甘い誓いの言葉などは余り語らない。しかし、閩南の女性は、激しい、かたくなな気性を持ち、いったん自分の夫を信頼し、認めさえすれば、そのあとは全身全霊で尽くし、恨みや後悔は残さない。

１　『邵江海』の亜枝

新編歌仔戲の演目『邵江海』の邵江海《シャオジャンハイ》の妻、亜枝《アジ》は典型的な閩南の女性像を示す。彼女は温良で賢く、純朴で辛抱強い。劇作家の曾学文によると、亜枝は実在の人をモデルにしている。曾学文が「邵江海の妻」に会ったとき、当時彼女はすでに七〇歳を過ぎていた。会う前に、彼女の性格をよく知る人から「彼女は蜂に刺されても声を上げない人」だと聞いたという[37]。寡黙で忍耐を知り、勤勉で聡明な彼女はこの劇が上演されることを余り快くは思っていなかったが、反対はしなかった。

このようなタイプの女性は閩南社会においてはかなり普遍的である。彼女たちの多くは沈黙する。それは男尊女卑の社会伝統において、彼女たちに充分な敬意が払われることがなく、また感情を表現する空間もさほどなく、余りに多くの心配事や悩み事を胸に抱えていたためである。彼女たちはすでに沈黙に慣れてしまっていて、言葉巧みに訴えることもせず、いつもただ腰を低くし、頭を下げ、温厚に忙しく働くだけであった。

『邵江海』は劇中の様々な挿話で細かにそのような状況を描いてゆく。例えば、他人の小さな足音にも驚き、話す時はかすかに頭を下げ、その視線は決して男性を直視することはない。両手は家事や畑仕事で忙しくしているか、生真面目にこすりあわされている。常にせわしなくし、ぼうっとしていないことで彼女は安心を得ていた（図版3）。第一場洞房（新婚夫婦の部屋）では女性が男性の足を洗ってあげる。亜枝《アジ》は黙って閩南の足洗い用の木製のたらいを持ち、邵江海の前に置いて、しゃがみ込み、まず手で水の温度を確かめる。それから邵江海の足を持ち、靴を脱がせ、そっとたらいの中に入れてこすって洗い始める。その瞬間、温かさが邵江海の全身に広がってゆく。彼はやや大げさな表情で、黙って亜枝を見つめて、目を細めながらこれまでに経験したことのないやさしさを味わっている。このような筋立ては閩南の民間生活から抽出されたものである。愛情に満ちた結婚生活において、閩南の女性たちは往々にして言葉ではなく、夫の生活に細やかな心配りをするという素朴な行動によって自分の愛を示す。亜枝には作者の閩南女性に対する善良で純朴な敬意が託されている。

3　歌仔戯『邵江海』の亜枝。閩南女性のひとつの典型

彼女は口数こそ少ないが、民間の知恵を持ち、他人の心をよく理解し、温和で純朴である。しかし、しっかりとした自分の考えを持っている。彼女たちは夫の好みを尊重する。劇中の亜枝は夫が芝居の歌を歌うことを好まないが、夫がしたいようにさせる。しかし、このような女性であっても、結婚生活は往々にして思い通りにはいかない。献身が報われるとは限らず、心遣いも相手からは負担に思われてしまう。しかし、これは必ずしも彼女たちが自分の考えを持たない、また胸の内に不平不満がないということではない。ただそれをうまく抑え、不満を怒りに変えないだけのことである。劇の一節に、邵江海と妻が山で畑を耕している時に、邵江海を慕う妹弟子の春花が大広弦（楽器）を背負って彼を訪ねてくる場面がある。二人が楽しく賑やかに立ち話をしている間、ずっ

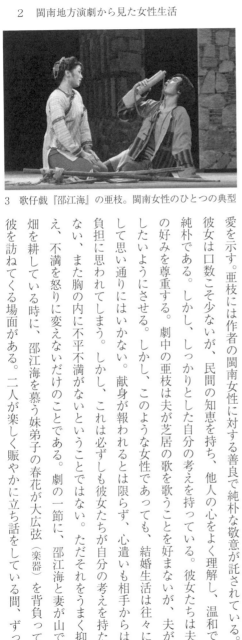

とそのかたわらで畑を耕していた亜枝は鋤を二人の間に差し入れて、有頂天になっている夫と春花をちらと見上げて、体を起こしながら小さな声で「もうすぐ雨が降りそう。さつまいもの蔓はまだ植えてないのに……」と言う。素朴な、智慧を含んだ言葉で、こっそりと夫に気づかせ、別の女性に警告したのである。

２　『朱文走鬼』の一粒金

亜枝が婚姻制度の確乎とした擁護者とすれば、保守的な伝統的閩南社会において、それと対照的な、積極的で情熱的な行動を取る女性は、現実には限られた者たちであるため、演劇の舞台では往々にして亡霊か、女盗賊か、娼妓の身分に限定される。演劇の中の女性が激しく自分の意見を主張し、両性関係の中で主導的な地位を占めるようなやり方は伝統的な礼儀道徳では所詮は許されるものではなかったが、民間ではこのような演出は非常に人気があった。梨園戯『朱文走鬼』はこのタイプの典型的な劇のひとつである。

『朱文走鬼』は、宋・元代の南戯の演目に遡る。すなわち、それは明代の『南詞叙録』「宋元旧篇」にある『朱文太平銭』のことである。明の永楽年間（一四〇二〜一四二四）に『永楽大典』が編纂される時には、すでに民間に散逸していて、「宋元遺篇」と記されているが、歴代の閩南の梨園戯芸人たちによって耳と口で伝えられてきた。一九五四年に断片的なテキストが林任氏によって『朱文太平銭』油印本として整理され、一九九一年に出版された『南戯遺響』という本の中で、梨園戯の演出家呉捷秋氏による校注で『朱文走鬼』手抄本が発表された。その後、彼の劇団によって幾度も整理、上演された。梨園戯『朱文走鬼』手抄本には「贈繍篋《ししゅうしたはこ》」（すなわち「一粒金点灯」）（図版４）、「認真容」、「走鬼」の三つの話がある。その中の「走鬼」は、朱文《ジュウェン》が女鬼「一粒金《イーリージン》」（または「一撮金」、「一捻金」とも）から逃げる話である。二〇世紀の一九九〇年代にヨーロッパで発見された明代閩南弦管演劇《おんがくげき》の刊本にも『走鬼』と『一捻金点灯』の二つがある。『朱文走鬼』の話の概要は次の通りである。北宋年間、書生の朱文は治州川口に親戚を頼って行き、西京（洛陽）の王行首が営む宿屋に居候して、不遇な暮らしを送っていた。王行首には「一粒金《イーリージン》」という養女がいたが、娼婦になろうとしなかったために、両親に陵辱されて死んでいた。その鬼魂（幽霊）が朱文の篤実な人柄に惚れ込んだ。朱文が夜中に灯りを灯すのにかこつけて、朱文の部屋に入り込み、彼を誘惑すると、朱文も心を動かされて、遂に二人は結ばれた。そして、白牡丹の刺繍された箱に十二文の太平銭を入れ、これを朱文に送って二人の契りの証とした。翌日、朱文が店で茶を飲んでいると、刺繍の箱の中の十二文の太平銭が王行首夫婦の目に留まる。それが一粒金の遺品だと分かると、彼らは朱文を墓泥棒と決めつける。朱文はやむなく、事の真相を打ち明ける。王夫婦は仰天し、朱文に亡き娘の遺影を見せる。朱文はそれが一粒金と分かると、慌てふためいて逃げ出す。しかし一粒金は恋情断ちがたく、どこまでも追いかけてくる。説得の後、この人間と幽霊の恋人同士は、ついに一緒に遠くへと去って行ってしまう。

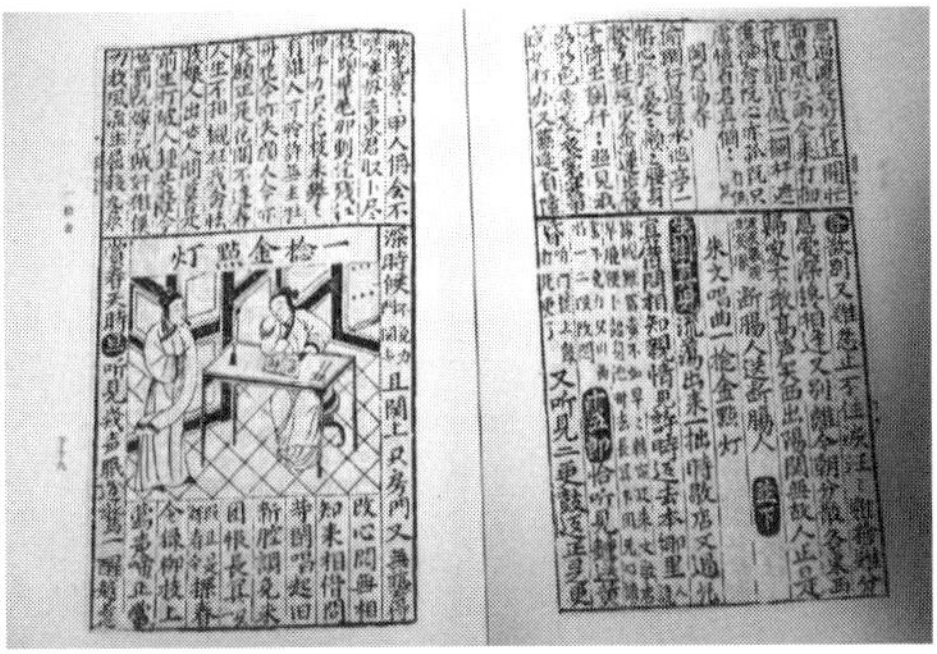
4　梨園戯『朱文走鬼』手抄本の一粒金

　この劇における人間と幽霊との縁は複雑に入り組んでいる。器量の良い女主人公一粒金は、女性が自分の幸福に対して自発的、積極的になるという、賢く愛らしい一面を見せる。梨園戯の伝統折子戯『贈繍篋』、別名『一粒金点灯』においても、死んだ女性の幽霊一粒金が朱文の篤実さを見初めて、灯りをともすことを名目に部屋に入り込み、大胆かつ含みのある暗示と告白で、ついに夫婦の契りを結んでしまう。

　貧しい書生が親戚を頼って、宿屋に居候して、不遇をかこっている。夜更けに、一粒金が登場すると、亡魂の恨み辛《つら》みと寂しさを打ち明ける(38)。そして、生きることを熱愛し、感傷に満ちた霊魂が、慎み深い青年の朱文《ジュウェン》に出会って、その冷え切っていた心にさざ波が起こる。何日か朱文を観察し、彼が誠実な青年であることが分かった一粒金は積極的に彼と会おうとし、なまめかしく化粧して着飾り、提灯を手に持って、戸を叩き火を借りる。品行方正の朱文は男女が直接に物の受け渡しをしてはならないという教えを守って、戸を開けようとしなかったが、宿屋の主人の娘であるので、仕方なく火を持って戸口まで行った。戸を開けると、一粒金《イーリージン》はそのまま悪びれもせずに中に入って来た。机の上に本があるのを見て、手に取って、「それではこれを読み終わったら帰ります」と言う。朱文は彼女を追い出そうとする。すると、彼女は素知らぬ顔で、宿屋の主人の言い付けだと言い張ったので、朱文も仕方なく承知するしかなかった。一粒金はその本をめくって曲簿（謡の本）であることが分かると、わざと字を間違えて読んで、朱文に訂正させた。曲簿に『七娘子』の題名があるのを見ると、朱文は誠実さに欠けていて、七人の娘子《つま》がいるのだと言って困らせたので、朱文は釈明するしかなかった。一粒金はさらに乗じて、なぜ旅に出ているのかと尋ね、「たとえ親戚を頼る不遇の身の上であっても、早く帰らなければならない。家で奥さんが心配しているだろうから」と言う。この台詞は、表向きは朱文への心配りのようだが、実は朱文が結婚の有無を知らんがためのものであった。朱文が「まだ妻を娶っていない」と答えると、一粒金はひそかに喜んで手をたたく。そしてまたその気持ちを歌で表現する。少女が胸中の愛の熱さと不安を表すと、朱文も心を動かされた。しかし、朱文は、自分たちがひそかに交渉したことによって彼女の両親に見くびられるのではないかとおもい、やはり彼女に帰ってもらおうとする。図らずも一粒金はそれでさらに朱文が正直者だと感じて、ますます好きになり、そしてわざと灯りを消して、朱文を誘惑する。さらに、朱文と夫婦になりたいと泣いて訴え、貧しい書生でも構わないという堅い信念を吐露する。すると、その真心がついに朱文を感動させる。二人は、刺繍した箱を取り交わして誓いの証とした。

閩南の演劇において、積極的で機敏な女性と朴訥で堅苦しい男性の間の愛情物語の演目はそれほど多くはなかったが、現代ではこのタイプの作品がいくつもみられる。著名な梨園戯の作家王仁杰の『節婦吟』、『董生与李氏』、『皂吏与女賊』などの作品がそれにあたる。そこでの女性像と性格は基本的に「一粒金《イーリージン》」のタイプであるが、男性の女性への愛慕の程度によって、取る態度が異なり、物語を喜劇や悲劇のそれぞれ違った方向に進めている。これらの異なる結末は、もとより作者自身の創作意図ではあるが、同時に、閩南では、女性は両性関係においては事実上いまだに劣勢であり、愛情が実現するか否かは実際には男性の手に握られているということをも教えてくれる。

4　辺境と民間における教訓と抵抗

福建の閩南地区は中国大陸の東南端に位置する。閩南人は長期にわたる移民の歴史によって族群としての心理に深い烙印を押されることとなった。閩南社会は非常に流動的で、地理的には辺境に位置し、異域文化に接し、文化の中心からは遠く隔てられている。そのため、閩南社会の底層には、主流の文化や世俗的に流行している観念や思想に対して、一定の距離を持った思考空間があり、より旺盛な民間性と庶民性を保っている。主流の文化が病的な状態を示したり、揺らいだりした時、あるいは歪んだ思想が社会にはびこった時に、原点に戻り、長い間、底層に潜んでいた、郷土と民間からの声が、陰に陽にと伝えられて、教訓と抵抗をもたらすのである。民間から生まれた高甲戯はこれら特殊な民間性や草の根の精神を最もよく表している。ここ数年、高甲戯に登場したいくつかの女性像には、歴史的な源流と生活状態がよく示されている。同時に、そこにはこのような辺境社会からの教訓と抵抗が強く表現されている。そうでなくとも、女性たちは、男性主導の社会において、もともと辺境の位置に置かれていた。「男性―女性」や「中心―辺境」といった普遍的な社会構造の中で、閩南の地方演劇が女性像の突出、主導的な役割を強調するのは、女性の存在を再認識させる意味を強く持っていた。

もともと閩南の女性たちが社会事業に参加する機会は少なかった。しかし、民間においては親切で世話好きな中高年の女性たちが往々にして社会的な意見のまとめ役や関係者となった。次に挙げる二つの演目は、この類いの女性たちを原型にして創作されたものである。

1　『金魁星』の胡氏

『金魁星』はもともと布袋戯《プダイシ》（指人形劇）の物語で、後に高甲戯の演目となった。田舎の野外の舞台で盛んに上演され、そのにぎやかで楽しい雰囲気は人々を喜ばせた。一九九〇年代には晋江市高甲戯《ガオジャシ》劇団が、老芸人柯賢渓の口述本に基づいて、新たに改編して上演した。

劇中の胡氏《フーシ》は善良でやさしい市井の老婦人である。古い版本では、もともと女盗賊だったとされ、その身分も「非主流」の色彩をはっきりと表している。胡氏の劇中での行為はみなその純朴な性質と民間社会の善良な心から来ており、その言葉遣いもまた現地の訛りそのままである。

胡氏と夫の龐阿雄《パンアション》は街で花や蜜餞《さとうづけくだもの》を売る（閩南でいえば「売咸酸甜《しおあじ、さんみ、あまみをうる》」）ありふれた人物で、彼らは現状に満足し、相思相愛の夫婦仲である（図版５）。しかも、どうやら龐阿雄は胡氏をいくらか怖がっている様子、それに対して胡氏は喜怒哀楽を思うままに表現する。快活な胡氏は秀才王賛が試験を受けに行く金がないと知るや、すぐに自分が花を売った金を旅費としてやる。しかし、それでは全く足りないことがわかる。その時、退官して帰郷した何相国が喜寿の祝いでたくさんの祝いをもらったのを見て、突然不届きなことを考え始める。「ああ、金持ちはますます栄えるのに、金がない人間は貧しくて死んでしまう。（考えて）そうだ！　彼が私たちにくれないんだったら、私たちが自分で取るまでさ。」彼女にとっては、動機さえよければ、少しばかりの富者から盗んで貧しきに施すということはたいしたことではなかった。「親族は親族を助け、隣人は隣人を助ける。秀才は才知のあるお人。蛟龍が浅瀬で困っているから、私たちは助けるのさ。さあ、行こう。こんな下策を弄するのも善

5　高甲戯『金魁星』の胡氏とその夫龐阿雄

を行うため。恩を知りそれに報いるのが人の道。」民間での行動ではなによりもまず役所が定めた法律ではなく「義」を優先して考える。夫婦二人は何家の金魁星を盗み、これを王賛に送ったが、図らずも王賛は盗みの罪を着せられて投獄されてしまった。こころ温かな胡氏が再び登場する。それは自分の罪を認めるためではなく、王賛の叔母《おば》の振りをして牢に食べ物の差し入れにやって来るためだった。彼女は王賛の悲惨な状況を見て、一計を案じる。何家の娘が王賛に思いを寄せていることを思い出し、無実の罪を訴える書状を書くことを勧め、反対に何相国を訴えようとした。彼女からすれば「彼は善人を装って盗みを行い、あなた（王賛）を牢に入れた。逆に訴えるのが筋ってもの」だった。このような理不尽な強引なやり方で物事を解決しようとするのはいかにも民間的である。その後、彼女はロバに乗って訴えに行き、李巡按が極力これを避けようとしているのを知ると、わざと案件を山歌の歌詞にして、歌中で欽差大臣の李贏を罵って「朝廷から派遣されてきた李巡按は、なにごとも適当、小さな事件には威張り散らし、大きな事件には大慌てで身を隠す！」と歌い、大胆かつ巧妙に巡按に告発状を受け取らせることに成功した。裁判に破綻をきたさないようにするため、胡氏はまず何の屋敷に花売りとして入り、何家の娘に近づき、占いにかこつけて、あれこれ言って心理的に攻勢をかける。そのため、元来、王賛に好感を持っていた何小姐は現世での因縁をいよいよ感じ、彼を救うことを決意した。裁判の場で、双方は争うが、学問ばかりで口下手な王賛を見かねて、胡氏は再び身を乗り出す。そして、一気呵成に王賛の父親は生前に何府とお互いの子供を結婚させる約束をして、玉の首飾りと金魁星を結納品にしたが、後に王家が貧しくなったので、何相国は娘婿を陥れて金魁星を奪ったのだと述べた。しかも無理矢理に何の娘にも証言させせようとする。娘は板挟みになる。巡撫は彼女の心を試すために、王賛を斬ろうとする。気がせいた娘は「私は……王……」と叫び、気を失ってしまう。彼女を抱きかかえながら胡氏は彼女の声を真似て「……郎」と付け加えた。「王郎」とは女性が恋人や夫を呼ぶ時の一般的な呼称である。結果、王賛は救われた。胡氏はさらに李巡撫に王賛を援助して都に科挙の受験に行かせることを勧め「あれもこれも私の孫に科挙の受験に赴く金がなかったからです。もし彼が状元になれば、罪も自然と償われ、みなが喜びます！」と言った。最後に王賛は状元になり、皇帝から結婚を許され、大団円を迎える。そして胡氏と龐阿雄は以前通りに自由気ままに花を売る生活に戻ってゆく。

この劇の立場と観点はどれも辺境的で、民間的である。事件の主導権は一貫して閩南の市井の一婦人に握られていて、彼女の行為と考え方は事件の発展と進展を推し進めてゆく。胡氏は秀才の王賛に同情し、王賛が都に行って科挙を受験するのを助けたいと考えるが、そこで思いついた考えは道徳や常識からは大いに逸脱している。すなわち何相国の屋敷の金銀財宝を盗んで、それを援助に充てようとする。しかし、それが裏目に出て、王賛が罪を着て入獄することになる。王賛を牢獄から救うために、彼女はまた考えを巡らし、こともあろうに何家の娘に王賛を婚約者だといわせることに成功する。このような行為は、まさに庶民の考え方によるものである。合理的でなく、常規を逸していて、はてはいくらか粗野ではあるが効果的でもあるので、たいへん人気がある。それは情熱的で生命力に満ち溢れている。市井の一市民の目には、金持ちたちは富のために不人情を働き、役人は事なかれに走り、若い女性は恋愛にうつつを抜かし、秀才は貧乏書生である。それゆえに、困難を解決するために、胡氏のような庶民的で、臆することなく、権威に挑戦する度胸と智慧を持った閩南の老婦人が活躍することになるのである。

2　『阿搭嫂』の阿搭嫂

金銭至上主義で人情が希薄になってしまった現代社会では、人々はますます進むべき方向性を見失っているかのようである。そこで人々は郷土の純朴、善良を想い起こし、『阿搭嫂《アーダーサオ》』が生まれることになった。

閩南語に「阿搭嫂《アーダーサオ》」ということばがある。生活の中で常に明るくにぎやかで、正義感に燃え、他人のことに口出しするのが好きで、好んで弱い者の味方をし、時には事件の顛末がよく分からないまま東奔西走するような女性、これを称して「阿搭嫂」という。これは閩南の伝統社会における心温かな人々を指し、特に中高年の女性に、この「阿搭嫂」が多い。彼女らは街角の義理人情に通じ、あれこれ話すことが好きで、正義感が強く、家々の日常的な些細なことにも熱心に口出ししようとする。若い嫁がおとなしくして、物事を妥協して収めようとするのとは異なり、彼女たちは長年の風雪の洗礼を受けており、世間の人情を熟知し、多くの経験を積んでいるために、大胆で、他人に臆するところがないのである。伝統的な郷土社会では、彼女たちの意見と好奇心による行為は容易に伝わり、広められ、道徳化した世論の圧力となり、明らかに一種の民間道徳に基づいた社会の力を作り上げた。またこのような「阿搭嫂」式の行為を通じて、閩南の女性たちがある程度まで社会の公共事業に参加していたことも知ることができる。

『金魁星』と比べると、『阿搭嫂』はより多く現実批判的な部分を具えている。脚本家の曽学文は一方では現実に不満であった。彼はいう。「『護身術』、『詐欺除けのお経』、『人の目のごまかし方』、『にせ金の見分け方』、『嘘の見抜き方』などはいつの間にか我々の食卓での課外の教材になっていた。そのため、我々は最も基本的な『嘘とまこと』に対してたしかな概念が持てない。『知らない人と話してはいけない』というのが通俗的かつ流行の啓蒙的な教訓になった。[39]」「しかし、一方で『金銭』や『私利私欲』の絶え間ない膨張に伴って、伝統生活における阿搭嫂は我々のそばから次第に消えていった。私は彼女を我々の生活から遠いものにしたくなかった。そこで、現在の人生模様と現代的な審美感覚を結合し、人の心の移り変わりとその精神の顕彰を対照させ、伝統演劇と現代的な審美的感覚を結合させようという考えが生まれた。そして、閩南の阿搭嫂《アーダーサオ》というひとつの典型的な人物像を再び立ち上がらせた。それが私の『阿搭嫂』を形作っている」と。曽学文は愛らしく、愉快で、尊敬される阿搭嫂像を新たに甦らせたのである。

物語は民国初期の新旧の気風が入り交じる廈門の街で、昔気質の老婦人である阿搭嫂が現れ、人助けをするうちに、いつの間にか子供の誘拐事件に巻き込まれてゆく。すべてが喜劇化された描写の中で近代中国の騒々しい市井の道徳や風俗を描いていく。そして、観衆にお祭り騒ぎの楽しみの中で自分たちの身の処し方のとりとめのなさと人の疎外を新たに見つめ直すように促しもする。また新しさと古さが同居する民国時代に仮託し、劇を通じてそのとりとめのなさの中に普遍的な意義があることを提示した。とりわけ社会の転換期においては、さまざまな思想が入り乱れ、道徳価値や社会倫理も空前の危機に瀕する。いったん伝統的な道徳価値が崩れてしまえば、すべての価値基準が曖昧模糊となり、利己的な行為が疫病のように蔓延してしまう。人々がそれになれてしまうと、世界は荒唐無稽なものとなっていく。道徳が喪失されたという警告は、中国では今、すこぶる現実的な意義を持っている。田舎出の阿搭嫂は、このようなとりとめのない都市にやって来て、現代都市を生きる人に大切なものがなにかを教えてくれる。作者はこうしたありふれた人物を取り上げ、素朴な言葉遣いと感情表現で小市民の喜怒哀楽を表現する。地域文化の記憶を借りて、現実生活を照射し、人々の伝統道徳へのまなざしを喚起し、精神と行動を見直すように呼びかける。小さな伝統への遡源は、一種の策略である。そして、またそれは辺境に由来するひとつの民間の見方を代表する。

劇中には善人や悪人が出てくるが、みな道化役である。終始一貫して遊びの仲間に加わることを好み、正義感に燃え、他人のことに口出しするのが好きで、弱い者の肩を持つ女道化役、それが阿搭嫂である（図版６）。彼女はいつも「我が身を省みず、身を挺して乗り出す」が、あまりにもお節介が過ぎるので、人々に疎まれ、時には事件の顛末がわからないまま東奔西走する。こうした人物は閩南の伝統的な郷土社会から出てきた者で、草の根の色彩が濃い。それを都市生活の中に置けば、必然的に多くの齟齬を生み、喜劇的な要素が強くなる。『阿搭嫂』では、監督、陳大聯がその人物像を「麻縄の束縛から逃れた野生のガチョウが勢いよく跳ね上がるよう[40]」な人物に定めた。「子供に遇う、子供を送る、子供を縛る、子供を探す、子供を救う」などのシーンが次々に進み、おりなす劇の中で、阿搭嫂《アーダーサオ》の筋の通った、正義感あふれる、純朴な心が示されてゆく。同時に、まじめでありながらも、また喜劇的に、田舎の老婦人が、現代の進歩的な生活のでたらめで粗雑な本質をあばいてゆく。あいまいで、見かけ倒しの役人や捕り手、悪辣非道な阿大と阿二、遊び人の天成、融通がきかなくて無能な秀才、わがままな嫁と恐妻家の息子、冷たく、臆病な通行人甲乙丙……、都市の各種各様の人々が、善良で純朴な阿搭嫂によって、その病的な様子と生命力の欠如が浮き彫りにされる。彼らはまるで欲望と私利私欲によって操り人形にされているかのようである。人と人の間では交流と真情が失われ、互いに警戒し、まるで厚い壁が人倫と温情を遮っているかのようである。舞台設定は操り人形劇をする天橋式の二層構造になっている。加えて何枚かの移動可能な板があり、時には街角になり、時には家になり、時には監獄にもなり、時にはお寺にもなる。すべての板がひとつになっており、それが一枚の壁をなす。この抽象的な多義性の構造は場面を写実から遠ざけ、象徴性を強め、喜劇的な色彩を強めることに役立っている。

6　高甲戯『阿搭嫂』の阿搭嫂。弱い者の肩を持つ女道化役

『阿搭嫂』は高甲戯の劇としての特色と閩南文化の豊富な資源を巧みに用

い、時弊を批判し、嘲弄して伝統的な形式美を探しあてた。それは古い演劇に新しい時代の内容を注ぎ込み、斬新な人物を創造し、また、民間と辺境からの強烈な視点を用いて、普遍的な意義を持った主題を提示している。民間に生まれ、広場の舞台から生まれた高甲戯は、南戯の自由活発な精神を受け継ぎ、豪放率直な郷土の性格も保ち続けている。とりわけ民間の知恵と諧謔から生まれた道化役の演技は、誇張に富み、おまつり騒ぎの雰囲気を造り出すのにうってつけである。『阿搭嫂《アーダーサオ》』にもその機転の利く道化役の役割が数多く活用されていて、気取らずありのままのタッチで世間の様々な人間模様を描き出している。梅花賞を受賞した呉晶晶演じる阿搭嫂は、それまでの役柄とは一転して女道化役をこなし、ユーモアにあふれた、表情豊かな、迫真の演技でおかしくも可愛らしい、愛すべき田舎の女性像を作り上げた。このような民間由来の質実剛健な精神を世に広めて、「四書五経をそらんじる大勢の人よりも、一人の阿搭嫂」という民間の知恵を顕彰するために、劇中の人物像と叙述の視点を庶民の視点に設定するだけではなく、至るところ諷刺、対比、偶然と誤解などの喜劇の手法を用い、さらに濃密に閩南の地域文化を詳しく表現した。言葉遣いにおいても大量の閩南の民間の言い回しが使われている。それは「川魚が大海に入ったようだ（好似渓魚入大海）」（束縛を脱して自由自在だ）、「目がズボンの中にある（眼睛生在褲頭）」（眼力がないことの喩え）、「七月十五日の家鴨は、食べることを知って死を知らず（七月半的鴨子知吃不知死）」（七月の鴨は直《じき》に捌かれるのに、生死を知らずにいる。それに喩えたもの）といった諺が使われていることにも表れている。方言の持つ独特の言語的な魅力、民間の親切、人物の生動を明らかにすることによって、親しみや、地域文化の力強い生命力を表現している。喜劇のおまつり騒ぎ的な笑いの中で、舞台と客席、虚構と現実との境界があいまいになる。阿搭嫂は法廷で全く臆することなく、時には黒を白と言いくるめる強弁で大いに法廷を騒がした。このような奇抜な筋運びのうちには、権力や制度化した生活を軽蔑、嘲笑する素朴な民間精神がごく自然に表現されている。

道化役たちのおまつり騒ぎの中で、『阿搭嫂《アーダーサオ》』は民間礼賛の歌を歌い、現代社会の人の心を救うという大問題を提起した。民間の精神が激しく揺れ動く中、お互いに固く閉ざしてしまった心を越えてゆくことはできるのだろうか？　阿搭嫂は伝統的な郷土社会の情熱的な閩南女性を再現したというだけではない。それは、現代社会の人々にとって、純朴な郷土の人情を温かく思い出させるものとなり、また民間と辺境からの救い、さらには醜悪な現実に対する教訓と抵抗を象徴するものともなった。

四　まとめ

閩南地方の演劇に見られる女性生活を通じて、女性の基層社会における地位や、特定地域の特色を持った生活状態やその影響をいろいろと見てきた。

演劇の舞台における女性像は、もとより現実と完全に同じわけではない。しかし、演劇芸術の想像力は、一連の典型的な女性像を作り上げた。そこには、豊富な社会経験と地域の人びとの感情が蓄積されている。それゆえ、地方演劇と閩南社会との密接な関係を考慮すべきなのである。

演劇を通して、わたしたちは、閩南社会の女性が、特定の社会背景や習俗伝統の規範のもとで経験してきた悲喜交々な出会いや別れ、喜怒哀楽を理解することができる。そしてまた、海洋文化の伝統が閩南の基層社会に深い影響を与えたことも理解することができる。

注

（1）　唐・韓愈「唐故中散大夫少府監胡良公墓」、『全唐文』、第六部巻五百六十二。

（2）李熙泰「閩南文化的海洋特性」、『望海楼札記』、廈門：廈門大学出版社、二〇〇五年版、一二―一三頁。
（3）閩南方言の歴史に関しては、李如龍『福建方言』、福建人民出版社、一九九七年版等を参照。
（4）閩南民系の歴史と関連した論述としては、陳耕編著『閩南民系与文化』、台湾河洛文化事業股份有限公司、二〇〇九年版を参照。
（5）周長輯『閩南方言』、北京：中国文史出版社、二〇〇五年版、二頁。
（6）閩南人の海上貿易活動については、湯錦台『閩南人的海上世紀』、台北：果実出版、二〇〇五年版参照。
（7）邱坤良『日治時期台湾戯曲之研究』、自立晩報文化出版部出版、一九九二年版、四四―四五頁。
（8）湯錦台『閩南人的海上世紀』、台北：果実出版、二〇〇五年版、第二〇一頁。湯錦台氏は李旦の日本での状況を、主に当時の英国商館首任であったコックス（Richard Cocks）の日記から紹介している。その日記は大英博物館が所蔵していたが、後に専門的な研究と文献整理を行ったHakluyt Societyによって二巻分冊で出版された。日記の期間は一六一五年から一六二二年に及ぶ。
（9）呉慧穎『民間戯曲与閩台社会』、『閩台民間芸術理論研究文集』、作家出版社、二〇〇六年版、八六―九三頁。
（10）宋・陳淳『北渓文集』巻二十七、清・沈定均主編『漳州府志』巻二十八「民風」より引用。
（11）鷺「老婦迷於歌」、『廈門時報』、一九三一年一月一一日。
（12）「苦旦」とは、歌仔戯の役柄で、京劇の「青衣」に相当し、悲惨な女性である場合が多い。『孟姜女』の孟姜女、『詹典嫂告御状』の詹典嫂など。過去の歌仔戯の苦旦は多く「哭調」などの曲調を用いた。
（13）顔梓和取材整理「有関歌仔戯的採訪資料」、『歌仔戯資料彙編』、光明日報出版社、一九九五年版、一五〇頁。
（14）二〇一一年五月三〇日の筆者による高甲戯の芸師紀亜福氏へのインタビュー。
（15）『叢書集成初編』第三一六一種。林慶熙、鄭清水、劉湘如編著『福建戯史録』、福建人民出版社、一九八三年版、四七―四八頁より転載。
（16）林慶熙、鄭清水、劉湘如編著『福建戯史録』、福建人民出版社、一九八三年版、一〇八―一〇九頁より転載。
（17）「本埠新聞・論禁男女合演」、『廈門日報』、一九〇九年八月九日、第三版。
（18）『泉州文化芸術志』第四章、戯劇。内部資料。出版年月不詳。
（19）荘長江『晋江名伶外伝』、廈門大学出版社、二〇〇七年版。
（20）羅時芳取材整理『賽月金憶往事』、『歌仔戯資料彙編』、一七〇―一七七頁。
（21）『高文挙』、『泉州伝統戯曲叢書』第二巻『梨園戯・小梨園劇目（下）』、第二一九頁、中国戯劇出版社、一九九三年版。この劇は小梨園七子班の伝統的な演目で、福建省梨園戯実験劇団によって、整理、上演された。

(22) 例えば『王魁負桂英』は、王魁と名妓桂英の恋物語であるが、二人が夫婦となり、彼女の助けを借りて王魁が再び都に上って科挙を受けることになった時に、二人は海神廟で香を焚いて、お互い背くことのないことを誓う。しかし、王魁は状元に及第した後に、誓いを破って別の女性を娶ったので、桂英は憤りの余り自殺し、その死後、幽霊となって王魁を捕らえ、呪い殺してしまう。

(23) 王釗芬著『周成過台湾的伝述』では、作者の文献とフィールドワークにより、流伝した時代を清末であろうとしている。物語の原型は、王雲青氏の口述で言及された周華成が誹謗を受けた物語、王阿添氏が言及した阿面の女婿李地金の物語、また楊秀卿氏は物語は今から百年前の出来事であるとしているなど多くの説があるが、そのほとんどが実際の事件と信じており、周成には跡継ぎの子供がいたとしている。物語の多くの版本は、もとより民間の物語が口伝で伝わったものなので変化しやすいものであるが、物語が広汎に流行している程度から考えると、このような物語は数百年の閩台社会でかなり普遍的なものであり、民衆の基層的な部分を反映している。台北：里仁書局、二〇〇八年版。

(24) 当時、福州、江蘇、浙江に貿易に行く者は「北郊」、泉州に商売に行く者は「泉郊」または「頂郊」、厦門に行く者は「厦郊」と言い、「三郊」とはその総称である。

(25) 『海関報告』、一八八一年、淡水、第六頁、林満紅『茶、糖、樟脳業与晩清台湾』、文叢一一五、台銀、一九七八年より転載。

(26) 王釗芬著『周成過台湾的伝述』、里仁書局、二〇〇八年版、六六頁。

(27) 呂訴上「台湾新劇発展史」、『台湾電影戯劇史』、銀華出版社、一九六一年。

(28) 「一九三九年泉籍華僑分布情況表」、泉州市華僑志編纂委員会編『泉州市華僑志』、一一―一二頁。

(29) 陳達による三〇年代閩粤人が南洋に移民した原因の調査データ参照。陳達『南洋華僑和閩粤社会』、商務印書館、一九三六年版、四八頁。

(30) 多くの華僑は海外における生活と経済活動などの必要から、移住先の国で別の妻を娶り、もう一つの家庭を築いた。「両頭家」のスタイルとはこうした移住先の国と故郷とにそれぞれの家庭を持つことを指す。

(31) 沈恵芬の研究では、華僑と番客嬸の夫婦関係は不平等な両性関係であると見なされている。夫は重要な地位にあり、妻の行動を制限し、妻に「婦道を守る」ことを要求するが、妻は二次的な地位にあり、「結婚後は一人に従う」貞操感を守らなければならない。さらに、婚姻は華僑と番客嬸とでは異なる結束力を備えており、女性が「姦通」すれば厳しく処罰されるが、男性は海外で別の家庭を持ったり、娼婦などで生理的な欲求を満足させたりすることに制約はない。沈恵芬『華僑家庭留守婦女的婚姻状況』、『華僑華人歴史研究』、二〇一一年。

(32) 「守活寡」とは、夫は健在だが、女性たちが寡婦と同じように生活する婚姻生活を指す。

(33)『晋江県十二区三呉郷（僑郷）貫徹婚姻法運動中幾個問題的総結［一九五三年］』、福建省檔案館館蔵檔案、全宗号 一四八、目録号：二、案巻号：四六二。
(34) 孟母断機。出典は『孟子』。孟子は小さい頃、遊んでばかりいたので、母親が彼を諭すために、怒って織り上がった布をハサミで両断した。孟子の母親は「お前が学問を疎かにするということは、私がこの布を断ち切ることと同じです。徳のある人とは学ぶことで名声を築き、問うてこそその知識を増やすことができるのです。そうすれば普段は平安無事に暮らせて、いざ事が起こった時にも災いを逃れることができます。もしお前が今学問をやめてしまえば、賤しい労役につくしかなくなり、災いを避けることが難しくなるでしょう。」と諭した。孟子はそれから学問に励み、ついに偉大な儒家となった。
(35) 解元、会元、状元を指す。
(36) この劇は小梨園流派の単折戯で、哀しい恨みの物語ながら趣を損なっていない。
(37) 二〇一一年一〇月の筆者による曾学文へのインタビュー。
(38) この段の歌詞とプロットは著名な梨園戯の演出家である曾静萍氏が記録・整理した折子戯の映像に基づく。
(39) 曾学文が語った『阿搭嫂』の創作体験談、『別讓生活中的「阿搭嫂」走遠了（生活における「阿搭嫂」を遠く去らせてはならない）』参照。
(40) 陳大聯『阿搭嫂』監督の構想より。

第三章　産難の予防、禳除《はらえ》と抜度《すくい》
――台湾南部と泉州地区に見られる道教科法を主として

謝聡輝（山田明広訳）

前言

婦人免乳大故、十死一生。（『漢書』巻九十七「外戚伝」）
〔婦人の免乳は大故にして、十死一生なり〕

古時婦人産、下地坐草、法如就死也。（陳延之『小品方』）
〔古の時の婦人の産は、地に下りて草に坐し、法は死に就くがごときなり〕

医之中、惟産難為急、子母性命、懸在片時。（『産宝方』周頲序第一）
〔医の中、惟だ産難のみを急と為し、子母の性命は、懸かりて片時に在り〕

生贏鶏酒香、生輸四塊板。（台湾俗諺）
〔勝てば鶏酒香、負ければ四塊板〕

〔　〕は訳者注。以下同じ

いわゆる「産難」とは、女性が妊娠期間および出産前後に直面する危険な災難のことである。女性はみな、妊娠期間中、心身が不安になったり、感染病が治らなかったり、胎児の発育に異常が見つかったり、流産の兆候が現れたり、引いては母子の安全に危険が及んだりもする。場合によっては、子供を産む間際に血崩〔子宮からの大出血〕が起こったり痙病になったりし、また、嬰児の胎位が正しくなくなり、逆子となって出なくなり、何日も出産が滞って子を孕んだままとなって、順調に出産することができなくなることもある。あるいは、産後一か月間の養生において適切な処置を行うことができなくて病気に感染し、母子ともに亡くなる、もしくは一方が命を落とすといったことになったりする。したがって、恨みを抱いたまま異常な死に方をした者はすべて本稿で言う産難の広義の範囲に属する。つまり、産難とは、妊婦が各種の原因により臨床分娩において困難を生じるという狭義の「難産」を指すだけではないのである。『周易』繋辞伝に「天地之大徳、曰生」〔天地の大徳は生と曰う〕とあり、自然万物の生育、生存と繁栄といった生生の徳を強調し、出産を最も重要な根本としている。しかし、古い時代の医学と医療技術とがいまだ現代化する前においては、妊娠・出産はただ神秘的な非日常の出来事ということだけでなく、部分的には歓喜期待する心情が起こりもするが、さらにより一層、産難が発生し危険が母子の生命に及ぶのを憂慮し恐れるということでもあった。したがって、『漢書』巻九十七「外戚伝」と劉宋・陳延之『小品方』のいずれにおいても、出産はまるで「就死」〔死に近づく〕ような恐怖であり、産難は「十死一生」といった危険性の極めて高い生死の一大事であると指摘されている。[1] 南宋の医学の大家である陳自明（一一九〇～一二七〇）も、自らが撰述した『婦人大全良方』巻十六「坐月門」において、咎殷が唐の宣宗大中六年から九年の間（八五二―八五六）に著した『産宝方』周頲序第一を引用して、産難の危機的状況と慎重に予防・処理すべきであるという道理を示している。台湾の俗諺「生贏鶏酒香、生輸四塊板」ではさらに端的な言葉でうまく以下のように描写している。すなわち、出産とは生命の踏ん張りどころで、勝てば母子ともに平安《へいおん》で、産後一か月の養生中の「鶏酒香」

〔いい香りのする麻油鶏〕および「母因子貴」〔母は子に因りて貴し〕といった社会的地位の調整を楽しむことができるが、負ければその結果は死亡〔通常、母が亡くなるかあるいは母子ともに亡くなることを指す〕であり、産婦は「四塊板」すなわち棺桶の中に収納され、家庭は悲しい喪礼の過程へと陥っていく、とある。(2)

したがって、いかにして子を求め、胎児を安寧に保ち、産難が発生するのを予防するのか、産難の時にいかにして緊急処置を行うのか、および産難により死亡した霊魂をいかにして安定させ救済するのかは、昔からあらゆる民族が非常に関心を示してきた問題であった。中国古代の医学典籍および考古資料の記述の中では、婦人科・産科に関する知識の伝承と臨床経験は極めて重視され、伝統医家および助産人員は信頼されて前二者に関わる主な医療加護と責任とを担ってきたのである。この部分については、李貞徳がすでに多くの確かな研究上の貢献を行っており、漢から唐朝以来の古人の、子を求め、胎児を安寧に保ち、胎児の性別を変え、胎児を養育することに関する観念や方法、およびそれに従事する医療助産人員の役割や職責、医術における実際的運用について整理している。(3)しかし、古から今にかけての出産に関わる文献記録、臨床操作および民俗信仰を見てみると、医療従事者と医療知識・技術以外に、宗教家およびそれに関わる禁忌や厭勝〔災いを避けるためのまじない〕、信仰法術もまた、妊娠前から出産の過程に至るまでにおいて相当な地位を占めていることに気が付く。なぜなら、これらの過程は、ただ人が決定することのできる理性的な部分だけに関わっているわけではなく、さらに鬼神信仰といった非理性的なところにまで関わっており、(4)したがって、宗教家がその中でも重要な職能上の役割を担っており、彼らが提供する医療法術と儀式もまたよく目にする珍しくないものであるからである。(5)とりわけ、万一不幸にも出産による死亡という状況が発生した場合には、道教の「血湖転轍」や仏教の「打血盆」などの専門的な功徳抜度科儀のように、完全に宗教儀礼による済度に依存して、故人の魂魄を苦しい刑罰から離脱させ済度を受けさせ昇天させなければならないのである。(6)

現在の道教と民間医療法術に関する研究を仔細にみるとき、経典・文献と実際の現地調査とをよく結び付け、その上さらに出生前から死亡後に至るまでを扱った研究で、その生命儀礼の内容と特質とを明示しているものは、依然として多くない。したがって、本稿では、「産難」を問題意識の核心とし、第一章ではまず、産難に対する原因分析と結果の認知とがさまざまな背景のもとでなされてきたことを明らかにし、第二章では産難を予防するための医療による方法と道法による祝禱について論じ、第三章では産難の兆候が起こった際の医療法術による処理について分析し、第四章では不幸な産難による死者に対する道法の救済科儀と文書運用について詳述する。本稿が採用する方法は、伝統医家と道教経典の説を引用して分析・議論するほかに、さらに筆者が南台湾と泉州地区において現地調査を行い目にした道教の写本と科儀法術の実演をその助けとするというものである。新たな写本文献と調査による発見によって、伝統医家と道教民俗中の生命儀礼というテーマの研究に対して、先人の不足を補うとともに、新たな局面を展開しうることを希望する。

一　産難の認知と結果

題名は晋・葛仙翁『肘後備急方』となっているが、陶弘景（四五六—五三六）により補われたであろう『肘後百一方』は、「華陽隠居補闕肘後方序」の中で病気になる原因および分巻の原則について以下のように言及している。「案病雖有千種、大略只有三条而已。一則府蔵経絡因邪生疾。二則四肢九竅内外交媾。三則仮為他物横来傷害。此三条者、今各以類而分別之、貴図倉卒之時、批尋簡易故也。今以内疾為上巻、外発為中巻、他犯為下巻」（案ずるに、病は千種有りと雖も、大略只だ三条あるのみ。一は則ち府蔵経絡の邪に因りて疾を生ずるなり。二は則ち四肢の九竅の内外、交ごも媾《まぐわ》うなり。三は則ち他物の為に横来傷害せらるるに仮《いた》る。此の三条の者、今各おの類を以てして之を分別するは、倉卒の時に、批して簡易を尋ぬるを図らんと貴《ほっ》するが故なり。今内疾を以て上巻と為し、外発を中巻と為し、他犯を下巻と為すなり」と。産難とは一種の疾病であるが、伝統医学の認識の下では、産難の原因は何とされているのであろうか。内部疾患であろうか、外部発生であろうか、あるいは他から犯されたのであろうか。それとも、これらの原因が合わさって生じたのであろうか。先にはっきりさせてから、その予防措置がふさわしいかどうか一歩進んで分析する必要があろう。また、産難の結果は、死んでしまえば終わりというわけではない。それは民族宗教としての道教およびその他の認識の下ではまたいかなるものであろうか。以下で、さらに踏み込んで論じていきたい。

1　産難の原因

1　伝統医家の認知

日本の平安期（七九四—一一八三）の鍼博士・丹波康頼（九一二—九九五）が西暦九八二年に撰述した『医心方』巻二十三「治産難方第九」の中で引かれている中国早期の経典『難経』に「夫産難者、胞胎之時、諸禁不慎、或触犯神霊、飲食不節、愁思帯（滞?）胸、耶（邪）結斉（臍）下、陰陽失理、並使難産也」（夫れ産難なる者は、胞胎の時に諸禁は慎しまず、或いは神霊を触犯し、飲食は節せず、愁思して胸を滞らせ、邪は臍下に結し、陰陽は理を失するは、並びに難産せしむるなり」とある。[7]また、隋代の太医博士・巣元方らが大業六年（六一〇）に勅命を奉じて編著した『諸病源候論』巻四十三「婦人将産病諸候・産難候」には「産難者、或先因漏胎、去血臓燥、或子臓宿挟疹病、或触禁忌、或始覚腹痛、産時未到、便即驚動、穢露早下、致子道乾渋、産発力疲、皆令難也」（産難なる者は、或いは先ず漏胎に因りて、血を去り臓燥し、或いは子の臓疹病を宿挟し、或いは禁忌に触れ、或いは始めて腹痛を覚ゆるも、産時未だ到らず、便して即ち驚き動き、穢露早く下り、子の道の乾渋を致し、産むに力を発して疲れるは、皆な難からしむるなり」とある。唐『産宝方』周頲序第一においても「故『易』曰、『天地之大徳、曰生』、則知在天地之間、以生育為本、又豈因生産而反危人之命乎。自惟摂理因循、薬餌差謬、致其産婦不保安全」〔故に『易』に『天地の大徳を生と曰う』と曰うは、則ち天地の間に在るを知り、生育を以て本と為せば、又た豈に生産に因りて反て人の命を危ぶまんや。自ら摂理因循、薬餌差謬なるを惟《もっ》て、其の産婦の安全を保たざるを致さん〕とある。ほかに南宋・陳自明（一一九〇―一二七〇）が撰述した『婦人大全良方』巻十六「産難論第一」では、産難の原因は以下の六つに帰納できるとされている。第一は、運動しないために気を閉じさせ血を凝固させる。第二は、禁忌を知らず、嗜欲を節制しないため、精力を弱らせ瘀血を胎内に結集させる。第三は、産婦の心神が驚き恐れ、憂い悩んで恐懼し、その上、汚濁に抵触されてしまう。第四は、産婦が細かいことを気にせず敏捷ではなく、産門に風が吹き付ける。第五は、産婦が疲れて眠り、座っても立っても体が傾いている。第六は、胎内が寒くて血が集まり、気血が不足する、である。

以上により、代表的医家の産難の原因に対する認知には相違があるものの、しかし、基本的には三つの方面から分析できると言える。一つは、妊婦自身の健康と情志〔精神反応、精神活動〕の制御という要因である。たとえば、妊娠期間中、運動するのがあまりにも少なくて気を閉じさせ血を凝り固まらせ、欲望や飲食といった諸々の禁忌は慎まず節制せず、代理の処置が古い習慣に頼ったその場しのぎのものであるため、邪気が結集し、陰陽は道理を失い、疾病が身に纏わりつき、「内疾〔内部疾患〕」と「外発〔外部発生〕」が同時に起こる、といったものである。[8] 二つ目は、医療助産師という要因である。たとえば、普段の薬餌が間違っており、分娩環境の設置がふさわしくなく、出産直前時に産婦の心神を驚き恐れさせ、憂い悩ませる。さらに、いい加減な態度で臨み、出産時期の判断を誤り、産婦の精力を疲れ果てさせ、産門に風が吹きつけ、座っても立っても体を傾かせて、母胎を移動させるのが困難となる、というのがある。これらは外部の人の手落ちに属する。三つ目は、邪煞汚濁の抵触という要因である。これには、有形と無形の汚濁禁忌が含まれるが、無形の死亡による汚穢や神霊邪気を主とする。たとえば、禁忌を慎まず、神霊に触れ犯してしまう、あるいは、関係のない婦人や喪中で穢れた人に禁忌を犯されてしまい、産婦の胎気が合わなくなり、身心が安定しなくなるというのは、「他物の為に横来傷害せらるるに仮《いた》る」といった他が犯すという原因に属する。したがって、以上の所説を総合して分析すると、伝統医家が認知していた産難の要因には、「人為」という要因だけでなく、さらに鬼神といった「他が犯す」という部分も同時に存在していたことが分かる。

２　道教と星命説の方法

道教の産難の原因に対する認知は、基本的に伝統医家の説に反対しないほか、さらに強調しているのは、宗教概念である「罪責」〔罪を犯した責任〕と「冤報」〔怨みの報い〕である。道教は、民族宗教・郷土の宗教という心理文化の構成意識として、古来の文化である鬼神信仰を直接伝承しており、また、善悪二元の相対思考を深めようとして、人の性が意を起こし思念する際に、まだ犯していない時の心に潜めた思いからすでに犯した時の誤った行動に至るまで、すべて広範な「罪」であると考えるのである。[9] そして、いかにして己や他人を救済して「解罪」するかということもまた、その倫理思考構築と儀式実践といった教義の核心となっている。中華文化のうちの祖先と家族との間で功徳・罪過を共同で承け負うということについて、『周易』坤卦には「積善之家、必有余慶。積不善之家、必有余殃」〔善を積む家には必ず余慶有り。不善を積む家には必ず余殃有り〕という思想が見られる。「家」が道徳生命の共同体でありかつ持続体であるということは、個人と集団が共同で福徳承蔭といった「善報」を享受することおよび罪過懲罰といった「悪報」を承け負うことに具体的に表わされている。一方、星命学説論者は、「宿命」や「命定」といった神秘的観点にもとづき、産難の原因は女子の命格に産厄という凶星がもたらされ、流年運〔その年の運勢〕に傷が付いたためであると考えるのである。[10]

以下、道教経典中に見える産難の原因についての論述を証拠としてあげる。唐・五代のころに成立した『太上説六甲直符保胎妙経』では、元始天尊が尹喜真人の質問に答えることを通して産難の原因についての解説がなされており、産難とは、前世の因縁や今生の放縦、正教を崇めないといった罪業の累積と考えられている。すなわち、「汝（尹喜真人）前所請、此皆男女生在世間、不信至道、不敬経文。或累業前縁、或今生縦造、不識宿命、不崇正教、信用邪妖、心転迷惑、含受元炁、懐抱陰陽。臨至産時、真神不附、致使邪魅、魍魎鬼神、妄来干犯」（汝（尹喜真人）の前《さき》に請う所は、此れ皆な男女の生きて世間に在るも、至道を信ぜず、経文を敬わざればなり。或いは業を前縁に累ね、或いは今生縦《ほしい》ままに造《いた》し、宿命を識らず、正教を崇めず、邪妖を信用し、心迷惑に転じ、元炁を含受し、陰陽を懐抱す。産に至るの時に臨むも、真神附かず、邪魅、魍魎鬼神をして妄りに来りて干犯せしむるを致す」（1b）とある。ほかに、およそ北宋末の成書である『元始天尊済度血湖真経』とそれよりやや遅い『太一救苦天尊説抜度血湖宝懺』（以降、『血湖経』、『血湖懺』と略称する）でもまた産難によって血湖に堕ちる原因について解説がなされているが、そこでは、妊婦が犯した罪の相手と前世に受けた怨みの報いとに集約されている。たとえば、『血湖経』に「是故生産有諸厄難、或月水流行、洗浣汚衣。或育男女、血汚地神、汚水傾注渓河池井、世人不知不覚汲水飲食、供献神明、冒触三光」（是《こ》れ故に生産に諸もろの厄難有り、或いは月水流れ行き、汚衣を洗浣す。或いは男女を育つるに、血もて地神を汚《けが》し、汚水もて渓河池井に傾注し、世人知らず覚えずして水を汲み飲食し、神明に供献し、三光を冒触す）（巻一：4a—4b）とある。これは、罪過の累積と処罰の認知ということを強調している。また、「凡世間産死血屍女人、皆是宿世母子仇讐、冤家纏害、乃至今生一一還報」（凡そ世間の産死血屍の女人は、皆な是れ宿世の母子の仇讐にして、冤家の害を纏《まと》うは、乃《すなわ》ち、今生に至りて一一報を還すなり）（巻二：1b）とあり、これは、さらに悪事を犯した相手と怨みの報いという思想を付け加えている。その上、『血湖懺』の中ではさらに詳細に産難の具体的内容が羅列されており、身が責められるのは、母親が生前に罪を犯し、恨みを持った相手に遭遇してその報いを受けた結果であるとされている。すなわち、「汝等罪魂、以夙生冤対受報、慈身厄難血屍、命絶産死。或懐六甲、命属三元、墮子落胎、因而悶絶。或母存子喪。或母喪子存。或母子倶喪、男女未分而倶死。或胚胎方成而遽死。或染患而将臨産月。或懐娠而失墜高低。或薬餌誤毒而中傷。或癰疽痢疾而身殞。或崩漏至死。或淋瀝而亡。或懐胞胎而竟不分娩。或生男女而月内傾亡。或因血病至死」（汝等罪魂は、夙に寃対を生ずるを以て報を受け、身を慈しむも厄難ありて血屍し、命絶して産死す。或いは六甲を懐《いだ》き、命は三元に属し、子を墮とし胎を落とし、因りて悶絶す。或いは母存し子喪《うしな》う。或いは母喪い子存す。或いは母子倶に喪い、男女未だ分かれずして倶に死す。或いは胚胎方《まさ》に成らんとして遽《つと》に死す。或いは患に染まりて将に産月に臨まんとす。或いは娠を懐きて高低を失墜す。或いは薬餌するに誤りて毒して傷に中《あ》たる。或いは癰疽痢疾《ようそりしつ》ありて身殞《し》ぬ。或いは崩漏《子宮出血》して死に至る。或いは淋瀝《りんびょう》にして亡す。或いは胞胎を懐きて竟に分娩せず。或いは男女を生みて月内に亡に傾く。或いは血病に因りて死に至る」（2a）とある。

2　産難の悲惨な結果

産難の結果について、最も悲惨な結末は、必ずしも死亡だけというわけではなく、時には更に大きな争いのもとがもたらされることもある。たとえば、『春秋左氏伝』隠公元年に「荘公寤生、驚姜氏、故名曰寤生、遂悪之」（荘公は逆子で生まれ、母の姜氏を驚かせた。そこで姜氏はこれに寤生という名をつけ、遂にはこれを嫌った）とあり、さらに、これ以降の政治争奪と戦争による死傷について記載されている。もっと深刻なのは、道教の説のような、産難により「魂が血湖に拘禁され」、永遠に出られる機会も無くなる、「冢訟」（先祖の亡魂が生前の罪過のために冥界にて苦しめられていることを、諸々の災の形で子孫に対し表明すること）や家族の不安といった持続的な災難がもたらされるということである。『血湖経』の解説によると、産難や刑傷により非正常死した者は血湖に堕ちると帰納することができ、かつ経文の描述によれば、血湖は「積血以成湖」（血を積みて以て湖を成し）（巻一：4b）、「其気腥悪臭穢」（其の気、腥悪にして臭穢なり）（巻一：2b）だという。囚われたすべての世間の産死および血屍の女人は、「寂寂於冥夜之中、号号於黒暗之下。渾身血汙、臭穢触天」（冥夜の中に寂寂たりて黒暗の下に号号す。渾身《からだじゅう》は血汚《ちでよごれ》し、臭穢は天に触る）

であり、また、苦刑による苦痛を受けるのである。すなわち、「金槌鉄杖、乱考無数、飢餐猛火、渇飲血池、万死万生、不捨昼夜、常居黒暗、不睹光明」〔金槌鉄杖の乱考すること無数にして、飢えて猛火を餐《くら》い、血池を渇飲し、万死万生は、昼夜を捨かず常に黒暗に居り、光明を睹《み》ず〕（巻二：1b）「身墮血湖受苦沈淪、動経億劫、永無出期」〔身は血湖に墮ち苦を受けて沈淪し、動くこと億劫を経るも、永く出ずる期《とき》無《な》し〕（巻二：2b）とあり、済度と超抜〔亡魂が地獄の苦から逃れること〕が強く望まれる。

『血湖懺』でもまた血湖に堕ちた亡魂の苦痛のはなはだしいことが描写されており、「諸獄之苦、最重血湖」〔諸獄の苦、最も重きは血湖なり〕、「山漫黒霧陰霾、自然悪毒之汁交流、沈浸罪人、煎煮身心、骨肉潰爛、苦楚難禁、動経億劫、不覩光明。天恩符命、未嘗能到、陰官拷掠、昼夜無停。啖髄食心、翻屍擲体、諸獄之苦、最重血湖。一入此扃、何時解脱」〔山は漫黒にして霧は陰霾たり、自然悪毒の汁交《こも》ごも流れ、罪人を沈浸し、身心を煎煮し、骨肉は潰爛し、苦楚は禁じ難く、動くこと億劫を経るも、光明を覩ず。天恩符命は未だ嘗て能く到らず、陰官の拷掠すること昼夜停むこと無し。髄《こつずい》を啖《く》らい心を食らい、屍を翻し体を擲ち、諸獄の苦、最も重きは血湖なり。一たび此の扃《もん》に入れば、何れの時か解脱せん〕（2b）ということが強調されている。南宋中頃の『霊宝玉鑑』巻一「専度血湖論」では、産難の情況や原因が説明されているだけでなく、さらに産難の婦女の亡魂が血湖に繋がれたという心中の無念さおよび出られる機会がないという永劫の悲哀が何度も記述されている。すなわち、「人莫不由父生母養、以成幻質。惟婦人自妊娠以至娩乳、苦厄良多。有懐胎而死、有既産而亡、或母死而子存、或母存而子死、或子母倶殞於臨褥之頃、亦有倶喪於既産之余。是皆其前生仇讐、托胎報復。至有以薬毒自墮其所孕、亦有以多子而不育其所生。彼安身立命之念既孤、則負屈銜冤之心莫釈。死則魂系血湖、以受報対、動経億劫、無有出期」〔人は父によって生じ母によって養われるに由らざれば、以て幻質を成すこと莫し。惟だ婦人のみ自ら妊娠し以て娩乳するに至れば、苦厄良《まこと》に多し。胎を懐きて死する有り、既に産みて亡ずること有り、或いは母死して子存し、或いは母存して子死し、或いは子母倶に臨褥の頃に殞《し》に、亦た倶に既産の余に喪う有り。

是れ皆な其の前生の仇讐にして、胎に托して報復す。薬毒を以て自ら其の孕む所を堕ろす有り、亦た、多子を以てして其の生む所を育てざる有るに至る。彼の安身立命の念既に孤なれば、則ち負屈銜冤の心は釈かれること莫し。死すれば則ち魂は血湖に系《か》けられ、以て報対を受け、動くこと億劫を経るも、出づる期有ること無し」（15b）とある。

二　産難を予防するための看護と祝禱

医療衛生の核心思想とその行為の要点は、疾病の発生を予防することであり、古人はもともと予防医学を非常に重視していた。先秦の『素問』四気調神論に「聖人不治已病、治未病。不治已乱、治未乱、此之謂也」〔聖人は已に病むを治さず、未だ病まざるを治す。已に乱るを治さず、未だ乱れざるを治すは、此れ之の謂なり〕」とあり、『素問』八正神明論にも「上工救其萌芽」〔上工は其の萌芽を救う〕とある。産難の予防は、「保胎護命」〔胎を保ち命を護る〕を核心思想とし、産難が起こり得る原因を無形のうちに除去することを最高の指導原則とする。中国古代の医学典籍と考古資料の記述中では、婦人科と産科に関する知識の伝承と臨床経験が極めて重視されており、統計によれば、「歴代婦・産科著作書目」は二五五種にも達している。[11] したがって、妊娠前の健康保養であろうと、一〇か月の懐胎期間中の身心の世話であろうと、出産直前期の禁忌と準備であろうと、あるいは分娩後の看護であろうと、いずれも婦人科・産科関連の典籍中に詳細な記録が見られ、学者や実務家らもその記述を多く引用している。[12] それゆえ本稿では重複して論じることはしない。産難の予防について、豊富な伝統医学による論述や薬方針灸の臨床における実施を除いたほかに、道教や民俗はさらにどのような異なる思考方式を明示しているであろうか。中国人は種族を継続させることを重視しており、さらに道教と民俗信仰においては、出産前から出産時に至るまで、新生命の来臨に関わる一連の儀式が存在するが、その主旨は、婦女を健全に懐妊させ、流産を避け、順調に出産できるようにさせることにある。したがって、この第二章では、懐妊前、懐妊期間、分娩目前という時間の順序にしたがって、関連する生命医療信仰の儀礼および経文中に見られる具体的な産難予防行為の内容と特質とを分析したい。

1　懐妊前

台湾や閩南地区においてよく見られる、子授けないしは生育に関わる娘娘神を祭り拝する信仰のような祈子習俗、および鑽灯脚や乞亀といった類の民俗活動によって、懐胎という願望を達成する。あるいは、閭山法術の「進花園、探花欉」によって、婦女の不妊という悩みを除去し、さらに婦女の元神花樹〔生命の根源〕をして健全に発育させる。そして、伝統的に成年男子が祖業を継承し後代へと伝えることが期待されるといった圧力の下、女子ばかりを生むような場合にも、妊娠前あるいはその初期に「栽花換斗」（図1）あるいは「換花」といった法術を行う。[13] 子孫を求めて「栽花」したり、「換花」して男子を求めたりするほか、妊娠期間中、平安であり、疾病厄難に妨害されないようにするため、さらに、「擁（養）花」（胎児を孕んだことを象徴する花群をきちんと世話して健全にすることで、順調に妊娠・出産させる）や「洗花」、「剪花」（洗って切ることですべてが清潔になるという意、さらに黄蜂〔ハチ〕や蝗虫〔ワタリバッタ〕などといった邪神妖煞を駆逐する）、「過橋」（百花橋を渡ることによって、関を通り煞を祓う）などといった関連儀式が行われたりもする。[14]

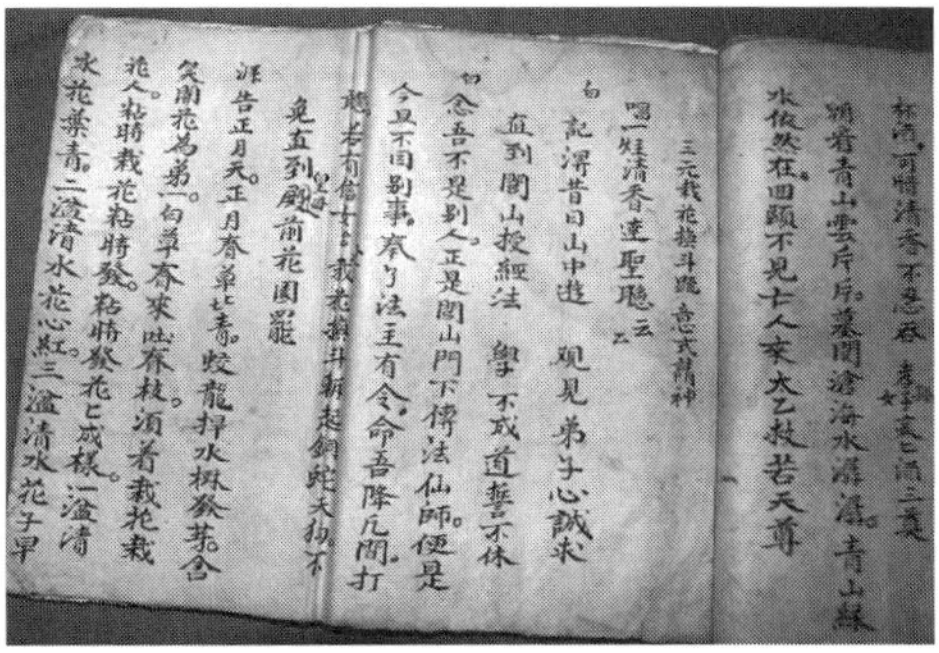

1　台湾高雄湖街底の清代乾隆時の写本に記されている『栽花換斗』儀式

高雄の翁宅に伝承されている泉州の写本のうち、一七五五年に書写された『三元請夫人栽花科』（図2）を例としたい。[15] この科儀は大きく四つの部分によって構成される。一つは『栽花』である。最初に「請夫人婆姐科」を

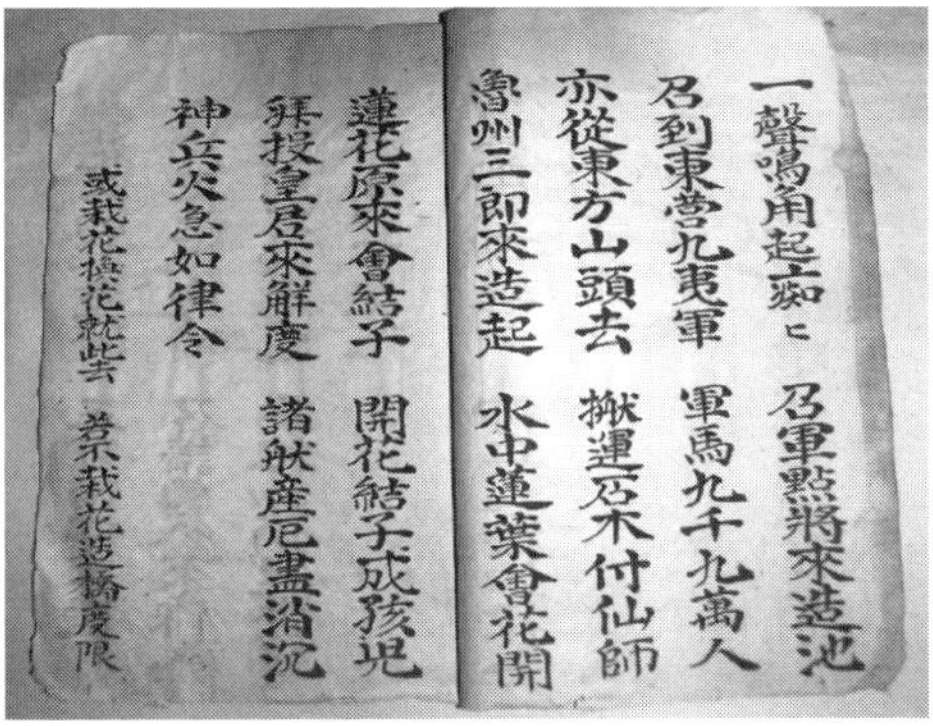

2　台湾高雄小港・翁宅の1755年書写『三元請夫人栽花科』

行うが、その重要な構成は以下のようになる。浄壇〔壇を浄化する〕、上香、説白主旨〔主旨を白にて説く〕〔夫人が花筵に到るよう召聘し、白花に子供を生むことを祈り求める〕、請神〔神々を召請する〕：十二夫人――陳、蘇、李、桃、林、連、呉、黄、朱、蔡、洪、丁〔すべての夫人について七言四句の詞を唱う〕、請三十六殿婆姐：この科儀書では宮殿の名称と姓氏、地区、職能が詳細に列挙されている〔表1参照〕。次に「造池栽花科儀」を行う。歩虚〔歩虚詞を唱う〕、啓聖〔神々へ啓奏する〕の後に、まず「皇君落場呪」を唱念して、歩罡し法術を行うとされる陳夫人を召請し、仙兵万万人を歩み率いて降壇させ、その後、兵将を召して点呼し、「魯班仙師諸作子、為凡造起五方池」〔魯班仙師に諸々の盤で俗人のために五方池を作り始めるように請願する〕。この経文を唱念する中では、以下のように祈子と産妊に関わる凶星の禳除《はらえ》という希望が何度も示される。すなわち「蓮花原来会結子、開花結子成孩児」〔蓮華の花はもともと子を結び、花が開いて子を結んで子供となる〕、「敕造蓮花過凶星、凶星産仞都過了」〔勅令を奉じて蓮華の花を造って凶星を去らせると、凶星と産仞はともに過ぎてしまう〕、「投拝皇君来解厄、諸般産厄尽消沈」〔皇君の前に身を投げて解厄を願うと、諸々の産厄はことごとく消える〕、「園公園婆来照顧、諸般産厄花下過」〔花園の園公園婆が来て面倒をみてくれれば、諸々の産厄は花の下に失せる〕、凶星、厄煞については、例えば、「天狗・天虎花下坐、孤辰・寡宿尋花叢」〔天狗・天虎は花の下で坐り、孤辰・寡宿は花群を尋ねる〕とある。これに続くのは『換花』の部分である。ここでは、「信女原是桂花身、今冥改換蓮花叢」〔信女はもともと桂花の身だが、今あの世にて蓮華の花群に換わる〕、「但願好花帯花枝、白花結子成孩児」〔良き花が花の枝をもたらし、白花が子を結び子供となることをひたすら願う〕と唱える。第三部分は『剪花』である。ここでは、「場前手把金刀剪、開花野草剪落池」〔目の前で金のハサミを手に取り、野性の草花を池へと切り落とせ〕ということ、すなわち、花群に対して有害なあらゆる昆虫や野草を切り除くことが強調される。最後は、『勧児』で、白文〔一〇か月の妊娠期間中の苦労を強調することによって孝を教える〕、啓聖送花〔神々に啓奏して花を送ってもらう〕、入房洗浄〔部屋に入って清浄にする〕、念皇君呪化花〔皇君呪を唱念して花へと化させる＝妊娠させる〕、回壇安聖〔壇に戻って神々を安んずる〕という構成になる。

この三元法師[16]によって行われる『三元請夫人栽花科』は、基本的には妊娠の前に用いられるが、しかし、先に予防的に祈禱して、将来、産厄が発生しないようにすることもある。単に写本中に「諸般産厄」という語が何度も出現しているだけでなく、表１「三十六宮婆姐」の職能欄のそれぞれが担っている主な職能からは、どのようにして産難の発生を避けるのか、大体そのままで見て取り、識別することができる〔すべてをはっきりと明らかにすることはできないが、大体、Ａ懐妊期間、Ｂ臨産の時、Ｃ産後の養育に区分することができる〕。そして、この種の生命医療儀礼に当たる法場儀式においては、実際の現地調査中に行われた写本の唱念からも、「花」の心象や象徴が何度も出現することが分かる。もし、これについての起源を探求するのであれば、北宋末『高上神霄玉清真王紫書大法』巻十二「保胎宜男断注奏式」中[17]の「特与注上花男花女胎孕」という一句が参考となる。すなわち、「男女」の前に「花」という字が加えられており、さらに「注」〔つまり註生〕という字が用いられている。これはまさに「花」が「胎孕《みごもること》」というイメージを象徴することになった証拠である。

２　懐妊期間

医療が比較的発達していなかった初期の状況下では、懐妊期間中には守るべき多くの禁忌が存在していたほか、安胎符の使用ということもまたよく見られた習俗であった。この習俗については、唐・五代の『太上説六甲直符

3　産難の予防、禳除と抜度

表1　翁爾蓉1755年写『三元請夫人栽花科』に見られる三十六宮婆姐に関する資料

殿名	姓名	宮名	府名	県名	職能	備考
1	陳四娘	軍器	興化	莆田	主胎	A妊娠前後
2	方四娘	幽禁	興化	莆田	監生	B臨産の時
3	林九娘	清明	興化	莆田	抱子	C産後養育
4	曾九娘	結璘	興化	莆田	守胎	A妊娠前後
5	林三娘	麒麟	興化	莆田	注生	A妊娠前後
6	蘇六娘	衣禄	延平	府城内	救産	B臨産の時
7	柯九娘	明善	興化	莆田	監生	B臨産の時
8	周八娘	萬寿	興化	莆田	撥胎	B臨産の時
9	陳三娘	保血	興化	莆田	抱送	A妊娠前後
10	周九娘	岳部	建寧	吉洋	安胎	A妊娠前後
11	林三娘	新房	邵武	邵武	安産	A妊娠前後
12	姚八娘	珍禽	延平	築沙	看養	C産後養育
13	廖五娘	潑水	汀洲	清流	喚子	C産後養育
14	郭四娘	羅山	漳州	龍溪	転胎	B臨産の時
15	堯九娘	看臺	漳州	長泰	洗子	C産後養育
16	聶六娘	天順	臨安	仁安	護胎	A妊娠前後
17	朱七娘	聚寶	袞州	方城	弄子	C産後養育
18	鄭三娘	保血	臨安	和諱	翻胎	A妊娠前後
19	葉四娘	瓊花	福州	閩源	注有無	A妊娠前後
20	陳九娘	牡丹	興化	莆田	注死	B臨産の時
21	高八娘	蟠桃	漳州	長泰	叫子	C産後養育
22	王四娘	蟠桃	興化	莆田	接子	B臨産の時
23	朱九娘	集淑	建寧	正和	護産	A妊娠前後
24	劉九娘	裱馬	撫州	臨川	送子	C産後養育
25	唐四娘	忠義	北岳	臨湘	注男女	A妊娠前後
26	蔡七娘	順懿	北岳	玉沙	撥胎	B臨産の時
27	呉八娘	開化	淮安	山陽	羅禁	C産後養育
28	關九娘	看花	松州	陸水	受胎	A妊娠前後
29	蔡六娘	宣桃	漳州	長泰	驚子	C産後養育
30	曾一娘	老春	福州	寧徳	啼哭	C産後養育
31	李七娘	崇仁	延平	順昌	生胎	B臨産の時
32	許二娘	陰醫	信州	広信	巡花	A妊娠前後
33	俞十娘	英俊	泉州	南安	掌醮	C産後養育
34	陳三娘	英徳	興化	仙游	掌關煞	C産後養育
35	卓五娘	飛雲	福州	羅源	注邀	C産後養育
36	李四娘	延寿	福州	猴官	智慧	C産後養育

保胎護命妙経』に「此符用朱書、産母頂戴、辟一切邪妖魘蠱」〔此の符は朱を用いて書し、産母が頂に戴けば、一切の邪妖魘蠱を辟く〕（２ｂ）と記されている。この符は、「六甲直符及神君従官等保胎護命」〔六甲直符及び神君従官等に胎を保ち命を護るように〕と勅令し、分娩時には「令速得分解、坐臥安穏、心神真正、無諸痛悩」〔速やかに分解するを得、坐臥して安穏なりて、心神真に正しく、諸もろの痛悩無からしむ〕（７ｂ）のである。このほか、南宋『無上玄元三天玉堂大法』巻十「駆祓禬禳品第十二」においても、「保胎符。符用黄紙朱書、令孕婦佩帯、即吉」〔保胎符。符は黄紙を用い朱もて書し、孕婦をして佩帯せしめば、即ち吉なり〕と示されている。民間では、婦人の出産に対する安全に基づき、血崩〔子宮からの大出血〕を制御する「送流霞」〔あるいは「送流蝦」とも称す〕という法術も存在し、生命中に「起流霞」という流産を起こすおそれを保持している婦人〔あるいは、かつて流産の経験がある者〕はみな、懐妊の過程において危険に見舞われるかもしれないとされている。したがって、家族は、事前に紅頭法師に法術を行わせるのであるが、台湾基隆の広遠道壇の実施法を例とすると、まず、依頼者に小型の三牲〔牛、羊、豚〕、金紙、替身および妊婦が身に着けている衣服と靴を供えさせる。法術においては、紅霞の紅あるいは紅蝦の紅によって女性が子宮の異常出血を起こしていることを暗喩し、紅蝦が印刷されている紙銭を焚化するかあるいは蝦を加熱して赤くさせることで、流産が発生することに取って替えるのである。つまり、母子の危機が除去されることを象徴的に表しているのである。

伝統医家は、臨床の症状にもとづき方剤・鍼灸を採用することで、婦女の妊娠期間中の問題を解決し、それによって、産難の発生を防止するのである。道教にも道医・道方は存在する。但し、道教ではまた神と経典の功徳の力にも依拠し、加えて儀礼を行い、章奏を上《たてまつ》って祈求するなどといったことを行うべきであるという医療法術儀式を主張する。あるいはまた関連経典を書写し、供養し、刊刻し、転誦することによって、懺悔して福を祈り、産難という災厄を予防する。たとえば、南北朝の天師派『正一法文経章官品』巻二には、祭酒〔官名〕が信徒のために「保産生胎妊章」を上《たてまつ》り、出産という職能を請け負う神君官将（陽炁君、聴敵君、嬰児乳母吏、護胎吏、万産医吏、考召考官吏、および期文君など）を請来し、婦人の胎児が形をなし、日月が満ち、堅固に気を受け、胎児を身ごもり安穏となることを希望すること、および四面の土気を除去し、妨害《わざわい》を起こす殺気の放射を破り、産難病風という害を受けることなく、出産が順調容易で母子ともに端正であるようにさせることが記載されている（13b―14a）。さらに、およそ唐初の成書である『赤松子章暦』巻四「保胎章」には、かつて犯した罪過によって産婦が懐胎した後に死傷が引き起こされることが心配されるため、斎主もまた祭酒が上章して罪を告白することを通じて、関連する職をつかさどる神君（安胎君、護胎君、扶衰度厄君、万福解厄君、保胎聖母君およびその官将など）に奏啓請願し、「辟斥邪精、魍魎、鬼賊、守養赤子。当令某妻身得安全、免遭艱阻、保護胎妊、安穏六甲、足満十月、子母相見、並蒙安貼」（邪精、魍魎、鬼賊を辟斥し、赤子を守養す。当に某妻の身をして安全を得、艱阻に遭うことを免れ、胎妊を保護し、六甲を安穏にし、十月を満たすに足り、子母をして相見し、並びに安貼を蒙らしむべしということ）を祈求するとある（12a―13a）。このほか、唐五代の『太上説六甲直符保胎護命妙経』には「世間女子、若始懐胎、未満十月、須預修功徳、建立道場、及造此経、一心供養」（世間の女子の始めて懐胎し未だ十月を満たさざるが若きは、須らく功徳を預修し、道場を建立し、及び此の経を造して、一心に供養すべし）とあり、北宋末の『霊宝無量度人上品妙経』巻四十三ではさらに『度人経』の叙述方式を模倣して「保胎護命品」が構成され運用されている。(18)

3　出産直前期

唐・王燾（約六七〇―七五五）撰の『外台秘要』四十巻のうちの巻三十三・三十四には、婦女の懐妊、産育、保健などに関連する医療処方が収録されている。また、巻三十三「産乳序論」には、唐代の崔知悌（?―六八一）が記した出産に関する故事がみられる。その故事によると、主人である翁慶は、自らの長女一人とその妹二人の三人がみな産死したので、息子の妻がまさに出産しようとするに当たり、悲惨な産難が再度発生することを避けるため、特別に北魏の高僧・曇鸞（四七五―五四二）を招請して出産の指導をしてもらい、そして、助産の成功と関連知識の論説過程とを獲得した、とある。[19] 伝統医家の経典のうち、北宋徽宗敕編、清・程林重纂の『聖済総録纂要』巻二十四「産難門・難産論曰」においてもまた出産目前の予防の道について言及されている。すなわち、「臨産或難、蓋為正気擾乱、心神不寧所致。古人有預備方法、臨月用滑胎散、並日行二三十歩。貴使血気下、順産無留難、無令喧雑驚忙」（産に臨むは或いは難く、蓋し為に正気の擾乱するは、心神の寧《やすら》かならざるの致す所なり。古人に預備の方法有りて、臨月に滑胎散を用い、並びに日に行くこと二三十歩なり。血気を下げ、順産して難を留むること無からしめんと貴《ほっ》すれば、喧雑、驚忙せしむること無かれ）とある。このほか、『婦人大全良方』巻十六「将護孕婦論第二」でも唐・周頲（七九三―八五二）の論述を引用して「生産雖然触穢排比、須要在先入月一日、貼産図、並日遊胎殺所在、並借地法於妊婦房内北壁上」（生産は穢れに触れ排《なら》べ比ぶと雖も、須らく先ず月の一日に入り、産図を貼り、並びに日に胎殺の在る所に遊び、並びに地を借るるに妊婦の部屋の北壁の上に法《のっと》るに在るを要すべし）と述べている。

古代の医書には、出産目前の看護に関連する記述が載せられている以外に、産厄という不幸な状況を予防するため、分娩の禁忌も非常に重視されている。たとえば、『医心方』巻二十三には、鬼神に犯される要因と法術行為について言及している部分がある。「産婦向坐地法第一」では『生経』を引用して「婦人懐妊十月、倶已成子、宜順天生、吸地之気、得天之虚、而避悪神、以待生也」（婦人の懐妊すること十月、倶に已に子を成せば、宜しく天に順いて生み、地の気を吸い、天の虚を得て悪神を避け、以て生むを待つべきなり）とある。「産婦用意法第三」では『千金方』（『備急千金要方』巻三「婦人方二・産難第五論方針法」と考えられる）を引用して「論曰、産婦雖是穢悪、然将痛之時、及未産已産、並不得令死喪穢家之人来視之、則生難。若已産者、則傷児」（論じて曰く、産婦は是れ穢悪と雖も、然れども将に痛めんとする時、及び未だ産まず已に産む時は、ともに死喪穢家の人をして来りて之を視しむるを得ず、則ち難を生ぜん。已に産む者の若きは、則ち児を傷つけん〕とある。「産婦借地法第四」でもまた「産婦借地、恐有穢汚」〔産婦の地を借るに、恐らくは穢汚有らん〕とあり、したがって助産人員は神呪の神秘的な力を用いて清浄にし汚穢を破るのである。「産婦禁坐草法第六」では、『産経』を引用して、蓐を敷く時にも呪言を三回唱える必要があることが明記されている。[20]「産婦禁水法第七」でも出産前に神呪を読誦して汚濁を浄化し邪を正す必要があることが強調されている。このほか「治産難方第九」では、出産に臨む前にまず「大集陀羅尼経」の神呪を読誦し、その後、華（樺）の皮の上に朱書きし、焼いて灰にして清水とともに服用すべきであると述べられており、そうすることで「懐子易生、聡明智慧、寿命延長、不遭狂横」〔子を懐きて生み易く、聡明なる智慧ありて、寿命は延長し、狂横に遭わず〕とさせることができると考えられている。さらにまた、『子母秘録』中の呪言の運用法が引用されるほか、そこでは「臨産墨書前四句、分為四符、臍上度至心、水中呑之、立随児出、曾有効」〔産に臨みて墨もて前四句を書し、分かちて四符と為し、臍上より度りて心に至り、水中に之を呑めば、立ちどころに児に随いて出ずるに、曾て効有り〕ということが何度も述べられる。

産婦の妊娠月数がすでに満ちて、産婦の心が不安になり、怖いという感情が倍増した際に、どのようにして道教信仰によって力を生み出し、産難の発生を予防するのであろうか。古い時代の道教経典と今日、現地調査を行って目にした写本とを考察したところ、やはり法事を行って関連する神将が来臨して保護するよう請願し、さらに転経して供養することでその不可思議な功徳の力に感じ、それによって母子が安全で順調に生まれるよう加護し、厄難が起こらないようにするということが強調されている。たとえば、唐初の『赤松子章暦』巻四に「催生章」があり、そこでは、天門子戸君、速生君、乳母君、導生君、生母君、天医助生君、催生君、催生黄帝、監臨坐草六百生父などといった神々・聖母に対して身を投げて請願するよう記されているが、これらの神々の職責は「守護某妻身生産滑利、捨逆従順。辟斥衆忌、歳殺、月殺、時殺、白虎、咸池、千邪万精、一切消滅。母子安全、如願従心、解脱無他」〔某の妻の身の生産の滑利ならんことを守護し、逆を捨て順に従わしむ。衆忌を辟斥し、歳殺、月殺、時殺、

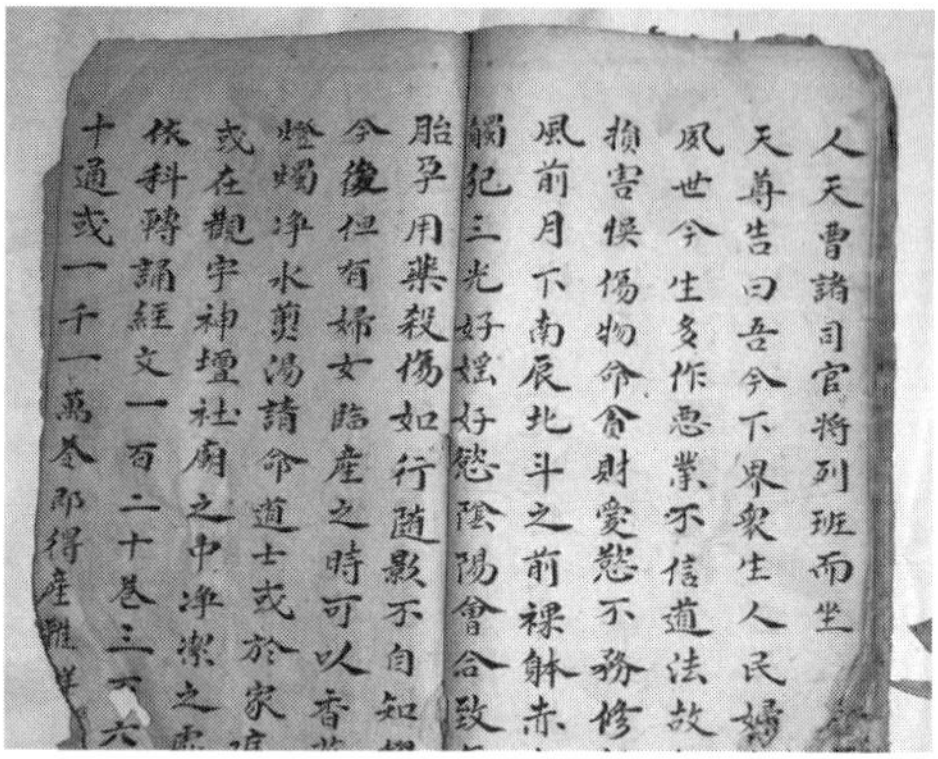

3　南安市洪瀬鎮・陳宅の1795年書写『五帝保胎星灯附保胎経文』

白虎、咸池、千邪万精は、一切消滅せらる。母子は安全にして、願うが如く心に従い、解脱すること他に無し」（一三b—一四a）となる。『太上説六甲直符保胎護命妙経』にもまた「臨至産月、請諸道士三人、五人、七人、十人。或於宮観、或在家庭、懸繒幡蓋、然灯続明、焼香礼拝、転読此『六甲直符保胎護命真経』、七七遍或百遍、乃至千遍万遍。吾当遣六甲直符神将、領諸天兵及神仙玉女、無量聖衆、持符執節、来降道場、擁護懐胎女子、令無苦悩、母子分解、保命護身、宅舎清浄、合家平安、一切妖邪、自然潜伏」（産月に臨んで、諸道士三人、五人、七人、十人を請う。或いは宮観に於いて、或いは家庭に於いて、繒・幡・蓋を懸け、灯を然して明を続け、焼香して礼拝し、此の『六甲直符保胎護命真経』を転読すること七七遍或いは百遍、乃ち千遍万遍に至る。吾の六甲直符神将を遣り、諸天兵及び神仙玉女、無量聖衆を領し、符を持して節を執り、来りて道場に降り、懐胎女子を擁護し、苦悩無からしむるに当たれば、母子は分かれ、命を保ち身を護り、宅舎は清浄、合家は平安にして、一切の妖邪は自ずと潜伏する」（二a）と記されている。

さらに、実地の例では、筆者が南安市洪瀬鎮の陳日友宅にて目にした、「時乾隆陸拾年歳乙卯（一七九五）秋瓜月中浣抄南院裕記立」と題された『五帝保胎星灯附保胎経文』もまた出産目前時に用いられ読誦されるが、その科儀の順序は先に『五帝保胎星灯』を行い、それから『保胎経文』を読誦するのである（図3）。前者の構成は、以下のようになる。浄壇、焚香、請神[21]、説白、入意（意文を宣読する）（その主旨は、「将臨蓐月、恐滞妖魔、虔誠関祝五帝保胎星灯一壇、像世威儀、依科修奉。伏願百霊薦祉、列聖垂庥、六甲将軍常扶命位、護命使者永鎮身宮。願母子以相生、祈室家而胥慶、早協羆熊之夢、茂膺蘭玉之芳」（将に蓐月に臨まんとして、滞りし妖魔を恐れ、虔誠に五帝保胎星灯一壇を関祝するに、世の威儀に傚《したが》い、科に依りて修奉す。伏して願わくは、百霊は祉を薦め、列聖は庥を垂れ、六甲将軍は常に命位を扶《たす》け、命を護る使者は永く身宮を鎮めんことを。願わくは母子は以て相生まれ、室家を祈りて胥《み》な慶《よろこ》び、協羆熊の夢を早め、膺蘭玉の芳を茂らさんことを〕となる〕、五方五帝天君星灯の功徳を讃える、虔誠皈依〔敬虔に帰依する〕。『保胎経文』の内容の重要な点は、関連する伝統的道教経典の説を継承し、婦人にもし罪があってまだ解かれていないならば、おそらく産難を引き起こすだろうと見なしているところである。そして、もし産厄が発生するのを避けたいならば、婦女の出産目前時に斎主が敬虔に香・花・灯燭を供し、浄水にて漢方薬を煎じ、命を道士に請い、家庭あるいは道観、神壇、社廟の中の清浄な場所にて恭しく法事を行い、さらに方式に従って経文一百二十巻、三百六十通、あるいは一千、一万巻を転誦するべきである。そうすれば、産難は解消され、天丁力士が汝の身を助け守り、六甲将軍と護胎使者が胎児を保ち命を守護し、母子ともに安全になるという。

三　産難の兆候が見られる時の医療法術

子授かりの祈願を行うことを経てようやく受胎し、家族は自然と喜びの感情をもって注意深く妊婦の世話をするが、同時にまた産難が発生する可能性があることを憂慮する。したがって、妊娠期間中や臨月となり出産を待つに至った時に、妊婦の心身が不安になり、引いては疾病が身を襲って産難の兆候が現れたり、あるいは分娩時に危難といった状況が発生したりすると、医者を招いて診療させる以外に、普段信頼している道壇と廟の神もまた助けを求める対象となる。基本的思想は、やはり、産難の原因に対する認知に内疾と外発と他が犯すに属する多くの要因を含んでおり、したがって、「也要人也要神」〔人も神も必要〕、「有法有破〔法有れば、破る者有り〕」といった考え方のもと、法術の性格を帯びた医療儀式行為もまた信頼され、産難の兆候がみられるといった緊急の状況においてしばしば実施されるのである。

1　懐妊期間

前章では、かつて流産経験のある者は、道壇へと向かい「祭送流霞」という予防儀式を先行実施し、それによって流産という厄難を防止するということについて触れた。しかし、もし妊婦が懐妊期間中に病気になることが多いならば、「身中坎坷、歳序不順、命運迍邅」〔身に難が続き、その年のめぐりが順調でなく、命運は困難な状況にある〕と自覚する。さらに「請医無効、服薬不対」〔医者に診てもらっても効果がなく、薬を飲んでも反応がない〕ということを経た後には、流産という危難が起こることを深く恐れる。そして、往往にして道士を招いて『祭産安胎』という儀式を執り行い、血仞流霞に関わる神君と将軍と部下を祭り拝し、起こり得る災難という状況を無事に越えられることを期待する。筆者が調査した台湾高雄市茄萣区「湖街底」の道法を例とすると、黄清河〔一九一四―一九八四〕宅に伝わる閭山法医療法術の中に『祭産安胎：祭血仞流霞』という写本がある。この儀式は、一たび開始されると、法師が歩虚、浄壇、焚香して後、神が壇に降臨するよう恭しく請願する。そして、法師が吹角〔龍角を吹く〕、化符〔符を焚化する〕した後、「揚起紛紛請五湖、五湖夫人降臨来。鳴揚鼓角来召請、飛符走到赴華筵」〔次々と五胡を召請すると、五胡夫人が降臨して来る。太鼓と龍角を鳴らして召請すると、飛符は華延へと赴く〕と唱い、その後、三組の産刃に関わる神を三度に分けて高位から低位に至るまで壇へと降りてくるよう召請し、上香供養して美酒を敬しんで献上する。

最初に降臨するよう召請される神――五方産刃神君、すなわち、東湖飛熊〔南池紅鶏、西湖白馬、北池烏羊、中央流蝦〕産刃神君。

第二に降臨するよう召請される神――東方甲乙木（南方丙丁火、西方更辛金、北方壬癸水、中央戊己土、乾坤艮巽、年月時日、四時八節、）流蝦産刃神君、披頭散髪産刃神君、牛（馬、鶏、羊、蝦、猪、狗、猴、禽獣各）刃神君、血般大神、血虎将軍、血係娘仔、打猟将軍、紅蛇白鶴、烏鴉赤鼠、五道夫人、一切等刃神君。

第三に降臨するよう召請される神――空産空（坐産坐、帯血帯、流産流、血産血、等産等）刃夫人、空産帯刃夫人、空刃帯産夫人、流産血刃夫人、流刃血産夫人、捐血（大肚、纏身、冲心、難産、挨産、掌産、順産、逆産、遊経、横生、倒吊、翻腸、鎖肚、臨盆、坐草、隔血、隔宮、白帯、池頭、池尾、遊産、把池）夫人、把池大王、把池将軍、把池土地、血湖、血池、血盆、血山、血海、一切等刃神君。

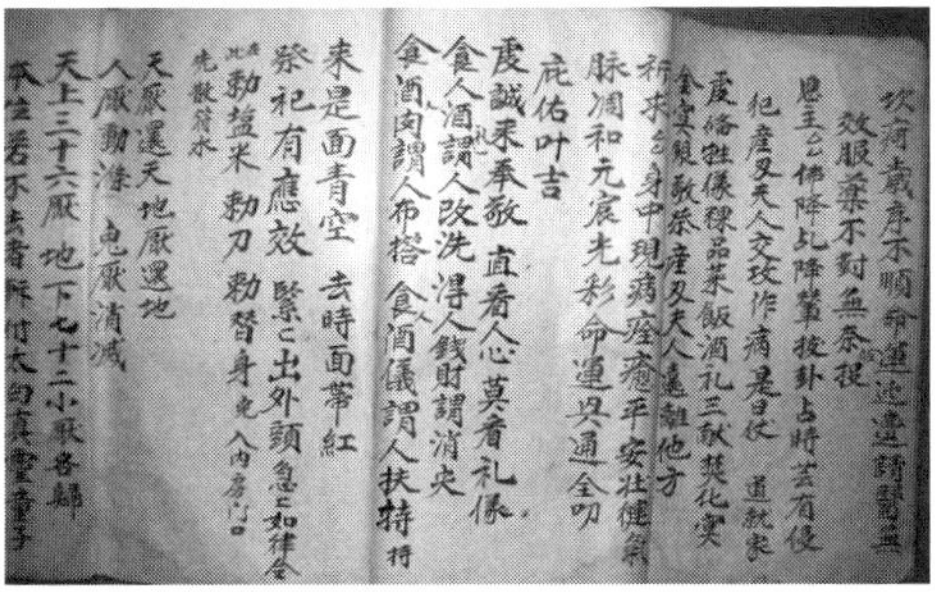

4　台湾高雄湖街底の清末『祭産安胎：祭血仞流霞』の写本中の「疏意」

この三組の請神リストは非常に数多く、その方式は、綿密にくまなく召請し、ただひたすら遺漏を恐れるといった請神方式である。その上、これら懐妊、出産、産難、血湖などと関連する神将、神煞、夫人、部下の呼称は、一般の道法神譜においてよく見られるものではなく、もっぱら閭山法派の祭血仞流霞という状況のために特別に召請されるもので、その来源についてはなお追跡調査を待たねばならない。現在分かっているのは、泉州地区から来たもので、少なくとも清代から現在へと流伝してきたものだということだけである。三召請と三上香と三献酒とが完了した後、法師は「入意」、すなわち以下の疏文を朗読する（図４）。

大清国福建省台南府（一八八七―一八九五）奉道宣経、祈禳祭送、保安植福。信士〇〇、茲因爾来身中坎疴、歳序不順、命運迍邅、請医無効、服薬不対。無奈帰投恩主　仏、降輦降乩、抜卦占時、云有侵犯産刃夫人、交攻作病。是日仗道、就家虔備牲儀菓品、菜飯酒礼三献、焚化冥金冥銀、敬祭産刃夫人、遠離他方。祈求身中現病痊癒、平安健壮、気脈調和、元辰光彩、命運亨通。〔大清国福建省台南府（一八八七―一八九五）は道を奉じ経を宣べ、禳わんことを祈りて祭り送り、安を保ち福を植う。信士〇〇は、茲に爾来身中坎疴《かんか》〔病気〕にして、歳序順ならず、命運迍邅《ちゅんてん》〔困難な状態〕にして、医を請うも効無く、薬を服すも対えざるに因り、奈《いかん》ともする無く恩主　仏に帰投し、輦を降し乩を降し、卦を抜きて時を占うに、産刃夫人を侵犯し、交ごも攻めて病を作さること有りと云う。是の日道に仗りて、家に就き虔《つつし》んで牲儀菓品を備え、菜飯酒礼もて三献し、冥金冥銀を焚化し、敬《つつし》んで産刃夫人を祭り、他方へ遠離せん。身中に現れし病は痊癒し、平安健壮にして、気脈調和し、元辰光彩にして、命運亨通《こうつう》〔思うようになること〕ならんことを祈り求む〕

この保存されてきた清末の「疏意」の様式では、儀式を行う前の過程と状況とがはっきりと陳述されている。まず、産婦がひとしきり病気になって癒えなかったので、「爾來身中坎疴」〔それ以来、身が思い通りにいかない〕と記されている。続いて妊娠期間中の疾病に対する認知について、「歳序不順、命運迍邅」〔その年のめぐりが順調でなく、命運は困難な状況にある〕と考え、その原因は星命を犯した時に悪曜と鬼神に犯されたためだとしている。したがって、廟あるいは神壇へと赴き、普段奉祀している神の指示を請うのである。神は「輦轎仔」〔神像を載せ四名で担ぐ小さな神輿〕と童乩がお告げを降すのを利用し、さらに筶《ポエ》〔竹製の占いの道具〕を投げるという方式を組み合わせて時運を占定し、産婦が多くの疾病という厄運を抱えた原因を確定する。すなわち「侵犯産刃夫人、交攻作病」〔産刃夫人を犯したので、一斉に責められて病気が引き起こされた〕という。この「産刃」という語は、第一章で産難の原因について分析した際に扱った道教および星命思想の「産厄刃星」に対応する他を犯す鬼神であり、宗教的方式により禳除《はらえ》を施さないと、流産という産難を引き起こすかもしれない。そこで法事を行い、あらゆる産刃神煞、将軍、夫人および部下をつつしんで祭り、彼らを別の場所へと遠離し、母子が無事に危難を乗り越えられるようにするのである。

この種の除去儀式では、総じて先に祭り後で祓う、先に宥《ゆる》めて後で駆る。そのため、後半部分の儀式次第は、法師が煞を圧して穢を駆逐するといった法術により進行する。法師はまず敕塩米〔塩米に法力を持たせる〕、敕師刀〔師刀に法力を持たせる〕、敕替身〔替身（病人に替わるもの）に法力を持たせる〕を行った後、産婦が居る内房の門へと進入する。そして、清浄な符水を撒いて穢を破り祓ってから、太上老君の命令を宣読して奉じ、塩米を撒きながら同時に気を運《めぐ》らせて歩罡を行い、五雷法術を施す。その後、「知名法術」という方式により、五方流蝦産刃や五方五道産刃夫人など一人一人の名を呼んで魁罡へと赴くのを押さえつけ、あちこちへと逃げ走らせないようにする。神律や命令に違反するような者は、すべて縄を手に執って刑罰に処する必要がある。続いて、すべての流蝦産刃の神煞と断絶するというイメージを具現化するため、法師は藺草《いぐさ》によって鬮縄を作り、手に持った替身と神煞を象徴する関牌とをつなぎ合わせる。その後、七星師刀で両者を分断するが、これは「割鬮《かっき》」と称し、四季の流蝦産刃を断ち切り、永遠にその災害から離れるということを表わす。最後に、法師が再び塩米を撒き、法鞭を振り、邪を破り穢を駆逐し、内外の清浄化を完成する。

2　出産目前期

筆者が調査した台湾高雄市茄萣区「湖街底」の道法を例とすると、黄宅に伝わる閭山法医療法術の中には他に台南府期間（一八八七―一八九五）に用いられていた『祭土安胎玄科』があるが、その使用時機は臨月を迎えて出産を待つ期間である。この道教の法術儀式は、道士が「時満三千数、時登数万年。丹台開宝笈、今古永流伝」〔時は三千数を満たし、時は数万年に登る。丹台は宝笈を開き、今古永く流伝す」と唱えることから始まる。歩虚の後、「三浄呪」、「土地神呪」、「中山神呪」を誦し、同時に九鳳神水による破穢浄壇を組み合わせ、その後、焚香供養し、神が壇へと降臨するよう恭しく請願する。ここでは、順番に、「金天教主太上老君道徳天尊、道主雷声普化天尊、徐甲真人、皇母仙娘、九天玄女、六壬仙師、四目老翁、五眼真人、劄鬮童子、劄鬮六丁、六甲真君、普庵祖師、左壇古仏龍樹医王、右壇玄天上帝、天煞土神星君、地煞土神星君、年月日時煞曜星君、上中下部本壇官将、本家敬奉香火仏聖神明、井灶神君、門丞戸衛、失名落位一切威霊」が壇場へと降臨するよう奉請される。この儀式は「祭土」が必要とされるので、召請される神には、道法祖師、壇靖官将、所在区域および本家香火の神のほかに、天地、四時、土煞、煞曜を主管する一群の星君がいる。このほか、「劄鬮童子、劄鬮六丁」がおり、前述の「劄鬮断煞」〔劄鬮して煞を断つ〕という職能の執行を担当する。その後、香を上げ、清茶を供献し、「異品鍾霊秀」という道曲を唱えることで、名茶の美や香の極みおよび斎主の敬虔な心を賛美する。[22]

続いて、「入意」となる。その疏文の主旨は以下のことを強調している。すなわち「奉道宣経、祈禳、起土、保胎植福。信士〇〇、茲因爾來身中坎坷、懐孕月份届期、有懐孕艱辛、未獲安康。帰投恩主　仏、降輦指示、云有侵犯五方五土、悪曜交攻、纏綿身体。是日仗道、就家虔備香茶菓品、宣誦妙経、表化財金、上奉聖真、下祈平安。伏乞土気暫消、凶曜退散。臨盆有慶、坐草無虞、分娩快便、母子両全平安」〔道を奉じ経を宣し、禳《はら》えを祈り、土を起こし、胎を保ち福を植う。信士〇〇は、茲に爾來身中坎坷にして、懐孕の月份期に届くも、懐孕の艱辛有りて、未だ安康を獲ざるに因り、恩主　仏に帰投し、輦の指示を降すに、五方五土を侵犯し、悪曜の交ごも攻め、身体に纏綿すること有ると云う。是の日道に仗りて、家に就きて虔《つつし》んで香茶菓品を備え、妙経を宣誦し、財金を表化し、上は聖真を奉じ、下は平安を祈る。伏して乞《こ》うらくは土気は暫く消え、凶曜は退散せんことを。盆に臨みて慶有り、草に坐して虞無く、分娩の快く便にして、母子両《ふた》つながら全く平安ならんことを〕という。この保存されてきた清末の「疏意」の中では、前段にて扱った懐妊期間中の祭産保胎と同様に、儀式を挙行する前の過程と状況とがはっきりと述べられている。異なっているのは、「懐孕月份届期」〔懐孕の月に達した〕ということが強調されていること、にもかかわらず、いまだ安康〔無事息災〕が得られていないということである。このほか、神の指示によれば、病気となった原因は、五方五土を侵犯したため、悪曜煞気がかわるがわる攻めているからだという。したがって、道士を召請して占いにより吉日を得て、『祭土安胎玄科』を行い、身中に纏わりついたやっかいな邪煞を除去し、土気凶曜にとりあえず消え退散してもらうことを願う。さらに重要なのは、出産を目前にした妊婦が産難を避け、「臨盆有慶、坐草無虞、分娩快便、母子両全平安」〔盆《出産》に臨みて慶有り、草に坐して虞無く、分娩の快く便にして、母子両《ふた》つながら全く平安なり〕」とさせることである。儀式の後半部分は、『祭産安胎・祭血仞流霞』の後の部分の煞を収め穢を駆逐する方法と類似しており、違うのは、離れるのを勧めること、あるいは収め押さえる対象が土煞悪曜へと変わっていることである。

3　分娩の時

昔、産難はよく発生していたので、分娩の時に適切に世話することと万一危難という状況が発生した時におこなう緊急医療の方式は、歴代医家のだれもがとりわけ重視していたことであった。生死は、唐の周頲が「子母性命、懸在片時」〔子母の性命は、懸かりて片時に在り〕と述べているように、往々にして瞬時における判断が正確かどうかにかかっているので、医学典籍の中には関連する薬方や鍼灸処理経験の伝承が見られるだけでなく、巫術的な符呪や禁術の実施法も記録されている。産難が一旦発生すると、医療人員および助産人員はまず症状を弁別し、その後適切な緊急処置を施さねばならず、したがって、たとえば『諸病源候論』巻四十三には「婦人将産病諸候・産難候[23]」が存在する。処理方式には薬方の使用が最も多く見られ、たとえば『備急千金要方』巻三「産難第五」には、産婦が背に傷を受ける、逆子になる、草に座って数日間子を産まない、顔色が悪い、気が絶えようとしている者、子が腹中で亡くなる、二児を妊娠して一人が死に一人が生きている、および胎児を孕むも出てこないなどといった症状に対して、いずれも相応の使用可能な薬方が存在する。また、たとえば『医心方』巻二十三「治産難方第九」には「古方酥膏」の使用法に対する経験が記されている。すなわち「有難産者、或經三日五不日得平安、或横或竪或一手出或一脚出、百方千計、終不平安。服此酥膏、其膏在孩児身上立出。其方無比。初服半匙、漸加至一匙、令多恐嘔逆」（難産者有り、或いは三日五［日］を経るも日として平安を得ず、或いは横或いは竪或いは一手出で或いは一脚出で、百方千計、終に平安ならず。此の酥膏《そこう》を服せば、其の膏、孩児の身の上に在りて立《たちどころ》に出ずる。其の方無比なり。初め半匙を服し、漸《ようや》く加えて一匙に至り、多からしめば恐らくは嘔逆せん）という。

薬の使用法のほかに、『備急千金要方』巻三「逆生第七論方」の中にはさらに「用針」（針を用いた）緊急処理の経験に関する記述が見られる。すなわち、「凡産難、或児横生側生、或手足先出。可以鍼錐刺児手足、入一二分許、児得痛、驚転即縮、自当廻順也」（凡そ産難は、或いは児横に生まれ側に生まれ、或いは手足先に出ず。鍼錐を以て児の手足を刺すべく、入ること一二分許りにして、児痛みを得、驚き転じて即ち縮み、自ら当に廻りて順なるべきなり）とある。また、『医心方』巻二十三「治産難方第九」には『産経』を引用して「産難時、皆開門戸窓、瓮、瓶、釜、一切有蓋之類、大効」（産難の時、皆、門戸窗、瓮、瓶、釜、一切の蓋有るの類を開けば、大いに効あり）とあるが、これは「模擬的巫術」(24)という処理に属し、開戸（戸を開く）というイメージを模倣することによって産婦に「子戸」を開くという功能を伝達し、順調に出産するという効果を成し遂げることを希望するのである。さらに『産経』を引用して「産難時祝曰、『上天蒼蒼、下地郁郁、為帝王臣、何故不出。速出速出、天帝在戸、為汝著名、速出速出』」（産難の時祝して曰く、『上天は蒼蒼たりて、下地は郁郁たれば、帝王臣の為に、何故に出でざらん。速かに出でよ速かに出でよ、天帝は戸に在り、汝の為に名を著さん、速かに出でよ速かに出でよ』と」とある。つまり、呪術の力によって胎児を速やかに出させ、母身から分離させるのである。このほか、宋・張杲撰の『醫説』巻九にも『百一選方』の産難の厭勝法からの引用文が記録されており、「凡産難、密以浄紙書本州太守姓名、灯上焼灰、湯調即産、此雖厭勝、頗験」（凡そ産難は、密かに浄紙を以て本州太守姓名を書し、灯上に灰を焼き、湯調すれば即ち産し、此れ厭勝と雖も、頗る験あり」とある。本州太守姓名とは、おそらく一種の役人で、陽性の神秘的な正方向のエネルギーを象徴しており、したがって、産難を起こすかもしれない陰邪な力をまじないにより鎮めることができるのである。

道教は分娩時の産難の処理に対して、なおも経典の不可思議な経徳と符呪の霊験とを信頼しており、法事を行い、広く功徳を修め、必要に応じて道士あるいは家族が誦経し、符を書いて呪言を唱えることによって、神聖でもありまた神秘的でもある功徳の力を発揮することを願っている。このようにして産婦や家人、助産人員の信心を増加させるだけでなく、鬼神が犯した部分の原因を祓い、産難を無形のうちに無くし、母子が無事に会えるようにする。経典を転誦するところでは、たとえば唐五代の『太上説六甲直符保胎護命妙経』には「若有生産難者、須広修功徳、敬造此経、至誠供養、保命護身、獲福無量」（若し産難を生ずる者有りて、須らく広く功徳を修め、敬んで此の経に造《いた》り、至誠もて供養せば、命を保ち身を護り、福を獲ること無量ならん」（1b―2a）とあり、また南宋末の『元始天尊説梓潼帝君本願経・霊宝消劫正心報応章下品』にも「若有婦人、或臨産厄、或求嗣息、但能懺悔存念此経、自然安穏、平康生福徳、男女聡明智慧、為人尊貴」（若し婦人有りて、或いは産に臨みて厄《くるし》み、或いは嗣を求めて息《や》むも、但だ能く懺悔して此の経を存念すれば、自然に安穏たりて、平康にして福徳を生じ、男女聡明にして智慧あり、人の尊貴するところと為らん」（1a）とある。本当に誦経してその験を感じ、その功徳を証明する者とは、たとえば台北国家図書館の明・嘉靖三九年（一五六〇）泥金精写本『玉皇本行集経』の刊記款識[25]に以下のようにある。

大明国陝西都司河州衛在城信士、王男、王命、龐氏、孫玉夢、周夢麟、張家児等、於嘉靖二十一年（一五四二）十月二十二日、因男婦呉氏存日、産育沈重、啓許金書

『玉皇經』一部。自承之後、人亡願存。今不負盟書綵円、菩報四恩、存者寿禄延長、亡者超登楽土、凡見聞者、
倶沾利益。
嘉靖三十九年歳在庚申（一五六〇）五月吉旦

〔大明国陝西都司河州衛在城の信士、王男、王命、龐氏、孫玉夢、周夢麟、張家の児等、嘉靖二十一年（一五四二）十月二十二日に、男婦呉氏、生前に産育沈重（産難）なるに因りて、許を啓き金もて『玉皇経』の一部を書す。之を承けしよりの後、人亡し願存す。今盟に負《そむ》かずして綵円を書せば、菩は四恩に報い、存者は寿禄延長し、亡者は楽土に超登し、凡そ見聞する者、倶に利益を沾《うるお》さん。

嘉靖三十九年歳庚申（一五六〇）五月吉旦に在り〕

この刊記には貴重な信仰資料が保存されている。「産育沈重」というのは産難を指す。産婦がちょうど産難危急の際には、おそらく家族あるいは妊婦自身が神に向かって願をかけ、『玉皇本行集経』の一部を金をもって書写して供養することにより、産厄災難を除去し、母子が無事であることを祈求したのであろう。それが完全には願ったようにならず、ただかろうじて「人亡願存」（母が死に子が存す）という結果になったのだが、やはり神との盟約に従って泥金により『玉皇本行集経』の一部を精写したのであり、完成した後に特に上記のように経緯を記し、刊記としたのである。このほか、分娩における産難危急の時には、符を書き呪言を唱えることもまた道教経典の中でよく用いられる祓えの方法である。たとえば、『太上説六甲直符保胎護命妙経』には「若臨産難、一心帰依、奉持此呪[26]七七遍、一切神真常加守衛」〔若し産難に臨めば、一心に帰依し、此の呪を奉持すること七七遍、一切の神真常に守衛を加う〕（7b—8a）とある。この経典中の呪言は、元末明初成書の『道法会元』巻二百四十「正一玄壇元帥六陰草野舞袖雷法・保産催生法」中になお伝承されている。そこではまた使用時機を説明して「催下安胎、骨格不開」〔胎児を下ろさんことを催《うなが》すも、骨格開かず〕、「速開陰骨、催下胞胎、下死胎」〔速かに陰骨を開いて胞胎を下ろさんこと、

死胎を下ろさんことを催《うなが》す」(一五b)とある。ほかに、北宋末『高上神霄玉清真王紫書大法』巻十には「救産難符」があり「大治産難」〔大いに産難を治む〕ことが強調されている。[27]

四　難産死者の抜度科儀

中華文化の伝統的死生観によれば、生命が自然に終結すること(＝寿終正寝あるいは内寝)とそれを正常に処置すること(＝礼に従って喪服を着、祭祀して神とならせる)は、生前の幸福、死後の霊魂の安定ないしは安寧であると見なされている。道教において斎を行う主目的は、まさに、亡魂に対して抜度を行い、亡魂を仙界へと往生させることである。これに対して、異常死、たとえば、ふさわしくない時に亡くなる、ふさわしくない場所で亡くなる、ふさわしくない状態で亡くなるなどに対しては、宗教的救済を行い、苦しんでいる亡魂を早急に済度する必要がある。たとえば、台湾でよく見られるものとして、転轍、脱索および打城といった類の儀式がある。[28]産難それ自体は異常死に属するが、古い道教経典の記述によると、それは宿命として罪過により引き起こされるもので、その身は諸地獄のうち最も苦である血湖に堕ちるという。そして、もし、正常な斎儀を行い、太乙救苦天尊に謹んで抜度を請うことができないならば、恨みを抱いた産魂は永遠に往生する機会を得られず、その生命共同体としての家族もまた影響を受けることになる。血湖からの救済は、最も難しくまた痛ましいものである。とはいえ、それは道教の第一経典である『度人経』に見える「度己度人、度生度亡」〔己を度すに人を度し、生を度すに亡を度す〕といった済度機能の内容を具体的に示すことができるとともに、その罪を除去し穢れを清浄にするという非凡なる功徳、および道教が両性の平等という教義と女性の信者に対する宗教的配慮を重視しているということを際立たせもしている。したがって、『血湖経』の中で描写されているような、血湖関連科儀の功徳による済度を経た後の情景[29]は、まさに、仲介としての道士と斎主とが切望する情況なのである。

１　血湖転轍による産難および刑傷の救度

「産難と刑傷」の救済に関する記述のうち、比較的早く『正統道蔵』中に収録されたものに、およそ北宋末に整理された『血湖経』三巻とそれよりやや後の『血湖懺』一巻とがある。その後、南宋初中期の霊宝経典、たとえば、『霊宝玉鑑』や王契真編纂の『上清霊宝大法』（以降、『王氏大法』と略称）などの経典には、さらに一歩進んで関連科儀と文検とが豊富に見られるようになった。そのうち、血湖科儀の機能や意義について論じたものとして、『霊宝玉鑑』巻一に「専度血湖論」があり、そこには、「霊宝大法中有玉光一品、専一抜度血湖。拝表上章、行符告簡、次第有科。既以天将摂其魂、復以天医療其疾、神水滌其腥穢、法食消其飢渇。然後釈其執著之想、開其超度之方、妙用神功、尽在行持之士也」（霊宝大法中に玉光一品有りて、専一に血湖より抜度す。表を拝し章を上《たてまつ》り、符を行い簡を告げ、次第に科有り。既に天将を以て其の魂を摂《と》り、復た天医を以て其の疾を療せば、神水は其の腥穢を滌《あら》い、法食は其の飢渇を消す。然る後に其の執著の想を釈き、其の超度の方を開けば、妙用神功は尽く行持の士に在るなり）（15b―16a）とある。巻三十二「玉元追度門」にも師の言葉を引いて、「凡度血尸産魂、須当先下符命、専産将吏、蕩滌穢悪、変化血湖、始可専赦。赦須三日前奏行、赦了方可行持摂召。既至道場、法師先与蕩除垢穢、申請天医医療。畢方可次第受食受戒」（凡そ血尸産魂を度するに、須く当に先ず符命を下し、専産将吏をして穢悪を蕩滌し、血湖を変化せしめ、始めて専ら赦すべし。赦は須く三日前に奏行し、赦了《お》わりて方《はじ》めて摂召を行持すべし。既に道場に至れば、法師は先ず垢穢を蕩除するに与《あずか》り、天医に申請して医療せしむ。畢われば方《まさ》に第に次ぎて食を受《さず》け戒を受《さず》くべし）（1b―2a）とある。したがって、もし、一歩進んで『霊宝玉鑑』記載の血湖救度科儀の主なプログラム構成を帰納するならば、発奏請神→拝表上章→頒赦出幽（天恩曲赦）→追魂摂魄（先に神虎により追摂し、次いで神㩧によって摂召する）→得赴玄壇→蕩滌穢悪→監生分娩→天医拯完→復本形体→開通咽喉→受食受戒→更衣→朝真礼聖→受煉更生、と構成することができよう。

そのほか、『王氏大法』巻四十三に「血湖赦符章」と「元皇敕赦」があり、巻五十五には「蕩穢所」と「天医院」が、巻五十八には「血湖獄」があり、これらは、血湖救度科儀が一般の幽科（死者済度の儀礼）のものとは異なるということを特に説明している。「血湖獄」には「天尊大慈悲憫、弘済多門、流伝下士、広開済度。拝血湖章、上血湖表、破血湖獄、行血湖錬、符檄官将、与霊宝錬度皆不同、師当体而行之」（天尊は大慈もて悲憫し、弘く多門を済し、下士に流伝し、広く済度を開く。血湖章を拝し、血湖表を上り、血湖獄を破り、血湖錬を行い、符もて官将に檄《げき》するは、霊宝錬度と皆、同じからず、師は当に体して之を行うべし」（19a—b）とある。「監生司」には「九天監生大神、衛房聖母、治病天医君等の衆」に請願して「引過血湖未分娩産魂等衆、各入幕以遂分娩、託化人天」（血湖の未だ分娩せざる産魂等の衆を引過し、各おの幕に入りて以て分娩を遂げ、託して人天に化せしむ」（21b）とある。「天医院」では、さらに、天医の職能を詳細に述べて、「凡召到亡魂、当請天医拯治、引魂赴幕、請聖点酌、以符呪存用、行五府内事、復本来形体。既有形質、次開咽喉、次運兆自身五芽玉液、運五府秘法、吹之成人。始得咽喉開通、方可更衣受食」（凡そ召すること亡魂に到れば、当に天医に請いて拯治せしめ、魂を引きて幕に赴かしめ、聖に請いて酌を点ぜしめ、符呪を以て存用し、五府の内事を行い、本に復して形体に来らしむべし。既に形質有れば、次いで咽喉を開き、次いで自身の五芽玉液を運《めぐ》らし兆《きざ》し、五府秘法を運らし、之を吹きて人と成す。始めて咽喉開通するを得て、方《まさ》に衣を更《か》え食を受くべし」（22b—23a）とある。また、明初の周思得が南宋中期以来の霊宝道法を整理して編纂した『上清霊宝済度大成金書』巻二十四「登壇宗旨門・道法釈義品」の「玉籙斎先日節次」には、先に玉籙血湖科儀を行い、その後、引き続いて通常の斎儀を行うというプログラム構成[30]が記述されている。

南宋以来、血湖救度の科儀は相当重視されて発展し、しかも、少なくとも清初には福建泉州にてすでに一種の「牽轙」という文化習俗へと変化していた。そして、この種の牽轙喪俗は、先人が台湾へと移り住んで来るにしたがっ

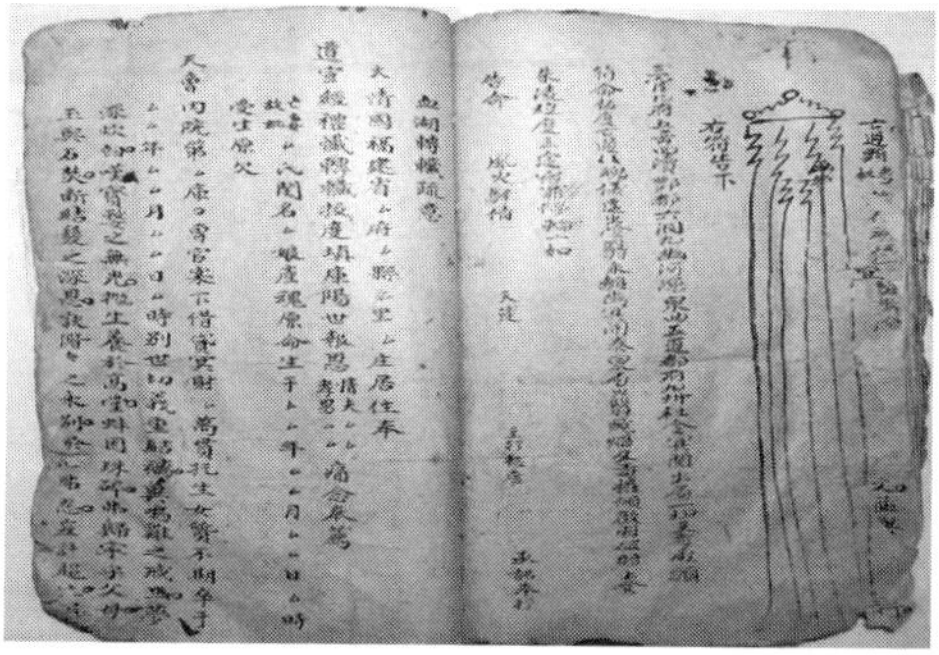

5　台湾高雄左営・朱文成道長所蔵の清代乾隆時の写本に見える「轉轙」の語

て、特に泉州移民の伝統的斎儀功徳の中で保存された。民衆は「牽轙」と言い習わしているが、道壇内部では「転轙」と称され、しかも、転轙儀式を行う儀礼の専門家は、すべて道士である。したがって、道教の亡魂を済度する斎法の中でもすこぶる名の知られた儀式の一つとなっている。この儀式では円形の竹籠に紙を貼り合わせたものと関連する法物や法具が使用されるが、家族が儀式の次第に合わせてまるで法輪を回すかのように紙製の轙を回転させることが強調される。したがって、主に表現される内在機能、つまり「梯子《はしご》を象徴する法轙を回転させることにより、太乙救苦天尊の神光を頼りにして魂を導き、それによって沈みゆく苦魂を引き上げて救済する」ということは、教義中の死者の救済という不可思議な功徳を体現したものなのである。この「轙」という字は、字典には見られず、筆者の所見によれば、現在までのところ最も早く出現した「転轙」という二字は、台湾高雄市左営区の朱文成道長が所蔵し、功徳斎儀を主とする「文検」中に保存されているものである。その内容から、使用された場所が鳳山県（およそ今の高雄市、屏東県に当たる）であることが分かり、また時間に関しては「乾隆」と記されている（図5）。このほか、清代の閩南泉州籍の道士が秘伝としている書写文検においては、「転轙」は通常「転蔵」と記されているが、「転轙」と書かれている場合もある[31]。それにしても、泉州の道壇は、どうして斎儀中に「転轙」によって血湖に堕ち入る産魂を救済しようとしたのであろうか。馬建華の「女性の救済――莆仙目連戯と『血盆経』」という論考においては、明代の莆仙地区で流伝していた三一教の「牽塔」という斎儀習俗の影響を受けたのではないかとされている。この観点は非常に意義あるものだが、文中では両者の伝承関係についての記述が極めて少ない。もっと

信服するに値する証拠が補充されることが期待される。(32)

2　泉州南安で行われている血湖抜度科儀

前節では南宋の霊宝道経に見られる血湖科儀のプログラム構成と機能的意義について重点的に整理したが、そのうち共通して強調されているのは、「自此之後、方可開壇、修建功徳」（此れより後、方《まさ》に壇を開き、功徳を修建すべし）ということである。これは、つまり、斎儀においてはまず血湖科儀を終えてから、続けて一般の死者救済のための功徳斎儀を行う必要があるということを指している。この伝統は、泉州南安市の道壇では、族譜を編纂し終わった後に用いられる。族譜編纂後に行われる大型の「譜醮」で使用される「無上黄籙七天譜醮意文」の中では、家族の先祖のうち、恐らく産難や殺傷によりあるいは流血して亡くなったとおもわれる者を救済するための血湖科儀が、七日間のうちの第一日目に配されているということが具体的に表されている。

○氏始祖○○世派下、未獲超度考妣諸薦霊魂、至於○日連○日止就於本祖祠丕建無上黄籙大斉七昼夜道場。懸掛金相、傍列真容、広羅香燭、灑滌壇場。揮宝剣召遣四符、申文牒遍通三界。持五龍之神水、洗浄凡塵。熱百和之茗香、迓迎三宝慈尊、並降於玄壇諸司、斉臨於法界。宣誦玉暦妙経、礼拝血湖宝懺。鳴角召兵、旋転天宮飛輪宝蔵、関祝碇石、四司神灯。特降元皇誥命、爍破幽獄典城、度血難而尽脱迷津、超産厄而胞胎分解。立召魂儀、参礼医院、完成血湖全宗、更深漸停法事。〔○氏始祖○○世派の下、未だ考妣諸薦霊魂を超度するを獲ず、○日より連なりて○日に止まるに至り本祖祠丕《おお》いに無上黄籙大斉七昼夜道場を建つ。金相を懸掛し、傍に真容を列し、広く香燭を羅《つら》ね、壇場を灑滌す。宝剣を揮い四符を召遣し、申文牒は遍く三界に通ず。五龍の神水を持し、凡塵を洗浄す。百和の茗香を熱《や》き、三宝慈尊を迓迎《むか》え、並びに玄壇諸司を降し、斉《ひと》しく法界に臨ましむ。玉暦妙経を宣誦し、血湖宝懺を礼拝す。

角を鳴らし兵を召し、天宮飛輪宝蔵を旋転し、硤石、四司神灯を関祝す。特に元皇誥命を降し、幽獄典城を爍破し、血難を度して尽く迷津を脱し、産厄を超えて胞胎をして分解せしむ。立ちどころに魂儀を召し、医院を参礼し、血湖全宗を完成し、更深に漸《ようや》く法事を停《や》む」

この「疏意」には、『建壇』、『発奏』、『祝聖』、『玉暦妙経』（あるいは『血湖経』）、『血湖宝懺』、『召轙』、『関祝硤石神灯』、『四司神灯』、『元皇頒赦』、『打城』、『沐浴』、『解結』および『参朝給牒』などの儀式が含まれている。これらの科儀の実施法は、一般の死者救済儀礼の科目とほぼ同じものもあるので、本稿では重複しての記述はしない。以下、実際に調査を行って目にしたものをベースとして、研究者があまり研究しておらずかつ南安地区の道壇道法の伝承を具体的に示すことができるものを選び、中でも血湖転轙度産に関わる重要な儀式の内容と特質について分析する。

1　『玉文発奏金書』

「発奏」はあるいは「発表」とも称され、つまり、功曹符使に表章を発送するよう請願し、それによって各宮府の神々が来臨するよう招待する科儀のことである。この『玉文発奏金書』科儀の功訣は、かつて南安市楽峰鎮黄沢茂道長宅（黄記綿道長師壇）に保存されていた黄和議一九三九年書写の『道法行持』という秘本の中に記録されていた（図６）。しかし、実際には、この写本はすでに失われており、通常、泉州の血湖転轙においてもその実施は見られない。したがって、現在の研究あるいは『泉州道教』などのような書にもこれまでまったく記載されてこなかった。幸いにも、この貴重な科儀の写本は台湾に流伝し、保存されていた（今のところ、台湾でこの科儀の使用は見られない）。これを、筆者が発見し発祥地へと送り返したところ、黄記綿道長は二〇一二年六月、南安市石井鎮の「鄭成功封神暨超度陣亡将士的三朝黄籙功徳斎儀」（鄭成功の封神および戦死した将士の供養のための三朝黄籙功徳斎儀）において改めて再現した。

この『玉文発奏金書』という写本の冒頭部分には、「前序」と呼ぶことのできるひとまとまりの文章が書き写されているが、その内容は以下のようである。「血湖行持、須用金印、神霄天勅信倦、主帥照開血湖、追取産魂。如無此印、照常追脩、難以超度。且産亡魂、身染血穢、若無天医調治符命、五香湯浣濯産汚、不獲誠意朝真、何能薦抜。須依此科、令斎主虔誠、備供儀豊厚、主行法官、先煉己後可度人。如無実学、不可自撰、有違天憲、其罪匪軽。万勿苟請、非人勿示、慎之。発奏時、令主人備榻五張、久粿共一十五分、不可泛常、恐難格神明、慎之。安牌中主帥、東副帥、西亜帥、左本壇天丁、右四直功曹」（血湖の行持は、須らく金印を用いるべし。神霄は信倦に天勅し、主帥は照らして血湖を開き、追って産魂を取らん。此の印無きがごときは、常に照らして追脩するも、以て超度し難し。且つ産亡魂は、身は血穢に染まれば、天医調治符命無きがごときは、五香湯もて産汚を浣濯するも、誠意もて真に朝《むか》うことを獲ず、何ぞ能く薦抜せん。須く此の科に依りて、斎主をして虔誠せしめ、供を備へて儀をして豊厚ならしむべし。主行法官は先ず己を煉り後に人を度すべし。実の学無きがごときは、自撰すべからず、天憲に違うこと有りて、其の罪軽きに匪《あら》ず。万に請を苟《かりそめ》にする勿れ、人に非ざれば示す勿れ、之を慎め。奏を発するの時、主人をして榻五張、久粿共に一十五分を備えしめ、常を泛《くつがえ》すべからず、恐らくは神明を格《いた》らしめ難ければ、之を慎め。牌を安ずるに、中は主帥、東は副帥、西は亜帥、左は本壇天丁、右は四直功曹なり）。

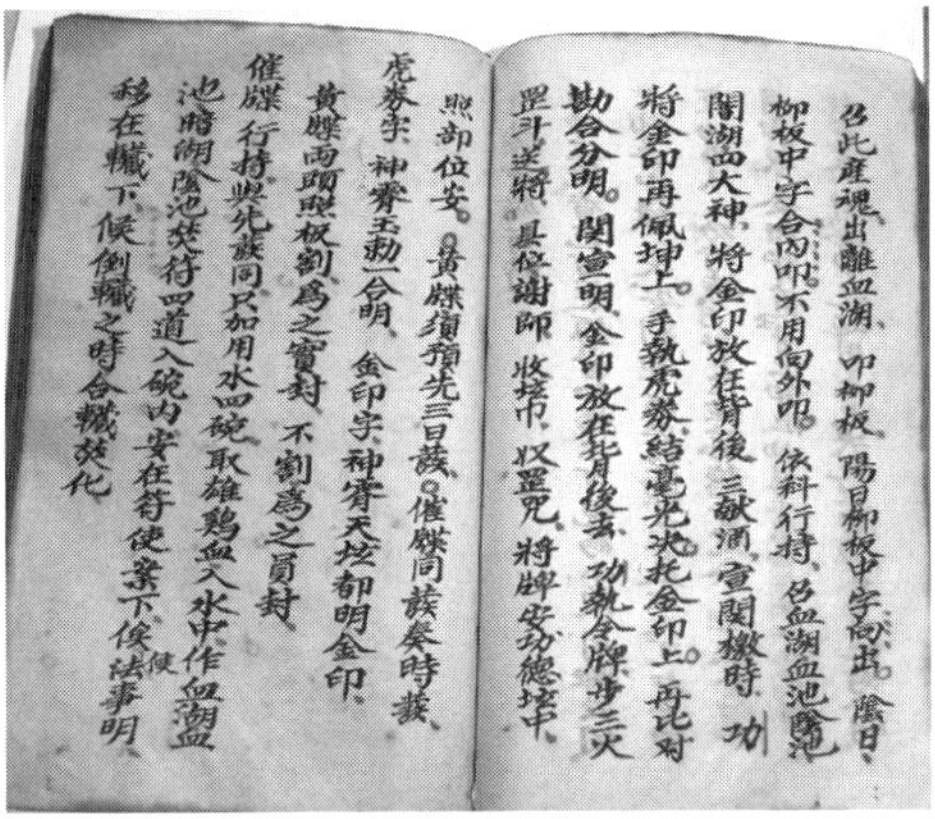

6　南安市楽峰鎮・黄沢茂道長宅所蔵『道法行持』中に見られる『玉文発奏金書』の功訣

『道法行持』という秘本に記されているこの科儀の重要な内容と

秘訣とに照らし合わせると、その主な構成は大きく一〇の部分に分けることができる。

（甲）歩虚浄壇〔歩虚詞を唱い、壇を浄化する〕

(1)三捻香　(2)歩虚　(3)高功が登壇する〔毒を吐く、炁を請う〕　(4)道衆が順番に立つ　(5)三拈香　(6)黙呪〔呪言を黙念する〕　(7)「三浄呪」　(8)説白〔科文を白で読む〕　(9)浄壇破穢〔壇を浄化し汚穢を破る〕――①〔浄穢、開天、開地、度水、度火、直日、清浄〕各符を焚化する　②掐文　③黙呪　④三光諱　⑤「九鳳破穢呪」　⑥日月星君、九鳳玉華司破穢大将軍を主とする関連官将を召請する　⑦「浄天地玄章」　⑧「洞中文」

（乙）捻香供養〔捻香により供養する〕

(1)三捻香により道経師三宝、上中下界神明、符使に対して供養する

（丙）請神啓師〔神々を召請して師に啓奏する〕

(1)壇巾を敷く（黙呪）　(2)黙呪歩罡　(3)啓師符の焚化により三清、四御、高上神霄玉清真王、南極長生大帝、救苦真人、天上霊宝経籍度三真君、天師、玄天、霊宝経籍度師君、神功妙済真君、黄籙知院真君、壇靖官将吏兵に啓奏する

（丁）半入意〔入意：意文を宣読する〕

(1)具職〔職位を申し述べる〕　(2)入意

（戊）変神召将〔神に変身し神将を召請する〕

(1)「中山神呪」　(2)「天蓬咒」　(3)功訣　(4)「変神呪」を黙念する〔天師へと変身する――①存想　②掐訣　③天罡の炁を取る〕　(5)歩罡點斗――①豁落罡を歩む　②「万霊符」を焚化する　③雷局　④五雷令を持し符の焚化・功訣・密呪を組み合わせることで壇靖、四直、三界、三部召魂使者、神虎何喬二将軍、蓬黄鄧胡四大将、追攝司一行官吏、正一玄壇趙・関・温・康四大元帥、青婁使者、解穢官吏、当地の城隍・土地正神を召請する

(己) 安牌勅召〔五雷牌を置いて勅令により召請する〕

(1)高功が金印、玉券、鳴柳版を佩びる　(2)星冠を戴く　(3)地戸巽門の方を向く　(4)符〔青紙に朱書したもの〕を水中で焚化する　(5)血を取る　(6)存想　(7)飛符三行　(8)神霄勅召の黙念により主帥陰陽統兵大将軍、破血湖滌穢大神王岑元通、副帥絶滅血屍右定将軍、破血池破汚大神王慕容思斉、亜帥五花統帥右定将軍、都破血湖除膻大神王鄧元清、血湖翻体擲尸大神、血湖都大鬼王、都大主兵、食心噉脳鬼吏を召す

(庚) 三献香酒

(1)三献香　(2)三献酒により功曹符使に対して供養する

(辛) 入意

(1)奏、申、請、状文字を関文により発する　(2)投達を委ね請う

(壬) 読関発牒〔関文を宣読して牒文を発送する〕

(1)三部牒を発遣する　(2)通関、沿途檄、信符を宣読する

(癸) 送神化財〔神々を送り出し財を焚化する〕

(1)密呪・功訣、三火罡、黙呪して符使を送り出す　(2)三礼して師に謝する——①具職　②祈願　③「還神呪」　④罡を収める　⑤壇巾を収める　⑥「化財咒」

筆者の記録によると、この科儀に合わせて用いられる文検には、「啓玉京」、「奏玉皇」、「奏東極」、「申天師」、「申庫官」、「請三界」、「発奏関」、「公牒十六道」[33]、「通関」、「血湖黄牒」、「血湖催牒」、「沿途檄文」および関連する符命がある〔文検に関しては、別稿で論じる〕。

7　南安の道士が祠堂前にて『血湖召轙』科儀中の筶《ポエ》を行っている様子

2　『血湖召轙』

筆者が近年、泉州で斎儀転轙習俗を調査して目にしたものと壇を取り仕切る道長を訪問して得たところによれば、牽轙はその性質に応じて、通常、三種に分類される。血轙はもっぱら産難により亡くなった者に対して用いられ、陸轙は一般的な死者救済の斎事において用いられ（実際の実施法は、簡略式の血轙となっている）、水轙は落水して命を落とした者に対して用いられる。前二者は亡者の家の中あるいは祠堂に壇を設置し法事を行い（図7）、その科儀の写本は、普通、『召轙』（あるいは『祭轙』）と言い習わされている。後者は、落水した場所あるいは岸辺にて転轙儀式を執り行うもので、三元法の斎儀に属する。転轙においては紙製の轙が一機ないし三機用いられ、前二者のものは赤い目印が付いているが、後者の轙の色はすべてが白色である。転轙儀式において準備される法物や法具および供物について、血轙を例とすると、卓上に米を一碗置き（あるいは五碗の米を用いる）、官将神牌を五本挿し[34]、その前に五個の家鴨の卵と御菜や米飯といった供物などを置く。轙には救済に関わる神や官将、牛頭、馬面および魂身を貼り付け、石臼の中に置いて回転させる。轙の下には紅土を溶いた水五碗、血湖代人、魂身、柳の枝、芭蕉の葉、血湖鉢、赤色の血湖灯一本、小さな竹製の梯子、サンダル、鳥籠、活きた鶏、活きた家鴨、船一艘、ランプおよび衣服と履物などを置く。この科儀の構成の主なものには、挙讃（讃文を唱える）、浄壇（壇を浄化する）、召直符使者（直符使者を召請する）、入意（意文を宣読する）、請聖（神々を召請する）、三上香三献酒、轙身神明開光（轙および轙に貼り付けた神々の開光）、宣関召将（関文の宣読、関連する神将の召請）、発遣代人替身（代人を派遣して身替りとする）、祈杯取魂身（筶《ポエ》を投げて聖筶を得た後、轙より魂身を取り出すこと）、召五営倒轙（五営兵馬を召請して、血車藏を倒す〕、化紙辞神〔紙銭を焚化し、神々を送り出す〕などといったものがある。[35]

3　血湖灯科

灯は光明と希望の象徴であるが、道教ではこれらを数ある燃灯科儀の中に融合させ、燃灯の持つ供養と祈福〔幸福を祈願する〕および済度と禳災〔災を祓う〕という内在意義を表現している。唐・広成先生、すなわち杜光庭が刪定した『太上黄籙斎儀』巻五十六「礼灯」では、礼灯という儀礼は東晋末の『金籙簡文経』から出たと指摘されているが、さらに強調されているのは、礼灯は「上照諸天福堂、下照長夜地獄」〔上は諸天福堂を照らし、下は長夜地獄を照らす〕ものであるので、修斎行道〔斎を修めて道を実践する〕には欠くことができないということである。[36] 霊宝斎儀の灯科の主要意義においてもまた、神灯に火をともすことで光明を開いて幽暗を破り、遍く羅酆諸獄を照らすということが強調されている。さらに、救苦天尊が罪を赦すことによって、諸々の苦魂・孤魂は救済され、苦刑は尽き果て、亡魂は悟り、懺悔し、帰依し、みなことごとく地位を上げて仙人となるという願望を遂げるのである。南安道壇では、血湖科儀において、二種類の灯科が伝承されている。一つは『転轍血湖灯科』〔『血湖硤石灯科』はその簡略本〕であり、もう一つは『血湖四司灯』である。以下、その旧本に依拠するとともにさらに実際の実施法を参照しつつ、その主な構成について分析すると、次のようになる。

『転轍血湖灯科』〔林成均本〕

(1)浄壇　(2)三焚香　(3)請神〔追摂産魂蓬・黄・鄧・胡よりなる四大将など〕　(4)経旨説白〔経旨を白で説く〕　(5)入意　(6)告符〔符を告下する〕　(7)硤石獄の所在、囚われている亡魂および救済の法について説く〔燃灯、転藏〕　(7)「破獄玄章」を諷誦する　(8)轍を三周廻る　(9)天尊が妙行真人の問いに答える　(10)血湖地獄について説く　(11)

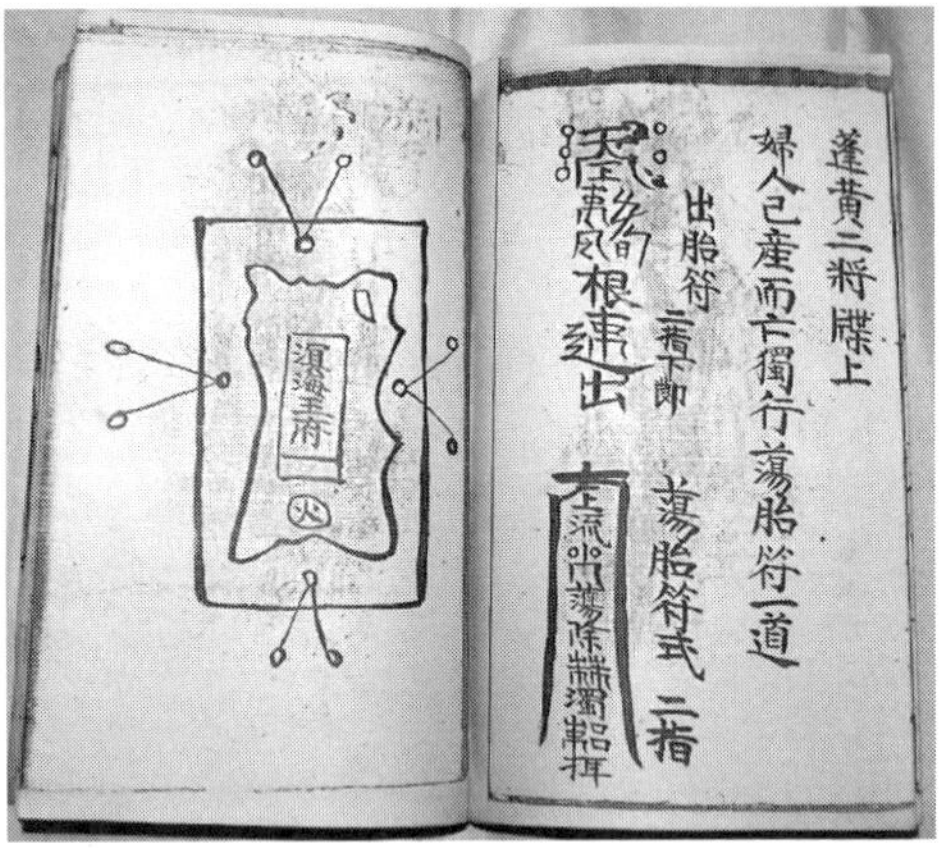

8　南安市梅山鎮・黄記綿道長宅所蔵の林成均 1882 年書写『転轗血湖灯科』

救苦天尊の功徳を称念する
※経の後の部分で特に「「太上救苦真符」、血湖灯式、「血湖地獄牒」（蓬・鄧二大将に牒する）、「血光除穢符」四道（「母子倶存符」、「未産子倶亡符」、「已産子倶亡符」、「母死子在符」—「血湖地獄牒」の主者の部分に貼りつける）。まだ子供を産んでいない女子が亡くなったときは、「出胎符」と「蕩胎符」の二道を蓬・鄧二将牒の上に貼って用いる。すでに子供を産んだ女子が亡くなったならば、ただ「蕩胎符」一道のみを用いる」と明示されている（図8）。

『血湖四司灯』（呉民強本）

(1)浄壇　(2)三拈香　(3)請神　(4)経旨説白「霊宝啓運、元始開図、巍巍大範（梵）之宗、蕩蕩自然之化[37]（霊宝は運を啓き、元始は図を開き、巍巍として大範（梵）の宗たり、蕩蕩として自然の化たり」。……」　(5)入意　(6)告符（「霊宝符命流光救苦真符」、「三炁流光真符」、「玉光蕩滌血湖真符」）　(7)血湖・血池・陰池・闇池の所在、囚われている亡魂と救済の法について説く（一か所説き終わるごとに、燃灯、転轗する）　(8)三献酒　(9)祝願

南安市金淘鎮の呉民強道長家に保存されているこの『血湖四司灯』について、その経文は台南や高雄・屏東の道壇の『血湖転轗告符科』（たとえば、大淵忍爾本の六四四—六四六頁）とほとんど大差ないが、最後の硤石獄の部分は大淵本には見られない。また、その文検については、「血湖五方度産符」は用いられておらず、「霊宝符命流光

救苦真符」、「三炁流光真符」、「玉光蕩滌血湖真符」が使用されている（この三道の符は、台湾ではいずれも血湖頒赦科儀において用いられる）。

3　台湾南部霊宝血湖抜度科儀

台湾の血湖抜度科儀は、通常、烏紅（烏＝死者救済儀礼、紅＝生者救済儀礼）を兼ね行う正一派霊宝道士により実施される斎儀功徳において見られる。たとえば、大淵忍爾『中国人の宗教儀礼――仏教・道教・民間信仰』に記録されている台南・陳家の詳細な資料[38]、および浅野春二『台湾における道教儀礼の研究』の二九九―三〇二頁に記録されている台南・陳栄盛道長配列の「大午夜」の規模の二十科目よりなる血湖[39]がそれである。このほか、普度科儀においても血湖産難に関わる救済が見られる。たとえば、前引の翁定奨『道門太極普度玄科』には、「志心召請一起。婦女因産身亡、或有胚胎既剖、珠蚌未分。既懐躭而百種艱辛、或負命而千般苦楚、生死不保、禍福難知。或子在而不見母形。或産難児子母倶喪。輪蔵未抜、黒海沈淪、如此類孤魂滞魄等衆、惟願承茲三宝力、斯時来臨法会、受此無遮甘露法食」（志心もて召請すること一起ならん。婦女の産に因りて身亡ぶは、或いは胚胎の既に剖《さ》かるること有るも、珠蚌は未だ分かれず。既に懐躭《かいたん》して百種の艱辛あるは、或いは命に負《そむ》きて千般の苦楚ありて、生死は保たれず、禍福知り難し。或いは子在るも母形を見ず。或いは産難ありて児子母倶に喪《うしな》う。輪蔵の未だ抜せざるは、黒海に沈淪す。此くのごとき類の孤魂滞魄等衆よ、惟だ願わくは、茲の三宝力を承けて、斯の時に来りて法会に臨み、此の遮るもの無き甘露法食を受けんことを）とある。道法二門の『普度科儀』で用いられる「十傷符」にも専ら産難を救済するための「胎産符」がある[40]。

1　王建運書写の『無上玉籙太丹血湖文検』は二昼夜の盟真の規模

台南渓南地区の道壇の転血轗は、陳栄盛道長を代表とする儀礼実施法であり、午後『血湖宝懺』第一巻を読誦

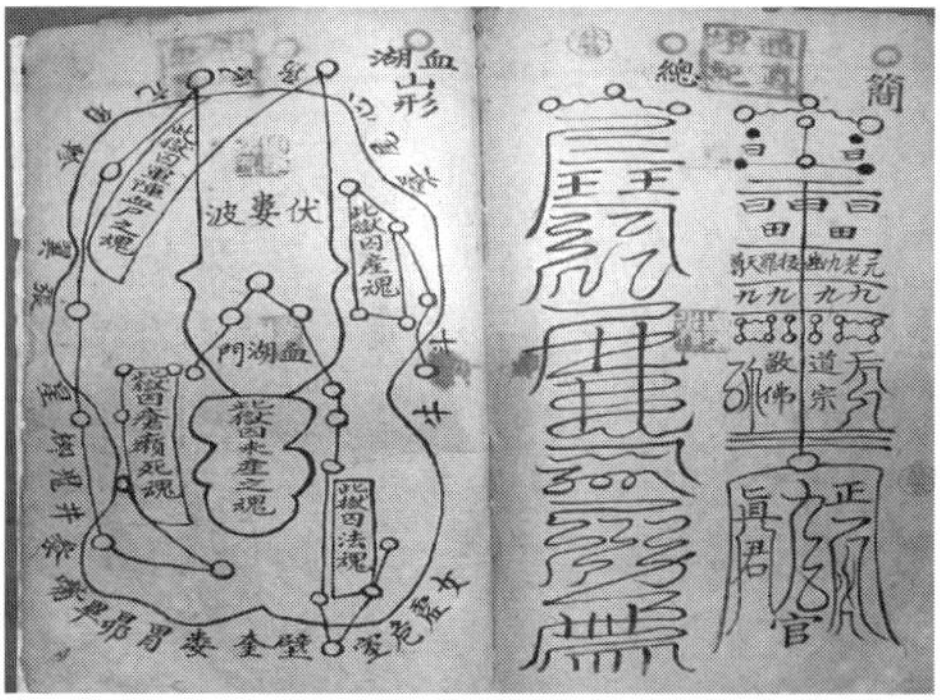

9　高雄小港・蘇富麟道長宅の 1874 年王建運書写『無上玉籙太丹血湖文検』

し終わった後に紙製の⿰車藏の開光を行って⿰車藏を回転させ、夜に『無上血湖飛輪転⿰車藏科儀』を行う。この科儀はすでに詳細に記録され、また研究もされてもいるので、ここでは贅言を費やすことはしない。南部の高雄や屏東といった清領鳳山県の儀礼実施法は台南渓南〔曽文渓以南の台南地区〕のものと類似しているが、筆者が目にした高雄・屏東地区の写本と文検によれば、血湖科儀は二昼夜にわたって行うことのできる「盟真」の規模のものであり、台南地区の「大午夜」〔正午に起鼓、子の時に終了〕のようなものにとどまらない。たとえば、高雄市の元小港区紅毛港の蘇富麟道長が保存している、一八七四年王建運書写の『無上玉籙太丹血湖文検』(41)〔図9〕がそれである。その中の「太上解冤釈対真符」、「太上救産出死胎真符」、「太上復全咽喉真符」および「元始丹霊玉丹続命真符」といった四つの符命については、筆者による源流考証を経ることで、まさに明・周思得『上清霊宝済度大成金書』巻三十「頒告符検門・開度霊文品」の中に類似の内容のものを探し当てることができた〔表2参照〕。これらの符命を用いる時機について、筆者は『玉籙抜産血湖転⿰車藏告符科本』中で用いるに違いないと推測している。また、その主旨においては、神灯により照らし引導し、符を告下して罪を赦すことで、苦魂を救済し、煉化更生して、仙界へと上昇させるということが強調されている。これは、つまり、経文の中で「願仮道⿰車藏輪廻転、仗灯光而破陰獄、産魂承道力而離苦、得上蓮舟出血湖、而面三清上天堂」〔願わくは、道⿰車藏輪の廻転を仮りて、灯光に仗りて陰獄を破り、産魂は道力を承けて苦を離れ、上蓮舟を得て血湖より出で、三清に面して天堂に上らんことを〕と言われているような功徳の力を意味する。清朝中葉の翁宗庇本を例とすると、その構成は、歩虚、浄壇、請神、入意、三献、告五湖〔五湖に

3　産難の予防、禳除と抜度

表2　『上清霊宝済度大成金書』と『無上玉籙太丹血湖文検』との比較表

	明　周思得『上清霊宝済度大成金書』巻三十「頒告符検門　開度霊文品」	高雄市元小港区紅毛港の蘇富麟道長が保存する一八七四年王建運書写の『無上玉籙太丹血湖文検』
太上解冤釈対真符	靈寶玄壇　謹奉 道旨、告下拔罪解冤真符、拔度亡過某等魂、宿生前世、執對仇讎、急相捨離、不得居牽者。 書符 右奉太上符命、太乙元恩、釋結解冤、拔度陰魂、宿對罪根、幽關夜府、執對咸原、魂魄拘繫、出離鬼門。 元始符命、時刻昇遷、急急如。 靈寶玄科律令　年　月　日　具位(131頁)	上清天醫院幕下今准 太上解冤釋對真符、告下拔度亡過○○產魂、出離血湖者。 書符 右准 太上元恩、真符告下　血湖諸獄主者施行。專為亡過○○產魂、解冤釋結、宿罪停輪、幽關夜府、報對咸原、魂魄逍遙、出離鬼趣。 元始符命、時刻昇遷、一如誥命。 天運年　月　日
太上救産出死胎真符	靈寶玄壇　謹奉 道旨、告下救產出胎真符、拔度亡過某人等魂、母子胎孕、速獲分離、永無苦惱、託化成人者。 書符 右奉太上符命、日光月明、陰滿陽虛。精血化生、魂魄敷榮。未度者化、已死者生。胎孕出離、得為全人。急急如云云。(135頁)	上清天醫院幕下今准 太上救產出死胎真符、告下拔度亡過○○產魂、脫出死胎、即會母子分離、勿得阻滯者。 書符 今准 上帝符命告下　血湖諸獄主者施行。日光月明、陰滿陽虛。精血化生、魂魄敷榮。未度者度、已死者生。胎孕出離、完全身形。一如 誥命　　風火驛傳 天運　年　月　日吉時告下 具法位 師御
太上復全咽喉真符	靈寶玄壇　謹奉 道旨、告下完復咽喉真符拔度亡過某人。開爽咽喉、調和炁脉。託質成人、無諸障礙者。 書符 右奉太上符命。渺渺冥冥、通幽顯靈。煥服三光、流咽五星。舒調浩 炁、鬱羅華精。日月無窮、造化生成。靈寶隱韻、元亨利貞。急急。(140頁)	上清天醫院幕下今准 太上救產出死胎真符、告下拔度亡過○○產魂、脫出死胎、即會母子分離、勿得阻滯者。 書符 今准 上帝符命告下　血湖諸獄主者施行。日光月明、陰滿陽虛。精血化生、魂魄敷榮。未度者度、已死者生。胎孕出離、完全身形。一如 誥命　　風火驛傳 天運　年　月　日吉時告下 具法位 師御

元始丹霊玉丹続命真符	靈寶玄壇　謹奉 道旨、頒降元始符命丹靈玉冊續命真符、 拔度亡過某人等魂、出離幽壤者。 書符 右奉太上符命告下 泉都鬼市、黒壤幽關、拔度亡魂。虎狼 呑啗、猛獸傷殘、火焚水溺、飲毒壞胎、 一切非命、沈滯酆山。 神文告下、苦楚停酸。符法洞照、形質 完全。天醫使者、續命靈官、飛玄洞化、 梵炁迴還。鬱單降駕、真宰乘鸞。天慈 普度、幽壤咸歡。遷神受質、昇陟　天闕。 急急如 靈寶玄科律令　年　月　日　具位（141頁）	上清天醫院幕下今准 元始丹靈玉丹續命真符、告下拔度亡過○○產魂 出離血湖者。 書符 右符告下 泉曲鬼市、黒壤幽關、苦魂滯爽。產魂陣喪、雷 震虎啗、水淹火焚、盲聾瘖癩、痼疾疲疴、願逮 蠱毒、一如非命、沈滯酆山。今依 符命洞照、即使形質完全。天醫真吏、續命靈官、 飛玄洞化、梵炁迴環。爵皇降駕、天宰乘鸞、天 慈護度、幽壤咸歡。遷神受質、昇陟　天闕。一如 誥命　　風火驛傳 天運　年　月　日吉時告下 具法位 師御

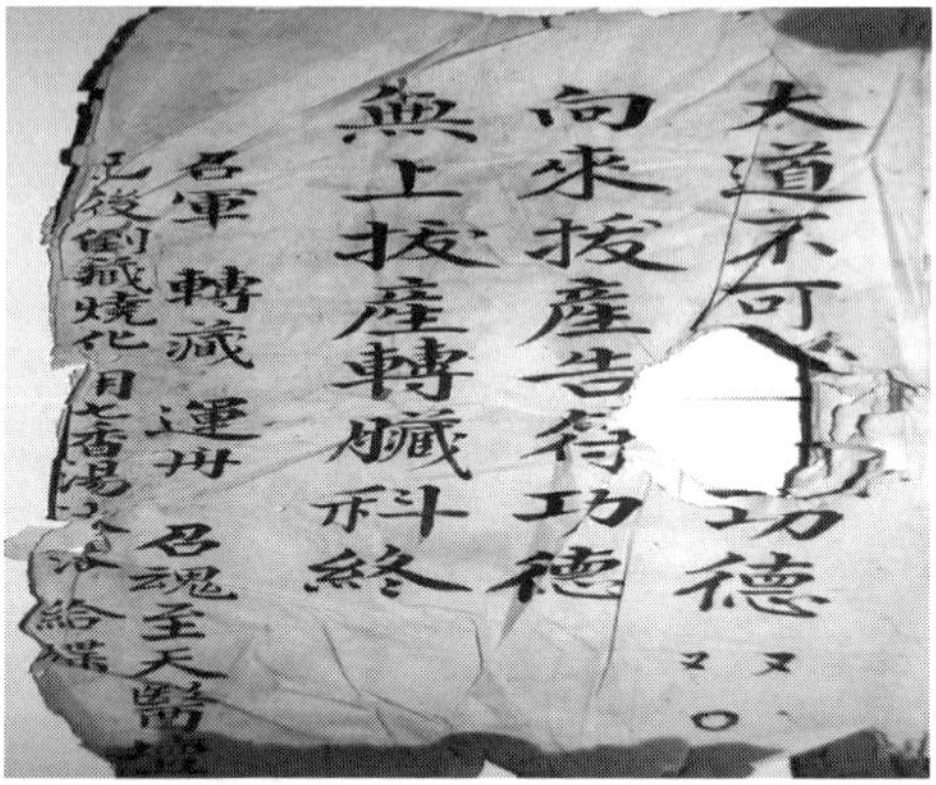

10　台湾高雄小港の清代中期翁宗庇書写『玉籙抜産血湖転轗告符科本』

告下する〕、宣五方「度産魂真符」〔五方の「度産魂真符」を宣読する〕、各方宣符化紙〔各方に向けて符命を宣読し焚火する〕、各方吹角転轗〔各方に向けて龍角を吹き轗を回転させる〕、再宣科範〔再度科範を宣読する〕、伏願救苦天尊放九厄円光〔救苦天尊が九厄円光を放つことを伏して願う〕となり、最後に召軍〔軍を召請する〕、転轗〔轗を回転させる〕、運舟至天医壇〔舟を天医壇へと運ぶ〕、転轗焼化〔轗を回転させて焚化する〕、用七香湯沐浴[42]〔七香湯を用いて沐浴させる〕、給牒〔亡魂に牒文を給付する〕となる（図10）。この中の「運舟至天医壇」という部分について、台南地区の関連写本には同じ文句は見られない。しかし、表２『無上玉籙太丹血湖文検』中の四つの符命は、いずれも上清天医院幕下より発布されるものなので、おそらくこの『玉籙抜産血湖転轗告符科本』と関係があると判断することができるであろう。それは、また前引の古霊宝道経中に見える「天医」の職能に関する記述とも合致している。

2 『玉籙抜産血湖宝魂酌献科』

以上のほかに、たとえば、翁元庇が清の中頃に書写した『玉籙抜産血湖宝魂酌献科』などは、「入醮三献」において用いられる。その機能は証盟、謝恩および神々を送り出すということだが、これもまた一日以上の規模の血湖科儀においてようやく組み込むことができるものである。その儀礼構成は以下のようになる。歩虚、浄壇、請神、経旨説白〔経旨を白で説く〕、初献酒文、上香初献酒、唱金字経〔金字経を唱う〕、説白〔経文を白で説く〕、入意、亜献酒文、上香亜献酒、唱金字経、三献酒文、上香三献酒、唱金字経、繞壇〔壇を廻る〕、稽首礼謝〔神々に稽首して礼謝する〕、宣疏文〔疏文を宣読する〕、進帝龍車鳳輦〔帝に龍車と鳳輦を進上する〕、進状〔状文を進上する〕、進三界神司金銀銭馬等状〔三界神司に金銀銭馬等の状文を進上する〕、已行満散〔すでに功徳円満となる〕、具玉籙血湖浄斎一会〔玉籙血湖浄斎一会について申し述べる〕、列供幾分位〔神々の聖位を列ね供応する〕、称念天尊功徳〔天尊の功徳を称念する〕、具職〔職位を申し述べる〕、稽首奉送神尊〔稽首して神々を送り出す〕、外出化紙〔壇外にて紙銭を焼く〕。この科儀に産難を救済する機能が内包されていることは、「経旨説白」の部分の経文に具体的に表わされている。すなわち、「或懐居於妊娠、百神倶足、十月週完、方乃降生。克符維紹、尚慮孤辰、寡宿、六害、三刑、得嗣孔艱。或苗不秀、宿世仇讐、致諸悪報対以纏綿、不以去来而解蔕。或墜胎而損命、或未娩以喪身、或子没而母存、或母亡児子在、或因餌死、或染病終。常居穢濁之郷、独抱呻吟之嘆、雖擢髪不可勝数、諒原宥並与赦除」〔或いは懐きて妊娠に居り、百神倶に足り、十月週完《まった》くして、方《まさ》に乃ち生を降さんとす。符を克《こく》して紹を維《つな》ぐも、尚お孤辰、寡宿、六害、三刑を慮《おもんぱか》れば、嗣を得ること孔艱たらん。或いは苗秀《ひい》でず、宿世に仇讐ありて、諸悪を致すの報対の以て纏綿し、去来を以てしても蔕を解かず。或いは胎を墜《おと》して命を損い、或いは未だ娩まずして以て身を喪《ほろ》ぼし、或いは子没して母存し、或いは母亡《うしな》いて児子在り、或いは餌に因りて死し、或いは病に染まりて終わる。常に穢濁の郷に居り、独り呻吟の嘆きを抱き、髪を擢《ぬ》くこと数うるに勝《た》うべからずと雖も、諒《まこと》に原宥せられ並びに赦除を与《あた》へられん」という。また、斎主の祈願は天尊に対する功徳の称念《たたえ》に託されている。すなわち、「当衆真交会之時、蹇五苦蒙原之際。符頒救苦、駅龍馳下於血湖。箇注長生、風火告行於丹界。有冤解釈、無願不従」〔衆真の交ごも会するに当たるの時、蹇《こ》れ五苦の原《ゆる》さるるを蒙るの際なり。符は苦を救うことを頒《わか》ち、駅龍は血湖に馳せ下る。箇は長生を注ぎ、風火は丹界に告行する。冤の解釈《とか》るること有れば、従わざるを願うこと無し〕」とある。

3 『無上抜産十転科儀』

台湾正一派霊宝道壇の斎儀の血湖科儀における転轍儀式には、以上のような霊宝の儀礼実施法により実施されるもののほかに、管見によると、台南渓北地区〔曽文渓以北の台南地区〕には閭山派の実施法[43]によるものも存在する。たとえば、林清隆道長の弟子である康耀龍道士が行う『無上抜産十転科儀』があり、その主な構成は以下のようになる。召三値符〔龍角を吹いて三界使者を奉請する〕、歩虚、浄壇呪、香白奏啓〔香を焚して白により啓奏する〕、請神召将〔神や神将を召請する〕（救苦天尊、抜罪天尊、地府、水府、血湖主者、当境神明を召請し、高功が天目して符を運用し、変身呪を黙念し、「寅午斗」を踏む）、入意、上香献茶、三献酒、「開通八万真妙道」を唱う〔七字偈讃を唱う〕、志心帰命請五法神君滌除産魂罪愆〔専心帰命し五方神君に産魂の罪愆を洗い除かんことを請う〕（三脚鼓讃が鳴り響く中、龍角を吹く）、志心皈命請十方天尊抜度産魂〔専心帰命し十方天尊に産魂を抜度せんことを請う〕、十首「聲仔頭」（「西方一路好消遥」、「寒来暑往春復秋」、「閻王殿前血門開」、「十方化号超度亡霊」、「茫茫酆都中」、「天尊垂抜度」、「懺礼大慈悲」、「大羅大三宝」、「救苦尊」、「懺亡霊」の十韻を唱う）、出離血湖〔血湖より出て離れさせる〕、早登仙界〔早く仙界へと登らせる〕（〔合わせて十転あるうちの〕一転ごとに道士一人が左手に霊旛を持ち、右手に帝鐘を持ち、血轍の前へと行き、嗩吶に合わせて唱いながら轍を回転させて救済する。家族は片手で轍を回転させながら赤色の墨水〔血湖水を表す〕を芭蕉の中に加え、亡魂の名を叫んで、「脚踏鶏庵、手挙芭蕉叢、起来換衣服、梳妝打扮親像人」〔脚は鳥籠を踏み、手は芭蕉叢〔芭蕉の群生〕を掴み、登ってきて服を着替え、髪を梳かし化粧して人のようになって〕と言う〕、十転が終わってから繞轍転轍〔轍の周囲を巡りつつ轍を回転させる〕〔ゆっくりした歩みから次第に速く〕、唱「五傷悲」〔「五傷悲」を唱う〕、轍の前に立って説白〔経文を白にて説く〕〔中央の赤水は血湖池へと通じる〕、唱「南海讃」〔「南海讃」を唱う〕〔細楽〔管弦楽器の軽い音色〕による。「寅午斗」を踏む〕、魯班造法船〔魯班が法船を造る〕、召艄公駕舟度魂〔艄公を召して舟に乗らせ魂を救済させる〕〔道士一人が艄公に扮して紙船を引き、神船の中に衣服を置き、焼香する。家族は炉と霊旛を手に持ち、黒い傘を捧げて後につき従う。龍角を吹きながら血轍を巡る。血湖からの出離を象徴する〕、筶《ポエ》を投げる、水火潔浄魂身〔水と火により魂身を浄化する〕、朝拝三宝〔三宝に向かって拝す〕、魂身回霊案〔魂身を霊案へと戻す〕、撤退血轍〔魂身を血轍から撤退させる〕、倒轍〔血轍を倒す〕〔徐甲真人に変身し、剣と箒と火符を着けた法《しんせい》蓆《なむしろ》により轍を倒す〕。

結語

『周易』繫辞上に「『易』窮則変、変則通、通則久」〔『易』は窮《きわ》まれば則ち変じ、変ずれば則ち通じ、通ずれば則ち久し〕とある。婦女が妊娠期間中および出産前後に直面する可能性のある危険で困難な産難という状況は、古《いにしえ》よりいずれの民族も非常に関心を持ち、また是非とも予防し突破しようとする重要な問題であった。中国古代の医学典籍および考古資料の記述の中では、婦人科・産科に関する知識の伝承と臨床経験とは極めて重視され、妊娠前の健康管理であれ、十月《とつき》の懐胎中の心身調整であれ、出産直前の禁忌や準備であれ、あるいは分娩後の看護であれ、いずれも関連典籍中に詳細な記録が見られる。産難の発生を予防し、産難の時にはいかにして緊急処置をするかについては、医療助産師たちもまた、前人の豊富な医学論述と薬方針灸の実施という実務の累積の上に立ちつつも、科学文明と時の進展とともにそれらを発展・創新させることで、伝統的なものの通変〔融通ある変化〕という思想を発揮している。しかし、中華文化の信仰を深く研究する者は、おそらく次のことに気付くであろう。すなわち、医薬の進歩により医療の形式と結果の一部が改変されたものの、伝統的生命礼俗および儀式法術の中に深く根付いた疾病と医療の観念は、依然としてその意義と実施活力とを「変わることなく」顕示しており、そのため、それは一種の文化心理の構造および信仰行為のモデルとなっているということである。

産難の原因について、医家の認識はそれぞれいささか異なる。しかし、基本的には、妊婦自身の健康に関わる情志〔精神反応、精神活動〕の制御に異常をきたした、医療助産師が誤ってなおざりにした、邪煞の汚濁に抵触したといった三方面の要因に帰納できる。道教でとりわけ強調されているのは、宗教観念である「罪責〔罪を犯した責任〕」と「冤報〔恨みの報い〕」であり、星命学説論者は「宿命」や「命定〔運命として定められている〕」といった神秘的観点にもとづいて、女子の命格に産厄という凶星がもたらされ、流年運〔その年の運勢〕が傷付けられたためであると考える。しかし、産難の結果について、最も悲惨な結末は、母子が亡くなるというだけではない。時にはさらに大きな争いのもとがもたらされることもある。もっと深刻なのは、道教の説のような、産難が起これば魂は血湖に拘禁され、汚穢・苦刑といった責め苦を受け、永遠に出られる機会も無く、「冢訴」や家族の不安といった持続的な災難がもたらされるということである。したがって、保胎護命〔胎児を保護し命を守ること〕は、妊娠期間中の産難予防および除去における核心思想であり、また処置の原則ともなっている。「母子平安相見」〔母子が互いに平穏無事に会すること〕は、分娩の際の産難からの防護・産難除去における最も重要な目標でありまた期待である。「血湖抜度昇天」もまた、産難により亡くなった後、家族が痛ましくやるせなく感じている際に必要とされる救済の斎儀でありまた功徳である。

産難の原因に対する認識に基づくと、内疾、外発および鬼神が犯すといった多くの要因が含まれる。したがって、「也要人也要神」〔人も神も必要〕や「有法有破」〔法有れば、破る者有り〕といった思考の下では、経典の功徳と法術による医療儀式もまた信頼され、産難の予防の際やその兆候が表れたといった緊急事態においてよく実施される。本文では『正統道蔵』中の経典の記述について考察した。南北朝の天師派の『正一法文経章官品』巻二にはすでに祭酒が信徒のために「保産生胎妊章」を奏上していたことが記されており、唐初の『赤松子章暦』巻四にも「保胎章」や「催生章」が残されている。また、唐・五代の『太上説六甲直符保胎護命妙経』はさらに産難の予防および除去専門の経典となっており、その他、関連する符法や呪術についての文献も非常に豊富である。他には、筆者が台湾と泉州地区で現地調査を行って目にした道教の写本と科儀法術の実施が挙げられる。たとえば、台湾高雄市の翁宅で伝承されている泉州の写本のうちの翁爾蓉が一七五五年に書写した『三元請夫人栽花科』、南安市洪瀬鎮の陳日友宅で目にした一七九五年書写の『五帝保胎星灯附保胎経文』、高雄市茄萣区「湖街底」の黄清河宅にて伝承されている閭山法『祭産安胎：祭血仞流霞』および『祭土安胎玄科』などといった科儀法術が実際に運用されている。道教は民族宗教として人びとと宇宙観および生命観を共有し、その「不変」の道法の伝統を継承しつつ、経典の不可思議な経徳と符呪の霊験に信頼を置く。そして、広く功徳を修め、法事を行い、神の来臨を請い、章や奏を上《たてまつ》って祈求することにより、あるいは、関連する経典を書写、供養、刊刻、転誦して、懺悔し、福を祈り、神聖かつ神秘的である功徳の力を発揮することにより、妊婦、家族および助産人員の自信を増大させることができるよう希望するだけでなく、さらに鬼神が犯した部分の原因を祓うことも願う。そして、これにより産難を無形の中に解消することを強調するのである。

「罪と解罪」は道教の義理思想の中心構造である。『血湖経』や『血湖懺』などのような道教経典によって、産難は異常死して穢れた血湖に堕ちる原因の一つであること、つまり妊婦が罪を犯したことへの罰でありまた生前に受けた怨みの報いであるということがすでに解説されている。したがって、どのようにして「清浄化し」また「罪を解く」のか、またどのようにすれば産魂に自覚、懺悔、帰依させ、その後に救済を得させることができるのかを示す。それにより、罪の解除と汚穢の清浄化のための大いなる功徳、および道教が両性の平等を重視しているという教義と婦女の信徒に対する宗教的配慮とが際立つことになる。そして、これらこそが血湖関連科儀の内包的意義であり、また道法の表現の要なのである。

南宋初・中期以降の『霊宝玉鑑』や『王氏大法』、『上清霊宝済度大成金書』などのような霊宝経典の中には、多くの関連科儀と文検が見られる。筆者の調査研究によれば、少なくとも清初の福建泉州においてすでに「牽轙」という文化習俗が形成されており、この「牽轙」という喪俗は先人が台湾へと移住してくるのに伴い、特に泉州移民の伝統的斎儀功徳の中で保存されてきたようである。民衆が習慣的に用いる「牽轙」という呼称は、道壇内部では「転轙」と呼ばれ、さらに転轙儀式を実施する儀礼の専門家はすべて道士となっている。したがって、道教の亡魂を済度するための斎法の中でも非常に名の知れた儀式の一つとなっている。血湖転轙の「轙」の字は辞典には見られないが、管見によれば、現在までのところ最も早く「転轙」の二文字が出現したのは、台湾高雄左営の朱文成道長の家にある、清朝乾隆時期に書写された功徳斎儀を主とする『文検』の中のようである。また、その内容から、かつて鳳山県区域（およそ現在の高雄市・屏東県に当たる）において使用されていたことが分かる。

南宋の道教経典中に見える血湖科儀のプログラム構成とその機能的意義から今日各現場で目にするものまでを整理すると、共通して強調されているのは、斎儀においては先に血湖科儀をやり終え、それから続けて一般の死者救済のための功徳斎儀を行う必要があるということである。本文では、筆者が現地調査を行って目にし、かつ先人がいまだ研究していないものを用いて、血湖科儀のうちの泉州南安清微霊宝道士が行っている『玉文発表金書』、『血湖召轙』、『転轙血湖灯科』および『血湖四司灯』の構成と内容を分析した。また、台湾南部の烏紅兼行の正一派霊宝道士が行う『玉籙抜産血湖転轙告符科本』、『玉籙抜産血湖宝魂酌献科』および『無上抜産十転科儀』の構成や機能、道法の特質についても分析した。筆者は、さらに、高雄市の元小港区紅毛港の蘇富麟道長宅に保存された、一八七四年に王建運が書写した『無上玉籙太丹血湖文検』が二昼夜の「盟真」のプログラムを実施することが可能な大規模なものであり、それは台南地区で一般的な「大午夜」のようなものにとどまらないことを発見した。また、その中でも「太上解冤釈対真符」、「太上救産出死胎真符」、「太上復全咽喉真符」、「元始丹霊玉丹続命真符」の四つの符命については、筆者の由来考証によって、明・周思得『上清霊宝済度大成金書』巻三十「頒告符検門・開度霊文品」の中から相当近い内容のものを探し出すことができた。

注

（1）唐・顔師古（五八一―六四五）の注には「免乳謂産子也、大故、大事也」とある。『医心方』巻二十三、二五頁には劉宋・陳延之の『小品方』を引用して「夫死生皆有三日也、古時婦人産、下地坐草、法如就死也。即得生産、謂之免難也。親属将猪肝来慶之、以猪肝補養、五日内傷絶也、非慶其児也」とある。明・郎瑛の『七修類稿・弁証上・諺語始』には「今諺謂臨産曰坐草」とある（以下、古籍のうち版本の出所を表明していないものについては、いずれも『文淵閣四庫全書電子版――原文与全文検索版』、上海人民出版社、迪志文化出版有限公司、一九九九年を用いた）。

（2）ここに見える台湾俗諺は、注一で引用した陳延之『小品方』の文の意味に非常に合致している。

（3）李貞徳の関連研究は非常に重要で、代表的著作は関連のある論文を集めて出版した『女人的中国医療史――漢唐之間的健康照顧与性別』（台北：三民書局、二〇〇八年、二〇一二年再刷）である。本書には、たとえば、四〇―四四頁の「安胎薬方」、一〇五―一一〇頁の「難産救治」および一一一―一一九頁の「産後」などの章が見られるように、本稿の「産難」という主題と密切に関連する論著である。

（4）林富士「略論占卜与医療之関係：以中国漢隋之間卜者的医療活動為主的初歩探討」（田浩編『文化与歴史的追索：余英時教授八秩寿慶論文集』、台北：允晨文化出版公司、二〇〇九年、五八三―六二〇頁）は、古い時代の生育と占卜との関係について言及している。

（5）道教経典の方面については、たとえば、鄭志明「『赤松子章暦』与生死的儀式治療」（『宗教学研究』二〇一〇年増刊、八四―一〇一頁）という論文の第三節において「安胎護児的儀式治療（胎児を安寧にし嬰児を保護するための儀式治療）」について論じられている。道教法術については、たとえば、葉明生「論福建民間傀儡戯的祭儀文化特質」（『戯劇研究』第六期、二〇一〇年七月、五一―八〇頁）があり、傀儡戯の内壇科法儀式において「安産催胎」と「遺霞」（道教閭山派が行う妊娠中の「流霞厄煞」を駆逐する行為）という法術が演じられることが特に論じられている。

（6）たとえば、大淵忍爾『中国人の宗教儀礼――仏教・道教・民間信仰』（福武書店、一九八三年）、六三七―六五〇頁、蕭登福「道教血湖地獄対仏教『血盆経』的影響」（『道教与仏教』、台北：東大発行、一九九五年、二九七―三三五頁）、張珣「幾種道経中対女人身体描述之初探」（李豊楙、朱栄貴主編『性格、神格与台湾宗教論述』、台北：中研院文哲所籌備処出版、一九九七年、二三―四七頁）、ミシェル・スワミエ「『血盆経』資料研究」（『法国漢学』第七輯、北京：中華書局、二〇〇二年、七八―一一七頁）があり、浅野春二『台湾における道教儀礼の研究』（笠間書院、二〇〇五年）、二九九―三〇二頁では台南・陳栄盛道長が配列した「大午夜」の規模の血湖の二十科目のプログラムについて記載されている。また、陳玉女「明代墮胎、産亡、溺嬰的社会因応――従四幅仏教墮胎産亡水陸画談起」（『成大歴史学報』巻三一、二〇〇六年一二月、六五―一一二頁）もある。野村伸一編著『東アジアの祭祀伝承と女性救済――目連救母と芸能の諸相』（風響社、二〇〇七年）の第一部「概説篇」においては、多くの血湖、血盆科儀実施の事例が記載されているほか、第二部「論考篇」、三五三―四〇七頁に収録されている馬建華「女性の救済――莆仙目連戯と『血盆経』」では、もっぱら産難により死亡した産難霊魂の宗教儀式劇における救済について論じられている。ほかに、葉明生「論福建民間傀儡戯的祭儀文化特質」という論考は、傀儡目連戯の「超薦」儀式のうちの「目連超薦」という部分を扱っているが、莆仙傀儡戯『目連救母』第三本第十四から出た「三殿告訴」（つまり、「過血池地獄」）の一部の劇について考察されている。筆者は「台湾与泉州牽轙習俗比較初探」をテーマに、何度も調査して目にした現地の実際の状況を結集させ、さらに血湖『召蔵』という写本の次第構成を組み合わせることで、台湾と泉州南安で見られる関連儀式の実施状況に対して初歩的な比較を行い、それによって転轙関連儀式の道法における特色と文化的意義について論じた（『神奈川大学国際常民文化研究機構年報二』、日本神奈川大学、二〇一一年八月、一六一―一七一頁）。さらに、Jessey J. C. Choo「母親的試煉――血湖地獄与中古晩期女性的救贖」（二〇一二年六月一五日の中央研究院文哲所専題演講において発表）、山田明広「台湾南部道教血湖儀式及其文書之初歩探討」（政治大学華人宗教中心等主催「経典道教与地方宗教国際研討会」、二〇一三年七月一一日―一二日において発表）がある。

（7）宿祢康瀬撰『医心方』（台北：新文豊出版社、一九七六年）巻四、一〇頁。

（8）陶弘景は疾病の成因について、「邪気」によって総轄している。すなわち、「夫病之所由來雖多端，而皆関於邪者。邪者不正之因，謂非人身之常理。風、寒、暑、湿、飢、飽、労、逸，皆各是邪，非独鬼気疫癘者」とある。宋・唐慎微編著、金・張存恵重刊『重修政和経史証類本草』神農本草経陶弘景序（台北：南天書局、一九七六年）、二三頁。

（9）李豊楙「罪罰与解救――謫仙神話与鏡花縁的結構」（『中国文哲研究集刊』七期、一九九五年九月、一〇七―一五六頁）。

(10) たとえば、明・万民英撰『星学大成』巻二十七に「刃星最怕悪星同、行限逢之定見凶。女命定因遭産厄、男人亦是悪亡終」とあり、また『源髄歌』を引用して、「或時蔵刃入於胎、日刃或朝時上来。更若干支相尅剥、妻身当産妊憂災」とある。陽刃とはいずれも産厄をつかさどるものである。このほか、『三命通会』にも「女命多有産厄、乃食神帯梟、而梟神太重、又生年干頭上帯傷官、時犯羊刃衝刑尅害、更加流年及運衝、合梟刃決、主産厄無疑」とある。

(11) 李建民『生命史学——従医療看中国歴史』（台北：三民書局、二〇〇五年）三〇九—三一九頁では「歴代婦、産科著作書目」が整理されており、二五五種にも達している。

(12) たとえば、李貞徳注三前引書『女人的中国医療史——漢唐之間的健康照顧与性別』、五四—六九頁では「表二：『胎産書』、『産経』、『病源論』和『逐月養胎方』中胎相、養胎和月禁諸方」として整理されている。「十月生成胎相」の比較に関しては、李建民『生命史学——従医療看中国歴史』、二五一—二五二頁にも対照表が見られる。ただし、両者はともにおよそ唐・五代成書の『太上説六甲直符保胎護命妙経』に見られる「夫天地媾精、陰陽布化、父母和合、人乃受生。始一月胞精血凝、二月胎形兆胚、三月陽神為魂、四月陰霊定魄、五月分蔵安神、六月定腑滋霊、七月開竅通光、八月神具降霊、九月宮室羅布、十月炁足成象、然後百神具体、始乃降生」（1b）といった記述のような道教教典資料を用いていない。

(13) 関連する研究として、吉元昭治著、陳昱安審定『台湾寺廟薬籤研究：道教医方与民間療術』第五章「巫与民間療法」、一九五頁「進花園」の項目の解説を参考とすることができる。よく見られる「栽花換斗」という法術の要点は、通常、閭山法師が臨水夫人を主神として召請し、婦女が実際のカンナの花あるいは芙蓉の花の束を用いて祭祀を行い、その後に持ち帰って、注意深く世話し、順調に成長させる。普通、信用していれば願い通り息子あるいは娘を授かることができるということである。あるいは法師が白花もしくは紅花を切り取って法術を施して後に、依頼者に持って帰らせ、それによって妊娠初期の子息の性別を変えることを期待させるということである。

(14) 民俗信仰において、臨水夫人陳靖姑は、求子〔子授け〕、護産〔お産を守る〕、救産〔お産を救う〕および佑児〔子供を守る〕の主要な女神として信仰されており、関連する研究は非常に多い。台湾を例とすると、たとえば、黄有興「台南市臨水夫人媽廟与其法事略述」（『婦孺保護神——臨水夫人』、台中：台湾省各姓淵源研討学会、一九九九年五月、一九八—二〇五頁）、陳芳伶『陳靖姑信仰的内容、教派及儀式探討』（台南：国立台南大学碩士論文、二〇〇三年）、蔡佩如「花、女人、女神——台南臨水夫人媽廟換花儀式的性別意義」（『民俗曲芸』一四九期、二〇〇五年九月）、康詩瑀『台湾臨水夫人信仰之研究——以白河臨水宮、台南臨水夫人媽廟為例』（桃園：国立中央大学歴史研究所碩士論文、二〇〇六年）がある。

(15) 翁宅の道壇道法の研究については、拙稿「大人宮翁家族譜与道壇源流考述」（『台湾史研究』一六巻二期、台北：中央研究院台湾史研究所、二〇〇九年、二〇五—二五八頁）、「大人宮翁家道法外伝及其相関道壇考述」（『十九世紀以来中国地方道教

的変遷』、香港：香港三聯書店、二〇一三年）を参照のこと。

(16)「三元法」はあるいは「三元教」とも称されるが、関連研究としては、許思偉「新加坡閩南籍道士研究——道士行業圏的源流以及其与社群的関係」（『民俗曲芸』一五四期、二〇〇六年、二三一—七六頁）、葉明生主編『閩台張聖君信仰文化』（福州市：海潮摂影芸術出版社、二〇〇八年）を参考されたい。

(17)「伏望　天慈允覧微臣所奏頌、九天太一、九仙真君、曲賜赦宥某人並妻某氏所作故違、誤犯罪愆、特与注上花男花女胎孕、下副民望。仍乞差降、九天太一、保胎却邪官吏、一合来下、特為某却除北斗胎殺将軍、胎注胎厭神君、並九種邪類、断絶児注相呼、免致日後絶其種裔」（一七ｂ）。

(18)この経文の前の部分に見える出世についての叙述の構成が『度人経』を模倣しているほか、経文中に「第一天元保胎大神護命真君甲子甲戌監生之音」、「第二地元保胎大神護命真君甲申甲午監生之章」、「第三水元保胎大神護命真君甲辰甲寅監生之歌」とあるのもまた「三界魔王歌章」の型態に倣っている。

(19)李貞徳注三前引書、三—四頁で詳しく議論されている。

(20)「鋪草席咒」として「鉄陽鉄陽、非公当是王。一言得之銅、二言得之鉄、母子相共。左王後、西王母、前朱雀、後玄武、仙人玉女、来此護我、諸悪鬼魎、莫近来触、急急如律令」とある。

(21)三宝至尊、十極高真、南極註生大帝、五方五帝天君、九天好生韓君丈人、九天監生大帝、司馬大神、九天衛房保胎安胎君、推生速生君、三十六宮顕化婆姐、護胎送胎君、陳金夫人、蔡氏夫人、東岳註生案官、駆邪却祟大将軍、上清宮本命元辰星君、保胎護命一切聖衆、合壇香火一切神霊を啓請する。

(22)献供儀礼については、拙稿「台湾正一道壇献供儀式与内涵析論」（『国文学報』三五期、二〇〇四年六月、九六—一三一頁）を参考とすることができる。

(23)「産難候」について、『諸病源候論』巻四十三「婦人将産病諸候・産難候」に「婦人難産病諸候、凡七論。産難候、横産候、逆産候、産子上逼心候、産子但趁後孔候、産已死而子不出候、産難子死腹中候」とある。

(24) **J. G. Frazer** 著、汪培基訳『金枝』（台北：桂冠、一九九一年）第二章で「巫術」について紹介されている。

(25)拙稿『新天帝之命——玉皇、梓潼与飛鸞』（台北市：台湾商務、二〇一三年九月一日）、二四頁。

(26)『太上説六甲直符保胎護命妙経』に「上方世界八千人、下方治地四将軍。三五吏兵除悪鬼、四六童子守我神。六甲直符駆魘魅、六丁玉女護我身。吾左青龍右白虎、頭上朱雀足玄武。前有功曹後主簿、駆除妖魅並魘蠱。若有魘禱還本主、一切妖魅不得住。須臾不去与天斧、急急如律令」（七ｂ—八ａ）とある。

(27)呪言として「南昌黄華、玉眸錬身、十月満足、骨格已成。好生使者、韓君丈人、司馬司録、衛房聖母。九天持符、監真度生、符下五臓、急離母身。急急如高上神霄玉清真王律令。衛房玉女、監生大神、保守生籍、子母分形。急急如律令および「右符摺辰文、取巽炁書之、用順流水送下、大治産難」（二一b）とある。

(28) たとえば、山田明広「台湾道教の縊死者に関する儀礼とその地域的差異――高雄・屏東地域と台南地域の比較を中心に」（『関西大学東西学術研究所紀要』第四四輯、二〇一一年四月、一〇九―一一九頁）、同「台湾道教の水死者救済儀礼とその文書」（『関西大学東西学術研究所紀要』四五輯、二〇一二年四月、二五三―二七八頁）がある。

(29) 『元始天尊済度血湖真経』巻中に「是時酆都北帝及諸鬼官、牛頭獄卒、威斂神王、三界大魔、九億鬼王、血湖大神、咸遵勅命、赦拔罪魂。九幽黒簿、一時焚燼。血湖清蕩、化為宝池。金槌鉄杖、変成蓮華。飲血食穢、化為甘露。一切罪魂、須悟本真、乗光超度、皆得生天。地獄冥官、皆発善念、同乗恵力、証道成真」（三b）とある。

(30) 『上清霊宝済度大成金書』（台北・国家図書館、明宣徳七年〔一四三二〕刊本）巻二十四「玉籙斎先日節次」には、冒頭に「凡度産魂、形軀汚穢、難以親近」とあり、第一日目として「先於建斎之先、択日具奏、申発文書、揚旛、次進拝蕩滌血湖朱表、次請赦発玉扎、各有式：夜間関破血湖獄灯」とあり、第二日目として「次啓白大道、建立解結、監生、天医、混元、澉濯、巾笥六神幕。次依式催召、正度産魂。復詣六神幕、解結全形、沐浴冠帯。次回詣霊前、依儀呪食とあり、最後に「自此之後、方可開壇、修建功徳」（五〇b）とある。

(31) 筆者が研究している高雄小港翁宅の道壇道法に関する書写本を例とすると、「雍正五年歳次丁未（一七二七）桐月清渓葛峰定奨氏拙写応会壇権用」と署名されている翁定奨（一六九三―?）『道門太極普度玄科』においては「輪蔵未抜」とあり、翁宗庇『玉籙抜産血湖転蔵告符科』の中には「転臓」と書かれているものも見られる。

(32) 野村伸一編著『東アジアの祭祀伝承と女性救済 目連救母と芸能の諸相』、二四九頁および四〇四頁のいずれにおいてもこのような結論への言及がなされている。

(33) 「公牒十六道」の内訳は以下のようになる。(1)九鳳蕩穢所一行官吏、(2)神妙通玄壇体道会真靖官将吏兵、(3)泰山沿途土地、(4)神虎何・喬二大将軍、(5)三部召魂使者および追摂扃合干官将吏兵、(6)地府五道大神、(7)南安県城隍主者、(8)血湖無間硤石地獄主者（前部に紅符を四道貼る）、(9)天下都大城隍司官、(10)泉州府城隍主者、(11)天医仙官将吏、(12)破穢徐大神・解冤馮大神・洗浣周大神、(13)青婁救産解穢陳夫人、(14)追摂産魂蓬黄鄧胡四大将（前部に紅符を二道貼る）、(15)擲戸翻体大神、(16)本保大王里域正神。

(34) 五本の「鴨将牌」にはそれぞれ、主帥陰陽統兵大将軍（中）、副帥絶滅血屍右定将軍（中左）、亜帥五花統帥将軍（中右）、本壇日直天丁・法院神将・罡都駅吏左欽使（次左）、四直功曹・三界符使右欽使（次右）と記される。

(35) 拙稿「台湾与泉州牽轣習俗比較初探」（『神奈川大学国際常民文化研究機構 年報二』、神奈川大学、二〇一一年八月）、一六一―一七一頁。

(36)『太上黄籙斎儀』巻五十六「礼灯」に、「凡修斎行道、以焼香然灯最為急物。香者、伝心達信、上感真霊。灯者、破暗燭幽、下開泉夜、所以科云、焼香然灯、上照諸天福堂、下照長夜地獄、苦爽滞魄、乗此光明、方得解脱」（一ａ）とある。

(37)この部分は王建運本の盟真科血湖文検に見られる「三天門下牒頒酆都大小鉄囲山無間硤石血湖地獄主者」の内容文とほとんど同じである。

(38)大淵忍爾『中国人の宗教儀礼――仏教・道教・民間信仰』（福武書店、一九八三年）、六三七―六五〇頁。

(39)浅野春二『台湾における道教儀礼の研究』（笠間書院、二〇〇五年）、二九九―三〇二頁に台南・陳栄盛道長が配列した「大午夜」の規模の血湖の二〇科目からなるプログラムが記載されている。すなわち、（昼食後）⑴起鼓、⑵金書発表、⑶啓白・詣霊説法、⑷玉籙血湖妙経上巻、⑸血湖宝懺三巻（第一巻を読誦し終えると血轙の開光を行い、轙を回転させる）、⑹晩供・詣霊献食、⑺放赦・詣霊説法（黒色の鉄馬、鉄馬大将軍）、（夕食後）⑻奏楽、⑼無上血湖飛輪転車藏科儀・打血盆城、⑽沐浴、⑾解結、⑿填庫、⒀十月懐胎、⒁過橋、⒂謝壇、⒃除霊、⒄送霊、⒅焼紙厝、⒆安位、⒇洗浄、となる。

(40)拙稿「基隆広遠壇普度科儀与文検研究」（社団法人台湾淡南民俗文化研究会『民俗与文化』五期、二〇〇八年一二月、二五―四九頁）。

(41)この文検もまたかつて高雄のその他の道壇により転々と書き写されてきたものであるが、その中の「赦書式」には「遵依盟真科格、拯救難事」とある。ここの「盟真科格」という四字は、道壇内での認識によれば、二昼夜という斎事の規模を指し、さらにこの目録の内容と対照させてもこの科格と合致する。この重要な文検は、今なお儀式と組み合わせて深く研究されることが待たれるものであるが、ここで先にその目録を列挙すると、以下のようになる。啓玉京、奏玉皇、奏東極、箋天師、申庫官、請三界、牒本靖、牒神虎、牒城隍、牒天医、牒血湖、牒蕩穢、継関（発表四直関）、竪旛牒、赦関、符命赦関、赦書（赦書符を含む）、別の赦書、小赦書（小赦書符を含む）、三符命（霊宝玉光救苦真符、虚皇上帝三清妙道蕩戸度命真符、霊宝三炁流光復体完形真符）、三炁流光符命、流光救苦符、玉光蕩滌真符、符命関、血湖五（東南西北中）方符、東極大疏（閻羅大疏、転蔵大疏、同式）、功徳牒、血湖誥（符を含む）、救苦簡（符を含む）、転轙続命符（元始丹霊玉丹続命真符）、出死胎符（太上救産出死胎真符）、復完咽喉符（太上復全咽喉真符）、全形符（五帝全形真符）、蕩穢符（太上蕩穢真符）、解冤対符（太上解冤釈対真符）、進状簽、献状簽、総符、血湖山形。

(42)前引の王建運道長が清・同治甲戌三一年（一八七四）に書写した『無上玉籙太丹血湖文検』の記載によれば、七香湯とは、小茴香、乳香、没薬、皂角、蒼竹、淡竹、木香、沈香などの漢方薬を煮煎じてできるものである。

(43)血轙では、洗面器に赤い墨水を盛ることで亡魂が沈んでいる血湖を表現し、さらに赤い布を亡魂の替身がいる轙のところまで敷く。卓上に置く法物や法具は、教派の違いにより異なる。幬の下における最も重大な違いは、泉州地区で使用される「代人」が無いことと、血幬中では蕉葉としてすべて活きた芭蕉あるいはバナナの群生の全株を用い、儀式終了後に墓の傍に植え、芽が出て新しい蕉が生え出てくるのを待つということである。このことは怨みがすでに解消され、新たな生が開始したことを表す。

第四章　福建泉州地域の寺廟・宗祠調査報告
——王爺および観音信仰を中心に

山田明広、藤野陽平

はじめに

二〇一一—二〇一二年度東アジア研究所プロジェクト「日本・中国・韓国からみた海域文化の生成と変容——「東方地中海」をめぐる基層文化の比較研究」の一端として、二〇一一年一二月二七日から二〇一二年一月二日までの七日間、中国福建省泉州地域の実地調査を行った。本調査の主なテーマは以下の通りである。

①泉州と台湾の地域宗教文化の比較——持続と変容、断絶

一　鹿港の施氏
二　王爺祭祀
三　媽祖とその他の祭祀
四　祠堂
五　台湾との往来の現況

②村落祭祀と演劇
③宗教文化の現況
本稿では、本調査における全行程をたどるとともに特に触れる機会の多かった王爺および観音信仰を中心にいくらか考察を加えることで調査報告としたい。

参加者
野村伸一（代表）、鈴木正崇、馬建華、呉慧穎、山田明広、藤野陽平

一　行程および説明

第一日（一二月二七日）
日本より泉州に到着。夜、先に到着した山田以外のメンバーにより晋江市羅山鎮林口村にある祈安堂（図版1）にて梨園戲（図版2）の調査を行った。旧暦一一月二六日が当廟の主神・普庵祖師（別称：普庵護国大徳菩薩）（図版3）の聖誕日に当たり、普庵祖師の日頃の加護に感謝すべく、数日かけて神功戲が行われていた（調査当日は旧暦一一月三日）。普庵祖師は普庵禅師とも称されるように、北宋から南宋にかけて実在した臨済宗の禅僧で、生前に多くの霊験を顕したため、没後、次第に民衆から信仰されるようになり、その後、工業の安全・消災・治病などを司る神となったとされる(1)。生前は禅僧であったものの、民間の法師の一派である「普庵派」の祖師ともされるなど、主として民間において信仰されている。普庵祖師に対する信仰は、元の至順年間（一三三〇～一三三三）に普庵祖師の出生地である袁州（現・江西省宜春市）から徳化（現・福建省泉州市徳化県）の龍湖寺へと伝えられ、その後、い

1　祈安堂

2　梨園戯

3　普庵護国大徳菩薩

4　施琅記念館

5　潯海施氏大宗祠

つ頃かは不詳であるが、本地へと伝えられたようである。[2] 本地（晋江市羅山鎮林口村）は台湾新北市林口区の地名の由来となった地である。インドネシアを中心に歴史的に華僑を多く輩出、現在の人口は五千人ほどの村であるが、これまで一〇万人ほどの華僑を送り出したという。

第二日（一二月二八日）

まず、台湾鹿港の施氏の故地であり、施琅などの著名人を輩出した晋江市龍湖鎮衙口村へと赴き、施氏関連の宗祠や現地の王爺廟を中心に①施琅記念館→②潯海施氏大宗祠→③福霊殿→④衙口館内祖庁→⑤定光庵→⑥鎮南殿→⑦三夫人媽館をこの順に調査して回った。

①施琅記念館（図版４）は、衙口村出身で台湾の鄭氏政権を攻略したことで知られる施琅の記念館である。もともとは施琅が清・康熙二六年（一六八七）に台湾を平定してこの地に戻ってきた後に建築された施琅の旧居・靖海侯府であったが、二〇〇三年に晋江市政府の推進のもと、居宅を記念館へと作り変えたものである。二〇〇七年には福建省国防教育基地にも認定されている。

②潯海施氏大宗祠（図版５）は、潯海派施氏の末裔を祭祀する宗祠で、明・崇禎一三年（一六四〇）に第一四世・九沛により創建されたものである。清・順治一八年（一六六一）に一度壊されたが、康熙二六年（一六八七）年に施琅により再建された。二〇〇六年五月には靖海侯府とともに全国文物保護単位に認定されている。潯海派施氏とは、南宋・紹興年間（一一三一～一一六二）に大理寺評事という官職に就いていた施柄が隆興元年（一一六三）に河南光州固始県から福建省福清県に移住したのに始まる施氏の一派で、衙口村にはその第二世より住み始めたとされる。[3] 本調査では祠堂の中を拝観させてもらった。まず、一族から官僚を輩出したこと

を表す「進士」や「総兵」などと記された扁額が少なからず掲げられているのに目を奪われた。また、特別に祖龕内の拝観も許された。おびただしい数の神主（位牌）が整然と並べられているのには圧倒された。

③福霊殿（図版６）は、施瑯記念館の敷地のすぐ脇に位置し、萬王府を主神とする小さな王爺廟である。廟内には萬王府の神位の他に、呉代巡の神位も置かれており、少なくとも萬王府と呉代巡の二つの王爺が祀られているようであった。

④衙口館内祖庁（図版７）は、調査時に偶然見つけた祖庁で、敷地内には落成記念式典で使用されたとみられる爆竹の燃えさしがたくさん敷地内に残されており、見た目も非常に新しく、再建されてまだ間もないようであった。石田氏および中田氏の研究によれば、潯海派施氏九世・琨を祖として形成された分派を「館内」というようであるが、[4]本祖庁はその末裔を祀る祖庁ではないかと考えられる。庁内に入ると、前方中央には祖先の神主を昭・穆の順に従って並べて祀る祖龕が設けられており、その右側には関聖帝君を祀る龕が設置されていた（図版８）。左側の龕は閉じられていたため、中を見ることはできなかったが、おそらく土地公を祀る龕ではないかと思われる。[5]また、紅頭法師あるいは道士による謝土の儀礼（建物の新築ないし改築の際に土地の神の怒りを鎮めるために行う儀礼）が実施されたようで、施設内を清浄に保ち保護するための鏡符が廟内の五方（東・西・南・北・中央）に貼られ（図版９）、さらに災厄を祓うための柳枝符が廟内の中央の梁の上に置かれていた。このように儒式の祖先祭祀の施設内に、民間信仰の神が祭祀され、さらに謝土という道教の儀礼が行われるなど、まさに、儒教、道教、民間信仰の融合と言うべきものであろう。

⑤定光庵（図版10）は、観音菩薩を主神とする寺院で、衙口村全体の信仰の中心となっている。『潯海施氏族譜』には南宋・開禧年間（一二〇五～一二〇七）頃の創建とあるが、その他諸説あり、正確な創建年代は未詳である。[6]本院では観音菩薩のほか、三世尊仏、普賢菩薩、文殊菩薩、韋駄菩薩、伽藍菩薩など仏教系の神仏を中

6　福霊殿

7　衙口館内祖庁

8　関聖帝君を祭祀する龕

9　鏡符

10　定光庵

11　鎮南殿

心に祀るものの、天炉を設置してある場所には玉皇大帝の名を記した札を置き、さらに縁結びの神である月老公や胎児を母体に入れる働きをすると思われる註胎夫人を祀るなど、いささか民間信仰寄りの部分も見られた。特に、本院で祀られる南堡伽藍公は、必要に応じて出巡し、村内の悪鬼を駆逐する役割を担うなど、非常に重要な役割を果たしているようである。(7) また、文革期以前には、毎年旧暦正月二六日に、この南堡伽藍公と各境の主神が連合して「放兵出仏」という台湾の「安五営」に相当する儀礼を行っていたものの、文革以降行われなくなったようである。(8) 今回の聞き取りによれば、この儀礼は今もまだ復活していないようであった。

⑥鎮南殿（図版11）は、南堡番王爺府とも称される王爺廟で、清代末期に東館より分炉して来て、二〇〇八年とごく最近になって再建された。主神は番王爺で、現地での聞き取りによれば、漢民族ではない異民族の神であるという。(9) この番王爺の聖誕日（旧暦八月一〇日）には、泉州市にある東海観音寺（第六日に訪問）へと進香に行き、戻ってくる際に周辺地域を遶境するようである。

⑦三夫人媽館（図版12）は、民家の傍らに作られた小祠で、祠内の碑文によれば、二〇〇六年に信者からの寄進によって再建されたようである。三夫人媽については、三奶夫人（陳靖姑・李三娘・林九娘）を指すとも考えられるが、調査時には聞く機会を持てず、不明なままである。

次に、晋江市深滬鎮華峰村へと移動し、十三王爺（池・劉・徐・范・魏・蕭・趙・許・林・施・李・楚・呉姓の王爺）を主神とする鎮海宮（図版13）を調査した。廟の冊子によれば、本廟は主神の十三王爺が清・道光一七年（一八三七）に王船に乗ってこの地に流れ着く以前からこの地にあった「樹王公宮」を発端とするようである。十三王爺は当初はこの樹王公宮に祀られていたが、後に本廟「鎮海宮」が新たに建てられたようである。かなり規模の大きな

12　三夫人媽館

13　鎮海宮

14　鎮海船公

15　南天宮

16　六姓船公

17　大房頭水陰公

廟で、王爺および樹王公以外にも什王公や閻君公といった地獄関係の神などが祀られていた。全体として非常に多くの神が祀られていたが、鎮海船公として王船（図版14）を専用の堂にて祀ってあるのは特徴的であった。本廟は、台湾や香港、澳門《マカオ》、フィリピンなどといった地域にも分炉していて、毎年、主神の聖誕日である旧暦四月一八日には、国内外から多くの信者が参拝に訪れるという。二〇〇七年六月に晋江市第四批文物保護単位に認定されている。

次に、晋江市金井鎮南江村（＝南沙崗）へと移動し、①南天宮→②大房頭水陰公→③南沙崗天后宮を調査した。

①南天宮（別称：大房頭六姓王府）（図版15）は海に面した海岸地に位置する廟である。鹿港の銭江派施姓の二房の角頭廟である「潤沢宮」の王爺の出所だという。六姓王（順・欽・黄・朱・李・温府王爺）を主神とし、さらに、謝将軍、范将軍などを祀る。印象的だったのは、本廟でも鎮海宮同様、六姓船公として王船が専用の堂で祀られていたことである（図版16）。聞き取りによれば、本廟訪問前に訪問した晋江深滬鎮の鎮海宮および第六日に訪問した晋江東石鎮の鎮江宮も本廟から流した王船が漂着したことにより建てられた、つまり、これらの廟は本廟を祖廟とするという。ただし、今は送王船の活動は行っていない（これについては、本稿三七八―三八九頁参照）。

②大房頭水陰公（図版17）は、南天宮のすぐ近くに位置する海に面した小さな祠である。ここでは水死者慰霊のために水死者を水陰公という神として祀る。

③南沙崗天后宮（図版18）は、南天宮から歩いて行ける範囲に位置する媽祖廟で、我々が訪問した際には修築中であった。

最後に、第一日と同様、晋江市羅山鎮林口村の祈安堂にて梨園戯を調査した。

第三日（一二月二九日）

最初に晋江市安海鎮へと向かい、①安海龍山寺→②「嗦囉嗹《スオルオリエン》」のシンボルである龍頭→③霽雲殿跡地→④安海朱祠→⑤安平橋および水心亭→⑥星塔境劉王爺公宮→⑦星塔村王厝の有力者宅を調査した。

台湾の艋舺龍山寺や鹿港龍山寺など、台湾をはじめアジア諸国には「龍山寺」という名の廟が多く存在するが、そのうちの多くは①安海龍山寺（俗称：観音殿）（図版19）から分霊してきて建てられたものである。小さな廬から始まり、隋・皇泰元年（六一八）に本格的に廟として建築され始め、その後、幾度もの修築を経て、一九八三年には漢族地区仏教全国重点寺院に認定されている。我々が本廟に調査にいった際には、本殿に祀られているものの一般公開されていない千手千眼観世音菩薩像（一九九一年に福建省第三批省級文物保護単位に認定）（図版20）を特別に見せていただくことができた。その他、天竺鐘梵や本殿前の龍柱（図版21）なども有名である。

②「嗦囉嗹」は、旧暦五月五日の端午節の日に「採蓮隊」という集団が街を練り歩きつつパフォーマンスを繰り広げる安海鎮特有の民俗活動で、さながら台湾の廟会などでよく見られる陣頭のようなものである。この活動を通して、人々は邪を追いやり、災厄を祓い、平安を祈求するという。本調査では、現地の民家を訪問し、この「嗦囉嗹」で使用する衣装（図版22）およびそこで祀られていた木製の龍頭（図版23）を見せていただいた。[10] この龍頭はこの後で訪問した霽雲殿の祭神である龍王爺の頭を象徴するものであり、活動当日も「採蓮隊」の人々により担ぎ出されるなど、シンボルとして大いに活用されるという。台湾鹿港でもこの龍頭の練り歩きが行われるようである。

18　南沙崗天后宮

19　安海龍山寺

20　千手千眼観世音菩薩像

21　龍柱

22「嗦囉嗹」で使用する衣装

③霽雲殿（図版24）は、その古称を「佑聖宮」というように、玄天上帝（別称：北極佑聖真君）を主神とし、さらに龍王爺を陪祀とする道観で、言い伝えによれば、湖北の武当山の一派から伝わって来たという。宋代に創建され、明・嘉靖三八年（一五五九）に倭寇により破壊されたが、隆慶年間（一五六七〜一五七二）には再建され、現存のものは清代に修築されたものであるという。ただし、現在は道観としては機能しておらず、晋江市養正中学退離休教育工作者協会のための施設となっている。

④安海朱祠（古称：石井書院）（図版25）は、朱松・朱熹父子がかつて理学を講じたとされる鰲頭精舎の跡地に、彼らの功績を記念して南宋・嘉定四年（一二一一）に建てられた書院のことで、閩南理学開源の地とされる。現在は書院としては機能しておらず、朱松・朱熹父子の功績および閩南地域の風習・習俗を紹介する博物館のような施設となっている。中に朱熹の像を祀るため、「朱祠」と称されるようになったとのことである。一九九九年六月に第三批市級文物保護単位に認定されている。

⑤安平橋（図版26）は、晋江市安海鎮と南安市水頭鎮との間の海面上に架かる花崗岩製の石橋で、『晋江県志』によれば、南宋・紹興八年（一一三八）より造り始め、同二一年（一一五一）に完成したという。[11]その全長は二〇七〇メートルにもなり、「天下無橋長此橋（世の中にこの橋ほど長い橋はない）」という讃辞が存在するほどである。また、この長さは古代の度量衡ではおよそ五里に相当するため、「五里橋」とも称される。一九六一年に第一批全国重点文物保護単位に認定されている。橋の中程には「泗洲亭」、俗に「中亭」と呼ばれる休憩用の場所があり、その傍らに寺院が建てられているが、これが、水心亭（図版27）である。休憩所である「泗洲亭」はかつて「水心亭」と呼ばれており、これがこの寺院の名称ともなったようである。清・康熙二六年（一六八七）に建てられ、当初は泗州仏（僧伽大師）を祀っていたが、後に観音仏祖を祀るようになったとのことである。[12]

23　龍頭

24　霽雲殿跡地

25　安海朱祠

26　安平橋

27　水心亭

28　星塔境劉王爺公宮

⑥星塔境劉王爺公宮（別称：星塔境劉王府）（図版28）は、劉王爺を主神とする、ごく小さな王爺廟である。聞き取りによれば、毎年旧暦一〇月二六日の劉王爺の聖誕日には水心亭から仏祖像（観音仏祖）を境域内へと迎え入れてしばらく境域内にて安置しておくようであるが、廟内に安置するのではなく、⑦星塔村王厝の有力者宅に安置するとのことであった。我々はこの有力者宅を訪問し、観音仏祖像を載せて迎えて来るための神轎を拝見し、さらに、宅内の専用の部屋に祀られる種々の釈迦牟尼仏像や観音菩薩像なども拝見した（図版29）。

最後に、泉州市鯉城区へと移動し、⑧富美宮（図版30）を訪問した。本廟は明・正徳年間（一五〇六～一五二一）に創建された。蕭太傅（別称：蕭望之、蕭阿爺）（図版31）を主神とし、王爺二十四尊（別称：二十四司）を陪祀とする廟で、早くから送王船の活動を行い、非常に多くの王爺廟の祖廟となっている。廟自身は小ぶりの小さなものであったが、廟内には、台湾やシンガポールなどの多くの王爺廟が表敬訪問に来たことを示す品が所狭しと飾られていた。ただし、今回の聞き取りによれば、現在は廟内に王船を祭祀してはいるものの、かつてのような送王船の活動は行っていない。

第四日（一二月三〇日）

最初に、第二日と同様、晋江市龍湖鎮衙口村へと行き、①施氏旧房宗祠→②通泉殿→③清華宮→④忠義殿→⑤粘氏大宗祠→⑥丁王府館→⑦孝子家→⑧清霊殿→⑨廬領庵を見学した。

①施氏旧房宗祠（図版32）は、第二日目に訪問した潯海施氏大宗祠から歩いてすぐの所に位置する宗祠で、潯

29　星塔王厝村の有力者宅内の釈迦牟尼仏

30　富美宮

31　蕭太傅

32　施氏旧房宗祠

33　定光庵の南堡伽藍公

34　清華宮

海派施氏第六世・均を派祖とする「旧房」の末裔を祭祀する。[13] ここでは毎年旧暦正月七日に玉皇大帝を迎えて村内を巡視する活動についての説明を聞いた。この宗祠の落成時には、村内の定光庵から南堡伽藍公（図版33）を迎えて遶境を行ったとのことである（以下②④⑥⑧は一括して後述）。

③清華宮（図版34）は、衙口村の中心から少し外れた住宅地に位置する廟で、主神として北極玄天上帝を、陪祀として東岳仁聖大帝（東岳大帝）や大場公媽等を祀っている。中でも、大場公媽（図版35）はかなり特殊な神で、塩を税として取り立てられるのを見逃してくれたという地域神であるという。

⑤粘氏大宗祠（図版36）は、かつて金王朝を起こした女真族の完顔宗翰（粘罕《ねんかん》）を祖とする粘姓の宗祠である。明朝期の一五〇八年に創建され、一九九四年に再建され、一九九九年には晋江市人民政府の第三批文物保護単位に認定されている。施姓が大部分を占める衙口村において、粘姓は極めて珍しい存在であったが、歴史的には施氏が移住して来るよりも前から衙口村に先住していたようである。[14]

⑦孝子家（図版37）は、調査中に偶然見つけた伝統的家屋で、家の主人は快く我々を招き入れ、一家の由来や地域の信仰などに関する話を聞かせてくれた。家の中では、正庁と専用の部屋の二か所に神壇を設け（図版38）、観音菩薩を頂点に、関帝、趙公明、三太子、土地公さらに種々の王爺などが祀られており、神壇の周囲には付近の廟からもらってきた符や道士ないしは法師に書いてもらったとみられる符（図版39）、家を守護するための鏡符も貼られてあった。この家はさらに村の外れに⑨廬領庵（図版40）という三世仏や観音菩薩、地蔵王菩薩などを祀る仏教系の廟を建築中で、非常に信仰深い家であった。

この日、衙口村で調査した廟のうち、③清華宮以外の廟はいずれも王爺廟で、②通泉殿（図版41）は朱・蘇・李三王府と郭王府を、④忠義殿（図版42）は新代巡と四王府を、⑥丁王府館（図版43）は丁王府を、[15] ⑧清霊殿（図版

35　大場公媽

36　粘氏大宗祠

37　孝子家

38　正庁に設けられた神壇

39　神壇の周囲に貼られている符

40　盧領庵

41　通泉殿

42　忠義殿

43　丁王府館

44　清霊殿

45　民家の門に貼られている符

46　施仔爺館

44）は四王府と七代巡を祀る。また第二日に調査した福霊殿と鎮南殿も王爺廟であった。衙口村というそれほど大きくもない村にこれだけ多くの王爺廟が存在すること、および村の民家の門にこれらの廟から持ち帰ってきた符が貼られている光景（図版45）をしばしば目にしたことから、衙口村における王爺信仰の重要性が窺い知れるように思われた。

次に、晋江市龍湖鎮前港村へと移動し、①施仔爺館→②銭江施氏家廟→③秘中書丞典公陵園を調査した。

①仔爺館（別称：上辛厝施王府）（図版46）は、施仔爺（＝施王爺）を主神として祀る極めて小さな祠である。この神の聖誕日（旧暦九月一六日）に寄付を行った者のリストが祠内に貼られていたが、ほぼ全員が施姓の者であった。この施仔爺とは、おそらく、施氏の祖先神であり、それが地域の守護神ともなっているのであろう。

②銭江施氏家廟（図版47）は、銭江派施氏の末裔を祭祀する家廟のことである。南宋・嘉定一四年（一二二一）に建てられ、これまで幾度もの修復を経てきたが、現存のものは二〇〇三年に中国内外からの多くの寄付金により修復したものであるという[16]。我々が訪問した際には、特別に廟内の拝見が許されたが、残念なことに前方の龕が閉じられていたため、中の神主を拝見することはできなかった。銭江派施氏は、潯海派施氏よりもその淵源は古く、唐代に秘書丞という官職についていた施典が黄巣の乱を避けるために河南の光洲固始県から晋江へと移り住んだことに始まるとされている[17]（四七五頁図版113、施氏真如殿参照）。

③秘中書丞典公陵園（図版48）は、銭江派施氏の始祖・施典を葬る陵墓である。現存のものは一九八九年初に再建されたもので、同年四月には晋江市文物保護単位に認定されている[18]。このような陵墓にもその脇に守護のための「后土」が設けられていた（図版49）のは興味深かった。

50　高甲戲

47　銭江施氏家廟

51　順正王黄志

48　秘中書丞典公陵園

49　后土

最後に、晋江市青陽鎮へと移動し、石鼓廟にて高甲戯（図版50）を鑑賞した。石鼓廟は南宋・淳熙年間（一一七四～一一八九）創建の石鼓山上に位置する廟で、主神の順正王黄志（順正大王公）[19]（図版51）をはじめとして多くの神を祀る。本廟では神の日頃の加護に感謝するための酬神戯（神功戯）が盛んに演じられており、毎年、主神の順正王の聖誕日（旧暦九月五日）の前後、すなわち旧暦八月一日から一一月中旬までの一〇〇日間、連続で酬神戯が演じられるほか、他の陪神の聖誕日や中秋節などといった節日においても酬神戯が演じられ、上演日数は毎年合わせて一五〇日以上にもなるようである。[20]同行の馬建華によると、晋江はとにかく酬神戯が数多く行われることで名高いという。

第五日（一二月三一日）

午前中は南安市詩山鎮を訪問し、鳳山寺（図版52）にて調査を行った。小高い山の頂上部分に造られた本廟は、広沢尊王（図版53）という民間信仰の神の祖廟である。本廟は、郭忠福という非常に孝行な人物が広沢尊王へと神化した地とされ、まさにその神化したとされる場所に本殿が建てられている。本廟の周辺の地は鳳凰に似た地形をしていて（図版54）、風水的に非常によい土地とされる。青龍（東方）は鐘山に、白虎（西方）は鼓山に、朱雀（南方）は筆置きに似た形の山に囲まれている。台湾には本廟から分霊したとされる廟が四〇〇を超えて存在する。二〇〇九年七月一日～二六日には本廟の神像が初めて台湾を訪れ、各地を訪問したという。

午後は南安市霞美鎮四黄村に移動し、①草亭寺→②康元帥宮および王爺鬆林宮→③燕山黄氏七房宗祠にて調査を行った。

①草亭寺（図版55）は、日本人研究者五名がかつて一度、訪問した寺院である（二〇〇二年一〇月）[21]。本院は明末

天啓年間（一六二一〜一六二七）に創建され、観音菩薩を中心に祀る。文革期には荒廃したが、改革開放以降になって華僑と信徒らの努力で再建された。特に二〇〇四年に完成した大雄宝殿は三名の香港人による支援で建築されたという。同行の野村伸一、鈴木正崇によると、境内も本殿も二〇〇二年当時とは比べものにならないほど豪華になったという。こうした寺廟の増改築は中国の至る所で進行している。

②康元帥宮（図版56）は、道教の護法神として四大元帥の一人に数えられるほか、東嶽大帝の部下の十太保の一人でもある康元帥を祀る廟で、創建年代は不明であるが、二〇〇六年になって拡大再建されている。王爺鬆林宮（図版57）は康元帥宮のすぐ隣にあり、十三王爺、三王爺、土地公などを祀る廟である。

③燕山黄氏七房宗祠（図版58）はモンゴル族出身の燕山黄氏の宗祠で、始祖である忠勇公荅喇真（＝黄貞：一二四六〜一三二六）の一〇人の子嗣のうち、七番目の子嗣・栄顕の末裔を祀っている。宗祠前に設置されていた『重建四黄燕山黄氏宗祠記』によれば、およそ一五世紀末〜一六世紀初頃に創建され、一九三一年に五・四新文化運動の影響により学校に転用され、一九三六年にその学校が他所へと移されるとともに破壊され、二〇〇八年になって再建されたとのことである。

第六日（一月一日）

本日は午前中から、まず晋江市東石鎮へ行き、①嘉応廟→②龍江寺→③龍江宮→④鎮江宮を調査した。

①嘉応廟（創建年代不明、清代に再建）（図版59）は、九龍三公という一種の王爺を主神として祀り、併せて順王爺および南海観音菩薩をも祀る廟で、台湾の台北青龍宮、屏東嘉応壇、恒春九龍宮、高雄聖龍宮、鹿港嘉応廟、北港仔嘉応廟、嘉義新擂嘉応廟、嘉義布袋鎮嘉応廟、高雄路竹郷三公宮、高雄前鎮区三公宮、嘉義鹽地仔龍

55　草亭寺

52　鳳山寺

56　康元帥宮

53　広沢尊王

57　王爺鬆林宮

54　鳳凰に似た地形

珠宮、彰化詔安里竹安宮、嘉義布袋発展促進会安天宮、嘉義県太保市七星宮慈恩堂など多くの廟はここから分霊した。その為、中台交流のシンボル的存在となっており、台湾からは馬英九総統や連戦元国民党主席、宋楚瑜親民党主席など外省人系の大物政治家も訪問した。また、この廟は「数宮灯」という習俗でよく知られている。これは旧暦一月一五日の元宵節に前年に結婚したカップルが新娘灯を廟に懸けて神に感謝するもので、二〇〇八年六月には国家級非物質文化遺産に認定された。現在はこの活動を通して台湾との交流を盛んに行っている。なお、この廟には一種の童乩《タンキー》がいて、それにより改運の儀式が行われているという。

②龍江寺（図版60）は、観音菩薩を中心に三宝仏、達磨祖師、伽藍菩薩、十八羅漢などを祀る禅寺である。甘斎堂（図版61）というおそらく食堂の守り神とみられる神を祀るのは特徴的であった。

③龍江宮（図版62）は龍江寺のすぐ隣に位置する小さな王爺廟で、龍江邢王府を主神とし、邢王府夫人媽や王船などを陪祀とする。本東石鎮の民家の門に本廟および嘉応廟の符が貼られているのが多々見られた（図版63）。これからも、本鎮における王爺信仰の重要性が垣間見られたように思われる。

④鎮江宮（図版64）は海沿いにある王爺廟で、六姓王爺という王爺を主神として祀るほか、十二代巡という王爺および王船を陪祀として祀る。その他、六姓夫人媽および南海仏祖（観音菩薩）なども祀る。

晋江市東石鎮の次に、午後やや遅く、泉州市豊沢区へと移動し、東海観音寺（図版65）を調査した。本院は山上にある禅寺で、本院からは泉州市街地や大坪山上にある鄭成功像を一望することができる（図版66）。元末明初に創建され、観音菩薩を中心に送子観音、財神菩薩、地蔵王菩薩などを祀る。

最後に、我々が宿泊していた泉州市鯉城区へと戻り、宿泊先の「華僑大酒店」から歩いて一〇分ほどの距離にある元妙観という道観の調査を行った。主神は凌霄殿（図版67）に祭祀されている玉皇大帝であるが、奥の三清

61　甘斎堂

58　燕山黄氏七房宗祠

62　龍江宮

59　嘉応廟

63　民家の門に貼られた龍江宮および嘉応廟の符

60　龍江寺

殿にはそれよりも高位で道教の最高神に位置する三清（元始天尊・霊宝天尊・道徳天尊）も祀られている。また、道観の正門には、王霊官をはじめ四大元帥（趙元帥・岳元帥・温元帥・馬元帥）が祀られていたが、この点は他の多くの道観と同様の構造をしているようであった。

第七日（一月二日）

この日は午後から帰国の途に着くことになっていたので、午前は自由行動として各自行きたいところを訪問した。山田は、前日に引き続き泉州市鯉城区にある元妙観へ調査に赴いた。この日は新暦ではあるものの新年を迎えたばかりであったため、道士たちにより法会が執り行われており、多くの参拝客が参加していた（図版68）。また、元辰殿前では、道士により参拝客一人一人に対して順番に参拝者の本命に関わる改運の儀式（図版69）が行われていた。

二　考察

1　観音信仰と王爺信仰の結合

第二日に訪問した鎮南殿の番王爺は、その聖誕日に東海観音寺の観音菩薩のところへ進香に行くという。また、第三日に訪問した星塔境劉王爺公宮の劉王爺は、その聖誕日に水心亭から仏祖（観音仏祖）を境域内へと迎え入れてしばらく安置しておくという。このように、本調査においては、観音信仰と王爺信仰が結びついていると思われる事例が二つ見られた。これら二つの事例より、当地の人々にとって、これらの王爺はその一地域の守護神であり、観音菩薩は一地域を越えたより広い地域の、あるいはこの世界全体の守護神（仏）であり、王爺は観音

67　元妙観清凌殿

64　鎮江宮

68　新年を迎えての法会

65　東海観音寺

69　元辰殿前での儀式

66　大坪山上の鄭成功像

菩薩に対して支援を請い、観音菩薩は王爺に対して加勢する、このような関係があると考えられはしないだろうか。

王爺とは、特に台湾においては、一般に、玉皇大帝の命を受け、この世を巡狩・巡察し、瘟疫や邪悪を駆逐して平安を保つ神、いわば代天巡狩を行う神であると見なされているようであり、管見のおよぶ限り、観音信仰と結びついた事例はほとんど見られないように思われる。また、学術界においても、王爺信仰と観音信仰との結びつきはほとんど議論されていないようである。[22] もっとも、詳しくは後述するが、王爺と称される神の範囲は実際には極めて広く、康豹氏は「王爺」の指す範囲について「一つの特定の神を指すのではなく、各種各様の鬼神に対する一種の尊称」と述べるほどある。[23] したがって、「王爺」と称されていても前述とは異なる特徴を有し、観音菩薩と結びついているものがあっても不思議ではない。

ここで、前述の二つの事例について改めてみてみたい。まず、鎮南殿の番王爺の事例について、この神が地域の守護神であるということは、すでに顔芳姿氏によって十分な説得性をもって述べられている。[24] ただし、この番王爺がその聖誕日に東海観音寺の観音菩薩のところへと進香に行くことについては、管見のおよぶ限り、これまで誰も議論しておらず、本調査においても解決することができなかった。また、なぜ玉皇大帝ではなく、観音菩薩のところなのか、さらに、観音菩薩のところへ行くにしても、なぜ衙口村全体の信仰の中心である定光庵の観音菩薩のところではなく、東海観音寺の観音菩薩のところなのか、これらの点についても疑問に思われる。

一方、星塔境劉王爺公宮の劉王爺の事例については、聶莉莉氏が「安海鎮では各境の境主と龍山寺の観音との間に緩やかな相互協力関係が見られる」と述べているのと関係するかも知れない。[25] ただ、聶氏は、この星塔境は文革以降の新しい居住区であり、境主を祀っていないとして、劉王爺を境主には含めておらず、[26] 本調査においても劉王爺が星塔境の境主かどうか確認できていない。また、聶氏が「龍山寺の観音」とするのに対し、本事例では「水心亭の観音仏祖」となっており、聶氏の調査結果とは相異が見られる。

この「観音信仰と王爺信仰との結びつき」という問題については、事例の収集という点をはじめとして、まだまだ解決すべき点が多い。今後の研究に期待したい。

2　来歴の異なる種々の王爺が存在

黄文博氏の分類によれば、およそ王爺は、（一）瘟神王爺、（二）鄭王王爺、（三）英霊王爺、（四）家神王爺、（五）戯神王爺の五つに大きく分類され、（一）瘟神王爺はさらに①暗訪王爺、②十二瘟王系統、③五瘟使者系統の三種に分類されるという。[27] これに照らし合わせると、第二日に訪問した鎮海宮の十三王爺や南沙崗南天宮の六姓王爺は（一）瘟神王爺に属し、その他の王爺廟の王爺、例えば、第三日に訪問した富美宮の蕭太傅は（三）英霊王爺（生前に世間に対して功績があり、死後に祭祀されて王爺となった歴史的人物）に、鎮南殿の番王爺や第四日に訪問した丁王府館の丁王府、施伃爺館の施伃爺は（四）家神王爺（故郷の有名人あるいは自らの祖先を神とした王爺）に属すると考えられる。このように、本調査においては、来歴の異なる種々の王爺が存在することが確認された。

3　送王船（送瘟神）の伝統の断絶

聞き取りによれば、南沙崗南天宮や富美宮などは、かつて送王船（送瘟神）の活動を盛んに行っていたが、現在では全く行っていないとのことである。このような王船を海などに流して瘟疫を駆逐するといった福建地域の習俗は、古くから非常に有名で、明・謝肇淛『五雜俎』巻六・人部にも、

閩俗最可恨者、瘟疫之疾一起、即請邪神香火奉事於庭。惴惴然朝夕拝礼、許賽不已。……幸而病癒、又令巫作法事、以紙糊船送之水際。此船毎以夜出、居人皆閉戸避之。

とあるほどである。このような伝統が断絶してしまった直接的原因は、基本的には、文化大革命など共産党政権下で行われた政治運動・政策であろう。そして、改革開放以降、政府の宗教活動に対する態度は徐々に軟化し、現在ではかなり寛容になっているものの、いまだこういった活動が復活していないのが現状である。その理由は、迷信的活動であると考えられるために政府の目が気になる、費用がかかりすぎる、あるいはそのために政府から再び禁止される可能性がある[28]、など様々であろう。ただし、今回調査した王爺廟のうち、鎮海宮をはじめ、南沙崗南天宮、富美宮、さらに第六日に訪問した鎮江宮、龍江宮などはいずれも王船を祀っており、王船を祭祀している王爺廟は少なくないと言えるであろう。

台湾において、送王船の活動を行う場合、その廟に祭祀されている王爺ではなく、玉皇大帝により派遣されてきた別の王爺を「客王」として迎え入れ、境域内を巡察させて瘟疫を駆逐し、その後、その瘟疫とともにこの「客王」を王船に載せて送り出すのが一般的である[29]。本調査において富美宮を訪問した際に入手した『泉郡富美宮誌』には、この点に関係する記述が見られ、すなわち、「送王船時には、毎回、王船に従う王爺が蕭太傅の神乩により示され、その王爺は三から五名で毎回異なる」とある。そして、これに続いてさらにこれらの王爺の姓を載せるが、その姓はいずれも本廟の陪祀である二十四司の姓とは異なる[30]。これより、富美宮の送王船においても、廟に祀られている王爺ではない別の王爺が迎え入れられ、瘟疫とともに送り出されていたことが分かる。これらの王爺は「蕭太傅の神乩により示される」とあるため、蕭太傅により派遣されると考えられなくもないが、一方で、王船には「代天巡狩」と記されているため、やはり天すなわち玉皇大帝により派遣され、蕭太傅はそれを提示するだけであると考える方が自然であろう。

中国大陸の送王船のシステムについては、管見のおよぶ限り、これまでほとんど議論されていないようである。

しかし、本調査により、少なくとも富美宮では、台湾で一般的である「客王」とともに瘟疫を送り出すというシステムがかつて用いられていたことが分かった[31]。この送王船のシステムについては、今後さらに多くの送王船の事例を調査し、その廟の王爺の属性や送王船の意義とも併せて検討していく必要があろう。

4　共産党政権による規制の爪痕

前述したように、かつて送王船の活動を行っていた多くの廟が今や行っていないのは、共産党政権下にある政府の規制によるものであろう。これ以外に、第五日に訪問した南安市の燕山黄氏七房宗祠などは、中国共産党が生まれるきっかけとなった一九一七～二一年の五・四新文化運動の影響により学校に転用され、その後破壊され、二〇〇八年という最近になってようやく再建されたという。また、第二日に訪問した衙口館内祖庁や鎮南殿、三夫人媽館など最近になって再建された新しい宗教施設も少なくないが、これらも、経済的問題なども考えられるため一概には言えないであろうが、おそらく、共産党政権下、長年規制されていたために最近になってようやく再建できたのではないかと考えられる。

おわりに

以上、二〇一一年一二月二七日から二〇一二年一月二日までの七日間に渡り中国福建省泉州地域で実施した実地調査について、その全行程をたどるとともに、その中でも特に触れる機会の多かった王爺および観音信仰を中心にいくらか考察を加えてみた。

本調査により、最近になって再建された寺廟や宗祠の存在、地域の小廟と大廟との関係性など先行研究にはいまだ反映されていないことを新たに知ることができた。同時に、泉州地域の民衆の宗教信仰状況や宗祠の中の様子などといった現地に行き肌で感じなければ分からないことも知ることができた。さらに、観音信仰と王爺信仰の結合および送王船のシステムなどといった新たな問題点も見つかった。これらは本調査における大きな成果であり、評価すべき点であろう。

一方、本調査を行うに当たって事前の準備が足りなかったのは反省点である。例えば、後になって疑問点が浮かんだために調査時には質問できなかったことが多々あった。これらは、先行研究などを通して事前に疑問点や質問点をより明確にしておけば、減らすことができたと考える。今後は、こういった反省点を踏まえつつ上記の問題点解決に向けて調査・研究を進めていくことで、王爺信仰研究や中国民間信仰研究など関連各分野に対していささかなりとも貢献できればと考えている。

注

（1）周樹佳『香港諸神――起源、廟宇与崇拝』（中華書局、二〇〇九年）、一七五頁参照。

（2）泉州市文広新局主管、泉州市図書館主辦『泉州文史資料全文庫』（http://www.mnwhstq. com/was40/wszl-index.jsp）の「徳化文史資料第一七輯・普庵祖師生平簡介」（http://mnwhstq.cn/was40/detail?record=2266&&channelid=29719）参照。

（3）石田浩、中田睦子「中国における同族組織の分節形成と祖庁について：福建省晋江県施氏同族の調査事例」（『アジア研究』三六（一）、一九八九年）、四―一三頁参照。また、「世界臨濮施氏宗親会」のホームページ（http://www.linpokshih.com.tw/com.htm）の「施氏源流・施氏祖先図像」（http://www.linpokshih.com.tw/com1_01.htm）および「其他地区施氏宗親会・潯海施氏大宗祠及其照片」（http://www.linpokshih.com.tw/fen_others_2.htm）も参考となる。

（4）石田浩、中田睦子前掲注（3）論文、五―九頁。

（5）山田が本研究プロジェクトの一端として二〇一一年一一月一六―二一日にかけて台湾金門島にて海醮の調査を行った際には、向かって中央の龕に「祖先の神主」を祀り、その右側の龕に「関聖帝君」あるいは「文昌帝君」を、その左側の龕に「土地公（福徳正神）」を祀る宗祠を数例目にした。また、藩宏立『現代東南中国の漢族社会』（風響社、二〇〇二年）、一七八―

一七九頁および一八八―一八九頁には、向かって中央の龕に「祖先の神主」を祀り、その右側の龕に「土地公」を、その左側の龕に「祖伯叔（宗族の無縁仏）」を祀る宗祠の事例を載せる。

（6）本院内に置かれている施祖懐撰『重修定光庵記』（一九九二年）の記載による。本碑文にはこの他にも唐・至徳丙申年（七五六）創建説を載せる。その全文は、顔芳姿「鹿港王爺信仰的発展型態」（清華大学歴史所碩士論文、一九九四年）、附録壱、一一一―一一二頁に掲載されている。

（7）顔芳姿前掲注（6）論文、附録壱、六―七頁。

（8）同前。

（9）『晋江市行政区画地名網（民政局）』（http://dm.jinjiang.gov.cn/default.asp）の「区画概況・龍湖鎮」（http://dm.jinjiang.gov.cn/6xzqh.asp#15）に「祀奠回族先民神廟〝丁王爺府〟、〝番王爺館〟」とあり、これによれば、番王爺は回族の祖先神ということになる。ただし、本調査ではこの点について確認することはできなかった。

（10）この龍頭は、普段、境主の廟かあるいは前年度に「嗦囉嗹」の活動に対する謝礼を一番多く出した家で祀るという。聶莉莉「閩南農村における神々信仰――福建省晋江市農村での実地調査に基づいて」（『国立民族学博物館研究報告』二二（三）、一九九七年）、六二四頁。

（11）道光本『晋江県志』巻一一・津梁志に「安平西橋在八都安海港晋江南安之界。旧以舟渡。宋紹興八年、僧祖派始築石橋、未就。二十一年、守趙令衿成之。釃水三百六十二道、長八百十有一丈、広一丈六尺。東西袤延四里余、故名曰五里西橋」とある。

（12）安平橋および水心亭については、『泉州歴史網』（http://qzhnet.dnscn.cn/）の「安平橋」（http://qzhnet.dnscn.cn/qzh99.htm）参照。

（13）石田浩、中田睦子前掲注（3）論文、五頁。

（14）石田浩、中田睦子前掲注（3）論文、八頁。

（15）注（9）によれば、この丁王府もまた鎮南殿の番王爺同様、回族の祖先神となるが、未詳。ただし、粘姓の人々が居住する衙口村粘厝の守護神であるようである。顔芳姿前掲注（6）論文、附録壱、八頁参照。

（16）「世界臨濮施氏宗親会」のホームページの「其他地区施氏宗親会・銭江施氏大宗祠」（http://www.linpokshih.com.tw/fen_others.htm）参照。

（17）同前ホームページの「施氏源流・施氏祖先図像」（http://www.linpokshih.com.tw/com1_01.htm）参照。

（18）同前参照。

（19）順正王黄志については、聶莉莉前掲注（10）論文、六二五―六二六頁参照。

（20）石鼓廟については、「福建省帰国華僑聯合会」のホームページ（http://www.fjql.org/）の「僑郷広角・石鼓廟戯劇演出景観」（http://

www.fjql.org/qxgj/e338.htm）参照。

(21) 日本国際交流基金の支援による目連戯研究〈代表野村伸一〉の一環としての調査。野村伸一編著『東アジアの祭祀伝承と女性救済』、風響社、二〇〇七年、二一八―二三六頁の事例四参照。

(22) 康豹「台湾王爺信仰研究的回顧与展望」（康豹『従地獄到仙境――漢人民間信仰的多元面貌』、博揚文化、二〇〇九年）参照。

(23) 同前、一〇六頁。

(24) 顔芳姿氏は、衙口村に見られる王爺について、「同じ血縁関係にある者が集まり住んで形成された地域の守護神である」と述べる。顔芳姿前掲注（6）論文、附録壹、七頁。

(25) 聶莉莉前掲注（10）論文、六二二―六二三頁。

(26) 同前、六二〇―六二一頁。

(27) 詳細は、自立晩報『台湾廟宇文化大系〈肆〉五府王爺巻』（自立晩報出版部、一九九四年）、六―一三頁参照。

(28) 現在では、石獅市の亀湖大普をはじめとして、晋江市や石獅市などで旧暦七月における中元普度の活動が行われるようになっている。しかし、この活動は基本的に多くの客を招いて宴席を設ける「請客」を伴い、多大なる費用がかかるなどの理由により、しばしば政府により禁止（禁普）され、代わりに慈善活動やスポーツを行うよう指導されている。「福建省晋江市民生局」のホームページ（http://web.jinjiang.gov.cn/mzj/default.asp）の「晋江慈善」（http://web.jinjiang.gov.cn/mzj/newstext.asp?id=29118）参照。

(29) 李豊楙著・山田明広訳「巡狩――儀礼実践のデモンストレーション」（吾妻重二・二階堂善弘編『東アジアの儀礼と宗教』、雄松堂出版、二〇〇八年）など参照。

(30) 泉州富美宮董事会・泉州市区道教文化研究会合編『泉郡富美宮誌』、二一頁。

(31) 三尾裕子「中国福建省閩南地區の王爺信仰の特質――実地調査資料の整理と分析」（『アジア・アフリカ言語文化研究』五四、一九九七年）、一七一―一八六頁の附録Ⅰ「王爺廟調査記録抜粋」には、各廟の送王船儀礼に関する記述が含まれており、本問題に対してヒントを与えうるものである。これによれば、一七四頁に載せる「王爺公壇」の送王船においても同様のシステムが採用されているように見える。同論文では王爺と瘟疫という観点から閩南地域の王船儀礼についても述べられているが、送王船のシステムについては明言せず、代天巡狩の一般的意味を述べるにとどまっている。

参考文献（五〇音順）

石田浩、中田睦子

顔芳姿
一九八九　「中国における同族組織の分節形成と祖庁について――福建省晋江県施氏同族の調査事例」『アジア研究』三六（一）。
一九九四　「鹿港王爺信仰的發展型態」清華大學歴史所碩士論文。
康　豹
二〇〇九　「台灣王爺信仰研究的回顧與展望」康豹『従地獄到仙境――漢人民間信仰的多元面貌』博揚文化。
聶莉莉
一九九七　「閩南農村における神々信仰――福建省晋江市農村での実地調査に基づいて」『国立民族学博物館研究報告』二二（三）。
周樹佳
二〇〇九　『香港諸神　起源、廟宇与崇拝』中華書局。
自立晩報
一九九四　『台湾廟于文化大系〈肆〉五府王爺巻』自立晩報出版部。
泉州富美宮董事会・泉州市区道教文化研究会合編
『泉郡富美宮誌』
藩宏立
二〇〇二　『現代東南中国の漢族社会』風響社。
三尾裕子
一九九七　「中国福建省閩南地區の王爺信仰の特質――実地調査資料の整理と分析」『アジア・アフリカ言語文化研究』五四。
李豊楙著・山田明広訳
二〇〇八　「巡狩――儀礼実践のデモンストレーション」吾妻重二・二階堂善弘編『東アジアの儀礼と宗教』雄松堂出版。

第五章　鹿港の地域文化調査報告——寺廟を中心に

野村伸一、藤野陽平、稲澤努、山田明広

一　はじめに

鹿港《ルーガン》は台湾の中部西海岸にあって、一八～一九世紀には大陸との交易の中心として栄えた。台湾の俗諺に「一《イー》府《フ》、二《アール》鹿《ル》、三《サン》艋舺《バンカ》」とある。つまり府城《フーチャン》（台南）、鹿港、艋舺《バンカ》（台北の萬華。閩南語 Báng-kah、北京語 Meng-xiá）と南から北へと順に発展し拓かれていったという。もっとも、葉大沛《イエダーペイ》によると、鹿港の最盛期は一八世紀後半から一九世紀前半の五〇年余りに過ぎないという[1]。船運による商業の繁栄を基準にすると、そういえるのだろう。ただし、ここで取り上げる、鹿港の地域文化は独特のかたちで残存し、今日に至っている。それは近代以降の文化のあり方に一石を投じるものとおもわれる。鹿港を現地研究の対象とすることは台湾地域文化のみならず、中国・台湾間の文化の移動と定着を考察する上で、大いに参考となる。そして、さらにいえば、それらを含む東方地中海地域文化の全体像を考察するのに貢献するものともいえる[2]。

二　鹿港概説

１　略史

興起（一六八一～一七八三）[3]　葉大沛《イエダーペイ》『鹿港発展史』は鹿港の盛衰を次のように記す。すなわち一七世紀後半から百年ほどの間、大陸移民が徐々に住みついた。とくに雍正（一七二三～一七三五）、乾隆年間（一七三五～一七九六）には大量の移民がみられた。当時、鹿港付近は平埔族が社を作って住んでいた。彼らは鹿を捕り、原始的な農業を営んでいた。一八世紀になると、外から漁民がやってきて烏魚《ウーユ》（ボラ）をとる。鹿港で作られる烏魚子《からすみ》は後世、世に広く知られることになる。[4]また大陸から商船が到来する。そして港では米穀の取引が盛んにおこなわれた。移民たちはそれぞれ故郷の神をまつり、寺廟を建てた。興安宮（長興里）、天后宮（玉順里）、三山国王廟（順興里）、王爺宮（洛津里）などがそれである。一七八二年には泉州人、漳州人の械闘（武力闘争）があった。こうした出身地単位の相剋は以後も続いた。

鼎盛（一七八四～一八三九）[5]　乾隆四九年（一七八四）、鹿港は清朝公許の正式の港として開かれ、台湾第二の都市となった。以来、五〇年余り、泉州蚶江《ハンジャン》との貿易により活況を呈した。各種の商業組織「郊」が作られた。泉郊、廈郊、南郊などはそれぞれ泉州、廈門、南安と取引する組合である。また、糖郊、油郊など、同質の商品を取引する組合もあった。一九世紀には「八郊」が知られていた。「舟車輻輳百貨充盈」（『彰化県志』）など、この時代の鹿港の豊饒を記した文献は諸種ある。この間に鹿港市街の大方が形成された。商店が軒を連ね、屋根を覆い、その街道は「不見天（天を見ない）」として台湾中に知られた。一方、寺廟では龍山寺（一七八六）、新祖宮（一七八八）などが創られた。貿易による賑わいは寺廟文化にも十分に反映された。福建省晋江《ジンジャン》の石獅《シーシ》に由来する鰲亭宮《アオティンゴン》（城隍廟）もこの間の創建とみられる[6]。

衰退（一八四〇～一八九四）[7]　一九四八年、阿片の持ち込みを防ぐ清国と密輸出するイギリスとの間に戦争が勃発した。台湾も英国船への警戒を強めた。英国船による広東、廈門、定海などへの攻撃は、台湾ひいては鹿港の貿易を疎外した。さらに地震や水害、械闘も続いた。一方、咸豊年間（一八五一～一八六一）以後、鹿港の港湾は土砂の堆積により船舶の航行がむずかしくなっていく。一八六〇年、清国は安平、淡水、高雄、鶏籠（基隆）を外国に開放したが、鹿港は台湾の対外通商の窓口には含まれなかった。当時の鹿港にはすでに昔日の面影はなかった[8]。

没落（一八九五～一九四五）[9]　日清戦争後、台湾と澎湖諸島が日本に割譲された（一八九五）。同年、日本軍は彰化を攻撃し、鹿港《ルーガン》に至った。以後の日本統治期に鹿港の衰退は加速された。一方、この時期、台湾では食塩の専売制度が設けられ、鹿港でも塩田が開発された。また日本は鹿港で郷土調査を度々実施した。日本統治期の大陸との貿易は、鹿港ではなく、基隆が窓口になった。泉州を除くと、鹿港と廈門、汕頭、香港などとの貿易額は基隆のそれにはるかに及ばなかった[10]。なおこの時期、鹿港、彰化間に鉄道が敷設された。ふたつあって、ひとつは日本人による私設のもの、他は鹿港人による軽便鉄道である。

以上、興起から没落という四区分は地域の叙述として十分かどうかはともかく、ひとつの目安とはなるだろう。以下、参考までに同書により、主要な記事を年表として摘記しておく。

興起（一六八一～一七八三）[11]

一六八一　明の鄭長が屯弁（屯田の小吏）となり、鹿港から海に出て北上し、淡水を開墾する（『台湾府志』）。

一六八四　「鹿仔港」の語の初出（鹿仔渓ともいう。高拱乾『台湾府志』）。

〈廟伝では、この年、興化媽祖廟〈興安宮〉創建(12)。また、蘇府王爺をまつる奉天宮はこのころ創建か〈廟伝〉。〉
一七一七　冬日、廈門、澎湖島の漁民らがきて、烏魚《ウーユ》（ボラ）をとる（『赤嵌筆談』）。
一七二三　彰化県を設ける。鹿仔港、彰化県に属す。
一七二五　晋江《ジンジャン》の陳姓族人、鹿港に入墾。現、秀水郷。郭氏、保安宮創建、広沢尊王をまつる。臨水宮創建（玉順里）。
一七三〇　文徳宮創建、温王爺をまつる（街尾里）。潤沢宮《ルンザーゴン》創建、三王爺をまつる（市場と暗街仔の入口。大有里）。
一七三六　士民、天后宮創建（『彰化県志』）。
一七三七　粤人（広東人）、三山国王廟創建（順興里）。
一七四一　劉良璧『重修台湾府志』に、鹿仔港は「水陸碼頭、穀米聚処」という。また「鹿港夕照」、「鹿港」の語の初出。福建、広東からの移民、相次ぐ。多くは無許可。
一七六五　営盤地居民、永安宮創建、薛王爺をまつる（新宮里）。

鼎盛（一七八四〜一八三九）
一七八四　清朝、泉州府晋江県《ジンジャン》蚶江《ハンジャン》と彰化県鹿仔港との正式の往来を認める（設口開渡）。
一七八六　泉州七邑士民、協力して龍山寺創建。天地会党人林爽文、官憲に対して挙兵。一七八八年に鎮圧される。
一七八八　新祖宮（天后宮）創建。
一八〇六　漳州人と泉州人の衝突、分類械闘。数か月続く。
一八一一　文祠、武廟創建（街尾里）。

一八一四　泉廈八郊および船戸、舗戸、拠金して旧祖宮（天后宮、玉順里）重修。
一八一五　地蔵王殿（街尾里）、大衆爺（威霊廟、大有里）創建。
一八二二　鳳山寺創建、広沢尊王をまつる（一八二四落成）。
一八二四　郭厝《グォツオ》居民、忠義廟創建、関帝をまつる。泉廈郊、天津にいく者多数。米の取引。
一八三一　龍山寺重修。
一八三四　新祖宮（天后宮）重修。
一八三六　周璽編纂『彰化県志』一二巻成る。鹿港大街の賑わいを記す。「街衢縦横、長三里許、泉廈郊商多居此、舟車輻輳、百貨充盈。全台郡城外、各處貨市、當以鹿港為最。」鹿港では施、黄、許の三姓が多数、ともすると械闘をするので禁じるべきだという（嘉義陳震曜『応聘修邑志』）。
一八三九　鰲亭宮《アオティンゴン》（城隍廟）創建か。

衰退（一八四〇〜一八九四）

一八四〇　鹿港の水深一条一、二尺（姚瑩「台湾水師船砲状」）。
一八四二　福徳祠創建、土地公《トゥディゴン》をまつる（玉順里）。
一八四七　龍山寺信徒拠金、毎年六月一九日に観音聖誕の醮を設けることにする（「捐縁碑」）。
一八五〇　前港施姓、南泉宮創建、普庵祖師をまつる。また真如殿創建、前港上帝公をまつる。頂菜園の居民、順義宮創建（菜園里）、順王爺をまつる。
一八七三　丁紹儀『東瀛識略』において、鹿港の水深が浅く、小舟以外は通行不能と指摘。
一八七八　地蔵王殿重修。

没落（一八九五～一九四五）

一八九五　日本軍（川村景明の率いる第一旅団）、鹿港占領。
一八九六　日本、地蔵王殿に「国語伝習所」開設。
一八九六　日本の奨励により塩田開創。
一九〇二　玉渠宮《ユチユゴン》創建（大有里）。
一九〇七　日本、龍山寺を本願寺の分寺とし、龍山寺の寺名を廃す。
一九一一　鹿港、彰化間の新高鉄道完工。
一九二一　龍山寺火災、羅漢一尊を残して主要仏像焼尽。
一九二三　各界人士、拠金、旧祖宮（天后宮）重修。
一九二六　鳳山寺重修。
一九三五　龍山寺、地震により損壊。
一九三八　龍山寺後殿重修。
一九四五　光復後、廈門、泉州の帆船、鹿港にくる。貿易回復。

２　鹿港地域文化の描写――小説『殺夫』より

李昂《リアン》（一九五二～）の『殺夫』[13]（一九八二年）は「鹿城」（鹿港）を舞台にした小説である。主人公の女性は一九四〇年代の鹿港《ルーガン》の一庶民、その内面描写は創作だが、それとは別に鹿港生まれの李昂はこの港町の雰囲気を的確にえがいている。以下、盆行事の箇所を摘記する。

鹿港の盆行事普度《プドゥ》は一か月続く。それは泉州と同じく念入りに盛大におこなわれてきた。この行事は縮小しつつ（七月半ばに集中させて）、現在も残存している。ちなみに大陸では今は陋習とされ、禁止されている。

「月の始めは放水灯[14]、二日目には普王宮[15]、三日目には米市街……二九日は通港普、三〇日は亀粿店[16]、月の始めは乞食寮、二日目は米粉寮[17]」（普度歌）

「こうして七月の間は、各地区の人々は……さまよい歩く霊を祭り、町の平安を祈るのであった。[18]」

このときの賑わいは「時に正月を遥かに上回った。」また、鹿港のなかでも漁師たちが無縁仏をとくに祀って海の安全を祈った。七月は鬼月なので、この月に身ごもった子は生涯、よい目を味わえないとされる。[19] 吊死鬼《ディアオスーグウイ》（首吊り幽霊）を怒らせると、生きている者に取りついて、死に至らせると庶民は信じていた。[20] 小説の主人公の女性は、その吊死鬼が自分と夫を襲うのではないかとおもい、「媽祖」と「観音」に助けを求める。[21]

盆行事は午後二時か三時ごろから日暮れまで四、五時間おこなわれる。元来は仏事であったが、民間の普度では供物のうちに豚の頭も、魚もある。皿は十も二十も並べる。このようにして城隍廟から解放された遊魂に十分なもてなしをする。[22] 祭壇には、米、塩、砂糖も供えられ、最後に紙銭が焚かれる。[23]

路地の角に置かれた供物は無祀孤魂のためのものである。それを取って食べてはならない。人びとは「この種の供養を見るだけでも悪霊にとりつかれると恐れ、うっかりその前を通ってしまったときなどは、必ずすぐさま供養の場に向かって唾を吐くのであった[24]」。唾を吐くのは悪霊との縁切りということなのだろう。

三　鹿港の民俗

上記の描写は普度に限ったものであるが、鹿港区（鹿港鎮、福興郷、埔塩郷）には特色ある民俗行事が比較的数多く残っている。彰化県文化局弁理『民俗及有関文物普査工作案』[25]には、二四の項目があげられている。そのうち、主要なものを記しておく。

(1) 鹿港暗訪（後述）

(2) 鹿港迎龍王（五月の行事、後述）

(3) 鹿港鎮の七月輪普と埔錦地區の十二普（後述）

(4) 鹿港拜天公　鹿港では正月九日に各家で玉皇を盛大にまつる。人びとはこの日を「小過年」という。

(5) 鹿港奉天宮の収散魂　旧暦八月二〇日に、玉順里の奉天宮蘇府王爺のもとでおこなう。七月の普度《ブドゥ》ののちに、なお居残った鬼魂を収めるためにおこなう。

(6) 鹿港送春糧　王爺来臨の神意が下されたときに、そのための糧食を奉献する儀礼。王爺廟で不定期におこなう。このとき、鹿港では、台湾南部の「焼王船」と同様、王船を燃やして送った。近年では民国八四年（一九九五）に忠義廟の「恵安六府千歳」の意向で挙行した。

(7) 鹿港王爺廟の安五営　諸所の角頭廟《ジャオトウミャオ》[26]（多くは王爺廟）で地域の安寧のためにやる。廟の周辺五方に将兵を配置して境内の平安を祈る。多くは清明節前後におこなう。

(8) 鹿港王爺廟の放兵収兵　福建南部では七月初に鬼門を開く。鹿港の王爺廟では、鬼門を開ける前に五方の将兵を呼び戻す（収兵）。そして八月初になると、ふたたび五方に将兵を配置する（放兵）。将兵の往来にあたっては、供物でねぎらう（犒賞、犒将）。

(9)

鹿港龍山寺の換花　女性信徒は花を携えて龍山寺の註生娘娘のもとにいき、男児を祈る。寺側（住持はいないので、出使者〈在家居士〉の男性が担当）では、花を束ねて女性の髪に挿してあげる。この際、男児は白花、女児は紅花で象徴される。また女性信徒は花を持ち帰って化粧台の上に保存する。[27]

年中行事

『彰化県志稿』[28]によると、この地方の主要な年中行事は次のとおりである。

正月　除夕（大晦日）に茶、甘味の物、花を祖先に供える。子《ね》の時に神がみと祖先をまつる。元旦には縁起のよい方向にでかける（出行）。四日、一二月二四日に送り出された神がみが天から戻る。九日は天公生、すなわち玉皇上帝の誕生日。各家々で供物を整えまつる。また廟でも祭儀をし、演戯も伴う。一三日、関帝爺生。一五日、上元。

二月　二日、土地公誕辰。十九日、観音仏祖誕辰。各戸多く観音の寺廟に詣でてまつる（後述、事例研究2）。この日にはまた多くの人が廟にいき「補運」する。

三月　三日節、漳州人は三月三日に墓参りをして祖先をまつる。[29]泉州人は清明節に墓参する。一五日、大道公生、すなわち保生大帝、俗称大道公あるいは呉真人の誕生日。この神は福建同安人が信奉する。二三日、媽祖生、媽祖の誕生日。

四月　八日、浴仏節、灌仏ともいう。

五月　五日、端午節。各戸、粽を作って神、祖先をまつる。［五日、鹿港迎龍王。龍山寺から龍王を奉じて市内を行進し、海岸にいく。そして龍舟に開光の儀を施し、のち龍舟競漕をする。四一六頁以下[30]］

六月　一九日、仏祖生。仏祖すなわち観音の得道昇天の日。

七月　七日、七夕。俗称、七娘媽《チーニャンマ》誕辰あるいは七娘媽生。家々では子女の生長を祈願して七娘媽をまつる。黄昏時に門口に花などの供物を置く。七日はまた床《チュアン》母《ム》生《シャン》（子女の守護神、床神の誕生日）。この月、普度《プドゥ》。鹿港では七月一日から八月二日まで、日を変えて各所で普度をする（輪普）。

八月　一五日、中秋。この日はまた太陰娘娘《タインニャンニャン》すなわち月神の誕生日。夜分、月娘《ユエニャン》を拝む。また土地公《トゥディゴン》の誕生日ともいう。各戸では公媽《ゴンマ》（祖先）(31)や土地公を拝む。満月の象徴でもある月餅を供える。

九月　九日、重陽節。

一〇月　一五日、下元節。水官大帝の誕生日、俗に三界公生という。なお泉州籍の人は余りまつらない。

一一月　「入冬」。冬至の前に祖先をまつる。

一二月　二四日、送神日。この日、地上の衆神は昇天し、天公に人びとの一年の善悪功罪を奏上する。送神後、大掃除。ただし、家内に不幸があれば送神はしない。謹慎しないと、死人に祟るのだという。二五日、天神下降、民間を監視する。二九日（または三〇日）、過年《グオニエン》あるいは除夕《チューシー》。黄昏時に各戸で敬虔に祖先をまつる。(32)辞年《ツーニエン》、俗称做年《ズオニエン》という。

四　鹿港王爺信仰——事例研究１「潤沢宮の暗訪《アンファン》」(33)

１　暗訪概説

現場　二〇一一年一〇月一日（旧暦九月五日）、鹿港大有里の潤沢宮《ルンザーゴン》（図版１）で暗訪（an fang）がおこなわれた。鹿港の暗訪は臨時の祭儀である。地域共同体に災厄、不安が生じたとき、あるいは王爺が童乩《タンキー》に憑依して巡境を

1　台湾鹿港の潤沢宮

2　神輿に乗った王爺

命じたときにおこなう。元来、閩南の暗訪は王爺などの神の力を借りて、地域の秩序を回復させる祭儀である。これは鹿港各所の王爺廟でしばしばなされる。一方、台北青山宮（霊安尊王）、新竹城隍廟などでも暗訪の儀礼があるが、これらは定期の行事である。[34]

鹿港の王爺の属性　鹿港の王爺は、廟内にまつられるものと巡行するものとに大別される。前者は大陸からの移民が将来した王爺で、この多くは角頭廟《ジャオトウミャオ》（注26参照）にまつられる。後者は代天巡狩の王爺である。この王爺は外界を巡り歩き鹿港に至ると、童乩《タンキー》に憑依する。それは鹿港の王爺廟の客神である。[35]

夜間の巡行　夜間、土地公、七爺《チーイエ》（謝将軍）、八爺《バーイエ》（范将軍）、神輿に乗った王爺（図版2）、捕り手たちが音楽とともに練り歩く。かつては闇のなかを練り歩いた。そのため畏怖すべき雰囲気に包まれたという。今日では家の前にあらかじめ供物を供え、行列を迎え、拝礼することもある。恭敬の念はあるものの、畏怖の感はない。しかし、夜更けに神がみの来訪を待ち受けるのであるから、そこには相応の信仰心が窺える。

潤沢宮　潤沢宮《ルンザーゴン》（一七三〇年創建）は大有里の中心部后宅巷《ホウジャイシャン》七号に位置する。この廟は后宅の角頭廟である。李殿王のほか什三王爺、什三王爺夫人、三千歳、六府王爺[36]、土地公などをまつる。この地域は福建省晋江《ジンジャン》県を故地とする銭江《チエンジャン》施姓の人が数多く住み、彼らが潤沢宮を支えている。この廟の王爺は福建省晋江県金井鎮《ジンジンジェン》の南沙崗《ナンシャガン》（南天宮）[37]からきたという。普段は潤沢宮内にいる王爺が、暗訪《アンファン》の際は、まず天の玉皇のところにいき、命を受ける。そして廟に戻り、さらにまた故郷に戻ってから当地にくるという。

今回は二週間前に玉皇の命を受けたが、六府王爺の大陸（故地）訪問などがあって、暗訪の実施がやや遅れた。潤沢宮《ルンザーゴン》では昨年も暗訪をやった。今年はそれに較べると小規模なもので、郊外の三か村（査某旦《チャモウダン》、澎湖厝《パンフツオ》、脱褲《トウオク》庄《ジュアン》）を巡るに留まった。規模が大きいときは、一晩かけて内巡（境内巡り）、外巡をそれぞれやる。内巡は角頭廟としての管轄区域を巡るものであり、外巡はその外延、広くは鹿港全域を巡るものである[38]。

2　暗訪の事例

1　暗訪——草人《ツアオレン》、替身、巡行（映像その一参照[39]）

巡行以前　暗訪の前日、廟の管理委員たちが男女の草人を作る。これは翌日、地域の人びとの厄払い（替身《テイシエン》の儀）に用いられる。元来、草人は各人が作って廟に持参するものだが、近年は廟側で作ったもので代表させる。暗訪の当日は、昼前に王爺の兵卒を召集する（調営）。続いて、昼食のもてなしをする（犒賞）。

巡行（夜巡）　二〇一一年一〇月一日（旧暦九月五日）の夕刻、巡行の担当者たちが廟にきて、身を浄める。そして玉皇大帝から巡狩の命令を授かったあと、午後七時半ごろ列をなして廟を出る（夜巡《イエシュン》）。一行は、自動車に分乗し、鹿和路に沿って東方三キロほどのところにある査某旦《チャモウダン》のあたりまでいく。そこで下車してから村道にはいり、巡行をはじめる（図版3）。途中、音楽と爆竹の音が鳴り響く。廟前の広場、特定の家[40]の前でみせる黒面の八爺《バーイエ》（范将軍）の機敏な動きは悪しき鬼神を捉えるかのようで強い印象を与える。二〇一一年の暗訪は規模が小さい。それでも夜間、二時間余り練り歩く。台湾南部の王爺の巡行は昼間、賑やかにおこなわれ、途中、飲み食いもある。一方、暗訪では飲食のもてなしは一切ない。午後一一時前、一行は一旦、廟に帰還する。

3　王爺の夜巡

4　川辺での草人の焼却。童乩が七星剣を携え煞を圧服するなかでなされる。

3　暗訪——草人《ツァオレン》送り、焼却、排班・収兵（映像その二参照[41]）

草人送り、焼却　廟への帰還後、担い手たちは、草人、供物などを持って早足に川べりまで歩く。川辺では童乩《タンキー》が七星剣を携え、煞（悪鬼）を圧服する。この間、草人を焼却し、川（海）に流す（図版4）。一行はこの際、無言である。戻る際にも人の名をよんだり、振り返ったりしてはならない。煞に犯されることを恐れ、すみやかに帰還する。

排班・収兵　廟に戻ってからは、班長が王爺の命を受け、兵卒たちを呼び返す。よく通る声で、兵卒に向けて速やかに帰還せよとくり返す。そのあと、廟の入口右側に設けた天台卓《ティエンタイジユオ》（上蒼＝玉皇の座）が撤去される。六府王爺が廟内のもとの位置に安置され、暗訪《アンファン》は終わる。

4　鹿港の王爺について

1　鹿港の王爺の分類

閩南の晋江がそうであるように、[42]鹿港《ルーガン》には王爺がたいへん多い。街区の廟数は約六〇余りある。[43]そのうち三分の二以上が王爺を主神もしくは陪神としてまつる。当然、王爺の祭儀は鹿港の人びとの宗教生活と密接な関係がある。鹿港の王爺は起源からみて次のように分けることもできる。

①　先民が故郷から携えてきた王爺。たとえば街尾里「官林宮」の朱府王爺、

東石里「東興宮」の李府王爺。

② 鹿港開拓時の王爺。たとえば玉順里「奉天宮」の蘇府大二三王爺。

③ 代天巡狩の王爺。この王爺は天空から各地を見回る。そして時々、各地の廟に降りていく。童乩《タンキー》がその意向を受けて皆に告げ知らせる。この王爺は客神（客仏）である。その原籍地が泉州の恵安、石獅、蚶江などとされることもある。この点は鹿港の王爺のひとつの特色である。[44] ちなみに潤沢宮《ルンザーゴン》の什三王爺はこの第三類のものである。

①②は常駐し、③は巡行、移動する王爺である。

２　鹿港の暗訪の図像

民生路の古廟「永安宮」（新宮里）の梁には現在、諸種の彩色画がみられる。そのひとつに王爺の暗訪の様子をえがいたものがある。絵は近年のものだが、七爺《チーイエ》、八爺《バーイエ》のほかかつての随行者の装いがよくうかがわれる（図版５）（図版６）（図版７）（図版８）。

３　草人

草人《ツァオレン》は稲藁で作る。額の箇所に縦の線を付けて男女を区別する。男は三本の線、女は四本の線である。これには経衣、金紙、銀紙を添える。童乩はこの草人を持って祈願者の背、胸に当て、最後には草人に息を吐きかけるように指示する。これにより祈願者の身心の悪気が草人に移る（替身の儀）。儀礼を済ませた草人は元来は廟入口右に設けた天台卓《ティエンタイジユオ》の下に置いた。但し、今回は、男女、各三体の草人が地域住民を代表していたので、替身の儀をするたびに、同じ草人を用いた。

5　民生路の古廟「永安宮」の梁にみられる諸種の彩色画。暗訪。七爺（左、白）、八爺（右、黒）。

6　暗訪。随行者。

7　暗訪。王爺の神輿。

8　暗訪。全図。

9　解放前の時代まで朝鮮半島でみられたチェウンというヒトガタ。正月の厄除けに用いた。

10　定光庵の伽藍神。福建省晋江県衙口村

ヒトガタの民俗

草人《ツァオレン》を人の身代わりとし、これを祭祀に用いることは東方地中海地域では広くみられる。台湾各地の廟の小法事で用いる紙製のヒトガタも本質的には同じものである。済州島では海難死した人の霊魂を探すとき、神房が背中にヒトガタを背負って、魂よばいをする（撫魂《ムホン》クッ）(45)。朝鮮半島本土ではかつて正月一四日夜、チェウンというヒトガタを作り、これに厄を負わせて道端に棄てた（図版９）。また朝鮮半島西南島嶼部でもヒトガタ（ホスアビ＝かかし）を作り、これに災厄を負わせて海に流した。民間ではホスアビを龍王《ヨンワン》とよんで気楽に願掛けしたりもするが、これは元来は龍王のもとにいると信じられた水中孤魂を象ったものであろう。

５　暗訪《アンファン》についての小考

今日、台湾南部でおこなう王船巡行を伴う王爺祭祀は祝祭化し、多数の観光客が押し寄せる。一方、鹿港《ルーガン》の暗訪は地域の祭祀そのもので、人にみせるものではない。それは今なお、必要に応じて不定期におこなわれる。これは王爺の意向を忖度する童乩《タンキー》がいて、その託言が地域住民により真摯に受けとめられていることを意味する。以下、暗訪祭儀を参観した上でのまとめである。四点ある。

第一に、王爺の巡行が民俗として生きている。すなわち、規模の大小はあっても、夜間に王爺の神輿が巡ることをありがたく待ち受ける家庭がある。主宰する廟の神人は、彼らのために当該の村を巡る。これは地域の繫がりの確認ともなり、貴重な民俗である。

第二に、暗訪は泉州の宗教文化を継承している。この祭儀の歴史を遡ると、その貴重さが改めて感じられる。暗訪（夜巡《イエシユン》）の文化は福建の泉州地域（とくに晋江《ジンジャン》）からきた。鹿港の漢人の八五％は泉州三邑（恵安《フイアン》、晋江《ジンジャン》、南安《ナンアン》の三県）を故郷とする。(46) 暗訪だけでなく、鹿港の宗教文化の多くは泉州地区に由来するといえる。ところで、顔芳姿《イエンファンズ》によると、泉州三邑ではおそらく宋代以降、暗訪の類いの巡行がおこなわれていたとみられる。すなわち、晋江衙口村《ジンジャンヤーコウツン》の定光庵《ディングァンアン》は観音をまつる庵で、宋代に創建された。ここには伽藍神《ジャランシェン》（図版10）がまつられていて、これが毎年正月、「放兵出仏」をして鬼祟（亡霊の祟り）を防いだ。また、地域に常ならぬ災厄が醸成されると、人びとは伽藍神に夜間の巡行をしてもらった。これを咬火《ヤオフオ》という。これは暗訪《アンファン》そのものである。さらに、七月の普《プ》度《ドゥ》の際にも衙口村では各所の王爺により鬼祟の追却をした。このときには草人や紙銭も村外に送った[47]。この祭儀が鹿港の現行の暗訪にもみられる。

第三に、暗訪は地域間の基層文化の移動と持続、変容を考察する上で格好の手がかりとなる。すなわち晋江定光庵の伽藍神はかつて巡行して災厄除けをした。それは鹿港の王爺の暗訪となって継承されている。また王爺は泉州、晋江でも広く信仰されていたが、台湾においてより一層崇敬されるようになったとみられる。さらに王爺信仰だけでなく、泉州の普度の祭祀文化も鹿港で維持されている。かつて泉州では七月の普度は家庭と地域で大規模に催された。日をずらしながら各地区が順に競って普度をした[48]。この祭儀は大陸では途絶えたが、鹿港では維持されている。そのほか、泉州三邑ではすでに途絶えた個々人の除災儀礼なども、鹿港では生活のなかに息づいている。玉渠宮《ユチユゴン》では童乩《タンキー》が日常的に厄除けなどの小法事をする。それらは鹿港の日常生活と調和している。かつて泉州でもそうであったのか否か、その点はわからない。いずれにしても、両地域の暗訪、王爺信仰、普度の在り方は基層文化の移動と持続、変容を考える上で、重要である。

第四に、夜間、神とその随行者が現れ、村落の平安のために巡行する。こうしたことは東方地中海地域の最も根源的な祭儀に由来するものとみられる。琉球でもシチの行事、あるいは宮古のユークイ（祖神《ウヤガン》を含む）行事がやはり夜間の籠もりからはじまる。これにより人が神となり、やがて群行へと続いていく。アカマタ、クロマタなどの来訪神も夜間に現れて巡る。神の属性は異なっても、村落内の巡行で秩序を回復させ、始源の時に戻そうとしたことは同じである。鹿港の王爺の暗訪では、今なお、住民と廟の発意に基づき夜間の巡行が守られている。

この点で意味するところは大きい。

五　鹿港龍山寺――事例研究２㊾

一七八六年創建

鹿港《ルーガン》は乾隆四九年（一七八四）に清朝公許の正式の港として開かれた。以来、泉州蚶江《ハンジャン》との貿易により活況を呈することになった。鹿港人の経済活動の根柢には寺廟があった。龍山寺は寺伝によると、一六五三年創建で、乾隆四七年（一七八二）に原初の位置（暗街仔）から移転して、現在地（龍山里金門巷）に建てられたという（図版11）。一方、道光版『彰化県誌』によると、龍山寺《ロンシャンス》は乾隆五一年（一七八六）に「泉州七邑士民」が協力して建てたという。この七邑とは、晋江、南安、恵安、安渓、道安、徳化、永春である。寺伝も侮りがたいが、さしあたり、こちらの創建説に従っておく。龍山寺の主尊はいずれも航海の安全とかかわる。すなわち「前大殿では観音仏祖を祀り、後殿では北極上帝を祀る」という㊿。観音が古来、航海者の守護神としてあったことはいうまでもない。さらに、北極上帝もまた水、海とかかわる。北極上帝は今日、広東東部、福建系の文化を伝える漁村では船の安全とかかわり、広くまつられる(51)。いずれにしても龍山寺では、建立当初から仏菩薩と道教の神が共存していた。これは今も同様である。さらに、龍山寺では「龍王尊神」をまつる（後掲図版25参照）。五月端午の龍王《ロンワン》の巡行は民間の龍信仰を反映したものである。龍山寺は鹿港鎮で最大規模の寺院であるばかりか、台湾全土のなかでも最も貴重な廟宇とされる(52)。

道光年間の重修

道光年間（一八二一～一八三九）は鹿港の貿易の黄金時代であった。この間に鳳山寺、鰲亭宮《アオティンゴン》（城隍廟）が建てられた。また龍山寺、金門館、新祖宮（媽祖廟）、南靖宮四座も重修された(53)。重修後、龍山寺は今日みられる結構のものとなった。すなわち山門（図版12）、五門殿（図版13）、戯台（図版14）（図版15）、正殿（図版16）、後

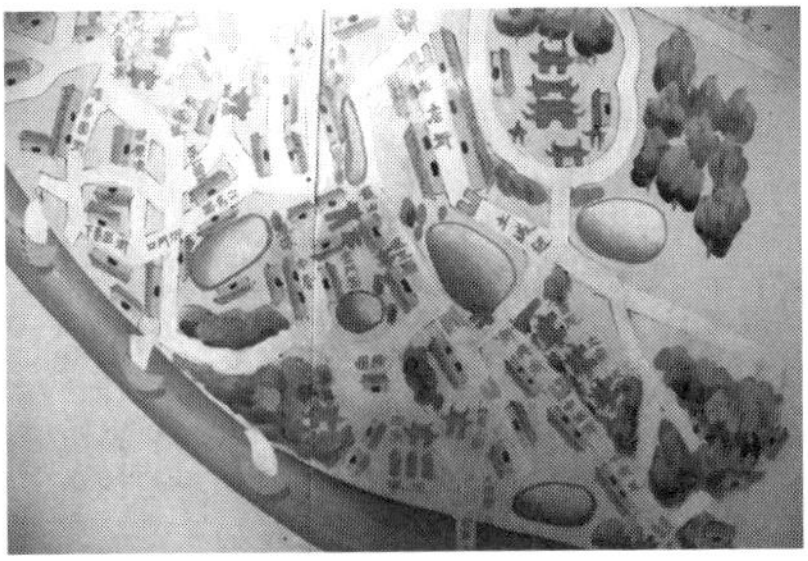

11　図の中央部に龍山寺の名がみられる。二百年ほど前の古地図。

12　龍山寺山門。

殿（図版17）からなる。正殿には観音菩薩（図版18）が安置された。後殿は北極殿で、ここに北極上帝、風神、龍神をまつった(54)。

龍山寺は安眠所　龍山寺は鹿港に数多い寺廟のうち、とくに困窮者たちに開放的な空間であった。龍山寺は浅水碼頭（埠頭）から余り離れておらず、寺の周辺には苦力《クーリー》（肉体労働者）や傭工（雇われ労働者）が集まった。そのため、寺の廂廊と庭は、夜ともなると行き場のない者たちで満たされた。彼らは大陸から船に乗ってきた天下の「孤単者（ひとりもの）」である。彼らが安眠できる場所、龍山寺《ロンシャンス》は貧しい者たちの保姆ともいえる存在であった(55)。

日本時代の受難　日本時代、明治三七年（一九〇四）、龍山寺は本願寺に接収され、その分寺となった。翌年、本願寺から木製の阿弥陀仏がもたらされた。そのため観音や十八羅漢は正殿から後殿に移された。ところが、大正一〇年（一九二一）、火災が起こり、後殿と堂内の神仏（観音、羅漢、北極大帝、龍王、註生娘娘、境主公など）はいずれも焼失した。

龍山寺の今日の行事　龍山寺の主要行事は、二〇一二年現在、次のとおりである(56)。旧暦二月一九日、観音の誕生日（以下日時は旧暦）。これが最大の行事である。寺では一週間前から読経の儀をはじめる（八天）。一九日の当日は午前中、読経（図版19）、午後は二時半から普度《プドゥ》をおこなう（後述「六　鹿港の普度」参照）。この間に、雲林県の媽祖を奉じる一団が天后宮への参拝の途次、立ち寄った（図版20）（図版21）。龍山寺には観音の聖誕、得道（六月一九日）、出家（九月一九日）

13　龍山寺五門殿。このすぐ背後に戯台がある。

14　戯台。かつて観音聖誕の日にはここで演劇がおこなわれた。

15　藻井。戯台の天井に施された装飾。火伏せの意味も込められている。

16　龍山寺拝殿。奥の正殿には観音菩薩、註生娘娘などがまつられている。

17　龍山寺後殿。日本時代には観音菩薩と北極上帝、風神、龍神が置かれたが、1921年に焼失。現在は、日本時代に本願寺からもたらされた阿弥陀仏が置かれている。

18　正殿内の七宝銅観音菩薩。かつて、信徒はこの菩薩像を借りて家に持っていき、家中の平安を祈った。仏像を家に招くのは閩南の風習。

19　旧暦2月19日は観音の生日。熱心な信徒は誦経し、また多くの人は花を供えて参拝する。誦経を率いるのは信徒の老嫗である。読経する信徒数は百数十名。

20　龍山寺への進香団の先駆け。雲林県の一団が天后宮への参拝の途次、立ち寄った。観音の聖誕、得道、出家の行事などの際に進香団がよく立ち寄る。

の行事などの際に進香団がよく立ち寄る。小さな媽祖の神像は暫時、観音の前に置かれ、やがて天后宮に向かう（図版22）。

龍山寺に集う信徒は鹿港の住民が中心である。この寺院には住持はいない。八〇代の老嫗が信徒代表として読経を進める。午前一〇時ごろ、読経に加わる信徒は百数十名にのぼった。午後の普度《プドゥ》の儀は出使者の林必行氏が中心になって進める（図版23）。六月一九日、九月一九日も、それぞれ一日（一天）の規模で観音菩薩のための行事をする。

このほかの行事としては次のようなものがある。一月一五日の元宵節。この日、龍山寺では簡便な灯を多数用意して、参拝者に分ける（図版24）。子を願う人はこれを持ち帰り、寝床の下に置く。さいわい子が生まれたらお礼参りをする。三月二〇日は註生娘娘の誕生日。四月八日は灌仏節で、仏に水をかける。五月五日は龍王（図版25）の巡行がある。

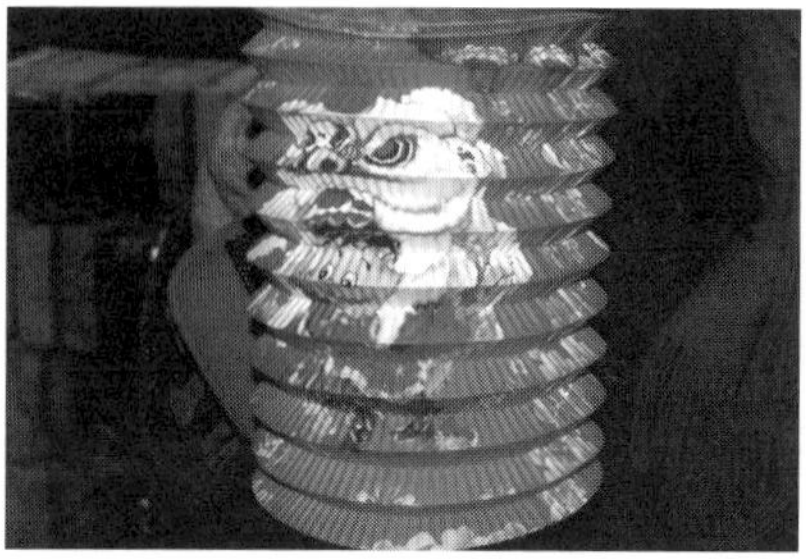

24　龍山寺では１月15日の元宵節に、灯を多数用意して、参拝者に分ける。子を願う人びとが持ち帰り、寝床の下に置く。

21　龍山寺への進香団。媽祖の魁をする千里眼。後ろは順風耳。

25　龍王尊神。鹿港では現在、端午の日に龍舟の競漕をする。それに先立ち、龍山寺に安置された龍頭（龍王尊神）が市内を巡る。

22　観音の前に置かれた進香団の媽祖。しばらく安置されてから天后宮に向かう。

26　福建省安海鎮の龍王の巡行。この行事は嗦囉嗹ともよばれる。朱熹祠内の掲示物（複写）。

23　旧暦２月19日の午後は外で普度をおこなう。普度の儀は出使者（在家居士）の男性が中心になって進める。

27　龍山寺後殿での信徒有志らの誦経。毎日、午前、午後の２回おこなわれる。ほとんどが女性である。

28　正殿内の註生娘娘。子授けの神。この前で不定期に換花の儀がおこなわれる。

この龍王巡行はかつて閩南各地でみられた。今日、福建省安海鎮の龍王の巡行（図版26）は祝祭化して伝承されている。当日、鹿港では天后宮の水仙（海神）を伴い、海辺「吉安小道」まで行進し、龍舟開光の儀をする。そののち龍舟賽（競漕）がおこなわれる。七月二九日には地蔵王をまつる。冬至は各家庭で祝うものの、龍山寺《ロンシャンス》ではとくに行事はない。一二月八日は臘八といい、粥を作って人びとに分ける。

なお、龍山寺では毎日、午前と午後、信徒有志らの誦経がおこなわれる。午前は朝五時半から、午後は四時から、それぞれ一時間を費やす。さらに月の一日《ついたち》と一五日の朝は一時間半、誦経する。二〇一二年三月九日、午後の信徒数は六〇名ほどであった（図版27）。また、正殿内の註生娘娘（図版28）の前では臨時に「換花」の儀がおこなわれる。これは風水師でもある林必行氏が担う。「換花」は福建の民間信仰で、台南の臨水夫人廟でもみられる。そこでは臨水夫人が子授けだけでなく、女児を男児に換えてくれる。

以上のように、鹿港の龍山寺では信徒が自発的に法事を営む。しかも、多数の参与者を維持している。この各種の法事が地域住民のこころの支えとなっていることは傍目にもよくわかる。地域民主体のこうした寺院祭祀は台湾でも余り類例がないのではなかろうか。閩南、朝鮮半島ではおそらくないであろう。強いていうと、地域の神女が主体となっておこなう琉球の御嶽（オン、ウタキ）の祭祀のあり方と近い。

六　鹿港の普度――事例研究３

１　鹿港の７月祭儀

仏教以前に遡る普度の心意　普度《プドゥ》は東方地中海地域の基層文化を支える重要な祭祀儀礼である。普度とは無祀孤魂を救済する仏教、道教などの法会を意味する。しかし、寺廟だけではなく、個々の家庭でも普度をおこなう。普度にはさまざまな心意が含まれている。それは、不幸な死、無残な死を見捨ててはならないという人びとの暗黙の了解の上に成り立つ。おそらくは仏教以前の民間の儺（禓 yang, shang）[57]に遡るものであろう。古代中国では孤魂幽鬼あるいは厲鬼《リーグイ》（無祀の鬼、横死者の鬼）をひどく懼れた。『礼記』祭法には、王、諸侯、大夫がそれぞれ、無祀孤魂となった王（泰厲）、諸侯（公厲）、大夫（族厲）をまつるべきことを記している。また『左伝』成公一〇年の条によると、晋侯の夢に大厲が現れた。それは髪を振り乱して胸を叩いて踊り、自分を殺した晋侯に迫ったとある。[58]この類いのことは民間でも当然、あったであろう。

普度の始源はさておくとして、そこには、また、孤魂を供養すれば、サチがもたらされるという心意が含まれてくる。さらに、『盂蘭盆経』にもあるように、広く施しをすれば、「現在父母七世父母六種親属」をも「三途之苦」から救うことができるとされる。[59]これらの心意が分かちがたく結びついて、今日の普度行事がおこなわれる。

普度歌　鹿港《ルーガン》では日本統治期まで、旧七月の一か月、各地で普度をおこなった。これは福建省泉州の民俗である。日ごとにどの地域で普度があるかを歌った普度歌が知られている。一部は前述した（四〇一頁）。ここでは全体を取り上げる。すなわち次のとおりである。

初一放水灯、初二普王宮、初三米市街、初四文武廟、初五城隍廟、初六土城（塗城）、初七七娘媽生《チーニャンマ》(60)、初八新宮辺、初九興化媽祖宮口、初十港底、十一菜園、十二龍山寺、十三衙門、十四飫鬼埕、十五旧宮［天后宮］、十六東石、十七郭厝、十八営盤地、十九杉行街、二十後寮仔、二十一後車路、二十二船仔頭、二十三街尾、二十四宮後、二十五許厝埔、二十六牛墟頭、二十七安平鎮、二十八蚵仔寮、二十九通港普（泉州街）、三十日亀粿店《グゥイグォディエン》、初一米粉寮（猪砧）、初二乞食寮、初三米粉寮、初四乞食吃無餚(61)。

普度の進行

以上の歌のうち、普度《プドゥ》を知る上で不可欠な点を補っておく。すなわち七月一日は水陸の孤魂をよぶ日である。陸上の孤魂は燈篙（灯を吊した竹竿）で、水上の孤魂は水燈で招く。またこの日（七月一日）、街尾里の地蔵王廟では放庵［放鬮］の儀をする。その際、まず「開鬼門」がある（現在は七月一三日挙行。後述、図版33参照）。これにより好兄弟（無祀孤魂）が冥府から地上に現れる。彼らは、そのあと、まず大将爺廟《ダジャンイェ》（威霊廟《ウェイリン》）にいき、道士の教えを受ける。そうしてはじめて各所の供物を食べることができるようになるという(62)。地蔵廟の放庵の際は転轎、焔口などがある（後述、四三四頁以下）。七月二日以降は鹿港の各地域で普度をおこなう。とりわけ一五日は天后宮（旧宮。媽祖廟）で中元節を盛大におこなう（後述、図版38、39参照）。七月二九日は「関鬼門」、すなわち鬼門を閉じる日である。鹿港《ルーガン》の家々ではこの日午後、一斉に普度をする（通港普）。また大将爺廟では収庵をして、好兄弟を収容する(63)。

上記のうち、地蔵王廟、大将爺廟、天后宮における二〇一二年の普度の様相を以下に記す。地蔵王廟は鹿港市街の南に位置し、すぐ南側を福鹿渓《フールーシ》が流れる。現在はここで盛大な放水灯の儀をおこなう。また大将爺廟は地蔵王廟から西北方にほど近いところ菜園路にある。一方、天后宮は鹿港の中央通り（中山路）を北上した玉順里にある（地図参照）。

鹿港市寺廟地理位置図

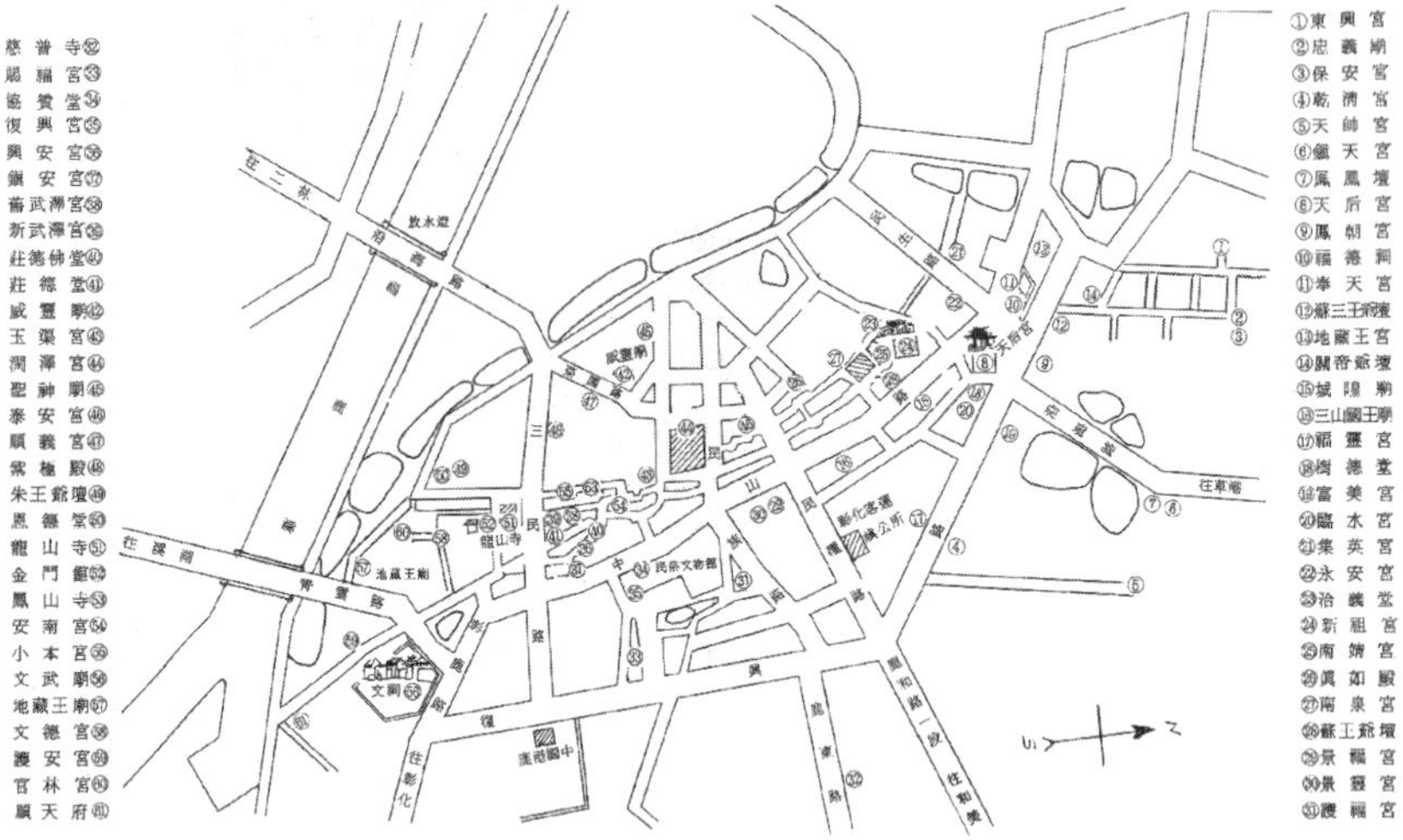

（鹿港寺廟地理位置図『鹿港寺廟大全』より）

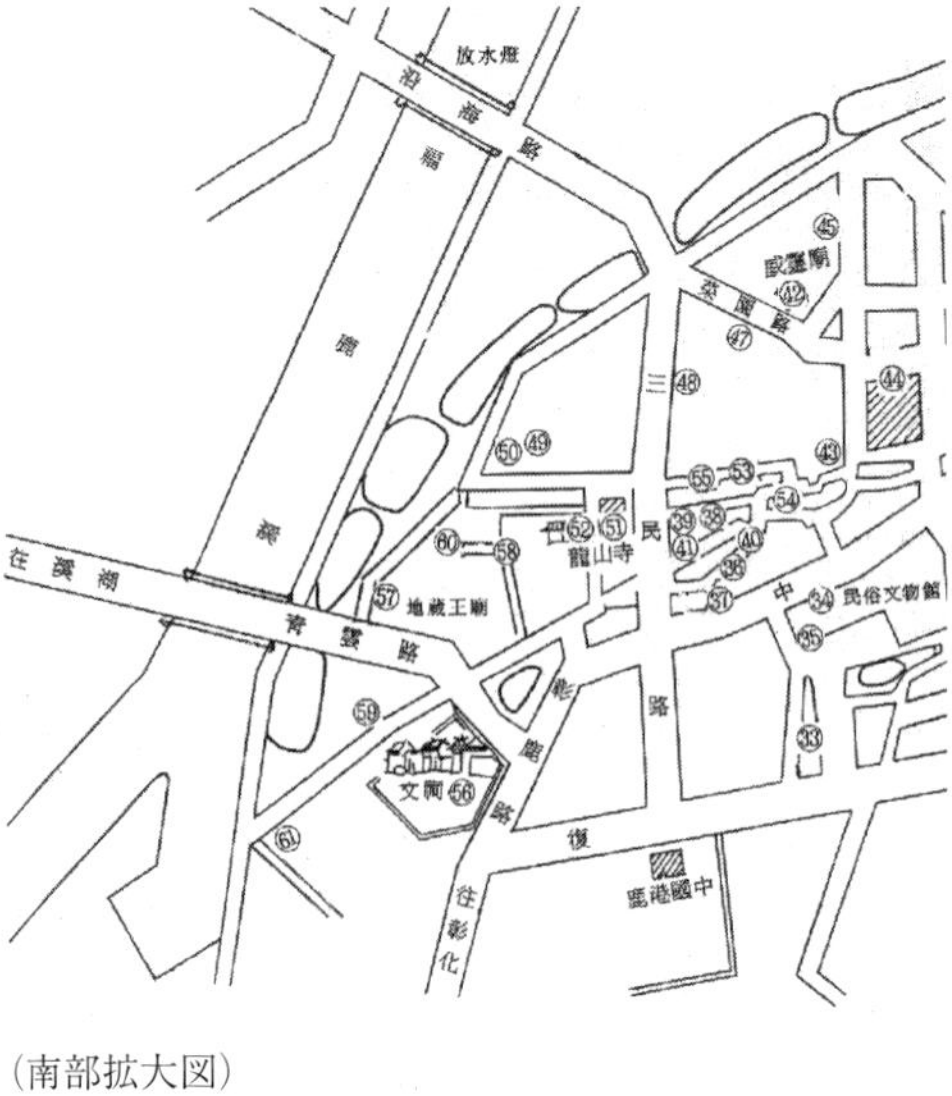

（南部拡大図）

２　地蔵王廟の中元祭典

『鹿港寺廟大全』は地蔵王廟について、次のように記す（図版は調査者撮影）。

創建年代　清嘉慶二〇年（一八一五）（図版29）（図版30）

祭神（主祀）　地蔵王菩薩（図版31）。これは乾隆年間（一七三五～一七九六）に大陸からもたらされた。このほか、境主尊神、註生娘娘、十殿閻羅（十体）をまつる。

在所　金門巷一号(64)

地蔵王廟では二〇〇三年から「中元普度祈安抜薦超度大法会」をおこなっている。二〇一二年は次のように進行した。なお、前述したように現在の七月一三日の法事は元来、七月一日の放庵に伴うものであった。それゆえ、以下は元来のままではない。正確にいうと、鹿港地蔵王廟の近年の普度の光景といえる。

七月一三日　大士爺《ダシイエ》（鬼神の頭領、観音の化身）開光（図版32）。開鬼門（図版33）。竪燈篙（燈篙を立てること）（図版34）。午後、福鹿渓《フールーシ》での放水灯（図版35）（図版36）。『梁皇宝懺』第一巻～第三巻の読経。なお、地域によっては、放水灯に先立って水辺まで賑やかに行進することがある。その際には鬼神に扮した者が悪鬼を制圧するような仕種をみせる（たとえば桃園仁寿宮）(65)（図版37）。これは朝鮮半島南部全羅道での農楽隊の行進に通じる。彼らは、年末年始に水中孤魂を供養しつつ、盗っ人を捕らえるといった演戯をしたりする。それは祭祀芸能の面では注目されるものだが、鹿港ではそれはみられない。

七月一四日　『梁皇宝懺』第四巻～第八巻の読経。

29　地蔵王廟。左端の門は普段は閉じられている。7月、普度の際の開鬼門の儀ののちに開ける。

30　地蔵王廟では日ごろも参拝者がいる。また家庭の法事もしばしばみられる。

31　地蔵王菩薩。

32　13日、午前10時ごろ、大士爺開光。右は土地公、左は山神。鹿港ではこの三体が孤魂を司る。

33　放庵または開鬼門。元来は７月１日の祭儀である。閉門（収庵）は29日。

34　竪燈篙。主として陸上の孤魂を呼び寄せる。

38　15 日、午後 5 時過ぎ、焔口の途中で、転轍をする。水陸の死者の救済。轍は右から血轍、主轍、水轍である。

35　福鹿渓上の祭壇。放水燈は 13 日午後 5 時過ぎにおこなわれる。

39　転轍後、これらは法船ともども焼却される。

36　幾十もの水燈が流される。水上、水中の孤魂を将来するためのもの。

40　孤魂を載せた法船。焼却場に向かう。

37　水辺までの一行中の鬼神。桃園仁寿宮中元祭

七月一五日　『梁皇宝懺』第八巻〜第十巻の読経。午後、瑜伽焔口、転轙（図版38）（図版39）（図版40）、変食（図版41）。回向。

以上の法会は二〇一〇年以来、彰化の霊山寺から僧侶を招いておこなっている。それゆえ、仏教法会の趣が濃厚である。しかし、参集する人びとにとって、法事が道教式か仏教式かはさほど重要ではない。彼らは好兄弟（無祀孤魂）への施しという趣旨に賛同し、廟を訪れ相応の寄付をする。そして地蔵の前で自身の家の先霊を供養し（図版42）、また現在の家族の「祈安消災長生禄位」を観音に祈る（図版43）。この孤魂、先霊への供養と一家の平安祈祷は一体不可分のものである。廟にきた人たちの表情をみれば、みな、こころから祈りにきていることがわかる（図版44）。

転轙　転轙は「溺死、出血」による死、あるいは各種の非業の死を遂げた小鬼を血の池（血盆、血湖）から救うためのものである[66]。大きな轙が三柱作られる。すなわち水轙、主轙、血轙である（図版39参照）。転轙は今日なお台湾各地でみられる。また福建省でもおこなわれている[67]。一方、祭場には、孤魂の拠り所として不可欠の「同帰所」、また歴代の文人の霊魂の拠り所である翰林院（寒林院）のほか、無祀孤魂を載せて西方にいく法船も置かれている（図版40参照）。

ところで、地蔵王廟の壁に張り出された登記票の数（祈願者数）は五千余り。実際に訪れた人たちはその何分の一であろうが、一廟でこれだけの数の参与者がいるのには驚く[68]（図版42、43、45参照）。鹿港《ルーガン》の各地域の普度は光復後、行政からの指導もあり、七月一五日に集約される傾向がある。しかし、二〇一二年現在、初五城隍廟、初七七娘媽生、十二龍山寺、十五旧宮は今なお、従来通りの日程で普度をおこなっている。この伝承の根強さも注目される。

普度公巡公宴ほか　鹿港の普度に関してはさらに、次のふたつの民俗も興味深い。

第一は、泉州埔錦地域由来の「大普」の民俗で、これが鹿港でなお維持されている。すなわち、埔錦地域では

41　毘盧遮那帽を被り変食の儀をする円明師。彰化霊山寺の僧で、2010年から地蔵王廟の普度を担当している。

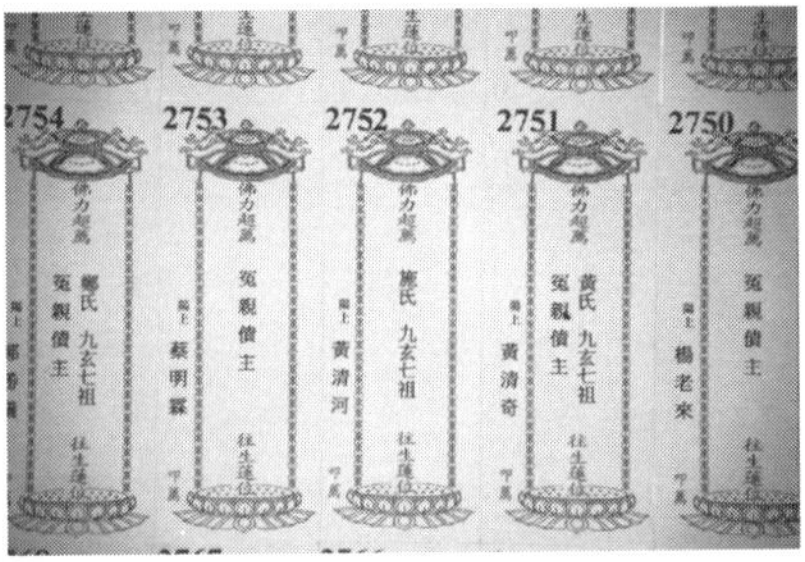

42　壁に張り出された登記票。個々の祈願内容は鹿港の人びとの信仰を反映する。「九玄七祖（歴代祖先）」「冤親債主」「地基主［地主神］」「動物霊、工作傷害蛇魂」「未命名嬰霊」など。

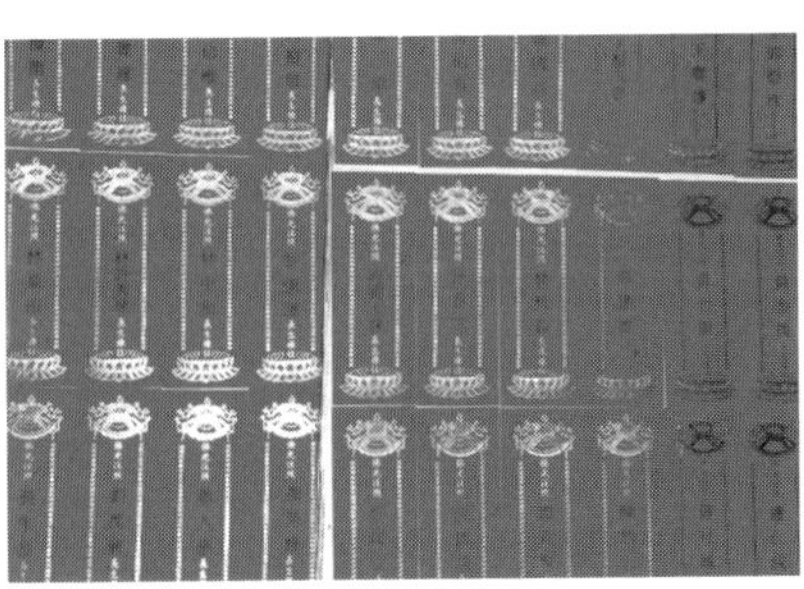

43　観音に長生禄位を祈願する。紅い紙に記名する。

44　燈篙の前にひざまずき、一家の祖霊と孤魂をよぶ。

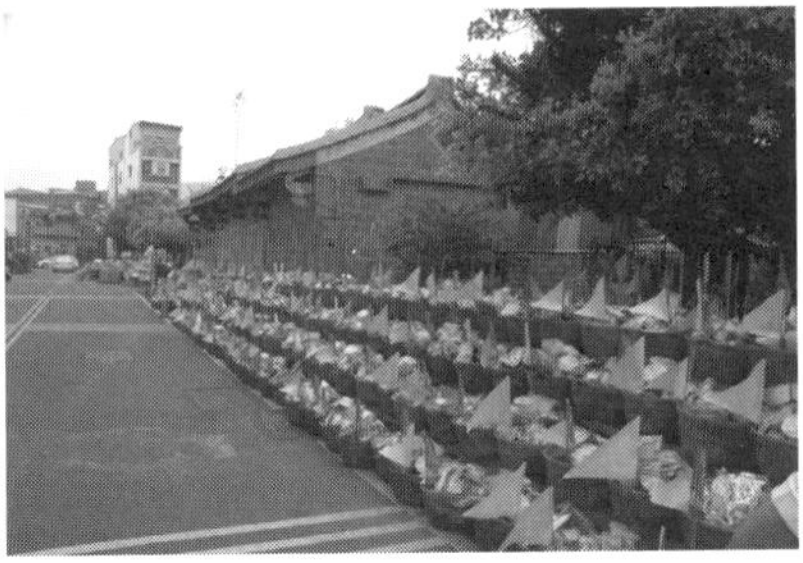

45　廟の外壁の前に並ぶ孤魂への供物。家々からの供物は境内にも並ぶ。外に並ぶ供物は持ち帰るが、境内のものは廟、養老院などに施す。仏教式なので豚の供物はない。

かつて、十二の角頭で特定の姓氏の人びとが干支に従って盛大な普度をおこなった。それは「鼠年埔頭王姓、牛年錦亭陳姓……蛇年埔錦黄姓……」などとなっている。これに基づき、黄姓の人びとは十二年に一度、巳年に普度をする。福建ではすでに消失したこの普度が泉州街の黄氏の間では維持されている（鹿港埔錦一二普）。彼らの多くは、鹿港北部の泉州街、南部の菜園に居住している。[69]

第二は、「普度公《ブドゥゴン》巡公宴」である。これは鹿港北部の後寮仔《ホウリャオズ》で毎年おこなわれている。後寮仔では毎年、交代で爐主を決め、その家に一年間、普度公の神像を安置する。普度公の神像をみると、錫杖を持っていて、地蔵王菩薩と同じである。しかし、富美宮《フメイゴン》では、両者は別の神像で表現されているという。[70] 後寮仔の事例については藤野陽平による参与観察がある（次項参照）。

3　普渡公と巡公筵の儀礼（藤野陽平）

鹿港の北部に位置する後寮仔で旧暦の七月一五日に普渡公が家々を巡る「巡公筵」がおこなわれる。[71] 日本統治期まで七月二〇日だったが、そのころ日程を変更したという。

爐主宅には既に普渡公の壇（図版46）と孤魂への供養のための壇（図版47）が設えてあり、午後二時頃、儀礼が開始される。まずは爐主が普渡公の壇に線香を供え、道士が経を唱える（図版48）。次に孤魂のたの壇の前でも経を唱える。いずれも二、三分の簡単なもので、これが終わると各家庭への巡行が始まる。

巡行は四人組（図版49）でおこなわれる。すなわち、各家庭に用意された壇の前で儀礼を執行する道士、左手に銅鑼、右手にばちを持ち、記録用のノートを小脇に挟む銅鑼を持つ人。「后寮仔　普渡公　正爐主」と書いてある提灯（図版50）を持つ人。その他の道具を運ぶ人。祭儀に必要な道具は「購物袋」（買い物袋の意）と書かれた大きめの袋に入っていて、その袋に各家庭から受け取った紅包《ホンバオ》（ご祝儀）をしまう。道士以外はTシャツ、半ズ

47　孤魂のための祭壇。卓の下には沐浴用の水、手拭いも用意される。道士は二箇所の祭壇で祈念する。

46　普度公の祭壇

ボン、サンダルといった姿であった。爐主の家での儀礼は道長がおこなったが、巡行では若い道士に交代する。

鹿港は中山路や民権路のような大通りや小道の他、人とぶつからずにはすれ違えないような、地図にも載ってなさそうな抜け道も多い(72)。巡行はこうした張り巡らされた大小の道々を縫うように銅鑼の音にあわせて進んでいく。

一行が目的の家庭につくと、家人は道具を運ぶ人から線香を受け取り、紅包を手渡す。道具を運ぶ人は中の金額を確認し、銅鑼を持つ人に伝え、ノートに住所と金額を記録する。紅包には一〇〇元か二〇〇元が入っていることがほとんどで、三〇〇元出したところは三か所、四〇〇元は一か所であった。

その後、儀礼がおこなわれる。まず、家人が壇に線香を供え、拝礼をした後に、道士が壇に向かい経を唱え（図版51）、孤魂の壇の上で芙容の葉で水をふりかけながら鈴を鳴らす（図版52）。わずか二、三分の簡単な祈禱で、一軒終われば、次の家庭へと順々に進んでいく。

各家庭では普渡公のためと孤魂のためのふたつの壇が用意される。必ず、普渡公の壇は家の内側に設け、孤魂の壇は外に向けて設けられる。普渡公の壇には線香、果物、茶などが供えられ、孤魂の壇には豆、塩、粽、果物、飲料水、菓子、缶詰、米、銀紙、洗面用具、箸などが供えられる。孤魂の壇の供物には線香を刺して立てる。

七五軒ほどの家庭を順々に巡り歩いた後、一五時三〇分頃、爐主宅に帰着

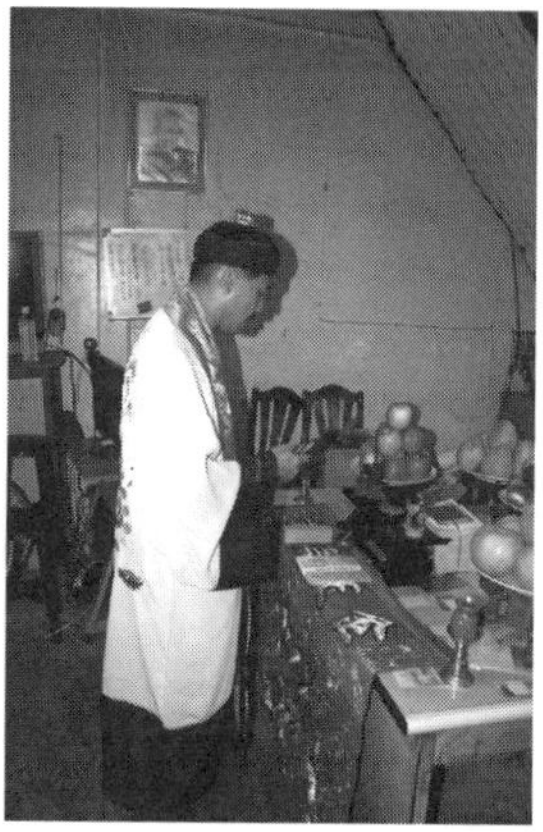

48　道士誦経。家の主の焼香のあと、道士が代わって祈願する。

49　４人組での巡行。

50　普度公燈。

51　道士誦経。

52　道士揺鈴。

53　翌年の爐主の選定。

する。その後すぐに翌年の爐主を誰にするか神に伺いを立てる。これは筊杯《ポエ》を使って決める（図版53）。決めるのは新爐主一名と新首事八名で、この日より一か月後の旧暦八月一五日に新爐主が現爐主宅まで普渡公を迎えにいく。

4　威霊廟の中元祭典

『鹿港寺廟大全』は威霊廟について、次のように記す。

創建年代　清康熙年間（一六六二～一七二二）（図版54）
祭神　大将爺《ダジャンイエ》（大衆爺《ダジョンイエ》）（図版55）。ほかに謝将軍（大爺、七爺《チーイエ》）（図版56）、范将軍（八爺《バーイエ》）（図版57）、牛爺、馬爺、枷爺、鎖爺、七宮夫人、西門土地公《トゥディゴン》[73]夫妻（図版58）をまつる。
在所　菜園路九五号[74]

大衆爺は鬼王、厲鬼である。この祟りを避けるために建廟してまつった。大衆爺の誕生日は、通例、八月二五日だが、威霊廟では五月二七日である。実は、ここの大衆爺はもとは明朝の英雄劉綎大将軍（一五五八～一六一九）をまつったもので、大将爺が正しい。しかし、音の類似から、大衆爺ともよんでいる。伝承によると、この廟の前の辺りは以前、大衆爺塚とよばれた。そのため今に至るまで、人びとはこの廟の前にきて骨を晒し、整えては金斗（甕）に入れたりする。かつて小心者は夜更けに一人、ここを通ろうとはしなかったという[75]。

現在、威霊廟の普度は、地蔵王廟と同様、七月一五日におこなう。儀礼次第は道教式である。起鼓、掛幡、大《ダ》士爺《シイエ》その他の開光（図版59）、請神、瑞幡（幡を降ろして、道士が幡に文字を記し、再度、幡を掛ける）（図版60）（図版61）、午敬（献敬）、誦経（午後）、搭台（午後四時前後）、変食、焼化などの順序である。

ただし、地蔵王廟とは違う点もある。すなわち、この廟では、好兄弟を収める庵（闇）を作り、これを掲げる。

54　2006 年当時の威霊廟。正面には「港底［地名］大将爺」と記されている。内部は相当に老朽化していた。2012 年現在新築中。神像は通りの反対側の仮宮に安置されている。

55　主神の大将爺は明朝の英雄劉綎大将軍。

56　謝将軍（七爺。右ふたつ）ほかの将軍。

57　范将軍（八爺。左ふたつ）ほかの将軍。

58　鹿港西門の土地公夫妻。

59　大士爺の開光。右は山神、左は土地公。

庵（閹）は元来は七月二九日に掲げるものだが、現在は七月一五日にまとめておこなう。庵は、行事の最後「焼化」の際に廟前で大士爺《ダシイエ》や寒林所（図版62）などとともに燃やす。威霊廟の普度は地蔵王廟や天后宮のそれと較べると見守る人も少ない。それはまさに、恐るべき好兄弟を収容して送り返すための儀礼のようであった。

5　天后宮の中元祭典

『鹿港寺廟大全』は玉順里の天后宮（図版63）（図版64）について、次のように記す。

創建年代　「由来已久」。あるいは一七三六年[76]

祭神（主祀）　天上聖母（媽祖）（図版65）

在所　中山路四三〇号[77]

60　瑞幡。左の柱に庵（閹）がみられる。元来は月末7月29日に掲げて、ここに孤魂を収めた。

61　庵（閹）の下部には鬼門がえがかれている。

62　祭儀終了後、寒林所、同帰所（ともに孤魂の拠所）や大士爺などを焼却する。

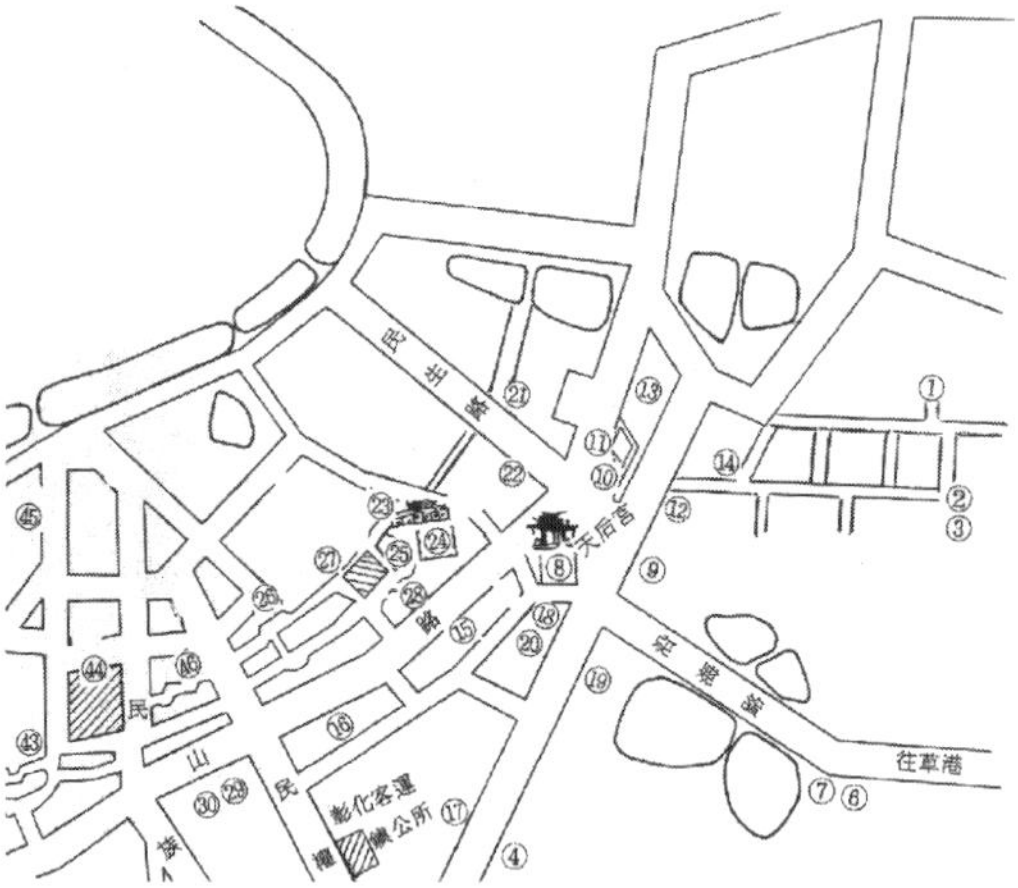

（鹿港北部拡大図）

鹿港の天后宮は台湾全土でも名高く、その分霊をまつる廟は四百座を越えるという。(78) しかし、鹿港で最も早く創建された媽祖廟は長興里の興安宮《シンアンゴン》（興化媽祖廟、一六八四年）である（図版66）（図版67）。この媽祖廟と天后宮（旧祖宮）、さらに一七八六年の林爽文の乱（清朝官吏の汚職腐敗に対する反乱）後、一七八八年に創建された新祖宮（媽祖廟）（図版68）（図版69）が鹿港で最もよく知られた媽祖廟である。

天后宮の最大の行事は旧暦三月二三日の媽祖の聖誕慶祝行事である。そのほか一年中、台湾各地から進香団がきて、廟の内外を賑わしている（図版70）。一方、七月一五日の普度は、道士による祭儀の趣が濃い（次節山田明広「鹿港天后宮における普度法会次第」参照）。

午前中は道壇の開始の儀礼、午後からは『三元滅罪宝懺』『度人経《どにんきょう》』などの誦経が続き、比較的、動きが少ない。晩には普度の核心行事である孤魂供養がおこなわれる。これは「登座化食」とよばれる。

施宣熹《シシュエンシ》道士（一九七二〜）は登座化食の儀礼の途中、五嶽冠（五帝冠）を被り救苦天尊になる（図版71）。そして、法を用いて壇上の供物を無数に増やす（変食）。そのあとで高いところから孤魂に対して食べ物を投げ与える。ただし、実際は、生きた人への施しとなる。飴、餅、銭、果物などが投げられると、人びとはその度に競って拾う。個々の物自体は有り体のものだが、大人も子供もこの普施を待ち望む。これは他界からもたらされるサチを象徴したもの、琉球でいう世《ユー》に相当するものであろう。

66　1684年創建の興安宮。鹿港最初の媽祖廟。元来は福建省興化（莆田）人のための廟であったが、近年では角頭廟と大差はない。

63　俯瞰した鹿港天后宮。

67　興安宮の媽祖。

64　天后宮正面。

68　1788年創建の新祖宮（媽祖廟）。台湾唯一の官幣勅建の媽祖廟。

65　媽祖像。香煙により黒ずんでいるため「黒媽祖」とよばれる。

69　新祖宮の媽祖。

70　台北県三重市慈心堂の進香団。天后宮には随時、こうした進香団が訪れる。2007年9月15日。

71　登座化食の儀（仏教の瑜伽焔口）。施宣熹道士は五嶽冠（五帝冠）を被り救苦天尊になる。

鹿港では、かねてより地蔵王廟、大将爺《ダジャンイエ》廟、天后宮の三箇所で終日、盛大な法会をおこなってきた。また、七月の収庵に漏れた好兄弟のためには、八月二〇日に「拝散魂」の儀をおこなう。その際、家々では草人《ツァオレン》を準備し、巡行する王爺にそれを托す[79]。こうした祭儀は今日も維持されている。その上、この「拝散魂」でもなお収容しきれなかった孤魂のために、一〇月一日、城隍廟の神輿が巡行して孤魂を収める儀礼があった。これを「祭孤魂」というが、この祭儀は今日、途絶えた[80]。以下、天后宮における普度儀礼の次第を山田明広の調査、記録により記す。

6　鹿港天后宮における普度法会次第（山田明弘）

1　はじめに

二〇一二年九月一日（旧暦七月一五日）、鹿港天后宮において中元普度法会が挙行された。前述の鹿港普度歌に

「十五旧宮」とあるように[81]、本廟では毎年旧暦七月一五日に当たる日に中元普度法会がおこなわれている。この年、本法会を主宰したのは施宣熹道長を中心とする「保真壇」であったが、聞くところによると、この年だけに限らず、すでに長年に渡って毎年この「保真壇」が本法会を主宰しているとのことである。「保真壇」は天后宮から程近い大有里菜園路に位置する道士壇[82]で、福建泉州地域の正一派の火居道法[83]の伝統を継承しており、施宣熹道長ですでに三代目となる。[84]壇内では生者救済儀礼と死者救済儀礼の両方の儀礼の伝統が伝承されており、いわゆる「烏頭道士[85]」に分類できる。以下、二〇一二年の普度法会について報告する。

2　中元普度法会の次第

まず、当日行なわれた科儀および使用された科儀書[86]について、時間を追って順に示すと次の表1のようになる。

次に、当日使用された儀礼空間の見取り図を示すと左の図1のようになる。

以下、表1で示した科儀の順に従い、各科儀について説明する。

①起鼓

本法会は、「起鼓」より開始された。「起鼓」とは、開始の合図として太鼓をたたく儀式のことで、これより法会が正式に始まる。まず楽師の一人が最初はゆっくりと徐々に速く太鼓をたたき、その後、爆竹が鳴るのを合図に他の二人の楽師による銅鑼および嗩吶《スオナー》の演奏が加わり、これら三つの楽器による演奏が六分間ほど行われた。この儀式には、法会開始の合図という効果だけでなく、音楽の演奏と爆竹により大きな音を出すことで儀礼の場である「道壇」内の邪を祓うといった効果もある。[87]

②啓聖

次に、壇の三清側にて「啓聖」が行われた。「啓聖」とは三清を始めとする儀礼に関係する神々を壇へと来臨

表１：鹿港天后宮中元普度法会科儀表（2012年）

	科儀名	使用された科儀書	時間
①	起鼓		9：05～9：12
②	啓聖	『霊宝金籙啓聖科儀』	9：15～9：58
③	啓請三界	『霊宝請三界酌献全科儀』	10：08～10：36
④	午供（午敬）	『霊宝午供全科儀』	10：55～11：27
⑤	召請当境孤魂		11：27～11：40
休憩			
⑥	三官経	『霊宝三官妙経全巻』	13：08～13：42
⑦	度人経上巻 三元滅罪宝懺上巻	『太上洞玄霊宝無量度人妙経』 『太上慈悲三元滅罪宝懺』	13：48～14：48
⑧	度人経中巻 三元滅罪宝懺中巻	『太上洞玄霊宝無量度人妙経』 『太上慈悲三元滅罪宝懺』	14：50～15：38
⑨	度人経下巻 三元滅罪宝懺下巻	『太上洞玄霊宝無量度人妙経』 『太上慈悲三元滅罪宝懺』	15：41～16：35
⑩	聖送三界	『霊宝請三界酌献全科儀』	16：40～16：56
休憩			
⑪	鬧庁		19：09～19：20
⑫	鬧座棚		19：30～19：38
⑬	登坐化食	『霊宝焔口科儀』	19：44～22：08
⑭	謝壇送神	『霊宝金籙啓聖科儀』	22：30～22：46

するよう請願する科儀のことである。

まず、侍香[88]を務める道士が火を点けた香を壇内にある各炉に挿していくことで神々に対して献香した。この動作は、通常、壇内でなされるすべての儀式の冒頭でみられる。続いて、高功[89]を務める施宣熹道長が三清前（実際には、天后宮の主神である媽祖像の前[90]）で三清それぞれに対して礼拝して後、途中で点指[91]や歩罡[92]を差し挟みつつ密呪を黙念し、それが終わると後ろ向きで後退して洞案[93]前へと戻った（図版72）。このようにして高位の神々に対してこれから壇に入り儀式を執行することを告げるのである。この動作は、笏（＝朝板）を持ち高位の神々に相対するような重要な科儀において行われるようで、本法会では本科儀のほかに、「③啓請三界」、「④午供」、「⑬登坐化食」といった科儀においてもおこなわれた。この後、歩虚詞[94]を歌う「歩虚」、壇を廻りながらその浄水を撒いて壇域を浄化する

「浄壇」、神々に供養として香を供する「上香」と続き、そして、本科儀の本旨である「請神」となった。ここでは神々の名が高位から低位へと一つ一つ順に読み上げられ、関係するすべての神々に対して壇へと来臨するよう請願された。そのあと、副講が「慶讃中元文疏」という疏文[95]（意文）を宣読する「入意」となったが、この間、施宣熹道長により大士爺をはじめとする糊紙製の神像の「開光」がおこなわれた。まず密呪を黙念し、朱墨を含ませた筆で空中に符を描いて後、その筆で糊紙製の神像の目や耳、手、足などに点を着けていく。これにより、糊紙製の神像を単なる紙の作り物から生きた神へと変化させるのである。この後、神々に香を献じる「運香」や神々に対する「朝礼」、「懺悔」などがおこなわれ、儀式が終了した。

③啓請三界

図1　鹿港天后宮中元普度法会儀礼空間図

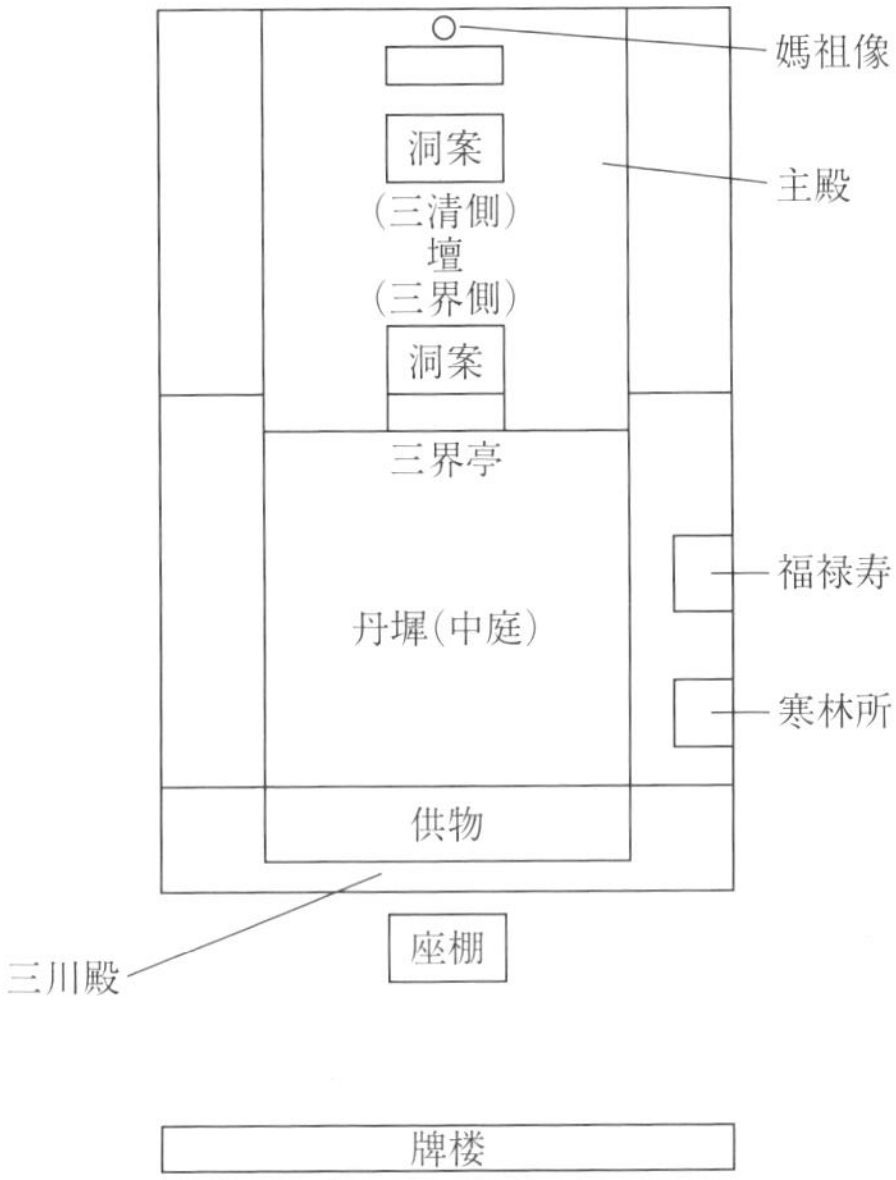

72　施宣熹道長による入壇の所作

続いて、「啓請三界」がなされた。この科儀は三官大帝をはじめとする三界（天界、地界、水界）の神々に対して壇へと来臨するよう請願する科儀で、この前の「啓聖」とは異なり、壇の三界側で三界亭に向かってなされた。まず、この科儀に先立ち、天后宮関係者により廟の二階の凌霄宝殿から三官大帝の神像を道壇内の三界亭まで移動させて安置する「請三官大帝」がおこなわれた。これは道教の正式な科儀ではなく、道士の参与も見られなかった。おそらく、天后宮側の習俗であろう。この後、道士たちにより本科儀が執行され、これにより、本法会に関わるすべての神々が壇へと召請されたことになった。

④午供（午敬）

次に、午の刻（午前一一時～午後一時）に神々に対して供物を供える「午供」が壇の三清側にておこなわれた。まず、神々に向けて発送する文書の焚化がなされた。ここで焚化された文書は、「右、謹んで道経師三宝天尊、四府万霊合壇真宰に進上す。香花を納受し普く供養を伸ぶるを証盟せんことを」[96]といった内容のもので、つまり、三清および四府（天府、地府、水府、岳府）を主宰する神々に対して、信徒らの香花を受け取ったことおよび信徒らが普く供養をしたことを証明するよう請願するための文書であった。ただ、この文章は、準備の段階からすでに「奏鈞天法音呈進」と記された龍牌[97]を上部に貼った直方体状の黄色い方函に入れられており、普通、目にすることはできない。この方函は、科儀の半ばで施宣熹道長が「慶讃中元文疏」を洞案前で宣読している間、廟関係者がその後ろで表盤[98]に載せて捧げ持っていた（図版73）。そして疏文の宣読が終わると、文書を送り届ける役割を担う官将を乗せた表馬とともに表盤に載せたまま廟の丹墀（中庭）にて焚化された（図版74）。

この後、酒、花、灯、菓、茶、酒、食、水、宝といった九種の供物（九陳）を五人の道士たちが順に一品ずつ手に持って舞い（図版75）、一人が舞い終わるごとに後ろで立っている廟関係者にもその供物を持たせて拝させた。これにより神々に対して供物を供するのである。これが終わると、施宣熹道長は方函が焚化された場所まで行き、勅板[99]を用いて方函を焚化した後の灰に向かって空中に呪言を書いた。このようにして使者の官将らに文書を対象の神々の元へと届けるよう命令するのである。[100] この後、道士たちはすぐに寒林所前へと移動し、次の「⑤召請当境孤幽魂衆」がなされた。

⑤召請当境孤幽魂衆

この儀式は、天后宮の境域内の孤魂（無縁仏）を呼び寄せるための儀式である。通常、孤魂の休息の場である寒林所や同帰所前にておこなわれる。道士たち全員で寒林所に向かって歌を唱うのが中心であったが、途中、施宣熹道長が手に手炉を持ったまま振り返って廟の外へと向き、手炉を用いて二～三周円を描いては礼拝するということが数回繰り返された。これにより、孤魂を天后宮へと招き寄せていたと思われる。最後に再び洞案前へと戻り、儀式が終了した。

⑥～⑨拝経懺（三官経、度人経、三元滅罪宝懺）

ここからは午後の儀礼となる。まず、壇の三界側にて『三官経』が読まれた。続いて、今度は壇の三清側にて『度人経《どにんきょう》』上巻が読まれ、そのまま引き続き『三元滅罪宝懺』上巻が読まれた。読み終わると、道士二名が加わって道士三名で寒林所前へと移動し、そこで孤魂と接見し経懺読誦により得た功徳を彼らに回向する（振り向ける）ための「交懺」がおこなわれた。

「交懺」では、寒林所に向かって歌を唱うのが中心であったが、途中、「度人経牒」および「三元懺牒」という孤魂に給付するための二種類の牒文が宣読された（図版76）。いずれの牒文も内容はほぼ同じで、およそ「信徒たちは道教式の慶讃中元道場を行い、〇〇経（懺）の読誦によって孤魂たちを超度し仙界へと往昇させようとしている。孤魂たちはこの牒文を収めてその証明とせよ」という内容であった。つまり、これら二種の牒文は、天后宮における経懺読誦の功徳が対象とする孤魂の救済へと振り向けられることを証明するものであると言える。『度人経』と『三元滅罪宝懺』の読誦およびその後の「交懺」は上・中・下巻と三度に渡っておこなわれ、「度人経牒」

73　廟関係者が方函を表盤に載せて捧げ持っている様子

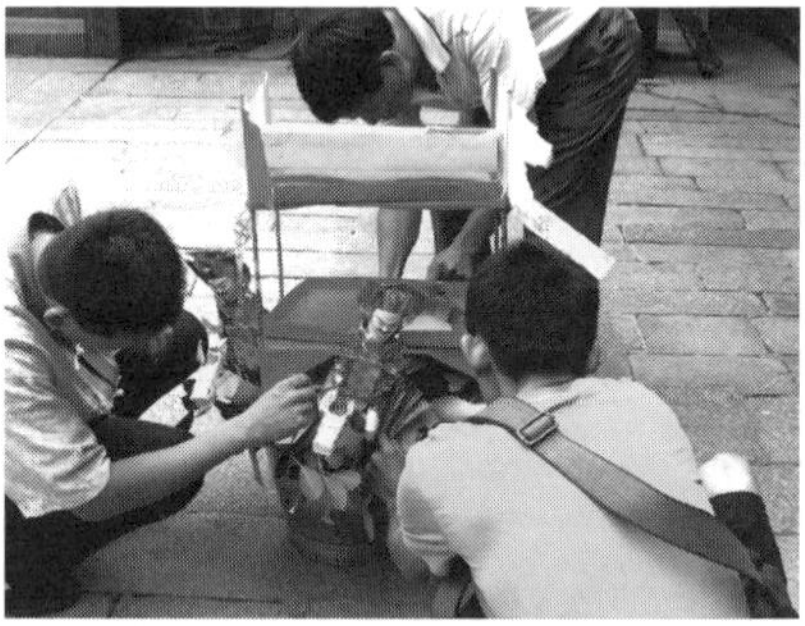

74　表盤に載せた方函を焚化しようとしている様子。文書を送り届ける役割を担う官将を乗せた表馬も一緒に焚化された

75　施宣熹道長が「菓」(菓子)を手に持って舞っている

76 「交儀」における牒文の宣読

77　道壇の三界側で三界亭に向かって「聖送三界」が行われている様子

78　座棚。卓上には、孤魂に対して普度が行われることを告知する榜文（「孤魂榜」）が掲げられている

については三度通して同じものが使用されて、三度目の「交懺」の後にようやく焚化されたが、「三元懺牒」は上・中・下巻と合わせて三道あり、「交懺」が一度なされるごとに一道が宣読され、焚化された。

⑩聖送三界

続いて、「③啓請三界」で召請してきた三官大帝をはじめとする三界の神々を送り返す科儀「聖送三界」が、召請時と同様、道壇の三界側で三界亭に向かっておこなわれた（図版77）。この科儀では、「③啓請三界」で使用されたのと同じ『霊宝請三界酌献全科儀』という科儀書が用いられ、施宣熹道長はそこに記載されている神々の名を余すところなく読み上げた。このようにすることで、「③啓請三界」で召請して来た神々を送り返すのである。途中、上部の龍牌に「玉京金闕下　呈謝」と記された方函[101]の焚化がおこなわれた。科儀が終わると、法会の間三界亭に安置されていた三官大帝像が元に戻されるとともに、糊紙製の三界亭が廟の外にて焚化され、夕食となった。

⑪鬧庁

夕食休憩をはさんで後、ここからは夜の部となる。まず、道壇内にて「鬧庁」がおこなわれた。「鬧庁」とは、音楽の演奏のことで、この時は、太鼓と銅鑼各一名および嗩吶《スオナー》二名による演奏が一〇分ほどおこなわれた。この「鬧庁」には、「①起鼓」のところでも述べたように、大きな音を出すことにより「道壇」内の邪を祓うといった効果があるとともに、音楽を神々に対して奉納するといった効果もあると考えられよう。

⑫鬧座棚

続いて、廟埕（廟前の広場）へと移動し、「鬧座棚」がおこなわれた。「座棚」（図版78）とはこの次の「⑬登坐化食」すなわち孤魂に対して施しをするために三川門前に設けられた壇のことで、「鬧座棚」とは、この「座棚」で行う音楽の演奏のことである。この時は、演奏の前に、まず、二名の道士が火を点けた金紙を手に持ち空中に円を描きながら「座棚」の周囲を廻った（図版79）。こうすることで、場を浄化するのである。続いて、音楽の演奏となったが、「⑪開庁」の場合とは異なり、新たに胡琴の演奏と歌も加わり、非常に賑やかかつ盛大なものであった。これにより、「座棚」の邪が払われ、浄化されて、次の「登坐化食」をおこなう準備が整ったことになる。

⑬登坐化食[102]

ここからは、いよいよ、本法会の主眼、すなわち孤魂に対して施しをする「登坐化食」となる。本科儀は、まず、廟内の壇にて侍香による献香および高功である施宣熹道長による入壇の所作がおこなわれた後、しばらくの間、壇の三清側にて歌が唱われた。続いて、福禄寿前および寒林所前へと移動し、各所において歌と呪言による礼拝を行った。その後、三山殿内の供物が並べられている卓へと移動し、浄水を撒きながら供物の周囲を廻り浄化する「巡筵浄孤」をおこなった。さらに廟の牌楼の下に置かれていた大士爺、最後に座棚前へと移動し、各所にて歌と呪言による礼拝をおこなった。これらの動作により孤魂たちを速やかに座棚前へと赴かせるのである。

座棚前での礼拝が終わって後、まず施宣熹道長一人が座棚へと登り、折り畳まれた五帝冠に対して手訣を施し、さらに五帝冠を広げて座棚前で横に一列に並んだ他の道士たちに示すと、道士たちはそれに対して三拝した。その後、他の道士たちも座棚に登ると、施宣熹道長は浄水を付けた勅板を用いて左右に文字を描き対聯を作る「掛匾」をおこなった（図版80）。そして、施宣熹道長以下道士たちが本科儀の科儀書である『霊宝焔口科儀』を掲げて孤魂に対して示す「開宝巻」をおこなった（図版81）。これにより本科儀が本格的に開始された。

しばらく歌と呪言が続いて後、施宣熹道長は五帝冠を卓上に広げ、冠上に描かれた五帝の図一つ一つの上に異なる数の米粒を置く「安五方」をおこなった。そして、種々の手印を結んで後、五帝冠を頭に着けた（四三四頁図版71参照）。これにより施宣熹道長は太乙救苦天尊へと変身したのである。この後、呪言を唱えるごとに香を一本ずつ紅亀（表面を赤く着色した饅頭）の上に挿していき、十三本になると廟関係者に大士爺のもとへと香を挿した紅亀を持って行かせて拝させる「進包仔香」がなされた。これにより、種々の孤魂を召請するとともに香湯による沐浴を受けさせ、清浄な身へと変えさせるのである。さらに、道士らが歌を唱う中、施宣熹道長が香・花・灯・塗・香・楽の六種の品を印で表現することで三宝尊らに供養する「六供養」および呪言により法食を無量無辺にする「変食」がおこなわれて、いよいよ孤魂に対して施しをする「施食」となった。

「施食」では、施宣熹道長が卓上に並べられた種々の食物を浄水で浄化した後、孤魂（実際には、座棚前に集まった人々）に投げ与えるということが繰り返しなされた。この時、座棚前に集まった人々は、その投げ与えられた食物を我先に拾い上げた。人々にとって、この食物は、単なる食物ではなく、食することでその年を平安に過ごせるという重要な意義を持つからである。

孤魂に対する施しが終わって後、孤魂に向かって道・経・師の三宝に対して帰依するよう説く「三帰依」および十戒を守るよう説く「伝戒」がおこなわれ、さらに孤魂が衣食を受け取り仙界へと往生できるよう祈願する牒

79　座棚の浄化

80「登坐化食」における「掛匾」

81「登坐化食」における「開宝巻」

82 「謝壇送神」の様子。同時並行で壇の撤収も行われた

83 「慶讃中元文疏」の一部。中ごろに「慶讃中元祈安植福」と記載されている

文が宣読された。その後、道士たちは立ち上がり、孤魂の往生を願う歌や孤魂を送り返す歌などを唱して孤魂を送り返して、それから廟内の壇へと戻って本科儀は終了した。そして、この後すぐに本科儀に関係する糊紙製の大士爺像や寒林所などが焚化された。

⑭謝壇送神

最後に、関係の神々に法会への参与を感謝するとともに天上へと送り返す「謝壇送神」が壇の三清側にておこなわれた。本科儀では、「②啓聖」で使用したのと同じ『霊宝金籙啓聖科儀』が使用されたが、施宣熹道長によってそこに記載されている神々の名が一つ一つ読み上げられることにより、「②啓聖」で召請して来たすべての神々に対して謝意を示すとともに彼らを天上へと送り返すのである（図版82）。最終的に燃え残った香および使い残った浄水をすべて炉に投げ入れることで本科儀が終了した。

この後、本法会において使用された山神などの糊紙製の神像が焚化され、本普度法会はその幕を閉じた。

3　おわりに

本法会は死者救済儀礼に属すると言える。しかし、本法会において使用された「慶讃中元文疏」や「度人経牒」などといった文書に「慶讃中元祈安植福（中元を称揚して、平安を祈り、幸福を成す）」（図版83）などといった記述が見られるように、一方では、生者救済儀礼でもある。このことは、法会の次第に「三官経」、「啓請三界」、「聖送三界」といった基本的には生者救済儀礼でしか用いられない経や科儀が含まれているとともに、「度人経」や「三元滅罪宝懺」といった死者救済儀礼専用の経や懺も含まれていることにも表れている。このように、道士たちが中元節において本法会のような普度法会をおこなうことには、孤魂を救済し彼らからの悪影響を防ぐとともに民衆に平安・幸福をもたらすという二つの極めて重要な意義が有るのである。(103)

7　小考――鹿港七月普度の意味

鹿港の普度《プドゥ》は以上のように今日、なお伝来の祭祀性を伴ってなされている。それは一体、何を物語り、意味するのか。ここではそれを考えるべきなのだが、あらかじめいうと、ここにはかけがえのないものがあるというだけのことで、それ以上はいえない。とはいえ、事実を多方面から述べてきたこともあり、以下、この普度の特徴を振り返ることで、さらなる考察のよすがとしたい。

一般論として近代化の進展のもと、基層文化は地域を問わず、衰退していく傾向にある。鹿港の普度もかつてのように七月一か月を祭儀の時間とすることはできなくなった。とはいえ、鹿港では次の点でなお、十分に特徴がみられる。三点をあげておく。

第一、各家庭の祖霊祭祀だけでなく、地域に蟠《わだかま》る孤魂の祭祀を手厚くおこなう。鹿港には現在、二八の百姓公《バイシンゴン》の祠堂がある。[104] その多くは今なお年末や七月には近隣住民によりまつられる（図版84）（図版85）。これは人びとが普度《プドゥ》の元来の意味を忘れていないことを意味する。民間祭祀には経典がない。それゆえ、ともすると仏教、道教の儀礼に収斂しかねない。このようななかで百姓公を守り続けているのは鹿港の大きな特徴とおもわれる。

第二、中元祭祀のなかで地蔵、大衆爺（大将爺）といった冥府関連の菩薩、神将のほかに、媽祖（天上聖母）が崇敬される。これは七月の普度を通して、人びとが冥界と現世の双方に均衡よく関心を注いでいることを示している。おそらく、この均衡は宋代に盂蘭盆会が目連戯を伴って半ば世俗的に（民俗化して）おこなわれたとき以来、みられたものなのだろう。普度が寺廟のなかの一儀礼に留まるならば、そうした均衡は生まれにくい。閩南や台湾では死霊儀礼が生の儀礼ともなっている。

第三、鹿港の普度は人びとの積極的な参与という点で出色のものである。以下の三点はこれをよく示す。

①普度における普施の賑わい（壇上から撒かれた物を争って拾うこと）

この賑わいは、鹿港に限らず、閩台地域に広くみられる。孤魂供養の宗教儀礼としては異様かもしれない。これがとくに際立つと、「搶孤」（高所に置かれた孤魂への供物を競争して奪い取ること）のようなかたちで観光化されるだろう。[105] しかし、鹿港では見世物ではなく、人びとはごく自然に孤魂への普度に参与する。そして、その供養がこの世の長生、福録につながることを信じて、飴や餅を必死に拾う。これは琉球の人びとの世《ユー》（豊饒）招来に対する願いに通じるものであろう。[106]

こうした参与がなくなるとき、普度は変容する。そのとき普度は宗教儀礼の一コマ、単なる施餓鬼となる。

②普度公巡公宴

84　鹿港北部東石里の百姓公。ふたつの小祠を併せてまつる。7月16日にはもちろん供物が供えられる。

85　菜園里の百姓公。この背後は鹿港小学校の校庭である。鹿港の街全体が孤魂を敬う。孤魂への畏怖は朝鮮半島や琉球にもあるが、こうした祠はみられない。

爐主は誇りを持って一年間、普度公を自家の神棚に安置する。これは現今の生活環境から考えると、容易なことではない。鹿港でも今では後寮仔《ホウリヤオズ》でだけ伝承されている。これを取り上げた陳一仁は、二〇〇四年の著書で後寮仔の巡公宴は「何年かすると、ほかの角頭と同じように絶えるかもしれない」と述べた。[107] しかし、二〇一二年には七五戸余りが参与している（前引四二六頁以下）。これを踏まえると、なお当分は維持されるだろう。ちなみに孤魂への供物はその夜、各家庭での宴に用いられる。普度公の巡行は琉球の年の夜《トゥシヌユー》の来訪者マユンガナシなどにも通じる。これは他界からの来訪者であろう。

③孤魂供養の奉納芸能

後寮仔の人びとは拠金して孤魂供養の布袋戯を奉納した（図版86）。二〇一二年七月の鹿港では、ほかには奉納芸能はなかったが、芸能の奉納は孤魂供養のより具体的な行為であり、貴重である。ちなみに福建の莆田や閩南では、七月半ば（または十月半ば）には、今も傀儡目連戯がよくおこなわれる。これは人びとの参与があるからこそ維持されている。そうした芸能の奉納という点では、鹿港よりも福建省晋江《ジンジャン》県のほうがなお盛んなようである。泉州地域と鹿港の基層文化を比較すると、一般に法事、祭儀は鹿港のほうに伝来のものが多く残るが、こと芸能の奉納に関しては泉州、とくに晋江県の伝承がより濃厚で際

86　後寮仔住民の拠金による布袋戯。孤魂への奉納。奉天宮の前で7月15日の午後しばらく演じていた。紅紙に「普照陰光」「衆善信敬叩」と記されている。

立つ。この点は興味深い。

以上、「人びとの積極的な参与」の具体例を三方面から述べた。これは結局、第一、第二の点ともつながる。こうした近隣住民の参与がなくなれば、宗教者による祭儀本位、あるいは保存を目的としたものとなっていく。国家や地区の行政が認める「伝統文化」「無形文化財」は往々にしてその道を進んでいく。ところが、鹿港の七月普度はそれを免れている。市場に寄った人びとが普段着のまま廟にでかけて祈る。七月はそれがより熱心になされる。こうした日常がみられることは貴重である。そのことの意味は、近代という時代が進むに連れ、いよいよ大きくなることだろう。しかし、わたしたちはその真の意味が何なのか、まだ十分知ることができないでいる。それは喪失してからわかるのかもしれない。

七　鹿港の寺廟

1　五方を護る土地公（藤野陽平）

1　土地公について

台湾では「田《ツアン》頭《タ》田《ツアン》尾《ボエ》土地公《トオティイコン》」という言い回しがある。田んぼの両端には必ず土地公を祀っているというほど、いたるところに土地公を祀る施設があることを表現したものである。鹿港でも土地公は多くの廟で配祀としてまつられている。その信仰形態は独特である。というのは、ここの土地公廟は地域を護るかのように東西南北と中央の五つ[108]が存在し、それぞれの区域ごとの信仰の核となっている。鹿港出身の研究者、陳一仁も「鹿港には四四の廟宇があるのだが、筆者が最も興味引かれるのは土地公廟である」と述べているように、鹿港の土地公廟はこの地域の民俗文化の中心的存在の一つと言っていいだろう[109]。ここでは五つの土地公廟を紹介し、鹿港の宗教文化の特徴を紹介したい。

鹿港の土地公廟全体に共通する点で特記すべき点として、北方土地公の福徳祠は土地公を主神としているが、それ以外の東・西・南・中央のいずれの土地公も単独の土地公廟ではなく、王爺をはじめそれ以外の神を主祀とする廟の配祀として祀られているという点であろう。これは重要視されていないということではない。小祠で祀られるゆえにむしろ生活に密着した親しい神であるという点を反映しているとみるべきだろう。以下、鹿港の土地公信仰を東方・西方・南方・北方・中央の順に紹介する。

2　鹿港の土地公信仰

(1)東方土地公――景霊宮（景福里景福巷一一九号）（図版87）

東方の土地公廟、景霊宮は現在では王爺の廟とされているが、日本統治期の調査では、本廟の前身、景福宮の主祀は福徳正神と蘇府王爺の併記で、「どちらが主神という区別はないので、併記する」とされていたという[110]。また、増田福太郎の報告では「土地公が街庄の安寧を守護すると信じ、住民の信仰する者が多かった」ところ、嘉慶年間（一七九六～一八二〇）の大修理の際に新たに王爺を併祀するようになったといとあり[111]、土地公が先に祀られていたという記録もみられる。

現在の主祀は蘇府三王爺（誕生日は四月一二日）である。陪祀は福徳正神の他、土地婆、観音菩薩、丁府王爺、二朗神、剣童、印童、番府王爺、李府王爺、玉神、呂山法主、太子爺、六神、蘇府李夫人、蘇府三夫人、白夫人、夫人媽、丁夫人媽、蘇府朱夫人等である。

創建は雍正三年（一七二五）とされる。現在は廟名を景霊宮としているが、そのころは景福宮と言っていた。道光元年（一八二一）には、当時浯州と呼ばれていた金門島出身の李海泉が浯州の浯徳宮から蘇府三王爺像を招き、廟を建てる。咸豊三年（一八五三）四月には土地公のため「景福宮」を設立し、牛墟頭の許姓の神となる。民国七二年（一九八三）の改築時まで主祀は福徳正神と蘇府三王爺であったのだが、この時から蘇府三王爺だけが主祀となり、土地公、土地婆は陪祀となったという。(112)

本廟での特徴的な祭りに四月一六日におこなわれる「安営鎮符」という遶境を挙げることができる。この祭りでは一三本の営杙という杭を打ち住民の厄を祓うという。この儀礼の区域として、北は自由路、正興街、鹿港第二公墓から、南は館前路前の台電変電所一帯、安平鎮賜福宮、石厦街復興宮まで、東は中正路に接する許厝埔十二庄の西縁集落、橋頭三庄から、西は中山路、介寿路三段までである。

本廟にも伝説が残っており、同治一〇年（一八七一）、鹿港《ルーガン》に旱害が起き、童乩《タンキー》に王爺を降ろし雨乞いの儀式をおこなったところ、すぐに雨が降ったという。この後に廟の名称を「景霊宮」と改称したようである。また、明治三〇年（光緒二三、一八九七）には水鬼が牛墟頭の池に現れたので、本廟の王爺が退治し西方に撃退したという。(113)

⑵西方土地公――威霊宮（大将爺廟）大有里菜園路九五号

西方土地公（図版88）は鹿港五大廟の一つとされる大将爺《ダジャンイェ》廟の中に祀られている。そもそも、この廟に西方土地公が祀られるようになった経緯ははっきりしないようである。陳によれば『鹿港寺廟大全』には民国二三年（一九三四）の区画整理で大将爺廟内に移されたというような記述がみられ、昔日には、西福徳祠という祠があったと考えることもできるようなのだが、それよりも古い大正中期の「鹿港街寺廟台帳」という資料には威霊廟の

87　東方土地公　景霊宮

88　威霊宮の土地公像

創立は嘉慶二〇年（一八一五）で主神は大将爺、福徳正神、福徳媽は配祀とされていて、すでに西方土地公が本廟に祀られていることになる。そもそも西福徳祠という祠があったのか、いつから土地公が祀られるようになったのかは、今のところ歴史資料では明らかになっていない(114)。

本廟の主祀は大将爺で誕生日は五月二七日とされる。劉綎という歴史上の実在の人物を神格化したもので、彼は明末清初に後金（後の清）軍との戦いで戦死した将軍であった。明の隆慶二年（一五六八）に生まれ、一六歳で従軍、「鑌鉄刀」という重さ一二〇斤の武器を使い、「劉大刀」と称された。ミャンマーや朝鮮半島で活躍、文禄・慶長の役にも参加しているが、明代万暦四七年（一六一九）にアブダリ岡《フチャ》の戦いで戦死したという。

配祀としては七宮夫人媽（七娘媽）（誕生日七月七日）、西方土地公（二月二日）、范、謝、董、魏、周、熊の六神将軍がいる。

本廟で配られている資料によれば二〇〇〜三〇〇年前に大陸からの移民が当時発生した疫病に際して、大将爺に祈りを乞い、その後、建廟したとされているが、詳しい創建年はわからないようだ。それでも乾隆九年（一七四四）から嘉慶乙亥年（一八一五）にかけて大改築したという記述はみられるので、この時期には廟があったということになる。その後、光緒辛卯年（一八九一）に改修し、日本統治期の一九三七年には鹿港市街地の再開発で山門と拝殿が取り壊され、一九四五年台風により被害、一九五四年再建し、二〇〇九年より改築中である。

本廟の伝説として一九五八年の金門砲戦が起きる前、大将爺《ダジャンイェ》は童乩を通じて金門に行きたいというので、その指示に従って海岸で五艘の紙の船を燃やした。その後、金門砲戦が発生、大将爺は金門に兵士を守りに行ったのだと気がついたというものがある。(115)

本廟の特徴的な儀礼として七月一五日の（以前は七月三〇日）「収庵」があげられる。七月一日に鬼門が開いて地蔵王が「好兄弟」を現世に開放した後、大将爺が彼らの魂を回収し地獄へ鬼を送るという儀礼なので、鬼月とされる旧暦七月の最終日三〇日におこなうのが従来の姿であり、現在の一五日では鬼が現世に出ることができる期間が短縮されてしまうのではないかとおもうのだが、ともあれ、今日では一五日におこなわれている。

七月一五日の午前中に掛幡、開光、請神、道士写幡、瑞幡、献敬がおこなわれ、午後に頌経、夕方に塔台、変食、二三時ごろから焼金紙がおこなわれる（「4　威霊廟の中元祭典」、四二九頁以下参照）。

(3)南方土地公――護安宮・福徳宮、王爺廟の中の土地公廟　新興街二七号、復興南路七三号

鹿港《ルーガン》市街地の南端、福鹿渓《フールーシ》のすぐ近くに本廟は位置している。鹿港中心地に位置する廟は、歴史はあっても土地がないために、こじんまりした設えのものが少なくないが、ここ護安宮は広々とした庭園や池もある比較的広々とした造りになっている。この護安宮の中に位置するのが、南方土地公を祀る福徳宮である。福徳宮は「廟中之廟」と呼ばれ、文字どおり、護安宮という王爺廟の中に土地公廟があるという独特な作りになっている。

護安宮の主祀は呉府千歳で、別名に呉王爺、呉大人、呉恩玉、呉千歳、船頭王爺等がある。本名は呉普という実在の人物で、三国時代の江蘇省都江県人、華陀に医学を習い各種の医術に通じ、皇太后も治療したと伝えられている。陪祀は呉夫人媽、七位夫人媽（冀夫人、蘇夫人、堯夫人、李夫人、桃夫人、伍夫人、欽夫人）、四府千歳（七府千歳、

劉府千歳、乞府千歳、高府千歳）、五府千歳である。

護安宮は康熙五十一年（一七一二）、住民が泉州より移民してきた際に伝来した呉府千歳を開基として建廟。光緒元年（一七八七）に正式な建廟を行い、その後も民国六七、八一年に改築し、民国八九年（二〇〇〇）福徳宮が完成している。

福徳宮の前身は清朝期に建築された南方土地公廟とされるが、昭和一八年（一九四三）の記録には「南方土地廟は四〇年ほど前（つまり一九〇〇年前後）に暴風で倒れたが、未だ再建されていない。神像は文徳宮にある」と記載されている。その後、文徳宮に移されたとされる土地公像は所在不明になっていたという。また、護安宮が配布する農民暦によれば、一九三九年に福鹿渓が決壊し、福徳祠とともに、土地公像や文物も流されたという。いずれにせよ廟は無くなり、神像も行方不明となっていたところ、民国八三年（一九九四）、街尾の里長の夢の中に南方土地公が現れ、調査してみると文武廟の近くに住む人の家から土地公像（図版89）が発見され、廟が建てられることとなり、民国八九年に完成したのが福徳宮である。

廟のすぐ隣、楊橋公園も本廟と関係している。現地には木造の粗末な橋しかなかったのだが、嘉慶一七年（一八一二）、楊桂森という人がお金を集めて、「利済橋」という立派な橋を造った。後の人はかれに感謝して「楊公橋」と呼ぶようになったが、この橋があった場所がここである。

本廟には以下の伝説が伝わっている。陳という名の童乩《タンキー》の舅が一九九〇年ごろ祖先の墓で撿骨「第二次葬。骨を拾い整えること」[116]中に女の孤魂にであう。千歳を童乩に降ろして尋ねると、女の魂はその男性と結婚したいといい、憑りついたのだが、妻はこの女の魂との結婚に反対する。その後、千歳によって調停してもらい、大量の金紙を燃やすことで男性は、解放されたという。

本廟を最も特徴づける儀礼として「慶端陽」と呼ばれる儀礼があげられるだろう。旧暦五月五日の端午節の丑の刻に彰化県の二水まで水を汲みに行くという儀礼であるが、この時に持ってきた水は牛時水とされて廟に置かれ、瓶に入れて参拝者らに配られる。この水は腐ったりしないとのことで、廟内での儀礼中に何かを混ぜるときに利用したりする。また、自宅に持ち帰って飲んだり、食事に利用したりすれば平安が保たれるという。六千本ほどの瓶に詰められて、参会者に配られる。最初に童乩《タンキー》がその場所を指定したといい、毎年の儀礼には童乩の他に法師も同行する。朝七時ごろ出発し、現地についた後に、現地の童乩の同意を得てから水を汲み、夕方六時ごろ廟に戻る(117)（図版90）。

(4)北方土地公――福徳祠、残された最古の土地公廟、玉順里三條巷一号

北方土地公の福徳祠（図版91）は鹿港《ルーガン》のシンボル的存在である天后宮のすぐ近く、奉天宮という王爺廟に隣接

89　福徳宮の土地公

90　廟に保管される午時水

91　北方土地公　福徳祠

し「北頭」という角頭に位置する。北頭は漁村で、鹿港で最も早く開発された地域の一つである。本廟を最も特徴づけるのは東西南北と四座あった土地公廟のうち東西南は他の廟に取り込まれる形で続いているが、ここだけは廟が残っているという点である。また、「鹿仔港福徳老爺」もしくは「土地祠」という別名もあったという。

建廟時期は、雍正初年（一七二三）、雍正三年（一七二五）、光緒五年（一八七九）、光緒一二年[118]（一八八六）など諸説がある。

他の土地公廟と比べて実際の歴史が長いので、歴史的な文物も残されている。たとえば、乾隆二三年の花瓶、道光年間の対連等がある。

主祀は福徳正神と帯子土地公で、陪祀には土地婆、財神爺、「温・鄭」二聖者、「招財、進宝、利市、納珍」四聖者などがいて、以前は池府王爺、玄天上帝も祀られていたという[119]。

(5)中央土地公――潤沢宮、彰化県鹿港鎮大有里后宅巷七号

最後は中央の土地公が祀られている潤沢宮《ルンザーゴン》である。主祀は李殿王で、俗称として李天王、李府王爺などとも呼ばれる。寄祀は什三王爺で李殿王と什三王爺は泉州晋江県后宅郷の祖廟から分香したとされている。潤澤宮のある場所が「后宅」というのは祖地に因んでいて、ここは鹿港の銭江施姓の角頭である。その他の配祀は温⊠雷三千歳、朱邢李六姓府千歳（欽、順、黄、張、呉、什三）、福徳正神、駕前八童児、鳳妃府七位夫人、什三王爺、船頭媽、呂山法主、中壇元帥等が祀られている。

本廟は雍正八年（一七三〇）に創建と伝えられているが、道光元年（一八二一）には蘇文龍という男が土地を出し、和安号の施衍銅が吉兆の土地を占って廟を改築した。

現在も道光、同治年間の扁額が残っているように、廟自体は歴史があるのだが、陳によれば上述のように以前

は鹿港の土地公は中央を除いた四つであったとされており、中央の土地公が祀られたのはどうやらそれほど古いことではないようである。[120]

本廟にはいくつかの伝説が伝えられている。林の報告では日本統治期に米軍機の爆撃があり、近所の者二〇〜三〇人が廟内の神卓の下に身を隠していたところ、二発の爆弾が直撃したが、一発は神卓の上に落ちたが不発、もう一発は地上に落ち、爆発したが、奇跡的に誰もけがをすることはなかったという。また日本統治期、文武廟が日本に占用され、文衡聖帝（関公）は廟の前の池に捨てられた。これを拾い上げようとする人がいれば日本軍兵士は発砲した。その後、潤沢宮の信徒らが水に入って、関公を「救い」出し、潤沢宮に神像を安置した。廟内の「輔聖功高」という扁額はこの時の話を記したものであるという。[121]

２　地域別主要寺廟

１　寺廟数、選択基準

『鹿港寺廟大全』[122]に基づき、以下のように鹿港を一六の里に分けた。これはおおよそ北部から南部へと配列されている（前掲、四二〇頁の鹿港寺廟地理位置図参照）。ここでは各里の寺廟のうち、いくつかを選んで記述した。記述にあたっては、上記『鹿港寺廟大全』のほか、林志雄『神遊鹿港――寺廟伝奇』を主として用いた。後者によると、鹿港の寺廟は代表的なものだけでも一〇七座ある。[123]以下では、これらのうちから二九の寺廟を選んだ。選択の基準は、鹿港の各地域の来歴や特徴を知るのに役立つという点である。しかし、これはもとより主観的なものである。いうまでもなく、どの寺廟もまつる人びとにとってはかけがえがなく重要である。本来ならば、各里ごとにすべての寺廟を精査した上で、そのかけがえのなさを記すべきであろう。しかし、現在のところ、その準備ができていない。それゆえ、選択的紹介となった。この点は遺憾だが、後日の探究のため、『鹿港寺廟大全』

に記された各里の寺廟名だけはすべて記載しておいた。参考とされたい。

(1)東石里
(2)郭厝里
(3)玉順里
(4)埔崙里
(5)新宮里
(6)順興里
(7)景福里
(8)洛津里
(9)頂厝里
(10)泰興里
(11)長興里
(12)興化里
(13)大有里
(14)菜園里
(15)龍山里
(16)街尾里

なお、前節までに取り上げた寺廟（龍山寺、天后宮、潤沢宮、土地公など）についてはその旨記して、本項では省略した。

また、上記の里とは別に、鹿港の人びとは、鹿港全体を次の八地域に分けて暮らしてきた。これは古い集落単位に基づくものだが、現在もなお生活、とくに宗教活動においては機能しているとのことである。[124] 鹿港人の実生活の基盤を知るには必要な区分なので、下に記しておく。

2　鹿港、八地域

一、大街：順興街、福興街、和興街、泰興街、長興街（以上の総称、五福街）、崎仔脚、城隍廟口（飫鬼埕）、菜市頭。

二、北頭：土地公宮口、船仔頭（土地公宮後）、後寮仔、郭厝、東石。

三、宮後：普度地、大圍、鴨寮、城隍宮後。
四、泉州街：前街、後街、牛瘟堀、店仔口。
五、碼頭：婆仔寮、打粽埕、新宮口、王宮埕、埔頭、楊藍、九間厝、低厝仔、後車路、六路頭、九坎仔、車埕、后宅、港溝墘、車圍、石廈、頂菜園、下菜園、馬路、地蔵王宮口、温王爺館口、龍山寺口、菜堂、港底、中厝。最後の四集落は碼頭（埠頭）の低所にあり港底とも総称する。
六、街尾：文祠口、土城口、板店街、石廈街仔、安平鎮、頂街尾、中街尾、下街尾、大橋頭、竹圍仔、文祠後。頂街尾以下の集落を新興街と総称する。
七、興化宮：車路口、金盛巷、狼狽埕（長培埕のことであろう）、米市街、粟倉、草仔市、興化宮口、草厝、魚池口、杉行街。
八、牛墟頭：公館後、田仔墘、横街仔、杉門後、豆菜寮、崙仔頂。

上記の集落名は大方はその由来が推察できる。ただし一部は、ある特定の姓氏の居地で、その一派の堂号や祖籍の地名に由来し、推測しがたい。たとえば、后宅、石廈、埔頭、楊藍（瑶林）などで、これらは施姓の人びとの居住地である。(125)

3　寺廟の性格

今日、鹿港の寺廟の性格については次のように四分類されている。(126)

①閤港廟《ハーガンミヤオ》　これは特定の地域、宗族とかかわりなく、鹿港の住民全体によってまつられる廟である。龍山寺、天后宮、城隍廟、文昌祠、武廟、地蔵王廟、威霊廟（大将爺廟）などがそれである。

②角頭廟《ジャオトウミヤオ》　角頭は祭祀圏の最小単位。鹿港街区には三〇余りの角頭がある。各角頭には神明会あるいは廟

宇がある。王爺廟が多い。

③人群廟《レンチユンミヤオ》　祖籍を同じくする人群《ひとびと》がまつる廟である。鹿港には三座ある。すなわち、客家人の三山国王廟、興化人の興安宮、南靖県人の南靖宮である。人群廟には同郷会館の機能もある。

④宗族廟　氏族廟[127]ともいう。同一姓氏、あるいは宗族が信仰する廟で、鹿港には三座ある。すなわち、銭江真如殿（銭江施姓）、潯海樹徳堂（潯海施姓）、郭厝保安宮（郭姓）である。

４　鹿港の里別、寺廟

⑴東石里

東石里では唯一、東興宮があげられている（『鹿港寺廟大全』）。

東興宮（図版92）

創建年代　一九六八年

祭神（**主祀**）　李府千歳（李府王爺）、ほかに陳、張、順天三位の夫人媽、および張、順、白三位の夫人媽をまつる。

在所　東石巷三八号（東石里崇文路二四之一号）[128]

由来、伝承　主神は、原初は李府二千歳であったが、神みずからが童乱に降りて「李府千歳」にその位置を譲るといったという。また、この廟の童乱によると、「最初期は清府千歳、次に黄府千歳、李府二千歳をまつった」ともいう。李府千歳は元来、清代に泉州府東門外東石郷後埠尾から伝来した神である。この廟に限らないが、主神の交替はしばしばみられる。これは祭祀集団の交替を意味するのだろう。東石里は鹿港鎮の最西辺に位置する。本廟は東石里一帯の信仰の中心。建廟以前は、爐主による祭祀形式で二百年余り伝承してきた。ここは北部の漁村の一部である。清の道光以前は海岸線が東石集落の外縁にまで達していたが、現在では五、六キロほど遠ざかっている。ただし、人びとは海の仕事に依存している。一九七六年、東興宮の傍らに会議室と接待室を設けた。ここでは、年に一度の神まつりのほか、村民の大会、結婚祝い、春秋二期の稲の乾燥などもおこなう。住民生活の最も重要な空間となっている。居民は大方、「紫雲」号の黄姓である。[129]

(2)郭厝里

郭厝里では忠義廟、保安宮があげられている（『鹿港寺廟大全』）。

①忠義廟（図版93）

創建年代　一八二三年

祭神（主祀）　主祀は関聖帝君、別名は協天大帝（図版94）。陪祀は協天二大帝、協天三大帝、張府夫人、池夫千歳、二郎尊神、普賢菩薩、順府千歳、恵安官林六府千歳など。

在所　郭厝巷七三号（永靖路七三号）。

由来、伝承　乾隆五五年（一七九〇）、泉州からの移民が関聖帝君（関羽）を主神として帯来し、道光三年（一八二三）に廟を創建した。その後、霊験あらたかと評判になり参拝者が増えたため、一九二五年、辜顕栄の提唱で拡張し改築がなされ、四年後の一九二九年、竣工した。これにより現在の坐北朝南の建築となり名前を「忠義廟」とした。鹿港には関帝廟が三座ある（忠義廟、武廟、南靖宮）。このうち忠義廟は海辺に近く、信徒の多くは漁民である。彼らは身病の際には、童乩に頼り、この廟前では駆邪の祭儀が盛んにおこなわれた。ただし今日、それはみられなくなったという。[130]

②保安宮（図版95）

創建年代　一七二五年

祭神（主祀）　広沢尊王（図版96）

在所　郭厝里永豊里一六号

由来、伝承　広沢尊王は泉州人の守護神である。鹿港の居民の八〇～九〇％が泉州人の末裔であり、鎮内には三つの広沢尊王廟がある。鳳山寺、聖神廟、保安宮である。このうち保安宮の歴史が最も古く、しかもここは郭姓の宗族廟（氏族廟）である。彼らは郭聖王（広沢尊王）を祖仏としてまつってきた。そのため、この廟は当該地域の居民すべてが参与する性格のものではない。伝承によると、鄭成功の来台時、部下に回教徒の部隊があって、善戦した。それが郭氏の祖先だったという。このため、郭厝里の人たちはかつて豚肉を食べず、供物として

92　東石里東興宮

93　郭厝里忠義廟

94　関聖帝君

95　郭厝里保安宮

96　広沢尊王

も供えなかったという。ただし今日では同化が進んでいて、日常生活ではこの禁忌はない。とはいえ祖先をまつる際には、ある一派（日湖派）を除いて、今も豚肉は用いないという[131]。

伝承によると、広沢尊王は俗名郭忠福（あるいは郭洪福）、五代後唐時代の人である。幼くして父母に死に別れ、牧童となった。心掛けがよくて、一六歳にして得道昇天した。そののち常に国と人びとを守ったため、歴代の皇帝から「保安尊王」あるいは「郭聖王」「聖王公」などとよばれたという[132]。

(3)玉順里

玉順里では天后宮、福徳祠、奉天宮、地蔵王宮（清徳宮）、関帝爺壇、鳳朝宮があげられている（『鹿港寺廟大全』）。このうち天后宮、福徳祠については前述した。そこで、その他の廟として奉天宮、鳳朝宮を取り上げた。

①奉天宮

創建年代　未詳。寺伝では三百年ほど前（後述）、現在の廟は一九六八年建立（図版97）。

祭神（主祀）　蘇府大爺、二爺、三爺（図版98）。ほかに蚶江《ハンジャン》の五府千歳、石獅《シーシ》の七府千歳をまつる。

在所　中山路四六〇号

97　玉順里奉天宮

98　蘇府大爺、二爺、三爺

由来、伝承　閤港廟である。その祭祀圏は玉順里、順興里、新宮および後寮仔一帯に及ぶ。古老の伝承によると、康熙二三年[133]（一六八四）、大王爺は二人の弟（二王、三王）の神柴を伴って漂流してきた。これを東石の漁民鄭和尚の祖先が拾った。夜、にわかに神霊が姿を現したので、まつりはじめた。また王爺の指示で、神柴をもって大王、二王、三王の神像を作り、爐主の家でこれをまつった。[134] 一方、『鹿港寺廟大全』によると、王爺は「自分は玉皇大帝の衙前文判であり、明代に福建の北頭で官吏となった。今は、鹿港に姿を現して人びとを助けようとおもう」といった。これが蘇府大爺で、このときから鹿港北部地域を北頭というようになった。以来、蘇府大爺は鹿港北部地域（北頭）の漁民の信仰の中心に位置した。かつて港にはいってくる商船はこの王爺をまつった。この祭儀は固定した廟でおこなうのではなく、爐主の家でやった。これが光復後も続き、建廟は一九六八年である。この奉天宮から分香していった寺廟は台湾には数多くある。そのため一年中、進香団が絶えない。伝承によると、分香した寺廟が閩南にもある（後述）。これは台湾全体をみてもたいへん珍しい。[135]

この王爺は『鹿港奉天宮志』によると、媽祖の副駕で航海保護の神とみられていた。一方、その淵源については、先述の大王爺の漂流のほかに、つぎのような説が提示されている。すなわち、『続琉球国志略』巻二によると、泉州府同安県小嶝島の英霊殿に蘇王爺（蘇碧雲）がまつられている。蘇碧雲は明末の人、官職を求めず海島に移居し、海船の無事航行に尽くした。そのため没後は船乗りに信奉されている。この蘇王爺も祭日は四月一二日である。[136] 確定は難しいが、この種の王爺が各地にあったことは考えられる。また、鹿港の蘇府王爺は晋江市龍湖鎮衙口橋頭村の水霊殿にもまつられている。その廟の旧名は奉天宮であった。これには現地に次の伝承がある。乾隆三年（一七三八）、施阿模が鹿港に交易にいき、北頭の蘇府大王を分香して持ち帰ってまつったという。ちなみに晋江の水霊殿は、一九九〇年の重建の際に、旧名の奉天宮に改められた。[137]

王爺が航海安全の神としてもまつられていたこと、それが台湾のなかだけでなく、福建にも分香してまつられていることは注目される。そうした移動は人の移動に伴うもので、けだし当然である。乾隆初年すなわち一八世紀前半以降、蚶江と鹿港の交易は日を追って盛んとなった。乾隆四九年（一七八四）、清朝は正式に蚶江と鹿港の往来を許可した。その直後、一七八八年には、鹿港の蘇王爺が蚶江潮漢の五王府に迎えられまつられた。そしてまた、幾年もたたないうちに、蘇王爺の託言があり、今度は潮漢の五王府が鹿港の奉天宮にまつられることになった。[138] これらの現象は、海神、航海神においては、霊験が何よりもたいせつだったということを示している。鹿港奉天宮の王爺はよほど威力があったのだろう。

②鳳朝宮（図版99）

創建年代　一八五〇年。

祭神（主祀）　三位夫人媽（張、順、白）（図版100）

在所　復興路六五六号。

由来、伝承　鹿港では夫人媽をまつる廟は少なくない。鳳朝宮はそのうちのひとつである。一八五〇年、後寮仔の居民が海中から神像を拾い上げて家でまつった。二年後、蘇二王爺廟が落成したので、合祀した。ところ

100　三位夫人媽（張、順、白）

99　玉順里鳳朝宮

が、のちに夫人媽の信仰がより大きくなり、これが主祀となり、鳳朝宮と改称した。一方、蘇二王爺は一九六八年に奉天宮に移祀した。鳳朝宮から分香した廟は全国に数多い。すなわち台北集安宮、高雄三保宮、台中上天宮などである。六月一七日の張夫人の誕生日は重視されていて、当日、女性たちは子供を連れて参拝し、夫人媽の契子とする。のち毎年、亀粿をふたつ持参して感謝する。そして、ひとつは廟内に留め、ひとつは持ち帰る。契子の儀が済むと、子供の衣あるいは額の上に「豆腐印」（矩形の印）を押し、厄除けの祈りとする。一六歳になると、亀粿、粽などの供物を持ってきて、「脱条」の儀をする。これで成人する。のち結婚時には、幼年時の契子約書と金紙を一緒に燃やして夫人媽に感謝する。[139] 伝承によると、三夫人媽は唐末の巾幗（女性）英雄である。黄巣の乱のとき、夫に従って乱軍と戦ったが、力尽きて殉国した。後唐の荘宗即位のとき、三人は「南天們貞烈三夫人」とされた。また、廟伝によると、三夫人媽の神霊は二度にわたって雲遊して鹿港にきた。その際、はじめは後寮仔の信徒に迎えられ、二度目は東石の李府王爺に迎えられ「人客仏」（まろうど神）となったという。当時、後寮仔に賊が侵入して地域が危機に陥ったが、三夫人媽がこれを取り除くに手を貸した。これにより地域は平安を取り戻し、人びとは感服したという。[140] 閩南には戦う女性の伝承が数多く、地方演劇にもよくみられる。この三夫人媽はその一端である。

(4) 埔崙里

埔崙里では、乾清宮、天師宮、鎮天宮、鳳凰壇があげられている（『鹿港寺廟大全』）。このうち乾清宮については次のとおりである。

乾清宮

創建年代　一八七三年

祭神（主祀）　玄天上帝。ほかに池府王爺、池府王爺夫人、三千歳、中壇元帥、福徳正神などをまつる。

在所　復興路四一二号

由来、伝承　この地域は崙仔頂《ルンズディン》とよばれた。付近には塚仔《ジョンズ》（墳墓）が多い。ここは墓地の縁辺に位置し、清代においてすでに鹿港の中心街からは遠くなっていった。鹿港には玄天上帝をまつる廟が四座ある。乾清宮、真如殿、集英宮、紫極殿である。古老の伝承によると、清代後期末年に、鹿港の先民が形状怪異な流木を拾い上げた。のち童乩の指示により三尊の玄天上帝像を作り、「大、二、三」上帝とした。これらはそれぞれ、福興、崙仔頂、旧港に分祀した。それゆえ乾清宮の玄天上帝は二上帝である。もともと爐主によりまつられていたが、一八七三年に資金を持ち寄って建廟した。[141]

(5)新宮里

新宮里では集英宮、永安宮、洽義堂があげられている（『鹿港寺廟大全』）。前二者については次のとおりである。

①集英宮

創建年代　一八六二年

祭神（主祀）　玄天上帝。李府王爺、白夫人媽、瀬窟六姓府を陪祀とする。
在所　新宮里泉州街一四号
由来、伝承　泉州街は鹿港鎮の北方にあり、前街と後街に分かれる。ここの住民の大半は埔錦黄姓（前述○頁参照）である。清朝時代は帆船の出入口で、重要な商業地帯であった。玄天上帝は元来、黄姓の某氏が私的にまつったものである。海上に出ると、風は凪ぎ、大漁を得たことから評判となり、同治元年（一八六二）に小祠を作ったという。[142]また、一説によると、泉州街には李府千歳をまつる李王爺宮、虎岫北極大帝をまつる上帝宮廟、清蓮堂白夫人媽をまつる夫人媽宮の三つの廟があったが、一七四九年に合議の上で集英堂としてひとつにまとめたのがはじまりだという。同治元年（一八六二）にこれを重修して集英宮とした。なお、白夫人媽はのちに迎え入れられた女神で、女性、子供の神である。病弱の子供のための収驚などをおこなう。これは泉州街一帯の人びとの信仰を集めている。[143]

②永安宮（図版101）
創建年代　一七六五年
祭神（主祀）　薛府王爺（白袍将軍）、曽大老（図版102）
在所　民生路三五号
由来、伝承　永安宮は角頭廟だが、曽大老をまつることにより閤港廟の性格も併せ持つ。伝承によると、一七六五年に漂着した破船をまつったことが廟のはじまりである。また一七九五年に、天地会の余党が鹿港を襲ったとき、曽紹龍すなわち曽大老がこれを迎え撃って奮戦した。曽大老はこの戦いで死んだが、のち永安宮に合祀された。[144]このように王爺廟には無念の死、非業の死を遂げた者がしばしばまつられる。その威霊は転じればありがたい神になると信じられたのであろう。これは巫俗に通有の観念でもある。

(6)順興里

順興里では、城隍廟、三山国王廟、福霊宮、臨水宮、潯海樹徳堂、富美宮があげられている（『鹿港寺廟大全』）。このうち、城隍廟、三山国王廟、福霊宮、潯海樹徳堂、富美宮については次のとおりである。

①**城隍廟**（図版103）

創建年代　一七五四年

祭神（主祀）　城隍爺。陪祀には北斗星君、南斗星君、二十四司、范謝将軍、観音菩薩などがある。

101　新宮里永安宮

102　曽大老

103　順興里城隍廟

在所　順興里中山路三六六号

由来、伝承　鹿港の閤港廟のひとつ。清代から台湾にある二六の城隍廟のうち民間の分香によって設立されたのは、台南と鹿港の城隍廟だけである。鹿港城隍廟の祖廟である石獅の城隍廟の名が永寧鰲亭宮《アオティンゴン》であったため、ここも別名を鰲亭宮という。伝説では一七五四年に泉州の石獅からの移民が城隍の神像を招いたという。ただし、一般には道光一九（一八三九）年が建廟と目されている。民国二三年には、日本による市区改正により現在の中山路ができ、城隍廟の前殿、拝殿などが削られた。そのため元来の荘厳な外観が失われた。廟内には歴史的な遺物が多い。道光三〇（一八五〇）年の「重修鹿港城隍廟碑記」は当時の鹿港付近に存在した商号、船主の名などが網羅されていて鹿港の歴史を知るのに重要な資料となっている。(145)ちなみに、城隍廟は平時は無祀孤魂を捉えておくが、旧暦七月にはその孤魂が解放されて、一か月饗応に預かると信じられていた。(146)

②三山国王廟（図版104）

創建年代　一七三七年、一八八三年に大改修。

祭神（主祀）　三山国王（図版105）、すなわち独山国王、巾山国王、明山国王

在所　中山路二七六号

由来、伝承　広東省潮州籍の人びとが郷土神としてまつる人群廟である。元来は客家人がまつった。この廟は創建時は、今の中山路と民権路の交差点にあり、規模も比較的大きかった。そこは「潮州街」とよばれた。のち現在地に移転し、さらに日本時代の道路拡張計画により規模が縮小され、現在に至る。三山国王の伝説は数多い。一説では、宋代に金により侵略されたとき、康王（徽宗の九男）は、三人の将軍に助けられて逃げ延びた。三将軍は潮州の三山神であった。そこで、のちに宋朝から封賜《ふうし》されたという。(147)

105　三山国王のうち巾山国王

104　順興里三山国王廟

なお、鹿港に住んだ潮州籍の客家人は、数多い泉州人に圧迫を受け、道光年間以後は鹿港付近の平原からは離れた。また鹿港に残った少数者も周囲に同化するよりほかはなく、現在では純粋な客家人は鹿港にはいないという[148]。一般に、三山国王は台湾では客家人がまつるが、広東省では閩南語系の潮州人がよくまつっている[149]。

③福霊宮

創建年代　一七八八年
祭神（主祀）　王芬大哥
在所　復興路四六五号。
由来、伝承　王芬は原籍泉州。年少にして好学。かつ武を好んで習った[150]。林爽文とともに漳州人による天地会にはいり、清朝に反旗を翻した。一七八六年、王芬は「平海大将軍」とされて奮戦した。破竹の勢いで台南府まで迫ったが一七八七年一〇月、清朝から大将軍として派遣された福康安に攻められ敗退した。そののち台中県清水の虎頭山にて自刎した。福康安軍は王芬の首を持ち帰ったが、皇帝はその死を惜しんで首を鹿港に戻させた。一七八八年、人びとはその首級を鹿港崙仔頂の墓地に葬り、そこを王恩塚とよんだ。併せてその上に建廟し、王芬をまつった。一九七一年、鹿港の人びとは清水にいき、王芬の身体の骨を発掘した。翌一九七二年には崙仔頂の廟を重建し、遺骨を復元して神像の底部におさめた。王芬は王恩公、王芬大哥ともよばれる。王芬大哥の呼称は、当時、乾隆帝が、王芬の首級をみていったことばだとされる。[151]

④潯海樹徳堂（図版106）

創建年代　一九六五年

祭神（主祀）　伽藍尊神。ほかに施琅、施世綸、魯恵公（施姓始祖）などをまつる。

在所　宮後巷一六号（鹿草路一段二二号）

由来、伝承　伽藍公廟ともいう。晋江の潯海施姓は鹿港の三大姓（施、黄、許）のうちでも最も数が多い。彼らは伽藍尊神が故地において祖先を守ってくれたということから祖神としてまつってきた。祭祀は従来、爐主制によりおこなわれてきたが、一九六五年に建廟した。これは宗族廟である。

⑤富美宮（図版107）

創建年代　一九七五年。

祭神（主祀）　蕭府王爺。ほかに地蔵王菩薩（図版108）、済公、呂山法主をまつる。

在所　復興路五七八号。

由来、伝承　蕭府王爺は今から二〇〇年余り前、潯海姓伍柱の祖先が晋江から帯来した。爐主制により伝承してきたが、一九七五年に建廟した。なお順興里には、もうひとつ個人宅内に富美宮がある。ここにあげた富美宮は個人宅内のものから分香して角頭廟になった。蕭府王爺は後漢時代の人、太子の先生であったことから、今日、学生の試験を助ける神としても拝まれている。またここの地蔵王菩薩は七月二四日、地域内を巡り、天后宮

106　順興里潯海樹徳堂

107　順興里富美宮

108　地蔵王菩薩

の後方の「普度地」に置かれて拝礼を受ける。このとき、道士による変食の儀がおこなわれ、好兄弟（孤魂）を供養する。[152]

(7)景福里

景福里では、景福宮、景霊宮、護福宮があげられている（『鹿港寺廟大全』）。景福宮は景霊宮の前身で土地公をまつる。現在、景霊宮は蘇府三王爺を主祀とし、陪祀として福徳正神（土地公）その他をまつっている。これについては先に記述してあるので、そちらを参照のこと（四四九頁）。

(8)洛津里

洛津里では、新祖宮、南靖宮、銭江真如殿、南泉宮があげられている（『鹿港寺廟大全』）。新祖宮、南靖宮、銭江真如殿については次のとおりである。

①**新祖宮**（図版109）
創建年代　一七八八年（前述四三四頁図版69も参照のこと）
祭神（主祀）　天上聖母
在所　洛津里埔頭街九六号

本廟は官幣勅建の媽祖廟である。旧祖宮（天后宮）からほど近い位置にある。一七八六年に台湾で天地会の林爽文が反清の兵を挙げた。このとき、清朝派遣の大将軍福康安は媽祖のお蔭で無事、上陸し終えた。これが廟建立のきっかけとなった。一七八七年に官が一万一〇〇〇円を、不足する四八〇〇円を鹿港の富裕な商人林振嵩が出資し建設を開始し、一七八八年に創建された。官名を「清乾隆勅建天后宮」という。近くにある旧祖宮との混同を避けるため、新祖宮と呼ばれる。日本統治時代には日本人役人の宿舎として使われていたため、廟や史跡は甚大な被害を受けたが、一九六〇年代以降、復興しはじめた。[153] 新祖宮は現在では、「由緒正しい歴史あるもの」として観光地になっている。そのため、古い匾額類や碑文などの展示に加え、「下馬碑」が再建されるなど、観光化もされている。なかでも、石碑は一か所に集められ、「新宮読碑」として鹿港八景のひとつになっている。

②**南靖宮**（図版110）
創建年代　一七八三年
祭神（主祀）　伏魔大帝（関聖帝君）（図版111）

109　洛津里新祖宮

110　洛津里南靖宮

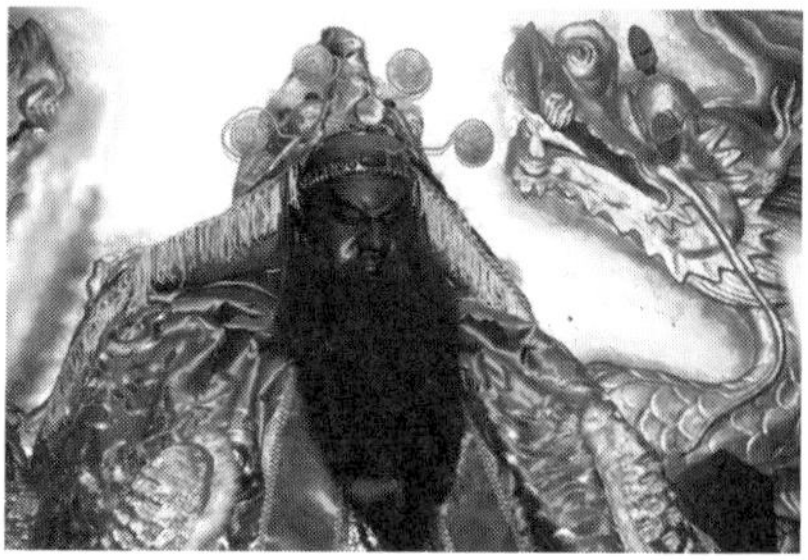
111　伏魔大帝（関聖帝君）

在所　洛津里埔頭街七四号

由来、伝承　この廟は漳州府南靖県の商民（廈郊人）が費用負担して建てた人群廟（一五六頁）である。当初は福靖宮といった。彰化平原では一七八二年から一八二六年まで、泉州人と漳州人、また泉州人と広東人の間で激しい械闘（武力闘争）がおこなわれた。結果的には多数派の泉州人が勝者となり、広東人、漳州人は退却を余儀なくされた。現在、鹿港の漳州人の後裔は余り多くない。そのため南靖宮は地域の廟、つまり角頭廟となりつつある。[154]

③銭江真如殿（図版112）

創建年代　一七八〇年

112　洛津里銭江真如殿

113　玄天上帝

祭神（主祀）　玄天上帝（図版113）。ほかに黄府王爺、邢府王爺、また亀、蛇両位の聖公をまつる。

在所　桂花巷五号[155]（成功路二八号[156]）。

由来、伝承　これは施姓銭江支派の宗族廟である（これについては第一部「総説」四五九頁参照）。かつて、この地は埠頭に近く、そこには船舶の停泊地があった。そしていかなる船もその荷の百分の一を「油份」として真如殿に納めることが不文律としてあった。三月三日の上帝公の誕生日前には多くの物品が集まり、その売却益は廟の公金となったという[157]。ただし、本廟は王爺をもまつるため、現在は氏族廟に加えて角頭廟の性格も兼ねる[158]。なお、現在、福建省石獅市龍虎鎮銭江には二座の真如殿がある。ひとつは旧廟、他は近年、重建された廟で、いずれも玄天上帝をまつる[159]。

⑼頂厝里

頂厝里では唯一、慈普寺があげられている（『鹿港寺廟大全』）。

慈普寺

創建年代　一九七七年

祭神（主祀）　釈迦牟尼。ほかに観世音菩薩、阿弥陀仏を安置する。

在所　鹿東路二六九号。

由来、伝承　角頭廟、閤港廟を越えた広域の信徒を対象にした新しい仏寺である。龍山寺が儒教、仏教、道教の習合した寺院であるのに較べると、鹿港で唯一、純然たる仏教寺院だといえる。[160]

⑽泰興里
泰興里では、賜福宮、協賛堂、復興宮があげられている（『鹿港寺廟大全』）。このうち復興宮については次のとおりである。

復興宮（韋府王爺宮）
創建年代　一九八一年
祭神（主祀）　韋府王爺。ほかに韋府夫人媽、将軍府をまつる。
在所　中山路七四巷三二号
由来、伝承　一般には韋府王爺宮の名で知られる。一九八一年の復興宮の沿革誌によると、二百年余り前に、泉州府晋江県獺窟郷の韋府王爺宮から分霊してきてここにまつった。中山路七四巷一帯は、当時は石厦街とよばれた。ここは銭江施姓の根拠地のひとつである。日本軍が台湾に侵攻してきたとき、二度火災に遭っている。しかし、そののちも信仰は続き、一九八一年に重建される際、復興宮と改称した。[161]

⑾長興里
長興里では、興安宮（興化媽祖廟）、鎮安宮があげられている（『鹿港寺廟大全』）。興安宮については次のとおりである。

興安宮（興化媽祖廟）（四三二頁図版66、67参照）

創建年代　一六八四年

祭神（主祀）　媽祖（興化媽）

在所　中山路八九号

由来、伝承　鹿港には清代建立の媽祖古廟が三座ある。天后宮（旧祖宮）、新祖宮、興安宮[162]である。これは台湾全体をみてもかなり珍しい。このうち興安宮は典型的な人群廟で、伝承ではその歴史は三百年を越える[163]。廟の伝承によると、鹿港に最も早く移民したのが興化人であり、次が泉州人、漳州人だという。そして台湾が清の版図に納入された二年後、一六八四年に福建省の天上聖母を迎えて興安宮を創建した。つまりここは鹿港第一の媽祖廟だという[164]。興化人とは、旧興化府の地域出身の人たちでのことで、旧興化府は現在の福建省莆田市にあたり、媽祖廟で有名な湄洲島もこの地域にある。一六八四年、漁業をしていた興化人の周氏と蘇氏の人びとが、媽祖の庇護により無事台湾にきて生活しえていることに感謝し、興安宮を建てた。その際には湄洲から媽祖の分身の神像を迎えて祀り、のちにこの廟は興化人の会館を兼ねることになった。興安宮の所在地周辺はかつて「昔仔市」とよばれた。現在の美市街、車埕、杉行街、徳興街、金盛巷を含む地域で、当時は町の中心であった。しかし、一七八四年に鹿港と泉州に船が航行するようになると、福建、広東から大量の移民がやってくるようになった。その後、族群間の械闘が頻繁に起こったこともあって、興化人は各地に散らばって住むに至り、興安宮の衰退を招いたという[165]。なお、鹿港普渡歌に「初九興化媽祖宮口」とあり、興化媽祖宮口は興化人の集住する重要な「角頭」であったことがわかる。この「宮口」には、米市街、車埕、杉行街、徳興街、金盛巷などの五つの街区が含まれ、七月九日に街区で祭儀をおこなった。廟での社会活動としては、祭祀や奉納演劇、吉慶の祈願や普渡など、あるいは祝い事の集会や日常のおしゃべりなどまでさまざまなものが含まれる。こうした廟は町の社会生活の中心であった（同廟案内掲示板）。

⑿興化里

興化里では、荘徳仏堂（武聖宮）、荘徳堂、旧武沢宮、新武沢宮があげられている（『鹿港寺廟大全』）。このうち荘徳仏堂については次のとおりである。

荘徳仏堂

創建年代　一七九五年

祭神（主祀）　観音仏祖

在所　興化巷六二号

由来、伝承　一七六一年に黄普長が鹿港の草仔市に小祠を建立し、観音仏祖と龍華派の始祖姚祖師をまつった。人びとはこれを徳化堂とよんだ。信徒が増え、これが手狭になったため、第二代住持林普積が一七九五年に地蔵王口付近に重建し、荘徳堂と改称した。隣接した杉行街《シャシンジェ》にも荘徳堂があったため、こちらは荘徳仏堂とよばれる。(166)

⒀大有里

大有里では、威霊廟、玉渠宮、潤沢宮、聖神廟、泰安宮があげられている（『鹿港寺廟大全』）。威霊廟、潤沢宮については先に取り上げた（四二九頁以下、および四〇四頁以下参照）。以下では玉渠宮、聖神廟を取り上げる。

114　大有里玉渠宮入口

115　田都元帥（相公爺）。蟹に救われたといい、口元に蟹の模様がある。戯神。

①玉渠宮（図版114）

創建年代　一七六五年

祭神（主祀）　田都元帥（相公爺）（図版115）

在所　車圍路二号

由来、伝承　玉渠宮は車埕一帯の信仰の中心である。ここは六本の道路が集まる地域で、各種の車が留まり、整備する。そのため鍛冶屋や車の修理店などが多数ある。日本時代の寺廟台帳によると、玉渠宮は乾隆初年に泉州府晋江県石廈郷から分香してきて、乾隆三〇年（一七六五）に建廟したという。現在の建物は二〇〇九年に重修したものである。田都元帥は北管西皮派および南管音楽の守護神で、相公爺ともいう。六月一一日が田都元帥の誕生日で、毎年、この日には盛大な公演がある。ただし、伝統音楽の伝承は途絶えていて、現在は踩高蹺《ツァイガオチャオ》（高足踊り）のような民俗戯を演じている。(167)

一方、陳仕賢編著『宗教鹿港』は玉渠宮について次のように記す。すなわち、玉渠宮は李府王爺を主神としていたが、のち童乩がいなくなり、田都王爺に取って代わられた。そしてさらにのちには田都元帥（相公爺）が主神となった。大陸では六月一一日を生誕の日とするが、ここでは六月一六日が祭日である。田都元帥は戯神として知られる。よく知られた伝説によると、田都元帥は赤子のとき、黒い顔であった。そのため、田のほとりに棄てられた。だがアヒルと蟹に助けられた。のち農民に拾われ、養育された。名を雷海清とする。やがて宮

116　雷海清の幟が雲に覆われ、顔の右側に田の字がみえる。

117　田都元帥は戯神。廟の右壁にえがかれた南管（南音。泉州の古楽）の一団。

118　田都元帥の力を借りる童乩。

廷の楽師になった。時の玄宗皇帝に感心され「梨園大学士」となる。しかし、安禄山の乱により、玄宗は落ち延びた。一方、雷海清は安禄山により演奏を強いられる。しかし、雷海清はこれを拒否したため斬殺された。雷海清はまた、常々、金鶏、銀犬とともにいた。彼らは玄宗の危難を幾度も救った。乱中、彼らの幟の雷の字が雲に覆われて田の部分しかみえなかった。玄宗はそれをみて「田都元帥」の名を贈った[168]。この伝承に基づき現在、廟内にはそれを伝える置物と絵がみられる[169]（図版116）（図版117）。

玉渠宮は市場に近いせいか、今も人がよく集まる。ここでは夜間、童乩による祭祀活動が盛んになされる。二〇〇七年九月一三日（旧暦八月三日）には「放兵」の儀と依頼者への託言の儀があった。以下、その概略である。

放兵は鬼神（無祀孤魂）取り締まりのための兵卒（五営）の配置を意味する。玉渠宮ではまず旧暦六月二八日に「収兵」をする。これは、五営を撤収することで、陰界の鬼（好兄弟）が以後一か月、自由に動き回れるようになる。

旧暦七月中、鬼神は自在に徘徊する。彼らは七月一日、地蔵王廟の鬼門を通過して人間世界にやってくる。このとき孤魂は家々を訪れては飲み食いする。しかし、八月になると、王爺その他の主神（玉渠宮では田都元帥）が五営（東西南北、中央）の天兵、天将をそれぞれの位置に送る。こうして七月以前の秩序を回復する。

「放兵」のあと、夜九時過ぎから童乩による託言がおこなわれた。この宮には七、八人の童乩がいて、夜間は年中、託言がなされている。童乩のなかには玉渠宮の近所の一〇歳の女の子もいる。この子は童乩の行儀が好きなので、学んでいるとのことである。本格的な託言は青年の童乩によりなされた。この童乩は音楽と歌が続くなか、椅子に座って三〇分余り瞑想する。やがて、徐々にからだがゆれはじめ、立ち上がる。そして神前の卓に向かい託言する。傍らの卓頭がその内容を周囲の者に説き聞かせる。卓頭の前には、これを書き写す者がいて、紙に要点を書いていく。最後には依頼者にこの紙を渡す（図版118）。玉渠宮の宮前で夜毎くり広げられる光景はおそらく百年、二百年と変わらずにきたものであろう。そこでは日常生活のなかに神と霊媒とが全く自然に溶け込んでいる。それは鹿港の生きている基層文化そのものである。

②聖神廟（図版119）

創建年代　一八七〇年

祭神（主祀）　広沢尊王（聖王公）。ほかに、夫人媽、施府王爺、温、朱、呉の三府王爺をまつる。

在所　車囲巷五四号（現在、大有里民族路三〇五号）

由来、伝承　この廟の在所は大有口ともいう。かつては埠頭に臨んだ地で、多くの船が停泊した。その荷を載せて運ぶ牛車が絶えず岸辺に並んでいたので、車囲という地名が生じた。この地は銭江施姓二房の根拠地のひとつである。伝承によると、一八七〇年に、ある施姓の移民が泉州人の守護神広沢尊王を伝来した。すると、た

119　大有里聖神廟

120　菜園里紫極殿

ちまち人びとの崇拝するところとなり、建廟に至った。一九五五年は聖王公聖誕一千年にあたった。鹿港に広沢尊王廟は三箇所あるが、その記念行事は唯一この聖神廟でおこなわれた。その賑わいは当地の住民により、今もなお興味深く語られている。聖神廟の香火は分香されて台湾に広く分布する。すなわち、それは和美、台中、台北、板橋、花蓮、屏東などである。またこの廟の内部組織は「轎班会」といい、その結束力は鹿港でも出色のものがある。一九七八年の第一回「民俗才芸競賽」では、「芸閣最佳創意奨」を獲得した[170]。

⒁菜園里

菜園里では、紫極殿、順義宮、朱府王爺壇（代天宮）、恩徳堂があげられている（『鹿港寺廟大全』）。このうち紫極殿、順義宮については次のとおりである。

①紫極殿（図版120）

創建年代　一八八六年

祭神（主祀）　玄天上帝（北極大帝）。ほかに朱、邢、李、黄姓の王爺をまつる。

在所　三民路二〇六号

由来、伝承　菜園里は旧時は頂菜園、下菜園、港底に三分されていた。このうち頂菜園、下菜園には黄姓の人びとが多く住んでいた。彼らは晋江県南門外の崙峰槃谷あるいは南沙などからの移民である。この黄姓は十二年に一度、大普度

121　菜園里順義宮

122　月老星君。2003年からまつられ、信徒が多い。

をする（前述、四二六頁）。紫極殿は下菜園に位置し、菜園地域の信仰の中心であった。[171]

②順義宮（図版121）

創建年代　一八三一年

祭神（主祀）　順府王爺。ほかに玄天上帝、五府王爺および夫人媽（順府王爺夫人）をまつる。

在所　菜園路七四号

由来、伝承　廟伝では、順府王爺は晋江県南沙崗の神で、乾隆年代に渡来し、頂菜園にまつられた。のち信徒が増加し、一八三一年に現在地に重建された。当時、この地は埠頭の南端で油米の商取引の中心地であった。とくに廟前の道路は菜園地区の核心地帯であったという。[172] なお二〇〇三年に月老星君（図版122）が新たにまつられた。これは縁結びの神で、多くの参拝者を集めている。[173] こうした新しい信仰が加わり、廟が活性化することは基層文化が生きているという意味で注目される。

⒂龍山里

龍山里では、龍山寺、金門館、鳳山寺、安南宮、小本宮があげられている（『鹿港寺廟大全』）。龍山寺については先に述べた（四一二頁以下）。以下、金門館、鳳

123　龍山里鳳山寺

山寺について記すと、以下のとおりである。

①金門館

創建年代　一八〇五年[174]

祭神（主祀）　蘇府王爺

在所　金門巷九二号（金門街五四号）

由来、伝承　金門館は金門人の同郷会館兼廟宇である。蘇府王爺は浯洲嶼（金門県金湖鎮）からきた神なので「浯江館」ともいう。またこの地は金門人の開発した地域なので金門巷という。金門には水軍があり、その兵卒たちが鹿港防御の際に、金門新頭伍徳宮の神である蘇府王爺を帯来したという。[175]

②鳳山寺（図版123）

創建年代　一七八〇年

祭神（主祀）　広沢尊王。ほかに夫人媽、将軍爺、太子爺をまつる。

在所　総興街二六号

由来、伝承　鹿港の鳳山寺は泉州府南安にある広沢尊王祖廟鳳山寺から分香して建てられた。当初は小祠であったが、一八三〇年に大規模に改建され、鳳山寺と名づけられ、また鳳山寺の左廂房には廃寺万春宮（原名王爺宮）が併せ設けられている。これはかつて廈郊商人がまつっていたが、その解散とともに衰退していた。しかし、主神蘇府王爺の意向で一九八二年に鳳山寺にまつられることになった。同寺にはまた、精緻な「博古図」および「龍、

124　文開書院。街尾里

125　街尾里武廟の主神関聖帝君（別名、文衡聖帝）

虎堵」の交趾陶がある。清代咸豊（一八五一～一八六一）初年のものといわれる[176]。

⒃街尾里

街尾里では、文武廟、地蔵王廟、文徳宮、護安宮（含福徳宮）、官林宮、順天府があげられている（『鹿港寺廟大全』）。このうち、地蔵王廟、護安宮は前述した（四二二頁以下、四五二頁以下頁参照）。以下、文武廟、文徳宮については次のとおりである。

①文武廟

創建年代　一八一一年（文廟）、一八一一年（武廟）[177]、文開書院（図版124）（一八二四年）[178]。

祭神（主祀）　文廟の主祀は文昌帝君。陪祀は天聾、地唖、倉頡聖人、沮誦聖人、孚佑帝君、九烈神君、朱衣神人、大魁夫子、金甲大神、徽国文公など。武廟の主祀は関聖帝君（別名を文衡聖帝）（図版125）。陪祀は関平、周倉、赤兎馬、観音菩薩など。また文開書院は朱子を主祀とし、ほかに台湾文化に貢献した海内外の賢人を八名をまつる。

在所　青雲路二号

由来、伝承　本廟は、鹿港街道の東端、鹿港鎮の南端に位置する。東から西に武廟、文廟、文開書院が並び、この三つの建物が一体となって構成されて

126　街尾里文徳宮

127　張、順、白の三夫人

いる。鹿港全盛時代の建物とされる。鹿港の人びとは文武廟の三座を「文祠」ともいう。文廟は鹿港最初期の社学「抜社」でもあり、青年たちは義学と詩を修めた。武廟では忠義を尚《とうと》び文を修め武を習った。一方、文開書院は規模も大きく清代には学校として機能していた。しかし、これは日本時代に公立学校が開設されてから衰退した。二〇万冊あった蔵書も散逸した。一九七五年には火災により大半が燃え落ちた。その後、二度の重修を経て二〇〇五年に修復を終えた。二〇〇九年には、一〇六年間中断されていた祭儀が執行された。[179]

②文徳宮（図版126）

創建年代　一七三〇年

祭神（**主祀**）　温府王爺。ほかに温夫人、張、順、白の三夫人（図版127）、福徳正神をまつる。

在所　金門巷三〇号

由来、伝承　一九二四年の「寺廟台帳」によると、俗称、温王爺宮。温王爺は唐代太宗時代の人。三六人の義兄弟とともに海上で遭難死した。伝承によると、清初、先民が泉州から招いて自宅でまつっていたが、霊験あらたかで、一七三〇年に建廟に至ったという。一九九九年の大地震で大破したが、二〇〇二年、敷地も拡張して完全に修復された。

八　まとめ——鹿港と泉州

本稿（一〜八）は鹿港《ルーガン》地域の基層文化に対する調査報告である。これをまとめるにあたって、まず「はじめに」で述べたことを確認しておきたい。すなわち、鹿港は「一府、二鹿、三艋舺」といわれるように一八〜一九世紀には大陸との交易の中心として栄えた。そして、「その地域文化は……近代以降の文化のあり方に一石を投じるものとおもわれる。……（鹿港の研究は）台湾地域文化のみならず、中国・台湾間の文化の移動と定着を考察する上で、大いに参考となる。そして、さらにいえば……東方地中海地域文化の全体像を考察するのに貢献するものともいえる」と述べた。つまり、鹿港という一小地域を起点として台湾、泉州、東方地中海地域という枠組を自在に往来しつつ考察することをめざした。そして、その考察を通して、「今日の文化のあり方」に一石を投じたいとおもったのである。

　とはいえ、本稿は調査報告であり、論考ではない。鹿港の地域文化の根柢にあるとおもわれる祭祀や寺廟の現況をできるだけ具体的に提示し、考察の土台を築こうとしたものに過ぎない。それゆえ、鹿港に馴染みのない第三者には「何が鹿港の特色なのか。事実の羅列ばかりではよくわからない」という思いが生じるかもしれない。そこで、この「まとめ」では、鹿港の特色を伝えるために、一、面白い町ということ　二、調査参加者による若干の所見　三、鹿港地域文化の含意、という三点を記すことでまとめとしたい。もとより、これは調査全体の責任者である野村伸一による現在のささやかな「考察」でしかない。

1　面白い町鹿港

面白い町　鹿港で生まれた作家李昂（一九五二年〜）は、四〇歳のときのある面談で子どものころを振り返り、「当時の鹿港は、とても面白い町でした。……町のどの通りにもお化けが出たものです」といった。当時（一九六〇年代のことであろう）、鹿港の通りの角とか路地には「必ずお化けの話」があったという。たとえば、女性たちが毎日集まる井戸について、そこには、かつていじめられて身投げした、ある女中の幽霊がいて、月夜にはそれが現れて髪すきをするという。[180] 近代の知識人李昂には笑い話のようなのだが、鹿港の井戸端の女性たちにとっては畏怖すべき話として現在にまで伝わっていたのだろう。それは魯迅がかつて述べた「女吊」（女の首吊り）にも通じる。魯迅によると、これは中国女性の伝統的な捨て身の戦術とでもいうべきものである。そこには悪霊になって復讐してやるという意味が込められている。[181] これは閩南社会、ひいては台湾にも生きていて、小説『夫殺し』のなかにもみられる。

中国では漢の時代から『列女伝』のようなものが伝わる。中国女性が男たちの作り上げた社会、家庭の倫理のもとで徹底して教育されたことはいうまでもない。けれども、実体として社会、家庭のなかの女性は男に都合良く制御されてきたのかというと、疑わしい点も多い。女吊や投身自殺などは最後の手段であろうが、そのほか、祭祀活動、日常の交際、理財、育児において女性が中心になされたとおもわれることは数多い。閩南はとくにそれが濃厚な社会である。そもそも小説『夫殺し』の主人公はなぜ夫を殺したのか。これは日本占領時代の上海で実際にあった殺夫事件がもとだという。そこでは夫の虐待に対する抵抗として殺夫が起こった。李昂はこれを現代フェミニズムの視角から興味を抱いた。そして「自立が許されなかった女性」が最後に「錯乱状態」になって夫を殺すという作品に仕立てたとのことである。[182] だが、実は、中国社会には、横暴な夫に復讐する話はいくらでもあった。宋代以来の地方演劇ではこれが演じられ続けた。莆仙戯の『王魁』などはその典型で、これは南戯のはじめとされている。[183] こうした女性たちが精神錯乱に陥ったのか、あるいは別の確信（死んで☒鬼となるという確信）によるものかは一概にはいえない。その中間のようなものもあっただろう。

それはともかく、李昂は鹿港生まれで、長じては都市で学んだ。そのため、閩南の伝統社会を知らなかったようだが、故郷鹿港をなつかしくおもい、そこに生きる伝統のなかから新たな挑戦をはじめた。そして、この『夫殺し』の作品が最も気に入っているとのことである。そこには閩南、台湾社会を生きてきた無数の女性たちの記憶が込められている。作家はそれを無意識のうちに汲み取ったのだとおもわれる。

笑う女、信心の女たち　かつて鹿港の女性たちは朝から井戸端で世間話をした。小説のなかでは、奉天宮をおもわせる陳府王爺とそのかたわらの井戸が登場する。そこには今でも幽霊が現れる。それは、阿罔官《アーワンクァン》という老婆の解釈では、王爺が「恨みを持って死んだ者に口をきく折り」を与えることなのだという。こうした王爺は当然、女性たちの信仰の対象になる。井戸端の女性たちは洗濯物を揉み洗いする。また「洗濯棒で天まで響けとばかりに叩いている」。女同士は賑やかに絶え間なくことばを交わし笑っている。うるさ型の年寄りが姿をみせると、みなは耳を傾け、口をはさむ。おもしろければ、「ゲラゲラ大笑いをする」[184]。女性たちが水辺に集まり世間の話をする光景は実はかつて朝鮮でもみられた（朴泰遠『川辺の風景』一九三六年）。朝鮮の女たちは川べりで砧を叩いては世間のことを語った。李昂の小説世界は貧困、無知、暴力のなかに置かれた弱い一女性を近代知識人の眼でえがこうとした。それは構成されたものである。しかし、一方では、鹿港に伝わってきた女性たちの世界の核心を伝えている。阿罔官という老婆は首吊り未遂をして周りの者を驚かせた。実際、鹿港にはこうしたことをする女性もいたのだろう。いずれにしても、鹿港北辺の漁師たちは首吊り幽霊をひどく懼れた。そして信心深い者は七月中元のころ、その幽霊に豚の足のお供えを欠かさなかった。阿罔官などは孤魂野鬼の無縁仏（有応公、百姓公）は供物が足りないとどこまでも付きまとってくると信じ、二、三〇もの皿に山海の珍味を用意した[185]。この老婆は若いころ、間男を持った。悪気はないが、辺り構わず大きな声で噂話をする。全く屈託がない。もちろん、いわれた当事者にはそれが痛烈な非難になることもある。だが、周りで聞く女性たちはその噂話に驚き、あるいは呆れて笑う。その話のなかに無残に死んだ母のことがあり、かたわらで窃かに聞いてしまった主人公の女性はひどく動転し怯える。そしてアヒルの子を飼って命あるものを育もうとする。だが、夫はそのこころを踏みにじり、アヒルを殺してしまう。小説では、このあと、主人公は殺夫の道を進むことになる。それはともかく、井戸端の女性たちの話は時には絶対的な力を持って迫ってきたことだろう。とりわけ、無残な死を遂げた肉親のことは女性たちにつきまとった。そうしたことは東方地中海地域の現実としてあったとみられる。鹿港でもそれはいえる。この小説はそれを何気なく伝えている。

作家李昂にとっては鹿港の面白さは過去の話のようである。しかし、鹿港では暗訪、龍山寺、数多くの寺廟、そして七月の普度が今も生き生きと伝わる。鹿港鎮の中央に位置する市場の入口には数多くの飲食店が並ぶ。そこに坐り、買い物の人びとをみる。その姿がそのまま寺廟のなかにはいっていく。それは不思議なほどなつかしい。それゆえ、鹿港は今もなお「面白い町」なのである。

２　調査参加者による若干の所見

調査参加者は野村伸一、鈴木正崇、稲澤努、山田明広、藤野陽平の五名であった。それぞれに感想がある。ここでは、そのうち三人の感想を取り上げる。稲澤努は「鹿港にいっておもったのは廟での信仰、あるいは食べ物の味付けなどは、福建、あるいは広東の東部とかなり共通するというのが漠然とした印象です。政治や経済、国家による教育等々はいろいろなものを変えますが、それではなかなか変わらないものはやはりあるのではないか。

それをきちんと論証していくのは難しい作業になるのかもしれませんが」という。稲澤は広東東部の汕尾市を中心に調査し、福佬文化の地域研究を長年実践している。そこからの視点で「かなり共通する」、「変わらないもの」があるというのは外からの視点として意味がある。

次に、台湾での長期に渡る調査、研究を経ている山田明広、藤野陽平の所見は次の通りである。山田は台南、高雄など台湾南部の道教儀礼を通して台湾をみている。藤野はキリスト教の台湾伝来、土着という視点から台湾をみている。

〈山田明広〉　鹿港は一七八四年以降、非常に多くの泉州人が開墾のために鹿港へとやってきた。鹿港では現在でも泉州の風俗・風習が保存されているといわれる。しかし、鹿港の文化や習俗はすべてがすべて泉州のものではない。例えば、今でも三山国王廟が存在するように、もうほとんど失われてしまっているようであるが、かつては客家人が住み、客家文化が存在した。また、鹿港には天后宮をはじめ多くの媽祖廟が存在し、媽祖信仰が非常に盛んであるが、この媽祖はもともと莆田発の航海神であり、莆田はかつて長年に渡り泉州に属していたことがあるので泉州文化といえないこともないであろうが、早くから福建等の沿海地域に広まった移民の文化であり、厳密な意味での泉州の文化とはいえないであろう。そもそも泉州では、媽祖廟はあまり多くなく、媽祖信仰は鹿港ほど盛んでないようである。むしろ、観音信仰の方がずっと盛んであろう。

三山国王廟や天后宮は鹿港に港が開かれ、多くの泉州人が移民してくる前から鹿港に存在したもので、開港前の鹿港は泉州、漳州、客家の人々と文化が混在する地であったとおもわれる。そして、開港以降、非常に多くの泉州人が開墾のために鹿港へとやってきたことにより、急速に泉州化が進んだのではないかとおもわれる。開港により泉州の文化・習俗が大量にもたらされたが、そのうち台湾の他の地域にも伝わったものもあれば、あまり伝わらなかったもの（たとえば、暗訪、送春糧、送肉粽などといった王爺信仰と関わる法師系の儀礼など）もあり、こういった他の地域に伝わらなかったものが、鹿港の文化を台湾の他の地域のものとは異なる独自なものにしたのではないであろうか。

鹿港には泉州のものとは異なる文化もみられる。あるいは、泉州では盛んであるが鹿港にはあまりみられないもの（たとえば、送王船、観音信仰など）もある。これには、開港後、急速に泉州化する前の他地域の文化が残されているということが考えられるが、一方で、泉州文化が鹿港へと流入して以降、在地化することで、変容ないしは衰退してしまったなどといった理由も考えられるだろう。

以上の山田の所見は次のようにまとめられる。

一、鹿港には一七八四年の開港以前に、泉州だけでなく、漳州、客家などの文化も伝わっていた。

二、これは、鹿港において「泉州のものとは異なる文化」がみられることのひとつの原因である。泉州において盛んな送王船、観音信仰は鹿港ではさほどではない(186)。

三、開港後、泉州の文化・習俗が大量にもたらされた。

四、鹿港における泉州文化のうち、台湾の他の地域にも伝わったものもあれば、あまり伝わらなかったものもある。たとえば、暗訪、送春糧、送肉粽などといった王爺信仰と関わる法師系の儀礼などは他の地域に伝わらなかった。

五、これが、鹿港の文化を台湾の他の地域のものとは異なる独自なものにしたのだと考えられる。

以上の指摘は、鹿港の基層文化が泉州以前と以後に分かれつつ、独自の習合を遂げたことを伝えている。おおむね妥当な所説であろう。

次に藤野陽平は、以下のように述べている。

〈藤野陽平〉　まずは、鹿港と泉州の文化的近接性をあげるべきであろう。しかし、頭ではそう理解していても実際に台湾で覚えた台湾語が、台湾以外の地域で通じた時に、えもいわれぬ感動を禁じ得ない。そもそも台湾語自体が閩南語（河洛語）をベースとして発展したのであって、台湾語が泉州で通じるというよりも閩南語が台湾でも通じるという方が正しい順序であろう。その他にも亭仔脚のような建築的特徴、料理の味付けといった生活のありとあらゆる場で、両者の連続性を見出すことができる。それは本稿で取り上げてきた民間伝承や民俗宗教のような世界では顕著であって、とくに媽祖、王爺などの船や移動にかかわる民俗を文化相対主義的に異なるものだと考える方が不自然である。今回の共同調査に参加した日本からのメンバーの多くは泉州での調査よりも台湾での調査の経験が長いのだが、それまでの台湾での調査で得た経験から泉州の王爺や媽祖と言った神々に関する信仰を類推することができた。こうした台湾との文化的近接性は福建省のみならず、広東省東部にも見出すことができる。

しかし、相違点も少なくない。それは近代化に伴い、台湾海峡上に国境線が引かれたことによって圧倒的になったとみていいだろう。日本統治や戦後の中華民国化の経験という断絶は様々な局面で断絶性をあたえた。それは信仰の自由や民主主義という政治思想のレベルから、コンビニエンスストアの店員の接客態度といったハビトゥス化された実践に至るまでである。

また一つ明記しておくべき点として、両者の間にある共通点は全てが清朝期から続く伝統的なものではなく、近年の交流の中から再構築された創られた伝統も少なくないという点である。東方地中海における人の移動の歴史から考えれば、大陸から台湾へと多くの漢人が移動し、それに伴い文化やモノも同行した。しかし、そうした移動は一方通行の交流ではなく、特に中国の改革開放や市場経済化以降の現状では華僑華人からの資金的な援助という台湾・香港から大陸という逆方向の文化の移動も起きている。安易に両者に共通点があるからといってその起源を大陸、中華文明に求めるのは早急である。むしろ、本書で取り扱ってきた諸事例との比較で考えるならば、人や文化の移動は一方向ではなく、双方向の入り乱れるダイナミックな動きととらえるべきである。

以上の藤野陽平の視点は次のようにまとめられる。

一、泉州、鹿港間の「文化的近接性」を具体的にみいだしていくこと。たとえば、台湾語と閩南語、亭仔脚のような建築的特徴（一階部分が通路状になった建物）、料理の味付けなど、さらには「民間伝承や民俗宗教のような世界」がそれである。

二、しかし「相違点も少なくない」。それは政治思想のレベルから、コンビニエンスストアの店員の接客態度といった日常的なものまで幅広い。ここでは主として近代以降の相違点のことを述べている。近代における地域文化の生成はやはり重要な観点である。

三、また、看過できないのは「近年の交流の中から再構築された創られた伝統も少なくないという点」である。台湾・香港から大陸への資金、文化の移動はそのひとつである。今日、鹿港・台湾と泉州の文化間に共通点がみられるとしても、その起源を安易に大陸、中華文明に求めるべきではない。

以上の指摘は、鹿港というよりは台湾全体の主体性を重んじる視点からのものである。鄭成功以前から続く移民史の上に、二百年この方の経済的自立、そのあとの近代における日本の支配、さらにそのあとの苦難の歴史、その克服過程を踏まえれば、台湾人主体性をより重視する見方はけだし当然である。

2　鹿港地域文化の含意

以上は考察というよりは感想の段階に過ぎない。けれども、泉州と鹿港の地域文化比較研究の基本的な枠組を提示しているといえるであろう。最後に、全体のまとめとして、鹿港地域の調査、研究の含意を記しておきたい。三点ある。

第一、鹿港の寺廟は移民史の集約点だということ。

本稿の「2　地域別主要寺廟」（四五六頁）の冒頭でも記したが、「どの寺廟もまつる人びとにとってはかけがえがなく重要」なのである。そのかけがえのなさは天后宮や龍山寺と本質的には同じである。そして、各寺廟の主祀（祭神）をみると、地域の個性が伺えることも多い。たとえば玉渠宮のばあい、市場に近く、しかもその廟前には六つもの道が集まってくる。そこには当然、音楽を奏でる者、童乩などもやってきたことだろう。そこでは　戯神田都元帥がまつられる。このようにして地域と廟とが密接に関係して今日に至っている。この関係は当地の歴史そのものだということ、これは他の何よりも大きな特徴である。

第二、地域の盛衰は経済的繁栄だけでは論じられないこと。

鹿港は一九世紀の半ば以降、港の機能が弱まり、交易の利が得られなくなった。それゆえ、経済的にはそれを頂点として次第に衰えていったということになる。しかし、人びとは廟を中心にこころの安らぎを得て暮らしてきた。その廟も、人群廟、角頭廟、闔港廟と幾層にも分かれる。大きくみれば龍山寺の仏教（とくに観音菩薩）、廟の神がみ（媽祖や王爺、玄天上帝など）、祖霊に抱かれ、またそれらを敬って暮らしている。こうした関係はかつ

128　親族の老若男女、一同が拝礼する。金斗のなかの祖父は墓石のうしろから、これを見守る。鹿港

であった。おそらくは大陸の社や朝鮮の堂山もそうだったのであろう。残山は歴史、とりわけ近代のなかでその元来の意味が失われていった。しかそれが生きている。ここでは主要な廟だけでも五九もの寺廟（『鹿港寺廟大全』）る。そのなかで、人びとは子どもの出生と人の死後の弔いを同様に手厚くきるだけの大盤振る舞いをする。孤魂野鬼に対しては物惜しみをしない。だという。[187]これにはもちろん神や他界観が関係している。また人びとは互父親のいない母子家庭も村民の助けで生きていくことができた。七月の普たての大魚を隣の家に分けてやる。[188]こうしたことは東方地中海地域の村落こなわれていた。それは行政や選ばれた人の指導でなされたものではなく、生み出したものである。今日大陸の泉州市街ではそれは忘れたか、壊されわけ王船送り、暗訪など）、また普度文化は「迷信」とされて規制されている。

それとの対比において、今、鹿港にみられる地域性は一層、意義がある。

第三、共同体文化の温もりのたいせつさ。

玉渠宮では、収兵や放兵の儀があり、夜ごと童乩により託言がなされる。こうした庶民文化は些細なものである。しかし、今日なお、近隣の人びとによって屈託なく維持されている。また、七月の普度では、地蔵王廟に名を連ねた人の数は五千を越える。これは驚くべき数である。何よりも鹿港の各家庭で普度のこころがだいじに守られていることがわかる。一方、普度公を毎年、地域内で回り持ちで迎えまつる（四二六頁以下、四四七頁）。あるいは天后宮の普度を担う施宣熹道士は、一家の主として、祖父のため、撿骨の儀をし、金斗に入れた遺骨を新たに設けた墓に再葬した。それは宗教者の務めというよりは、鹿港の人なら誰でもみな同じようにするに違いない祖先供養であった[189]（本書一五三頁図版46、図版128）。これらのこころ温まる光景は近代の都市文化ではもはやみることができない。それは外部の者にとってほのぼのとするだけでなく、当事者である鹿港人たちにとってこころの支えとなっているはずである。経済的繁栄と称して高層の建物を林立させ、商業的観光に邁進することはこの東方地中海地域でも広くみられるようになった。しかし、それは持てる者の宴に近く、どこか空虚である。それに対して、鹿港の狭い道沿いにある寺廟とその主人公たちの精神文化は市野辺の光景で見栄えはしないが、地に足のついたものといえる。その光景がいかに貴重であるか、このことは東方地中海地域全体のなかで再考しなければならない。

注

（1）葉大沛『鹿港発展史』、左羊出版社、一九九七年、五七頁。
（2）以下一～八までの各節のうち、一～五は野村伸一が担当した。六～八は共同執筆で、そのうちの特定の項は担当者を明記した（六の3は藤野陽平、六の6は山田明広、七の1は藤野陽平、八の2の一部は稲澤努・山田明弘・藤野陽平）。ただし、台湾の数多い地域のなかから鹿港を調査地点としたこと、本章の構成などを含めて、全体の文責は野村伸一にある。
（3）葉大沛『鹿港発展史』、左羊出版社、一九九七年、八四―一九四頁参照。
（4）烏魚子《からすみ》は旧暦一〇月から翌年三月まで、日本近海から台湾海峡にかけて南下して産卵する。冬至の前後に最も盛んに回遊する。台湾中部沿海を経るころの魚卵は黄色く熟している。このため鹿港の烏魚子は味がよい。さらにいうと、台北のあたりの烏魚子はまだひどく小さい。また新竹辺では卵に黄味がない。ところが、南の台南辺りまで下ると、その卵は熟しすぎているのだという（心岱『百年繁華。最鹿港』、西遊記文化、二〇〇六年、八〇頁）。
（5）前引、葉大沛『鹿港発展史』、一九六―五二三頁参照。
（6）伝承では乾隆一九年（一七五四）創建だが、とくに根拠はない。道光（一八二一～一八五〇）中葉、おそらく一八三九年前後の創建だろうという（同上、四九〇頁）。

(7) 同上、五二四—七二五頁参照。
(8) 同上、六三八頁。
(9) 同上、七二六—九八六頁参照。
(10) 同上、八八四頁。
(11) 以下、葉大沛による区分をひとつの見方として年表に付した。同書では、各時期のうちになお前期、中期、後期がある。
(12) 卓神保『鹿港寺廟大全』、財団法人鹿港文教基金会、一九八四年、一〇三頁。これについては後述七の「一一　地域別主要寺廟」長興里の項参照。
(13) 李昴著、藤井省三訳『夫殺し』、宝島社、一九九三年。
(14) 溺死した孤魂を呼び寄せるために「水灯」を水中に放つこと（『彰化県志稿』〈八巻、一九五八年～一九七六年、油印本〉、『中国地方志民俗資料匯編』華東巻（下）、書目文献出版社、一九九五年、一六三九頁）。現在は、旧暦七月一三日に地蔵王廟の南の福鹿渓で放水灯をおこなう。一方、民家では七月一日の午後三時から五時まで、「好兄弟」（無祀孤魂）に供物を供える（彰化県文化局弁理『民俗及有関文物普査工作案』専案計画、報告書、二〇〇六年、一九頁）。
(15) 現在の鹿港古蹟保存区内の老人会館。かつて萬春宮があった。蘇府王爺をまつるので、王爺宮、王宮ともいう。そこでの普度。
(16) 一本では「八月初一亀粿店」。七月は亀粿店《グウイグォディエン》（餅菓子屋）が繁忙の季節なので、八月のこの日に普度をする（前引、『民俗及有関文物普査工作案』、二五頁）。
(17) この日は、米粉寮、市場、雑貨店で普度をする（同上、二五頁）。
(18) 前引、藤井省三訳『夫殺し』、五〇—五一頁。
(19) 同上、五一—五三頁。
(20) 同上、七一頁。
(21) 同上、七四頁。
(22) 同上、一〇〇—一〇三頁。
(23) 同上、一〇六頁。なお、供物としての塩や紙銭を焚くことは沖縄でもみられる。
(24) 同上、一三九頁。
(25) 彰化県文化局弁理『民俗及有関文物普査工作案』専案計画、報告書、二〇〇六年。
(26) 角頭 **jiaotou** は祭祀圏の最小単位。鹿港街区には三〇余りの角頭がある。陳仕賢編著『宗教鹿港　鹿港寺廟田野採集』、鹿水文史工作室、二〇〇九年、二一頁。

（27）換花は狭義には女児を男児に換えるためのものだが、より広くは子授けの儀礼としておこなわれる。台南の臨水夫人廟ではこれが日常的にみられる。「臨水夫人廟の花の祭祀「梗花欉」（一九九八年の映像）参照。http://www.flet.keio.ac.jp/~shnomura/koukasou/koukasouhtml.html

（28）前引、『彰化県志稿』（八巻、一九五八年～一九七六年、油印本）、一六三四―一六四三頁、この文献については前掲注14参照。

（29）三月三日に祖先をまつることは漳州だけでなく、畲族、あるいは厦門、南安石井一帯でもみられた（陳建才主編『八閩掌故大全 民俗篇』、福建教育出版社、一九九四年、六四―六七頁）。ちなみに、沖縄の古宇利島では三月三日に「海焼香」という儀礼をする。海に向かって供物をあげ、海難死の者の冥福を祈る（平敷令治『沖縄の祭祀と信仰』、第一書房、一九九〇年、一六三頁）。家の毎年の行事であり、閩南の民俗と通じる。

（30）［ ］は編者野村伸一による。以下同。

（31）中秋に月だけでなく、祖先をも拝むことは朝鮮の秋夕《チュソク》にも通じる。

（32）除夜に祖先をまつるのは、江南（たとえば蘇州〈『清嘉録』〉）、朝鮮半島西南島嶼部、琉球などに広くみられる。日本本土でも中古の時代にはおこなわれた。

（33）以下はサイト「台湾鹿港潤沢宮の暗訪――王爺巡行による平安への希求（附映像）」参照。http://www.keio-asia.org/documents/taiwan/anfang/

（34）彰化県文化局弁理『民俗及有関文物普査工作案』専案計画、報告書、二〇〇六年、一一頁。

（35）同上、一一頁。なお、王爺の属性はより詳しくは三類に分けられる（後述「鹿港の王爺の分類」、四〇七頁参照）。

（36）この六府とは六人の王爺である。それぞれ順、欽、黄、呉、張、什三といった姓を持つ。つまり什三王爺を含めて六府王爺とよぶ。なお、現在、福建省の南沙崗には「大房頭六姓府」という廟がある。その王爺の姓は順、欽、黄、朱、李、什三である。潤沢宮の王爺とは異同がある（前引、陳仕賢編著『宗教鹿港』、二九頁）。

（37）本書所収、山田明広、藤野陽平「福建泉州地域の寺廟・宗祠調査報告」の図版16参照。

（38）顔芳姿「鹿港王爺信仰的発展型態」、新竹：清華大学歴史所碩士論文、一九九四年、八二頁。

（39）以下はサイトの〔映像解説〕として記したものである。http://www.youtube.com/watch?v=XSuCbTW_sWo&feature=player_embedded#t=8

（40）王爺に災厄の解決を依頼することがある。「攔轎問事」という（前引、彰化県文化局弁理『民俗及有関文物普査工作案』専案計画、報告書、一四頁）。

（41）http://www.youtube.com/watch?v=K_ptvaQST3g&feature=player_embedded#t=0

(42) 本書所収、山田明広、藤野陽平「福建泉州地域の寺廟・宗祠調査報告」参照。
(43) 前引、陳仕賢編著『宗教鹿港』、四七頁。
(44) 陳一仁『鹿港文史采風』、鹿江文化芸術基金会、二〇〇四年所収「鹿港王爺暗訪儀式初探」、一二四頁。
(45) 野村伸一『東シナ海文化圏――東の〈地中海〉の民俗世界』、講談社、二〇一二年、二〇九頁、図版59参照。
(46) 前引、顔芳姿「鹿港王爺信仰的発展型態」、二頁。
(47) 同上、二九―三〇頁。
(48) ちなみに泉州の普度《ブドウ》は民国時代まで、禁令にもかかわらず盛大になされた。六月から準備がはじまり、七月は月内毎日、いずれかの地区で普度がおこなわれた。各家では客を招き酒宴を催す。地区内では梨園戯、高甲戯、木偶戯、打城戯が競って演じられた。演戯がなければ、その地区は蔑視された（陳垂成主編『泉州習俗』、福建人民出版社、二〇〇四年、一〇頁）。現代中国では、泉州の普度《ブドウ》は迷信、陋習、浪費として規制されたため、一部の習俗としてのみ保持されているようである。非物質遺産（無形文化財）への取組が盛んなので、普度が復活するのか否か、今後を見守る必要がある。
(49) 以下はサイト「鹿港古風貌（図説）」参照。http://www.keio-asia.org/documents/taiwan/lugang/
(50) 前引、葉大沛『鹿港発展史』、四五七頁。
(51) 玄天上帝ともいう。本書四六六頁、四七五頁図版114参照。サイト「東シナ海文化の現場――二〇〇八年汕尾、海陸豊劇による旧正月」参照。http://www.keio-asia.org/documents/guangdong/heilufeng/2/
(52) 漢宝徳主編『鹿港古風貌之研究』、鹿港文物維護及地方発展促進委員会、一九七八年、七七頁。
(53) 前引、葉大沛『鹿港発展史』、四五〇頁。
(54) 陳仕賢『龍山聴唄・鹿港龍山寺』、鹿水文史工作室、二〇〇四年、三三頁。
(55) 前引、漢宝徳主編『鹿港古風貌之研究』、四〇、七七頁。
(56) 以下は二〇一二年三月九日、龍山寺での筆者の見聞と聞書による。
(57) 殤は非命の鬼（横死者の霊）、また、そのための祭祀のことでもある。野村伸一『東シナ海祭祀芸能史論序説』、風響社、二〇〇九年、九〇頁参照。
(58) 林賢明「閩南普度民俗的歴史文化淵源」『重慶交通大学学報（社科版）』第一〇巻、二〇一〇年、八五頁。
(59) 『盂蘭盆経』と盂蘭盆会については野村伸一編著『東アジアの祭祀伝承と女性救済』、風響社、二〇〇七年、六六頁以下参照。
(60) 七娘媽は子供の神。この日、各戸では模造の「七娘媽亭」を用意する（前引、『民俗及有関文物普査工作案』、二〇頁）。まつったあと、焼却する。

(61)許雪姫主持、鹿港鎮志纂修委員会〔編纂〕『鹿港鎮志』（宗教篇）、鹿港鎮公所、二〇〇〇年、二六五頁。
(62)同上、二六五頁。
(63)彰化県文化局弁理『民俗及有関文物普査工作案』専案計画、報告書、二〇〇六年、二五頁。なお、同書では、収庵により収められた好兄弟を地蔵王廟に引き渡すとあるが、大将爺廟での聞書によると、好兄弟はそのまま冥府に戻るのだという。
(64)卓神保『鹿港寺廟大全』、財団法人鹿港文教基金会、一九八四年、一八一頁以下。なお、鹿港の北部玉順里にも地蔵をまつる清徳宮（地蔵王宮）がある。そこはかつて小帆船がやってきたので船仔頭ともいう。旧暦八月一日が最も重要な祭日である。古老の伝承によると、この地蔵王宮は南部街尾のそれよりも古いという。どちらが古いかはともかく、水辺の死霊供養に地蔵は欠かせなかったのだろう。
(65)桃園県大園郷大園村仁寿宮の中元節については、「一九九七年、台湾釈教の中元祭典（補訂）――桃園県仁寿宮の事例」参照。http://www.flet.keio.ac.jp/~shnomura/pudutaoyuan/pudutaoyuan.html
(66)前引、卓神保『鹿港寺廟大全』、一八三頁。
(67)前引、野村伸一編著『東アジアの祭祀伝承と女性救済』、三〇三、三一一―三一三頁、野村伸一『東シナ海祭祀芸能史論序説』、三〇二―三〇三頁参照。
(68)登記票は一人が二枚書いて奉納することもあるが、おおむね一人一枚のようである。
(69)なお、鹿港の黄姓は現在は猴年に大普度をしているとのことである。伝承の過程で錯誤があったのだろう。陳仕賢『鹿港歴史散歩』、鹿水文史工作室、二〇〇七年、四〇頁および前引、卓神保『鹿港寺廟大全』、一三八、一八三頁参照。
(70)陳一仁『鹿港文史采風』、鹿江文化芸術基金会、二〇〇四年、一八九頁。なお富美宮の地蔵菩薩像は、本書四七一頁の図版109参照。
(71)なお、この日は普渡公の神像が直接巡行するというわけではない。
(72)菜園路三八号の辺りにある摸乳巷という小道は最も狭いところで幅が七〇センチほどしかなく、文字通り女性とすれ違う場合には胸に触れてしまうほど狭い小道として観光名所化されている。
(73)鹿港には城壁がないが、東西南北の四門に土地公をまつった。日本時代に、南と西の土地公は場所が移された。西門の土地公は大衆爺廟内に、南門の土地公は街尾にまつられた（前引、卓神保『鹿港寺廟大全』、六八頁）。
(74)前引、卓神保『鹿港寺廟大全』、一八一頁以下。
(75)同上、一二二頁以下。
(76)天后宮の由来については「由来已久」（前引、卓神保『鹿港寺廟大全』、一〇頁）のほか諸説ある。ここでは葉大沛説に従う。すなわち『彰化県志』によると、天后宮は「乾隆初（一七三六年）士民公建。廟内有御賜『神昭海表』匾額」とある（葉大沛『鹿

港発展史』、左羊出版社、一九九七年、一六二頁）。

(77) 卓神保『鹿港寺廟大全』、財団法人鹿港文教基金会、一九八四年、一〇頁以下。

(78) 前引、卓神保『鹿港寺廟大全』、一三頁。

(79) 前引、許雪姫主持、鹿港鎮志纂修委員会〔編纂〕『鹿港鎮志』（宗教篇）、二六六頁。

(80) 同上、二六六頁。

(81) 四一九頁の普度歌参照。

(82) 専業の道士の自宅など道士としての営業を行っている施設のこと。専業の道士は、自宅などに太上老君や張天師などといった道教の神々を祭祀した神壇を設け、「某某壇」という屋号をかかげて営業を行っている。

(83) 在家で肉食妻帯する道教の伝統のこと。正一派の道士の多くは、この「火居」という状態を基本としている。これに対して、全真教の道士は、出家して道観などに住み、肉食妻帯しないのが基本となっている。

(84) 李豊楙「鹿港施姓道壇与泉籍聚落」『台湾文献』第五二巻第二期、二〇〇一年、一五頁。

(85) 台湾中南部に分布し、功徳などの死者救済儀礼と祈安醮などの生者救済儀礼のいずれをも行う道士のこと。台湾道教の教派の分類およびその職能と分布については、謝聡輝・呉永猛共著『台湾民間信仰儀式』、国立空中大学、二〇〇五年、一〇―一三頁参照。

(86) 「科儀」とは「経」あるいは「懺」のようなただ読誦するだけの儀式でなく、種々の動きを伴ったやや複雑で難度の高い儀式のことを指し、「科儀書」とは各科儀を行う際に読誦ないし唱う内容が記されている書物のことを指す。

(87) 浅野春二『飛翔天界　道士の技法』、春秋社、二〇〇三年、六三―六四頁。

(88) 儀式における道士の役割を表す名称。「侍香」は香や灯の管理に当たる者を指す。その他、「高功」、「都講」、「副講」、「引班」があり、「高功」は、儀式を中心になって行う道士のことを指し、主要な科儀においては道長が務めるが、それ以外では必ずしも道長が務めるとは限らない。「都講」は儀礼全体の調整を、「副講」は疏文の管理を、「引班」は道士団の先導役および法会の依頼主の世話役を行う者を指す。また、儀式を行う際には、役割に応じてそれぞれ立ち位置が決まっており、「高功」は洞案に対して中央に、「都講」はその左隣に、「副講」は右隣に、「引班」は「都講」の左隣に、「侍香」は「副講」の右隣に立ち儀式を行う。大淵忍爾『中国人の宗教儀礼――仏教・道教・民間信仰』、福武書店、一九八三年、二〇〇―二〇一頁参照。

(89) 前注参照。

(90) 道教儀礼は三清をはじめとする道教の神々を崇拝の対象として行うものであるため、本来は三清側の媽祖像のある辺り（図1参照）に三清それぞれの神軸を掲げ、媽祖像を隠すのが本筋であるが、本法会では三清の神軸は掲げられなかった。おそらく媽祖像を三清と見立てて法会が行われたのであろう。

（91）左の掌に八卦および十二支を想定し、そこを左手の親指で押さえていく呪術的所作のこと。通常、左手を胸の前に出し、掌を上にして蜜呪を唱えながら押さえていく。点指については、前引、大淵忍爾『中国人の宗教儀礼　仏教・道教・民間信仰』、二二三頁参照。

（92）北斗七星などの形にしたがってステップを踏んでいく所作のこと。踏罡歩斗とも称する。儀式を行う日の陰陽により最初に踏み出す脚が異なる。前引、大淵忍爾『中国人の宗教儀礼』、二二二―二二三頁参照。

（93）儀式を行う際に木魚や玉磬（鐘）などの法器、供物、科儀書などを置く卓のこと。科儀卓とも言う。

（94）諸天仙が天宮へと飛翔していく様子など天宮の諸神仙の様子を唱った歌。道士たちはこれを唱うことで、神々を讃美する。現在の台湾では、主として、各科儀の最初に唱う歌として使用されている。謝聡輝・呉永猛注五前掲書四〇―四一頁参照。

（95）儀礼を行う理由や目的、儀礼の順序、法会の依頼主や法会に関わる信徒（献金者）の氏名などが記された文書。基本的には儀式ごとに読まれる。

（96）原文は以下の通り。「右、謹進上道経師三宝天尊、四府万霊合壇真宰。証盟納受香花、普伸供養」。

（97）方函の上部に貼る龍の模様をした赤い紙。中央の枠内に文書を呈上すべき宮名を記す。

（98）表文などの文書を入れた方函を載せる盤。最終的には方函とともに焚化する。

（99）「玉旨」または「浄板」とも言う。主として儀式の区切りに至った際に洞案を叩いて合図するための道具として、また各儀式を行う際に科儀書を押さえる文鎮として用いられる。時に五雷牌（諸官将に対して命令する際に用いる法器。詳細は、前引、大淵忍爾『中国人の宗教儀礼』、二〇八―二〇九頁）の代わりにも用いられる場合もある。

（100）ここでは、使者の官将らに文書を対象の神々の元へと届けるよう命令する「遣将」の所作が行われたと考えられる。台南など台湾南部地域の発表科儀における「遣将」においては、五雷牌を用いて「元始号頭」（「速」の字）が空中に描かれるが、ここでは勅板を用いて何の文字が描かれたかは確認できておらず不明。台南地域の「玉壇発表科儀」における「遣将」の所作については、前引、大淵忍爾『中国人の宗教儀礼』、二二三頁および前引、浅野春二『飛翔天界』、一一四頁参照。

（101）施宣熹道長によれば、この方函（文書）は「玉京上帝、三界上真」へと呈謝する文書、すなわち、玉皇大帝および三官大帝以下三界の高位の神々へと送る文書であるようである。

（102）本項目を記述するに当たっては、林聖智「鹿港的道士与威霊廟普渡科儀調査報告」（余光弘編『鹿港暑期人類学田野工作教室論文集』中央研究院民族学研究所、一九九三年）一二一―一二二頁所載の「（五）登座説法」の部分および前引、大淵忍爾『中国人の宗教儀礼』、三九一―四〇四頁所載の「霊宝普度科儀」を参考とした。

(103) 道教の普度法会が生者救済と死者救済を兼ねたものになっているのにはその成立過程とも深く関わっている。松本浩一「中元節の成立について――普渡文献の変遷を中心に」（馬場毅・張琢編『改革・変革と中国文化、社会、民族』、日本評論社、二〇〇八年）および山田明広「現代台湾の鬼月における無縁死者救済儀礼について――道教の普度法会と仏教の盂蘭盆会の比較」（原田正俊編著『日本古代中世の仏教と東アジア』、関西大学出版部、二〇一四年）参照。

(104) 卓神保『鹿港寺廟大全』、財団法人鹿港文教基金会、一九八四年、所収「各里百姓公一覧表」、二一二頁以下参照。

(105) これは宜蘭の頭城中元搶孤が最も名高い。

(106) 沖縄県大宜味村塩屋の船漕ぎにみられる熱烈な応援のさまは典型的なユーニガイである（野村伸一『東シナ海祭祀芸能史論序説』、風響社、二〇〇九年、六二頁、図版12参照）。

(107) 陳一仁『鹿港文史采風』、鹿江文化芸術基金会、二〇〇四年、一九四頁。

(108) 今日の鹿港には五つの土地公廟があるが、陳一仁によれば『鹿港寺廟大全』や『寺廟台帳』などを調べた結果「中福徳祠」という記載がなかったとし、歴史的な観点から中央の土地公廟を外し、四つの土地公廟について論じている（陳一仁『鹿港文史采風』、鹿江文化芸術基金会、二〇〇四年、二二四頁）。しかし、本稿では二〇一二年の調査にもとづいているために、この時期には存在している中央の土地公も数えて、五つと考えることとする。

(109) 陳一仁「鹿港福徳祠探源」『鹿港文史采風』、鹿江文化芸術基金会、二〇〇四年。

(110) 前引、陳一仁『鹿港文史采風』、二〇六頁。

(111) 前引、増田福太郎『台湾の宗教』、養賢堂、一九三九年、一二五頁。

(112) 前引、陳一仁『鹿港文史采風』、二〇六頁。

(113) 林志雄『神遊鹿港――寺廟伝奇』、八八―八九頁。前引、陳一仁『鹿港文史采風』、二〇四―二〇六頁、陳仕賢編著『宗教鹿港　鹿港寺廟田野採集』、鹿水文史工作室、二〇〇九年、一一八―一二二頁等。

(114) 前引、陳一仁『鹿港文史采風』。

(115) 林志雄文、黄忠勇図『鹿港大将爺廟（威霊宮）簡介』、威霊廟管理委員会、二〇一一年。

(116) これについては、本書、四九六頁参照。またサイト「温かい道士の一家――鹿港地域文化研究」参照。http://www.flet.keio.ac.jp/~shnomura/rokkou3/taiwan2.html

(117) 前引、陳一仁『鹿港文史采風』、一〇五―一〇八頁。林志雄『神遊鹿港：寺廟伝奇』、一一二―一一三頁。

(118) 前引、陳一仁『鹿港文史采風』。

(119) 林志雄『神遊鹿港――寺廟伝奇』、一五四―一五五頁。

(120) 林志雄『神遊鹿港――寺廟伝奇』、一〇八―一〇九頁。前引、陳仕賢編著『宗教鹿港――鹿港寺廟田野採集』、九二―九四頁。
(121) 前引、林志雄『神遊鹿港――寺廟伝奇』、一〇九頁。
(122) 卓神保『鹿港寺廟大全』、財団法人鹿港文教基金会、一九八四年。光復後、はじめて鹿港全体の寺廟を記述したものである。資料の制約、誤解も少なくないとされるが、そののちの寺廟関係の著書は大方、これに基づいている（陳仕賢編著『宗教鹿港　鹿港寺廟田野採集』、鹿水文史工作室、二〇〇九年、九頁）。そこで、ここでも基本資料とした。
(123) 林志雄『神遊鹿港：寺廟伝奇』、彰化県鹿港鎮、二〇一一年では一〇七座の寺廟があげられている。そのうち、媽祖廟は一一、王爺廟は四二である。この両者で半分を越える。ちなみに『鹿港寺廟大全』で記述された寺廟は五九である。
(124) 漢宝徳主編『鹿港古風貌之研究』、鹿港文物維護及地方発展促進委員会、一九七八年、八頁。
(125) 同上、八頁。
(126) 前引、陳仕賢編著『宗教鹿港』、二一頁。
(127) 前引、卓神保『鹿港寺廟大全』、九頁。
(128) カッコ内の地番表記は前引、林志雄『神遊鹿港』による。以下同。
(129) 前引、卓神保『鹿港寺廟大全』、一頁以下および前引、林志雄『神遊鹿港』、五六―五七頁。
(130) 前引、卓神保『鹿港寺廟大全』、六頁。
(131) 同上、七頁以下。
(132) 前引、林志雄『神遊鹿港』、一四〇、一四四頁。
(133) 『鹿港奉天宮志』、鹿港奉天宮管理委員会、一九九七年、一八頁。
(134) 同上、一八頁。
(135) 前引、卓神保『鹿港寺廟大全』、二〇頁以下。
(136) 李国宏「蚶江五王府与鹿港奉天宮〝互為祖廟〟文化現象研究」福建省石獅市科技文体旅遊局編『蚶江鹿港対渡文化論集』、武漢大学出版社、二〇一一年、一四九頁。
(137) 同上、一四九頁および前引、『鹿港奉天宮志』、三〇頁以下。
(138) 前引、李国宏「蚶江五王府与鹿港奉天宮〝互為祖廟〟文化現象研究」、一五三頁以下。
(139) 同上、二七頁以下。
(140) 前引、林志雄『神遊鹿港』、二二八―二二九頁。
(141) 前引、林志雄『神遊鹿港』、二二六頁。

(142) 同上、三九頁。
(143) 前引、卓神保『鹿港寺廟大全』、三九頁以下。
(144) 同上、四一頁以下。
(145) 前引、卓神保『鹿港寺廟大全』、四七頁。
(146) 李昻『夫殺し』は小説作品だが、鹿港の盆行事を生き生きとえがいている。それによると、鹿港の人びとは昼過ぎから日暮れまでの四、五時間、孤魂をもてなす。そうして「長い時間をかけてお祭りしてこそ、城隍廟から解き放たれた游魂たちもたっぷりと供物を捜す時間を持て、一年に一度のご馳走をたらふく食べられるものと、信じていた」とある（李昻著、藤井省三訳『夫殺し』、宝島社、一九九三年、一〇〇頁）。
(147) 前引、陳仕賢編著『宗教鹿港』、八五頁。
(148) 前引、林志雄『神遊鹿港』、一八〇頁。
(149) 横田浩一「潮汕の視点から見る客家文化の表象」瀬川、飯島編『客家の創生と再創生——歴史と空間からの総合的再検討』、風響社、二〇一二年、二〇三—二一〇頁参照。
(150) 前引、林志雄『神遊鹿港』、二一六頁。
(151) 前引、卓神保『鹿港寺廟大全』、五六—五九頁。
(152) 同上、八四—八五頁。
(153) 前引、林志雄『神遊鹿港』、二二一—二二三頁。
(154) 前引、卓神保『鹿港寺廟大全』、八四頁以下。
(155) 同上、八七頁。
(156) 前引、林志雄『神遊鹿港』、一二二頁。
(157) 同上、一二二—一二三頁。
(158) 同上、一二二頁。
(159) 前引、陳仕賢編著『宗教鹿港』、二七頁。
(160) 同上、九四頁。
(161) 同上、九九頁以下。
(162) 現在、興安宮は国家指定の第三級古跡となっている。概況に関しては、彰化県政府の観光用ＨＰに日本語でも掲載されている。それによると、一六八四年の創建後、「光緒一二年（一八八六）と光緒二一年（一八九五）に再建され、一九八五年に第三級重要文化財に指定された」とある。http://tourism.chcg.gov.tw/jp/hopSpotInfo.aspx?id=100&chk=8a80361d-a1d1-42c6-8ab-fb9e5a04d8878

(163) 前引、林志雄『神遊鹿港』、三〇頁。

(164) 前引、卓神保『鹿港寺廟大全』、一〇三頁以下。

(165) 前引、林志雄『神遊鹿港』、三〇頁。

(166) 前引、卓神保『鹿港寺廟大全』、一一二頁以下。

(167) 同上、一二七頁以下および前引、林志雄『神遊鹿港』、一九三頁。

(168) 陳仕賢編著『宗教鹿港』、一二五―一二六頁。

(169) サイト「台湾民俗誌（図説）――鹿港から（鹿港地域文化研究）参照。」http://www.flet.keio.ac.jp/~shnomura/rokkou2/taiwan1.html

(170) 前引、卓神保『鹿港寺廟大全』、一三二―一三五頁。

(171) 同上、一三七頁以下。

(172) 同上、一四一頁以下。

(173) 前引、林志雄『神遊鹿港』、九二頁。

(174) 同上、六二頁。卓神保『鹿港寺廟大全』では一七八七年。

(175) 前引、林志雄『神遊鹿港』、六三頁。

(176) 同上、一四六頁以下。

(177) 文武廟落成は一八一一年とするものが多い（前引、林志雄『神遊鹿港』ほか）。しかし、落成は一八一二年か（心岱『百年繁華。最鹿港』、西遊記文化、二〇〇六年、六六頁およびサイト「鹿港文武廟」http://www.hlps.chc.edu.tw/~changhua/lugan/wenwu.htm）。

(178) 前引、卓神保『鹿港寺廟大全』、一七四頁。

(179) 同上、一七四頁以下、また前引、林志雄『神遊鹿港』、一八四―一八七頁。

(180) 前引、李昴著、藤井省三訳『夫殺し』、一五七頁以下。

(181) 前引、野村伸一編著『東アジアの祭祀伝承と女性救済』、四二頁。

(182) 前引、前引、李昴著、藤井省三訳『夫殺し』、一六五頁。

(183) 前引、前引、野村伸一『東シナ海祭祀芸能史論序説』、二七九頁。

(184) 同上、前引、李昂著、藤井省三訳『夫殺し』、三八頁。

(185) 同上、一〇六頁。

(186) これは山田の所感である。ただし、編者（野村伸一）としては、観音信仰は十分に基層文化として機能していると考える。龍山寺ほか荘徳堂などの信仰をみても、仏教文化はすなわち観音信仰といっても過言ではないほど浸透している。

(187) 前引、李昂著、藤井省三訳『夫殺し』、五一頁。東方地中海地域では、どこも盆と正月は祖霊を迎え、祭祀があり芸能が伴うが、泉州や鹿港では七月の一か月間に時間と費用を注いだということであろう。これは民間信仰化した仏教文化の影響なのかもしれない。

(188) 同上、第一章および一〇〇頁参照。

(189) サイト「五　温かい道士の一家――鹿港地域文化研究」参照。　http://www.flet.keio.ac.jp/~shnomura/rokkou3/taiwan2.html

第六章　祭祀を通してみた宮古島——ウヤガンとユークイ

上原孝三

一　はじめに

沖縄の宗教儀礼歌謡集『おもろさうし』全二二巻には一五五四首のオモロが収められている。『おもろさうし』は一六世紀から一七世紀にかけて琉球王府によって編纂された。巻一四—九八七のオモロは次の通りである。[1]

一　恩納やちきまよ
　　安富祖やちきまよ
　　おもひはの　肝痛さ
又　安和の親の娘
　　肝痛親の娘
又　山　籠まて　三月
　　嶽　籠まて　三月

又　がぢやも　せゝられて
　糠子　せゝら〔れ〕て

「安和の親の娘／肝痛親の娘」が、「山　籠まて　三月／嶽　籠まて　三月」、つまり山中にある御嶽に「三月」籠もっていたのである。この用例のオモロには祭祀名は記されてない。「がぢやも　せゝられて」は山蚊（ガジャン）に刺されての意であるが、妙にリアルである。

問題にしたいのは、「山　籠まて　三月／嶽　籠まて　三月」で、「安和の親の娘／肝痛親の娘」が、御嶽に三か月も実際に籠もっていたかということである。俗界から離れ、身を浄めて神と交感する。神に斎き、神に祈願し、神と結婚したのだろうか。三か月も御嶽に籠もることはあり得るか。あるいは、「三月」は単なる数的な修辞表現で、長く籠もっていたという意味であろうか。だが、巻一四―九八七の用例のオモロの聖地籠もりの実態は不明である。御嶽に「三月」籠もる用例は恩納の他に、久米島があり、『おもろさうし』全体で二例となるが、『諸間切のろくもいのおもり』では金武間切でも確認される。実施時期と祭祀名は不明だが、一六世紀以前の沖縄本島の中・北部には三か月に亘る祭祀が存在しsたのではないかと想定される。そして、それは王府の宗教政策が及ぶ以前の古い姿を保持していたものと思われる。

沖縄本島の中・北部とその周辺離島に分布するシヌグ・ウンジャミ祭は、旧暦七月に行われる。シヌグ・ウンジャミ祭だけでなく、歴史的な経過やその村の内的・外的事情により、祭祀の時期・内容が変化／変容してきた。外的要因としては、琉球王府の政策通達による祭祀の削除・変更などがあったことも含まれる。宮古・八重山、その他の地域もその例外ではない。琉球王府により、沖縄・宮古・八重山の祭祀は何度か変更を余儀なくされた。『琉球国由来記』（一七一三年）巻二一の八重山島の「年中祭〔祀之〕事」によると、「七八月中ニ己亥日、節ノ事」

とある。「由来。年帰シトテ家中掃除、家・蔵・辻迄改メ、諸道具至迄洗拵、皆々年縄ヲ引キ、三日遊ビ申也」とある。節祭りは昔から「七八月」に行われていた。西表島の祖内ではシチィ祭りのなかでユークイ儀礼が包含される。

同書の沖縄本島の今帰仁間切では「大折目」と記され、「毎年七月、大折目トテ海神祭也。且、作毛之為ニ巫・大根神・居神、都合弐拾人余」とあり、ウンジャミ祭が行われていたことが理解できる。「毎年七月」に行われる「大折目」とは大きな祭りの意である。参加する神人も「巫」（ノロ）を先頭に二〇人を越えた。「大折目」は「海神祭」ともいう。「海神祭」の目的は「作毛之為」でもある。農耕文化的な「海神祭」であった。「海神祭」は豊年豊作を祈願するための大きな祭祀であることが理解できる。つまり、沖縄・八重山では、旧暦七八月の夏の節祭があったのである。沖縄では海から神を招いて祈った。

シヌグ・ウンジャミ祭は、祭りの古態を保っているといわれている。外間守善は、豊饒祈願祭シヌグの特質を次のように述べている。(2)

「野遊び」は、古くは「神遊び」をする村の祭礼につながっていたものである。たとえば、沖縄北部に伝わっているシヌグとよばれる村の豊年予祝祭などがそれにあたる。豊年祭は、神を迎えてあらたなる年の豊饒を予祝する儀礼であるが、そこでは、神のもてなしとして行われる踊りや歌とともに、豊饒を予祝するための性の解放、自由恋愛の場もあったようである。沖縄本島北部、本部町の伊野波に伝わるムックジャー踊りは、まさにその予祝のための性のまじわりの模倣儀礼である。

シヌグだけではなく、旧暦七月に行われる今帰仁村古宇利島のウンジャミ祭でも性交の模倣儀礼が見える。シヌグ・ウンジャミ祭と宮古のユークイ祭の共通点は、性交の模倣儀礼を伴う豊饒祈願祭ということである。[3] シヌグ・ウンジャミ祭の中で、古くは女性達が裸体で舞ったようである。そのためであろうか、風紀を乱す祭りとして、シヌグ・ウンジャミ祭は琉球王府によって禁止された。[4]

大宜味村塩屋のウンジャミ祭では神人達が拝所の神庭の柱を反時計に廻るが、その際「ユンクイ・ユンクイ」と唱える。国頭村字与那のウンジャミ祭でも儀礼実施中に「ウンコイ・ウンコイ」と唱える。「ユンクイ」あるいは「ウンコイ」は、ユークイで世を乞う意である。シヌグ・ウンジャミ祭の全てが一般に公開されているわけではないが、豊饒を予祝する意図が祭祀の根底には横たわっている。

宮古諸島の中の大神島のウヤガン祭は、いまだ神秘のベールに被われている。祭りそのものが非公開の上、神役も祭祀については黙して語らず、住民も祭祀に関しては知らないとの口実で取り付く島もなくなる。わずかに漏れ聞くところでは、ウヤガン祭には村の広場に男女別の仮設の小屋が建てられ、何日かそこに籠るとのことである。

夜、神に扮したウヤガンが何処ともなく突如と現れ、籠もっている男女の腰辺りを打つという。住民が男女別に籠もること、その人々を神に扮した者が村人の腰や身体の一部を軽く打つことは、沖縄本島北部安田のシヌグを想起させる。本稿では、宮古島狩俣のウヤガン祭を中心に報告したい。

二　宮古のウヤガン祭

ウヤガン祭は宮古北部の大神・狩俣・島尻の地域で行われている（島尻は現在行われていない）。現在でもウヤガン祭はその秘儀性を保ったままである。ウヤガン祭は、村落の「ウヤガン」と称される女性達によって、集団的に実施される村落祭祀である。

大神島のウヤガン祭は旧暦六月～一〇月、宮古島市島尻・狩俣は旧暦一〇月～一二月のそれぞれ三月間の長きに亘り行われる。祭祀内容は、狩俣を例に取れば、①新しい神女の成巫儀礼、②村落内の払い（各戸巡りと払い）、③豊饒予祝、④航海安全の四つの要素が主内容となろう。大神・島尻もほぼ同内容と推察される。

ウヤガンという同じ祭祀名を持ちながら、何故違う時期に開催するのか。祭祀開始時期の問題がそこに存在する。伝承では、大神島と島尻・狩俣は親子の関係にあり、大神島は親、島尻は長男、狩俣は長女だという。親である大神島のウヤガンが終了し、大神島から終了の合図を受け取った後、子である島尻・狩俣の両村は、はじめてウヤガン祭を開始できるという。

大神・島尻・狩俣は伝承上強い結びつきがあり、生活圏も重なっている。大神島がウヤガンを終了し、その合図を島尻が受け一〇月から島尻・狩俣が開始する。親である大神が終了してから、子である島尻・狩俣が行うとする島尻の神女の説明からすると、一見合理性を有しているかに見える。その言葉通りだとすれば、祭祀開催時期は問題なしとせざるを得ない。だが、果たしてそうだろうか。

大神島と島尻・狩俣は親子の関係にあるならば、祖先であるウヤガンも同一なはずである。それならば祭祀時期は同一に行うのが筋といえよう。同一の祭祀名を持つそれは、同一期間に行うことが素直な考え方であろう。開催時期が数か月に亘って異なるのは何らかの理由があるのだろう。

文献的に見れば、ウヤガン祭は一八世紀まで遡ると考えることはできる。その当時どのような形態でウヤガン祭が実施されていたかは文献と現在の祭祀内容・形態から考えるしかない。

三　ウヤガン祭についての先人の研究――稲村賢敷と慶世村恒任

『雍正旧記』（一七二七年）に次のような記事がある。(5)

平良四ヶ村旧式
世乞神の事
右由来十月十一月十二月三ヶ月庚日より月に五日宛出て毎年三度宛神事有之たる由候様子は上々之御為嶋中人民之為五穀満作船路之為を祈り神事之由候神人数は無食にて願為申由候尤諸村にも右神事為有之由候得共不相替候故其村々に記不申候右之神事中古迄有之候事

稲村賢敷《いなむらけんぶ》は上記の記事内容を次のように口語訳をしている。(6)

一、世乞神の事
　この神事は十月、十一月、十二月の三ヶ月のかのえ日に、月々五日宛出て毎年三度の神事を執り行います、祭りの趣意は第一首里天がなしの御為、又島中人民のため五穀満作豊年のため、そして航海安全の神事であります、祭りを執行う間は神人数は食を絶って祈願をするようでありまして、平良以外の諸村でも皆この神事をするようでありますが、別段変わる所もないようですから他村では記事を省きます、この神事は中古まで行ったとの事です。

「世乞神の事」の表記を見ると、「世乞」の字義通り、宮古各地に存在する現行祭祀「ユークイ祭」と結びつけるのは、ある意味当然である。現行の「ユークイ祭」もユー（世）を乞うからである。

しかし、「神事」が旧暦一〇月から一二月の三か月に亘ること、「月々五日宛出」ること、「神人数は無食にて願」った祭祀内容などから、「世乞神の事」は現行の「ユークイ祭」ではなく、「ウヤガン祭」と考えられる。「世乞神の事」の記事内容は「ウヤガン祭」を指すものと思われる。

何故「ウヤガン祭」のことを「世乞神」と記したか。換言すれば、「ウヤガン祭」と記載しなかったのかなぜか、という疑問が生じてくる。ともあれ、「世乞神」の神事は三か月間に亘る大きな祭りであった。

「神事」の目的は、①首里天がなしの御為、②島中人民のため、③五穀満作豊年のため、④航海安全のためである。②・③・④の願意目的は至極当然であるが、①首里天がなしの御為は、祭りの本来の主旨には元来含まれていなかった。首里王のことも祈るよう、後世、首里王府や宮古蔵元などの行政機関から、各村へ働きかけがあったと推察される。行政からの働きかけは、祭りに何らかの影響を及ぼしたものと思われる。この現象は、逆に言えば「世乞神」神事がいかに大切な祭りであるかという裏付けにもなろう。

狩俣のウヤガン祭の祭祀期間は近世期と同様一〇月から一二月であるが、祭りの回数が三回から五回に変更している。以下、祭祀名・月・祭祀日数の順で示す。

一回目　ジーグバナ　　旧暦一〇月寅の日より四泊五日
二回目　イダスカン　　旧暦一一月酉の日より三泊四日
三回目　マトゥガヤー　旧暦一一月申の日より二泊三日

四回目　アーブガー　　旧暦一一月寅の日より二泊三日
五回目　トゥリャーギ　旧暦一二月申の日より四泊五日

「世乞神の事」では旧暦一〇月から一二月の三か月にかけて、「月々五日宛出」るということになっていて、狩俣のウヤガン祭は五回に亘っているが、日数が多少異なっている。ウヤガン祭の五回に亘る聖地籠もり（山籠もり）の儀礼のあらましを概略したい。(7)


一回目の聖地籠もり（五日間）神女が草冠を被り、杖や手草を持ち、祖神となり村に　出現する。祭りの始まり。

二回目の聖地籠もり（四日間）新しい祖神の選出。夜、新しい祖神は家で待機している。家族の者といえども新しい祖神を連れ去る場面を見てはならない。

三回目の聖地籠もり（三日間）村を清浄にする。祖神は各家を廻り、草で家の壁をたたいて悪霊や厄を払う。シィマバイウヤーン（村栄え親神）ともいう。

四回目の聖地籠もり（三日間）ユークイともいう。アーブガー（地名）で性的模倣儀　礼を行う。祖神は村落の畑に手草を差す。草は豊かな実りの種を象徴（意味）するという。

五回目の聖地籠もり（五日間）三つの元（拝所）でフサ（神歌）を謡い、最後の拝所ザー（座）で草冠を脱ぐ。祭りの終了。


厳しい聖地籠もりの中で神女は神に近づき、ついには現人神となる。島尻では神女は食事も摂らず、それこそ

1　1994年、狩俣ウヤガン、第4回目アーブガー。狩俣からアーブガー（地名）へ向かうウヤガン一行

2　アーブガー。島尻方面に向かい、ユークイ（世乞い）の歌をうたう。着物の裾を持ち、左右に振る行為をする。

3　アーブガー屋敷跡。着替えをする場面。ここでいったん休む。

4　屋敷跡から出て島尻方面（北）に向かい、ユークイ（世乞い）をする。

5　石垣の部分が屋敷跡。四角形であった。ユークイをする場面。

6　アーブガーでの祈願を終え、狩俣集落へ向かうウヤガン一行。

7　狩俣集落へ行く道すがら、ウヤガンは自分の畑、あるいは親戚の畑があると、木の枝を畑に突き刺す。

8　畑に突き刺された枝。豊作になってほしいとの願望を込める。

9　集落に向かうウヤガン。右手に杖を持っている。

10　集落内に入ったウヤガン。
約1時間歩いた。

11　頭に被るキャーンから落ちた枝。

12　イスツウタキ（磯津御嶽）。ナカマウタキ（仲間御嶽）ともいう。海端にある。

13　イスツウタキのイビ。香炉の手前にニラ（らっきょう）が供えられてあった。

精進潔斎を行った。少なくとも三〇〇年前からの古式を守っていた。ウヤガン祭は村落内の人々にはほとんど目に触れず、その主要な部分が人知れず闇の中で展開される。秘祭といわれる所以である。

慶世村《きよむら》恒任《こうにん》は『宮古史伝』[8]の「御嶽と祭事」中で、祭事を次のように配列している。以下、祭事の名称・開催月・出典の順に記す。尚、（ ）内は出典文献を記す。

・コネリマツリ　旧暦九月に一三日間　一三年廻り（『雍正旧記』）
・のきぱれ神・先祖祭神・大さくしあや神・大城神　旧暦一〇月　一三年廻り（『雍正旧記』）
・世乞神　旧暦一〇月・一一月・一二月　毎年（『雍正旧記』）
・親神　開催月の記述なし　一七日間　毎年
・ンナフカ祭　旧暦⑧九月に三日間（『御嶽由来記』）
・シマフサラ　開催月の記述なし　毎年
・神名遊び　旧暦一〇月に一三日間　一三年廻り（『雍正旧記』）

「シマフサラ」祭を除き、宮古の中でも土着性の強い特異な民俗祭祀に慶世村は目を向けている。上記の祭祀は本来その村や地域との結びつきが強く、村や地域の為に祭祀は行うのであって、首里王や琉球王府のために行っているのではないとの認識があった。即ち、慶世村は琉球王府の勢力が及ぶ以前の古態を残している宮古の祭祀を探求しているのである。「世乞神」「親神」はその一例であった。「コネリマツリ」「のきぱれ神・先祖祭神・大さくしあや神・大城神」（同一祭祀の異なる名称と思われる）「神名遊び」は、廃れたようで現在では行われていない。

慶世村は近世の文献から祭祀を拾っているが、「親神」と「シマフサラ」については独自で調査している。「親神」についてはニコライ・A・ネフスキーからヒントを得たものと思われる。一九二二年に宮古を訪れたネフスキーは、伊良部島で行われていた「カンムリ」（神下り）を、「ウヤガン」と記している。ネフスキーの影響を受けた慶世村は平良地方の祭祀を調べた。

さて、慶世村は世乞い祭について、次のように述べている。(8)

〔世乞神　よこうがむ〕　各所におこなわれた祭である。十月、十一月、十二月の三か月の間、庚日から五日宛三回毎年行った。島中の人民安穏平和、五穀満作、航路安全を祈ったものである。総て神司は断食して神衣を毎日替えて祭を行った。しかして手には手草（たぐさ）を持ち頭にはカウスを冠（かぶ）り祈詞を奏して祭り、最後の日の未明にはパルミを以てマユニを躍って祭を終った。この祭事は中世までは盛んに行われたという。今は各地にその形式だけを止めている。

右記の文章を読む限り、慶世村が『雍正旧記』の「世乞神の事」を参考にしたことは容易に推察できる。しかし、「神衣を毎日替えて祭を行った。しかして手には手草（たぐさ）を持ち頭にはカウスを冠（かぶ）り祈詞を奏して祭り、最後の日の未明にはパルミを以てマユニを躍って祭を終った」という部分は、『雍正旧記』には見あたらない。

慶世村がその情報や知識をどこから入手したのは分からないが、恐らく平良地方を中心にした調査で得たものと思われる。

「世乞神」は、「島中の人民安穏平和、五穀満作、航路安全」を祭祀目的としている。『雍正旧記』に示される「上々之御為」（首里王の為）が欠落している。この欠落部分は慶世村の単純ミスとは思えない。つまり、元来「世乞神」の祭祀目的には「首里王の為」の願意は含まれてなく、後世付加されたのではないかと慶世村は考えたのではなかろうか。恐らく、慶世村は一八世紀以前の［世乞神］祭の原型を想定していた。その原型のモデルを「親神」と考えたのではないか。慶世村は「世乞神」に続けて、「親神」の記述をする。[9]

この祭は上代は裸体のまま神山に入って十七日間断食して祭ったという。俗界を離れ、穢らわしい衣を脱して素肌も顕に断食して神に祈りを捧げるということは最も純潔なるものとされたものであろう。この祭りは今なお神聖なものとして狩俣や島尻等の邑に行われている。総て女人が世襲的に行うべきものとされている。今も最終の夜は裸体になる所もあれば衣の前をはだけ出す所もある。そして山奥深い所や浜辺等に行って交接の時のクナブリの真似をする。（クナブリは宮古語ではフナグという）それを以て神人共に最上のえらぎよろこぶ心とし誠心誠意の表現とされている。
この所を男が見たら神罰があたると云って厳禁されている。クナブリ躍る前に神前で裸体または半裸体のまで数をかぞえては手草を捧げて祈る。三十パリ、八百パリ等そのかぞえる数によって名づけられている。
この祭にも、蔓のカウスを被り木枝の手草を持ち生木の杖をついて神歌や祈詞を奏する。

「親神」の知識も慶世村がどのように獲得したのか具体的には不明であるが、「神山に入って十七日間断食して祭った」という記述内容は、祭祀日数の数字が示され、具体的である。『雍正旧記』の〔世乞神の事〕で籠もる日数は、計算にして約十五日である。二日の違いがあるといえ、慶世村は調査でその知識を入手した。

日数の違いがあるが、慶世村は、「世乞神の事」の内容は「親神」であり、地方的呼称が「親神」ではないかと考えた。しかし、確証があったわけではない。「世乞神」は「親神」と共通の要素を持っているので、併記したと想われる。つまり、酷似した祭祀内容ではあるが、「世乞神」イコール「親神」という確信が慶世村にはなかった。だが、少なくとも、慶世村の功績は高い。従来知られてなかった宮古の民俗祭祀である「親神」の存在を世に知らしめたからである。

稲村賢敷は『宮古島庶民史』の中で、「祖神祭（うやがむ）」について次のように述べている。[10]

狩俣村は宮古島の北端にある西平安名岬の近くにあって、平良からは三里余も隔っている古代部落である。ここでは夏から冬にかけて年に四回、祖神祭と称する原始的祭典が行われる。宮古で現在祖神祭を行う所は、狩俣の他に、島尻、大神島、池間等の諸部落があるが、昔は広く各部落でやっていたように思われる。

稲村は「祖神祭（うやがむ）」を、「昔は広く各部落でやっていたように思われる」と述べているが、それは『雍正旧記』の「世乞神の事」の知識が背景にあったからだ。

「祖神祭（うやがむ）」を行う地点を狩俣・島尻・大神島とするが、その他に池間島を稲村はさりげなく付け加えている。池間島には「ユークイ祭」はあるが、「ウヤガン」という名称を持つ祭祀は存在しない。何を根拠に池間島でも祖神祭を行っているとするのか、稲村は何も語っていない。

稲村は「大神島の祖神祭」について、次のように記している。[11]

また、大神島の祖神祭には、行事の一つとして「ふなぐ踊」というのが神女達によってなされる。その実態をみることは到底できないが、村の古老達の話によると、村中から十名の未婚の青年が選ばれて神女十名の相手となり、身に一糸を纏わぬ裸身の姿で互に五、六歩の距離をおいて向かい合って立ち、神女の所作を真似て踊ることになっているそうである。

慶世村・稲村の両者とも狩俣現地で「ウヤガン祭」を実際に見聞しているわけではない。しかし、稲村は狩俣現地に足を運び、狩俣吉蔵翁から「狩俣のニーラアーグ」の聞き取りをしている。この功績は高く、稲村の研究を基に宮古歌謡研究は深化していく。

慶世村・稲村の悩みは、「世乞神の事」が「世乞い祭」と思われるのに、その記事内容が「ウヤガン祭」を指していることにある。表題と内容の問題と言い換えてもよい。

つまり、「世乞い祭」と「ウヤガン祭」の整合性をいかにつけるかにあった。この問題は現在に継承されている。

四　ウヤガン祭――近世の文献を中心に

さて、『御嶽由来記』は、一七〇五年から一七〇七年に編纂され、宮古から琉球王府宛に報告された旧記で、その内容は宮古各御嶽の祭神と由来を記してある。狩俣の「大城御嶽」は次のように記載されている。[12]

事例（一）『御嶽由来記』一七〇五年

大城御嶽女神豊見赤星てたなふら真主と唱
船路の為並諸願に付き狩俣村中崇敬仕候事
　由来神代に右神狩俣村東方嶋尻當原と申小森に天降して狩俣村後大城山に住居候処あるや若男に取合かと夢を見て則ち懐胎いたし七ヶ月めに一腹男女を生み出父なき子なれは初て見るものを父にせんとて抱出候得は山の前成瀬に大なる蛇這掛り彼子を見て首を揚き尾を振舞躍申候其時にてそ最前の男は蛇の変化にてあるならんと覚申候此人より狩俣村始り候由言伝有氏神と号し崇敬仕候事

事例（二）『琉球国由来記』「嶽々由来」一七一三年(13)

大城御嶽　女神。豊見赤星テタナフラハイ主ト唱（狩俣村後峰ノ上ニアリ）。為船路、且諸願ニ、狩俣村中崇敬仕也。
由来。往昔、右神、狩俣村東方島尻当原ト云フ小森ニ天降シテ、狩俣村後、大城山ニ住居ス。有夜、若男ニ取合カト、夢ヲ見テ、則致懐妊、七ヶ月ニ、一腹男女産ミ出ス。父ナキ子ナレバ、初而見ルモノヲ父ニセントテ抱出ケレバ、山ノ前ナル瀬ニ大ナル蛇這掛リ、彼子ヲ見テ、首ヲ揚ゲ尾ヲ振リ舞躍ケル。其時、先夜ノ夢中ノ男ハ蛇ノ変化ニテモアルヤラント、思ヒシトナリ。此人ヨリ狩俣村始リタル由、云伝アリテ、氏神ト号シ崇敬仕ルナリ。

事例（三）『琉球国旧記』一七三一年(14)

大城嶽
在太平山狩俣村後峰上。（蓋女神也。神名称豊見赤星手掌洞拝。）
昔有天女神。忽現降干島尻當原山。後亦移居干此嶽。一夜嘗夢。有一少年。侵入閨中。驚起視之。無有一物。

因而有孕。已歴七個月。一斉生下一男一女。即母想。我児無父。以初会者為父。散歩走出。時大蛇。見其所抱二子。揺首罷尾。躍然而舞。神女見之曰。疇昔之夜。化青年入房者。豈非此大蛇乎。何見此児。能如此耶。已而帰来遂卜地于狩俣。結構一庵而住焉。自此人民漸聚。而為村邑。今狩俣村人。為氏神。常為崇信焉。

事例（一）から事例（三）までは、厳密に言えばウヤガン祭の儀礼行為ではなく、「女神豊見赤星てたなふら真主」が天降りした地から、「狩俣村後、大城山」まで移動する話である。いわば、狩俣村の起源あるいは狩俣村の発生の伝承記録である。

事例（四）『琉球国由来記』「神遊ノ由来」一七一三年(15)

往昔、狩俣村東方、島尻当原ニ天人ニテモヤアルヤラン、豊見赤星テダナフラ真主ト云フ女、狩俣村御嶽大城山ニ只独住居ス。赤星、有夜ノ夢ニ、若キ男閨中ニ忍入ルカト驚キ居ケルニ、只ナラヌ懐妊シテ、七ヶ月ニ一腹ニ男女ノ子ヲ産出ス。男子ヲバ、ハブノホチテラノホチ豊見ト云。此人ヲ狩俣村ノ氏神ト崇敬仕也。女子ヲバ、山ノフセライ青シバノ真主ト云。此者十五六歳ノ比、髪ヲ乱シ白浄衣ヲ着シテ、コウツト云フ葛カヅラ帯ニシテ、青シバト云葛ヲ八巻ノ下地ノ形ニ巻キ、冠ニシテ、高コバノ筋ヲ杖ニシテ右ニツキ、青シバ葛ヲ左手ニ持チ、神アヤゴヲ謡ヒ、我ハ是、世ノタメ神ニ成ル由ニテ、大城山ニ飛揚リ行方不知失ニケル。依之、狩俣村ノ女共、年ニ一度完大城山ニ相集リ、フセライノ祭礼アリ。

夫ヨリ漸々島中相広メ、ヨナフシ神遊ト云テ、諸村ヨキ女共毎年十月ヨリ十二月マデ、月ニ五ケ日宛精進潔斎、山ノフセライノ裳束ノヤウニシテ、昼中ハ野山ニ閉籠リ、晩景ニハ諸村根所ノ嶽々ニ馳セ集リ、臼太鼓ノヤウニ立備ヒ、神アヤゴトテウタヒ、世ガホウヲ願ヒ神遊仕タル処、何比ナラン御法度アリ。

事例（四）の前半部分は、事例（一）～事例（三）と内容的には基本的にほぼ同一である。「神遊ノ由来」はウヤガン祭を指している。ウヤガン祭は「ヨナフシ神遊」とも言われた。「神遊」は神祭りの意である。「ヨナフシ神遊」とは、「世直し」あるいは「世稔し」の祭りの意であるし、「世ガホウヲ願ヒ神遊」とあるので、祭祀目的は五穀満作を願うものである。「ヨナフシ神遊」はユークイ祭でもあり、ウヤガン祭でもある。

祭祀期間は「毎年十月ヨリ十二月マデ、月ニ五ケ日宛精進潔斎」とあるが、これは『擁正旧記』の記事と重る。「諸村ヨキ女共」とあるので、「ヨナフシ神遊」はウヤガン祭＝「世乞神」であり、つまりは宮古全域に存在し、女性が担う祭祀だったことになる。この「ヨナフシ神遊」は、一七〇七年の琉球王府宛の報告書にも見える。

世直し神とて村々女弐三拾人にて五日宛年に四五度遊申時大安母被罷出御祭仕候尤島中女人共往来有之砌も大あむ差引仕実否為相糺申候処

「世直し神」（田島本では「よなふし神」）は諸村にあり、「女弐三拾人」で「五日宛年に四五度遊申」とあるので、「世直し神」とは「ヨナフシ神遊」のことであろう。「世直し神」はウヤガン祭＝「世乞神」であるに違いない。「神遊ノ由来」にみえる「フセライノ祭礼」は、「昼中ハ野山ニ閉籠リ、晩景ニハ諸村根所ノ嶽々ニ馳セ集リ」という聖地籠もり、さらに「神アヤゴ」を謡うとあることなどから、現在のウヤガン祭の祭祀形態とも重なる。「フセライノ祭礼」は現行祭祀の「イダスカン」（新しい神女の選出）に相当する。

「ヨナフシ神遊」は、「臼太鼓ノヤウニ」振る舞うとあるが、かつては沖縄本島の「臼太鼓」（ウシデーク）のような形態で円陣を組んで「神遊」をしたのであろう。

ともあれ、『琉球国由来記』の「神遊ノ由来」の「神遊」とはウヤガン祭の事を指していることは明瞭である。大切なことは、「神遊」が、「ヨナフシ」という名称を持つ神事であることである。それにしても大神・島尻ではなく、何故狩俣の事例が報告されたのか。

事例（五）[16]

昔、ンマティダという母神がヤマヌフシライ（山で命運つきて死んだ神）という娘神を連れて、ティンヤ・ウイヤ（天屋・上屋＝天上界）からナカズマ（中島＝地上界）に降臨した。しかし、二神が降臨した地は飲み水がなく、そこから西へ移動してカンナギガー（湧泉）を探しあてた。そこの水は飲んでおいしかったが水量が乏しかった。

それで再び西へ移動してクルギガー（湧泉）を探しあてた。そこは水量は豊富だったが、飲んでおいしくなかった。そこでさらに西へ移動してヤマダガー（湧泉）を探しあてたが、そこの水には海水が混じっていた。それでさらに西へ移動し、今の狩俣の後方でイスガー（湧泉）を探しあてた。そこは水量も豊富で飲んでおいしかったので、その近くのウプフンムイ（大国森）に小屋を建てて住みつくことを考えたが、小屋を建てる途中でヤマヌフシライが怪我をして死んだ。ンマティダはひとりで暮らしていかなければならなくなり、長い月日がたった。

ンマティダはウプフンムイからナカフンムイ（中国森）へ住居を移して暮らすようになったが、そこへ移ってから不思議なことが起こった。毎夜、枕上にひとりの青年が坐るという夢を見て、ンマティダが懐妊したのである。

ンマティダはその青年の素姓を確かめようと思い、ある晩、青年が帰りかけたとき、その右肩に千尋の糸をつけた縫い針を刺しておいた。翌朝、ンマティダが起き出してみると、その糸は戸の隙間から庭へずっとのびていた。ンマティダがその糸をたどっていくと、糸は近くの洞穴のなかへ入り、そこには一匹の大蛇が右目に縫い針を刺されて苦しんでいた。

ンマティダは恐怖のあまりおののいて家へとんで帰ったが、その晩、いつものようにその青年がンマティダの枕上に現れ、自分はティンヤ・ウイヤから降臨した神だが、必ず男の子が生まれるだろうと言って消えた。その後、数か月して本当に男の子が生まれたが、その朝、大蛇は七光りを放ち、天上へ舞い上がって消えた。後世、この大蛇はアサティダと呼ばれるようになった。

アサティダとンマティダとの間に生まれた子はティラヌプーズトゥユミヤと名づけられ、すくすくと育って立派な若者に成長した。しかし、狩俣には妻とするべき女性がいなかった。そこで、ティラヌプーズトゥユミヤは八重山へ渡り、ヤーマウスミガという女性をめとって帰ってきた。両者の間には二男一女が生まれた。

事例（六）　祓い声[17]

一　やふぁだりる　むむかん　　　　　穏やかな百神
　　はらい　はらい〈以下略〉　　　〈囃子。祓い祓い、の意〉
　　なゴだりる　ゆなオさ　　　　　和やかな世直さ〈大皿の名〉
二　てぃんだオノ　みオぷぎ　　　　　天道のお陰で

やぐみゅーいノ　みオぷぎ　　恐れ多い神のお陰で
三　あさてぃだノ　みオぷぎ　　父太陽のお陰で
うやてぃだノ　みオぷぎ　　親太陽のお陰で
四　ゆーチキ　みうぷぎ　　夜の月のお陰で
ゆーてぃだノ　みうぷぎ　　夜の太陽〈月〉のお陰で
五　にだりノシ　わんな　　根立て主のわたしは
やぐみかん　わんな　　恐れ多い神のわたしは
六　ゆーむとぅぬ　かんみょー　　四元の神は
ゆーにびぬ　かんみょー　　四威部の神は
七　かんま　やふぁたりる　　神は穏やかに
ぬっさ　ぷゆたりる　　主は静かに
八　んまぬかん　わんな　　母の神であるわたしは
やぐみ　うふかんま　　恐れ多い大神は
九　いチゅ　あらけんな　　一番新しくは
いチゅ　ぱずみんな　　一番初めには
一〇　たばりジーん　うりてぃ　　タバリ地〈地名〉に降りて
かんぬジーん　うりてぃ　　神の地に降りて
一一　かなぎがーぬ　みじゅオ　　カナギ井戸の水を
かんぬかーぬ　みじゅゆ　　神の井戸の水を

一二　シるまふチ　うきてぃ
かぎまふチ　うきてぃ
一三　かなぎかーぬ　みずざ
かんぬかーぬ　みずざ
一四　みず　うふさやイシが
ゆー　うふさやイシが
一五　みず　あふぁさやりば
ゆー　あぱさやりば
一六　しとぅギみず　ならん
いノイみず　ならん
一七　まばら　むチかいし
あだか　かみかいし
一八　うすなうし　んめい
ぬイなぬり　んめい
一九　くるぎがーぬ　みじゅ
かんぬかーぬ　みじゅ
二〇　シるまふチ　うきてぃ
かぎまふチ　うきてぃ
二一　くるぎかーぬ　みずざ

白い真口に受けて
美しい真口に受けて（みると）
カナギ井戸の水は
神の井戸の水は
水量は多いけれども
湯〈水〉量は多いけれども
水は淡い〈味が薄い〉ので
湯〈水〉は淡い〈味が薄い〉ので
しとぎ水にはならない
祈り水にはならない
まばらに持ち返し
あんなに（頭に）載せ返し
押しに押し参られて
乗りに乗って参られて
クルギ井戸の水を
神の井戸の水を
白い真口に受けて
美しい真口に受けて（みると）
クルギ井戸の水は

かんぬかーぬ　みずざ　　神の井戸の水は
二二　みず　んまさやイシが　　水は旨いけれども
ゆー　んまさやイシが　　湯〈水〉量は旨いけれども
二三　みず　いきりゃがりば　　水量は少ないので
ゆー　いきりゃがりば　　湯〈水〉は少ないので
二四　シとぅギみず　ならん　　しとぎ水にはならない
いノイみず　ならん　　祈り水にはならない
二五　まばら　むちかいし　　まばらに持ち返し
あだか　かみかいし　　あんなに（頭に）載せ返し
二六　やまだがーぬ　みジざ　　山田井戸の水は
かんぬかーぬ　みずざ　　神の井戸の水は
二七　みず　うふさやイシが　　水量は多いが
ゆー　うふさやイシが　　湯〈水〉量は多いが
二八　いんきらり　みずりば　　海に通う水なので
シーきらり　みずりば　　潮が通う水なので
二九　シとぅギみず　ならん　　しとぎ水にはならない
いのイみず　ならん　　祈り水にはならない
三〇　まばら　むちかいし　　まばらに持ち返し
あだか　かみかいし　　あんなに（頭に）載せ返し

三一　うシなオし　んめい　　押しに押し参られて
　　　ぬイなのり　んめい　　乗りに乗って参られて
三二　シまシずざ　さだみ　　島の頂を定めて
　　　ふんシずざ　さだみ　　国の頂を定めて
三三　いソがジーん　うりてぃ　　磯井の地に降りて
　　　かんぬかーん　うりてぃ　　神の井戸に降りて
三四　いソがかーぬ　みジざ　　磯の井戸の水を
　　　かんぬかーぬ　ミジざ　　神の井戸の水を
三五　シるまふチ　うきてぃ　　白い真口に受けて
　　　かぎまふチ　うきてぃ　　美しい真口に受けて（みると）
三六　いシがかーぬ　みずざ　　磯の井戸の水は
　　　かんぬかーぬ　みずざ　　神の井戸の水は
三七　みず　いきりゃがりばまい　　水量は少ないけれど
　　　ゆー　いきりゃがりばまい　　湯〈水〉量は少ないけれど
三八　みず　んまさやりば　　水は旨いので
　　　ゆー　んまさやりば　　湯〈水〉は旨いので
三九　シとぅギみず　なりよ　　しとぎ水になるのだ
　　　いのイみず　なりよ　　祈り水になるのだ（そこで）
四〇　ジジむゆーイ　のよりよー　　頂杜に登って

ジジざキん　ノゆりよー　　頂崎に登って
四一　シまにまイ　トりょり　　島根の方をとって
むらにまイ　トりょり　　村根の方をとって
四二　うイジみさやイシが　　居り心地はよいのであるが
ふんジみさやイシが　　踏み心地はよいのであるが
四三　とぅらぬふぁぬ　かじぬ　　寅の方の風が（吹いたら）
かんぬにーぬ　かじぬ　　神の根の方の風が（吹いたら）
四四　いんなイぬ　オトロ　　海鳴りが恐ろしい
シーなイぬ　オトロ　　潮鳴りが恐ろしい

事例（一）～（四）までは公的な文書であり、事例（五）・（六）は狩俣の口頭伝承と歌謡でありいずれも狩俣内部からの情報である。事例（五）・（六）は事例（一）～（四）と比べて、ンマヌカンの行動を詳細に伝えている。詳細に語り伝えているのは、自らのアイデンティティーに関わるからであろうか。

事例（一）～（四）が天上世界からの地上世界への降臨の後、狩俣に移動し子を成し村造りを行った、というパターンになっている。事例（一）～（四）では、ンマヌカンがどういう経緯を辿り、何のために狩俣に行き着いたかは何も触れてない。それに対し、事例（五）・（六）はンマヌカンの移動は、生活や祈りに使用する水を求めての行動であることが判明する。降臨の地の名称・場所の表記の違い（當原・タバル地）はあるものの、その後の行動は大まかに言えばほぼ一致している。即ち、カナギガー、クルギガー、ヤマダガー、イスガーの順で、水をさがし求める旅を続けるのである。

表1　女神豊見赤星てたなうら真主の足跡(狩俣村の起源・発生

出典	『御嶽由来記』	『琉球国由来記』	『琉球国由来記』	『琉球国旧記』	口頭伝承	神歌フサ
	大城御嶽	大城御嶽	神遊ノ由来	大城嶽	川満メガ	払い声
天降り	狩俣村東方	狩俣村東方	狩俣村東方			
	嶋尻當原小森	嶋尻當原小森	島尻當原	島尻當原山	ナカズマ(地名ナシ)	タバリ地
					(山ノフセライを伴う)	
移動						
道行き	↓	↓	↓	↓	↓	↓
					カンナギガー	カナギガー
					↓	↓
					クルギガー	クルギガー
					↓	↓
					ヤマダガー	ヤマダガー
					↓	↓
					イスガー	イスガー
					↓	↓
定着	狩俣村後大城山	狩俣村後大城山	狩俣村御嶽大城山	大城嶽	ウプフンムイ	頂杜
					(娘神の死)	
					↓	
移動					ナカフンムイ	
	若男(蛇)	若男(蛇)	若キ男(蛇の記載ナシ)	少年(大蛇)	大蛇	大蛇(登場ナシ)
誕生	(一腹男女)	(一腹男女)	(一腹男女)	(一男一女)	(男の子)	
			男・ハブノホチテラノホチ豊見	男・テラヌプーズトゥユミャ		
			女・山ノフセライ		↓	
			青シバノ真主		八重山へ渡航	
			(十五六歳の頃行方不明)	↓		
					八重山ウシメガを娶る	
					↓	
					狩俣へ戻る	

だが、ンマヌカンの天上世界からの地上世界への降臨の目的は何なのか。その問題はとりあえず保留して、「女神豊見赤星てたなうら真主の足跡（狩俣村の起源・発生）」を一覧表にしたい。

筆者は、宮古島市大浦での聞き取り調査で、ンマヌカンの大浦での生活した痕跡が残っていることを報告したことがある。(18) 大浦と福山での聞き取り調査を総合してみると、ンマヌカンの降臨の地は「タバリ地」か、ウッジィキンミ（ウッジィキ嶺）が妥当であろう、と考えられる。

天上世界から降臨したンマヌカンが大浦・島尻を経て狩俣に落ち着くのであるが、島尻のウヤガン一行がウッジィキ嶺の山中にある御嶽を拝むのは第四回の「ウッザキカン」（ウッズキの誤りか）である。ウッジィキ嶺一帯は歴史的な遺跡であり、そこに島尻のウヤガン一行が訪れるのは、嘗ての住居跡を訪問することである。逆に言えば、ウッジィキ嶺に住んでいた集団が大浦に移動しそこで定住した人があった。大浦には神役ンマティダ（母なる太陽）があるが、それはンマヌカンに対応しよう。狩俣と大浦は夏祭りを同一の日に行うようお互いに連絡をしているが、ンマヌカンが両村を介在している。

大浦に定住しなかった人々は、更に島尻に移動した集団もあり、それらの子孫がウッジィキ嶺を訪問する。島尻でも定住しなかった人々は狩俣にたどり着く。つまり、大浦・島尻・狩俣には歴史的に移動する集団がその背景にあったのではないかと思われる。

狩俣の伝承にはアサティダ（父なる太陽。太陽神）は登場するが、大浦・島尻には伝承されない。また、神歌フサ（払い声）にも登場せず、アサティダを謡うフサも見えない。

ここで注意したいのは、「テラヌプーズ」が八重山に嫁を求めに行くことだ。交通手段は舟であろうし、航海安全を祈るのは当然のことだ。それにしてもンマヌカンの天上界からの地上界への降臨の目的は何だったのか。

五　ンマヌカン降臨の目的

祭祀儀礼の中で謡われる歌謡には、儀礼の目的を直接的に表現するものや儀礼の過程を再現するものがある。ンマヌカン（母なる神）の天上界からの地上界への降臨の目的は、タービ「ヤーキャー声」で次のように語られる。狩俣の神歌の一ジャンルを成すタービは崇べるの意である。即ち、神を崇べることになる。「ヤーキャー声」は、狩俣のナチィブーイ　（夏日撰り。夏祭り。粟の収穫祭）に各ムトゥ（元）でウヤパー（親姥）によって単独で謡われる。

ヤーキャー声（夏祭り）(19)

一　てぃんだオの　みゅーぷぎ　天道のお陰で
やーきゃー〈以下略〉〈囃子〉
やぐみゅーいぬ　みゅーぷぎ　恐れ多い神のお陰で
やーきゃー〈以下略〉〈囃子〉

（歌詞、以下六節省略――引用者）

七　んまぬかん　わんな　母の神であるわたしは
やぐみ　うふかんま　恐れ多い大神は

八　いっちゅー　あらけんな　一番新しくは
いっちゅー　ぱジみんな　一番初めには

九　ばんが　てぃんにゃうぃん　わたしが天の上に
ゆぬ　てぃんにゃうぃん　同じ天の上に
一〇　はーるかつぁ　なかん　張る蚊帳の中で（暮らしていて）
まーるかつぁ　なかん　丸蚊帳の中で（暮らしていて）
一一　やぱだりる　かんむ　穏やかな神は
みやコしゅイ　かんむ　宮古をしている神は
一二　あさてぃだからよーやー　父太陽から
うやてぃだからよーやー　親太陽から
一三　なかじまん　うりてぃ　中島に降りて
なかだらん　うりてぃ　中平ら〈島〉に降りて
一四　ふぁーまん　あたり　子孫（繁栄）に　あたりなさい
むむぱいん　あたり　百栄え〈子孫繁栄〉に　あたりなさい
一五　うふゆーん　あたり　大世に　あたりなさい
てぃだゆーん　あたり　太陽世に　あたりなさい
一六　みょーにん　あたり　御舟（の航海安全）に　あたりなさい
いチぐん　あたり　御舟（の航海安全）に　あたりなさい
一七　あたらしうキ　わんな　担当している　わたしは
みチきしーうキ　わんな　見守っている　わたしは
一八　んまぬかん　わんな　母の神であるわたしは

表2　ウヤガン祭の祭祀期間･祭祀名･祭祀目的一覧

	祭祀期間		祭祀名		目的①	目的②
大神	6月から10月	1回目(6月)	ニガイハジメ	5泊6日	神迎え	世乞い
		2回目(7月)	イダスニガイ	4泊5日	神女加入	世乞い
		3回目(8月)	マドニガイ	5泊6日	祭祀間願い	(世乞い)
		4回目(9月)	マドニガイ	5泊6日	祭祀間願い	(世乞い)
		5回目(10月)	ウフズ	5泊6日	神送り	(世乞い)
島尻	10月から12月	1回目(10月)	ジーブバナ	4泊5日	神迎え	世乞い
		2回目(11月)	イダスカン	3泊4日	神女加入	世乞い
		3回目(11月)	ミューガン	4泊5日	村落の清浄	世乞い
		4回目(11月)	ウツザキカン	4泊5日	旧村訪問	世乞い
		5回目(12月)	ウフズ	4泊5日	神送り	世乞い
狩俣	10月から12月	1回目(10月)	ジーブバナ	4泊5日	神迎え	世乞い
		2回目(11月)	イダスカン	3泊4日	神女加入	世乞い
		3回目(11月)	マトゥガヤー	4泊5日	村落の清浄	世乞い
		4回目(11月)	アーブガー	4泊5日	旧村訪問	世乞い
		5回目(12月)	ウフズ	4泊5日	神送り	世乞い

主な参考文献
岡本恵昭『宮古島の信仰と祭祀』第一書房
外間守善・新里幸昭『南島歌謡大成Ⅲ宮古篇』角川書店
『日本の神々　第13巻、南西諸島』白水社

やぐみ　うふかんま　恐れ多い大神は
（歌詞、以下略――引用者）

「ヤーキャー声」は豊作を願うために謡われる歌謡でもあり、狩俣の「世乞い」儀礼における世界観がほの見えてくる。

最初、ンマヌカン（母なる神）は、天上の世界ティンヤ（天屋）で蚊帳の中で穏やかで裕福な生活を送っていた。ところが、天上世界の主神であるアサティダ（父なる太陽）から、「なかじま」（中島＝宮古。地上世界）に降りて、子孫繁栄、豊饒（五穀満作）、航海安全に当たりなさいと命令される。それで、ンマヌカンは地上に降り立ったのである。

事例（一）～事例（六）の近世文献や口頭伝承・歌謡には語られていないが、ンマヌカン＝「女神豊見赤星てたなうら真主」の天上世界からの地上世界への降臨の目的は、①子孫繁栄、②豊饒（五穀満作）、③航海安全にあった[20]。

池間島のユークイ祭に謡われる「ユークイヌアー

グ（世乞いの歌）」も①子孫繁栄、②豊饒（五穀満作）、③航海安全の内容が歌われる。狩俣と池間で祭祀名は異なるが、謡う内容は一致する。

ンマヌカンの地上世界への降臨の目的は判明したが、ここでウヤガン祭の儀礼内容を検討してみたい。以下、文献を中心に大神・島尻・狩俣のウヤガン祭を、祭祀期間・各回の祭祀名・祭祀目的の項目でまとめてみる。

狩俣のウヤガン祭の基本的な構造は、①神迎え、②神女加入、③村落内の清浄、④旧村落の訪問、⑤神送りから成る。大神・島尻も基本的には狩俣と同様である。祭祀の構成はそのようになっているが、祭祀目的は「世乞い」つまり、豊饒祈願である。

六　最後に

宮古諸島には豊穣を祈る祭りユークイ（世乞い）がある。ユークー（世乞い）、ユークーウガン（世乞い拝み）、ンナフカ、カンムリ（神下り）、マッティー（祭り）などとも称する。ユーには幸・幸福・豊穣・豊漁などの意味がある。クイは乞いである。ンナフカはンナフキャとも言うが語義未詳。これらの祭りはそれぞれ独特な雰囲気を持っており、一見異なる祭祀であるかのように見えるが、実は同一祭祀の地方的な呼称である。いずれも海の彼方から神が来訪し、村落に豊饒を与える内容の祭祀である。狩俣の場合、海からの来訪神の痕跡が薄いが、ユーンシ（世の瀬か）での祈願がその証拠となる。

狩俣のウヤガン祭は、本来ムトゥ（元）を中心とした祭祀である。ウプグフムトゥ（大城元）・マイニャームトゥ（前の家元）・ニシィニャームトゥ（西の家元）の三元が中心となるが、これはいずれも大城元系の元であり、狩俣村の元である。

それに対し、ナーマムトゥ（仲間元）・アラグフムトゥ（新城元）などは根間村系の元である。これに久米島系のシダティムトゥ（志立元）とナーンミムトゥ（仲嶺元）が加わる。

つまり、現在のウヤガン祭は大きく三つの集団で構成されているが、村の単位で言えば、根間村と狩俣村の合同祭祀なのである。狩俣村と根間村は隣接していたが、いつのまにか混在してしまった。二つの村落が合体し現在の狩俣が形成されたように、ウヤガン祭も歴史的な変遷あるいは元の持つ政治力・宗教力などの様々な理由が融合し現在の祭祀の形になった。そうなると、ウヤガン祭の原形はどこにあるのか、ということになる。これを解明することが今後の課題になろう。

神とは何か。村落社会が望ましく思う事柄を、神が村落社会にもたらせてくれることを依頼する。それが「世乞い」であり、神祭りでもある。村落社会にとってある出来事がまだ実現していないから、神に訴えてそれを依頼する。神は社会にとって必要なものを与える機能を持つ存在なのである。

さて、ウヤガン祭の「ウヤガン」には「親神」や「祖神」という漢字が充てられる。狩俣を含め宮古では、一般的に「ウヤガン」は祖霊と考えられている。その祖霊が部落の始祖を指すのか、代々の先祖を含めた観念なのか、はたまた特定の祖霊を指すのか、血縁の祖先を指すのかについては判然せず、曖昧なままである。

岡本恵昭は、「祖神達が現人神として、天太神より霊力を受け、氏子を守護し村を豊作にする呪術を行い、村々の限りなき発展の為に祈願する行為が、この祖神祭りの本来の姿であろう」[21]とウヤガン祭を規定している。本質を穿った見解であるといえよう。

池間島のユークイ祭の内容は、豊饒祈願だけではない。「ユークイヌアーグ」（世乞いの歌）のなかでは「ウヤパー」（親なる姥）が謡われる。狩俣のウヤガン祭にみられる祖霊としての「ウヤガン」の存在が池間島や西原のユークイ祭にもみえる。ウヤガン祭・ユークイ祭は死臭の漂う祭りでもある。

ウヤガン祭と世乞い祭は一見異なる祭祀に映るが、内容を検討すると同一の祭祀であることが知れる。ウヤガン祭と世乞い祭は、同一内容の地方的異称といえる。祭祀のどの側面を強調するかによって命名が異なったのであろう。

注

（1）外間守善校注『おもろさうし』岩波文庫　二〇〇〇年。
（2）外間守善『沖縄の歴史と文化』中公新書　一九八六年。
（3）本部町伊野波の「ムックジャー」儀礼は七日間に亘るシヌグ祭の一部である。一九八六年のシヌグ祭には外間守善先生に同行させていただき調査を行った。筆者は、本部町備瀬・うるま市伊計島・国頭村安田などを調査した。ウンジャミ祭の調査地点は、今帰仁村古宇利島・大宜見村塩屋・国頭村比地・国頭村与那などである。
（4）伊波普猷「琉球古代の裸舞──うちはれの遊びー」『伊波普猷全集』七巻、平凡社、一九九三年。
（5）『平良市史』第三巻、平良市教育委員会、一九八一年。
（6）稲村賢敷『宮古島旧記並史歌集解』至言社、一九七七年。
（7）岡本恵昭「宮古島の祖神祭──狩俣・島尻を中心として」『沖縄のまつり』一七号、まつり同好会、一九七一年。
（8）慶世村恒任『新版　宮古史伝』冨山房インターナショナル　二〇〇八年。
（9）（7）に同じ。引用する際に改行を施した。
（10）稲村賢敷『宮古島庶民史』三一書房　一九七二年。
（11）（10）に同じ。
（12）（5）に同じ。
（13）外間守善・波照間永吉編著『定本　琉球国由来記』角川書店、一九九七年。
（14）『琉球史料叢書』東京美術、一九七二年。
（15）外間守善・波照間永吉編著『定本　琉球国由来記』角川書店、一九九七年。
（16）本永清「宮古島」『日本の神々　神社と聖地　一三　南西諸島』白水社、一九八七年。本永は「三分観の一考察」でもンマティダの伝承を紹介している。方言を漢字に当てる等若干の相違はあるものの、両論文に掲載された伝承はほぼ同内容である。

だが、最後の三行「しかし」以降は「三分観の一考察」には掲載されてない。この記述は重要である。何故なら、この三行にみえる「ティラヌプーズトゥユミャは八重山へ渡り」の交通手段は船であったと知れるからである。尚、引用に際し改行を施した。

(17) 外間守善・新里幸昭『南島歌謡大成Ⅲ宮古編』角川書店、一九七八年。
(18) 上原孝三「ユークイ（世乞い）とウヤガン（祖先祭）をめぐって」『沖縄文化』第四四巻二号、沖縄文化協会、二〇一〇年一一月。
(19) (17)に同じ。引用にあたり、訳を多少改めた。
(20) 玉城政美「宮古島・狩俣の歌謡と儀礼」『東北学』六号、東北芸術工科大学、東北文化研究センター、二〇〇二年。
(21) (7)に同じ。

参考文献

稲村賢敷
　一九七二　『宮古島庶民史』三一書房。
　一九七七　『宮古島旧記並史歌集解』至言社。
伊波普猷
　一九七四　『伊波普猷全集』一巻、平凡社。
　一九七五　『伊波普猷全集』七巻、平凡社。
　一九七五　『伊波普猷全集』八巻、平凡社。
　一九七五　『伊波普猷全集』九巻、平凡社。
　一九七六　『伊波普猷全集』一〇巻、平凡社。
内田順子
　二〇〇〇　『宮古島狩俣の神歌』思文閣出版。
上原孝三
　一九八六　「宮古島西原のユークイ歌謡――祭りの記述を中心に（一）（二）」「沖縄文化」六六号・六七号、沖縄文化協会。
　一九九〇　「女神〝山のフシライ〟をめぐって」『沖縄文化』六〇号、沖縄文化協会。
　一九九九　「宮古島の御嶽・神話・伝承」『奄美沖縄民間文芸研究』第二二号、奄美沖縄民間文芸研究会。

牛島　巖
一九六九　琉球宮古諸島の祭祀構造研究の問題点——来間島の祭祀組織を中心に」『史潮』一〇六号。
岡本恵昭
一九七一「宮古島の祖神祭——狩俣・島尻を中心として」『沖縄のまつり』一七号、まつり同好会。。
『宮古島の祭祀と信仰』第一書房。
奥浜幸子
二〇一一『暮らしと祈り——琉球弧・宮古諸島の祭祀世界』ニライ社。
鎌倉芳太郎
一九八二『沖縄文化の遺宝』岩波書店。
鎌田久子
一九六一「宮古島島尻聞書（一）（二）」『伝承文化』二号三号。
一九六一「神願いにささえられて」『伝承文化』二号。
一九六二「大神島の祭祀組織と年中行事」『民族学研究』二七巻一号。
一九六五「日本巫女史の一考」『成城大学文芸学部十周年記念論文集』。
一九六五「宮古島の祭祀組織」『沖縄の社会と宗教』東京都立大学南西諸島研究委員会、平凡社。
一九七一「宮古島諸部落の神役名称」『日本民俗学』七八号。
川田　桂
二〇一〇「沖縄宮古島ウヤガン信仰研究序説」『人間環境学研究』第八巻二号。
慶世村恒任
一九二七『註釈曲譜附宮古民謡集　、第一輯』南島史跡保存会。
一九二七『宮古史伝』南島史跡保存会。
佐々木伸一
一九八〇「宮古島の部落祭祀」『民族学研究』四五巻二号。
島村恭則
一九九三「民間巫者の神話的世界と村落祭祀体系の改変」『日本民俗学』一九四号。
下野敏見

一九八六「南西諸島の海神信仰」伊東幹治編『国立民族学博物館報告・別冊』国立民族学博物館。
新里幸昭
二〇〇三『宮古の歌謡』沖縄タイムス社。
二〇〇五『宮古歌謡の研究』私家版。
成城大学民俗学研究所
一九九五『諸国叢書』第一三輯。
一九九六『諸国叢書』第一四輯。
一九九九『南島文献解題』砂子屋書房。
玉城政美
二〇〇二「宮古島・狩俣の歌謡と儀礼」『東北学』六号、東北芸術工科大学、東北文化研究センター。
二〇一〇『琉球歌謡論』砂子屋書房。
玉木順彦
一九八八「宮古島北部村落にみる祭祀の変遷」『窪徳忠先生沖縄調査二十年記念論文集　沖縄の宗教と民俗』第一書房。
仲宗根将二
一九七二「ユークイ見たまま」『平良市文化財』平良市教育委員会。
仲田善明
二〇〇三『本部のシヌグ』沖縄学研究所。
ニコライ・A・ネフスキー
一九七六『月と不死』東洋文庫一八五、岡正雄編、平凡社。
一九九八『宮古のフォークロア』狩俣繁久他五人訳、砂子屋書房。
比嘉政夫
一九八三『沖縄の門中と村落祭祀』三一書房。
比嘉康雄
一九九一『遊行する祖霊――ウヤガン』ニライ社。
平良市史編さん委員会
一九八一『平良市史』第三巻、平良市教育委員会。

福田　晃
　一九八七　『平良市史』第七巻、平良市教育委員会。
　一九八八　『平良市史』第八巻、平良市教育委員会。
　一九九四　『平良市史』第九巻、平良市教育委員会。
福田晃・佐渡山安公
　一九九七　『神語り・昔語りの伝承世界』三一書房。
　一九九一　「宮古カンカカリヤの呪詞（願い口）」『奄美沖縄民間文芸研究』第一四号、奄美沖縄民間文芸研究会。
平敷令治
　一九九〇　『沖縄の祭祀と信仰』三一書房。
外間守善校注
　二〇〇〇　『おもろさうし』（上）（下）、岩波文庫。
外間守善
　一九八六　『沖縄の歴史と文化』中公新書。
外間守善・新里幸昭
　一九七二　『宮古島の神歌』三一書房。
外間守善・新里幸昭編
　一九七八　『南島歌謡大成　Ⅲ　宮古篇』角川書店。
外間守善・玉城政美編
　一九八〇　『南島歌謡大成　Ⅰ　沖縄篇』角川書店。
外間守善・波照間永吉編著
　一九九七　『定本　琉球国由来記』角川書店。
宮本演彦
　一九五九　「狩俣の村」『日本民俗学会報』五号。
　一九六六　「狩俣の村補遺――ウヤガムについて『日本民俗学会報』四六号。
本永　清
　一九七三　「三分観の一考察――平良市狩俣の事例『琉大史学』四号。

一九七七　「宮古の神話と神歌」『国文学解釈と鑑賞』至文堂。
一九九九　「宮古島のウヤガン祭祀」『環中国海の民俗と文化　二　神々の祭祀』凱風社。
二〇〇〇　「宮古島」『日本の神々』一三巻南西諸島、白水社。
柳田国男
一九九八　『柳田国男全集』第一巻、筑摩書房。
琉球大学民俗研究クラブ
一九六六　『沖縄民俗』第一二号、狩俣・熱田部落調査報告。
一九七六　『沖縄民俗』第二二号、島尻村調査報告。

第七章　沖縄の御後絵と朝鮮時代の仏教絵画の類似性

金　容　儀

一　沖縄に伝わる御後絵

沖縄には今日「御後絵」と呼ばれる絵が伝わる。御後絵とは、かつて琉球王府時代に国王の死後に製作された国王の肖像画のことである。

御後絵は沖縄戦の間にその行方がわからなくなり、現在それらの実物を確認することはできない。ただ真境名安興の『沖縄一千年史』（一九二三）に口絵として三枚、[1]また鎌倉芳太郎の『沖縄文化の遺宝』（一九八二）に一〇枚の御後絵の写真が収録され、[2]それらが伝わっている。佐藤文彦は『沖縄文化の遺宝』に収録された写真に基づいて、一九九三年から自ら一〇枚の御後絵を再現した。[3]御後絵は佐藤文彦の再現をきっかけにおそらく世の中に広く知られるようになったと思われる。

今まで御後絵についての研究は、それほど多くはないようである。[4]それゆえにこれから読み解くべき課題が多く残っているといえる。御後絵の研究史については、平川信幸に詳しく述べられているので、[5]ここでは主な研究だけを取り上げたい。先駆的な研究としては、まず比嘉朝健の「尚侯爵家御後絵に就いて」があげられる。[6]比嘉朝健は尚侯爵家で実際に御後絵を見たことがあり、それがきっかけとなり、琉球王府時代の画家の家譜を資料にして御後絵の研究を始めた。鎌倉芳太郎は、『沖縄文化の遺宝』に収録された一〇枚の御後絵について詳しい解説を付して紹介した[7]。真境名安興は「笑古漫筆」のなかで、尚家で実見した御後絵についてのメモを記録した[8]。

近年の研究としては、豊見山和行、平川信幸、上江洲敏夫などの成果があげられる。豊見山和行は琉球王権という視点から御後絵に注目した[9]。これは本稿の論旨とも直接つながるところがある。平川信幸は御後絵の成立における中国からの影響について、中国の文献と比べながら丹念に検討した[10]。上江洲敏夫の論文は「御後絵製作一覧」が表としてまとめられ参考になる[11]。また最近首里城研究会から出された『首里城研究』№12の特集には、「御後絵の復元」にかかわるいくつかの論文が入っている[12]。

しかしながら、今までの御後絵についての研究は、どちらかといえば、御後絵の成立において中国絵画からどのような影響を受けたか、それを明らかにするための研究に偏っていたようである。これは御後絵の研究史における主な傾向ともいえるであろう。例えば、前述した平川信幸の研究をあげることができる。平川信幸の目はもっぱら中国に向けられている。また佐藤文彦の場合も、中国絵画の他に朝鮮時代の絵画との比較の必要性に気づいていたようであるが、具体的に論じてはいない[13]。

琉球王府時代に、国王が中国の皇帝から冊封を受けた歴史など、両国間の緊密な歴史的な関係を考えると、御後絵の成立過程において、中国の絵画から何らかの影響があったことは否めないであろう。しかし、御後絵は中国の絵画からの影響だけで成立したのではないようである。今日知られている御後絵の絵画様式を見ると、なぜか韓国の朝鮮時代（一三九二〜一九一〇）における仏教絵画との類似性が認められるからである。特に御後絵の構図において、朝鮮時代の仏教絵画との類似性が目立つ。

御後絵は、共通して画面の中央の玉座に座る国王の肖像が正面視（フロンタルビュー）で大きく描かれ、国王の左右に群臣たちが小さく描かれている。佐藤文彦は、「この表現様式は中国絵画史における伝統的な様式である勧戒の画の流れを汲んでいることがわかる。一般に正面視の角度や左右相称的表現法は神聖観を強調するための角度であって、描かれた人物を神格化する作用を持っている」[14]と述べた。ところが御後絵に見られる、このような絵画の構図は、朝鮮時代に多く製作された仏教絵画によく見られる絵画様式でもある。例えば地蔵菩薩を描いた地蔵幀や十王を描いた十王幀があげられる。

ここでは、主に御後絵と朝鮮時代の仏教絵画との類似性について検討し[15]、御後絵の中に朝鮮時代に製作された仏教絵画の様式が反映された可能性について探ってみたい。まず沖縄の『琉球国由来記』（一七一三）、『球陽』（一七四五）などの文献に述べられた御後絵についての記事を検討し、『朝鮮王朝実録』に記された沖縄と朝鮮の間の仏教交流の具体的な様相を確認したい。また朝鮮時代に製作された仏教絵画をいくつか取り上げ、御後絵との絵画様式を比較する方法で研究を進めたい。

二　沖縄の文献記録から見る御後絵

前述したように、御後絵は現在合わせて一〇枚の絵が確認されている。一〇枚の御後絵に登場する国王は、皆第二尚氏の系統に属する国王である。具体的にあげると、尚円王、尚眞王、尚元王、尚寧王、尚豊王、尚貞王、尚敬王、尚穆王、尚灝王、尚育王の御後絵が知られている。

御後絵のことについては、沖縄の文献記録から確認することができる。それらの記録には「御後絵」ではなく、「尊像」、「寿像」、「寿影」などの用語が使われた。沖縄の文献に御後絵が最初に登場するのは、察度（一三二一〜一三九五）時代の記録である。ここでは「寿影」という用語が使われた。『球陽』に次のように述べられている。

察度の寿影は、伝へて末吉万寿寺に在りしが、万暦三十八年庚戌九月二十二日、寺の失火に因りて焼滅す。（『球陽』巻一）[16]

これは万暦三八年（一六一〇）の記事である。察度の「寿影」が末吉万寿寺に安置されていたが、失火によってなくなったことを伝える。ここに述べられた「寿影」がどのようなものであったかはわからないが、この記事によると、この時代にはすでに琉球王府で国王の肖像画が製作されていたことがわかる。また『琉球国由来記』巻一〇には、御後絵の修理について記されている。

弘治七甲寅之間、始構宗廟於方丈右、而謂之東御照堂也。以後、至于隆慶五辛未、併建而謂之西御照堂也。復至於萬曆年間、重修而如故也。以來不遑修復。始葺雖以板、甍宇之廢朽、柱梁之傾圮、蓋岌々乎、不可復支也。故基中間、以苫覆之也。當疾風暴雨之時、交浸歳久也。視者不忍視之。以故順治九壬辰之間、修而蓋之、以陶瓦也。以其價廉而功省也。又逮於康熙十五丙辰、雖修之、歴于十有餘年癸酉、而雨則兩廟沛然、等不乾也。繇之修復之、次選畫工之得於妙手者、重潤色世祖尊像也。繼而蟠龍舞鶴、盡其巧美（『琉球国由来記』巻一〇）[17]

これは琉球王府の宗廟が設けられた円覚寺の御照堂の修理についての記事である。ここに述べられた「尊像」がつまり今日の御後絵である。弘治七年（一四九四）に東御照堂が建てられ、隆慶五年（一五七一）に西御照堂が建てられたが、古くなったので何回も修理を重ねている。順治九年（一六五二）には御照堂の屋根を瓦葺きにした。

また康熙一五年（一六七六）にも修理がおこなわれたが、癸酉年（一六九三）にいたり、雨漏りし乾くことがなかったので修理を行うにいたったという。この際、優れた画工が選ばれ、彼らによって「世祖尊像」の潤色が行なわれ、蟠龍と舞鶴が尽きることなく美しく描かれたという内容である。ここでいう「世祖」とは、尚円王のことであろう。

五年、始めて諸先王の寿像を以て御掛物と為す。原、奉みて之れを照堂正面の壁に画く。年を歴て、丹青霉変す。且不恭の瀆有るに似たり。是に于て改めて写し、始めて御掛物と為す。（『球陽』巻一〇）[18]

これは『球陽』に述べられた尚敬王五年（一七一七）の記事である。この記事は興味深い。なぜならば、御後絵がどのような形で製作されていたのか、その様子をうかがうことができるからである。この記事によると、尚敬王の時代以前までは御照堂の正面の壁に「寿像」が描かれていた。つまりかつては壁画の形式で御後絵が製作されていたことがわかる。ところが壁画は、「丹青霉変す。且不恭の瀆有る」という理由から「御掛物」に替えられたのである。他にも『球陽』には、次のような記事が述べられている。

九年、円覚寺大殿回祿す。正月初一丑時、火を失して、円覚寺大殿を焼損す。而して照堂・仏殿・山門は幸に火災を免る。時に住僧覚翁、小心有ること無し。謬りて火災を起し、其の火災に当りても、専一に自己の貨物を担出し、先王の神主及び寿影を顧みず。而して今尚清王の神位並びに尚豊王・尚賢王の寿影を焼損す。是れに由りて、覚翁は八重山に流し、照堂僧は、久米山に流し、亭僧は、照泰寺に放在すること三百日なり。（『球陽』巻一一）[19]

ここに述べられた「九年」とは、尚敬王九年（一七二一）を意味する。尚敬王九年正月一日に円覚寺大殿が火事で焼け、尚清王の神位及び尚豊王、尚賢王の「寿影」が焼損したと述べられている。前の記事に合わせて考えると、ここに述べられた「寿影」は「御掛物」の形をしていたのであろう。御後絵が焼けてしまい、その責任に追われ、当時円覚寺の住持覚翁が八重山のほうに、また照堂僧は久米山に流されたという。そして亭僧は照泰寺に放在するようになった。王家の祖先崇拝にかかせない大事な神位や「寿影」を焼損してしまったのであるから、その責任が追及されたのも当然であったのであろう。

原、円覚寺大殿は、中間に仏を供し、左右二間に先王七世以下の神主を奉安す。又大殿前右列に二廡を設けて神殿と為し、一を上御照堂と称し、一を下御照堂と称す。堂は各三間三龕あり。上堂の中龕は始祖諱は円、左龕は二世諱は真、右龕は三世諱は清。下堂の中龕は四世諱は元、左龕は五世諱は永、右龕は六世諱は寧。大殿二間に至りては、左間は右を以て上と為し、第一位は七世諱は豊、第二位は九世諱は質、第三位は十一世諱は純、右間は左を以て上と為し、第一位は八世諱は賢、第二位は十世諱は貞、第三位は十二世諱は益。皆世を以て序と為し、百世祧せず。是れ旧法と為す。蓋し仏に出づるなり。嗣後の列法は、上堂の中龕は円（今王の始祖）、左龕諱は質（今王の高祖）、右龕諱は貞（今王の曾祖）。下堂の中龕諱は真（円王の子）、左龕諱は益（今王の父）、右龕諱は純（今王の祖未だ請封に及ばずして薨ず）。按ずるに、円王・真王は倶に各堂の中龕に位す。此れ円王を以て始祖と為し、真王を以て大宗と為し、其の余を以て五世の神主に係らず、大殿に祧す。蓋し儒に出づるか。茲に住持徳叟奏言す、今先王の神位、仏法に合はず、本国、仏法を以て宗祀を奉ずれば、則ち其の位列は、応に旧法の如くすべしと。王上之れに依る。（『球陽』巻一一）[20]

この記事には御後絵については直接述べられていない。先王の神主の配列についての記事である。しかしこの記事は、御後絵が宗廟の御照堂にどのような順序で配列されていたのかを考えるうえで、重要な意味を持っているといえる。先に確認した『球陽』の尙敬王五年（一七一七）の記事によると、御後絵は壁画の形式に描かれるか、あるいは「御掛物」の形として製作された。多分御後絵はそれぞれの先王の神主の背後の壁に壁画の形で描かれたか、「御掛物」の場合はそれぞれの神主のすぐ背後に飾られていたのであろう。つまり御照堂に先王の神主と御後絵がセットになって祀られていたと考えられる。[21]

前の記事によると、当時先王の神主の配列には「儒教の方式」と「仏教の方式」という、二つの並び方が混在していたようである。まず「儒教の方式」である。

円覚寺大殿の中央に仏像が安置され、大殿の前右列に二廡が設けられた。その一つは上御照堂と称され、もう一つは下御照堂と称された。上御照堂の中央には始祖尚円王、左には二世尚真王、右には三世尚清王の神主が配列された。そして下御照堂の中央には四世尚元王、左には五世尚永王、右には六世尚寧王の神主が配列されたのである。このような神主の並び方は、かつて中国の宗廟での霊位の並び方である。いわゆる「昭穆」の順に従った並び方である。[22]琉球では王府官人や地方の有力家の間に中国の影響を受けて「昭穆」が意識されていた。[23]尙敬王五年（一七一七）のこの記事からその点を確かめることができる。

嗣後の配列としては、上堂の中龕には今王の始祖尚円王、左龕には今王の高祖尚質王、右龕には今王の曾祖尚貞王の神主が並べられた。また下堂の中龕には尚真王、左龕には今王の父尚益王、右龕には今王の祖尚純王の神主が並べられた。これは「蓋し儒に出づる」並び方であった。

ところがこのような「儒に出づる」並び方に対して、住持徳叟が「仏法に合はず、本国、仏法を以て宗祀を奉ずれば、則ち其の位列は、応に旧法の如くすべし」と指摘し、王はその指摘を受け入れた。

実際に大殿二間における神主の配列は「仏教の方式」に従っている。左間は右を上位と見なし、第一位は七世尚豊王、第二位は九世尚質王、第三位は十一世尚純王の神主が並べられた。また右間は左を上位と見なし、第一位は八世尚賢王、第二位は十世尚貞王、第三位は十二世尚益王の神主が並べられた。これは記事に述べられているように「蓋し仏に出づる」並び方であった。

このように、琉球王府時代に先王の神主の配列の方式には、「儒教の方式」と「仏教の方式」という、二つの並び方が認められる。そのうち「佛教の方式」のほうがより優位であったようである。

ところで興味深いことに、数年後、円覚寺大殿の中央に安置された仏像が他の空間に移され、大殿そのものを歴代先王を祀る宗廟にするようになる。この点について、『球陽』巻一一には次のように述べられている。


円覚寺は、素、仏像を大殿に奉ず。而して大殿の側に別に小堂二座を構へ、名づけて御照堂と曰ひ、以て先王の神主を奉ず。今番改めて、大殿を以て王の宗廟と為し、其の照堂一座を将て、小堂に改修して以て仏像を奉じ、名づけて獅子窟と曰ふ。次の一座は小堂に改めて構へて、法堂僧を移栖せしむ。其の余は旧貫に仍りて敢へて改めず。（『球陽』巻一一）(24)

これは尚敬王一六年（一七二八）の記事である。この記事によると、もと円覚寺大殿に仏像が安置されていたが、御照堂の一つを小堂に改修して、そこに仏像を安置するように改めた。代わりに、大殿そのものを先王の宗廟にしたのである。先王の祭祀空間において、なぜこのような変化が起ったのであろうか。これは先王を祀る祭祀儀礼のほうが仏教信仰よりもさらに重視されていたことを意味するといえる。具体的にいえば、これによって宗廟の位相が一層強化され、そこに祀られている歴代先王に対する信仰を強化しようと計った結果であると考えられる。つまり先王の神主、またそれを祀る祭祀儀礼のほうが仏像よりも大事にされたというわけである。

実際に、琉球王府は尚敬王一六年（一七二八）に仏像を小堂に移す以前から、宗廟に祀られた先王に対する信仰を強めていった。例えば尚敬王一〇年（一七二二）に、王子をはじめとして庶民にいたるまで宗廟に詣でるように規範を定めた。『球陽』巻一一に次のように記されている。

往昔の時より、正月初二日・七月十四日、王の親戚等、只、円覚廟に入り、先王に拝謁して、而して衆臣は、未だ嘗て与かること有らず（素より毎員、酒瓶一対を献ずる有り。康熙辛亥、其の酒を裁去す。采地・知行を拝授する者をして、改めて公同に御甕酒一埕を献ぜしむ）。是の年、王、始めて王子より庶人に至るまで、皆衣冠を著し、円覚廟に詣でて、恭しく拝礼を行はしめ、永く著して例と為す。（今、御香を献じ、御甕酒一埕を献ずる無し。）（『球陽』巻一一）[25]

これは尚敬王一〇年（一七二二）の記事である。この記事によると、もともと先王の宗廟への拝謁は王や王の親戚に限って許されていたようである。即ち「正月初二日・七月十四日、王の親戚等、只、円覚廟に入り、先王に拝謁」していた。衆臣にはいまだ拝謁が許されていなかった。ところが尚敬王一〇年から「始めて王子より庶人に至るまで、皆衣冠を著し、円覚廟に詣でて、恭しく拝礼を行はしめ、永く著して例と為す」ようになった。つまり先王への祭祀儀礼を強化し、その信仰を一般の庶民にいたるまで広めたわけである。その過程において、円覚寺大殿の中央に安置された仏像を他の空間に移動させ、大殿そのものを歴代先王を祀る宗廟にしたと見られる。言うまでもなく、先王への祭祀儀礼の強化は王権の強化につながったのである。

三　朝鮮時代における沖縄への仏教伝播の歴史

現在沖縄に伝わる御後絵と朝鮮時代の仏教絵画の間に見られる類似性を比較するための前段階として、ここでは近代以前における朝鮮と琉球の文化交流、特に朝鮮から琉球への仏教伝播の歴史について検討することにしたい。当時朝鮮と琉球の間には、頻繁に仏教交流が行なわれた。これについて、まず沖縄の文献記録から確認したい。

七年、朝鮮王、方冊蔵経を寄送す。
王、使を遣はして朝鮮に往かしめ、鸚鵡・孔雀等の物を呈進す。使者回るの日、朝鮮王李瑈、仍　方冊蔵経を以て亦使者に托し、帯び回りて王に進めしむ。（『球陽』巻二）[26]

これは尚徳王七年（一四六七）の記事である。尚徳王七年に国王が朝鮮に使者を遣わし、鸚鵡・孔雀などを進呈した。朝鮮の国王がその答礼として方冊藏経（大蔵経）を持参させ使者がそれを持って帰ったという記事である。この記事から朝鮮から方冊藏経が贈られるなど、朝鮮と琉球の間に仏教交流が盛んであったことがうかがえる。この『球陽』に出てくる朝鮮の方冊藏経については、他にも『琉球国由来記』巻一〇に、次のように述べられている。

原、夫此地者、弘治十五年壬戌之間、自従朝鮮国王、献方冊藏経於吾朝也。始卜此地、創輪蔵以収之也。然而至于萬暦三十七己酉、堂亦老朽、経亦散失。而咸成空地矣。爾來至于天啓元年辛酉、尚豊王詔円覺住持恩叔曰。朕聞、辯才天女者、爲吾朝第一之守護神也。雖然、自曩古、未曾有堂。想是於経藏之遺址、新構於一宇之堂、請於辯才天女之像、而欲崇敬之矣。（『琉球国由来記』巻一〇）[27]

これは、弁才天女堂が建てられた由来についての記事である。天啓元年（一六二一）当時の国王尚豊王の命によって、琉球において「第一之守護神」として見なされた弁才天女の堂が建てられることになった。そこはもと朝鮮から贈られた方冊藏経を収めるために建立された輪蔵が建てられたところであったという。他にも『琉球国由来記』巻一〇には、方冊藏経について次のように同じ内容の記事が記されている。

私聞。吾朝會航海、屢通諸国也。……（中略）……當此時也、（欠）朝鮮国王、亦匪翅布仁政於海內、歸心於佛乘、要使率土浜、皆得窺佛祖之秘謀也。基善利懿哉也。恭惟、（欠）兩君之志願、如合符節也。而仏運時至矣。乘此志願、而弘治十五壬戌之間、朝鮮国王、献方冊藏経於吾朝也。遇此希遭之緣而、（欠）上、歡甚矣。乃卜地、以鑿池甃石、以築址架石橋、創輪藏以收焉。爾來経歳月者、一百八年。至于暦三十七己酉、経藏既老朽矣。重欲修之覆苫移経也。（『琉球国由来記』巻一〇）[28]

弘治一五年（一五〇二）に朝鮮の国王が方冊藏経を献じたので、輪蔵を建ててそれを収めるようになったという記事である。近代以前における朝鮮と琉球の仏教交流の様相については、琉球側の記録に限らず、朝鮮側の文献にも頻繁に述べられている。例えば朝鮮時代の歴代国王の政務についての記録である『朝鮮王朝実録』があげられる。『朝鮮王朝実録』の中には、現在沖縄には残っていない記録を含め、数多くの沖縄についての記録が述べられている。[29]例えば方冊藏経については次のように述べられている。

世祖元年（景泰六年・一四五五）八月戊辰（二十五日）勤政門に御し、朝參を受く。琉球国の使者の倭僧道安、班に随う。国王尚泰久の書契を上り、仍お花錫・蘇木各千斤を献ず。上曰く「本国の漂流の人口、再度刷還するは甚だ喜ばし」。道安曰く「願わくは蔵経を得て以て帰らん」。命じて之に饋せしむ。（『世祖実録』巻二、世祖一年八月二五日）(30)

世祖元年（一四五五）に使者の道安が琉球の尚泰久王の書契を持って朝鮮に来朝し、花錫・蘇木各などを献上した。道安が「願わくは蔵経を得て以て帰らん」と希望したので、世祖がその希望を受け入れたという記事である。

世祖七年十二月戊辰（二日）琉球国中山王、普須古・蔡璟等を遣わし来りて土物を献じ、本国の漂流の人口を領回す。其の咨に曰く「分茅胙土せられて各々一万を鎮し、志を継ぎ事を述べ、倶に万載に伝う。交隣は好を結ぶの典にして古今皆然り。切に照らすに、本国は荘経希小なり、曩者に人を遣わして求請せしむるに、賜わるを感蒙す。国に到り開き諷んずれば、大吉祥の瑞を降す。是れに由り仍お天界禪寺を建つ。経典無きを謂い、敬んで正使普須古・副使蔡璟等を遣わし、謹んで咨文・礼物を齎し、詣前して求請せしむ。前の似く大荘尊経全部、国に到りて永く邦家を鎮むれば実に万幸と為す。（『世祖実録』巻二六、世祖七年一二月二日）

この記事によると、世祖七年（一四六一）に琉球から大蔵経を求めて普須古・蔡璟などの使者が派遣された。本文に述べられた「曩者に人を遣わして求請せしむるに、賜わるを感蒙す」とは、世祖元年（一四五五）に使者の道安が大蔵経を持って帰ったことを指している。つまり道安が来朝した六年後、また琉球から「大荘尊経

（大蔵経）を求めて使者が送られてきたことになる。琉球から大蔵経を求めて使者が送られたのは、朝鮮の世祖時代に限られたことではない。例えば後代の『成宗実録』にも次のように記されている。

成宗十年六月丁未（二十二日）　琉球国王尚徳、遣使して来聘す。其の書契に曰く「伏して以うに……（中略）……然らば則ち寡人、望む所は大蔵経一部、綿紬・木綿若干匹なり、伏して方産を献じ、別幅に具す。……（後略）……」（『成宗実録』巻一六一、成宗一四年一二月一八日）

これは成宗一〇年（一四七九）に琉球から尚徳王の使者が来朝した時の記事である[31]。琉球国王からの書契には、「大蔵経一部」を望むという内容が含まれている。それでは大蔵経を望むという琉球国王の希望に対して朝鮮側はどのように対応したのか。それについては、成宗一〇年七月二七日の記録に次のように記されている。

成宗十年七月辛巳（二十七日）　琉球国王の使臣新時羅等十八人辞す。其の回答の書契に曰く「朝鮮国王姓諱、琉球国王の殿下に奉復す。……（中略）……諭する所の大蔵経は、曾て諸処の求め去るに因り已に尽く。茲に未だ命に副わず。靳む所に非ざるなり。……（後略）……」（『成宗実録』巻一六一、成宗一四年一二月一八日）

この記事によると、朝鮮国王は琉球国王の希望に応えることができなかったようである。即ち回答の書契には「諭する所の大蔵経は、曾て諸処の求め去るに因り已に尽く」と記されている。興味深いことに、このことは成宗一四年一二月一八日の記事にも再び言及されている。

成宗十四年十二月丁丑（十八日）琉球国王尚円、新四郎を遣わして來聘す。其の書契に曰く「南北万里にして海路険難なり。舟船の往還敢えて容易ならず。是を以て累年聘礼を修むるに克えず。而れども盛徳を思慕し未だ嘗て一日たりとも相い忘れず。高明の照らす所、必ず此の心を諒とせん。成化十四年初秋、漂流の人両三輩を護送し、貴国に還着せしむるの次、不腆の土宜を奉投し聊か微忱を表すに、辱くも報ゆるに件件の珍産を以てす。所謂瑤瑶の報なり。一一の宝秘、豈に感媿に勝えんや。方今、新四郎を以て専使と為し、耶次郎を以て副使と為し、塵露の謝忱を致し、兼ねて区区の願望を啓せしむるなり。新四郎なる者は我が国の人に非ずと雖も、嘗て能く皇華の美を尽くして以て殿下に達す。是れに由り今亦た以て専使と為すなり。亮察亮察。我が国は累世、仏教を推誠し伽藍を締緝し、金像を設け毳徒を案んじ、荘嚴福慧を専らにす。然れども三宝の内、猶お未だ法宝を具えざるを以て觖典と為すなり。是の故に此れより前、毘盧法宝一蔵を求むるに、書を報い諭して曰く『諸処、求め去るに因り巳に尽きたり』と。今更めて切望すらくは、一蔵を以て回介に付し、南極の不毛の地をして永く仏化に霑わしめよ。仍お綿紬五千匹、綿布五千匹を求む。蓋し毘盧法宝殿創建の資と成す者なり。（『成宗実録』巻一六一、成宗一四年一二月一八日）〔傍線、筆者〕

成宗一四年一二月一八日、琉球尚円王の使者として新四郎が派遣された。新四郎が持参した書契には、「是の故に此れより前、毘盧法宝一蔵を求むるに、書を報い諭して曰く『諸処、求め去るに因り巳に尽きたり』と。今更めて切望すらくは、一蔵を以て回介に付し、南極の不毛の地をして永く仏化に霑わしめよ」と述べられていた。即ち以前琉球から朝鮮に使者が大蔵経を求めにきたにもかかわらず、それがかなわなかったことについて言及されている。琉球側から見ると、朝鮮の大蔵経を入手することがどれだけ重要な意味を持っていたのか、それがよくわかるような記事である。

以上、琉球と朝鮮の文献記録により確認したように、当時琉球と朝鮮の間には頻繁に仏教交流が行なわれていた。その交流の主な内容は、朝鮮の大蔵経の琉球への輸入であった。当時朝鮮は琉球よりも仏教が進んでいた。大蔵経をはじめとして、先進国の仏教文化を琉球へ持っていくのは、かなり意味のあることであった。御後絵と朝鮮時代の仏教絵画の比較のためには、まずこの点について留意すべきであろう。御後絵と朝鮮時代の仏教絵画の間に見られる類似性の歴史的なコンテキストとして、当時頻繁に行なわれた仏教交流が注目されるからである。

四　御後絵と朝鮮時代の仏教絵画の比較

現在沖縄に写真の形で伝えられている合わせて一〇枚の御後絵は、その絵画様式がほぼ一定している。大体絵の中央には玉座に座った国王が正面視で描かれ、国王の左右には臣下たちが対称的に侍立し、そのまわりには背景絵が描かれるというように構成されている。特に絵の中央に皮弁冠服をまとった国王が目立つように大きく描かれたのが一つの大きな特徴である。

ところで一〇枚の御後絵を一列に並べて細かく見ていくと、とりわけ絵画の研究者ではなくても、それらの御後絵の様式は二つの類型に分けられるということに気づく。一つは第一代尚円王から第八代尚円王までの合わせて五枚の御後絵である。中央に国王が描かれ、その左右には八名ずつ合わせて一六名の臣下たちが配置されている。例えば次の〈図版1〉がこの類型にあたる。もう一つは第一一代尚貞王から第一八代尚育王にいたるまでの合わせて五枚の御後絵である。同じく中央に国王が描かれ、その左右には七名ずつ合わせて一四名の臣下たちが配置されている。次の〈図版2〉がこの類型にあたる。

1　第１代尚円王の御後絵

2　第11代尚貞王の御後絵

〈図版1〉と〈図版2〉を比べてみると、両方の御後絵にはいくつか共通する絵画の様式が認められる。例えば佐藤文彦は両者の間に見られる共通点として、（一）正面視（フロンタルビュー）で大きく玉座に座る王の肖像が描かれ、左右相称に群臣たちが小さく描かれている。（二）国王の皮弁冠服の図像、これは中国と琉球の冊封関係が象徴的に表出している。（三）龍の図像、火山爆発と思われる玄武岩が突出し、大洪水図が広がり、その上部に五爪をむき出しにした龍が描かれている。（四）圭の図像、古代中国の皇帝が諸侯を封ずる時、そのしるしとして与えられたものの一つである。（五）敷瓦の図像、国王および群臣の足元に敷かれている図像で、緑釉塼などの敷瓦張りが考えられると指摘した[32]。

ところが〈図版1〉と〈図版2〉の間には、絵の全体的な構図においては、これといえるような差異が見られないが、細かく見ていくといくつかの顕著な差異が認められるのである。まず後者のほうは前者に比べて、国王が一段と大きく描かれ、相対的に臣下たちは小さく描かれていることがわかる。また後者のほうには、前者では登場しなかった香炉が描かれるようになった。そのかわりに、前者の御後絵に描かれた日月が見られなくなった。後者には国王の後に立てられた衝立もなくなっている[33]。

佐藤文彦は、〈図版1〉のような類型と〈図版2〉のような類型の間に見られる絵画様式の差異について、前者は明代の国王像からの影響であり、後者は清代の国王像からの影響であると説明した。[34] 佐藤文彦の説明は、御後絵に描かれた国王の衣冠などを中国の国王の肖像画と比較したことによる結論である。

しかしこのような説明は、もっぱら中国の国王の肖像画との関連だけに注意が払われている。しかも御後絵の絵画様式の中でも、絵の中央に座っている国王に注目した結果である。もちろん当時琉球の画家たちが中国の絵画を学ぶために中国へ留学していた歴史などを考えると、[35] 御後絵の絵画様式の成立に何らかの形で中国絵画からの影響があったことは否めないであろう。しかし御後絵の絵画様式の成立をめぐっては、中国絵画からの影響があったという結論だけでは、充分な説明にはならないと思われる。

私は中国の文献に描かれた国王の肖像画を調べてみたが、国王の衣冠を除いて、御後絵の絵画様式に似たような肖像画を確認することができなかった。特に肖像画の全体的な構図においては、相当な差異が認められる。例えば中国の『中国帝王圖志』（晋文主編、二〇〇九）に収録された歴代国王の肖像画と比べてみると、[36] 御後絵のように国王の左右に臣下たちが侍立している構図の肖像画は見当たらない。次の〈図版3〉と〈図版4〉はその一部

3　明世宗朱厚像（出典：『中國帝王圖志』）

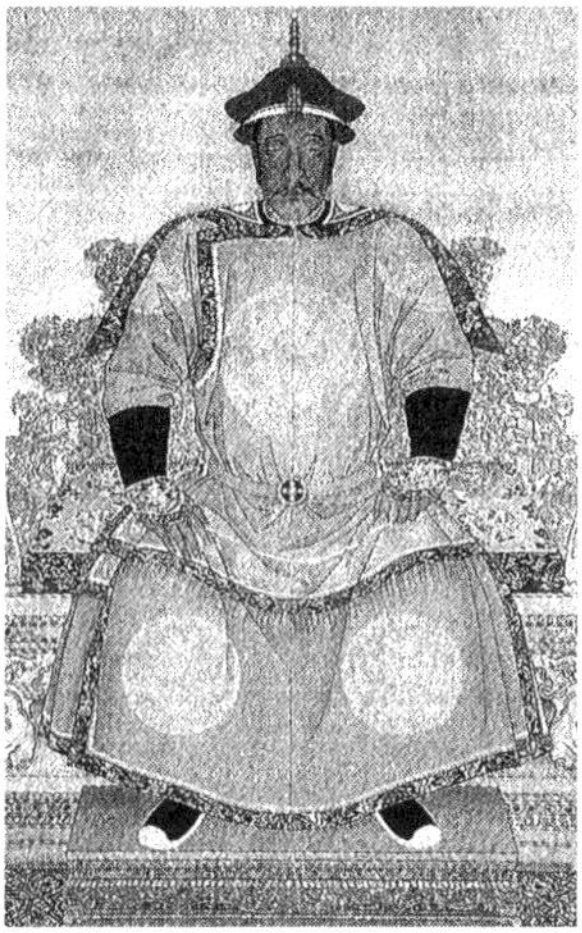
4　太祖努爾哈的像（出典：『中國帝王圖志』）

である。〈図版３〉のように、中国国王の肖像画はそのほとんどが国王一人で描かれるか、まわりにわずかの臣下たちが侍立しているだけである。中国のほかにも、日本や韓国の国王の肖像画においても、御後絵に似たような構図、つまり中央の国王、その左右の臣下たち、背景の絵という構図で構成された絵はほとんど見当たらない。

平川信幸は、御後絵を中央の国王、左右の臣下たち、背景の絵というように分けて、中国絵画からの影響について分析した。特に彼は国王の左右に侍立している臣下たちが手に持っている持物に着目して、中国の文献と比べながら細かく検討した。即ち中国の『明史』巻六〇志第四〇儀衛郡主儀仗、『清史稿』巻一〇五志第八〇輿服四郡王儀衛などの記事に記された儀仗と御後絵に出てくる儀仗を比較した。その結果、両者の間には部分的に類似性が認められるが、御後絵は独特な理論によって構成されたという結論をくだした[37]。言うならば、御後絵には中国絵画からの影響がそれほど認められないという結論である。平川信幸の研究も、佐藤文彦の研究とは正反対の結論になっているが、もっぱら比較の対象が中国に向けられていることにはかわりがない。

ここで私は、朝鮮時代の仏教絵画を取り上げて、御後絵と朝鮮時代の仏教絵画の間に見られる類似性に注目したい。前述したように、朝鮮時代には琉球に大藏経が送られるなど、朝鮮時代の仏教が琉球仏教の展開過程に少なくない影響を与えた歴史がある。従って円覚寺という仏教寺院を宗廟にし、その宗廟に飾られた御後絵の成立に朝鮮時代の仏教からの影響があったと見るのは決して不自然ではない。つまり御後絵の成立に朝鮮時代の仏教絵画が影響を与えた可能性は充分あり得るのである。先に結論を述べると、朝鮮時代に製作された様々な仏教絵画のなかでも、特に地蔵幀や十王幀と呼ばれる仏教絵画との類似性が注目される。この点については、研究者の間でまったくといっていいほど、注目されなかった。以下、この点について検討したい。

次の〈図版５〉と〈図版６〉は朝鮮時代に製作された地蔵幀である。〈図版５〉は一七五〇年に製作されたもので、現在弘益大学校に所蔵されている[38]。〈図版６〉は通度寺の冥府殿にかけられた地蔵幀である[39]。地蔵幀とは

5　地蔵幀。1750年製作、弘益大学校所蔵、絹本彩色

6　通度寺の冥府殿にかけられた地蔵幀。1798年製作、絹本彩色

地蔵菩薩を描いた絵である。地蔵菩薩は釈迦の入滅後から弥勒仏が世に現れるまでの間に無仏の世に住み、六道の衆生を教え導くことを誓いとした菩薩である。これらは地蔵幀の中でもいわゆる地蔵十王図の類型に属する地蔵幀である。[40] 普通地蔵十王図には真ん中の地蔵菩薩を中心として左右に脇侍、十王、判官などが描かれる。〈図版5〉と〈図版6〉の地蔵幀を〈図版1〉と〈図版2〉の御後絵と比べてみると、全体的に絵画の構図がかなり類似していることがわかる。つまり〈図版1〉と〈図版2〉では絵の中央に国王が正面視の形で座り、国王の左右に臣下たちが侍立し、〈図版5〉と〈図版6〉では地蔵菩薩が中央に正面視の形で座り、地蔵菩薩の左右に脇侍、十王、判官などが侍立している、という非常に類似した構図を示している。

〈図版5〉を取り上げて、地蔵菩薩の左右に侍立している「神衆」について確認してみよう。中央の地蔵菩薩の左側には道明尊者、また十王のなかで奇数に数えられる秦広大王(一)、宋帝大王(三)、閻魔大王(五)、泰山大王(七)、都市大王(九)、他にも判官、使者、将軍、童子などが描かれた。また右側には無毒鬼王、十王のなかで偶数に数えられる初江大王(二)、五官大王(四)、変成大王(六)、平等大王(八)、転輪大王(一〇)、他にも使者、将軍、童子など

7　十王幀　平等大王　18世紀。弘益大学校所蔵、絹本彩色

8　十王幀　五官大王　18世紀。弘益大学校所蔵、絹本彩色

が描かれた。

ここで再び〈図版1〉や〈図版2〉の御後絵に注目したい。国王の左右に侍立している臣下たちが具体的にどういう人物なのか、まだ明らかにされていないが、〈図版5〉や〈図版6〉のほうを参考にすると、国王の左右に侍立している臣下たちは地蔵菩薩の左右に侍立している神衆に近い存在としての役目を果たしていたとも考えられる。つまり御後絵に描かれた琉球国王は、朝鮮時代の仏教絵画に描かれた地蔵菩薩に譬えられる存在として認識されたという推論が可能になる。

また朝鮮時代に製作された仏教絵画の地蔵幀だけではなく、主に寺院の冥府殿に祀られた十王を描いた十王幀からも御後絵に類似した構図が確認できる。冥府殿とは、仏教でいう死後の世界を表現した空間である。例えば次の〈図版7〉と〈図版8〉を注目してみよう。〈図版7〉は十王幀のなかの平等大王を描いたものである。[41] また〈図版8〉は十王幀のなかで五官大王を描いたものである。(42) 現在弘益大学校に所蔵されている。それぞれ平等大王や五官大王が中央に描かれ、その左右には判官、録事、使者、童子、童女などが描かれている。それらの「神衆」が配置された全体的な構図が御後絵の様式に似ていることがわかる。つまり〈図版7〉と〈図版8〉の下段に描かれた地獄の光景を除けば、御後絵における絵画の構図、特に中央の国王を目立つように大きく描いた絵画様式が酷似している。

このように、御後絵と朝鮮時代に製作された仏教絵画の間にはかなり類似性が認められる。特に仏教絵画の中でも地蔵幀や十王幀との類似性が目立つ。そこで残る課題として、なぜ朝鮮時代の仏教絵画の中でも地蔵幀や十王幀との類似性が目立つのか、その理由について説明すべきであろう。これは偶然の結果ではなかったようである。

五　御後絵と琉球国王の仏教的神格化

ここまで琉球王府時代に製作された御後絵の絵画様式が朝鮮時代の仏教絵画、その中でも地蔵幀や十王幀からの影響を受けて成立した可能性について論考した。その可能性については、まず琉球と朝鮮時代の仏教交流という歴史的なコンテキストからの接近、また御後絵と朝鮮時代の地蔵幀や十王幀の絵画様式における類似性を比べるテキストの比較という二つの方法で検討を行なった。

御後絵は琉球王府時代に歴代先王の神主が祀られた宗廟に飾られたものである。その宗廟は円覚寺御照堂であった。円覚寺という仏教寺院に設けられた御照堂は、宗廟という国家の祭祀空間として重要な意味を持っていた。すなわち当時円覚寺は、第二尚氏の仏教様式の王統廟として最も重視された祭祀空間であった。豊見山和行によると、円覚寺は現王朝、即ち第二尚氏の王統廟として最も重視され、天王寺は第二尚氏の王妃廟、天界寺はそれ以外の廟、崇元寺は舜天王以降のすべての歴代王の廟、福音寺は天孫氏から第一尚氏王統の廟というようにその機能が分けられていた[43]。御後絵の絵画様式に朝鮮時代の地蔵幀や十王幀との類似性が見られるのは、円覚寺が第二尚氏の仏教様式の王統廟であったことに由来するといえよう。

ところが、尚敬王一六年（一七二八）になると、もと円覚寺大殿の中央に安置されていた仏像が他の場に移され、大殿そのものを歴代先王を祀る宗廟にするようにまでいたった。これは当時先王への祭祀儀礼がどれだけ重視されたかを物語っている。つまりこれによって歴代先王の神主や御後絵が仏像に取って代わり、宗廟の位相が一層強化されたと思われる。言ってみれば、歴代先王への仏教的神格化が計られたわけである。

円覚寺大殿の中央に安置されていた仏像がどのような性格の仏であったのか、現在具体的に確認することはできないが、円覚寺大殿の宗廟としての性格から類推すると、私は地蔵菩薩ではなかったかと考える。地蔵菩薩は地獄で苦しめられている衆生を救済してくれる菩薩である。韓国の仏教寺院では、その地蔵菩薩が本尊として安置されている空間を地蔵殿、冥府殿、十王殿と呼んでいる。今でも韓国の寺院に行けば、地蔵殿、冥府殿、十王殿には地蔵菩薩が本尊として、またそのまわりには十王が祀られている。十王の配列は、中央の地蔵菩薩を中心にして「昭穆」の順に並べられるのが普通である。この点は、前述した『球陽』巻一一に述べられた尚敬王五年（一七一七）の記事とも一致することがわかる。

繰り返しになるが、御後絵と朝鮮時代の地蔵幀や十王幀の間に見られる絵画様式における類似性は決して偶然の結果ではなかった。円覚寺御照堂を中心にして、第二尚氏の歴代国王が仏教様式で祀られる過程において、朝鮮時代の地蔵幀や十王幀の絵画様式が御後絵に取り入れられた結果である。つまり御後絵に描かれた琉球国王は、朝鮮時代の仏教絵画に描かれた地蔵菩薩（あるいは十王）に譬えられる存在として認識され（させようとし）た結果、朝鮮時代の地蔵幀や十王幀に類似した絵画様式の御後絵が成立したと思われる。

この論文は御後絵が朝鮮時代の地蔵幀や十王幀絵の絵画様式からの影響を受けて成立した可能性についての試論的な研究であった。今後、追究すべき課題は多く残っている。まず地蔵菩薩や十王が登場する中国や日本の仏教絵画との比較である。朝鮮時代の地蔵幀や十王幀に限らず、御後絵を中国や日本の仏教絵画とも比較したい。これによって、一枚の御後絵に描かれた東アジアの仏教交流のダイナミックな歴史がもっと鮮明に浮かび上がってくるであろう。また東アジアにおける国王の肖像画の比較が必要である。国王の肖像画の絵画様式の比較にとどまらず、それらの国王の肖像画がどのような形で王家の祭祀儀礼に結びつき、そして王権の強化へとつながったのかを追究したい。

＊本稿は、『日本文化学報』第六十輯（韓国日本文化学会）に発表した論文をもとに加筆したものである。

注

（1）ここには、尚円王、尚寧王、尚敬王の御後絵が収録されている。

（2）尚円王、尚真王、尚元王、尚寧王、尚敬王、尚豊王、尚貞王、尚敬王、尚穆王、尚灝王、尚育王の御後絵が収録されている。これらの御後絵は、沖縄県立芸術大学附属図書・芸術資料館所蔵鎌倉芳太郎資料（http://www.ken.okigei.ac.jp/kamakura/index.）に公開されている。（閲覧日：二〇一四・一一・二〇）

（3）これらの御後絵は、佐藤文彦（二〇〇三）に収録されている。御後絵の再現の動機及びその過程については、佐藤文彦、『遥かなる御後絵』、作品社、二〇〇三、一六―一七頁及び三二―三六頁を参照。

（4）そもそもどういう経緯で「御後絵」という用語が使われはじめたのか、まだそのことについても明らかにされていないようである。私は国王の「死後」に製作されたところからこの用語が使われはじめたか、あるいは先王が「後」で見守っているという意味合いから生じたのではないかと推測している。

（5）平川信幸は御後絵の研究史を第一期から第四期に分けて検討を行なった。平川信幸、「御後絵」をとりまく研究史」『首里城研究』№二、二〇一〇、首里城研究会編。

（6）この論文は『沖縄タイムス』（一九二五・一一・一～一一・一二）に連載されたものである。佐藤文彦（二〇〇三）に全文が収録されている。本稿ではこちらを参考にした。
（7）鎌倉芳太郎、『沖縄文化の遺宝』、岩波書店、一九八二。
（8）真境名安興、「笑古漫筆」『真境名安興全集』第三巻、一九九三、琉球新報社、一九七頁。
（9）豊見山和行、「御後絵から見た琉球王権」『新しい琉球史像』、榕樹社、一九九六。
（10）平川信幸、「御後絵とその形式について」『芸術学論叢』一四、別府大学、二〇〇一。
（11）上江洲敏夫、「御後絵（国王肖像画）について」『首里城研究』No.１、一九九四、首里城研究会編、一一頁。
（12）首里城研究会編、『首里城研究』No.12、二〇一〇、首里城研究会。
（13）佐藤文彦、前掲書、八一―八三頁。
（14）佐藤文彦、前掲書、七一頁。
（15）本稿において取り上げる仏教絵画は、韓国の朝鮮時代に限らず、直前の高麗時代に盛んに製作された。従って御後絵と韓国の仏教絵画との歴史的な影響関係を論じるためには、高麗時代に製作された仏教絵画まで視野に入れて比較する必要がある。ここでは、現在高麗時代に製作された仏教絵画が多く残っていないことなどの理由から朝鮮時代に製作された仏教絵画に限って論を進めることにしたい。
（16）球陽研究会編、『球陽』、角川書店、一九七四、一〇七頁。
（17）外間守善・波照間永吉 編著、『定本琉球国由来記』、角川書店、一九九七、一七六頁。
（18）球陽研究会編、前掲書、二五七頁。
（19）球陽研究会編、前掲書、二六四頁。
（20）球陽研究会編、前掲書、二六四―二六五頁。
（21）このように神主と御後絵をセットにして安置する形式は、今でも韓国の寺院ではよく見られる形式である。つまり堂のなかに仏像が安置され、普通その後には安置された仏像にちなんだ、幀画と呼ばれる仏教絵画が飾られる。幀画には、壁画のものもあれば、掛け物のようなものもある。この点は御後絵と朝鮮時代の仏教絵画との比較において一つのヒントになるであろう。この点については機会を改めて論じたい。
（22）太祖の霊位を中央に位置し、向かって右に二世、四世、六世などを並べて昭と呼ぶ。また左に三世、五世、七世などを並べて穆と呼ぶ。
（23）波平エリ子、『トートーメーの民俗学講座』、ボーダーインク、二〇一〇、一四四頁。

(24) 球陽研究会編、前掲書、二七六頁。
(25) 球陽研究会編、前掲書、二六五頁。
(26) 球陽研究会編、前掲書、一三二頁。
(27) 外間守善・波照間永吉編、前掲書、一七七頁。
(28) 外間守善・波照間永吉編、前掲書、一八一―一八二頁。
(29) 例えば『朝鮮王朝実録』の本文が検索できるサイト（http://sillok.history.go.kr/）で「琉球」という言葉を入力すると、合わせて八六五件にいたる記事が検索される。（閲覧日：二〇一三・一一・二〇）
(30) 以下『朝鮮王朝実録』からの引用は次の資料による。池谷望子・内田晶子・高瀬恭子編訳、『朝鮮王朝実録琉球史料集成』、榕樹書林、二〇〇五。
(31) 当時の国王は尚徳王ではなく尚真王であったという。池谷望子・内田晶子・高瀬恭子編訳、前掲書、二五〇頁を参照。
(32) 佐藤文彦、前掲書、七一～七五頁。
(33) 豊見山和行は御後絵の諸特徴として次の五つの点をあげている。第一に、家臣と国王の比率を見ると、尚貞王を境に大きく変化している。第二に、国王の衣裳が尚貞王を境に変化している。第三に、衝立が尚貞王を境に消える。第四に、尚貞王以後は国王の手前に香炉が据えられようになる。第五に、国王の冠（皮弁冠）の玉の列（旒数）が尚穆王以後は十二列となっている。豊見山和行、「御後絵から見た琉球王権『新しい琉球史像』、榕樹社、一九九六、六六頁。
(34) 佐藤文彦、前掲書、七五―八〇頁。
(35) 当時琉球の画家たちの中国との関連については、主な琉球の画家の家系図を分析した比嘉朝健（一九二五）の「尚侯爵家御後絵に就いて」を参照のこと。
(36) 晋文 主編、『中国帝王図志』、山東畫報出版社、二〇〇九。ここには中国の先史時代から清代にいたるまでの歴代国王にかかわる主な絵が紹介されている。
(37) 平川信幸、「御後絵とその形式について」『芸術学論叢』一四、別府大学、二〇〇一、五二～五四頁。
(38) 聖宝文化財研究院編、『韓国の仏画（한국의 불화）』一九、聖宝文化財研究院、一九九九。
(39) 聖宝文化財研究院編、『韓国の仏画（한국의 불화）』一、聖宝文化財研究院、一九九六。
(40) 地蔵幀は地蔵独尊図、地蔵三尊図、地蔵三尊神衆図、地蔵十王図という四つの類型に分けられる。地蔵十王図は地蔵菩薩を中心にしてその左右に脇侍、十王、判官などが描かれる。
(41) 聖宝文化財研究院編、『韓国の仏画（한국의 불화）』一九、聖宝文化財研究院、一九九九。

（42）　聖宝文化財研究院編、『韓国の仏画（한국의 불화）』一九、聖宝文化財研究院、一九九九。
（43）　豊見山和行、「御後絵から見た琉球王権」『新しい琉球史像』、榕樹社、一九九六、六七頁。

〈参考文献〉

池谷望子・内田晶子・高瀬恭子編訳
　二〇〇五『朝鮮王朝実録琉球史料集成』榕樹書林。
上江洲敏夫
　一九九四「御後絵（国王肖像画）について」『首里城研究』一、首里城研究会編。
沖縄大百科事典刊行事務局
　一九八三『沖縄大百科事典』沖縄タイムス社。
鎌倉芳太郎
　一九八二『沖縄文化の遺宝』岩波書店。
球陽研究会編
　一九七四『球陽』角川書店。
佐藤文彦
　二〇〇三『遥かなる御後絵』作品社。
首里城研究会編
　二〇一〇『首里城研究』一二、首里城研究会。
波平エリ子
　二〇一〇『トートーメー――の民俗学講座』ボーダーインク。
豊見山和行
　一九九二「琉球の王権儀礼『王権の基層へ』新曜社。
　一九九六「御後絵から見た琉球王権『新しい琉球史像』榕樹社。
比嘉朝健
　一九二五「尚侯爵家御後絵に就いて」『遥かなる御後絵』作品社。
平川信幸

二〇一〇「御後絵」をとりまく研究史」『首里城研究』一二、首里城研究会編。
外間守善・波照間永吉編著
一九九七『定本琉球国由來記』角川書店。
真境名安興・島倉竜治
一九二三『沖縄一千年史』日本大学。
真境名安興
一九九三「笑古漫談」『真境名安興全集』第三巻、琉球新報社。
김정희
二〇〇八『極楽を夢見る（극락을 꿈꾸다）』宝林韓国美術館一四 仏教絵画、宝林出版社。
聖宝文化財研究院編
一九九六『韓国の仏画（한국의 불화）』一、聖宝文化財研究院。
一九九六『韓国の仏画（한국의 불화）』三、聖宝文化財研究院。
一九九九『韓国の仏画（한국의 불화）』一九、聖宝文化財研究院。
晋文 主編
二〇〇九『中国帝王圖志』山東書報出版社。

関連サイト
沖縄県立芸術大学附属図書・芸術資料館所蔵鎌倉芳太郎資料
（http://www.ken.okigei.ac.jp/kamakura/index.）
『朝鮮王朝実録』サイト（http://sillok.history.go.kr/）

第八章　済州島の龍王信仰
――堂信仰とチャムスクッ（海女祭）を通して

金良淑

一　はじめに

本稿は、東アジアで広く共有される龍王信仰が、済州島の巫俗信仰においてどのように受容され、表象されているのか、堂信仰との関係および龍王を祀る儀礼を通して考察することを目的としている。

済州島は、日中韓を結ぶ海路上に位置する火山島である。韓国の民俗学者である張籌根は、済州島の神話や古代文化に見られる外来的な文化要素について、「東支那海上に位置する一つの島として、雑多なこの海域の諸文化要素をも多く寄せ集めていた」〔張　一九七四a：三八六〕と指摘している。また、野村伸一が指摘するように、海の彼方から寄せ集まった人や文物、海を媒介とする海民の往来は、「東方地中海」と呼べるような東シナ海域の一体性を生み出しており、特に民間信仰における様々な共通要素がこの海域に見いだされる〔野村二〇一二〕。このような雑多性や一体性を示す要素の一つに、龍王信仰がある。龍王がそれぞれの地域でどのように受容され土着化したのか、現在も龍王に関連する儀礼が盛んな済州島の事例を考察することで、この海域の一体性の中に見られる地域的特性を示したい。

朝鮮半島本土から南に約九〇キロメートル離れ、緯度は九州北部や中国江蘇省と、経度は沖縄と重なり合う済州島には、かつて耽羅《タムナ》という古代国家が存在していた。東シナ海に浮かぶ小国であった耽羅は、百済や新羅、隋、日本に朝貢するなど、周辺国との積極的な外交や交易を行っていた［鳥越　一九九一、高　二〇〇七］。だが、一二世紀になると高麗の郡県制に組み込まれ、辺境の流刑地として朝鮮半島本土の統治を受けるようになる。さらに一三世紀には、一世紀にわたるモンゴルの支配を受けている。その一方で、中世における済州島の海民は、朝鮮半島の南海岸を船で移動しながら漁業活動や交易を行い、時には倭寇に加わるなど、国家の統制に縛られない移動性に富んだ存在であったことも明らかになっている［高橋　一九八七、村井　一九九三］。以上のような済州島の地理的条件や海洋民的性格に、朝鮮半島本土やモンゴル、日本による統治、政治経済的に長い間国家の周縁に置かれたという歴史的経験が加わり、その文化は東シナ海域の一体性を帯びながらも独自の発展を遂げてきた。

本稿で扱う済州島の巫俗信仰にも、周辺から影響を受けた多様な要素が含まれている。例えば、神々の来歴神話である「ポンプリ」にもそのような傾向が見られる。ポンプリは、神の属性によって一般神ポンプリ、祖先神ポンプリ、堂神ポンプリの三つに分類できる［張　一九七四ａ］。一般神とは、農耕神や産神など全島的に共通する神であり、祖先神は一族ごとに祀られる一家守護神である。堂神は、各村の聖所に祀られる村落守護神である。一般神ポンプリは仏教の唱導文芸や説話など、本土と共通するモチーフが顕著な反面、堂神ポンプリは、地中湧出する神や箱舟漂流譚など、土着的な要素が顕著である［張　一九七四ａ：三九〇］。二節では、そのような堂神ポンプリの中から龍王に関連するものに焦点を当て、龍王信仰が土着的な信仰にどのように取り込まれていったのかについて検討する。

龍王信仰は、仏教や陰陽五行を通して中国から伝わり、朝鮮半島においても様々な民間信仰に取り入れられてきた［依田　一九八四、洪　二〇〇二］。龍王《ヨワン》(1)は、済州島でも本土と同様に水神あるいは海神として祀られているが、本土に比べると、滝壺や井戸に宿る水神＝農耕神という職能は非常に弱くなっている。火山性灰土に覆われた済州島には川が少なく、稲作より畑作が中心の農業形態であったためだろう。また、龍王を祀る豊漁祭は、本土では漁師である男性やその妻が祈願の主体となるが、済州島では海女である女性が主体となる。漁船漁業の場合、船の神である船王《ソナン》や、魚を追い集めてくれる将軍神（済州島では令監《ヨンガム》神）も龍王と同じくらい重要な信仰対象であるが、海女による潜水漁業では、龍王とその眷属が信仰の中心となる。つまり、信仰主体の漁業形態の相違も、龍王観や龍王国（龍宮）観に影響を及ぼしていると考えられる。そのため、三節ではチャムスクッ（海女祭）に見られる龍王観について検討し、四節では旧左邑金寧里の事例を見ることにする。

二　堂信仰と龍王

済州島には村ごとに堂《タン》と呼ばれる聖所がある。堂は大抵、榎の古木などを神木とし、その根元に供物を並べる祭壇をしつらえ、一定の空間を石垣で取り囲んだ形になっている。堂では、村の共同祭である堂クッ（堂祭）や、個人による簡単な祈願が行われる。巫俗儀礼であるクッは、シンバンと呼ばれる宗教的職能者によって司祭される。堂クッを司祭するシンバンを特にメインシンバンといい、堂を祀る信仰民（村落民）はタンゴルと呼ばれる。タンゴルとは「得意客」という意味で、堂およびシンバンと信仰民との檀家的関係を意味している。

済州島の堂は、その祭日や機能によって、本郷堂《ボニャンダン》、七日堂《イルレッタン》、八日堂《ヨドゥレッタン》、海神堂《ヘシンダン》の四つに分類されている［玄一九九二］。本郷堂は村落守護神を祀る堂として最も重要視され、七日堂は成育・治病神、八日堂は富神（蛇神）、海神堂は海に関連する神々を祀る海辺の堂である。これらの堂は、霊験が高いという評判や人の移動によって、他の村にも枝分けされる。そのため、一つの村に複数の堂があることも珍しくなく、一つの堂に複数の神が合祀されることもある［文　二〇〇八：六三］。各堂には堂神のポンプリが伝承されているが、神名や職能、祭日など最低限の情報を並べただけの短いものから、叙事詩のように長大なものもある。

1　七日堂と龍王の娘

龍王は、海辺の海神堂に祀られる堂神である。しかし、龍王を主人公にした物語性のあるポンプリは見当たらない。その代わりに堂神ポンプリに登場するのは、龍王国末娘《ヨワングクマルジエッタル》である。龍王の娘を主人公にしたポンプリの代表は、済州島の東南部に位置する表善面兎山《トサン》里の七日堂《イルレッタン》ポンプリである。七日堂[2]は、一五歳未満の子供の成育を助け、眼病や皮膚病、消化器系疾患、小児病を司る成育・治病神を祀る堂で、兎山里から枝分けされて全島に広まっている。一九六〇年代に行われた玄容駿の調査によると、島内二七七か所の堂の内、実に九四か所が七日堂であり［玄容駿　一九九二：七三］、その流行と影響力の強さが窺われる。以下は、七日堂ポンプリの要約である。

〈七日堂ポンプリ〉[3]

旧左邑松堂里本郷堂神の息子であるパラムット（風上の神、山神）は、幼い頃に親不孝の罪で石函に入れられ東海に捨てられる。石函は龍王国の珊瑚の枝にひっかかり、龍王は娘たちにそれを開けるよう命じるが、長女と次女は開けられず、末娘が開ける。パラムットと末娘は結婚し、龍王は婿をもてなそうとする。しかし、婿が大食で龍王国の蔵が空になってしまったため、婿と娘を石函に入れて海に流すことにする。その時、両親は眼に病を引き起こす粉の入った巾着を娘に与え、姉たちはできものを与える粉の入った巾着を与える。

パラムットの故郷に着くと、龍王国末娘は巾着の粉を使って姑の眼に病を与え、それを治す代わりに鎮座する土地を要求し、兎山里のソダン畑をもらう。兎山里に向かう途中、龍王国末娘が豚の足跡に溜まった水を飲むと、豚の毛が鼻に刺さり、豚を食べたような気分になる。夫はそれを不浄だと怒り、妻を馬羅島に島流しにする。それを知った妾が夫をたしなめ、本妻を迎えに行くと、龍王国末娘は七人の子供を産んでいた。妾が七人の子供を連れて先に帰るが、到着すると子供が六人しかいなかったため探しに戻り、泣いている子供を見つける。龍王国末娘は、タンゴルに眼の病と皮膚の病を与えてもてなしを受けることとし、七人の子供と、七人の子守りを育てた。祭日は七日、一七日、二七日である（以下、祭日はすべて陰暦）。

このポンプリに登場する龍王国は、海底にあるユートピアであり、病を与えたり、治すことのできる呪宝を授けてくれる異界として描かれている。また、石函に入れられ海に流された子供が生きて戻って来るという、異郷訪問譚に内包された死と再生のモチーフも、龍王国の特殊な力を暗示している。七日堂ポンプリでは、このような病や死に関わる龍王国の呪力が、龍王国末娘の治病神としての職能の源泉となっている。

一方、七人の子供を産み育てるという後半の物語は、成育神という職能の根拠となっている。七日堂神を祀るクッには、アギノルリム（子供遊ばせ）という祭順がある。これは、着物で作った子供の人形を母親役のシンバンが探し歩き、子供をあやしたり寝かしつける仕草を滑稽に演じる儀礼であり、七日堂神を楽しませ、子供の健やかな成育を祈願するものである。龍王国末娘は、実際に育児をする母親として子供の守護神にもなっている。このように、龍王の娘に与えられた母性や多産のイメージは、生命の源であり豊穣の象徴である海とも通じるが、後述する蛇神信仰とも共通する点である。

七日堂は、幼堂《ソダン》あるいはハルマン堂（ハルマン＝婆さん）とも呼ばれ、龍王国末娘は七日《イルレ》ハルマンとも呼ばれる。済州島には、ハルマンと呼ばれる女神が多いが、村で「ハルマン堂」という場合、特に子供を守護する堂という意味を持つ。子供に関わる神には、他に産神ハルマン（プルトハルマンともいう）がいる。産神ハルマンは、懐妊や出産、育児を司る神であり、プルトマジ（仏道迎え）という祈子儀礼で祀られる。また、幼い子供のいる家庭では、米、飯、ワカメ、水、木綿の布を供えたハルマン床（膳）を用意し、子供が無事に育つように祈願する。済州島では、子供はこれらのハルマン神に守られて育つと考えられており、子供の具合が悪くなると、産神ハルマンや七日ハルマンに快癒を祈るのである。ところで、産神ハルマンのポンプリにも、龍王の娘が登場する。その内容は、親不孝の罪で石函に入れて流された東海龍宮の娘が、産神になることを賭けて命長国の娘と西天花畑で花咲かせ競争をするが、その競争に敗れ、死んだ子供の魂をあの世で司るクサムスン（旧産神）ハルマンになる、というものである。そのため、子供が産まれるとクサムスンハルマンにも供物を供えてもてなし、子供の具合が悪くなれば、クサムスンネムという駆逐儀礼が行われていた［玄　一九八五：二四五］。

このように、龍王の娘は堂神ポンプリでは子供の成育を助け、一般神ポンプリでは子供の死神になるという、アンビバレントな職能を持っている。しかし、信仰の上で両者が対立することはなく、堂神と一般神は異なる次元で共存している。また、いずれにしても子供の生命を左右する能力を持つ神であるという点では共通している。本稿では、産育に関係するこれらの信仰を「ハルマン信仰」と総称する。龍王の娘は、産神ハルマンとともに済州島のハルマン信仰の一翼を担い、七日堂の拡散を通して広く受容されたのである。

最後に、もう一つ七日堂ポンプリで注目すべき点は、龍王の娘と土着の山神（狩猟神）との結婚、出産というモチーフが使用されているという点である。このようなモチーフは、耽羅の建国神話（三姓神話）をはじめ多くの堂神ポンプリに見られる。土着的な要素の強い堂信仰に外来の神が受容されるためには、結婚という手段を用いることが最も有効であったと考えられる。以上のように、龍王の娘は土着の神と結婚することで堂に鎮座し、龍王国の呪力を背景に霊験の高いハルマン神となり、全島に拡散したといえる。

2　蛇神信仰と龍王

済州島の堂信仰には、しばしば蛇神と龍の混同が見られる。例えば、済州市内都洞《ネド》のトゥリビルレ堂には、本土から戻って来る船に空いた穴を塞いでくれたという蛇神が祀られているが、堂神の名称は龍王の娘を指す「龍女夫人」になっている。また、蛇神を祀るとされ、全島に枝分けされている八日堂の堂神も、村によっては「龍《ヨ》王《ワン》ト」（トは神への尊称）、「龍女夫人」など、龍王と関連する神名になっている。このような混同の原因として、蛇と龍の造形や職能の類似性などが指摘されているが〔依田　一九八四：六八、玄　二〇〇二：四三二〕、済州島の堂信仰における蛇神と龍の関係を見ていくと、両者は単に混同されているのではなく、蛇神が龍王あるいはその眷属に置き換えられているのではないかという疑問が湧く。そこで、以下では済州島の蛇神信仰について概観し、龍王信仰との関係について考察する。

済州島の蛇神に関する文献的な記録は、本土による本格的な統治が始まった朝鮮時代初期に見られるようになる。一五世紀に編纂された『東国輿地勝覧』巻三十八全羅道済州牧の項には、「春秋に男女が広壌堂《クァンヤンダン》や遮帰堂《チャグィダン》に集まり、酒肉を供え神を祀り」、「灰色の蛇を見たら遮帰之神であるとして殺さない」とある。一六世紀初頭に済州島に流刑となった金浄も、済州島に蛇が甚だ多いことに辟易とし、人々が蛇を畏怖し神として祀って殺さず、生贄を捧げて七日、一七日、二七日に鬼を祀る、と『済州風土録』に記している。また、金錫翼『耽羅紀年』（一九一八年）には、牧使（地方官）による広静堂《クァンジョンダン》や金寧蛇窟の大蛇退治の伝説や、粛宗二九年（一七〇三年）に李衡祥牧使が三邑の淫祀（堂）と仏宇（寺）一三〇余か所を焼き払い、巫覡四〇〇余名を帰農させたという記録がある。このように、儒教的教養を身につけた本土の知識人にとって、蛇を堂神として崇拝する済州島の土着的な蛇神信仰は、嫌悪の対象となり、当局による弾圧が厳しかったことが窺われる。

1　農家の裏庭に置かれたパッチルソン（城邑里）

一方、現在の済州島の蛇神信仰には七日堂信仰と八日堂信仰の二つがあるが、それぞれに対する人々のまなざしは異なっている。前者は、一般神である七星に代表される穀物神、富神としての蛇神で、本土で信仰されている業《オプ》に似ている。七星ポンプリは、父親の怒りによって石函に入れて海に流された娘が七匹の蛇を産み、その蛇を祀った人々が長者になった、という物語である。七星は屋敷神としても祀られ、家屋の中の穀物貯蔵庫に祀られる七星神をアンチルソン（内七星）、家の裏庭に藁で作ったツトを置いて祀られる七星神をパッチルソン（外七星）という。アンチルソン、パッチルソンは、手厚く祀れば富をもたらす神だと考えられており、巫俗儀礼だけでなく、儒教式の祖先祭祀においても供物が供えられる。また、現在でも農村部で広く祀られており、それを隠そうとする様子はあまり見られない（図1）。

後者の蛇神信仰は、七日堂と同じ兎山《トサン》里を発祥地として拡散した八日堂信仰である。八日堂ポンプリは長大で、口承者によって細部が異なるが、①全羅南道羅州の錦城山を追われた蛇神が碁石に変化して船に乗り、女神となって済州島の兎山里に鎮座する、②川に洗濯に行った娘が、倭寇に襲われ怨霊となる、[4]③康氏（あるいは呉氏）の娘が精神疾患を煩い、クッを行って蛇神の怨霊を鎮め快癒する、という三部構成になっている。兎山里の八日堂については遮帰堂のように古い記録がなく、一九三〇年代に秋葉隆が初めて論究している。その中で秋葉は、八日堂が済州島の人々から「異教的な眼」を向けられ、娘憑きの神と考えられているため、兎山里の女性と結婚することが忌避されていると記している［秋葉　一九三二：一〇五］。八日堂の蛇神が忌避されるのは、富神あるいは精神疾患の治病神としての霊験は高いが、若い娘に憑いて病をもたらし、祀らなければ災いをもたらす祟り神であると考えられているためである。現在でも他村の人々は、八日堂を兎山堂《トサンタン》あるいは蛇堂《ペヨムタン》などと呼び、嫌悪している。そのために今日まで兎山里の人々が受けた苦痛と被害は、私たちの想像を超えるものであり、村の人々は蛇神の話をタブー視し、決して語ろうとはしない。

以上のように、同じ蛇神信仰であっても、それに対するまなざしによって七星のように富神として公に祀られるものと、遮帰堂や八日堂のように嫌悪、忌避の対象となるものがある。そして、龍王との混同は特に後者に顕著に見られる。遮帰之神と呼ばれた蛇神を祀る遮帰堂は、現在の翰京面高山里《コサン》のタンモギ堂だと考えられている。高山里は済州島の西端、つまり中国に最も近い位置にあり、先史遺跡が発掘されるなど済州島の中でも歴史の古い村である。現在のタンモギ堂の堂神は、「西海龍宮《ソヘヨングン》ト」という龍王である。短いポンプリには、海辺に漂着した石函を拾った人物が箱をこじあけると、中に「東海青龍の頭、西海白龍の頭、真っ赤な黄蛇」が入っていて、堂神として祀るようになったとある［秦　一九九一：五五〇］。箱の中に蛇と龍が一緒にいるのは不自然であるが、このような混在は、蛇神が龍に置き換えられてゆく過程で起こったものだと思われる。このように、タンモギ堂では表面上は龍が祀られており、古文献に表われる蛇神崇拝の痕跡は、ポンプリの中にわずかに残されているだけである。

2　海辺で行われた八日堂祭（兎山里）

八日堂の場合も、やはりポンプリに龍が登場する。秦聖麒が採録したポンプリでは、羅州で蛇神が退治される時に、青、赤、黒、黄色の龍と蛇が出現するなど、タンモギ堂のように混在している［秦　一九九一：六三九］。また、筆者が二〇〇九年に観察した兎山里の八日堂祭は海辺で行われ、最後に龍王への献食儀礼が行われるなど、一見龍王祭のような形式を取っていた（図２）。さらに、ポンプリだけでなく、八日堂信仰に関連して行われるパンウルプムという祭順でも、蛇と龍の混同が見られる。パンウルプムは、木綿の長い布に蛇を意味する七つの結び目を作り、その結び目を病人の患部に押しつけて解いていく儀礼である。その時に、シンバンは「青龍の頭、黒龍の頭を作り、（中略）東海の海、西海の海に追い払って」［文　二〇〇八：二四九］と歌う。ここでも、蛇神がいつの間にか龍に置き換えられているのである。

この他にも、蛇神と龍王の娘は、ポンプリの中でともに女性として人格化され、箱船漂着や多産、豚肉食など、共通するモチーフが多い。また、七日堂と八日堂の両方が兎山里を発祥地とし、治病に関わる神として全島に拡散していることも、両者の共通点である。以上のような共通性や混同、神名や儀礼における置き換えは、蛇神信仰が龍王信仰によってカモフラージュされたことを示しているのではないだろうか。その背景には、土着の蛇神信仰への嫌悪と排斥がある。いずれにしても、土着の神との結婚に加え、蛇神信仰と結合することで、龍王信仰は堂信仰に広く受容されたものと思われる。

三　チャムスクッにおける龍王

チャムスクッとは、潜嫂《チャムス》（海女）による海女漁の安全と豊漁を祈願する共同の巫俗儀礼である。海女漁は、身体ひとつで深い海に潜り長時間息を止めて海藻や魚貝類を採取する仕事であり、その作業には常に生命の危険が伴う。海産物の採取中に息が切れるだけでなく、ゴム製のウェットスーツが着用されるようになるまでは、寒さや飢えで体力を失い、潜水中に亡くなる海女も多かったという。海女たちは、海の中で自分たちの安全を守り海産物を見つけさせてくれるのは龍王だと考えており、チャムスクッでは、龍王を主神とし、亀差使《コブクチャサ》や船王《ソナン》、ヨンホン（水死者の霊魂）、村の堂神にも供物が用意される。

済州島は東シナ海域で最も海女漁が盛んな地域であり、海村における海女の労働は、零細な農村経済を支える役割を果たしてきた［金　二〇〇四］。しかし、乱獲による海産物の減少や、農業収入の増加、後継者不足などによって、その数は減少の一途をたどっており、一九六〇年代に二万人を超えていた海女の数は、一九八〇年には七八〇四人、二〇一二年には四五六九人になっている［安　二〇〇八、済州特別自治道　二〇一三］。また、七〇代以上の海女が四四・九％（二〇一二年）を占めるなど、高齢化も深刻な問題となっている［済州特別自治道　二〇一三］。それにもかかわらず、現在でも多くの海村でチャムスクッが行われている。ただし、その多くはヨンドゥンクッを兼ねており、両者は混同されがちである。

ヨンドゥンクッとは、陰暦の二月に行われる豊穣祭で、かつては中山間部落を含め全島的[5]に行われていたが［玄　二〇〇二：六五］、現在は海村の豊漁祭という認識が定着している。ヨンドゥン神は、二月一日（あるいは一月一五日）に済州島を訪れ、二月一五日に出て行く来訪神であり、風神である。本土でも同名の風神が農耕神として祀られているが、それは共同祭ではなく個人祈願の対象に過ぎない［張　一九七四ａ：二二〇］。済州島のヨンドゥン神には①春風とともに江南天子国から来訪し、海産物の種を蒔いてくれるヨンドゥンハルマンと、②漁船をひとつ目国の怪物から救ったために、三つ裂きにされて済州島の海岸に打ち上げられたというヨンドゥン大王の二つの伝承があり、それが結合して海洋神的な性格が強くなっている。そのため、済州島のヨンドゥン信仰は特に海村で流行したものと思われる。ヨンドゥンクッにおいても龍王が祀られるが、儀礼名が示すように、ヨンドゥン神が龍王よりも上位の神として位置づけられている。

ヨンドゥンクッとチャムスクッは、その主催者（海女や漁業関係者）が同一であり、儀礼の内容もほぼ同じであることから同じものだと考えられがちだが、そのような混同はチャムスクッにおける龍王の役割に混乱をもたらしているように思われる。筆者がこれまでに観察した両者の事例を分類すると、①ヨンドゥンクッがチャムスクッを兼ねる村、②ヨンドゥンクッとチャムスクッを別々に行う村、③チャムスクッのみ行われる村の三つに分けられる。①は、大静邑下摹里（二月一〇日）、安徳面和順里（二月一二日）、朝天邑北村里（二月一三日）、済州市健入洞（二月一四日）、城山邑古城里（二月一五日）などで最も多く、[6]②は城山邑新陽里（二月一五日、二月一九日）、③は旧左邑金寧里（三月八日）が該当する。ここで注目したいのは、両者を別々に行っている②の新陽里である。新陽里では、一月一五日にヨンドゥンマジ（ヨンドゥン迎え）を行い、二月一五日にヨンドゥン神を見送るヨンドゥンクッが行われる。そして時を近くして二月一九日にチャムスクッがマウルクッ（村落祭）を兼ねて行われる。筆者は、二〇〇九年に新陽里でヨンドゥンクッとチャムスクッを観察した。ヨンドゥン神の招請は当然前者のみであり、それ以外の祭順はほとんど変わらなかった。しかし、ヨンドゥンクッにおいてのみ「シドゥリム（種蒔き）」と「シジョム（種占い）」が行われ、チャムスクッにおいてのみ「ヨンオルリム（龍の引上げ）」という、他の村では見られなかった祭順が挿入されていた。つまり、この二つの祭順が、ヨンドゥンクッとチャムスクッを識別する指標であり、そこにチャムスクッにおける龍王観を知る手がかりがあると思われる。

１　新陽里《シニャン》のヨンオルリム

シドゥリムとシジョムは、海村のヨンドゥンクッにおいて行われる祭順である。シドゥリムは、粟の種を海に蒔き、海産物の豊穣を祈願する儀礼である。海女たちは海を海畑（パダパッ）と呼んでおり、「昔はワカメが大事だったからシドゥリムをした」という。つまり、海畑に種を蒔くという類感呪術的な農耕儀礼によって、ワカメの繁殖を祈願する儀礼であるが、近年はアワビやサザエなど商品価値の高い海産物の繁殖を願って行われる。シジョムは、シドゥリムが終わった後、海に見立てた莫蓙の上に蒔いた種の散らばり具合から、シンバンが海産物の豊凶を占う儀礼である。これらは、二月になると海産物の種を蒔きに済州島を訪れるというヨンドゥン神の職能に由来している。一方、ヨンオルリムは、かつては城山邑地域の他の村でも行われていたというが(7)、現在は見られない。先行研究でも簡単な言及に留まっており［姜昭全　二〇〇五、姜晶植　二〇〇六］、まとまった報告としては、済州島研究会［二〇一〇］がある。ここではまず、ヨンオルリムがどのような儀礼なのか、筆者の観察を元に見ていくことにする。

この儀礼は、龍王の来臨する道を掃除するチルチム（道ならし）という祭順の後に行われる。まず、四人のシンバンが龍王旗を持って、堂から一〇〇メートルほど離れた海辺に降りてゆき、海に供物を投げ入れる。一人のシンバンが、目と口の部分に穴のあけられた長い布を頭からかぶり、身体の前後にその布を垂らして龍に扮装する（図3）。別のシンバンが銅鑼を打ち鳴らし、また別のシンバンが龍の垂らした布の端をつかむ。龍は祭場に向かって這って行くが、その途中で何度も地面の上をころがる仕草をする（図4）。祭場の入口では、チャムス会長がスカートを広げ、その上に賽銭の紙幣を並べて龍を待ち構えている(8)（図5）。龍に扮したシンバンは、口にくわえた天文《チョンムン》と算盞《サンジャン》（占いに使われる巫具）をそのスカートの上に吐き出す（図6）。すると別のシンバンが、スカートに落ちた巫具の表裏によって、祭場に現れた龍がどのような龍かを判断し、豊凶を占う。二〇〇九年のチャムスクッでは、シンバンが「（やって来たのは）青龍だ、ノジョギヨー（豊作だ）」と声を上げると、周りにいた海女たちがチャムス会長のスカートの上に賽銭を

3　龍に扮したシンバン（新陽里チャムスクッ）

重ねていった。新陽里のチャムスクッを司祭する梁貞順シンバンによると、龍が口にくわえたものはパルモ夜《ヤ》光珠《グァンジュ》（パルモの意味は不明）で、それは龍の如意珠だという。また、龍がころがりながら身体をくねらすのは、長い尾を振りながらやって来るためだという。筆者の目には、龍が布を引かれてころげまわる姿は滑稽にも見えたが、本来はもっと厳かな儀礼であったようである。新陽里の七〇代の海女は、「昔は海辺に天幕を張ってクッをした。龍が海の水につかってから、身体をくねらせて上がって来る。子供の頃は本当に怖かった。今は（ヨンオルリムを）簡単にしている」と語っていた。

以上のようにヨンオルリムは、龍王が海からその姿を現し、夜光珠を吐き出して海産物の豊凶を占うという儀礼であった。これは、ヨンドゥンクッにおけるシジョム（種占い）に相当する。つまり、新陽里におけるヨンドゥンクッ

4　這いながら祭場に向う龍（新陽里）

5　龍を待ち構えるチャムス（新陽里）

6　スカートの上に巫具を吐き出す龍（新陽里）

とチャムスクッの相違は、豊凶占いをどの神に委ねるかという違いである。ヨンドゥンクッにおいては、ヨンドゥン神に豊漁祈願や豊凶占いが託され、チャムスクッにおいては、安全、豊漁、豊凶占いなど、すべての職能が龍王に託されている。ヨンオルリムによって表象される龍王は、長い尾をくねらせて海から這い上がってくる畏怖の対象であり、如意珠をくわえた万能の神である。ここでの龍王は、海女漁に関するすべてを司る神として解釈され、その職能は、ヨンドゥン神を招かないチャムスクッにおいて最大限に発揮されるのである。なお、新陽里の隣の古城里《コソン》では、チャムスクッを兼ねたヨンドゥンクッが二月一五日に行われているが、シドゥリムとシジョムは行われない。その代わりに、チルチムが終わるとシンバンが長い布を持って海辺に降りて行き、布の端を海水に浸した後、それを龍に見立てて祭場まで引きずって来る（図7）。そして、シンバンが夜光珠（天文、硬貨を模したもの）をくわえ、水の入った器（ホンダワラを入れて海に見立てている）に吐き出し、海産物の豊凶を占う。この場合、ヨンドゥンクッではあるが、豊凶占いについては簡素化したヨンオルリムが採用されており、城山邑地域における龍王の優勢を示している。

7　海から龍を引き上げるシンバン（古城里）

2　チルチムと亀差使

チャムスクッやヨンドゥンクッで行われるヨワンマジ（龍王迎え）という儀礼の中にチルチムという祭順がある。チルチムとは、龍王の来臨する道をしつらえ、シンバンがそれを往来しながら路上にある障害物をどかしたり、でこぼこな道を平らにならして清浄にする動作を実演する儀礼である。龍王の道は、三メートルほどの長さの筵に笹竹を八本ずつ二列に挿し、その根元にホンダワラなどの海藻や溶岩石をころがして作られる（図8）。シンバンは、

8　龍王の道（金寧里チャムスクッ）

9　チルチム（古城里ヨンドゥンクッ）

10　龍王の道を開く（古城里ヨンドゥンクッ）

珊瑚の枝に見立てた木の棒や揺鈴、神刀などの巫具を使用して、歌に合わせて道をならしていく（図９）。道ならしが終わると、向かい合う笹竹の上部を結び合わせてアーチ状の八つの門を作り、長い木綿の布を門の下に敷く。この布は、龍王が通る橋に見立てられ、中央にはヨワンタリ（龍王橋）、隣にはチャサタリ（差使橋）が敷かれる。橋をかけた後は、海女の代表者たちが門の前に座って賽銭を渡しながら、シンバンに神意を占ってもらい、門を一つずつ抜いて道を開いていく（図10）。

　ヨワンマジにおいてチルチムが行われるのは、異界である龍王国から祭場に龍王を迎え入れるためである。海藻が生い茂り、溶岩石がころがる険しい道は、龍王のいる世界を現しており、そこには海女たちの龍王国観が投影されている。その風景は海女が日々潜水作業を行う海の中と同じ風景であり、海女は龍王国の一部で、龍王に守られながら働いているのである。

　このチルチムで龍王に随行するのは、亀差使《コブクチャサ》である。海女にとって、亀は龍王の娘の化身だとも考えられているが、(9)儀礼の中では龍王の臣下であり、府元国亀差使、府元国三差使、龍王差使、亀使者などと呼ばれる［玄　二〇〇七］。亀差使は龍王に関する儀礼が行われる時は必ず一緒に招請され、別途に供物の膳が供えられるなど、龍王に劣らないもてなしを受ける。ところで、済州島の巫俗信仰における差使《チャサ》とは、あの世を司る十王《シワン》の使者を指す。差使は、死霊をこの世からあの世の十王の元に案内するという重要な役割を担っており、シワンマジ（十王迎え＝死霊供養の儀礼）では、差使ヨンマジという独立した祭順で迎え入れられ、やはりチルチムが行われる。また、一般神ポンプリとして差使ポンプリが伝承されており、シワンマジやエンメギ（厄除け儀礼）で歌われる。亀差使は、この十王の差使から名称を借用しているのである。チャムスクッの終盤に行われるエンメギでは、「龍王差使ポンプリ」が歌われるが、龍王という接頭辞がついているだけで、その内容はシワンマジで歌われる差使ポンプリと同じである。

亀差使は、チャムスクッの時だけではなく、水死者の霊魂を海から引き上げる撫魂《ムホン》クッにおいても、龍王とともに霊魂を龍王国から陸上に案内する役割を担っている［玄、李　一九八五］。つまり、龍王と亀差使の関係は、あの世を司る十王と差使の関係と同じである。このように、亀差使という存在から、龍王が水死者を司る「海の中の十王《シワン》」であると解釈されており、龍王信仰は十王信仰とも結合していることがわかる。

四　金寧《キムニョン》里の堂とチャムスクッ

旧左邑金寧里は、済州島の東北端に位置する海村である。地表が厚い溶岩層に覆われているため、他の村に比べると海岸部の湧き水が豊富で溶岩洞窟が多い。そのため早くから人が住み、村内の溶岩洞窟からは先史時代の遺物が発見されている。設村年代は定かでないが、一二世紀にはすでに金寧県が置かれるなど、歴史の古い村である。朝鮮時代には、外来船の食水供給地となり、ワカメや鰯の塩辛を平壌や清津まで船で売りに行くなど交易も盛んで、人口が一〇〇〇人を超える「天下大村」と呼ばれたという［朴　一九八六］。植民地期になると、いち早く郵便局や小学校、駐在所が置かれるなど、当時の旧左邑地域の中心であった［金　二〇〇四］。また、海女の日本への出稼ぎも金寧里が最も早かったとされており、人や物の往来が多くにぎやかな村だったと思われる。

村内には寺やキリスト教会の他に複数の堂があり、祭日にはシンバンによる簡単な堂祭が行われている。これらの堂は、龍王に関連するものが多い。前述のように金寧里には大蛇退治の伝承もあり、龍王信仰と蛇神信仰の関係を考察する上で、参考になるものと思われる。また、年々減少しているが、島内で二番目に海女の多い村で（二〇一一年の村内の海女の数は一一〇人）、他の村ではヨンドゥンクッを兼ねて二月にチャムスクッが行われるのに対し、三月に単独でチャムスクッを行う村としても知られている。本節では、金寧里の堂とチャムスクッの事例から、龍王信仰の受容と表象について考察したい。なお、金寧里は一九世紀末に東西に分離され、二〇〇〇年に統合している。しかし、海女の任意団体であるチャムス会は東西に別れたままで、祭も別々に行っている。本稿では、東金寧チャムス会のチャムスクッを事例として取り扱う。

１　クェネギ堂と金寧蛇窟《キムニョンサグル》

金寧里には、本郷堂（図11）、七日堂、八日堂が揃っている。かつては海辺に海神堂もあったというが、現在はなくなっている。一月、七月、九月に定期的な堂祭が行われる堂が三か所、個人の祈子祈願が行われる堂が一か所、現在は使用されていないが関連する儀礼の行われている堂が一か所ある。（表１）は、それら五か所の堂について、普段村の人々が呼んでいる名称と堂の種類、堂神、職能、祭日をまとめたものである。[10]

これらの堂の中で龍王に関連するものは、②、③、⑤であり、一つの村の中で龍王が重複して祀られている。

②は七日堂であり、主に一五歳以下の子供のいる家庭が堂祭に参加する（図12）。③のソンセギ堂は八日堂であるが、蛇神ではなく龍王の末息子が祀られている。短いポンプリには、堂神の誕生日である三月八日が祭日となっているが、実際の堂祭は一月、七月、九月に行われている。ソンセギ堂には、海女や船主（漁師）の妻の他に、本土や外国に家族のいる人や息子が兵役中の人も通う。海の向こうにいる家族も、龍王が守ると考えられているためである。⑤のクェネギ堂神は、松堂里の堂神の息子であるクェネギハンジプであるが、妻は龍王国末娘である。この堂は溶岩洞窟になっていて、入口に樹齢四〇〇年ほどの榎の古木がある。一九九〇年に洞窟の中から動物の骨や貝殻で作った鏃などの遺物が発掘されており、現在は入口を鉄柵で塞ぎ入れないようになっている（図13）。この堂で行われていた儀礼は豚祭《トッチェ》といい、豚一頭を供物として捧げ、生業の繁盛を祈願するものである。植民地

11　本郷堂の新年祭（金寧里）

12　ノモリッ堂の堂祭（金寧里）

13　クェネギ堂（金寧里）

	堂名／種類	堂神	職能	祭日（陰暦）
①	クン堂／本郷堂	江南天子国三姉妹次女の客舎前夫人	住民の生没、戸籍の管理	1月13、14日 7月13、14日 9月13、14日
②	ノモリッ堂／七日堂	江南天子国龍女夫人	子供の生育、皮膚病、疾患	1月17日 7月17日 9月17日
③	ソンセギ堂／八日堂	東海龍王末男	海上安全、生業の繁盛	1月18日 （3月8日） 7月18日 9月18日
④	西門ハルバン堂	尹氏ハルバン（弥勒石）	祈子、得男	択日
⑤	クェネギ堂（廃堂）	クェネギハンジプ（妻は龍王国末娘）	生業の繁盛	択日

期までは洞窟の入口で行われていたというが、現在は家祭として祈願者の自宅で行われている。金寧里には多くの堂があるが、長大なポンプリが伝承されているのはクェネギ堂だけである。

〈クェネギ堂ポンプリ〉[11]

松堂里堂神の六番目（あるいは七番目）の息子が、親不孝の罪で石函に入れて海に流される。東海龍王国に着いた息子は、龍王の末娘と結婚する。龍王が婿をもてなそうとすると、「我国は小国でも豚も一頭、牛も一頭ずつ食べる」と言い、食べ物の蔵を空にしてしまう。そのため龍王は、娘夫婦を石函に入れて再び海に流してしまう。江南天子国についた息子は武将として活躍し、済州島に戻って来る。

済州島に戻った夫婦は、座定する村を探し歩いて旧左邑金寧里のクェネギ窟に座定する。しかし、いくら待っても村人は気づいてくれず、妻の父である龍王に頼んで金寧里に七日間暴風を吹かせたため、せっかく実った穀物が台無しになってしまった。シンバンに占ってもらいその原因がわかった村人たちは、クェネギ堂神に何を食べたいかと尋ねた。すると、「牛も一頭、豚も一頭食べる」という答えが返って来たが、貧しい村人にとって牛は苦しいので豚を一頭捧げることにした。

クェネギ堂ポンプリの前半部は七日堂ポンプリと、後半部は金寧里に伝わる金寧蛇窟[12]の大蛇退治の物語とよく似ている（図14）。この伝説によると、金寧蛇窟には大蛇が棲んでいて、毎年乙女を生贄として捧げないと、暴風雨を起こし畑を荒らしていたという。中宗一〇年（一五一六年）に判官として済州に赴任した徐憐がそれを知り、大蛇を退治したという英雄譚になっている。なお、徐憐は実在の人物である。クェネギ堂神と大蛇は、それぞれ洞窟に棲み、暴風雨で畑を荒らすという点、生贄を捧げるという点で共通しており、前者は龍王の力を借りて、後者は蛇神の呪力によって暴風雨を起こしている。このような類似性は偶然とは言い難く、二節で検討したように、蛇神信仰が龍王信仰に置き換えられた結果だと考えられる。

14　金寧窟入口

また、クェネギ堂について見ていくと、兎山里との関連性も浮かび上がってくる。秋葉隆は、「此地方の人は、兎山堂の蛇は豚が嫌だが、金寧の蛇は豚が好きだと云って居る」［秋葉一九三二：一〇四］と記している。ここでいう金寧の蛇とは、豚食の食性[13]から、クェネギ堂神を指していると思われる。また筆者の調査では、他村に嫁いだ金寧里の女性も豚祭《トッチェ》を行っており、信仰が娘憑きで継承されるという点でも、兎山里の八日堂と同じである。実際に、大蛇伝説や豚祭のため、兎山里ほどではないが金寧里の女性との結婚が忌避されることもあるという。金寧里の場合、蛇神信仰を上手く龍王信仰に置き換えたが、兎山里はそれができなかったために、現在でも忌避の対象とされているのではないだろうか。

2　チャムスクッと龍王

『東国輿地勝覧』には、金寧で燃燈（ヨンドゥン）クッが行われていたという記録があり、村の中にはヨンドゥンムルという地名の入り江もある。また、八〇代以上の海女たちは、彼女たちが子供の頃、シンバンの家で二月にヨンドゥンクッが行われていたことを記憶していた[14]。済州島では戦前、迷信打破運動の影響などにより村落祭を行うことが難しくなり、隠れて行っていたという話をよく耳にするが、金寧里のヨンドゥンクッの場合も規模を縮小しながら消滅したものと思われる。しかし、三月のチャムスクッは現在でも盛大に行われている。金寧里の海女にとって、龍王は絶対的な存在であり、ヨンドゥンクッよりも重要な祭りと考えられたため残ったのであろう。それでは、金寧里のチャムスクッは、他の村と何が違うのだろうか。筆者が観察した二〇〇五年三月八日のチャムスクッは、金寧里に住む徐順実シンバンの司祭で行われた。主な祭順は、以下の通りである。

〈祭順〉[15]

①初監祭（図15）　②チュムルコンヨン（神々に供物を勧めもてなす）　③龍王セギョンポンプリ　④ヨワンマジ〈プンブサレム（神意伝達）、チルチム（道ならし）〉　⑤海女の代表者のチドゥリム（龍王への献食）　⑥シドゥリム、シジョム（図16）　⑦ソウジェッソリ（神遊ばせの歌と踊り）　⑧エンマギ（龍王差使ポンプリ）　⑨ソナンプリ（船王祭）、ペバンソン（船送り）　⑩トジン（送神）

祭順を見ると、やはり他の村のヨンドゥンクッとそれほど変わりはない。しかし、チャムスクッに先立って早朝に簡単な龍王祭とチドゥリムが個別に行われること、龍王《ヨワン》セギョンポンプリが歌われること、シドゥリムで粟の種を海ではなく丘に蒔くことが、金寧里チャムスクッの特徴である。龍王に直接関わる祭順は、③〜⑧である。この中から、龍王観に関連するものとして、③の龍王セギョンポンプリと、④のヨワンマジにおけるプンブサレムについて見ていきたい。

　龍王セギョンポンプリは、龍王差使ポンプリと同様に、龍王という接頭辞が付いているだけで一般神のセギョンポンプリと同じである。セギョンとは、五穀の種と豊穣をもたらす農耕神である。チャムスクッの中で、「この海に、五穀の種を龍王セギョンにもらい受けて、一年一二か月、アワビ、トコブシ、タコ、ナマコ、天草、ヒジキ、巻貝の種がいっぱい豊作になるように……」［安　二〇〇八：二〇二］と歌われており、龍王セギョンのもたらす種によって、海産物が実ると考えられている。これは、後で行われるシドゥリムに繋がっている。シドゥリムは本来ヨンドゥン神の職能であるが、金寧里の場合ヨンドゥン神を招かないため、代わりに龍王セギョンという新たな豊穣神が創り出されたと考えられる。シドゥリムで粟の種を丘の上に蒔く理由は定かでないが、陸上の農耕神であるセギョンに由来していると思われる。このように、セギョン信仰を取り込み、龍王セギョンという新たな眷属を創出することで、金寧里のチャムスクッではシドゥリムやシジョムが行われている。

15　初監祭（金寧里）

16　シドゥリムの前に踊る海女（金寧里）

　チャムスクッにおいて龍王の神意を聞けるのは、ヨワンマジの初監祭で行われるプンブサレムである。シンバンの口を借りて語られる内容は、儀礼を準備してくれたことへの感謝、海女の境遇や労働への憐憫や慰労、海での危険に対する警告、どの場所にどのような海産物が豊富であるかという情報などである。また、海女たちが利害関係の対立で反目しあっている時には、それを諫める言葉を発したりもする［安　二〇〇八：二〇三］。海女たちは、神妙な面持ちで龍王の言葉を聞きながら、時には涙ぐんだり、「ターマガジュプソ（すべて防いでください）」、「コマプスダ（ありがとうございます）」という返事をする。プンブサレムの内容から見えてくる龍王は、海女の心情を誰よりもわかってくれる理解者であり、海の中で遭遇する危険を事前に知らせて海女を守り、豊かな生活の糧を与えてくれる海女の守護神である。

プンブサレムの中で最も重視されているのは、危険への警告であり、チャムスクッが行われる最大の理由もここにあると思われる。それは、「植民地期にチャムスクッが禁止され、そのために海女がたくさん死んだ」［姜昭全　二〇〇五：七五］、あるいは「クッが終わると、海に入っても怖くない」［姜昭全　二〇〇五：五四］という海女の言説にも見てとれる。海女が最も恐れるのは海での事故であり、その恐怖心を振り払って海に飛び込むために、チャムスクッが必要とされるのである。

３　チドゥリム

金寧里のチャムスクッの祭日は、ソンセギ堂神の誕生日と一致する。そのため、チャムスクッをソンセギ堂の堂祭と見る見方もあるが、クッはソンセギ堂ではなく海辺で行われる。また、この祭日について海女たちに尋ねると、三月八日は「龍王の門が開く日」[16]という返事が返って来る。つまり、チャムスクッの祭日は、龍王の門が開き、龍王国と人間世界が繋がる日だと認識されているのであって、堂祭と見るのは難しいと思われる。

他の村では、ヨワンマジで龍王を迎えた後に一斉にチドゥリムを行うが、金寧里では海女ではない人も含めて、三月八日の早朝に海辺で個別に行われる。なぜなら、三月八日は「龍王の門が開く日」であるため、ヨワンマジが終わるまで待つ必要がないからだという。夜が明けてくると、金寧里の主婦たちは海辺に出て来て茣蓙を敷き、

17　陰暦３月８日の早朝、供物を持って海辺に集まる人々（金寧里）

18　龍王祭（金寧里）

19　チドゥリム（金寧里）

供物（飯、米、餅、卵、野菜、果物、酒など）を並べて巫者を待つ（図17）。すると、数人の巫者が現れ、茣蓙を一か所ずつ周りながら一〇分ほどの簡単な龍王祭を行う（図18）。巫者の祈願が終わると、主婦たちは供物を少しずつ分けて白紙に包み、拳より一回り大きい「紙《チ》」をいくつも作る。そして、家族の姓と年齢をつぶやきながら一つずつ海に投げ入れるチドゥリムを行う（図19）。

チドゥリム（チアレムともいう）とは、「チを捧げること《ドゥリム》」という意味である。龍王祭やヨンドゥンクッ、チャムスクッなど、龍王に関連する儀礼の最後に、祈願者本人によって必ず行われる。チの数は家庭によって異なるが、通常は龍王のためのヨワンチ、家族の人数分のモムチ、海で亡くなった親族のためのヨンホンチ（ヨンゲチともいう）を作り、人によっては船王のためのソナンチ、亀差使のためのチャサチ、二月であればヨンドゥンチが加わる。以下は、チドゥリムについて金寧里で行ったインタビューの抜粋である（年齢はインタビュー時のもの）。

〈金寧里／男性、六七歳〉

チを海に投げるのは、漁業の安全、陸地（本土）にいる家族、孫が海で事故に合わないように。陸地にいる家族は船で行ったり来たりするから。（チは）家族の人数か、七個、九個、一一個とか。門前祭（正月の安宅祭）の後は、家族の人数分。龍王ハルモニ（婆様）、龍王ハラボジ（爺様）に家族を安らかにしてくださいって。

〈金寧里／元海女、巫者、八〇歳〉

龍王祭のチは、家族の人数分。海で死んだ親戚の分も。チャムス（海女）が海で汚い物（鬼神や死体など）を見ないように、悪いことが起きないように。チは海に沈んだほうがいい。チは龍王のところに行く。海で死んだ人も龍王のところに行く。

〈金寧里／徐順実シンバン、五一歳〉

ヨワンチ四個とプオングンサジャチ（チャサチ）入れて五個、その家でソナンを祀っていたらソナンの分も。それとヨワンで眠るヨンホン（霊魂）の分。後は家族の人数分。基本的にヨワンチ、サジャチ、ソナンチ、（その家に祖先神として祀る）高氏ハルマンやクァンチョンハルマンがいれば、その分も。自分の家族が五人なら五個包んで九個になる。そういうやり方。個数が重要じゃない。ヨワンチ一個、チャサチ一個、そういう風に。ヨンホンが二人なら二個、三人なら三個。（ヨンホンの範囲は）門中の……自分の気持ちによって。直系家族、祭祀名節を一緒に食べる人。それと遠い親戚でも自分の考え次第。一つあげたいと思ったらあげる。チが水に浮かぶのは良くない現象。包む時に気をつけないと。白紙を何重にもしないと、シラモン（布）だと（浮く）。海に投げた瞬間、水とすぐに接触して沈まないといけないのに、布は一枚か二枚かで違ってくる。そういうのもあるけど、あとはチェス（運勢）で沈まないのもある。沈まなかったらまたヨワン（海）に行かないといけない。また準備し直して、次の月にでも。祈願する時に、「誰々のチを入れます」と言いながら投げる。それからヨワンチが浮かんだのか、ソナンチが浮かんだのか、チョサン（祖先）のチか、モムチか、それを判断しないといけない。

20　海にチを投げる海女（古城里）

以上のように、チドゥリムは、家族一人一人の健康や安全を祈願して行われ、海に投げ入れたらすぐに沈むのが良いとされている。それはチがすぐに「龍王のところに行く」ためで、もし誰かのモムチが上手く沈まないと、その人の運勢が良くないとされ、日を改めてチドゥリムをやり直すという。つまり、チの浮き沈みは龍王の神意と関係していると考えられている。供物を紙に包んで丸くするのは、海に投げ入れた時にバラバラにならないためであり、それはチが龍王国まで確実に届くようにするためである。

水死した祖先のためのヨンホンチを作る範囲は、人によって異なっている。徐順実シンバンが述べたように、自分であげたいと思えば、遠い親戚であってもチを作るという。中には、海で亡くなったわけではなく、火葬して遺灰を海に撒いた親族のヨンホンチを作るという人もいた。また、城山邑古城里

21　砂浜にチを埋める海女（古城里）

のように海で亡くなった親族のヨンホンチは海に投げ（図20）、陸上で不幸な死を遂げた親族のヨンホンチは砂浜に埋めるという村もある（図21）。

海村の人々は、海で亡くなった親族を「ヨワンに眠る祖先」と呼ぶ。ここでいうヨワン（龍王）とは、海そのものであり、龍王国を指している。そこでは、水死した祖先の霊魂が龍王やその眷属に守られ安らかに眠っていると考えられている。チを海に投げ入れる理由は、「家族を安らかに」してもらうためで、海で亡くなった祖先は、チを捧げることで子孫を守ってくれる守護神となる。

五　おわりに――外来の神から土着の神へ

これまで見てきたように済州島の龍王信仰は、ハルマン信仰や蛇神信仰と結合することで、堂信仰において重層的に受容されていた。外来の神である龍王は、その娘を済州島の山神と結婚させることで、土着化に成功したといえる。その代表的な例が七日堂信仰であり、龍王の娘は治病や子供の成育を司るハルマン神として全島的に祀られている。一方、蛇神との混同には、龍王信仰による蛇神信仰のカモフラージュという痕跡が見られた。蛇神信仰で知られる高山里や金寧里、兎山里は、済州島の中でも特に歴史の古い村だという共通点がある。このことから、耽羅時代の部族社会的な集落におけるトーテムとしての蛇神崇拝が、本土の支配による内地化や儒教化の過程で排斥され、龍王信仰と結合したのではないかという仮説が立てられるが、その考証については今後の課題としたい。

新陽里で行われていたヨンオルリムや金寧里の龍王セギョンの事例からは、ヨンドゥン神を招かないチャムスクッにおいて龍王の職能が最大限に発揮され、海女にとって龍王が絶対的な信仰対象であることがわかった。そこで表象された龍王の職能は、海女の安全、豊漁祈願、豊凶占いといった、海女漁に関するすべてであった。それは如意珠をくわえた龍王の顕現や、龍王が直接語りかけるプンブサレムによって確認され、必要であれば新たな眷属を創り出してその職能が補完されるなど、柔軟な変化が見られた。

一方、チルチムやチドゥリムという儀礼には、龍王が亀差使を配下に置く「海の中の十王」であり、龍王国は水死者の霊魂の眠る場所であるという龍王観、龍王国観が反映されていた。竹田旦は、日本や中国に比べると、朝鮮半島の龍宮観にはユートピア観に加えて、恐ろしい「死の国」という両義性が顕著であると指摘している［竹田 二〇一四：二三二］。確かに、龍王国は水死者の霊魂が眠る場所であり、済州島でも水死者の霊魂を引き上げるための撫魂クッが行われる。しかし、チャムスクッにおける龍王は水死者を捕えて放さない恐ろしい神というより、海女の理解者であった。また、チドゥリムでヨンホンチを捧げる水死者の霊魂は、怨霊化した水中孤魂というより、海女やその家族を守ってくれる祖先神に近い存在だといえる。このように、本土における海底の「死の国」という龍王国観は、済州島においては弱まっていると考えられる。なぜなら、龍王国は海女にとって日々の労働の場であり、真心を込めてチャムスクッを行うことで、龍王国は恐ろしい死の国ではなく、危険から身を守り豊穣を与えてくれる守護神のいる場所に転化されるからである。

以上のように、堂信仰における龍王も、チャムスクッにおける龍王も、様々な信仰と結合しながら、済州島の人々の生活に深く結びついた神であることがわかった。済州島の龍王信仰は、新たな眷属や職能を内に取り込むことで、本土とは異なる龍王観、龍王国観を形成していた。その結果、外来の神であった龍王は、子供や海女、その家族を守り、豊穣をもたらしてくれる土着の神となっている。

注

（1）済州島では龍王をヨワンと発音する。儀礼の中では他に、五龍王、四海龍王、東海青龍王、西海白龍王、南海赤龍王、北海黒龍王、中央黄神龍王、龍王皇帝国、八大龍王、須弥山の龍王など、本土と同様に陰陽五行の方位観念や仏教の影響を受けた名称で呼ばれている。

（2）七日堂には西帰浦市猊来洞本郷堂を発祥とする系統もあり、それは済州島西南部に広まっている。

（3）ポンプリは、口承者によって細部が異なっている。ここでは玄［一九七八］を中心に要約し、龍王国で手に入れた呪宝の部分は秦［一九九一］を、最後の治病神としての職能の由来の部分は張［一九七四b］を参照した。

（4）鳥越憲三郎は、娘が倭寇に襲われた出来事を、一六世紀に実際にあった事件が基になっていると指摘している［鳥越一九九二］。このことから、八日堂ポンプリは朝鮮時代中期に成立したものと推測される。

（5）中山間部落である旧左邑松堂里や城山邑水山里では、現在もヨンドゥンクッが行われているが、そこでは龍王のための儀礼は行われない。

（6）下摹里と和順里では数年に一度、日を選んで行っている。健入洞のチルモリ堂ヨンドゥンクッは、一九八〇年に重要無形文化財七一号に指定されている。

（7）済州市外都洞の梁昌宝シンバン（一九三四〜、八〇歳）へのインタビューによる。同氏は、一九八〇年代に慶尚南道蔚山方魚津に住む済州島出身の海女たちに呼ばれてチャムスクッを行った際にも、海女たちに依頼されてヨンオルリムをしたという。

（8）女性がスカートを広げて神を迎え入れるというモチーフは、蛇神を祖先神として祀るポンプリにもよく登場する。

（9）浜辺に亀が現れると、龍王国末娘であるとして、海女たちは供物を供えて丁重に海に返す［ミン　二〇一一］。

（10）現地調査と北済州郡［一九九八］、済州大学校耽羅文化研究所［一九八九］参照。

（11）前半は玄［一九七八］を参照し、後半の災いの部分は秦［一九九一］と済州大学校耽羅文化研究所［一九八九］を参照し要約した。

（12）現在は金寧窟と呼ばれている。朝鮮時代の地図には、龍生窟とも記載されている。

（13）金寧里に近い月汀里でも豚祭が行われるが、この村の堂神は蛇神である。また、同じ旧左邑の細花里でも豚祭が行われるが、堂神ポンプリには龍王国が登場する。

（14）高齢の海女によると、クッの終わりに大人たちが藁で作った船をかついでシンバンの家から出て来て、それを海に流すペバンソン（船送り）が行われていたという。

（15）筆者の観察と、姜昭全［二〇〇五］を参照した。

（16）　旧左邑細花里の堂ポンプリでも、三月八日が「龍王の門が開く日」だとされる。また、三月八日は兎山里の八日堂の祭日［秋葉　一九三二、秦　一九九一］でもあった（現在は六月八日と一一月八日）。

文献一覧

日本語
秋葉　隆
　一九三二　「済州島における蛇鬼の信仰」『青丘学叢』第七号、青丘学会。
金良淑
　二〇〇四　「済州島出身在日一世女性による巫俗信仰の実践」『韓国朝鮮の文化と社会』第四号、韓国・朝鮮文化研究会。
玄容駿（朴健市訳）
　一九七八　『済州島の民話――三多島の神話と伝説』大日本絵画。
玄容駿
　一九八五　『済州島巫俗の研究』第一書房。
済州島研究会
　二〇一〇　『済州島研究』第二号。
高橋公明
　一九八七　「中世東アジア海域における海民と交流――済州島を中心として」『名古屋大学文学部研究論集』史学三三号、名古屋大学文学部。
竹田　旦
　二〇一四　『東アジアの比較民俗論考――龍宮・家族・村落をめぐって』第一書房。
張籌根
　一九七四ａ　『韓国の民間信仰――済州島の巫俗と巫歌（論考篇）』金花舎。
　一九七四ｂ　『韓国の民間信仰――済州島の巫俗と巫歌（資料篇）』金花舎。
鳥越憲三郎
　一九九二　『古代朝鮮と倭族――神話解読と現地踏査』中公新書。

野村伸一
　二〇一二　『東シナ海文化圏――東の〈地中海〉の民俗世界』講談社選書メチエ。
村井章介
　一九九三　『中世倭人伝』岩波書店。
依田千百子
　一九八四　「朝鮮の龍と蛇の信仰」アジア民族造形文化研究所『アジアの龍蛇――造形と象徴』雄山閣。

韓国語（カナダラ順）
姜昭全
　二〇〇五　『済州島チャムスクッ研究』済州大学校大学院修士論文。
姜晶植
　二〇〇六　「韓国済州島の海洋信仰」『島嶼文化』二七集、木浦大学校島嶼文化研究院。
高昌錫
　二〇〇七　『耽羅国時代史――先史時代から朝鮮初までの済州島史』西帰浦文化院。
文武秉
　二〇〇八　『済州島本郷堂信仰とポンプリ』民俗苑。
ミン・ユンスク
　二〇一一　「共存の信念としての済州チャムスたちの俗信――西帰浦市城山邑古城・新陽里と温坪里を中心に」『実践民俗学研究』一八号、実践民俗学会。
朴修養
　一九八六　『金寧里郷土誌』。
北済州郡
　一九九八　『北済州郡の文化遺跡（Ⅱ）』済州大学校博物館。
安美貞
　二〇〇八　『済州チャムスの海畑』済州大学校出版部。
済州大学校耽羅文化研究所

　一九八九　『済州島部落誌（Ⅰ）』。
済州特別自治道
　二〇一三　『主要行政総覧』。
秦聖麒
　一九六六　『済州島巫俗論考――南国の巫俗』済州民俗研究所。
　一九九一　『済州島巫歌ポンプリ辞典』民俗苑。
玄容駿・李符永
　一九八五　『済州島撫魂クッ』悦話堂。
玄容駿
　一九九二　『巫俗神話と文献神話』集文堂。
　二〇〇二　『済州島巫俗とその周辺』集文堂。
　二〇〇七　『済州島巫俗資料辞典　改定版』刻。
洪泰漢
　二〇〇二　「韓国民俗と龍」ソ・ヨンデ他『龍、その神話と文化』民俗苑。

第九章　東方地中海への／からのマリア信仰
――九州北部の事例にみるグローカルな展開

藤野陽平

はじめに

東方地中海の文化的連続性を考察するうえで、日本では九州北部、特に長崎という場所を取り上げないわけにはいかないだろう。長らく日本社会にとって外来文明の玄関口となってきたこの地域は、土着の民俗的実践と、外来の実践が混淆する独自の文化を構築してきた。さらにこの地域の風景を特徴付けるのは、キリシタン、近代化以降のキリスト教、大航海時代以来の西洋の影響等があげられるが、そうした近代以前にもたらされた文化の影響の他に、原爆という記憶に裏打ちされた平和主義や、近年進められる世界遺産化等の現代的な文化までもが入り乱れている点も見逃すことはできない。こうした点で他の東方地中海の代表的な都市に比べて独特であり、一方でこの地域の海洋文化のもつ特徴が強いという点で欠くことのできない地域である。そこで本章ではこの地域の独自性を最も反映するキリスト教に由来する文化としてマリア信仰を、東方地中海地域の民俗宗教との連続性に位置づけて考察する。一方で、東方地中海に位置づけられる文化的特徴だけではなく、それと同時に立ちあらわれる現代的展開も見逃すことはできない。この両面性をグローカリゼーション（グローバリゼーション〈グロー

1　旧唐人屋敷の天后堂

2　天后堂内の媽祖像

バル化globalization〉がローカリゼーション〈ローカル化Localization〉とともに進行し、しかも相互に影響を及ぼしながら進展する現象ないし過程［Robertson 1992］として、現代の東方地中海文化を理解する事例として考察する。

一　東方地中海の女神信仰と長崎のマリア信仰

マリア信仰を東方地中海の民俗宗教と連続的に考察する際に参照されるべきは、この地域の女神信仰であろう。厳密にいえばキリスト教にとって神とは父と子と聖霊の三位一体である神であり、マリアは神ではない。しかし、実際の信仰実践の場面での聖母マリアは他の女神と似通った存在であるとともに、男性性をもって理解される厳格な父なる神よりも、カトリックやキリシタンの場では親しみやすい母性の象徴として広く崇敬を集めている。長崎という多層的な記憶が積み重なっている場の中で女神たちはどういった風景を形成し、その中にマリア信仰はどのように位置づけられるのだろうか。

媽祖を長崎の華人にとって代表的な女神と位置づけることに異論はないだろう。万能神でありながら、特に海上の安全を司るこの女神は、東方地中海の文化を象徴する存在といえる。ここ長崎にも唐寺《とうでら》と呼ばれる華人が創建した寺院などのように媽祖を祀る寺院も多い。例えば旧唐人屋敷の天后堂（写真1、2）、福建会館（写真3、4）、黄檗宗の崇福寺等の唐寺、平戸の鄭成功記念館などには媽祖

3　旧唐人屋敷の福建会館

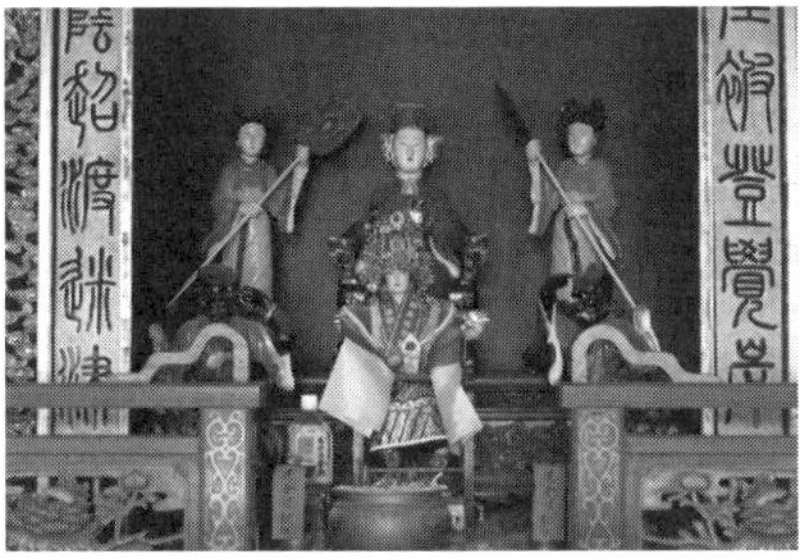

4　福建会館内の媽祖像

が祀られている。

こうした長崎の媽祖信仰についての記述を見ると一つの特徴が浮かび上がってくる。それは媽祖を観音と近しいものとして理解しているという点である。例えば長崎市内の興福寺（元和六〔一六二〇〕年創建）の媽祖像の説明書きには以下のようにある。

> 命がけの航海をした時代、唐船には必ず海上守護神「媽祖」が祀られ、（中略）長崎の人びとは「媽祖」のことを船菩薩《ふねぼさつ》と呼んだ。媽祖は媽姐とも書き、菩薩（ぼさ）、娘娘菩薩、天妃、天后聖母などと呼ばれて尊敬をうけた。

媽祖は天上聖母ともよばれるが、その他にも多くの名前があり、天妃、天后などはよく使われる呼称であるのだが、それ以外にも長崎の人は媽祖を「船菩薩」、「菩薩」、「娘娘菩薩」とも呼んでいたという。また、媽祖に関する儀礼についても以下のようにみられる。

> 唐船が入港し荷役が終わると船中に祀る海上の守護神「媽祖像」を船から揚げて唐寺に預けることを「菩薩揚げ」、再び船に戻すことを「菩薩乗せ」と呼んだ。

５　神ノ島教会のマリア像　写真左下の岬の上に航海の安全を見守るように建てられている

野村も「海を移動する人達にとって観音は身近な存在で海の観音信仰は中国の南北朝時代（四三九―五八九）にはみられる」［野村　二〇一二：五〇］と指摘しているように、ここでいう菩薩は菩薩全般ではなく、観音菩薩のイメージであると思われる。特に注意すべきは「ボサ」というその読み方である。長崎の方言で一般の菩薩のことを「ボサ」ということはない。あきらかに中国語の発音（púsà）や閩南語の発音（phou1 - sat4）に近い音であり、長崎の一般人は媽祖を中国の菩薩、つまり中国の観音としてとらえていたと言っていいだろう。このことを裏付ける事例として平戸にある鄭成功居宅跡の観音堂に媽祖が祀られていることも挙げられる[1]。いずれにせよ、華人が運び込んだ媽祖を見た長崎の人々は観音と近いものとして受容したということが見て取れる。

長崎の隠れキリシタン達の間でマリア観音が信仰対象とされてきたことは広く知られている。長崎県内の博物館などでは実際に隠れキリシタンが信仰対象としてきたマリア観音を見ることもできる。本来マリアを祀りたかったところを、キリシタン禁制下にあり、外見は観音に見えるような造形をとることで、取り締まりから逃れていたというのが、一般的な理解であろう。しかし、それではこうしたカトリックと仏教の混淆状態は宗教の自由が制限されている危機的状況の中でのみ発生するのだろうか。そうともいえない事例としてカトリックの神ノ島教会のマリア像を紹介したい（写真５）。長崎港の入り口を臨んで建つこの教会は一八七六年に設立され、長崎では大浦天主堂についで古い歴史のある教会であるが、教会から数百メートルの海沿いに四メートル六〇センチのマリア像を建てている。見晴らしの良いところに白い大きな像を作るという造形から見ても各地の大観音、大媽祖とかなり近似しているのだが、碑文には「昭和二四年聖フランシスコザビエル渡来四百周年を記念し、世界

7　大浦天主堂の売店で販売されている聖母子像

6　大浦天主堂の売店で販売されている聖母子像

平和と航海安全を祈ってこの地に建てられた」とあり、やはり、海上安全という観音や媽祖のもつ権能を彷彿とさせる。さらにこのマリア像は地元で「マリア観音」と呼ばれているそうである。もちろん教会の側からみれば、決して観音ではなくマリア像以外の何物でもないのだろうが、教会の信者以外にとってみれば航海の安全を見守る観音様のようなマリア様ということになるのだろう。

次に、（写真6、7）をご覧いただきたい。これは大浦天主堂の売店で販売されていたものである。いずれも和風の形式がとられており、これを教会やキリスト教以外の文脈で見た際に一目でマリアであると言い当てることは容易ではなく、観音であると説明された方が納得できなくもない。確かにマリア自体はユダヤ人であり、現在受容されている白人の姿をとったマリアイメージ自体、後世に構築されたもので、そうしたユダヤ人以外のマリア像が許されているならば、日本風のマリアがあっても問題ないのだろう。実際に世界各地の民族表象と習合したマリア像は広くみられる。いずれにせよ、こうした日本風マリア像から親しみやすい母なる神を求める感情が強く見いだされる。

さらにこうした連続する女神信仰から宗教性を取り除いたモニュメントも存在する。例えば（写真8）である。これは長崎市内の爆心地公園に設置

8　爆心地公園の被爆 50 周年記念事業碑

9　篠栗霊場の水子観音

10　大村獄門の聖母子像

されている被爆五〇周年記念事業碑（母子像）である。美術史に暗いので細かいことはわからないが、宗教性を捨象しつつも不必要な死／不条理な死をむかえた子供とそれを慰める母というモチーフであり、いわゆるピエタの一種に位置づけていいだろう。この像以外にも長崎の平和公園内にも母と子というモチーフを取ったモニュメントは多数存在する。そして、こうした死者とそれを慰める母というモチーフは宗教的な像にも多い。例えば水子観音（写真9　福岡県笹栗霊場にて撮影）や、大村市内で隠れキリシタンが処刑された大村獄門に立つ聖母子像（写真10）はいい例だろう。宗教性があろうとなかろうと、長崎という場所が持つ、水子、キリシタン弾圧、原爆といった重層的な不必要な死に対する記憶と慈愛の母の慰めという供養の構図を見出すことができる。

このように見てくると長崎における女神信仰は中華系の媽祖、カトリックのマリア、そしてその両者の基礎となる観音という構造が見いだせる。ただし、長崎におけるマリア、観音、媽祖への信仰が同じものといいたいのではない。カトリックの信者にとってみれば、マリアはマリアで観音や媽祖とは別のものであり、それは仏教徒、華人にとっても同じであろう。しかし、東方地中海地域における基層的な女神への信仰という文脈で見れば、これらは非常に近いところに位置づけられるのであり、慈愛に満ちた母なる神を渇望する感情がカトリックやキリシタンにはマリアという形を取り、華人では媽祖という形を取り、それ以外の多くの人にとっては観音という形を（そして、宗教という文脈から外れれば、子供を抱きかかえる母という形を）とっているということであろう。

二　篠栗霊場とマリア信仰

前節ではマリア信仰と東方地中海の女神信仰との連続性を図像学的な観点から考察したが、実際の宗教実践の場面ではどうなのだろうか。本節で考察するのは福岡県の篠栗霊場におけるマリア信仰と民間信仰の連続性である。篠栗霊場は一八三五年、慈尼が本四国八十八か所巡拝の帰路に篠栗に立ち寄り発願し、藤木藤助が八十八体の本尊石仏を刻み村内各地に安置したことにはじまる。一八九九年に和歌山県高野山南蔵院を篠栗に迎え入れ正式に霊場として成立し、香川の小豆島、愛知の知多とともに「日本三大新四国」に数えられ、年間百万人が巡拝しているという［井上　一九九三］。

1　庄崎さんのライフヒストリー

この篠栗霊場の第二十八番札所は大日寺（写真11）というのだが、その住職が庄崎良清さんである。彼女とマリアとの関係を紹介することで本節の問いを考察する。庄崎良清さんは本名清子、篠栗新四国霊場二十八番札所大日寺住職で、おみくじと呼ばれる神仏や霊のお告げを伝える。彼女については［庄崎　二〇〇七］に詳しくまとめられているので、同書から彼女のライフヒストリーを紹介する。

彼女は一九三〇年生、福岡県三井郡大刀洗町の隠れキリシタンの伝統をひく地に生まれ、カトリック信者（洗

11　大日寺（笹栗霊場第二十八番札所）

礼名マリア）だった。祖母と母が熱心なカトリック信者だったので、幼少のころからミサに熱心に参加していた。当時から亡くなった人がぞろぞろでてくる夢や、小人たち（今にして思えば七福神であったと彼女は認識している）が踊っている夢を見たりするいわゆる霊感の強い少女だった。五〇歳目前までカトリック信者であるという自覚があり、夫もカトリックに改宗させ、二人の娘にも幼児洗礼を受けさせた。家にはマリア像を祀り、そのマリア像から「ルルドに帰りたい」という声がよく聞こえていたという。父方祖父は釈迦や不動明王を祀り、お告げをだし、加持祈祷をし、四国遍路をし、久留米市の水天宮に鳥居を寄付するような人で、周囲に宗教的な人物も少なくなかった［庄崎　二〇〇七：三一―三九］。

霊的な体験を持つカトリック信徒であった庄崎さんであるが、次女の出産時に帝王切開で危篤になる。この時に「この子をおいては死ねない。なにもいりません。この子が一人前になるまで、命だけは助けてください」と必死に祈ったという（この時祈ったのはカトリックの神様）。次女は難産と分かっていて子供は諦めるようにといわれていたのだが、堕胎を禁じるカトリックの信仰のためそれはできなかったそうだ。

そのような約束をしたことを忘れていた一九七九年秋の早朝、この日は次女の就職が内定した翌日であったのだが、「約束どおり命はもらおう」との声が聞こえ、空いっぱいに賽の河原が見え、一か所に光が差し込んでいたという。続いて、「命を助けてやるから衆生済度せよ。衆生済度するには、日本は真言密教、三密加持でせよ。高祖弘法大師の弟子になれ」とも聞こえ、以来、神仏の世界に引き込まれていく［庄崎　二〇〇七：三〇―三二］。

この後、カトリックから離れ、仏教徒として真言宗系の行を始める。まずは百日であったという。この時に「ナウマクサンマンダバザラダンセンダンマカロシヤダソハタヤウンタラカンマン」という不動明王の真言を教えてもらい、調子がカトリックの「天にましますが我らの神よ」に似ていると感じたという。不動明王に「つれられて各地（福岡を中心に、山口、佐賀、長崎）の神社仏閣、行場をめぐり修行していたが、篠栗の養老の滝で初の滝業を行う」。厳寒の時期なので、ためらっていると「マリア様もついているから入れ！」という声が聞こえたというエピソードもある。修行を進めるうちに霊能力が備わりはじめ、福岡県西区の飯盛神社で薬師如来によって眼力が開けたという［庄崎　二〇〇七：四六―四八］。

その後、衆生を救う仕事をはじめる。井戸の水が「万病の薬になる」という声が聞こえ、胃腸の悪い人に飲ませ、重体の人の身体を真言や念仏を唱えて癒すなどを行った。おみくじというお告げも利用する。当初は意識がなくなっていたが、今では意識を保ったままおみくじができるそうである［庄崎　二〇〇七：四九―五二］。篠栗霊場、一番札所南蔵院で得度せよとの声をきき、得度し、以後良清を名乗っている［庄崎　二〇〇七：五五―六〇］。

三年三月の修行が終わるころ、自宅の板の間で仮眠中にショウズカ［葬頭河、三途の川］の婆さんに迎えられる。大日如来は修行中目の前でニコニコ笑い、くるくる回っていた。そして、その迎えたショウズカの婆さんが大日寺の閻魔像の前に座っていたことから、当時住職が不在で荒れていた大日寺の住職となった［庄崎　二〇〇七：七一―七六］。このように当初はカトリック信者でありながら、次女の救済という経験を通じて仏教に帰依、いわゆるおがみやさんのようになるが、一方でマリアと関連する「おみくじ」も聞こえるような連続性を維持していたことが見て取れる。

「神様の言い付け」から三〇年ほど経った二〇〇四年三月、南蔵院がサグラダ・ファミリアで法要を営むことになり、庄崎さんもこれに参加し、そのついでにバルセロナ、ローマ、バチカン、ルルドといったカトリックの聖地を訪問した。すでに長い間「おみくじ」の仕事をしてきたので、願ほどきがしたかったのだという。この旅の途中でも「おみくじ」は出たといい、バルセロナのサグラダ・ファミリアでは「マリア様とひざに抱かれた幼な子様」を拝むと「よく修行し、がんばっている」、「お前が供養しているみほとけは、すべて極楽浄土の門が開かれている」、「万物の霊を楽園へ送った」という「おみくじ」が出たといい、神父の歓迎の話をきき「宗教はみんな一緒」と感じたという。

バチカンのサンピエトロ大聖堂では、聖堂正面に向かい祈りをささげていると「万物の供養をお前はできる」、「供養しているものは全部、極楽浄土の門が開かれる」、「おみくじで極楽浄土に導かれる」、「日本では衆生済度は真言密教で行え。お前は（その役目を）よく果たした」、「三〇年たったから来られるようになったんじゃろうね」というマリアからのおみくじがでるのだが、願ほどきを許可するおみくじはでない。サン・パオロ・フォリ・レ・ムーラ聖堂でも「貪欲と傲慢を捨てよ」と出るが、やはり願ほどきは許されない。

ルルドを訪問した際も「（お前は）神に従った。これからも手伝ってあげよう。信者さんのために働きなさい」、「奇跡は与えてやる」と出るのみ。ロザリオ大聖堂では三〇年ぶりの聖体拝受を受けたという。庄崎さんの説明によれば、ルルドの泉の水浴場で身を清めて一切の悪を取るということは、滝行と同じだという。そこで、これまでの水を使ったおみくじ（例えば「使う水、飲む水、薬草となって届く」「お前のところの水は薬師如来の薬となって届く」「（お前の）手からとった水はルルドの水のようになる」など）はルルドのマリア様の指示だったと気が付いた。このようにカトリックの聖地を訪問し、そこでカトリック的「おみくじ」が出るのだが、結局願ほどきはできなかった。「貪欲と傲慢を捨てよ」は全てを捨てて今後もおみくじを続けよという意味だと理解されている。

２　大日寺でのキリスト教信仰

こうした庄崎さんが運営しているのが、笹栗霊場二八番札所の大日寺である。やはりかなり独特な運営がなされており、状況に合わせてキリスト教的実践も取り入れている。たとえば台所にはマリア像とイエスの像が祀ら

12　大日寺内のマリアとイエスの像

13　子授けの御利益のある聖母子像　福の神などと同じ場所におかれている

れている（写真12）。これは仏教寺院にマリア像があるのは都合が悪いために、信徒以外には目につきにくい裏方で祀っているのかということではなく、マリアは水の神でバラによって象徴されるために、炊事場に祀っているという風に積極的に意味づけされており、確かに炊事場にあるために大日寺を訪れる人の多くはこのマリア像の存在を知らないが、庄崎さん以外にも親しい信者はお参りしているという。庄崎さんが言うにはルルドに行き、泉の水を持って帰ろうとしたときにマリアのおみくじが出て、どこの水でもマリアの水であると思えば同じで、わざわざ持っていくことはないというという。それで大日寺境内の淡島さまの水を必要とする人にあげたところ癒されたということがあったという。実際にどこの水であるというよりも、その水に効果があると信じる心が大切なのであるということであった。

　その他に「おみくじ」の順番をまつクライアント達が談笑する部屋にも聖母子像が置かれていた（写真13）。これは庄崎さんがヨーロッパに行った際に買い求めたもので、購入当初はあまり人目につかない奥においていたのだが、何かのテレビ番組でこの像が子授けの神だと知り、クライアントに子授けを求める人も多いからだしてきたのだという。実際にこのマリア様にお参りして子供を授かったクライアントもいるそうで、庄崎さんの説明では「水子観音と同じ」で、「宗教は何でも一緒だと思っている。マリア様は観音様のようなものだ。ルルドに行った時もろうそくの捧げ方が一緒だと思った。衆生済度するには、日本は真言密教、三密加持でせよといわれてこの道に入ったが、『日本では』といわれている。他の場所では違う方法だったのだろう」という。

このように、東方地中海の中でも特に、九州の北部の文化的土壌が生み出した庄崎さんの宗教実践を振り返ってみたが、これまでの事例だけでは庄崎さんという宗教的達人による実践というだけで、彼女一人がそういった実践を行うのみで、広くこの地方にこうした信仰があるとは言えないかもしれない。そこで、彼女の下に集まるフォロアー達に、仏教寺院にマリアに代表されるキリスト教的宗教実践が取り入れられていることについて、どのように考えているか聞いてみた。例えばスタッフとして庄崎さんをサポートしている男性は「ここに集う人たちは仏教を信じているというよりも先生（庄崎さんのこと――筆者注）を慕ってきているという感じで、仏教やキリスト教などのどの宗教だということは、さほど大切ではないようだ。みな、先生が宗教はどれも一緒だからマリア様を祀るというのだから、受け入れている」という。筆者が参与観察を行って感じた印象でも、和気藹々とした庄崎さんとフォロアー達の談笑からは、マリア信仰を仏教の寺院に持ち込むことについて、違和感は無いように感じられた。

以上九州北部の笹栗霊場の一札所で仏教にキリスト教的実践が取り入れられている事例を紹介した。一点付け加えておきたいのは、ここではキリスト教的礼拝や聖礼典などの儀礼が行われているわけではないということである。信仰としてのキリスト教というよりも、マリアやイエスといったアイコンとしてのキリスト教だけが受容されている状況であり、シンクレティズムというより仏教的世界観にキリスト教的アイコンが取り入れられているという理解が現実に即している。

こうした九州北部にローカル化されたマリア信仰は東方地中海の女神信仰［野村編　二〇〇四、二〇一二］に位置付けることもできる。野村伸一の報告と比較してみると観音信仰を中心に類似した信仰が各地に存在している。

例として、韓国では堂婆さん（タンハルモニ）、チェジュの海女たちにとってのハルマンとしての龍王《ヨワン》、また朝鮮本土に広がるバリ公主（バリコンジュ）［野村　二〇一二：一五八］、全羅北道扶安郡の水聖堂婆さん（スソンダンハルモニ）［野村　二〇一二：一五六、二〇七―二〇八］があげられ、中国では媽祖、臨水夫人などもいずれも観音の化身と語られる［野村　二〇一二：二〇八、二三六］。これは沖縄のノロやユタのように女性を中心としたシャーマニズムを基盤とした信仰体系とも連続性がみとめられ、本事例のマリア信仰も同系統のものと位置付けられるだろう。

三　被爆マリア信仰の展開――ローカルなマリアのグローバル展開

前節まで、九州北部における東方地中海文化の女神信仰とマリア信仰の連続性を紹介してきた。しかし、単にローカルな文脈にマリア信仰が習合していくだけではなく、むしろ長崎独自の記憶を喚起させるマリア信仰がグローバルな文脈に影響することもありえる。ここで紹介したいのは「被爆マリア」とよばれる浦上天主堂のマリア像である（写真14）。被爆マリアは文字通り一九四五年八月九日の原爆で被爆したマリア像のことである。もともと被爆前の浦上天主堂の祭壇に安置されていた無原罪の聖母像であった(2)が、被爆により肩より上の部分だけが焼けただれた状態で残っているものである。

14　被爆マリア像

1　浦上天主堂と被爆マリア像簡史(3)

そもそも長崎市内の浦上という土地は戦国時代からキリシタンの地であり、開国間もない一八六八年には浦上村民総流配といわれ、キリシタン信仰が明るみに出たため、信徒三四一四人が名古屋以西の二一藩に流罪になるようなこともあった[4]。この土地に一八八〇年旧庄屋屋敷を仮天主堂とし、一八九五年に天主堂建築着工、一九一四年に天主堂完成、当時東洋一の規模の天主堂であった。一九四五年八月九日、被爆し、約一万二千の信徒のうち、約八五〇〇人が原爆で死亡[5]、天主堂内にいた神父二人と信徒二八人も亡くなった。

一九四五年一〇月に北海道の野口嘉右ェ門神父が、跡形もなくなっていた天主堂の跡地を訪問した際に、首から上だけのマリア像を発見した。これが被爆マリア像である。この時の様子を回想した手紙が川添猛の『ふろしき賛歌』という本に掲載されている。これによれば、神父は浦上生まれで元々浦上天主堂に縁があり、一二、三歳の頃、修道院へ入会するとき、被爆前のマリア像の前にひざまずいて別れの祈りをしたという。昭和一八年から召集を受け長崎へ、終戦後の昭和二〇年一〇月に除隊となり実家に復員する。その後北海道に戻る前に何か大聖堂から遺物か記念品がないかと探していたところ、一面がれきだらけで何も見つけられず、しかたなく「私はこれから再び北海道へ戻ります。何か一片でも尊い遺物でもと思い探し廻りました。しかし、十字架も御身のあの美しい御像の姿も、全く見当たりません。他にどんな物でも結構ですからお恵みください」と再度の別れの祈りをした直後、この焼け焦げた首から上のマリア像を見つけたという。喜び自宅へ持ち帰り、母に見せたところ母も感激したとのことで「アラ・マァ、あんたこげん尊かもんば、どがんして見つけたとねー。マリア様の大きなみ恵みばよー。修道院に持って行って、きばってお祈りせんばよー」と言われたという［川添　一九九四：一一七―一二三］。その後、野口神父はこのマリア像を北海道のトラピスト修道院に持ち帰り、そこで三〇年間保存していた。

破壊された天主堂も、一九五九年に現天主堂落成、一九六二年にはカテドラル（大司教座聖堂）に指定され、一九八一年にはローマ教皇（当時）ヨハネ・パウロ二世が訪問するなどし、現在は長崎のみならず、日本を代表するカトリックの大聖堂となっており、平和公園などからもほど近いために、観光地としても多くの人が訪れている。

2　被爆マリアへの着目

北海道で保管されていた被爆マリアがどうなったかというと、被爆三〇周年の一九七五年、長崎純心大学教授であった片岡弥吉に被爆マリア像が託され、長崎に返還され、浦上天主堂の原爆資料室に保管され、一九九〇年より浦上教会信徒会館の玄関ロビーで展示されていた。二〇〇〇年代に入ってからこの被爆マリアが取り上げられることが多くなってくる。例えば二〇〇〇年六月にはベラルーシの神父が浦上天主堂のミサに参加した（『西日本新聞』長崎南版　二〇〇六年八月一〇日）が、これはベラルーシもチェルノブイリ原発事故の影響を受けているという共通点から行われたことである。そして世界遺産化を目指す長崎では、このころより被爆マリアも含めようという運動がみられ、二〇〇二年一月には「被爆マリアに捧げる賛歌という曲も作られるなど、盛り上がりをみせる。長崎への原爆投下から六〇年の二〇〇五年八月九日から、天主堂南側の小聖堂に安置され実物が公開されるようになった。二〇〇五年一一月二〇日にはルクセンブルクから合唱団が訪れ、世界平和祈念コンサートが行われ、二〇〇六年には小説家の田口ランディさんが『被爆のマリア』（文芸春秋）を出版、二〇〇六年の八月九日にはベラルーシの神父も参加し、ミサを行った。このように二〇〇〇年以降、平和主義や世界遺産化などと絡んで、宗教活動以外にも小説、音楽、観光などと連動する形で被爆マリアが様々な文脈で利用される資源となっていった。

こうして近年盛り上がりをみせている被爆マリアであるが、それがグローバルな文脈に取り込まれていくことを示すメルクマークとして被爆から六五年の二〇一〇年四月から五月に行われた欧米への平和巡礼とその後の動きをあげるべきだろう(6)。一行の最初の訪問地はバチカンであった。被爆マリアは一九八五年にもバチカンを訪問したことがあり、それ以来二度目となる。四月二一日にはバチカンのサンピエトロ広場でローマ教皇ベネディクト一六世に謁見し、祝福を受けている。第二の訪問地はスペインで、モンセラート大修道院（四月二二日）、バルセロナのサグラダ・ファミリア教会（四月二三日）、ハビエル城（四月二四日）を経たのち、スペイン内戦でドイツ軍から史上初となる無差別攻撃を受けたバスク地方のゲルニカに至る。ミサを行ったのは一九三七年の空爆の日にあたる四月二六日であった。その後、ブルゴス大聖堂（四月二七日）、サント・ドミンゴ・デ・シロス修道院聖堂（四月二八日）を経て、四月三〇日高見大司教と被爆マリアはニューヨーク入りする。

二〇一〇年五月一日にはニューヨークのワールド・ファイナンシャル・センターで被爆マリアが公開され、二日セント・パトリック大聖堂で展示、記念のミサが行われ一〇〇〇人以上の人々が参列した。三日には国連の核不拡散条約再検討（ＮＰＴ）会議で、潘基文国連事務総長とニューヨークの国連本部で会談し「核兵器は必要ない」というメッセージを伝える。四日には国連本部のアグネス像に献花し、その傍らに被爆マリアを置き、核兵器のない世界のための祈りを捧げた。このアグネス像は被爆した浦上天主堂から発見され、一九八三年原爆のすさまじさを示す「平和の使者」として国連本部に寄贈されていた（『長崎新聞』二〇一〇年五月七日付）。同日、高須国連大使と面会、フランシスカン・インターナショナル主催研修会でスピーチ、ウエスタン・コネチカット大学の学生と対話、五日にはドゥアルテ国連軍縮代表に面会などの行程をこなし、帰国した。

この平和巡礼の後日談として、二〇一〇年の原爆の日を前にした八月五日に先に被爆マリアと会談した潘基文《バンギムン》国連事務総長が長崎を訪問し、被爆マリア小聖堂で記者会見を行った。潘基文国連事務総長は半年ぶりに被爆マリアに再会し「核兵器の廃絶に向けた思いを強くした。すべての国に一刻も早く核廃絶に賛同していただけるよう努力したい」と述べた(7)（『西日本新聞』二〇一〇年八月六日付ほか）。

このように被爆という長崎独特の記憶と結びついたローカルなマリアへの信仰や実践が、「普遍的」というアイデンティティを持つカトリックというチャンネルを通じて、グローバルに展開したことがわかるだろう。グローカル化という用語が一般化して久しいが、今日の東方地中海の女神信仰も現代化の影響から逃れ続けることはできない。ミクロとマクロの間を行き来する複雑でダイナミックな民俗宗教の姿は今後より深く突き詰めるべきテーマであろう。

3　八月九日の長崎と被爆マリア

長崎という土地にとって原爆の日八月九日は一種独特な空気に包まれる一日である。全国にテレビ中継される長崎原爆犠牲者慰霊平和祈念式典や、前日の八月八日の夜に爆心地公園で長崎県宗教者懇話会によって超宗教で行われる原爆殉難者慰霊祭（写真15）をはじめ、大小の多くの関連したイベントが行われる。また、著者が調査した二〇一一年は東日本大震災と福島第一原子力発電所の事故から間もなくであったこともあり、反原発、反核

15　原爆殉難者慰霊祭

16　反原発デモ行進

17　浦上天主堂内のミサ

18　８月９日長崎原爆の日の夜に行われるたいまつ行列　被爆マリアを載せた聖座と呼ばれるみこしを先頭に信徒らがたいまつをもって行進する

19　たいまつ行列

兵器といった文脈で特に注目を浴びた年であった。そのため、原発に対し反対する立場のデモ行進（写真16）も多く見かけた。

爆心地すぐ近くの浦上天主堂でも早朝から夜にかけて複数の行事が行われる。二〇一一年の調査時には早朝六時からと原爆投下一一時二分からミサ（写真17）が行われた。原爆の被害を受けた二つの都市の態度を示す「怒りのヒロシマ、祈りのナガサキ」というフレーズにも表されるように、八月九日の浦上天主堂で行われるこれらの祈りの場は当日の長崎をイメージさせる代表的な風景となっており、当日の夕刊や翌日の新聞の紙面を賑わす。そのため早朝から多くのメディアが押しかけている。

午後六時三〇分からは、たいまつ行列（写真18、19）が行われ、その行列に被爆マリアを載せたみこし（聖座とよばれる）も参加する。このたいまつ行列自体は昭和二〇年代から世界平和を願うために行われてきた。一九九二年の一時中断を経て、二〇〇五年被爆六〇周年を記念して復活し、二〇〇七年より被爆マリアもたいまつ行列に参加するようになった[8]。

当日は夕刻より平和公園にカトリックの長崎教区の信徒らの他、外国人も多く集まり、原爆という長崎のローカルな記憶に結びついているが、一方でグローバルな風景でもある。ルートは平和公園を出発し、永井隆記念館を右折、浦上天主堂までという五〇〇メートルほどの簡単なもの（地図1）である。聖座に載せられた被爆マリアに続いて、厳粛なムードの中、信徒

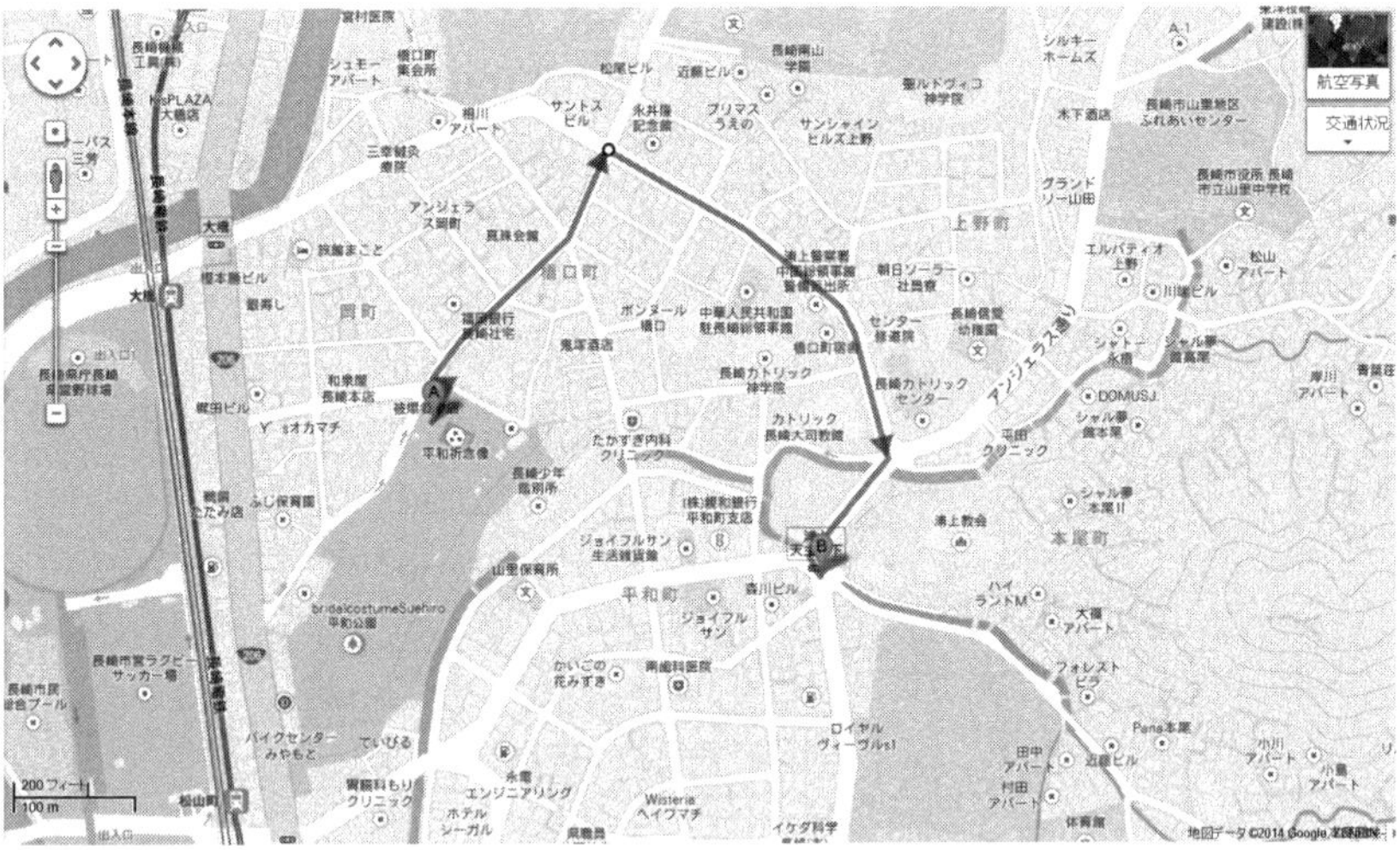

地図1　たいまつ行列

らが手に松明をもち、アヴェ・マリアの祈り[9]を唱えながら行進する。中には韓国からの巡礼団も参加しており、彼らは韓国語で口ずさむ。長崎化したマリアが多言語の祈りの集団を引き連れて祈りの場を形成する。まさに現代の東方地中海の風景にふさわしい空間が出現する。参加している人数は数えきれなかったが、数千人といったところだろうか、天主堂にたどり着いた行列はそのまま会堂に入り、夜のミサが始まる。この日の三回のミサのうち最も人出が多く、長崎の祈りの場にとって欠くことのできない一時であることを肌身を通して感じることができた。

このように長崎という土地に文脈化したマリア信仰が、平和主義、反核運動、世界遺産化という文脈にのって注目を浴び、カトリックというチャンネルを通じてグローバルな展開をみせている。八月六日の広島原爆の日、一五日の終戦記念日の中間、八月九日という日は、お盆とも同じ時期であり、このころ行われる死者救済儀礼との連続性は強い。この時期のこの土地の死者救済の儀礼とのより広い全体的な理解は今後の課題となるだろう。野村伸一は生命・育成・死後の魂を司る女神の姿を指摘しているが［野村 二〇一二：一五八］、人を普度（普く救済）する観音とマリアや、長崎の灯籠流しと被爆マリアのたいまつ行列という異常死者に対する宗教を越えた共通の態度を通じてみえてくるものも少なくない。

普遍的とされるカトリックというチャンネルを使ったグローバルな宣教により長崎の宗教実践に取り込まれローカル化したマリア信仰が、再び長崎の記憶と結びつきグローバルに展開する。さらに、そのグローバルなマリア信仰すらも現地の文脈に取り入れている。繰り返されるローカルとグローバルのうねりの中にこのマリアを介した宗教実践を見るべきだろう。

おわりに――東方地中海化したマリア信仰とグローバルなマリア信仰

外来宗教であったキリスト教に由来するマリア信仰が、観音のような母なる神とみなされることで現地の文脈に取り込まれ、庄崎さんのように積極的にマリア信仰を地元の宗教実践に取り入れてしまうというローカルな動き（文脈化）も見ることができた。一方で、外来の要素であるマリアは単に現地の実践に取り込まれるだけではなく、原爆という長崎の土地に刻み込まれた共同の記憶を伴って、平和運動、反原発運動などと結びつきながら、世界的な展開をするグローバルな動き（脱文脈化）も同じ土地で同時に起きていることが明らかになった。こうした地域性の強い実践と脱地域的な実践が同時に、絶え間なく発生している。こうしたダイナミックな文脈化・脱文脈化・再文脈化の動きは、東方地中海の海洋文化の交流史のなかで繰り返されてきたとみていいだろう。

こうしたケースは何も東方地中海に限ったことではない。マリア信仰をケースに考えてみたい。一九世紀以降、マリアの時代と呼ばれるほどマリア信仰が世界的に盛んになったといわれている［関　一九九三］。こうしたなかフランスのルルドでの「聖母の出現」をきっかけとしてマリア信仰と巡礼が行われるようになった。これは一種

20　本河内ルルド

のフォーク・カトリシズムに位置づけることができるが、その後このルルドという特定の場所と結びついた信仰が、広く伝播し各地に「ルルド」がつくられていく。ルルド自体は地名なので、「どこそこのルルド」とは一風変わった名づけであるのだが、長崎にも複数の「ルルド」がつくられてきた。例えば、「本河内《ほんごうち》ルルド」、「小峰のルルド」、平戸にある「聖フランシスコ・ザビエル記念教会のルルド」などで、五島列島には多くの「ルルド」がつくられている。特に「本河内ルルド」（写真20）は後にアウシュビッツで身代わりとして処刑され、カトリックの聖人となるコルベ神父が長崎での活動中につくったものであるために、ルルドの実践とともに長崎の記憶とも習合している。そして、ルルドと長崎のルルドをつなぐものはマリア信仰である。カトリックという世界宗教がもつ普遍的なものを志向するベクトルと、各地の記憶がもつローカルなベクトルとがダイナミックに織りあわされている。

　このように民俗社会にグローバルな宗教の影響があるのと同時に、そうした普遍宗教の側にも民俗社会のローカルな影響があらわれる。相互に影響を与えながら新たな実践を生みだしていくことが人の移動が活発に行われる地域の特徴の一つということができるのだろう。

謝辞　本稿の調査・執筆にあたってフォトジャーナリストの藤田庄市さんから、庄崎さんをご紹介いただいた上に、筆者が思いもよらない有用なコメントもいただきました。ありがとうございます。また、韓国の光州市に位置する国立全南大学校の日本文化研究センターで行われた第六回日本研究フォーラムでは本稿の内容を講演する機会を与えられ、当日の議論が本稿に反映されています。お招きいただいた金容儀教授ほか金ゼミの皆さんにも感謝申し上げます。

注

（1）平戸は鄭成功の母の出身地で、本人も平戸で生まれている。

（2）このマリア像がもともとどこから来たものであるのかについてイタリアかスペインかという議論があったのだが、二〇一〇年になって当時の駐日スペイン大使から寄贈されたものであると判明し、一九一四〜二一年の間に彫られたとみられている［日本カトリック司教協議会　二〇一〇］。

（3）以下の情報は［日本カトリック司教協議会　二〇一〇、城　二〇一二］によるところが大きいが、（公益財団法人）国際宗教研究所、宗教情報リサーチセンターの宗教記事データベースを利用して収集したものも含まれる。本データベースは国内で出版された新聞雑誌の宗教関係の記事を検索することができ、この二〇年来の国内外の宗教情報を俯瞰する際に有用である。

（4）一八七三年のキリシタン弾圧停止で戻されている。

（5）一九五〇年七月までに死亡した被爆者は長崎全体で七万四九〇九人であり、浦上天主堂の信徒八五〇〇人というのはかなりの人数を占めていることがわかるだろう。

（6）この巡礼に同行した高見三明長崎大司教はカクレキリシタンの家系で、本人も胎内被ばく者である。

（7）国連のこうした動向は国際的な核兵器禁止を目指すオバマ米大統領の方針を反映している。

（8）マリア像を載せる聖座の製作者は西村勇夫という被爆者のカトリック信者である。（『毎日新聞』夕刊　二〇〇七年八月九日付、『長崎新聞』　二〇〇七年八月四日付、『毎日新聞』北九州版　二〇〇七年八月三日付ほか）

（9）「アヴェ、マリア、恵みに満ちた方、主はあなたとともにおられます。あなたは女のうちで祝福され、ご胎内の御子イエスも祝福されています。神の母聖マリア、わたしたち罪びとのために、今も、死を迎える時も、お祈りください。アーメン」という祈り（二〇一一年の訳）。カトリック中央協議会ホームページより（http://www.cbcj.catholic.jp/jpn/doc/cbcj/110617_2.htm）。

参考文献

井上　優
　一九九三（二〇〇三）『篠栗八十八ヶ所霊場めぐり』西日本新聞社。
上杉富之
　二〇〇九「「グローカル研究」の構築に向けて――共振するグローバリゼーションとローカリゼーションの再対象化」『日本常民文化紀要』二七。
岡本亮輔
　二〇一二『聖地と祈りの宗教社会学――巡礼ツーリズムが生み出す共同性』春風社。
川添　猛
　一九九四『ふろしき賛歌』聖母の騎士社。
城　麗子編
　二〇一一『被爆マリアの証言』アドスリー。
庄崎良清著、藤田庄市写真・聞き書き
　二〇〇七『おみくじ　神仏の器となりて』増補新版（一九九三年初版はかど創房より出版）。
関　一敏
　一九九三『聖母の出現：近代フォーク・カトリシズム考』日本エディタースクール出版部。
　一九九七「キリスト教世界の祈りと呪い」『民族学研究』六二（三）。
田中ランディ
　二〇〇六『被爆のマリア』文藝春秋。
日本カトリック中央協議会出版部
　二〇一〇「被爆マリア像ニューヨークへ　高見三明長崎大司教訪米の記録」カトリック中央協議会出版部編『日本カトリック司教協議会イヤーブック二〇一一』カトリック中央協議会。
野村伸一
　二〇〇九『東シナ海祭祀芸能史論序説』風響社。
野村伸一編著
　二〇一二『東シナ海文化圏　東の〈地中海〉の民俗世界』講談社選書メチエ。

二〇〇四『東アジアの女神信仰と女性生活』慶応義塾大学出版会。
二〇〇七『東アジアの祭祀伝承と女性救済 目連救母と芸能の諸相』風響社。
長谷部八朗
一九八〇「『土着化』概念とその課題」『宗教学論集』一〇。
前川啓治
二〇〇四『グローカリゼーションの人類学――国際文化・開発・移民』新曜社。
森岡清美
一九七〇『日本の近代社会とキリスト教』評論社。
一九七二「『外来宗教の土着化』をめぐる概念的整理」『史潮』一〇九。
Robertson, Roland
一九九二（一九九七）Globalization：Social Theory and Global Culture, Sage.（R・ロバートソン著、阿倍美哉訳『グローバリゼーション――地球文化の社会理論』東京大学出版会）。

第一〇章　接続するローカリティ／トランスナショナリティ
――「在日コリアン寺院」の信者の語りを中心として

宮下良子

はじめに

現在の在日コリアン社会における民俗信仰、あるいは仏教を中心とする各寺院の間にはネットワーク化が見られる［宮下　二〇一二a、二〇一二b、二〇一二c］。主に関西の大都市圏近郊の生駒山中の「山の寺」と大阪市内の「街の寺」を結ぶこの現象は、従来の在日コリアン社会には見られなかったものである。つまり、これまでの諸宗教は、在日社会全体の文化的・社会的統合という機能はもたず、宗教者同士の横のつながりが希薄であったからであり、民俗信仰や仏教も例外ではない。

上記の「山の寺」とは、生駒山地の西側の山頂へとつながる谷筋に位置する辻子谷、額田谷、鳴川谷、服部川地区、高安山直下の黒谷と、東側の奈良の宝山寺周辺の寺を指し、「街の寺」とは主に生野区を中心とする大阪市内に展開されている寺を指す（図1）。また、「山の寺」のほとんどは、生駒山中腹以下の山側の谷筋または谷口に立地するという特徴を有しており、戦後の宅地化の波が生駒山地のふもとまで押し寄せ、一九八〇年代以降には中腹にまで都市の近代的空間が侵食、拡散しているので、現在、その境界線は極めて接近している。つまり、

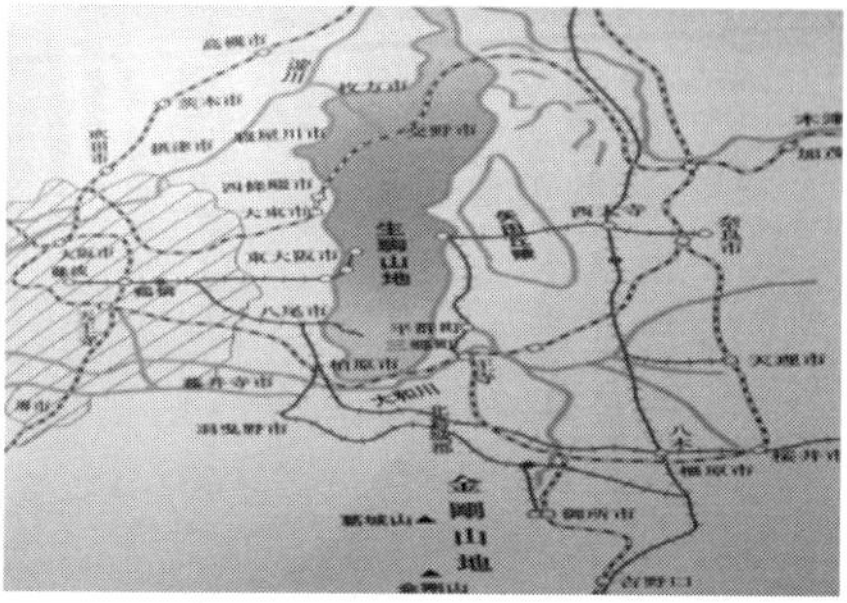

図１　生駒山地（出典：宗教社会学の会〔2012：4〕から引用、筆者加工。

「山の寺」の多くの民俗信仰、あるいは仏教を中心とする各寺院は、そのような都市的、近代的空間に隣接し、同時に「聖地」としての生駒という非都市的、非近代的空間の役割をも担っているのである。

　本稿の先行研究としては、在日コリアン社会における民俗宗教、あるいは仏教を対象とした調査、論考である『生駒の神々』〔宗教社会学の会編　一九八五〕の「朝鮮寺」[1]がある。先述した生駒山中の「山の寺」に位置する地図にも掲載されていない約六〇あまりの寺を発見し、聞き取り調査を行ったものだが、公式に登録もされていない各寺院の位置、沿革、活動状況、建造物や空間的構成、住職の概略の記録を収集したことは、当時の生駒の在日コリアン寺院を概観する上で貴重なデータとなっている。そして、四半世紀を経た生駒山地の全域的な追跡調査として、『聖地再訪　生駒の神々』〔宗教社会学の会編　二〇一二〕がまとめられたが、そこでは先述の在日コリアン寺院が衰退している事実が明らかとなった[2]。その背景には、一九四〇年代後半から七〇年代にかけて在日コリアン寺院を形成した在日一世のスニム（僧侶）やポサル（女性のシャーマン＝女巫）、そして、それを支えた在日一世の女性信者たちの高齢化の問題があり、一九九〇年代のバブル経済崩壊後は、当時ほど巫俗的な儀礼が活発ではなくなっているという現状がある。その傾向は在日コリアン寺院に限らず、生駒全体のさまざまな規模の社寺にも共通している。

　そのような中で、二〇〇九年に先述の生駒山地の追跡調査に参加した筆者は、仏教寺院の僧侶への聞き取りから、冒頭で述べたように、生駒山中の「山の寺」と大阪市内の「街の寺」を結ぶ宗教者同士のネットワークが形成されてきたという事実を知り、それに着目したのである。従来の在日社会における宗教活動は、宗教者と信者のつながりによって支えられており、先述したように、宗教者同士の横のつながりというものは希薄であったからだ。この新たな動きを重視するなかで、筆者は「朝鮮寺」を「在日コリアン寺院」と改称し、在日コリアン寺院の実態を、それを存続させている社会関係的な条件としてのネットワークから導き出した［宮下 二〇一二a、二〇一二b、二〇一二c］。それらの論考の中では、特に在日コリアン寺院を構成する在日本韓民族仏教徒総連合会（以下、韓仏連と略す）と在日本朝鮮仏教徒協会（以下、朝仏協と略す）、そしてこの両者のメンバーの中から結成された「海東会」の活動に焦点を当てた。その理由として、これらに属する寺の住職は現在、ほとんどが世代交代をし、これまでには見られなかった日本社会への関わり方や独自の宗教活動をも活発に展開しているからである。

さらに、拙稿「在日コリアン寺院――ローカリティ／トランスナショナリティの視座から」［二〇一二c］において、在日コリアン寺院に属する宗教者たちの多くはニューカマーであり、日韓を往復するライフスタイルを体現していることから、彼らをとり巻く状況はトランスナショナルな動向の中にあるという点を指摘し、換言すると、生駒あるいは大阪市内に展開されるローカルな民俗宗教や仏教がグローバルな世界状況と接続していると言及した。同時に、一定の地域、地縁範域において形成される人々の社会生活の総体が地域社会であるとする狭義的な見方が主流であるとするならば、トランスナショナルな移動を伴う宗教活動を介した地域的なつながりを構築している在日コリアン寺院の宗教者たちの動向は、地域社会を解釈するうえで再検討の必要性があることを促した。これらの論考の意義は、まず、従来の先行研究とは一線を画し、在日コリアン社会における仏教への注意を喚起し、歴史に埋もれていた仏教系寺院の体系化を図ることを可能にした点である。そして、次に、在日コリアン寺院の宗教者たちが体現しているトランスナショナリティの対概念であるとされてきたローカリティは、ローカルなもののつながりや接続にグローバルな現象が見出されるという今日の傾向から、概念の再構築が必要であり、それらは地域社会をつくる宗教を考える際にどのような意味をもつのかを問題提起したことにある。

一方、現在の在日コリアン寺院を支えている信者たちはどのような人々なのか。本稿ではその点に注目している。先述したように、かつての「朝鮮寺」を支えてきた在日一世女性信者たちは高齢化し、二、三世のアイデンティティは多様化している。また、日本人信者も含まれていることはすでに言及してきた［宮下　二〇〇五、二〇一二b、二〇一二c］。このような状況において、在日コリアン寺院の信者である彼ら／彼女らは日常生活の中でいかにして信仰や宗教に関わるようになったのか、あるいは関わっているのか。また、韓仏連や朝仏協の信者である彼ら／彼女らの社会的ネットワークはどのようなものなのかという見地から、筆者は、二〇〇九年以降継続している在日コリアン寺院の宗教者たちへの調査と同時に、二〇一三年に約二〇名の信者に対して聞き取り調査を実施した。本稿では、信者たちの語るライフ・ヒストリーや生活実践を通して、今日の「在日コリアン寺院」を支える彼ら／彼女らの実態を把握し、改めて宗教者と信者双方の関係性によって形成される在日コリアン寺院の様相を再考することが目的である。つまり、その視点を加えることは本研究をより包括的なものにし、そのことがとりもなおさず、地域社会および地域文化を考察する上で不可欠ではないかと考えるからである。

一　在日コリアン寺院のネットワーク

在日コリアン寺院のネットワークを図２のように図式化した［宮下　二〇一二a、二〇一二b、二〇一二c］。

図２で示した在日コリアン寺院のネットワークを構成する四つのカテゴリーは、すでにこれまでの論考において説明しているが、本稿の記述にあたり、重要な分類となるので改めて確認しておきたい。まず、①韓仏連と朝仏協、そして両者を結ぶ海東会、次に、②①に属さない仏教系寺院、そして、③民俗宗教系寺院、最後に、④そ

の他の貸会場や廃寺、となる。ここでいうネットワークとは、第二次世界大戦後の近代化において合理的で制度化された公式組織のセクターに対して、「その欠陥や矛盾を補完し下支えし、さらに革新しようとする非公式・非組織セクター」［塩原　一九九五：i］として位置づけられる。従来の在日コリアンの諸宗教では、宗教者同士のつながりは希薄であったが、現在の在日コリアン寺院の実態は、まさしく右記のような概念、および機能を持つネットワークを形成している。したがって、先述の文脈からは、図2が示す公式組織の階層構造は在日コリアン寺院のネットワークには当てはまらない。しかし、ピラミッドの階層の上位になるほど民俗宗教との関係性は低くなる。つまり、その関係性の希薄さは特に曹渓宗《ジョゲジョン》（朝鮮の禅系仏教宗派。僧侶は不妻帯）を中心とする仏教系僧侶たちの意識にある下位階層としての巫俗への認識につながっている。このことから、階層構造のピラミッド型の図を用いたのである。ただし、実際には仏教系僧侶が巫俗（ムソク＝シャーマニズム）[3]的宗教者であるポサルたちと協同で巫儀を遂行する者が少なくない。その背景には、韓国における仏教の歴史的変遷がある。

図2　在日コリアン寺院のネットワーク

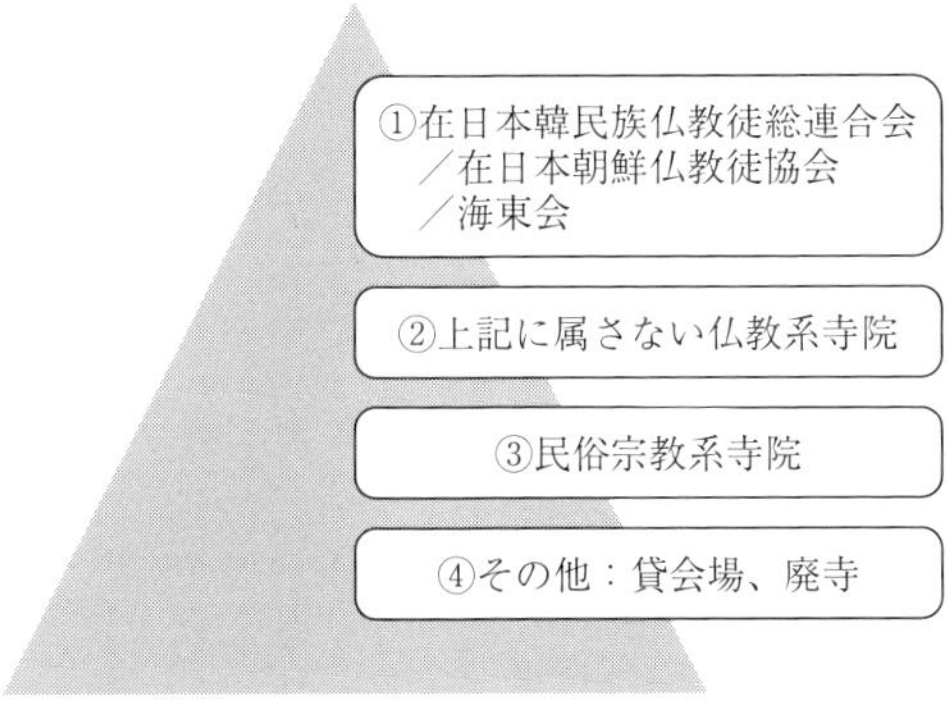

1　韓国仏教の変遷

韓国社会における主な宗教は、伝統的エリート層である両班を基盤とする社会規範を成してきた儒教、本質的な基層文化の脈絡で民俗宗教と見なされてきた巫俗、近代以降に都市部を中心に信者層が増加していったキリスト教、そして、華厳経と禅宗に基礎を置き衆生救済を重んじる大乗仏教に属する仏教がある。その中でも仏教は元来、中国から伝来した外来宗教であるが、朝鮮半島に受容され、特に高麗時代には従来からあった巫俗に対し、ヘゲモニーを確立していった。また、同時代には禅宗の曹渓宗が成立している。しかし、李氏朝鮮時代には崇儒排仏政策によって仏教は弾圧され、支配階級であった両班ではなく被支配階級の民衆に仏教が浸透し、祖先祭祀（チェサ）などの儒教的な儀礼の主体ではない女性の間では、巫俗とともに仏教が信仰生活の中心を占めるようになっていった。巫俗は、セマウル運動（農村の近代化運動）で否定されるが復活し、ムーダン（女巫）が「人間国宝」になるなど、韓国民族の国民文化とされるような動きもあるが［宮下　二〇〇五：五七］、韓国伝統社会の儒教的価値観に属する祖先儀礼に対し、超自然的存在を認め父系の祖先以外の死者祭祀も補完するものとして巫俗がある［秋葉　一九五四：一三七、ジャネリ、任　一九九三：二四四］という言説が主流を成してきた。これは、いわゆる大伝統と小伝統の相互補完とも言い換えられるが、小伝統に当たる巫俗は迷信視され蔑視され下級文化に位置付けられてきた。この秋葉の儒教とシャーマニズムの二重構造論から韓国仏教は、大伝統、小伝統の境界に位置づけられる「隙間」的存在であるという岡田の指摘は興味深い［二〇〇一：五九―六二］。つまり、民族誌における仏教は、韓国文化全体を概観するときには大伝統として扱われ、個別の記述では巫俗との習合を強調されて小伝統として位置づけられる。しかし、それぞれの伝統に焦点を当てた場合にはそのカテゴリーからは除外されてしまう。このことは、仏教が両伝統の境界にあるという認識の上に成立しているということだ［岡田　二〇〇一：六二］。このように仏教が境界性や両義性をもつ背景としては、李氏朝鮮時代の仏教弾圧の中で、僧侶にも理判僧と事判僧と呼ばれる階層が生じたことが挙げられる。前者は山中に隠棲し、参禅、講経、修行などに専念する少数の宗教的エリート層である。彼らによって、仏教の教義、戒律、儀礼が維持された。一方、後者は下位階級に置かれ、教義や儀礼などの専門的知識をもたず寺務に従事した。しかし、この事判僧によって民衆への仏教の布教がなされ、さらには民衆が求める信仰や儀礼に直接対応する過程で、山神信仰や七星信仰などの民俗宗教的要素を取り込むこととなるのである［鎌

田　一九八七、岡田　二〇〇一、二〇〇二〕。

近代に入り、日本の植民地統治期に日本仏教の布教が韓国で開始されたことで、韓国仏教が見直され、地位は上昇する。ただ、日本の僧侶のように妻帯および蓄妾をする僧侶が現れ、曹渓宗の戒律は破られることになる。第二次世界大戦後、日本仏教の支配から韓国仏教の復興に向かう中、妻帯僧の追放と寺院の生活を正す浄化運動が始まる。最終的には、一九七〇年に妻帯僧派が不妻帯僧派の曹渓宗から独立し、分宗として太古宗《テゴジョン》を創立する。そして、李氏朝鮮時代に混入した民俗宗教的要素と結びついた「民俗仏教」を受け継いだのは妻帯僧派の太古宗となるのである〔岡田　二〇〇二：五三二〕。

以上の韓国仏教の変遷が、在日コリアン寺院の仏教系僧侶たちにも受け継がれ、その認識から彼らの巫俗に対する意識には差異があり、特に曹渓宗派僧侶たちの階層意識に内包するヘゲモニーは容易には解消されない。しかし、在日社会においては、太古宗派および他宗派はもとより曹渓宗派の一部の僧侶にも巫俗との協同の宗教活動が見られる。いわゆる移民社会においては本国とは異なる適応を試みなければならなかった結果であると推測する。

次に、図2で示した四つのカテゴリーの沿革を中心にまとめ、それぞれに属する主な寺院を列記するが、これらの歴史的な背景およびその概略については、これまでの拙稿において一定の整理、体系化を図っている。本稿ではさらに、各寺院の新たな動向を付記していく。

2　在日本朝鮮仏教徒協会

在日本朝鮮仏教徒協会の前身である在日本朝鮮仏教徒連盟は、柳宗黙氏、金星海氏などが発起人となり、一九四八年八月一日に結成された。初代会長である柳宗黙氏は慶尚南道の海印寺[4]を経て、一九三七年に渡日した朝鮮の高僧であり、花園大学を卒業し妙心寺で修行をした後、一九四〇年ごろから京都の万寿寺の敷地内で寺を開いていた。そこは、来日した若い曹渓宗の僧侶たちに朝鮮式の儀式や教義を教える場であると同時に、苦学する留学生を擁護する柳氏の態度に精神的経済的支柱を見出した若者が多く集まった場でもあった。後述する国平寺住職である尹碧巌氏の父の尹一山氏、ならびに韓仏連に属する宝巌寺住職である金光徳氏の父の金慧輪氏はともに柳氏のもとで学んでおり、同じく後述する国平寺の信者Ｈさんは当時の留学生の一人である。当時の万寿寺は、禅宗京都五山の一つであったが、本堂もなく鐘撞堂があるだけの廃寺であり、重要文化財の大仏（阿弥陀如来坐像）は国立博物館に所蔵され、寺は東福寺の管理下にあった。万寿寺の向かいに日赤病院があり、その病棟の一部として寺の敷地が使用されていたが、病院の拡充に伴って病棟は病院に戻され、敷地の一部が空いたことで寮として寺を開放し、柳氏は留守番として万寿寺の堂守りとなったのである。日本における韓国仏教の発祥の寺は万寿寺であるといっても過言ではない。その後、柳氏は万寿寺を尹一山氏に任せ、東京の鶯谷にあった東福寺を経て、徳川吉宗によって建立された隠居寺こと霊運院を一九六五年に買い入れる。祖国の統一を願い国平寺と名付けた。そして、現在、無縁仏三〇〇柱を含めた一五〇〇柱（万寿寺では一三〇〇柱）の遺骨を預かっている（写真１）。

一九五五年に朝鮮総連（大日本朝鮮人総連合会）が組織され、在日本朝鮮仏教徒連盟はその傘下団体となり現在に至っている。現行のものに改称されたのは一九八九年九月一日である。その系譜の仏教寺院としては統国寺（大阪・天王寺）（写真２）、大乗寺（神戸）、万寿寺（京都市）、国平寺（東京）、妙巌寺（東京）等があるが、統国寺および大乗寺の初代住職は先述の金星海氏である。また、現在これらの寺の住職はすべて在日コリアン二世であり、全員が民族教育を受けている。そして、ほとんどの寺は次世代への継承の問題が解決されている。なお、現在の六代目の会長は妙巌寺の洪宝月氏であるが、病気療養中のため寺の活動は休止中である。

1　国平寺の本堂（筆者撮影）

2　統国寺のベルリンの壁（筆者撮影）

3　在日本韓民族仏教徒総連合会

韓仏連の前身は一九六三年に創設された「在日韓国仏教会」だが、ほどなく一九六九年に「在日大韓仏教会」となり、一九九一年に現在の韓仏連となる。そして、「在日韓国仏教会」の初代会長は奈良県生駒市本町にある宝徳寺の先代住職の趙南錫氏である。二代目会長となった宝厳寺の先代住職である金慧輪氏は現在の韓仏連の初代および三代目の会長であるが、金氏はそれ以前、朝仏協の総務部長をしていた。しかし、政治色の強いことを理由に脱退し、一九六五年の日韓基本条約締結に伴い、在日の韓国籍のみに協定永住が認められるようになったことで韓国籍を取得することとなる。そのことがきっかけとなり、大阪韓国領事館の文化広報部の勧めで「在日韓国仏教会」に関わったのである。そして、韓仏連の二代目、四代目は一九六八年に「日韓仏教交流使節団」として来日し、普賢寺、高麗寺の管長を兼ねる釈泰然氏である。その後、五代目、六代目は金慧輪氏の子息である宝厳寺住職の金光徳氏が会長となり、現在の七代目会長は後述する弥陀寺住職の成慧光氏である[5]。韓仏連に属している主な仏教寺院は、高麗寺（京都）、普賢寺（大阪・生野区）、天龍寺[6]（神戸）、民衆仏教観音寺[7]（生野区）、宝厳寺（大阪・東成区）（写真3）、弥陀寺（生野区）（写真4）、元暁寺（八

3　宝巌寺（筆者撮影）

4　弥陀寺の本堂（筆者撮影）

尾）、平和山不動院（八尾）、誠願寺（生野区）、一心寺（東成区）、宝塚不動院（宝塚市）、誓願寺[8]（四日市）、慈悲院（生野区）、慈眼寺[9]（丹波市）、松江寺（生野区、尼僧）等が挙げられる。

一九九一年設立当時の曹渓宗を中心とする宗派にこだわる僧侶たちと、それ以外の太古宗などの宗派をも容認しようとする僧侶たちの考え方の違いから、二〇〇三年以降は後者の僧侶たちが韓仏連の中心となって活動している。その中でも、在日コリアン二世の金光徳氏以外の住職はすべてコリアン・ニューカマーである。本調査を開始した二〇〇九年から現在に至り、彼らの中でも特に、一九九〇年前後に来日している僧侶たちの動向に変化が見られる。たとえば、慈眼寺住職のように元の寺を閉じ、新たに別の寺を設立したり、誓願寺住職のように他寺院の住職になった僧侶もいる。これらの後発で来日している韓仏連の僧侶たちは、民家やマンションの一室を寺としている場合が多く、なおかつ信者数が少ないことから、今後もこのような変動は続いていくだろうと思われる。

4　海東会

朝仏協の統国寺住職、崔無碍氏と韓仏連の弥陀寺住職、成慧光氏が発起人となって結成された会が海東会である。一九九四年に発足した会の趣旨は、南北を越えて、民族を越えて、在日、ニューカマーを越えて、一つの和を作ろうというものである。「宗教は本来、和ということに重きを置いているが、異なるものが協力し合うことが和であり、同じものが協力し合うことは同である」と崔氏は言う。つまり、この和の概念は、図2で示した在日コリアン寺院のネットワークを形成する四つのカテゴリーの境界をも超えて、それぞれの特徴を活かしながら共に宗教実践をしていこうとする会の趣旨の根幹を成しているといえよう。中国から見ると朝鮮は海の東に位置しており、中国の僧侶たちが尊敬を込めて新羅の元暁を海東の僧と呼んだということから、会の名称を「海東会」にしたのだそうだが、彼らの多くが尊敬する元暁に由来する名前をつけることで、宗派等にこだわらない会の趣旨を共有しようとする意識があったのだろうと推測する。会の活動としては、月に一度、学習会、法儀研修会、各種懇談会などが統国寺で開かれており、朝仏協、韓仏連双方のメンバーの中から数人が加わっている。朝仏協や韓仏連の目的は布教活動であるが、海東会は親睦団体であるという認識が強いということだ。

5　韓仏連・朝仏協・海東会に属さない韓国系寺院

図2の①に属さない韓国仏教系寺院としては、妙覚寺（東大阪）、陽明寺（八尾）、参尊寺（生野区）等がある。生駒山系にある妙覚寺、陽明寺の住職を兼務している金法満氏は韓国で曹渓宗に入門した後、一九八四年に来日した。現在、妙覚寺は実質的には信者の女性に委ね、修行する場として陽明寺を使用している。後述する民俗宗教系寺院である大心寺は、金氏が所有していたが、康ポサルに間接的に売却した。このように、金氏は生駒山系にいくつかの寺を所有し、その都度、売買を重ねてきた。山の寺の住職として韓仏連、海東会に入っている元暁寺、平和山不動院を兼務している住職の池異山氏と並び、数少ない仏教寺院の僧侶の一人ではあるが、二〇一三年一月までは韓仏連に関わっていなかった。しかし、同年二月から金氏は陽明寺住職として韓仏連に参加している［宮下　二〇一三：四六三］。また、参尊寺の住職である高真晃氏は一九八八年に来日し、ヘップサンダルの職工、

5　参尊寺の護摩炉（筆者撮影）

整体師を経て、一九九三年には金峯山修験本宗で得度している。そして、二〇〇一年に寺院兼仏具店の旧参尊寺を生野区に設立し、その後、同地域に葬儀を行うことができる新参尊寺を建立する。宗教活動を通して高齢者福祉や日韓文化交流を促進するＮＰＯを立ち上げ、某大学院に進学し、社会福祉を専攻した。高氏にとっては、他の仏教寺院との連帯という選択肢はなかったようだ（写真５）。

６　民俗宗教系寺院

生駒山系の在日コリアン寺院の総数は減少し、一九八五年から一九九九年の間には七六か寺から六一か寺となっており、存続していてもほとんど無活動であったり、貸会場となっている寺が一〇か寺以上であるということだが、二〇〇九年八月に行った生駒山系の追跡調査でも、廃寺となった在日コリアン寺院が目立った。しかし、数は減少していても、クライアントの苦悩や病気、商売不振等の解決に対処するクッ[10]（巫儀）への依頼が未だ絶えることがないのは、形式を重んじる既成宗教では対応しきれない部分をクッが補完する役割をもつと考えられる。また、在日の巫儀の性質上、太鼓や鉦の音が近隣の迷惑になることが多く、儀礼の規模によっては多人数や長時間を要するため、街の寺を巫儀の会場とすることは難しい。その点、山の寺は会場としてふさわしく、近年では山と街の寺のそれぞれの立地や施設、あるいは儀礼の機能面を使い分ける宗教者が増えている。

先述したように、民俗宗教系寺院を運営する巫俗的宗教者たちは、巫儀を遂行するにあたり相互に代替性・補完性があるシンバン（済州島の巫）、ポサル、スニムが協同でチームをつくることがある。しかし、「彼らは相対的に独立した存在であり潜在的に競争関係にもあるので、チームの紐帯は流動的で、しばしば反目、離反に替わることもある」［飯田　二〇〇二：一三六］ことから、巫俗的宗教者たちは個人あるいは二、三人のチームをつくって活動する傾向にあるものの、彼らの横のつながりは希薄であるということなのである。

二〇一〇年四月、筆者は貸会場である龍王宮で八〇歳代のVポサルの巫儀を見学したが（後述する信者Uさんによる依頼）、その時も済州道から手伝いのポサルが加わっていた。同じく、龍王宮での巫儀をもっとも頻繁に行っていた大心寺の康ポサルは、仏教寺院の僧侶たちともネットワークがあり、現在も協同で巫儀を活発に展開している。また、在日二世、三世や日本人からも紹介や口コミで巫儀の依頼があり、日本人の場合は不動明王のお経と般若心経では物足りないと言ってくるのだそうだ。これに関しては、韓国のクッは見守る人たちの意向の反映である「演戯的な部分」を構造的に持っているという野村の解釈が相当すると思われる［野村　一九八七：一九七］。そして、康ポサルの巫儀の言語は朝鮮語だが、カミが降りてきたら日本語で説明するという柔軟性は注目に値する。

6　龍王宮における儀礼（筆者撮影）

上記の文脈から、民俗宗教系寺院として、修法寺（八尾）、清谷寺（東大阪）、大心寺（八尾）、清光寺（東大阪）、霊岩寺（東大阪）等がそれに該当するといえる。

7　その他

貸会場……龍王宮(11)（都島区）（写真6）。その他、信院寺（八尾市）、神徳院（八尾市）等。

活動停止または廃寺……白雲寺（東大阪）、栄光寺（東大阪）、天主寺（東大阪）。その他、宝光寺（東大阪）、七面の滝（東大阪）等。

二　在日コリアン寺院の信者の語り

本研究に関連するこれまでの拙稿においては、在日コリアン寺院のネットワークを構成している仏教系寺院および民俗宗教系寺院に属する宗教者に焦点を当て、そのトランスナショナルな動態について論考してきた。その背景として、特に、韓国仏教に端を発する在日コリアンの仏教が韓国あるいは日本において周知のものではないことや、南北や宗派や民族や在日、ニューカマーを超えたその宗教活動の実践は看過すべきではなく、そのためにはまず、在日コリアンの仏教の体系化を優先すべきだと考えたからである。ところで、本稿では、宗教者のみならず、在日コリアン寺院に関わる信者の語り[12]を加えることで、在日コリアン寺院あるいはそれを取り巻く在日コリアン社会の状況をより深く立体的に記述することを目的とする。なお、宗教者についての詳細は「在日コリアン寺院の新たなアクション――その先へ」［宮下　二〇一二b］を参照されたい。

１　在日本朝鮮仏教徒協会に属する寺院の信者たち

１　大乗寺（神戸市長田区）：禅宗（写真７）

Ａさん：一九四九年生まれの在日コリアン二世の女性。両親は慶尚北道出身で一〇歳くらいのときに渡日。父は大正五年生まれ。Ａさんは、三人きょうだいの真ん中で京都市右京区に生まれる。その後、父親の出稼ぎに同行し、青森、山形、鳥取、九州と転々とするが、大阪市東淀川区で高校を卒業する。親の勧めもあり中学校の途中から民族学校へ転校するが[13]、小学校時代に日本の学校でいじめられた経験がきっかけになったという。二六歳で三歳上の在日の総連系の仕事（在日の生活相談）をする男性と結婚し、東京都江戸川区、板橋区へと転居する。

大乗寺の住職は僧侶になる前に東京の総連系の機関に在籍しており、その当時、Aさんは住職に会っている。二八歳のとき神戸市長田区に転居し、Aさん自身も同胞の世話をするようになり、先代住職[14]のころから葬儀などで大乗寺に来る機会が増えた。Aさんは信者という感覚はないが、いろんな悩みを抱えているときに「手を合わせれば」気持ちが落ち着くようになっていったそうだ。そして、花祭りや冬至などの行事のときの住職の説教や法話などを通して、寺との関わりが深まったという。

Bさん：一九五六年生まれの在日コリアン二世の女性。両親は済州道出身。父は大正一一年生まれで五歳のとき、母は一六歳のときに渡日する。父は阪大を卒業後、総連組織の教育を受け民族学校の教員になる。母は父より一歳上で釜山から下関、大阪へと移動し、工場で働いた。Bさんは五人きょうだいの末っ子で兵庫県尼崎市に生まれ、園田朝鮮初級学校[15]に入学するが、当時は分校だったので小学校三年までは教員の半分が日本人であり、授業も朝鮮語と日本語の両方だったという。大乗寺との直接的な関わりはBさんの五歳上の夫が亡くなり、葬儀をあげてもらってからである。子どものころから父親にチェサの意味や済州道の作法を教わっていたこともあり、その精神を子どもたちに伝えていかなければと思っている。その意味でもお寺に対しての親近感があるという。

Cさん：一九三六年生まれの在日コリアン二世の女性。両親は済州道出身。母は大正三年生まれで、一五歳のときに渡日する。父は母よりも一歳上。Cさんは七人きょうだいの長女で大阪に生まれる。三歳から東京に住み、二二歳で総連系の仕事をしていた在日コリアン男性と結婚する。Cさん自身は朝鮮学校の草分けの世代で、朝鮮人学校閉鎖令が出てからは勉強も出来ず、学校を守る

7　大乗寺の本堂（筆者撮影）

ためビラを撒いたりしていたという。四二歳ぐらいに神戸へ転居し、総連の手伝いをする中で、民族の寺ということで大乗寺に関わるようになってから三〇年になる。十代の頃、国平寺の初代住職の柳宗黙氏にかわいがってもらったという思い出がある。当時は葬儀などがあると周りの在日は皆、柳住職に依頼し、国平寺に出入りしていたという。Ｃさんもひと月に一度は柳住職のお経を聞いていたらしい。

Ｄさん：一九五五年生まれの在日コリアン二世の女性。父は一九二九年生まれで済州道出身。母は三歳下の慶尚北道出身で、朝鮮学校の教師であった父と結婚する。北九州の若松でＤさんは三人きょうだいの長女として生まれ、父が神戸朝鮮高校に赴任することになり、長田に引っ越す。その頃から大乗寺の話は父から聞かされていたが、実際に寺に来るようになったのは、一二、三年前だということだ。夫も在日で、日本の学校を出て会社員をしているが、舅が亡くなったときは暗黙の了解のように大乗寺で葬儀をしたという。それは、朝鮮の寺で朝鮮語のお経をあげることが供養になるのではないかという気持ちからだったそうだ。Ｄさんは、現在、寺に来て礼をして、お線香をあげると心が落ち着くという。また、総連商工会が二〇〇五年に立ち上げたデイサービスＮＰＯ法人イオ神戸で働いている。

Ｅさん：一九五六年生まれの在日コリアン三世の女性。先祖の故郷は慶尚南道だが、父は一九三二年、母は一九三六年に長田で生まれ育つ。Ｅさんは四人きょうだいの長女。夫は在日で家業だった不動産業を営んでいる。大乗寺で父方の祖父の葬儀をするなど、幼いころから寺とはつながりが深い。また、在日社会にはネットワークがあり、人物が特定しやすく安心感があるが、たとえば、韓国の仏教系大学出身の立派なスニムが来ても、地域に定着するかどうかが分からないので安心感がないという。そして、若いときは姑に仕え、子どもを育てるのに精一杯で「手を合わせる」余裕はなかったが、今は住職の言う感謝する気持ちというのが分かるようになってきたという。寺に親族の遺骨を預けてはいないが、「信心に近い親睦の気持ち」があるという。住職の妻がポジャギ（小さな布切れを繋いだ布＝韓国のパッチワーク）制作を指導しており、月一回習いに来ている。

2 国平寺（東京都東村山市）：禅宗

Fさん：一九三六年生まれの在日コリアン二世の女性。父は一九一〇年生まれで全羅南道、そして、母は一九一五年生まれで済州道出身。父は徴用を回避するために済州道から日本へ入国。母は一四歳で大阪に渡日し、紡績工場で働く。その後父と結婚するが、各地を転々とし、父は長田区でゴム関係の仕事をする。Fさんは一人っ子で東京芸大の声楽科に入学後、後に夫となる六歳上の朝鮮青年同盟委員長の男性の影響もあり、朝鮮語の歌を民族のために歌いたいと在日朝鮮中央芸術団に入る（一九七四年に金剛歌劇団と改称）。父が長男のため法事が多く、小さい頃から生活の中で「手を合わせる」ことに違和感はなかったという。Fさんが子どものころ、大病になり医師に診てもらっても原因が分からず、桜ノ宮の龍王宮で拝んでもらったら治ったのだそうだ。母も時々身体をきれいに清め、髪をきれいにして庭に水と米とロウソクを置き、拝んでいたという。Fさんの子どもの世話をしてもらうため、家族は上京し、その後、父が亡くなった時は国平寺で葬儀をした。歌劇団の幹部として国平寺にはよく出入りをしていたので、柳宗黙氏にはかわいがってもらったという。現住職が六歳のときからのつきあいであり、東村山市に引っ越ししてから四〇年になる。京都の万寿寺ともつきあいがあったが、後に歌劇団の宿舎として万寿寺に出入りしていたという。

Gさん：一九四〇年に北京で生まれ、一九四六年に日本に引き揚げた元高校教師の日本人女性。父は一九〇六年生まれで、東亜同文書院（一九〇一年に中国、上海で設立された日本人のための高等教育機関）卒業後、満鉄の調査部に入社。その後、中国研究所を一九四六年に設立する。Gさんは在日コリアンの研究者の夫が生前翻訳した韓国人医師「許浚（ほじゅん）」の小説を、夫の死後に出版社を設立し出版する。二〇一三年、『東医宝鑑』四〇〇年記念に開催された「山清世界伝統医薬エキスポ」準備組織委員でもある。国平寺との出合いは、二〇〇一年の夫の死後、小平霊園近くの近所の人から国平寺を紹介され、墓の相談をしたことがきっかけだという。そのとき住職に「いつでも話をしにきていいよ」と言われたことが忘れられないそうだ。そして住職たちと「共和国」（朝鮮民主主義人民共和国）へ行ってみると、日本のマスコミの情報と実際に現地で受けた印象は異なるという。祖母が仏教徒だったので韓国仏教と日本仏教のつながりには興味があるが、宗教心というよりも相談事や「共和国」を含めた正しい知識を住職から学ぶために国平寺へ通っているという。また、寺の行事にはすべて参加しているそうだ。

Ｈさん：一九二三年生まれの在日コリアン一世の男性。全羅北道の出身で、一九四三年に興安丸で渡日。旧制金沢第一高等学校（旧制四高）を卒業後、一九四五年四月に京都帝大経済学部に入学。当時は一年間の学費が一二〇円だったということだ。終戦後、京都留学生同盟を結成し、そのときの集会場となったのが京都の万寿寺である。住職の柳宋黙氏は食糧がなくて腹が減っている朝鮮人学生に食事を与え、寝泊まりをさせて援助していたという。柳氏は進歩的な考えの人で、朝鮮が国を奪われたのは、学ぶべきものを学ばなかったからだと言っていたという。だから、学生に一生懸命勉強するように応援したのだという。Ｈさんは、一九四八年に東京の朝鮮通信社に入るが、現在の朝鮮総連の全身である在日本朝鮮人連盟（一九四五〜一九四九年）は解散させられる。一九五三年ごろに在日コリアン女性と結婚し、一九六一年から七四年までは朝鮮大学の教員となる。一九六五年に父親のように慕っている柳氏が国平寺を設立し、懐かしくてよく泊まったという。Ｈさんは無宗教だが、チェサは今でも孫と一緒に行っているそうだ。著書に『戦争と植民地の時代に生きて』（岩波書店、二〇一〇年）がある。

３　統国寺（大阪市天王寺区）：元暁宗

Ｉさん：一九四〇年生まれの在日コリアン二世の女性。夫が一九七二年に亡くなり、親戚にあたる人が、統国寺の初代住職（一九七〇年～一九八〇年）金星海氏と知り合いで、その親戚に勧められて夫の遺骨を預けている。先祖の墓は慶尚北道の山奥にあるが、夫の両親の墓は生駒市にある。親戚の年長者に夫の墓は両親と別に作らなければいけないと言われ、時期やお金のタイミングが合わなくて、四〇年が過ぎてしまったという。夫の両親とは生前同居しており、特に姑は統国寺へ行くことに関しては寛大であった。Iさん自身もバスに乗って天王寺にある統国寺へ来ることが息抜きであり、寺の納骨堂の横の茶臼山は見晴らしが良くて、何度かそこでお弁当を食べたこともあるそうだ。また、先代の住職の奥さんや現住職の奥さんとの会話も楽しく、帰りに阿倍野地下街で買い物をするのが気晴らしだったという。一九七〇年代に義妹が統国寺で結婚式を挙げているそうだ。インタビューの日は三歳から寺に通っているというIさんの娘が同席していた。

J姉弟：一九五五年生まれ、一九五七年生まれの在日コリアン二世の姉弟。両親の故郷は済州道。二〇一二年に八五歳だった母が亡くなり、統国寺で葬儀を行う。韓国系の寺を故人が望んでいたこともあり、知人から「お経が良くて和尚の言葉も胸にしみる」と勧められたことがきっかけだそうだ。現在は統国寺に納骨をしており、墓はすでに祖母と父が入っている信貴山の高安山にある。統国寺へは月命日に子供たちと来たり、時間があるときには和尚が中心に実施している勉強会にも参加している。いろんな悩みを抱え、「しんどい」ときに和尚の話を聞くことで落ち着き、今日もまた頑張ろうと気持ちの切り替えができるのだそうだ。

Kさん：一九四七年生まれの在日コリアン二世の女性。両親は慶尚南道出身。夫の実家は創価学会だが、Kさんはその信仰に馴染めずにいたという。知人の紹介で統国寺を知り、スニムが民族学校に通っていた弟の同級生で、同じ吹奏楽部だったこともあり、それからずっと寺のお世話になっているということだ。三年前に娘が病死し、寺で葬儀を行う。寺に来る信者たちとも親しくなり、行事のときは、トック（餅）やあずき粥を韓国、朝鮮、日本の人たちが一緒になって作るそうだ。寺には日本人の墓もあり、日本人で在日と結婚して信者になっている人もいるという。スニムは、何人ではなく誰でも心の洗濯をするためにいつでも寺にきてほしいと言っているそうだ。Kさんの両親は彼女が結婚する前に東京に移っており、父の遺骨は柳宋黙スニムのときに国平寺に預けているという。

４　考察

朝仏協に属する寺の信者たちの語りをまとめると、大乗寺と国平寺は共に朝仏協の礎を築いた柳宋黙氏と金星海氏が設立した禅宗の寺であり、信者である彼／彼女らに共通しているのは、まず、総連の活動を通して民族の象徴的寺院あるいはその僧侶との関わりを築いてきたということである。また、身内の葬儀等を通じて改めてその意識を深め、「礼をしたり、手を合わせる」ことで気持ちが落ち着くという語りにあるように、年齢と共に「信心」が芽生えていったということがいえるだろう。そして、統国寺については、大乗寺と同じく初代住職は金星海氏であるが、韓仏連の宝巌寺前住職である金慧輪氏が一九六五年ごろに韓国籍を取得したことで、朝鮮籍の信者の多くが統国寺に遺骨を移したという経緯があったことから、統国寺は多数の信者を有することとなった。同時に七世紀に聖徳太子が百済僧・観勒に命じ創建させた寺ということで歴史が古く、統国寺となってからも大雄殿が二〇〇三年度大阪市重要文化財に指定されるなど、伝統のある寺であることから認知度があり、Iさん、Jさん、Kさんの語りにあるように民族組織（総連）というつながりだけではなく、口コミで信者を獲得している面もある。

しかし、一方で、在日の世代が変わると同化、帰化する者が増えていき、民族学校へ通っていても三、四世の民族性は薄れてきているという大乗寺住職の認識や、朝鮮学校無償化の問題がある中で、過去や現在の朝仏協の寺院の信者たちに見られる総連と寺との関わりという文脈だけでは、今後の信者の獲得はむずかしいだろうと思われる。また、Eさんの語りにある定住コリアンではないニューカマーの僧侶に対する「不安感」の背景には、韓国対朝鮮、在日対ニューカマーという構図が潜在的にあるのではないだろうか。それらの構図が指すEさんの不安のベクトルは「韓国系（コリアン）ニューカマー」に向かっているように見受けられるが、もし、そうであるなら、後述する韓仏連の女性信者たちが示すニューカマーの僧侶たちへの柔軟性と比べると、ある種の閉鎖性が見られる。もちろん、韓仏連の信者からするとコリアン・ニューカマーは彼女たちと同じ「韓国系」であることから、コリアン・ニューカマーの僧侶たちを受け入れやすい下地があるのかも知れないが、そのことを差し引いても、Eさんのような認識が形成されるのは、総連のもつ歴史的政治的背景や紐帯が意識せずとも弊害になっているのではないかと推測する。そのような中で、大乗寺住職は今後、ますます国際結婚が増えていくだろうし、日本人にも対応できる寺を目指さなければならないということで、日本の葬儀社と契約しているということだ。

2　在日本韓民族仏教徒総連合会に属する寺院の信者たち

1　弥陀寺（大阪市生野区）：太古宗

Lさん：一九三九年生まれの在日コリアン二世の女性。両親は済州道出身。母は先に日本に来ていた兄を頼って渡日。Lさんは三人きょうだいの長女。一九四四年、岡山に疎開し、一九四七年に朝鮮学校に入学する。家での会話は済州道の方言で、日常生活では日本語が少しという状況だったので、学校が一九五〇年に分校になってから日本人の先生にひらがなを習ったことで「救われた」という。一五歳から繊維関係の仕事をする。和尚とは開雲寺からのつきあいで、体調が悪くないときには行事に参加している。たとえば宗教や故郷が違っても、同じ国の和尚さんがいるということは、目に見えないつながりを感じ、安心できると言い、それが鶴橋という地域を支えているという。

Mさん：一九三九年生まれの在日コリアン二世の女性。両親は済州道出身。Mさんの二〇歳上の兄が九歳のときに渡日。六歳上の姉とMさんは大阪市港区で生まれる。父は商売をしていたが、戦後は兄の鉄鋼所で働く。東大阪市出身の八歳上の在日コリアン男性と結婚。夫は自転車の塗装、組み立ての仕事をしていた。スニムと最初に会ったのは

8　誠願寺（筆者撮影）

一三年前で、宝塚不動院での年一回の慰霊祭のとき（海東会の活動）である。良いお経をあげていたので、二〇〇五年に自宅の近くの鶴橋（生野区）に弥陀寺ができてからはずっと通っている。スニムの出身は済州道ではないが、他のスニムたちは、本土の人も多いし出身は関係ないという。墓は済州道にあり弥陀寺へはお参りに来ているのだそうだ。スニムには誰にも言えないことも話せるし、信頼できるという。夫が日本人である知人などを含めて五人くらいが信者になったという。Mさんはケミカルシューズの仕事をしており、行事には参加するが、時間のあるときに寺に参っている。Mさんの五人の子どもの結婚相手の国籍は、日本、韓国、フィリピンでMさんの信仰を理解しているという。

２　誠願寺（大阪市生野区）：太古宗（写真８）

Nさん：一九二七年生まれの在日コリアン一世の女性。済州道出身。誠願寺の向かいが自宅だが、一二年前、誠願寺が生野区勝山にあったときからの付き合いである。現在の誠願寺になってから一〇年になり、宗教上のつきあいというよりも同じ済州道出身ということや住職の人間性に惹かれているのだそうだ。

Oさん：一九三七年生まれの在日コリアン一世の女性。済州道出身で同じ出身の住職とは一二、三年前に知り合う。経営する喫茶店に近い場所に誠願寺が設立されてからは一〇年になる。Oさんは故郷でいろいろなことがあり、苦労する中で仲良くしながらも裏切る人がいて、これまでに真っ暗な時代もあったという。そういうときに住職の話を聞くと、人間的に悪い人ではないということが分かり、それ以来のつきあいだという。住職は同じ韓国人であり、済州道であり、仏教道を歩いている人だけど、つきあいが広いので助けてもらったり、こちらも助けたりしていきたいという。

3　宝巌寺（大阪市東成区）：臨済宗

Ｐさん：一九三九年生まれの日本人男性。兵庫県生まれの三男で高校を卒業と同時に大阪へ来る。二〇〇五年一〇月に妻が亡くなったが、臨済宗妙心寺派の寺が少ないことと、息子が東成区に住んでいることもあり、葬儀業者に依頼すると宝巌寺を紹介されたことから、付き合いが始まる。四十九日、一周忌、七回忌法要、そして妻の永代供養もしてもらっているという。伴侶の死というのは悲しみが大きく、後悔や失望でどん底だったという。そんなときに住職から座禅と法話の会に誘われたが、元来、信仰心もなく最初の半年間は抵抗感があったそうだ。しかし、死者に対して残された者が頑張って生きていくことが一番の供養だと住職に教えられ、半年くらい過ぎたころに気持ちが吹っ切れたのだという。その後、毎月第一日曜日、座禅と法話の会に参加している。信者は毎回、少なくとも一二、三人は参加しているという。

Ｑさん：一九三七年生まれの日本人男性。和歌山県の出身で六人きょうだいの三男。現在は大阪市東住吉区に住む。Ｐさんと同じく分家なので、兄が両親のホトケさんを守っており、大阪市城東区の臨済宗妙心寺派の寺にお墓がある。別件で互助会に紹介され、二〇一〇年から宝巌寺に来るようになる。住職は在日だが、自分たち日本人よりも日本のことをよく知っているという。また、自分の利益というのを勘定せずにいろんなことを教えてくれ、故郷の寺の住職も宝巌寺の住職のことを知っており、余計に親しみがわいたそうだ。元来、信仰心が若干あり、住職に対しては尊敬の念があるという。座禅と法話の会には妻と一緒に必ず参加しているそうだ。七割は在日で若い人もおり、共通の話題はないが、場を通して心が通う。どこの国の人とかではなく、縁というものだという。

４　考察

韓仏連に属する弥陀寺、誠願寺、宝巌寺の各寺院は生野区あるいは東成区に位置しており、済州道をルーツに持つ在日が多いことから、同じく済州道出身のニューカマーである誠願寺住職は信者とのつながりが強い。つまり、在日一世のMさんやOさんの語りから、住職と同郷だという地縁関係により、相互に助け合おうという意識のあることが窺える。そのような本国から持ち込まれた同郷人ネットワークが生野区の在日コリアンコミュニティを形成している。[16] しかし、同じ済州道のネットワークでもLさん、Mさんのように在日二世になると、出身が慶尚南道であるニューカマーの弥陀寺住職に対しては、「同じ国の人であることでつながりを感じ、安心する」または、「お経が上手」だと語っているように、宗教者のどのような要素を重視するのかというように視点が異なっている。

その意味では、宝巌寺住職は注目される。彼は在日コリアン二世であるが、臨済宗妙心寺派であり、日本人であるPさんやQさんにとっては、宗教者の出自ではなく宗派や宗教人としての資質が大事なのだということが理解できる。

また、宝巌寺住職は、広島の国際禅寺の運営などで在日に限らず日本人やその他の外国人の信者も取り込んでおり、PさんやQさんの語りにもあるように、二〇〇〇年ごろに日本の葬儀社と契約してからは、葬儀の九割くらいが日本人だということだ。

３　韓仏連・朝仏協・海東会に属さない韓国系寺院の信者たち

１　参尊寺（大阪市生野区）：金峯山修験本宗[17]

Rさん：一九四六年生まれの日本人女性。住職の助手の母親であり、住職の元ヘップサンダル工場の同僚である。住職の次兄が生前拝み屋をやっていたころに再会する。現在、参尊寺の一階の喫茶店で働き、二〇一三年からは旧参尊寺を改築した滋養食専門店「チャムゾン」（韓国料理店）を手伝っている。Rさんは信者ではないけれども、住職の宗教者としての力を信じており、困ったときにはさまざまなことで助けてもらったという。Rさんは生野区巽（たつみ）に住んでおり、地域には在日コリアンが多く、子どもの小学校では半数が帰化者を含めた在日だったという。したがって、在日の人に対する違和感のようなものはないという。

Sさん：一九六二年生まれの日本人女性。参尊寺の副住職の娘である。二〇〇二年に近所の人の紹介で参尊寺を知る。三九歳のころから更年期による鬱を発症し、その相談を住職にするために参尊寺へ通うようになる。その後、住職にアドバイスされたとおりに実行すると、一か月もしないうちに薬は必要でなくなり、不眠だけが残ったときも、夜眠れなければ、昼に寝ればいいとアドバイスされ気持ちが明るくなったという。また、Sさんのいとこが肝硬変で危篤になったときに、住職に病者加持（病気の人に供養すること）を行ってもらうと、奇跡的に一年五か月も寿命がのびたということだ。

Tさん：一九二九年生まれの在日コリアン一世の女性。済州道で生まれる。父は一四歳のときに君が代丸で大阪へ渡日。その後、二〇歳のときに済州道に戻り結婚し、Tさんが生まれる。Tさんが二歳のときに両親と大阪へ来日する。一七歳のときに二歳上の在日コリアンの男性と結婚する。一九四九年には進駐軍の服の買い出しに行き、それを鶴橋の市場で売る。そして、一九七〇年ころからはポッタリチャンサ（担ぎ屋商売）をはじめ、三日に一日はソウルの南大門にアンゴラのセーターの仕入れに行っていたという。二〇〇五年に次女が肺がんになり、脳腫瘍となる。それまでは他の真言宗の仏教教団に入っていたが、友だちに誘われて参尊寺を訪れる。二〇〇八年に次女が亡くなり、それ以降、法事や盆、正月は参尊寺で供養をしてもらっている。安く請け負ってくれるので、余分に支払っているという。読経は韓国語と日本語である。それは日本での生活が長くなり、日本文化に慣れているし、日本の地で骨を埋めるのだからという住職の考えだという。Tさんの夫の両親の位牌に魂を入れるとき、住職は泣いていたという。

２　考察

聞き取りを実施した韓仏連・朝仏協・海東会に属さない韓国系寺院である参尊寺の信者は、日本人が二名、在日一世が一名である。参尊寺住職はヘップサンダルの職工、整体師を経て、三九歳のときに金峯山修験本宗で得度している。その後も日韓文化交流を促進するＮＰＯを立ち上げ、某大学院に進学し、社会福祉を専攻するなど、宗教に基軸を置きながらその活動内容は多岐に渡っている。さらに、信者数二五〇世帯のうち三分の一が日本人であり、副住職や助手も日本人である。その要因として住職の宗派が金峯山修験本宗であるということがまず挙げられるだろう。そして、Ｒさん、Ｓさん、Ｔさんの語りにあるように、さまざまな悩みや苦しみに接するときの住職の宗教者としての的確なアドバイスや人間性に彼女たちは救われているのである。それは先述の宝巌寺住職に対する信者たちの認識と同様であり、宗教者に求められるのは出自ではなく宗派や宗教人としての資質が大事だということだろう。同時に、住職の紆余曲折を経て宗教者になったという経歴が既成概念にとらわれない柔軟性や宗教実践を生み、それに賛同する信者の獲得へとつながっているのかもしれない。

４　民俗宗教系寺院の信者たち

１　龍王宮（大阪市都島区）をクッ堂《タン》とする信者

Ｕさん：在日コリアン一世の女性。済州道出身の一九三一年生まれ。一二歳のときにおじさんとおばあさんとで渡日する。一三歳のとき、兵庫県西宮市のアサヒビール会社で少し働き、一四歳のときは京橋の鋳物工場で芯取り（鋳物部分が固まった後、芯、枠等を取り除く）を一年ほどしたという。一七歳で六歳上の在日の男性と結婚する。

初めて姑に連れられてヨワン（龍王宮）へ行ったのは五〇年以上前だそうだ。それから家族の健康のため、商売繁盛のためにポサルやシンバンに拝んでもらってきた。家族や夫は反対するが、先祖のおかげで生活が安定してきたという気持ちがあり、その感謝を込めているのでやめる気はないという。また、生駒にある平和山不動院へも五〇年以上前の先々代の住職のときから行っているという。今年は現住職と他の信者とで釜山から慶州の仏教寺院へお参りに行くそうだ（写真9）。

2　考察

民俗宗教系寺院の信者であるUさんは、八二歳の在日一世で、「朝鮮寺」のころからの巫俗信仰者である。貸会場である龍王宮や生駒の山の寺で宗教者の代替わりがあるものの、五〇年以上前から巫儀《クッ》を依頼してきた。現在、主に巫儀を依頼しているVポサルも八〇歳代であり、在日二世以降の継承者の空白をニューカマーの巫俗宗教者や韓国からの出稼ぎポサルたちが埋めているのが現状である。

9　平和山不動院の本堂（筆者撮影）

しかし、大心寺の康ポサルのように、一九七〇年に来日し、世代的には在日二世のような宗教者も混在しており、巫儀の内容によって「山の寺」と「街の寺」を使い分けている。彼女のクライアントは在日二、三世や日本人もおり、二〇〇九年一〇月までは龍王宮で二日に一回は拝んでいたが、それ以降は三日に一回、大小合わせて一か月のうち一〇日は拝んでいたという。巫儀の内容もUさんの語りにあるように、以前は病気や家内安全、商売繁盛のためというのが多かったが、現在は子どもの非行やノイローゼ等だという［宮下　二〇一〇：四］。

また、民俗宗教系寺院の信者であるUさんは「山の寺」である平和山不動院の信者でもある。そして、仏教系寺院である朝仏協の国平寺の信者であるFさんも「龍王宮で拝んでもらって大病が治った」と巫俗を肯定しており、先述した仏教の持つ両義性が、いかに、在日社会の中で人々に浸透しているかという証しでもあるだろう。在日社会では相互に代替性、補完性がある仏教と巫俗との共存は既成のものなのである。

おわりに

本稿で聞き取りを実施した在日コリアン寺院の信者たちの語りを整理し、その特徴をまとめると、四つのグループに分類することが出来る。第一に朝仏協に属する大乗寺、国平寺、統国寺の信者のグループであるが、彼ら／彼女らに共通しているのは、総連の活動を通して、民族の象徴的寺院との関わりを持ってきたということである。しかし、民族学校へ通っていても三、四世の民族性は薄れてきている現状で、過去や現在の朝仏協の寺院の信者たちに見られるような民族組織（総連）と寺との関わりという文脈だけでは、今後の信者の獲得はむずかしいだろうと思われる。第二に韓仏連に属する弥陀寺、誠願寺、宝巌寺の信者のグループだが、各寺院は生野区あるいは東成区に位置しており、済州道をルーツに持つ在日が多いことから、そのネットワークにより、ニューカマーである宗教者と信者双方が関係性を強め、済州道の文脈で地域社会を支えているということが信者の語りから窺える。ただし、宝巌寺は臨済宗妙心寺派であり、国際禅寺の運営などで在日に限らず日本人やその他の外国人の信者も取り込んでいるので、その脈絡では、むしろ、朝仏協・韓仏連・海東会に属さない、修験道の寺院であり、信者世帯のうち三分の一が日本人である参尊寺と第三のグループを構成するといえるだろう。第四のグループは民俗宗教系寺院の信者ということになるが、「朝鮮寺」の時代に多かった病気や家内安全、商売繁盛のための巫儀の依頼から、現在は子どもの非行やノイローゼ等の解決のための巫儀へと変容し、巫儀の依頼は減少傾向にあるものの世代や民族を超え、信者が途絶えることはない。また、巫俗信仰者でありながら、仏教寺院の信者でもあるという事例は、先述した仏教の持つ両義性が、在日社会の中で人々に浸透しているという実態を明らかにしているといえる。

以上の在日コリアン寺院の信者の四つのグループを概観すると、年齢は五〇歳代～九〇歳代であり、五〇歳代以下の世代が見られないことから、二、三世のアイデンティティの多様化やニューカマーの往来が顕著な今日では、各寺院における次世代の信者獲得は容易ではないと思われる。また、僧侶たちの話によると、韓国本土におけるキリスト教の普及を背景に、日本在住のニューカマーが仏教寺院へ来るのは二、三割であり、ほとんどが韓国系キリスト教会へ行くという。その理由として、韓国系キリスト教会は若者が多く、信者でない者も足を踏み入れやすい場所であり、ニューカマーが多い地域の教会はニューカマー信者へのサポートに主眼が置かれていることがあげられる。また、日本人信者の獲得にも力が注がれている［文化庁文化部宗務課　二〇一四：九〇］。したがって、在日コリアン寺院は継承や存続をめぐって信者獲得のために、その方法を絶えず模索している。たとえば、朝仏協や韓仏連の内部から「海東会」のような親睦会が結成され、南北や宗派や民族の境界を越えようと努力している。それを具体的に示しているのが、二〇一〇年四月三日の王仁博士の記念報恩石碑建立を祝う大阪市生野区の御幸森天神宮の花礼式への参加であり、二〇一〇年七月一五日の黄檗宗大本山萬福寺（中国系寺院）の中元法要への参加である（写真10）。同じく、大心寺の康ポサルや参尊寺住職、宝巌寺住職などは民族の境界を越えた宗教活動を信者との関係から実践している。それは、生、老、病、死、悩みという問題こそ、民族の違いに関わらず人間に共通する根源的な問いであり、そのような生きる上での苦悩を介した宗教者と信者の心のつながりは、仏教、巫俗を問わず、民族を越えたところで機能している。換言すれば、塩原の言う「対抗的相補性[18]」という解

10　萬福寺（中国系）の中元法要に参加する在日コリアン寺院の僧侶たち（筆者撮影）

釈には収まりきれない、対抗する枠組みそのものからの脱却という新たな現象といえるかもしれない。

また、二〇一一年三月一一日に発生した東日本大震災による被災者救援のための義援募金活動ならびに、大阪市生野区の在日コリアン仏教寺院において被災霊位慰霊活動を実施している。このような宗教者同士の共通の目的意識をもった対外的な宗教活動は、従来の在日社会においては実践されてこなかったものである。特に、韓仏連の前会長であった宝巌寺住職や現会長の弥陀寺住職を中心とした先輩僧侶たちは、後発で来日した僧侶たちの育成や定着を図り、韓仏連および海東会の活動を活発化させている。その一端として、二〇一三年四月から、永代供養用の納骨堂に一万基が入る建物を有する民衆仏教観音寺（生野区）があげられる。この寺では、六階に韓仏連の事務所を開設し、地域住民に向けた仏教の布教を目指して各僧侶たちが定期的に講義を実施している。そして、次世代の子弟継承者がほとんどいない韓仏連の寺院の継承のために、現在、萬福寺において誠願寺住職の子息が修行中である。

このような状況の中で、在日コリアン寺院の宗教活動を促進する起動力となるのが、日本に定住するかどうか分からないコリアン・ニューカマー、あるいは日韓を往復する宗教者たちの存在だろう。筆者はこれまで、コリアン・ニューカマー、あるいは日韓を往復するライフスタイルはグローバル、あるいはトランスナショナルな動向の中にあるということを述べてきたが、換言すると、彼ら／彼女らを介して、生駒あるいは大阪市内に展開されるローカルな民俗宗教や仏教がグローバルな世界状況と接続しているということになる。その現象を説明する際に重要な分析概念が、ローカルなものの定義であるが、参考になるのがサッセンのインターネットを中心としたコンピューターが果たす双方向技術の役割についての言及だ。その分析概念は有効であるので、本稿において再度援用するが、それによると現在、コンピューターの技術によって提供されるミクロ環境がグローバルに拡大し続けることで、はるか遠くに位置する他のミクロな環境に適応するという。しかし、このことはこれまでのローカルなものという概念の中に含まれている物理的な近さというものを不確実にする要素となる。そこでローカルなものという概念の再構築が必要になり、従来の「ローカル、地域、国家、国際と続く規模の階層的な入れ子構造の一部」〔サッセン　二〇〇四：xi〕であるという概念は再考を迫られる。今日、ローカルとされているカテゴリーのものは、外国で別のローカルとされているカテゴリーのものと直接相互作用することが可能となっており、ローカリティをグローバリティの対象としたり、実体的な地域に単純に代替させられるものではないということになる。そして、グローバルなものについても、これまでグローバルであると認知されてきたものが、グローバルなものを説明するにはもはや十分ではなく、ローカルなもののつながりや接続にグローバルな現象が見出されるという現在の傾向を意味している〔宮下　二〇一二c：一一二―一一三〕。

その概念に当てはまる具体例として、二〇一四年からソウルの太古宗本山において、宝巌寺住職が臨済宗の教義を教えるために定期的に韓国を訪れているということがある。それは、太古宗派である弥陀寺住職の仲介によって、国際禅寺での指導の経験もある宝巌寺住職が日本の禅というものを日本語あるいは韓国語で、ソウルの四〇～五〇名の太古宗の僧侶たちに教えるというものだ。また、一九七二年に釈泰然氏によって創設された韓仏連の高麗寺は京都府の山中にあるが、その寺は韓国様式で五万坪の敷地に建立されており、高麗寺を日本における対外的な韓国仏教寺院として位置づける計画が進んでいるという。実現すれば、約百名を収容可能な寺院になり、韓国からの僧侶たちを招聘することができるし、在日、ニューカマー、日本人に関わらず、あらゆる僧侶たちが修行できる寺としても機能することができる。つまり、これらのことは、生駒あるいは大阪市内に展開されているローカルな禅が、韓国の別のローカルなもの――ソウルの太古宗本山で繰り広げられている仏教――とその関係性を切り結ぶことができるということであり、韓国本土で実践されているローカルな仏教活動が京都の高麗寺を拠点としたローカルな在日コリアン仏教と交差するということである。換言すると、そのローカルなもののつながりや接続にこそ、地域を広げ拡大し続けようとするグローバルな現象が見出されるということなのである。

本稿における信者の語りから、在日コリアン寺院の次世代の信者獲得の困難さが明らかになったが、だからこそ、南北や宗派や在日、ニューカマー、そして民族の境界を越え、宗教ネットワークを構築する必要性があったともいえるだろう。同時に、そのことがこれまでの在日社会にはなかった新たな宗教活動を創出し、韓国本土の仏教と日本の禅をつなげ、在日コリアン寺院の継承、存続を模索しながら地域社会と関わっていこうとする宗教者たちの積極的な姿勢を促進したのである。それらの動向に少なからず影響を与えているのが、コリアン・ニューカマー、あるいは日韓を往復する宗教者たちのグローバル、または、トランスナショナルなライフスタイルのあり方であり、今再び、本稿の地域社会を再考するという視点につながっていくのである。

注

（1）日本においては戦前から、古代朝鮮シャーマニズムと日本仏教とが習合した特異な宗教的観念・儀礼が展開されるようになっており、その独自な実践の場を指示する呼称として「朝鮮寺」が用いられてきた。しかし、本稿の中心的仏教系寺院の中にはシャーマニズムとの混淆がないことなどから、在日コリアン社会における仏教寺院や巫俗寺院、および貸し寺等を包含するすべての寺院の新たな総称として、筆者は「朝鮮寺」に代わる「在日コリアン寺院」という名称を採用した［宮下二〇一二a、二〇一二c］。

（2）一九八五年から一九九九年の間に生駒山系の朝鮮寺の総数が七六か寺から六一か寺へと減少し、存続していても住職が不在で貸会場のみが一一か寺、ほとんど無活動の寺が一二か寺もあった［飯田　二〇〇二：二〇二］。

（3）韓国のシャーマニズムを広義的には巫教と呼び、狭義的には巫俗と呼ぶ。巫教がその歴史的な展開を包括した総体的な概念であるのに対し、巫俗とは主に現在見受けられる民間信仰の一部を指した概念として用いられている［柳　一九八四：一六九］。

（4）韓国の三大寺刹は、通度寺（トンドサ）、海印寺（ヘインサ）、松広寺（ソングワンサ）である。通度寺は仏舎利（仏骨）が奉安されているので仏宝を、海印寺は八万大蔵経が収蔵されているので法宝を、松広寺は修行道場である修禅社が置かれているので僧宝を表すとされている［鎌田　一九八七：二六九―二七〇］。後述する「山の寺」の平和山不動院の住職はかつて松広寺に入山している。

（5）二〇一二年九月から岐阜県に岐阜観音寺を設立する［宮下　二〇一三：四六二］。本寺院は元来、義父の李明守氏が所有していたものだが、長らく使用していなかった。ただ、岐阜観音寺は、成氏が所有する「山の寺」の開雲寺や民家を改造した「街の寺」の弥陀寺とは異なり、地域の日本人信者が中心となって立派な寺に改修している。また、成氏自身は慶尚南道の出身である。岐阜観音寺近辺には同じく慶尚道出身の在日が多いということで、今後は本寺院を新たな宗教活動の拠点にしたいということだ。

（6）韓仏連の最高顧問である天龍寺住職の崔徳山氏は、二〇一三年に死亡した。現在は韓国から来日した他の僧侶が寺を維持している。

（7）二〇一三年四月から、永代供養用の納骨堂に一万基が入る建物を有する本寺院の六階に韓仏連事務所を開設している。韓仏連の宗教活動の拠点としての意味合いと地域住民に向けた仏教の布教を目指して、各僧侶たちが定期的に講義を実施する場所として利用されている。

（8）二〇一二年初めに誓願寺は閉じられた。同年、住職であった金法成氏は普賢寺を経て長野県安曇野市にある金剛寺の住職となる［宮下　二〇一三：四六二］。

（9）二〇一二年一二月に慈眼寺は閉じられ、同月、生野区に国際布教院を設立する［宮下　二〇一三：四六三］。

（10）朝鮮半島固有の民俗的儀礼で、シャーマンが太鼓や鉦のリズムに合わせて踊りながら先祖の霊を自らの身体に憑依させ、その言葉をクライアントへ伝えるもの。

（11）龍王宮は巫俗信仰のクッ堂（巫儀の場）である。大川（旧淀川）沿いでは、すでに一九二三～二四年頃、巫者たちが筵（むしろ）を敷いてクッを行っていた。戦後になって、ＪＲ大阪環状線桜ノ宮駅近くの河川敷に拝み屋がバラックを建てて住み始める。シンバンが二代目となり、前管理人の高田氏の父が寄せ場にするために土地とバラックの権利を買い取り、シンバンの跡を継いで三代目となった。その後、三代目が死去した一九二八年に子息である高田氏がこれを継承した。一九七四年以降、この地には再生資源集荷業である高田商店とその従業員の宿舎、そして祈祷専門の貸会場が並ぶようになった。高田氏の父は済州島出身者で、このことからここは、遅くとも戦後以降、済州島出身者のゆかりの地となっていたようだ。しかし、二〇一〇年八月、不法占拠居住地にあった龍王宮の建物は、行政側の立ち退き要求に応じ、撤去された［宮下　二〇一〇：一―六、二〇一一b：二〇七―二〇八］。時代に取り残され形骸化しつつある、主に在日コリアンにとってのクッ堂という側面と、再生資源集荷業の管理・販売の場であり、それに携わる従業員宿舎であるという側面の両義性があった。また、龍王神については野村の論考を参照されたい［野村　一九八七：一六九―一九七］。

(12) 信者の語りに見られる僧侶への呼称は、スニム（僧侶）、住職、和尚と人により異なるが、その違いにこそ、彼ら／彼女らの僧侶に対する認識や両者の関係性が表象されていると筆者は考えているため、信者の語りに忠実に記述している。

(13) 一九四五年九月から朝鮮学校（民族学校）の前身として国語講習所というのが全地域に設立され、一九四六年以降に総連が学校として形を整えていった。Ａさんが一時期在籍していた福岡県大牟田市の小学校では、朝鮮学級というのがあり、放課後にサークルのような形で九九も日本語、朝鮮語の両方を習い、朝鮮語の音楽、童謡も習ったという。しかし、一九四八年一〇月にＧＨＱの意向により、文部省は在日朝鮮人を日本の教育基本法、学校教育法に従わせるよう指令した。これにより各自治体は朝鮮学校を閉鎖させ、大阪府と兵庫県で発生した在日朝鮮人、日本共産党による阪神教育闘争へと発展する。そして、翌年、朝鮮人学校閉鎖令が施行される。一九五〇年半ばから朝鮮学校は再建されるが、分校あるいは日本学校の中の朝鮮学級としての位置づけになる。その後、一九六〇年代に各都道府県が朝鮮学校を各種学校として認可する。

(14) 大乗寺は先代住職の金星海氏が一九五七年に設立する。売却される民家を信者たちが手付をして改造したものである。日本とは異なり、檀家制ではないが現在、約四〇〇人の信者を有している。

(15) 園田朝鮮初級学校は、一九六六年から一六年間の分校を経て自主学校になる。

(16) 生野区における済州道出身者のネットワークについての詳細は拙稿［二〇一一c：一〇七―一〇八］を参照されたい。

(17) 信者への聞き取りの記述は、二〇〇九年に行ったデータに基づいている。

(18) 近代化達成期の宗教進化から宗教回帰、脱呪術化から再呪術化へという反転は、複層構造における差別的分業の関係が対抗的分業へ転換したことを意味し、これらは対抗しつつ相互に補完しあえる状態であるということ［塩原　一九九四］。

参考文献

秋葉　隆
　一九五四　『朝鮮民俗誌』六三書院。

飯田剛史
　二〇〇二『在日コリアンの宗教と祭り――民族と宗教の社会学』世界思想社。
岡田浩樹
　二〇〇一「沈黙する多数派――韓国仏教の「過去」に関する試論」『東アジアにおける文化の多中心性』（三尾裕子・本田洋編）風響社。
　二〇〇二「韓国仏教の屈折と蛇行――妻帯僧問題に見いだせるポスト・コロニアル状況」『植民地主義と人類学』（山路勝彦・田中雅一編）関西学院大学出版会。
鎌田茂雄
　一九八七『朝鮮仏教史』東京大学出版会。
サッセン、サスキア
　二〇〇四『グローバル空間の政治経済学――都市・移民・情報化』田淵太一／原田太津男／尹春志訳、岩波書店。
塩原　勉
　一九九四『転換する日本社会――対抗的相補性の視角から』新曜社。
　一九九五「なぜいまネットワークか」『宗教ネットワーク』行路社。
ジャネリ、ロジャー・任敦姫
　一九九三『祖先祭祀と韓国社会』第一書房。
宗教社会学の会編
　一九八五『生駒の神々――現代都市の民俗宗教』創元社。
　二〇一二『聖地再訪　生駒の神々――変わりゆく大都市近郊の民俗宗教』創元社。
野村伸一
　一九八七『韓国の民俗戯――遊びと巫の世界へ』平凡社。
文化庁文化部宗務課
　二〇一四『在留外国人の宗教事情に関する資料集――東アジア・南アメリカ編』文化庁。
宮下良子
　二〇〇五「越境するシャーマニズム」『韓国朝鮮の文化と社会』第四巻、風響社。
　二〇〇九「済州スニム（僧侶）のトランスナショナリティ――大阪市生野区を中心に」『白山人類学』、第一二号、白山人類学研究会。

二〇一〇「龍王宮の空間が語るもの」、『コリアンコミュニティ研究』、ＶＯＬ．１、こりあんコミュニティ研究会。

二〇一二ａ「在日コリアン寺院」『聖地再訪　生駒の神々――変わりゆく大都市近郊の民俗宗教』（宗教社会学の会編）創元社。

二〇一二ｂ「在日コリアン寺院の新たなアクション――その先へ」『聖地再訪　生駒の神々――変わりゆく大都市近郊の民俗宗教』（宗教社会学の会編）創元社。

二〇一二ｃ「在日コリアン寺院――ローカリティ／トランスナショナリティの視座から」『叢書　宗教とソーシャル・キャピタル　第二巻　地域社会をつくる宗教』（大谷栄一・藤本頼生編）明石書店。

二〇一三「付録二三　在日アジア系住民の宗教団体・組織一覧　在日コリアンの仏教寺院一覧」『人の移動辞典――日本からアジアへ・アジアから日本へ』（吉原和男他編）丸善出版。

二〇一四「第二部　各国編　韓国」『在留外国人の宗教事情に関する資料集――東アジア・南アメリカ編』文化庁文化部宗務課。

柳　東植
一九八四「韓国のシャマニズム――仏教・儒教・道教との交渉をふまえて」『日本のシャマニズムとその周辺』（加藤九祚編）日本放送出版協会。

第一一章　東方地中海における水上居民
――広東東部の水上居民モンゴル族祖先伝承を中心に

稲澤　努

一　はじめに

東方地中海には、海と深く関わりをもって暮らす人々が数多く生活していた。そうした中には、船を住居として暮らす人々も存在していた。日本では、長崎県や瀬戸内海の家船や、糸満の漁民などがそれにあたる［野口　一九八七、羽原　一九六三、伊藤　一九八三、金柄徹　二〇〇三 etc］。そして中国にも、沿海、湖沼、河川にすむ水上居民がいた。浙江省の「九姓漁戸」と呼ばれる人々や、本章でも扱う広東省や福建省などに暮らし、かつて文献上で「蜑（蜒、蛋、疍）」として記されていた水上居民が有名である。「蜑」に関して正確な統計資料は存在しないものの、中華民国期には、干拓地で農業を行う「沙田疍民」を含めて二〇〇万人ほど存在するとされ、研究者の注目を集めた［cf 陳序経　一九四六、何格恩　一九四四、伍鋭麟　一九七一 等］。

また、新中国成立以降は、大陸におけるフィールドワークが極めて難しかったこともあり、一九六〇年代には当時多くの水上居民が存在していた香港において水上居民研究がすすめられた［可児　一九七〇、Anderson 1972, Ward 1965 etc］。

一方、中華人民共和国成立後の大陸においては、政府が民族区域自治政策を実行するため、どこにどういった少数民族が生活しているのかを調査する「民族識別工作」が行われた。それまで「蜑」とされていた人々に対しても、彼らが「少数民族」であるかどうかを政府が判断するため、一九五二年一二月一四日から五三年三月一四日にかけて調査団が派遣された［広東省民族研究所編　二〇〇一：前言一］。そしてこの調査団の報告を受け、政府内で検討した結果、彼らは少数民族ではなく、「漢族」とされた［施　二〇〇四：一三二］。

この調査の報告書は、蛋民問題参考資料として内部発行されたのち、『広東蛋民社会調査』として二〇〇一年に出版された。その中に、広東省東部の水上居民には、彼らの祖先はモンゴル族であるという伝承が存在しているという報告がある［広東省民族研究所　二〇〇一：六九―七一］。そして二一世紀に入ってからも、広東東部において「水上居民の後裔である『漁民』はモンゴル族である」「元朝の滅亡の際、北方に逃げることができなかったモンゴル人が海に逃げたのが『漁民』である」とする伝承が存在している。

この地域を含めた福建語系の言語を話す水上居民に関して、祖先モンゴル族伝承が存在することは、一九五〇年代以前からすでに知られていたが、それらを含め、これまでは「荒唐無稽な説である［葉良方　二〇〇四：三］」とされるか、歴史書の記述と照らし合わせて、真偽を確かめるべきだという見方［広東省民族研究所編　二〇〇一：七〇―七一］で扱われてきた。確かに、言語、あるいは風俗習慣の面から現在のモンゴル人と、「漁民」の間に何らかの共通性を見出すことは難しい。また、彼らの起源に関して詳細に記述のある文献資料は存在しないものの、元代以前、遅くとも宋代には、すでに水上に住む「蜑」が記されていることから、元朝滅亡の際に水上居住をはじめたという説は、文献資料をもとに「史実」を考察しようとした場合、完全に否定されることになる。

では、「史実」を描き出すことができないこうした「伝説」は分析に値しないものなのだろうか。あるいは荒唐無稽な作り話であるとして、そのまま捨てておけばよいものなのだろうか。山口裕子は、歴史叙述のもつ「ほころび」や「アポリア」を、作者の意図には反する形での「逆なで」する読みの重要性を指摘するなかで、次のように述べている。

対象社会の当事者による表象に関する探究では、さまざまな機会に、当該社会で一般に「正統」とされるものとは異なる説に出会うことがある。このような、マスター・ナラティヴと異説の間のほころびは、対象社会の過去の歴史を再構成する際に資料に多面的な可能性を与えるうえに、さらに多くの示唆をはらむ場合がある。それが資料のほころびが示唆する第二の方向性であり、資料が作成され（語られ）た、いいかえれば資料のゆがみやほころびを生んだ同時代（あるいは現在）の社会状況そのものの解明に、より重心をおいた探求を要請する［山口　二〇一一：一七］。

これを「漁民」の祖先モンゴル族伝承にあてはめていえば、中国におけるマスター・ナラティブは文字で書かれた歴史書をもとにした語りであり、モンゴル伝承は異説にあたる。資料の性質と筆者の力量の限界により、今回「漁民」の祖先モンゴル族伝承の分析から過去の歴史の再構成を行うのは困難であるが、伝承が生まれた同時代、あるいは語られている時代の社会状況を解明する上では、こうした歴史叙述は有意義な材料となるのである。

華南における先行研究においても、同様の観点から行われた研究がある。牧野巽は、華南各地の「祖先同郷伝説」を史実というよりは祖先が同郷だということから連帯意識を持とうという意図から発した神話、フィクションと捉えて研究を行っている［牧野　一九八五］。また、瀬川昌久も、「族譜の記載内容の真偽の判定は保留したままでも、それを括弧付の『事実』として捉え直し、それを書かしめた編纂者の意識構造やその背後にある社会的・文化的規範を解明していくことに大きな意味がある」［瀬川　一九九六：三］と述べている。このように、社会において一定の範囲の人々が共有する意識を、口承のもの、書かれたものを問わず、「伝説」を分析することにより解明できるのである。

したがって本章では、文献における蜑に関する伝承と、水上居民は漢族であるとする政策、さらに「水上居民の後裔である『漁民』はモンゴル族である」とする伝承が存在する広東省汕尾《シャンウェイ》の事例(1)から、この間のほころびが何を意味するのか、そこから何を読み取ることができるのかを考察する。そのため、本章においても「史実」を探求し、彼らが本当にモンゴル族の後裔なのかを問うようなことはしない。また、水上居住がいつ発生したのかについて考察することもない。あくまでも、伝承の存在を手掛かりに、華南社会の置かれてきた状況の解明を目指すものである(2)。

二　文献における「蜑」

歴史文献上の「蜑《ダン》」についてでは、さまざまな研究、紹介が行われているが［cf 桑田　一九四四、何格恩　一九五九、小川　一九六九―七一ほか］、ここでは林恵祥の『中国民族史』（一九三九）から数例を紹介し、文献にみえる「蜑」の傾向を把握しておきたい。

「濮、賨、苴、共、奴、獽、夷、蜑という蛮がある。」（華陽国志）

「涪陵郡……土地は山が険しく、水は航海が難しく、人は愚直で勇ましく、多くは獽、蜑の民である。」（同上）

「南蛮雑類が華人と錯居し、それを蜒といい、獽といい、狸といい、獠といい、㐌という。」（隋書八二巻）

「二廣で舟居しているものはこれを蜑人という。」（陳師道＝後山談叢）

「蜑は海上水居の蛮である」（范成大＝桂海虞衡志）
「蜑戸は舟楫を以て宅と為し、捕魚を業とし、あるいは篷を編み水に瀕して居し、これを水欄という。水色を見ればすなわち龍がいるを知る。故に又龍戸といい、齊民は即ち蜑家となす。」（天下郡國利病書一〇四巻）［林恵祥　一九三九：一四一―一四二］

林恵祥は、文献中の「蜑」が一つの連続する「民族集団」であると考えている。しかし、「蜑」の文字で表されている人びとが、時代によって移り変わったことを主張する研究者もいる。例えば、桑田六郎は、「宋代以前の蛮蜑は多くは穴居野処の民族で水上居民の意は含まれず宋代以降に嶺南の特異な風物である水上生活をなすものにこの字が用いられる様になった」［桑田　一九四四：四四二］として、宋代以前の「蜑」は「水上居民」を指していないことを指摘している。可児弘明も、「蜑」の意味は宋代に変化したという桑田のこの見解を支持している［可児　一九七〇：一〇―一三］。また、何格恩もこの見解と同様に「蜑」には広狭二義があり、広義の「蜑」は蛮と同義で、古代の南蛮中の幾つかの異なる種族を包括するものであり、狭義の「蜑」が南方少数民族のひとつである両広、福建の水上居民を指すとしている［何格恩　一九五九］。

ただし、宋代以前と以後の「蜑」を連続とみるにしても、宋代以後に水上居民を蜑とみなすようになったと考えるにしても、宗代には水上居民としての蜑が存在していたことになり、元朝滅亡時にモンゴル族が海に逃げたことを起源とする「モンゴル族伝承」とは矛盾する。したがって、文献上でモンゴル伝承に言及する場合、清末の『候官風土志』のように、「（蜑民の先祖は）色目人だというものもいるが、でたらめである」といった語りがなされることが多い。

ステファン・ハレルが中国の少数民族イ族について、「イ・カテゴリーを創出し守ろうとする人々（研究者と民族事務委員会を含む）は、まず『歴史』を書かなければならない」［ハレル　二〇〇六：二八三］としているように、中国では歴史を書くこととエスニックカテゴリーの正統性のあり方は大きく関連している。現在は漢族とされているものの中で、畲と同様に漢族ではなく異民族であるとさまざまな文献に記されていた客家［羅香林　一九九二（一九三三）：一二―一四］は、漢族であることを自認していた知識人を中心にこうした観点に反発した結果、羅香林らが族譜等の記述を用いて「学術的」に反論していった［cf. 羅一九九二（一九三三）他］。このように中国では、エスニックカテゴリーの正統性は歴史を書くことによって認められていく。しかし、客家とは対照的に、「漁民」の中から彼らの歴史を「書く」人物は現れなかった。中国において歴史を「書く」ための材料は、あくまでも知識人層の書いた「歴史」であり、知識人層の極めて少なかった「漁民」にとってはアクセスしにくいものであったのである。

それでは、そうした「漁民」たちの語りはどのようなものであったのだろうか。以下の節では、広東省汕尾の事例から考察してみたい。

三　汕尾の水上居民

1　汕尾概況

汕尾の町は広東省の省都広州から東へ約三〇〇キロメートル、広東東部の経済特区汕頭《シャントウ》（一般にスワトウ）から西へ約二〇〇キロメートルの位置にある。そして海豊県、陸豊県、陸河県等で構成される汕尾市の行政上の中心である。とはいえ、それはあくまで現在の汕尾市が設置された一九八八年以後のことである。それ以前の時代には、当時汕尾の属していた海豊県の行政的文化的中心は、汕尾から二〇キロメートルほど内陸にある海城鎮であった。汕尾はもともと海豊県内の小さな漁港にすぎなかったが、清代以降、地域の漁業の中心、そして貿易港として発展してきた（写真1）。

汕尾を中心とした海陸豊《ハイルーフォン》（旧海豊県陸豊県）地域は閩南語系の福佬話（海豊語、汕尾語などとも呼ばれる）を母語とする住民が多数を占める。ただし、海陸豊地方の北部には客家語を母語とする人々が居住し、沿岸には広東語系の言語を母語にする人々も存在する。

漁港として発展してきたこの町とその周辺には、かつて船を住居とする水上居民が暮らしていた。彼らは、現地社会において言語を基準に二種類に分けて認識されている。一つは広州や香港など珠江デルタ方面からやってきた漁民の後裔であり、白話（広東語）を母語とする「白話（広東語）疍民」である。もう一つは、閩南語系の福佬話を母語とする「后船疍民《ホウチュアンダンミン》」である［広東省民族研究所　二〇〇一：六七］。本章で取り扱う祖先がモンゴル族だったという伝承をもつ「漁民」は、この「后船疍民」とその後裔たちである。

1　中元の漁村（13年8月21日）

2　「水上居民」から「漁民」へ

共産党政府は、各地で水上居民の陸あがりを進めた。汕尾においても一九五〇年代から、特に六〇年代以降に水上居民の陸あがりが進み、ほぼ陸上に居住するようになった。なお、汕尾においては、そうした水上居民とその子孫が住む地域は、漁村と呼ばれる。（写真1、写真2）

汕尾の人びとから話を聞くとたいていの場合、「漁民」の現在の漁村への移住は一九五三年の台風がきっかけであると説明される。この一九五三年の台

3　漁村水仙爺（13 年 8 月 21 日）

2　漁村の朝市（12 年 8 月 15 日）

4　奉納演劇時のにぎわい（08 年 2 月 15 日）

5　五路伯公誕に五路伯公を拝む「漁民」たち（14 年 3 月 2 日）

風をきっかけとして開始した漁民の陸上がりは、政府の支援も受けながらその後も徐々に進められ、一九八八年の汕尾市が成立する頃までには、ほぼ船住まいする「漁民」はいなくなったとのことである。

　また、汕尾においても、社会主義中国の成立とともに他地域と同様に生産体制の集団化が進められ、「后船疍民」とされていた漁民たちも八つの漁業大隊に所属して漁を行うことになった。[3] この八つの大隊は、その後東風大隊、新蝦大隊、新風大隊、前進大隊という四つの大隊に合併された。さらに、改革開放による人民公社解体により、一九八四年にそれまで存在していた大隊がそれぞれ管区となった。そののち、一九八八年には東風管区と新蝦管区が合併して東風管区に、新風管区と前進管区が合併して前進管区となった。さらに、一九九四年には東風管区と前進管区が合併して中漁管区となった。これが現在「漁村」とよばれているものの原型である。この中漁管区は一九九九年から東風村委員会と前進村委員会という二つの行政村に分離したが、現在でもこの二つをあわせて「漁村」という認識は依然として存在している。例えば、「漁村理事会」という民間の組織が漁村の中心付近に水仙爺廟を作り、水仙爺誕、天地父母誕などの祭祀活動を行っている。また、土地公である五路伯公が漁村には二つあり、それぞれ漁村の端（北と南）に位置している。そして、漁村の住民のほとんどは蘇、李、徐、鍾、郭の五つの姓の人々である（写真3、写真4、写真5）。

ところで、現在の汕尾では、ほぼ誰も水上居住を行っていない。筆者は二〇〇五年の予備調査開始時に「ここの水上居民は」と質問しようとしたら、漁村の書記に「もう水上居民はいない」と即座に否定されてしまった。そのため現在では、かつての水上居民とその後裔たちは「漁民」と自称し、またそう呼称されてもいる。一方で、現在陸上に暮らすそうした「漁民」の中には、手広く商売を始めるなど、もはや漁業を生業としないもののもいるが、そうした場合でもなお、「漁民」とされることが多い。

四　汕尾における祖先モンゴル族伝承

1　民族識別工作時の記録から

はじめに述べたように、一九五〇年代に中国政府は民族識別工作を行った。その際の疍民に関する調査の報告書である『広東疍民社会調査』には、「歴史伝説――『元番種』問題」という項目があり、現在の汕尾市を含む広東東部の「后船疍民」の五姓は「元番種」（モンゴル族）出自であるという以下のような伝説が記載されている。

宋が滅び、元番が中国を統治したとき、三戸ごとに一本の包丁を共用し、三戸ごとに一人の元番を養った。中国人が嫁をもらうには、先に元番に嫁を差し出す必要があった。元番統治の圧迫はたいへんひどく、中国人は反抗に立ち上がり、「大殺元番」と書いた紙を月餅の中に入れ、ある年の八月十五日に月餅を食べるときになって、皆で立ち上がり元番を殺した。当時、恵来県覧表郷に住む元番は、少数が当地の住民に保護を受け、後に婢女と結婚し、人口も次第に増え、蘇、李、徐、鍾、郭の五つの姓を名乗った。漢人はかつての報復として彼らを虐待し、彼らに陸地居住を許さず、一切の権利を剥奪した〔広東省民族研究所　二〇〇一：六九〕。

また報告書には、この「元番種」伝説だけでなく、一九五〇年七月甲子（＝陸豊県の漁港）の后船疍民が戸籍調査に「モンゴル族」と記入したことや、恵来県覧表郷ではこの伝説が非常に流通しており、呉姓の一族が彼らの祖先を「番祖呉」としていることも記されている〔広東省民族研究所　二〇〇一：六九〕。

この報告書では、あくまで「史実」の上で彼ら「后船疍民」がモンゴル族起源であるかどうかを探求し、民族区域自治に生かそうとしているため、次のように続く。

①　陸上の漢族や白話疍民とは風俗習慣、宗教信仰、衣服装飾品、言語歌謡などの文化表現が異なるので、将

来の民族民主政権樹立は必ず彼ら民族内部の具体的特徴を基礎として行わねばならない。

② 民族呼称に関しては、慎重に検討すべきである。なぜなら疍船疍民の意識の中では、彼らの祖先は元朝が滅び明朝が成立した時に水上に逃げ漁業を始めた元番であるためである。甲子漁工会[4]や、漁協会が我々に提出した書類の戸籍欄に「モンゴル族」と記したのが顕著な事例である。

③ 今のところ彼らが元番の子孫である確かな証拠はないが、我々が理解した（彼らの）各種の特徴と、元代の歴史や北方のモンゴル族やその他の「番人」（当時の色目人）固有の民族特徴などを合わせて、多方面から比較研究を行い、さらに彼らが元番の子孫かどうかの問題を解決すべきである。

ここでは、「疍船疍民」の文化的特徴が北方のモンゴル族と近いのかどうか、そして元代の歴史との整合性が問われるべきだとの意見が述べられる。ここでもやはり、あくまで客観的な文化的特徴と、「歴史」が問われるのである。以下、元代に関する「歴史」との対比から、「元代の歴史を参照すると『漢人が報復で彼らを虐待した』『八月十五日に「大殺元番」を行った』など、この伝説と一致するところが大変多い（中略）。この問題はさらに研究する価値がある」〔広東省民族研究所　二〇〇一：六九―七二〕と述べられており、あくまで、「史書」との一致点をさがすことが「事実」であることの証明になる、という論理で記されている。

この報告書は、陸の側の調査者が記したものである。したがって、自分たちはモンゴル族だと語った「疍民」の意図だけでなく、この伝承を荒唐無稽だとせずに報告に記した調査者の意図も考察しておくべきであろう。この場合、水上居民が「民族」であることを前提にしている調査報告であることも重要であり、調査を行った側が、陸と水上のバウンダリーの存在を前提として、彼らがモンゴル族であるのか、そうでないのか、ということを考察しようとしている。一方で、戸籍調査に自ら「モンゴル族」と記入するなど、疍船疍民が陸地住民と同じ「漢族」であるという認識は、彼ら自身も含め、現地社会にはあまりなかったと、ここでは考えられる[5]。

２　現代に残るモンゴル伝説

かつて文字を使うことができる人が少なかったこともあり、「漁民」たちはもともと祖先の来歴を記した族譜を所持していない場合が多かった。しかし筆者は、漁村を構成する東風村委員会のA書記から漁村の近年編纂されたという徐姓の「族譜」を紹介された。ただし、A書記も「陸豊[6]の誰かからもらったもの」ということしか認識しておらず、筆者は結局編纂者を探し当てることができなかった。したがって、編纂者の編集意図や編纂にいたる背景等を直接調査することはできなかったが、この族譜には大変興味深い記述がなされているので、ここで検討してみたい。以下に紹介するのは、この「族譜」の前書きの一部である。

徐氏源流

蒙古忽必烈侵進我国南方、兵荒馬乱、元兵占拠沿海各地、我徐姓族親併同蘇、郭、李、鐘等五姓魚民為逃避元番、避免元番推残、便全家搬拠船上、東逃西避、時間経久、成為全家捕魚為業。我徐氏族秦朝徐福東渡、以後便従徐州遷移部分宗親散居于浙江等沿海地区、開始捕魚事業已有二千多年暦史。元忽必烈九年壬辛歳、宋帝丙、陸秀夫等大臣、被元兵追至甲子鎮時、曾受過甲子鎮三姓的優待勒封苑山、李海、呉沙坝。后陸上不能容身。（略）査〇嶺任広州刺史属南宋初期、文孝公遷甲子、捕魚是八百多年前。暦尽滄海桑田、世事多変、徐氏水上魚船散布全国沿海各地区、后来有些人以強欺弱、対水上人用各種非人倫手段、進行圧迫和勒索、還制造謡言、顛到黒白、説魚民是元番的子孫、是被朱元璋圧下海的、一人伝虚百人伝実、引起后人対魚民岐視在黒暗社会裏、連穿的衣服還要受到限制、不准紅帯緑、一件衣服両布不称意時殴打、似奴隷一様、暦経幾百年擡不起頭。解放后受到共産党的重視、宗人才能挙頭見青天、安排陸地建魚村、子女上大学、一些人任了国家干部、過着自由幸福的生活、宗人們：水上魚民原是漢族、併不是蒙族、須知枝葉同根、分流合一、異日相聚務宜相親相敬、互助互愛可謂是奕葉繁昌、宗枝繁衍。

（魚村　魚民　などは原文のまま。〇は判別不能。傍線は筆者）。

このように族譜の前書きでは、「水上魚民はもともと漢族であって、モンゴル族ではない」ことが言明されている。そして、彼らの徐姓漁民の起源は、元番（モンゴル）が中国を制圧した際に、「我々徐姓の一族と蘇、郭、李、鍾の五姓魚民は元番から逃れるため、一家で船に乗り、捕魚を生業とするようになった」ことに端を発するものとされるのである。

さらにここでは、かつての「漁民」祖先モンゴル伝説は、明確に否定されている。編纂者を特定できていないためあくまで推定ではあるが、こうした族譜編纂を行おうとするものは、文字の世界にも造詣のある知識人であり、政策として「漁民」が現在漢族であることを知る人物だと考えられる。そうしたこともあって、「漁民」を漢族だとしたのであろう。また、「漁民」が「偽造された噂によって元番の子孫とされた」ことをあげている点から、「漁民」はモンゴル族ではないとわざわざ言明する理由として、本来差別を受ける理由はないことを主張したいためであったと推定される。

ただし、祖先がモンゴル族ではなく、漢族であるとしつつも、この族譜における「漁民」の起源の説明と、祖先モンゴル伝説との間には、いくつかの共通点も存在する。まず、漁村を構成する五姓の「漁民」が由来を同じくするということであり、由来を同じくする「漁民」は、水上生活中に陸上の人々から差別、迫害を受けたとする点である。そして、先に触れたようにその理由として族譜では、「偽造された噂によって元番の子孫とされた」ことをあげていることからは、逆に現地では広くモンゴルだといわれてきたことも確認できよう。

もうひとつの共通点は、この族譜での「モンゴル」もまた「征服者モンゴル」であり、かつそのことが後に漢族から報復を受ける理由になったということである。したがって、こうした点から、この族譜もまた「祖先モンゴル伝承」の変形バージョンといえる。

また、漁民の「祖先モンゴル伝承」は、「漁民」の間に広まっているだけでなく、陸の住民たちにも残っている。二〇〇八年三月に、この族譜の編纂者などについて、私にこれを見せてくれた漁村のA書記に話を聞いていたところ、横にいた街道[7]のB主任が「漁民」は「モンゴル族」だといいだした。漁民ではなく、地元の陸上出身の街道主任は、「ここの『漁民』は疍族[8]じゃない。疍民という言い方はあるが、疍民というのは河や近海に住む人々のことだ。ここの『漁民』はモンゴル族だ。少なくとも地元の老人や、歴史を研究している人の多くがそういっている。うちの父母もそういっていた」と言い出したのである。そしてそれを受けて、A書記は、「甲子の漁民は昔、戸口に『蒙（モンゴル）』と書いたらしいね」と言ったのである。なお、A書記は前述の『疍民社会調査』を所持しており、それを読んでこの話を知っていた。そしてさらにB主任は「これは、研究して証明されたわけではなく、伝説だが」と前置きをしつつも「昔モンゴル族が中国を統一し、そのあと、欧州などまで統一した。その時漢族などをたくさん殺した。そして漢族は起義をなした。その後モンゴル族の一部は海上に逃げた。それがこのあたりの『漁民』だ」と説明したのである。

注目すべきは、ここでB主任が語るモンゴルも「漢族をたくさん殺した」「征服者」だということである。さらに、B主任のような陸上の人々がこの話をしていることから、「漁民」たちだけではなく、地域社会の人々の中で広く共有された伝承であったこともわかる。このことは、以下の事例からも確認できる。一九三九年生まれで、元教師である陸地出身C氏は、「漁民」の祖先モンゴル族伝承について、次のように語った。

昔、自分が子供のころ、同級生に「漁民」がたくさんいた。大人の「漁民」たちは、自分たちの先祖がモンゴル族だといっていた。当時はよくわからなかったが、あとで自分が大人になってみて、それは間違いだとわかった。彼らはモンゴル族ではない。そんなはずはない。

元学校教師であり、政策や歴史記述にも詳しいC氏は、「漁民」の祖先がモンゴル族であるとする見解には現在は否定的である。ただし、「大人になって間違いだとわかった」という発言からも、当時は特に疑問を挟むものではなかったことが明らかであり、この地域において「漁民」の祖先モンゴル伝承が普及していたことがわかる。なお、「漁民」の風俗習慣などを調べに来たという筆者に対し「我々はモンゴル族だから。汕尾（の人）とは違う」と述べた「漁民」もおり、現在でも少なくとも一部の人々には、なおモンゴル伝承は存在しているのである。

五　華南におけるエスニシティと歴史叙述

1　マジョリティからみた水上居民、山地民イメージとその影響

それでは、かつての水上居民とその後裔である「漁民」には、なぜ陸の人々とは別の祖先伝承が存在するのか。すなわち彼らと陸上の人々とは、どうして差異化されてきたのであろうか。「水上居民」と陸地の人々との一番の差異は、いうまでもなく、水上居住という居住形態と、それに関連した生業の違いである。居住形態を基準に

差異化を行うことは、中国に限ったことでない。伊藤亜人が指摘するように、かつての日本の漁民と農民、山地民に関しても同様であり、農民である里人にとっての山中や海上というのは、単なる遠景にすぎないか、時には他界ですらあった。こうした山中や海上の漂泊的な集団と平地の農民の相互関係は、日本だけでなく、中国や東南アジアにも存在し、むしろ普遍的なものであるといえる［伊藤　一九八七：一一七］。

汕尾を含む華南においてもまた、平地民からみた水上居民や山地民が異民族として扱われる傾向があった。可児弘明は「蜑民の異民族出自説について」［可児　一九七二］の中で、次のように述べている。少し長いが、引用してみたい。

こうした居住地の高低差、たとえば広東省における山地住民の客家、平地住民の広東人、水上住民の蛋家は、ちょうど鳥類などの棲みわけ現象に似ている。客家は山地に拠り、広東人は平地に拠り、蜑家は水上に拠り、それぞれ餌をわけあっていたといってもよい。こうした関係の下で、自己の居住地を犯されず、また他者のそれを犯さず、自己の餌を掠められずまた他者のそれを掠めないためには、山地住民、平地住民、水上住民の三カテゴリーに応じて自己の帰属を明確にし、他者と区別することが必要であったにちがいない。この点で最も忠実であったのは水上住民である。山上人、岸上人の呼称にそのことがよく投影している。一方、この三カテゴリーは旧中国の序列体系にも関係しており、平地住民に優位が与えられ、逆に山地住民と水上住民が劣位に位置づけられてきたことはよく知られている。たとえば科挙の地方試験において客家は著しく不利に扱われ、蜑家に至っては受験資格すら与えられていなかった。この社会的な格づけに密着し、ある意味では説明理論となって社会を動かしていたのは、山地、平地、水上の棲みわけをエスニックなちがいに対応させた解釈であったといってよい［可児　一九七二：一九―二〇］。

このように、山地住民の客家、平地住民の広東人、水上住民の蜑家という分類は、鳥類などの棲みわけ現象と似たものだが、それをエスニックな違いに読み替えていくことで、平地住民の優位が説明されていたとする(9)。可児はさらになぜ異民族出自説が説かれるのかについても以下のように説明している。

> それでは一体なぜ異民族出自が説かれてきたのであろうか。異民族出自説は、異民族の血を引くものであるから山地や水上に住むべきであって、平地において平地住民である中国人と混住できないのだという棲みわけの説明理論と表裏するものである。平地はどこよりも安全で生産性が高かったから、一方では山地住民の平地侵入におびやかされるとともに、他方では水上住民の陸上りにも影響されるおそれがあった。こうしたおそれにたいして、平地の独占を計るためには、棲みわけ理論を強制せねばならない。そのためにくりかえされたのが客家や蜑家の異民族出自説であったといえる。もともと政治的なものであって、平地住民の自衛的動機に出たものだと推測されるのである。この際、中国史上には、たまたま蜑と呼ぶ異民族が揚子江中、上流にいたので、この蜑が水上住民の異民族出自のよりどころとして利用されたことも想像にかたくないのである［可児　一九七二：二一七］。

可児は、異民族出自説を「もともと政治的なもの」であり、「平地住民の自衛的動機に出たもの」であるとみなしている。すなわち、可児もまた、「史実」というよりは「伝説」であり、人々に利用されてきたものであるという立場をとっている。

また、長沼さやかも、中国本土の「広東漢族」が、山地と水上という居住カテゴリーによってヤオ（傜）や蛋家を他者として設定してきたことに言及している。そして、蛋家が民族識別工作を経て政策上漢族として公認されたのちも、広東の先住民である古代越族の文化を受け継いだものとして文献などに記されるがゆえに、少数民族と認定されたヤオの人々と同様に、蛋家もまた広東漢族が自らの文化的境界を規定するために必要な異質性の概念でありつづけたことを指摘している［長沼　二〇一〇：二四七］。

汕尾周辺においてもこうした差異化とほぼパラレルな差異化が図られてきた。例えば、二一世紀に入って作成された辞書においても、広東通史に記載されている〝上山為畲下水為蜑〟（山に登ったものが畲となり、水に降りたものが蜑となった）といった文を引用しつつ、漢人がこの地に進出した際、原住民であった古代越族のうち、山に逃げたのが今日の畲族《シャズー》で、船に乗って河や海へと出たのが蜑民《ダンミン》であるという見解が紹介されている［羅志海　二〇〇九：引論二］。これは、山地少数民族である畲族と、漢族である蜑が、ともに漢族の進出によって追い出された原住民の後裔であるという認識をあらわすものであるとともに、その認識を補強するのは広東通史のような文字で書かれた「歴史」であることをあらわす一例と言えよう。

このように、水上居民に対しては、これまで絶えず陸の側からの差異化がなされてきた。そしてそれが文字による記述として残ることで記録をした側は正統性を獲得してきた。繰り返しになるが、ハレルが雲南のイ族を事例に「イ・カテゴリーを創出し守ろうとする人々（研究者と民族事務委員会を含む）は、まず「歴史」を書かなければならない」［ハレル　二〇〇六：二八三］としたように、中国では歴史を書くこととエスニックカテゴリーの正統性のあり方は大きく関連しているのである。

それに対して、文字で書かれていないものは、中国においては正統性を獲得しにくい。先に紹介した口承による漁民祖先モンゴル伝承もまた、文献上宋代以前にも「蜑」について記述があるゆえに、宋代よりも時代が下った元末に海上生活を始めたというのはおかしい、という判断がなされる。そして、地方志等の文献資料ならびにそれと齟齬のない口頭伝承を根拠として「地方志、族譜の記載および民間の口承資料から、疍民は越族の子孫であるといえる。いわゆる后船疍民は「元番種」であるという説はでたらめである」［葉良方　二〇〇四：三］といった判断が陸上の知識人によってなされるのである。

また、先に例として挙げた漁村徐氏の族譜が「我々は漢族であってモンゴル族ではない」とあえて主張していることからもわかるように、「漁民」に祖先モンゴル伝承が広まっている一方、「漁民」の知識人層、指導者層はこの伝承にむしろ否定的である。そして、一般の「漁民」の中でも現在「自分たちはモンゴル族だ」と強く主張、運動する者はいない。それはなぜだろうか。ひとつには、現在彼らを漢族とする政策との整合性をとる必要があるということがあるだろう。また、異なる民族であると主張することで水上と陸上との間に境界を作ってしまい、以前のような差別がなされることを危惧しているとも考えられる。陸に住み、目に見える文化的差異が少なくなった現在、あえて境界を強調する必要は彼らにないのであろう。

6 「漁歌隊」の練習風景（14年3月2日）

その一方で、近年は、「漁民」文化の資源化も行われており、「漁民」の祖先がかつては船に住んでいて、独自の文化があったとされるのを、漁民自身が利用し始めている。町の媽祖誕などのイベントにおいて、漁民の結婚式を模した行列を披露する［稲澤　二〇一〇：一四―一七］のに加え、「漁歌隊」を組織し各地の大会に出場するなどの活動を始めている。二〇一四年四月末には、旧暦三月二三日の媽祖誕にあわせて、汕尾市内の文化ホールで歌と踊りを披露することになっており、二〇一四年三月に筆者が訪問した際には、このイベントに向けた練習を行っていた（写真6）。ただし、こうした活動では彼らが「漁民」であることは強調されるが、祖先が「モンゴル族」であるということは全く話題にならない。もちろん、これを見た人々が「漁民」や「漁民文化」をどう語るのか、参加者の自意識はこうしたイベントでどう変化していくのか（しないのか）など、詳細については今後の課題である。

２「モンゴル」性の持つ意味

それでは、文字による「正統性」への強い意識のある華南において、口述による「漁民」のモンゴル族起源説が存在することには、いったいどんな意味があるのだろうか。

「漁民」の祖先がモンゴル族であるとする場合も、それを否定する徐氏の族譜でも、そこに書かれている「モンゴル」は、かつての支配者としてのモンゴルである。シンジルトは、これまで日本のみならず国際的にも、研究者が準拠しがちであった本質的なモンゴルイメージとは、「チンギスハーンや蒙古帝国の歴史的栄光ないしは大草原の遊牧民である」としている［シンジルト　二〇〇三：七七］。これは、研究者のみならず、一般に広まっているモンゴルイメージであるともといえよう。中国の南方においては、モンゴルがかつての支配者として言及されることが、他にも確認できる。例えば、雲南省通海県の「モンゴル族」について「元代には、雲南におけるモンゴル族は、元帥であろうと下級官吏であろうと、政治上の統治者であり、経済上は朝廷により提供されるものを頼みとし、文化上は漢族の先進文化を学びつつ、同時にモンゴル族の正当な言語と習俗を保っていた」［高発元　二〇〇一：九二］とする記述がある。

なお、この雲南省通海県のモンゴル族は、元軍の雲南平定後に雲南へやってきた人々で、元朝の滅亡後、牧民が漁民となり、明代から民国期まで、漁業を主たる生業としてきた人々の子孫であるという［通海県史志工作委員会　一九九二：五三、六〇六―六〇七］。かつては支配者だったが、漢族の下で辛酸をなめるモンゴル（＝漁民）という構図は汕尾とも極めて近い。彼らは、民族識別工作によって「モンゴル族」であると認められたが、もしそうでなければ、彼らも汕尾の「漁民」と同様に「祖先がモンゴル族だという伝承をもつ漁民」ということになっていたのである。

金柄徹が指摘したように、東南アジア、東アジアの家船民の間に「かつては陸に住んでいた高貴な身分」であったという伝承が共通して存在しており、そうした伝承の中では、彼らの船での生活は、外圧からの避難、政治的な隔離、神からの罰、不運などの結果であるとされている〔金　二〇〇三：九―五二〕。金は、モーケンやバジャウ、香港の蛋民などの家船民は、「彼らは、自分たちの起源を『陸』に求めるほど陸に依存する一方で、陸に対する一種の被害者意識も共有していたのである」〔金　二〇〇三：三八〕とする。汕尾の「漁民」における「祖先モンゴル族伝承」もそれらと同様の意味を有していると考えられる。すなわち、かつて自分たちは陸の支配者であるモンゴル族であったが、元朝の滅亡とともに、政治的に隔離されて、その後は抑圧を受けることになったのだという語りには、陸で暮らしていた高貴な身分であったという自負と、その後の困難、陸への被害者意識が見受けられる。また、自分たちの祖先が漢族だとしている族譜での説明でも、かつては陸にいた、という構図自体は同じであり、こちらには陸地への被害者意識はよりはっきりと記されている。

7　汕尾港と漁船（14 年 3 月 1 日）

また、シンジルトの指摘を待つまでもなく、モンゴルイメージには、支配者としてのモンゴルの他、大草原の遊牧民というものもある。汕尾でも、前述のC氏との話を聞いていたD氏は「漁民は我々とは違う風俗習慣をたくさん持っている。でも、モンゴル族だというのは、全くの間違いだ。そんなはずはない。モンゴル族なら、馬はどうしたのか。（中略）そんなに簡単に海に適応できるものか」と語ったように、モンゴル族は馬に乗っていたはずだが、「漁民」は馬に乗っておらず、従って「漁民」とモンゴル族は関係はないという語りも存在する。

たしかに、馬に乗る遊牧民と、船に乗る漁民のイメージがかけ離れているがゆえに、そのつながりを否定するものとしてこうした語りは存在しうる。しかしながら、中国人の社会認識に深く根ざした社会連帯や社会の持続性に関する文化的モデルの中では、民族認定の基準を血統や出自に基準を求める血統、出自の文化モデル［瀬川二〇一三：一四―一七］の影響力は大きく、モンゴル族の子孫はあくまでモンゴル族であるとする考え方は、現在の「漁民」が馬に乗っていない、といった文化的要素の違いだけでは否定しきれないものなのである。こうした血統や出自に「民族」であることの根拠を求める点は前述の雲南省通海県の「モンゴル族」も同様で、もともと牧民であったが、明代から民国期まで漁業を主たる生業にしていて、さらに近年は農業を行っているとされる［高発元　二〇〇一：九―一〇］。それにもかかわらず、彼らは「モンゴル族」であるとされることからも、中国社会において「民族」を判断する際に出自や血統が優先されることは明らかであろう。

かつて、水上生活をしていた漁民たちは、貧しく、陸の人々から差別や搾取を受けて、大変生活も苦しかったという。そうしたなかで、彼らなりに現況を説明する方法として、こうした祖先に関する伝承が存在してきた。それは、かつては高貴な身分であったが、過去の事件をきっかけに生活の場を海へと動かさねばならなかったとする各地の家船民と同様のものである。

現在の「漁民」は陸上がりをしており、もはや水上居住をしていない。また、漁業をしていないものすらもいるが、それでも「漁民」とされる。その背景にはこうした出自、血統に基準を求める文化モデルが存在しているのである。かつての「モンゴル族である」とするものも、「モンゴル族ではなく、漢族である」とするものも、陸に暮らしていた自分たちが、王朝の交代という動乱によって、海へと追いやられてしまったとする点で共通である。

それに加えて、「漁民」の祖先を華南の先住民とされる「越」ではなくモンゴル族であると主張してきた点にも、中国華南の地域的、文化的特色を見出すことができよう。例えば、北米等であれば、「先住性」こそが、マイノリティの社会的な権利とその正統性を担保することになるのであろうが、華南ではそうではない。この地域では、マジョリティである漢族の多くも中原からやってきた人々の後裔であると自認しているだけでなく、少数民族ですらも中原由来であることを主張する。文化的先進地域であった中原を含む中国を支配下においたモンゴルの後裔であるとすることは、華南が辺境であるにもかかわらず、いや、辺境であるがゆえにこそ、外来性や後来であることにステータスを持つという文化規範の中でポジションを獲得できるものであったといえる。

では、陸の側からみるとどうであろうか。地方志などにみられる「蜑とは越族の後裔が海に入ったもの」とする説では、「漁民」と同一視される蜑は先住民であるがゆえに、中原由来ではないことが言明される。そして、それゆえに、「漁民」は漢族ではない「異民族」であるとされるのである。その一方で、「漁民」の祖先はモンゴル族であるという伝承は、B主任や幼年時代のC氏のような、陸の人々にも広まっている。また、民族識別工作の報告書にある「元番」という記述はモンゴルを番＝蛮とみる見方であるともいえる。したがって、ここでの蜑民の「祖先モンゴル族伝承」は「漁民」の側の名乗りとしてだけでなく、陸の側の名づけであるという解釈もできる。そのように考えれば、モンゴルはかつての中国の支配者であったとは言っても、所詮は蛮、すなわち「異民族」であり、中原からやってきた自分たちと「漁民」の差異化を根拠づけることのできる語りであるともいえる。

「漁民」の祖先モンゴル族伝承は、もともと陸の側が言い出したものなのか、漁民たちが主張したものなのか、どちらが先に言い出したのかはわからない。しかしながら、モンゴルがかつて支配者であったというプラスの側面と、漢族からみて蛮、あるいは異民族であるというある意味マイナスの側面の双方とを持つため、陸の住民の側からも、「漁民」の側からも、承認可能な仕組みをもった語りであったといえるのである。

また、中原起源をとる漢族の祖先伝説と、はるか北方から中国全土を支配するためにやってきたモンゴルを起源とする漁民たちの祖先伝承はともに、非土着性のもつ正統性を求める点においては同じである。もちろん、水上居民は漢族であるとする現行の政策下では、この語りが正しい「史実」をあらわすものとされることはないのであろう。しかし、この伝承の中に、先住性が優位性を持たず、外来性に正当性を求めるという、極めて華南的な住民の意識が存在することを指摘できるのではないだろうか。

六　おわりに

本章では、外部から規定されてきた、文字により書かれた歴史と、それに抗しうるものとしてナラティブの語りとしての「祖先モンゴル族伝承」に注目し、この伝承が語られてきた社会状況の解明を試みてきた。この二つの社会的影響力は、文字記録を正当なものとして重視する中国社会においては、決して等しいとは言えない。しかし、正当なものとされる語りと、それとは異なる語りの双方を並べて考察することで、語りや文書の意図だけでなく、それが流通してきた社会の文化的・社会的規範に迫ることができるのである。中華世界の辺境であった華南においては、祖先が中原由来であること、すなわち華南における先住性の否定こそが文化的正統性の獲得につながる。そうした中で北方からやってきたモンゴル族が祖先であるとすることは、「漁民」にとっても、また彼らを自分たちとは差異化したい陸上の住民からも受け入れ可能な仕組みをもっていた。

共産党政府の民族政策により漢族であるとされたこと、陸上がりが進み彼らを特徴づけていた「水上居住」がなくなったことにより、汕尾の「漁民」たちと陸上のマジョリティとの目に見える現実の差異は消えつつある。しかしながら、血統や出自の重要性が指摘されている中国では、過去の「歴史」を用いて彼らを差異化する営みは今後もなされるであろう。そして、「漁民」たち自身も、そうした「歴史」を文化資源化する日が来るかもしれない。現に、「漁歌」を媽祖誕などのイベントの際に披露するという活動は始まっており、それに付随して彼らの祖先がどう語られるのか、今後の展開が注目される。我々中国をフィールドとする人類学者には、今後も語り続けられていくであろうさまざまな祖先伝承について、その内容や時代背景の変容を含めて詳細に記録、分析していくことが求められ続けるのである。

その一方でこの伝承は、東南アジアや東アジアの多くの家船民の間に広まっている伝承と同様に、かつて支配者であったモンゴル族を祖先とすることで、「自分たちは陸に住んでいた高貴な身分であった」という認識を示したものである。同時に、陸の住民と自分たちとの差異化が図られていること、それにより大きな不利益を被っていることを主張したものでもあると考えられる。このように、一見荒唐無稽とすら思えるこうした伝承は、水に深く関わって生きてきた人々に対する陸側からの位置付けには共通性があることを、中国か日本か、あるいはフィリピンなのかといった、国家の枠を超えた視点から捉えることができる資料となりうるものでもある。

注

（1）調査データの収集は、二〇〇四年～二〇〇七年まで中山大学に留学する際に受けた中国政府奨学金と、追加調査に際し受けた東北開発記念財団平成一九年度海外派遣援助ならびにＪＳＰＳ科研費二五七七〇三〇二「中国における定住政策とエスニックカテゴリーの変遷――山地民、水上居民を対象として」の助成を受けてなされたものである。

（2）本章の内容は第七七七回東京都立大学・首都大学東京社会人類学研究会にて発表した「祖先伝承とエスニシティ――中国水上居民の祖先モンゴル族伝承を中心に」、ならびに慶應義塾大学東アジア研究所プロジェクト「日本・中国・韓国からみた海域文化の生成と変容――「東方地中海」をめぐる基層文化の比較研究」第七回研究会において発表した「東方地中海における水上居民――広東東部の水上居民モンゴル族祖先伝承を中心に」に大幅に加筆修正をしたものである。そのすべてを反映させることはできなかったが、有意義なコメントをくださった皆様に感謝したい。

（3）「白話疍民」は、彼らとは別の大隊となった。この大隊が、現在の「紅衛村員会」の前身である［cf. 稲澤　二〇一二：一四八―一四九］。

（4）陸豊市（旧陸豊県）内にある漁港。

（5）一方で、民族識別以前の「民族」は、現在のように固定された身分ではなく、多分に流動的なもの［cf. 横山　一九九七］であったことは想定しておく必要がある。

（6）旧陸豊県、現在は汕尾市（地級市）内にある陸豊市（県級市）。

（7）いくつかの村委員会や居民委員会を管轄する行政単位。

（8）この後主任は、「疍族にしておけば優遇されたし、観光開発もしやすかったのに。海豊の畲族なんか政府が大金を出して村を整備した」といっていたので、漁民は「疍族」ではないというのは、民族認定された少数民族ではないことを指している。

（9）平地のマジョリティの農耕文化を優れていると考え、それとは異なる水上居民を差別していた中国伝統社会のディスコースを紹介したものに［何家祥　二〇〇五］がある。

参照文献

日本語

伊藤亜人

一九八三　「漁民集団とその活動」『日本民俗文化体系五　山民と海人――非平地民の生活と伝承』網野善他編、三一七―三六〇、小学館。

一九八七　「漂泊漁民の伝統」『東京大学教養講座一六　海と文明』浜田隆士編、一〇九―一二七、東京大学出版会。

稲澤　努

二〇一〇　「消される差異、生み出される差異――広東省汕尾の「漁民」文化のポリティクス」『海港都市研究』（五）：三―一二一。

二〇一二　『消え去る差異、生み出される差異――中国水上居民のエスニシティ』東北大学環境科学研究科博士論文。

小川　博
　一九六九―七一「中国史上の蜑　蜑（蛋）についての諸学説について（一）～（五）」『海事史研究』海事史研究会。
可児弘明
　一九七〇『香港の水上居民――中国社会史の断面』岩波書店。
　一九七二「蜑民」の異民族出自説をめぐって」『中国大陸古文化研究』（六）：一九―二七。
金柄徹
　二〇〇三『家船の民族誌――現代日本に生きる海の民』東京大学出版会。
桑田六郎
　一九四四「文献に現われた蜑族と蜑戸」『太平洋圏　民族と文化　上巻』太平洋協会編、四三五―四四八、河出書房。
シンジルト
　二〇〇三『民族の語りの文法――中国青海省モンゴル族の日常・紛争・教育』風響社。
瀬川昌久
　一九九六『族譜――華南漢族の宗族・風水・移住』風響社。
　二〇一三「中華民族多元一体構造と民族行政の現場における民族認識」『近現代中国における民族認識の人類学』瀬川昌久編、二一―五八、風響社。
長沼さやか
　二〇一〇『広東の水上居民――珠江デルタ漢族のエスニシティとその変容』風響社。
野口武徳
　一九八七『漂海民の人類学』弘文堂。
羽原又吉
　一九六三『漂海民』岩波書店。
ハレル・S（高山陽子訳）
　二〇〇六「『イ族史』の歴史」『中国文化人類学リーディングス』瀬川昌久、西澤治彦編、二八一―三〇八、風響社。
牧野　巽
　一九八五『牧野巽著作集　第五巻――中国の移住伝説、広東原住民考』御茶の水書房。
山口裕子

二〇一一　『歴史語りの人類学――複数の過去を生きるインドネシア東部の小地域社会』世界思想社。
横山廣子
一九九七　「少数民族の政治とディスコース」『岩波講座文化人類学　第五巻――民族の生成と論理』青木保ほか編、一六五―一九八、岩波書店。

中国語
陳序経
一九四六　『蛋民的研究』商務印書館。
高発元主編
二〇〇一　『雲南民族村寨調査 蒙古族――通海興蒙郷』雲南大学出版社。
広東省民族研究所編
二〇〇一　『広東疍民社会調査』中山大学出版社。
何格恩
一九四四　『蜑民調査報告』東亜研究所広東事務所。
一九五九　「蜑族之研究」『東方文化』五（一、二）：一―四〇。
何家祥
二〇〇五　「農耕他者的製造――重新審視広東『疍民歧視』」『思想戦線』三一（五）：四五―五一。
林恵祥
一九三九（一九九三）『中国民族史（上）』商務印書館出版（影印版）。
羅香林
一九九二（一九三三）『客家研究導論』（影印本）上海文芸出版社。
羅志海
二〇〇九　『海豊方言辞典』天馬出版有限公司。
施聯朱
二〇〇四　「関于疍民的識別『中国的民族識別――五六個民族的来歴』黄光学、施聯朱編、二二八―二三一、民族出版社（修訂版、初版は一九九五）。

通海県史志工作委員会編
一九九二『通海県志』雲南人民出版社。
伍鋭麟
一九七一（一九四八）『三水蛋民調査』国立北京大学中国民族学会民俗叢書：四一　東方文化書局。
葉良方
二〇〇四「汕尾市疍民民俗文化史考」『汕尾文史』（一四）：四五―六。

英語
Anderson, E N.
1972　*Essays on south China's boat people.* Taipei : Orient Cultural Service
Ward, E. B.
1965（1985）"Varieties of Conscious Model: The Fisherman of South China." *Through Other Eyes: An Anthropologist's View of Hong Kong.* Hong Kong: The Chinese University Press. pp. 41-60.（「さまざまな意識モデル　華南の漁民」瀬川昌久訳『中国文化人類学リーディングス』瀬川、西澤編、二三七―二五九頁）

第一二章　神話と儀礼の海洋性——中国ミャオ族の場合

鈴木正崇

はじめに

広大な中国大陸の内陸部には海から離れた地域に居住するにもかかわらず、神話の中で海洋について語ったり、洪水の記憶を神話に組み込んだりする民族集団がいる。そのうちから、ミャオ族（Miao・苗族）を主体として、神話の中に現れる海との繋がりや洪水を乗り越えた再生の物語、船の持つ役割や意味を儀礼と関連付けて検討してみたい。この主題を海洋性として表現できるかどうかはわからないが、象徴的な意味合いとしての海洋は神話の中に記憶として留められ儀礼によって想起される。ミャオ族は山地民で狩猟と焼畑を主に、水田耕作を併用して、地味が落ちると別の場所に移住するという暮らしを立ててきた。山間部に定住して水稲耕作を営み、見事な棚田を維持している村もある。村の起源については、漢族に追われて山地に追いやられた結果として現在の地に辿り着いたので故地は遠くにあると伝えることが多い。故地をチャンシー（Jangb Xib）と語る伝承があり、これを現在の江西省《チャンシー》にあてて長江中流域から移住してきたと語る人々もいる[1]。いずれにせよ、自らの歴史について、祖先は遠く離れた地方で生活していたが、種々の事情で長くて苦しい移動の旅を繰り返してきたと語り、村の創始の年代を定住化と併せて設定している。祖先の故地に関しては、神話では、海辺の近く、あるいは大河の岸辺など水に縁が深い場所が言及されることが多い。

一　神話の現状

ミャオ族は、中国南部の貴州省・雲南省・湖南省・広西壮族自治区などの山地に居住し、人口は二〇〇〇年現在では人口九八四万一一六人である。三つの方言集団に大別され、湖南西部・貴州東北部のコー・ション（Ghao Xong）、貴州東南部と広西のムー（Hmub）、貴州西北部と雲南東南部のモン（Hmong）からなる。ミャオ族は中国の少数民族とされているが、中国の総人口は約十三億人で漢族が全体の九四パーセントを占め、六パーセントの非漢族が一括して少数民族に組み込まれているので、相対的な少数である。中国外でもミャオ族と同系統の人々が、ラオス、ベトナム、タイなどで暮らしており、一九七五年以後はラオスから政治難民として流出した自称モンの人々が、アメリカ、オーストラリア、フランスなどで移民として生活するようになり、ネットワークが世界中に拡大した。

ミャオ族は固有の文字を持たず、歴史・神話・伝説、慣習や規則、日常の知識は口頭で伝えられ、特に神話は宇宙の創世や人間の起源を語る伝承として重視されてきた。貴州省の黔東南苗《ミャオ》族侗《トン》族自治州で暮らす自称ムーは、神話を儀礼と密接に関わる伝承として重んじてきた。神話の内容は蝶々のメイパンメイリュウ（Mais Bangx Mais Lief 蝴蝶媽媽）が十二の卵を産んで、卵の一つから人類が誕生するという話で、人類の誕生後には、洪水のために世界中が水浸しとなり、瓢箪を船として乗り込んだ兄と妹が助かり、様々な逡巡を経て結ばれて、子供たちが生まれて人類が復活し、現在の繁栄に至ると語る。いわゆる洪水型兄妹相姦神話であり、中国南部ではミャオ族だけでなく、多くの民族が同種の神話を伝えている[2]。人類の起源神話は、かつては語る時と場が限定されて、祖先を祀る時のみに唱えられたという。場所も橋の上や大樹の下のように他界との境界の場所が選ばれた。特に川は別の世界への入口で、神話を語るには適した場所とされていた。祖先の異なる父系血縁集団ごとに橋があり、毎年二月二日の敬橋節（diangb jux）、正月にあたる苗年（nongx niangx ノンニャン）には宗教的職能者（巫師）のアシャン（ait xangs）を呼んでニワトリを供犠して祀り、祖先の由来を伝える神話語りをする。さらに、大規模な十三年目に一度の祖先祭祀のノンニウ[3]（nongx niel）では、父系血縁集団のチャンニウ[4]（jangd niel、鼓社）を主体として祖先や死者を祀り、宗教的職能者（巫師）のアシャン[5]や祭祀責任者のガニウ（ghab niel、hfud niel。鼓蔵頭）等が神話を語った。ノンニウは神話を儀礼として再現して人々と祖先との繋がりを定期的に再確認すると共に、山住みの人々を広域にわたって統合する役割も果たしていたのである〔鈴木　二〇一二：二一〇～二一二〕[6]。

口頭伝承で伝えられてきた神話は、現在では記録されて文字テクスト化されてきている。一九五〇年代の収集資料は改革開放後に公表され、『苗族古歌』〔田兵（編）一九七九〕[7]、『苗族史詩 HXAK HMUB』[8]〔馬学良・今旦（編）一九八三〕、『苗族古歌 HXAK LUL HXAK GHOT』〔燕宝（編）一九八三〕が出版された[9]。以上の三冊が中国ミャオ族の神話の主要なテクストで、『苗族史詩』は英訳が出た〔Bender 2006〕。神話は文字に落とされて読むテクストになった。

神話はどのように語られたか。実際の神話の語りの場では、言語が独特のリズムにのって発せられ、発声自体が表現力と表出力を兼ねるような儀礼実践によって、独自の世界を構築した。言語が単に意味を伝える情報伝達の手段として使われるだけではなく、問いかけと回答の連鎖による濃密な対話、相互の言葉の応酬によって、宇宙の創世の神秘や秘密が解き明かされた。まさに「生きた神話」であった。しかし、現在では、神話のテクスト化によって「死んだ神話」に変貌した。その限界を意識しながら神話を検討する。

二　神話の内容

ミャオ族の天地創造と人類の始祖を語る神話はいかなるものか。以下では神話の内容を『苗族史詩』〔馬学良・今旦（編）一九八三〕をもとにして、貴州省黔東南台江県に伝わる伝承の概略をまとめてみた。ただし、語りよりは歌に近く、対話も含む謎めいた詩歌である。

内容は天と地の創世に始まり、太陽と月の創造、十の太陽が出現し射落す[10]。森林の伐採と耕作の開始を語る。楓香樹の生成、蝴蝶の樹木からの誕生と樹下の水溜りでの恋愛、十二の卵を産む。卵からの人間・水牛・龍などの誕生、祖先祭祀の発生が語られる。人間との争いから雷公による大洪水、生き残った兄妹による近親相姦、異常な肉塊の出生、切り刻まれての子孫の出生、西方への移住などである。黔東南のミャオ族で特徴的なのは、蝶々からの人類の誕生を語る「蝴蝶歌」（Mais Bangx Diangl）が特別な位置を占めることで、祖先にニワトリを供犠して捧げないと唱えることができない。本来は、水牛の供犠を伴う祖先祭祀のノンニウに際してのみ語られる神聖な物語だという。また、人類のうち兄と妹が生き残るという洪水神話も、通常時には語ることはせず、祖先祭祀に関わる儀礼の特定の場面で唱えることが原則であった。いずれも時と場を限定して語る神聖な物語であり「神話」の概念に合致する。概略は以下の通りである。

1　創世神話――楓香樹の生成と蝶々の誕生

樹木の種は、東方の土地神ゲルー（Ghed lul 顧禄）が、天上の家でフーファン（Fux Fang 福方）、つまり「大地」が種を生み出して立派に育てた。祖母のニュウシャン（Niu Xang 女＋丑香）が偶然にも種の家を焼いてしまった。この火によって、古い三つの儀礼と規則が破壊され、「古代の書」も焼けた。種は東へと川を辿ってやってきた。婆神のシャンリャン（Xang Liang 香両）が種を探しあて西方に戻し、大地を清めてまき、犂や鍬を使い水牛のシィウニュウ（Hxub Niu・休狃・修狃）[11]と共に田畑を耕した。シャンリャンが耕作を終えると、道具の鋤の刃は山上に置かれて祖先への供犠を語る歌い手となり、残りは森の脇、崖の下、水田などに置かれたが、各々が蛇、鳥、泥鰌に変わった。耕牛のシィウニュウは大岩に変じたが、その上で麻を打って紙を作る作業が行われ、岩は何度も打たれて疲れたので、本と紙を飲み込んでしまった。[12]シャンリャンは木々を山裾に植えた後、植物を池の脇に植えて魚（nail）が育つようにした。木々の中から巨大な楓香樹が現れる。楓香樹の下には恋愛する者が集い、池の魚を御馳走として食べてしまった。シャンリャンは楓香樹が魚を盗んで食べたと非難し、賢者が招かれて擁護したが、楓香樹は盗賊の棲家とされて結局は伐られてしまった。その時に出た大鋸屑《かんなくず》は魚、木屑《こっぱ》は蜜蜂、樹芯は蝶々、芽は蛾、瘤は木菟《みみずく》（ghob web sox・猫頭鷹）、葉は燕や高く飛ぶ鷹となり、梢は二股に分かれて風にそよいでジーウィという鶺鴒《せきれい》（ji wi・継尾鳥、鶺宇鳥）になった。

2　始祖神話――十二の卵と人間の誕生

蝶々のメイパンメイリュウは樹芯にあった。誰がこれを開けるか。蛾の王が突いて開けた。三日目で祖母のバンシャン（Bang Xang 榜香）の処へ行った。魚を与えられて育てられ、銀の飾りを身につけ成長する。ジーウィ鳥が来たが遊ばない。蝶々は水辺にいって川の水泡と恋愛、つまりユーファン[13]（yex fangb 游方）して十二の卵を産む。鶺鴒のジーウィ鳥が三年半、卵を温めて孵す。人類の始祖のチャンヤン（Jangd Yangb 姜央）の殻は厚いので神刀で割る。初めにチャンヤンが出て、雷公、水龍、虎、蛇、象が生まれた。チャンヤンは臍の緒を竹で切ったが（通常の出産時の取り扱い方法）、龍は銅（このため龍は今も銅を恐れる）、雷公は松明、芭茅草は茅草、蛇は石、虎は野生草で切った。臍の緒は様々に変形し、龍の臍の緒は鼈に、雷公は土地に、チャンヤンは稲と山中の蕨に、虎は野猫・狸・狐に[14]、象は醸鬼、つまりリャング（dliangb gel）になった[15]。蛇の臍の緒は水底に潜み水汲みの少女の天秤棒についてて家に入っていったので、父は醸鬼となり、母は蠱の薬であるジャ（jab）を手に入れた[16]。残りの卵の殻は暗雲、卵の膜は晴天になる。悪い卵は一年かけて老雌豚を食べる妖魔となり[17]、残りの殻は供犠のための祭椀となって、儀礼期間中に太鼓を安置する特別の小屋の中に収められる。卵から生まれたチャンヤンは山々を切り開き田畑を耕作し農作物を熱心に作る。祖先祭祀の木鼓作りを覚え、供犠する水牛を尋ねあてる。

３　洪水神話——人間の社会の生成

チャンヤンと雷公（Ghet Hob）は兄弟だが祖先の家の所有物に関して争い、雷公はチャンヤンに与えられた土地に不服従の意を表して天上に行き雹と雨を降らして溺れさせようと図る。チャンヤンは洪水を怖れて水田を耕そうとするが牡牛を持っていないので、雷公から牛を借りて耕し、その後で殺して祖先を祀って食べてしまった[18]。二人の間は険悪になり、雷公は洪水を起こすことを決意する。チャンヤンは三日三晩待ってくれと申し入れて、急いで瓢箪（khangb 葫蘆）を植えた。三日経つと瓢箪は巨大化し、チャンヤンは洪水が起こると瓢箪を船として大海に乗り出し、九日九夜続いた洪水を乗り越えた。洪水が引いた後、チャンヤンとその妹だけが生き残った。チャンヤンは一体誰と結婚したらよいのか迷うが、竹の助言を得て妹と一緒になる決意を固めた。チャンヤンは中々応じようとしない妹のニヤンニ（Niang Ni 娘妮）に結婚を申し込む。二つの臼を別々の山から転がして二つが一緒になったら結婚すると誓ったので試みると合体した。しかし、妹はなかなか応じようとはしない。その後の様々の難題を解決して、結局、兄と妹は夫婦になる。しかし、二人の間に初めて生まれた子供は肉塊（daib ghot dol）だったので、切り刻んで九つの肥桶に入れて九つの山に撒いた。すると肉片は人間に変わり沢山の人々が現れ出た。

人々は太鼓の音に合わせて足を踏み鳴らし喜びの舞をまった。しかし、彼らはまだ言葉を発することをしなかった。土地公を天上に派遣して秘策を得た。松明を点して五つや六つの山を焼いて竹を燃やすと弾けて音がする。それを真似て人々は言葉を話し始めると助言された。その通りにするとミャオ（苗）もトン（侗）も皆違った言葉で話すようになった。人々は一緒に住み、七人の爺さんは一つの牛殺しの刀を、七人の婆さんは一つの紡車を持って暮らす生活を始めた。しかし、各人は自分達の独自の暮らしを見つけるために西方へと旅立つ。

4　神話の異伝

神話には異伝が多い。凱里県では以下のように語られている。楓香樹の木の枝は、郭公、木の根は黄鸝、枝先は鶺宇鳥、木の葉は燕、木の傷は蝉、木片は魚、樹皮が虱、木の芯はメイパンメイリュウ（妹榜妹留、母の蝶々）、木の杭は銅鼓などに変化した（共通するものは蝶々と魚）。天上の男女がユーファン（游方）した時に、楓香樹の下に残った花模様の扇子と絹の傘を使って衣装を作った。蝶々は魚や蝦や花蜜で育ち、川水や太陽と「游方」したが、結局は水泡と十二日間かけてユーファンして十二個の卵を産み、中から、チャンヤン（姜央）、雷公、虎、竜、水牛、象、蜈蚣、蛇が生まれて兄弟となった。兄弟の間で誰が兄貴かを巡って争い、チャンヤンが火を使って勝った。雷公は不満を持ち洪水を起こし、チャンヤンとニチディ（Nil Jit Dei 妮姫妲）の兄妹は瓢箪に乗って生き残った。竹などの植物の勧めで占いをして相性があうと出たので結婚した。その後、二人の間には肉塊が生まれ、それを九つの俎板で切り、九つの山に散らしたら、九人の男女の子が生まれた。後に五組の父と娘が出来て養育し、六組の父と母が山を越えて西方に移ってよい暮らしをしたという［燕宝（編）一九九三：六二一］。

雷山県の伝承では、人類始祖のチャンヤンに二人の子供がいて、兄をシャンリャン（相両）、妹をシャンマン（相芒）といい、三人が瓢箪に乗って洪水を生き残って天上に行って雷公を懲らしめ、兄妹は地上に下りて結婚するという話も伝わる［田兵（編）一九七九：二五三〜二八〇］。

湖南省の湘西に住むミャオ族、自称コー・ションの伝承は、アペ・コペン（阿陪・果本）が雷と兄弟分であったが、騒動を起こして大洪水となり、娘のダロン（徳龍）と息子のバロン（爸們）が生き残って一緒になる。アペは「祖父」、コペンは「始」で、始祖を意味している。ダロンとバロンは儺母と儺父ともいい、夫婦神として祀られてきたという［村松（編訳）一九七四：三〜一五］。洪水を乗り越えて生き残った男女の兄妹は、始祖神の性格を持ち、婚姻は神婚として語られ、信仰の対象として継続してきたのである。

三　神話の意味

ミャオ族の間に伝わる洪水神話では雷公が主役である。人類の始祖が雷公と喧嘩や争い事を起こし、雷公が怒って大洪水を引き起こし、一組の兄と妹だけが生き残って夫婦になるという話が各地に伝わっている。雷公は雷神であり、オンドリの姿で現れるという伝承も伝わる。オンドリと雷公が同じという話は、中国西南部の諸民族に伝わっており、原初の洪水と兄妹婚を導き出す役割を果たすと見られる［百田　一九九九：九二〜一一六］。また、沢山の太陽が出現して暑くて仕方がないので太陽を射落とすという射日神話では、太陽が落とされた後に、オンドリが太陽を呼び戻す話が語られるなど、太陽・鳥・東方が結びつく。東方はミャオ族にとって祖先の地であり、海辺や川岸という水と関わりのある土地である。鳥は死者の霊魂をあの世に導く乗り物である。祖先祭祀や祝い事に際して、魚を供物の中に組み込むのは祖先が魚をいつも食べていたことに因むのだという。魚は日本の馴れ寿司風に御酢や塩や唐辛子で漬け込んで発酵させて造る。結婚式に際しては、祖先に報告する時に、地面に供物として魚を供えて祈り、実家を出て婚家に向かう行列の先頭に嫁として立つ時には、俗称、苗袋と呼ばれる黒布の包みには、必ず魚を入れて持参する。祖先の最も喜ぶ供物は魚である。祖先と魚の繋がりは、海洋性の表象と見ることも出来よう。魚を祖先への最上の供物とする慣行は、近辺に住む他の民族、スイ族［鈴木　一九九二、鈴木　二〇一五］やトン族などタイ系の人々も行っている。記憶に基づく祖先祭祀と源郷回帰の志向である。

神話にはミャオ族の山地民としての暮らしの変遷が描かれている。かつては海辺で暮らしていたが、漢族に追われて、山地を焼畑をしながら移動する生活になった。大きな移動経路は、東方から西方へ、水辺の地から山地へと伝えられ、黔東南では清水江と都柳江の間に広がる苗嶺山脈の森林を切り開いて定着した。黔東南に定住した人々は水稲稲作に従事して見事な棚田を作り上げ、林業や狩猟を組み合わせ、焼畑をして生計をたてる暮らしが長く続いてきた。山地民にとって樹木は重要な位置を占め、各村々には大きな楓香樹、「母なる樹」（det mangx トゥマン）[19]が村の上手や下手、あるいは祭りを行う祭場、蘆笙坪の近くに植えられて大切に守り育てられてきた。村人は「楓香樹が元気なら村は栄える。楓香樹が枯れると村は衰える」といい、暮らしの支えや心の拠り所になっている。杉や楓は様々に利用され、特に木造の高床式の家々は斜面に沿って巧みに建てられている。黔東南の場合は、山間部への定着性が高く、伝承によれば三百年から四百年も移動せずに暮らしを維持してきたとされる村々も存在する。その間、歌い継いできた古歌は記憶による語りの神話として独自の歴史認識を表現しているともいえる。

洪水型兄妹婚はなぜ語られるのか。その意味は社会の生成と秩序の形成のモデルの提示である。原初の語りとして人類の始祖として男と女を想定すれば兄妹に比定されるのは自然の流れである。雷公が洪水を引き起こし、生き残った兄妹が禁忌を犯して結ばれる。兄妹婚は現実の社会では近親相姦（incest）で禁忌だが、非日常的な神話世界では婚姻の始まりとして聖化されて語られる。始祖神による神婚譚である。しかし、日常での禁忌侵犯の意識が神話世界に投影して、近親相姦の結果は肉塊という異常出生の語りとなり、切り刻む行為へと繋がる。そして、神話世界から現実世界へ移行する時には、肉塊から通常の人間が生まれ、父系血縁の親族集団の祖先へという語りになる。神話が送り出すメッセージは、神話世界と現実世界は断絶せずに連続性を維持するが、現実の社会は近親相姦の禁忌という規範を織り込むことで成立したということである。

父系血縁の繋がりは、父子連名制という父と子の名前を尻取り式に連結する命名法によって記憶に基づいて系譜を辿り、神話世界とも接合する。近親相姦の禁忌という規範の確立を通じて、社会の維持・展開が可能になるという思考が根底にある。そもそも禁止という行為に反して行なうことが、聖犯として別次元の状況を創り出す。神話世界は日常性の反転で強い聖性を帯びるとも言える。そして、神話では、日常生活に不幸をもたらす原因である、醸鬼や蠱など魔物や憑物の発生の根源を語り、危機に対処する自覚を促して、社会がどのように形成され秩序化されるかを語り、社会秩序の確立という主題が提示される。

四　神話と祖先祭祀

神話で語られる祖先と現在との連続性の時間意識はミャオ族の世界観に組み込まれている。祖先は多義的で、蝶々のメイパンメイリュウ、蝶々から生まれた人類始祖、洪水を生き延びた兄と妹、近親相姦で生まれた子供たち、父系血縁集団の始祖などがある。蝶々による十二個の卵からの誕生、兄妹の胎生による人間集団の祖先の誕生、十二年間隔の大規模な祖先祭祀へと連続性を持つ。黔東南のミャオ族の社会の特徴は十三年目ごとの同じ十二支の年に行う盛大な祖先祭祀のノンニウ（nongx niel。鼓蔵節）で神話を再現することにある。[20]

神話と儀礼での十二の聖数の多用は、漢族の十二支の影響もあるが、一年十二ケ月という一つの世界、循環し完結する時間を構成するという観念で、ミャオ族の世界観に完全に融合している。ノンニウでは蝶々が生成したとされる楓香樹を伐って祖先の霊を村に運びこみ、樹を刳りぬいてくりぬかれた両端を牛皮で封じて木鼓を作り、それを叩いて霊を呼び出す。木鼓の中には祖先の霊魂が宿っていると考える。創世神話でも木鼓を伐り出し、供犠する牯牛を求め歩き、祭服を調えて祖先を祀り（祭祖）、鼓を山に送る様相が歌い込まれている。ノンニウでは神話の原古の世界に立ち戻る。

ノンニウの祭祀は父系血縁集団のチャンニウ（jangd niel）、「鼓社」が基礎単位で、世襲の「鼓蔵頭」（ghab niel hfud niel、ガニウ）を責任者として行う。チャンニウは日常生活を統御する社会組織の基盤でもあった。「鼓社」の有力者たちは物事の決定や紛争の調停のためにゴゥラン（gheud hlangb、議榔）という会議を大きな岩の前で合同で開催した[21]。掟を定め、重要な意志決定を行う会議で、決定事項を神聖な岩の前で誓った。主宰者はルー（lul、hfud lul）、通称「理老」と呼ばれて公明正大であった。「鼓社」「議榔」「理老」は社会の基本を形成する三本柱とされ［李廷貴・酒素　一九八一］、人類始祖のチャンヤンがこの制度を創始したとする伝承もあり、神話と社会は結合していたのである。

図1　木鼓を叩いて祖先と交流（烏流寨）

ノンニウは文字通りには「鼓」（ニウ）を「食べる」（ノン）という意味であり、祭具としては木鼓、後には銅鼓が重視された。祭りでは祖先の霊魂を、山の洞窟に安置した木鼓に招き寄せ、蘆笙（gix キー）の音色に合わせて独自の足運びで木鼓を村に運び降ろして霊魂を村に招きいれる。村によっては女性がこの行列に参加することは禁忌とされている（烏流寨など）。木鼓は人々の出迎えを受けて、村の上方や中央にある蘆笙坪に備えつけられて叩かれる（図1）。蘆笙が奏でられ、若い娘たちはその輻輳する音色に合わせて、木鼓の周囲を静かに舞踊して巡り、祖先の霊魂は子孫と交流すると観念される。蘆笙に先導される舞

図２　蘆笙に導かれて祭祖方傘が祭場を巡る（小脳村）

図３　蘆笙坪で舞う盛装した女性たち（小脳村）

踊の輪は祖先と現世の人々が共に踊る姿をかたどるとされるだけでなく、女性の祖先を表す祭祖方傘の形で顔を隠して出現する場合もある（図２）。方傘は祖先が移動してきた時に使った傘を再現するのだという。そして、蘆笙は天上の神々が人間の楽しみのために与えたとされる神聖な楽器で、稲穂を象るとも物を生み出す子宮ともいわれ、農耕の収穫祈願と人間の豊穣多産が同時に願われる。かつて人々は蘆笙を一年中奏でて遊んだので、天上界の神は収穫後の一定期間吹くことを条件として蘆笙を吹くことを許すようにしたと言い伝えられている。女性は盛装して蘆笙坪を静かな所作で巡り収穫を感謝する（図３）。

蘆笙の音色は死者の霊魂を無事に故地へ送り届けると信じられている。儀礼が終了すると、木鼓を山中にある特別な洞窟の鼓石窟（khangd zat niel カーンツァニウ）に安置する。木鼓は山上の洞窟に納められ、再び十三年後の祭りまで人々は訪れることはない。木鼓を祭りの時以外に叩くことは禁忌であった。洞窟は通常は訪問出来ない禁忌の場所で、祖先の霊魂が滞留すると観念されるのである。洞窟は祖先が、昔、暮らしていた場所という意識もある。そして、洞窟を意味するカーン（khangd）は、神話の中で祖先が洪水を乗り越えて生き残った時に使った瓢箪（khangb）と音が類似する。洞窟は祖先の兄妹が洪水を乗り越えた船として使った瓢箪を想起する場でもあった。また、瓢箪は子宮と連想され、子沢山の象徴で、新たなものを生み出

図4　真夜中の水牛の供犠（小脳村）

図5　洞窟の中の始祖像と木鼓（銅鼓山）

す再生機能も託される。洞窟は祖先祭祀の重要な祭場であり、祖先の故地に繋がると共に洪水神話の語りが多義的に想起される場所である。鼓の音によって祖先の霊魂を村に招いて舞や音で饗応し、最後の日には長年手塩にかけて育てた水牛を引き出して、真夜中に数十頭、時は百頭以上も供犠して、水牛の霊魂を祖先のもとに送り届ける（図4）。祖先の故地は現世と相似の世界で、祖先は故郷に帰って現世と同じように水牛を使って営々と田を耕して豊かな暮らしをしていると信じられていた。

　解放前の記録によれば、神送りの後に木鼓を叩くことは禁じられ、子供が木鼓の音を真似ることも禁忌で、音が聞こえれば祖先は帰ってくるので供犠を再度行う必要があったという［馬学良・今旦（編）一九八三：三〇二］。かつての面影を残す鼓石窟は、施洞近郊の偏寨の銅鼓山にあり、一九八五年の訪問時には、木鼓が二つと人類始祖の女性像（史婆）が打ち捨てられたように残っていた（図5）。酒素（ミャオ族）によれば、木鼓は五十年ほど前のものという。祖先の住む他界は、鼓石窟を介して繋がっているとされる。死者の霊魂は必ず祖先の住む東方の故郷に帰る。葬儀に際して死者の霊魂を無事送り届けるには、蘆笙を吹くと共に、霊魂を運ぶための鳥と、途中の困難な道を乗り越える呪力を持つ麻が必要である。葬儀で歌われる「指路経」では、死者の霊魂が祖先の地に到達できるように細かな行程が示される。東方の祖先の故郷をザガンナ（Zab gangx nal）「水辺の土地」といい、海岸や川辺のイメージである。

祖先が住んでいた場所は水辺の畔だという。

貴州省南部に位置する黔南三都水族自治県の小脳村で一九九九年十二月に十三年に一回の祖先祭祀ノンニウ（nongx niel）が行われた。この時は祭りの初日に各家では囲炉裏の脇の地面や楓香樹の中柱の下に酒や豚肉など祖先を偲ぶための供物を据えて霊魂を迎えた。供物には祖先を表す女性の銀飾りと共に麻糸を含めるのが決まりであった［鈴木　二〇一二：二一二、四七六］。その理由は麻糸は魚網の材料で、魚の供物と同様に祖先が東方の海の浜辺で漁をしていたことを意味し、麻糸は故地に帰る助けになると信じられていたからである。榕江県計画郷の伝承も類似して、魚は先祖の漁撈生活を、麻は魚網の素材を意味し、麻糸は先祖が辿って来た長い旅路の「千山萬水」、衣装の波浪紋様は「大海波濤」で、移動途中の沢山の山河を表すという［徐新建　一九九八：四四～四五］。村の中には故郷に繋がる一筋の「霊魂の通り道」があると観念されていて家屋をその上に建てることを禁じ、祭りの時には祖先の霊魂が故地と村を行き来すると信じられていた。ミャオ族にとって祖先は、神話と儀礼を結合する究極の拠り所であり、死後の世界の実在性が生活を安定させていた。死の世界の彼方、遙かなる故地の記憶の中に海洋性が埋め込まれている。

古歌のうち「蝴蝶歌」[22]、つまり蝶々の誕生、十二の卵の生成、祭祖の供犠の準備、供犠による祖先祭祀の部分はノンニウの儀礼でしか歌わなかった［馬学良・今旦（編）　一九八三：一一］。また、「洪水滔天」は簡単に歌わず、歌う時は必ず屋外に行ってアヒルかニワトリを供犠して祖先を和めた。兄妹結婚の伝承を後世に伝えることが目的で、祖先を嘲らないようにして、家の中では歌わない［馬学良・今旦（編）　一九八三：三〇二］。まさしく「生きた神話」として機能していたのであり、時を隔てても神話は儀礼と一体化して繰り返し行われ、原初の記憶を想起することで甦りを果たした。ミャオ族社会では日常生活と神話との結び付きが顕著で、始原の時空に立ち戻ることで自己のあり方を定期的に位置付け直し、集団や社会の結束を高めてきたのである。

五　儀礼の日常化

ミャオ族の社会では神話や祖先との結び付きは、ノンニウのような大きなサイクルにのみ限定されるわけではなく、頻繁に行われる儀礼で日常的に維持されていた。第一は楓香樹の祭りである。黔東南のミャオ族の村を訪ね歩いていると、楓香樹が村の後方や中央に生えている光景に出会うことが多い。また、生活を守護する神樹（ご神木）として祀られ、餅をつく臼や杵、家の中の大黒柱はいずれも楓香樹を使用するなど日常の風景の中に溶け込んでいる。村人の伝承によれば、焼畑耕作を盛んに行い移動を繰り返していた時には、次の移転地に楓香樹の苗を植えて、根づいた後に移動したという。これによって村の繁栄が保証されるとされる。また、この樹木は樹液がよい香りがするので、漢語では特に「香」の文字を入れて表現するという。元のミャオ語では「母なる樹」の意味である。日常生活で問題があったり、病気になったり、不幸が続くと、楓香樹をはじめとする神樹を祀って、大きな岩に祈願し、祖先は家の中の囲炉裏や花樹[23]（jenl hlod）の竹の前、正面の祭壇などに祀られて日常的に繋がりが維持された。朝昼晩の食事の前にはリャンダ（liangb dab）と称して、ご飯と肉を少し地面に置き、大地にいる祖先に先に召し上がるように勧めて敬意を表す。広西の融水では囲炉裏の火所に祖先が宿るとして供物を捧げることを怠らない。

第二には日常生活での問題を解決するための儀礼とのつながりである。ガニュナォと呼ばれ人間の邪魔をする精霊であるガォシン（kho hxen 告辛）に供物を捧げて不幸や問題の解決を願う。この儀礼は神話に根拠がある。短裾苗と通称される自称ガノォウ（Ghab Nao）の「遡河西遷」の古歌によれば［陶治　二〇〇八：二九］、祖先の二人の兄弟は移動の途中でデョ（現在の漢族に対する呼称。漢族の祖先）と会った。デョは靴を履いていたが、ガノォウは裸足であった。大河を渡る時に、デョは柏の木で船を作ったが、沈みそうで動きも遅い。ガノォウ人は杉の木で船を作って渡ることにしたが、デョはガノォウ人を騙して「前方の道はいばらと蛇で一杯で、後方に二足の草鞋が余っているので履いてもいい」と言い、ガノォウ人が草履をとりに行っている間に杉の木の船で渡ってしまった。窮地に追い込まれたので、神霊に祈願すると、精霊のガォシン（告辛）が「くちばしを船にかけてあげたら柏の船でも沈まないが、自分を一緒に連れていって鶏やご飯や酒などをもらいたい」と言った。仕方がないので、ガォシンを一緒に連れて移動してきた。ガニュナオの儀礼はこの「饒舌の精霊」が人々に危害を加えるのを防ぐために行う。ガニュナォは「くちばし」を意味し、儀礼の目的は「饒舌な精霊」を家や村から駆除することで、漢語は「打口嘴」という［陶冶　二〇〇八：二八］。ガォシンは古歌で歌われる神霊のシャンリャン（婆神）が土地を耕作した時に使った水牛を殺して食べた後に捨てた牛の骨が化けた精霊であるという(24)［馬学良・今旦（編）一九八三：一三五］。雷山県のガノォウ人の伝承では、ガォシンは祖先たちの移動と一緒についてきていつもおしゃべりをして邪魔をするので祀り鎮めたという［陶冶　二〇〇八：一一八〜一二三］。その由来を語る古歌も伝えられている。神話は日常生活の中に深く浸透している。儀礼によって神話で語られる祖先の事績を確認し、祭祀を通して故地を想起することで記憶をより確かなものにするのである。

第三は年中行事や通過儀礼の供物と神話との関係である。苗年や結婚式などの祝事では祖先への儀礼が必ず組み込まれ、糯米飯（gad nef）や餅が特別の供物として捧げられ、肉を大地の上に置き線香を点し、紙銭を燃やして祖先に祈る。供物として欠かすことが出来ないのが魚であり、祖先への捧げものとされる。糯米酒は必ず一滴か二滴を地面に垂らして祖先に感謝する。祖先は大地にいるという感覚は強い。糯米酒作りは女性の役割で、仕込みには火のついた炭と赤唐辛子を糯米の上に入れ、麹を入れて魔物がとりつかないように「うまくできないと火で燃やすぞ」と魔除けの呪文を唱え、最後は蒸留して作る。糯米飯は祭りの日や、家族の者の結婚などの祝事に必ず供えることになっていて、普段から特別に手間をかけて栽培する。[25] 糯米への強いこだわりは祖先の食べ物としての意識に基づいていて、かつて祖先が大河の畔の平野で栽培していた時代の回顧にも繋がる。[26] 糯米と併せて魚も供物として供えられるのは古い記憶を再現する源郷回帰の志向の表れである。

稲の田植え後の成長期に行われる旧六月頃の吃新節（nongx mol）[27]や、稲の刈入れの収穫祭にあたる旧十月頃の苗年などの農耕儀礼でも祖先を祀る。蘆笙舞や銅鼓舞が大地を踏みしめるのは、大地の祖先の霊との交感が目的で、舞いを行う田圃も村で最も古い土地や、草分け筋の親族が所有する土地で行うなど、祖先との繋がりを確認する意図がある。苗年では、橋を祀って家族の安寧子授けを祈り家族の安全を願う「敬橋」の儀礼は頻繁に行われ、父系血縁集団ごとの橋があって家族の祖先や父系の遠い祖先が祀られる。[28] 橋は現世と他界を結ぶ境界で、神霊や祖先への様々な願いがこの地点に託され、神話の語りも橋の畔で唱える。祖先は神話で語られるだけでなく、常に生きている人々の身近にあって守護するという感覚が強い。祭祀は神話との繋がりを意識化させる機会であり、ミャオ族の日常生活は「儀礼の日常化」を通して神話世界との連続性を保っていたと言える。

六　洪水と洞窟と船

神話で語られる洪水とは何か。それは原初の大海であり、人類に与えられた試練を乗り越える再生の物語として語られる。神話的思考としては、堕落した人類の生活を立て直すために与えた神々の試練で、死と再生の物語として新たな始まりを描き出す。兄妹近親相姦はそのために「原初の人間のペア」を生み出す神話的思考である。一方、洪水については急峻な山地でしばしば起こる「鉄砲水」の災厄の実体験の投影も推定される。山々が連なるミャオ族の居住地は、大雨が降ると傾斜のきつい山中の川が狭い谷に溢れ出て「鉄砲水」が発生する。山中での溺死も起こりうる。雷雨は猛烈な豪雨となることが多く、雷公が主役となって起こす洪水を想起させる。社会人類学者の費孝通が一九三五年に広西の大瑤山でのヤオ族の調査中に獣捕獲用の穴に落ちた時、同行した妻の王同恵が救助を求めに下る途中、川で溺れ死んだのはこの事例である。洪水での死者は異常死であり、死後も人々に祟るとされて畏れられた。洪水は海のイメージを山中に持ち込む想像力とも結びつく。

一方、祖先祭祀での重要な祭具である木鼓は山中の洞窟、鼓石窟に安置する。雷山県烏流寨の場合は、村から川を隔てた対岸にあり、祖先の地の方角とされる東方に位置していた。洞窟は通常は訪問出来ない場所で、祖先の霊魂が滞留すると観念され、安置してある木鼓を叩くことは禁忌であった。重要なのは、洞窟（岩洞）のカーン（khangd）と瓢箪のカーン（khangb）の音が類似していることである。神話によれば、瓢箪は洪水を兄妹が乗り切ったときの船であった。祖先の霊魂を運ぶ木鼓を安置してある鼓石窟（カーンツァニウ）が、洪水神話の瓢箪（カーン）を想起させるということは単なる偶然ではないだろう。船は霊魂を運ぶ器であり、それ自体も神霊が籠る器という考え方がある。木鼓やその後継とみられる銅鼓は死者の霊魂を呼び覚ますと共に、他界へと送り返す祭具であった。その場合、葬儀ではニワトリが使われ、霊魂の運び手となった。銅鼓に造形される蛙が雷公の子供であるという伝承も、洪水神話に語られるような雨を呼ぶ機能が備わっているからである。そして雷公はしばしばオンドリの姿で現れる。鳥には霊魂を運ぶイメージも託される。一方、銅鼓の表面に刻まれる十二の文様は、太陽の閃光や一年の十二月を意味し太陽紋の性格が強い。銅鼓は葬儀で死者の霊魂を他界に送る時に叩くだけでなく、雨と太陽の恵みによる豊作祈願が籠められ、そのものが祖先の象徴とされた。雷公、鳥、太陽などのイメージが重層的に重なり合っていて、死と再生を託す洞窟の持つ神話的意味は深い。

これと関連する可能性がある習俗は、洞窟葬（崖洞葬、岩洞葬）や懸崖葬（懸棺葬、懸洞葬）で、船形の棺を用いる場合も多く、副葬品があること、人間の乗馬や雑技や紋様を描いた岩画が伴うこともある。断崖の中腹の岩穴に棺に入れて葬ったり、岩壁に穴を穿ち、木杭を打ち込んで棺を置く懸崖葬は、貴州省では黔東北の松桃、南部の黔南の独山などで見つかり［席克定　一九九〇］、隣接する湖南省西部の湘西にも残る。広義のミャオ族の居住地と対応する。棺の形が「船」の形をとり、川沿いの断崖に位置することは死者の霊魂を無事に他界、特に祖先の故地に送り届ける願いが籠められていたと見られる。懸崖葬は、貴州だけでなく、四川省南部に多く、岷江上流の宜賓市の南部、珙県、高県、慶符、長寧、興文などに分布する。担い手は明代の史書に現れる僰族と推定する説もある。[29]古く遡れば、古代の記録『史記』『漢書』『後漢書』の「西南夷」にあたるとされるが確定は難しい。

懸崖葬の分布は、長江の流域や支流に濃厚で、沿岸から内陸に移動した人々の痕跡であるという仮説が提唱され、海洋民族の山地への流入経路の指標ともいう。この説は実証は難しいが、長江の中・下流域はミャオ族の故地として有力で、宋代の朱輔『渓蠻叢笑』（十二世紀末）が記す「五渓蛮」[30]の居住地とも重なる。「五渓蛮」の一つは盤瓠の末裔の「苗」（原文：貓、猫）と記す。歴史史料が乏しい中で、ミャオ族の源流や移動を考古資料と照合できる事例である。但し、懸崖葬の分布は長江流域に留まらず、広西壮族自治区の柳江・紅水河・左江・右江流域にもあり［陳明芳　一九九二：二六〜一〇七、二二六〜二五四］、江西省の貴渓や福建省の武夷山にも広がる。記録上は武夷山が古く、『太平御覧』巻四七「武夷山」の条に引かれた簫子開『建安記』に記述があり[31]、南北朝期に遡る可能性がある。ここは川の断崖の上部の洞窟が葬所で、船型の棺を用いる懸崖葬である。船型の棺の使用は、海と関連が深かった古代の百越や濮人などの子孫が、祖先を偲んで造形したという説も提唱された［梅華全　一九八八］。間接的だが海の民、川の民の移動との関連が推定される。しかし、古代の様々な人々の系統を、社会主義体制下で民族識別を経て成立した現代の民族と対応させることは難しい。

一方、広西壮族自治区南丹県や貴州省茘波県瑤山瑤族郷に住む白褲瑤（ペークーヤオ）は最近まで洞窟葬であった［黄海　一九九七：四一二〜四三九］。白褲瑤は人が亡くなると、銅鼓を叩いて死者の霊魂を他界に送り、水牛を供

図６　洞窟葬（瑤麓）

図７　棺の造形（瑤麓）

犠して供養する。遺体は棺に入れて山の中にある洞窟に運んで放置する風葬で洞窟葬の形式であった。現在では、土葬に変化し、洞窟に納めていた銅鼓も家の中で保管するようになってきた。白褲瑤は言語的にはミャオ族と言われ、習俗も類似するので、ミャオ族の支系として扱うことも出来る。

　ヤオ族の場合は、貴州省南部の荔波県東部に位置する瑤麓瑤族郷（一九八四年成立）に住むヤオ族（青瑤）は、死者を船形や牛角の木の装飾をつけた棺に入れて洞窟に放置する風葬の洞窟葬を行っていた（図６）。近くに住む長衫瑤は一九〇〇年〜一九一〇年頃までは風葬であったが、現在では土葬に変わったという［鈴木　一九九二］。瑤麓では洞窟葬を行う洞窟は俗称「銅鼓坡」と「仙人洞」と呼ばれ、同姓集団（覃・欧・蘆・莫・韋）ごとに葬所の窟が決まっていた。棺には魚の造形が付けられ、死者の霊魂を運ぶ器であるだけでなく、祖先のいた海辺や川岸での日常生活を象徴する（図７）。魚の造形は祖先の故地の生活の記憶を想起させ、水牛の角は祖先が他界での農耕で豊かな暮らしをおくることができる家畜を象るものであった。山中の洞窟は祖先と繋がる現世での接点、境界の場であり、神話と連続性を持っていた。

七　ミャオ族とヤオ族

ミャオ族とは言語的に同系統でやはり焼畑や狩猟で移動しつつ暮らしていた山地民のヤオ（Yao、瑤）族の場合は、神話や儀礼に海洋性は見られないのであろうか。ヤオ族は元々は江南や南京にいたという伝承を伝えている。現在ではミャオ族と近接した山地に住み、貴州省、湖南省、広西壮族自治区、雲南省に居住して犬祖神話を伝える。祖先は龍犬の盤瓠であり、敵国の王の頭をとった功績として、皇帝の娘を娶り、山地に住んで子孫を繁栄させたが、これがヤオ族の祖先にあたるという。神話の初出は『後漢書』「南蛮西南夷列伝」（五世紀）の「長沙・武陵蛮」に遡る。当時の居住地は、揚子江中・下流域であった。一方、宋代の朱輔『渓蠻叢笑』（十二世紀末）には「五渓蛮」の一つに盤瓠の末裔として「苗」の記載が見られる。犬が皇帝の娘を娶って山に住み、六男六女に恵まれ、ヤオ族の祖先の十二姓となったと伝える。「五渓蛮」は沅江の付近に居住していたと推定され、「苗」は南方の蛮族の総称であったとみられる。ヤオ族は盤瓠の由来を記し、山地を移動し税を免除される特権を皇帝から与えられたとする特許状の『過山榜』や『評皇券牒』を持ち歩いて正統性の証としてきた(32)［竹村　一九八一：二五七～二六六］。そこには犬祖神話が記され、一部は絵も描かれていて、書かれた神話とでもいうべきものである。福建省や浙江省などに住む同系のショオ族（畲族、She）にも『祖図』『犬王図』として流伝する。

ミャオ族とヤオ族の要素が混在する状況が湖南省麻陽の高村郷の漫水村には見られる。ここはミャオ族の村であるが、永楽二年（一四〇八）建立という盤瓠廟があって龍犬を祖先として祀り、毎年五月一一日には犬と龍が合体した狗頭を船の舳先につけて龍船の競渡を行う。一九九八年の訪問時、漫水村の盤瓠廟の祭壇には、中央に「本祭盤瓠大王位」、左右に「本祭新息大王位」と「本祭四官大王位」の位牌が祀られていた。龍船につける龍頭は狗頭で、龍と犬が一体化し、盤瓠はまさしく龍犬であった。この地ではミャオ族やヤオ族の差異は無化されている。ただし、龍船には中国南部の漢族の文化の影響も大きく、文化要素が複雑に混淆している。(33)

龍船についてはミャオ族では、貴州省の黔東南台江県の施洞と周囲の村々で、五月二五日前後に行われる龍船節が名高い。はるか昔に退治した龍（vongx ウォン）に見立てた船に乗って、世界再生の神話を再現する祭りである。山龍と川龍を合体させ、祖先祭祀と自然崇拝を組み込む。重要な役は、独木船の龍船に乗って太鼓を叩く「鼓頭」と、銅鑼を叩く「打鑼手」で、双方は龍を殺害した老人と龍にさらわれた行方不明になった子供に見立てられる。「打鑼手」は男子だが女装して銀の飾りを身に着ける。また銅鑼ではなく、銅鼓（niel dex）を叩く場合もある。鼓頭はガニウ（ghab niel）と呼ばれて祖先祭祀を司り、その名称は祖先祭祀のノンニウの主宰者の「鼓蔵頭」と同じである。端午の節句に行う漢族の龍船競渡から受けた漢化の影響は色濃いが、祖先祭祀を重視し、ミャオ化した龍船節になっている。

ヤオ族の場合、船の儀礼は余り多くないが、神話では海を渡って移動してきたという「渡海神話」（飄遥過海 piu iu kia khoi）が伝えられている。特に中国では過山瑤と呼ばれる移動するヤオ族の間で伝承され、同系統の北タイのユーミエンでは犬祖神話は伝わらず、渡海神話で移動の状況が語られる。概略は、吉野晃によれば「〈十二姓瑤人〉が南京にいたときに寅卯の二年が過ぎて三年続きの大旱魃にあい、南京を脱出して船で海を渡った。渡海中に嵐に遭い、難破しそうになった所を盤皇という神に祈り願掛けした結果、盤皇の救護を得て助かり、広東韶州府楽昌県にたどり着き、神に対して願ほどきの謝恩儀礼を行った」という［吉野　二〇一二：一四一］。この謝恩儀礼は「歌堂」（dzou daang）といい、〈十二姓瑤人〉の子孫に執行義務があり、数年か数十年に一度行うとされている。父系クラン（clan 氏族）の創始という社会的出来事の発生が「渡海」という非常時に結び付けられ、儀礼に展開して大きな意味を持ってきた。ユーミエンは山地民で、「船」を日常的には使用せず、造船技術も持たず、船にはなじみはないが、祖先が故地から船で移動したという「渡海神話」を重要な出来事として伝え、儀礼では神話を再現し祖先祭祀の一貫として「船送り」を行う。[34] 日常性を反転した神話の語りと儀礼なのである。

「船送り」は、「掛燈」「做身」「超度」と続く一連の儀礼の分節の「析解」（tsaeq jai）にあたる「造船」儀礼で行われる。「析解」は若い世代の「家先」（jaa fin）をあの世で苦しめる「傷神」（tsun mien, siang sin）から分離して、十王図の前に引き出して裁判を行い、悔い改めた「傷神」（人形）を藁の船（dzaang）に乗せて、起源神話を含む「造船歌」や、「戒傷歌」を唱えて外界へ送り出し、焼却あるいは川に流す。ユーミエン独自の霊界への加入を巡るイニシエーション儀礼である。「船」は神話と結合して儀礼化され、祖先祭祀に深く関わる。「造船」儀礼は外見上は台湾漢人の瘟神「王爺」の船送りと類似するが本質は異なる。祖先祭祀の一貫として親族を担い手として行い、共通の祖先を害している瘟神を選び出して駆除する儀礼で、漢族の儀礼を受容し祖先祭祀に組み込んで再編成した［吉野　二〇一二：一四四～一四五］。これは「船」の儀礼に関わる文化の再創造の事例である。

ユーミエンは漢族の儀礼の要素を換骨奪胎して、別の文脈に置換して独自の祖先祭祀に再構築した。他方、中国湖南省藍山県のヤオの「度戒」や年中行事に際しての龍船儀礼は、悪霊を集めて村外に導き焼却するもので、「傷神」の観念はなく、一方向的な攘却で、漢族の文化の影響が色濃いという。藍山県の荊竹村では送船儀礼を年間に四回行っていたが、現在は春に一回行うのみだという。香龍と龍船を作って村の除災招福を目的として家々を巡って瘟神を集めて船に載せて川に流す。同系統の人々であっても、地域や歴史の違いで儀礼は性格を変える。中国のヤオと比較すると、北タイのユーミエンでは、霊界との交渉が双方向的で「船」が独自の神話や霊界の観念を前提として儀礼で使われると考えられる。

ユーミエンの「船」は漢族からの文化伝播の一要素と推定されている。漢語を使用し、道教儀礼の影響を強く受けた状況を見れば当然であるが、ユーミエンの独自性は生態環境への適応と、祖先祭祀の精緻な展開という二つの過程に顕著に表れる。第一は、山地民は水辺や川辺に居住する平地民とは異なり、儀礼における「船」に強い象徴性や非日常性を付与し、中核にある祖先祭祀を深く意味付ける媒体とする。生態や環境に基づく居住様式の差異が「船」の意味付けに関与する。第二に、ユーミエンの祖先祭祀では「傷神」を若い「家先」から分離して祖先の苦しみを解消することに重点がある。瘟神の「傷神」を追放する儀礼として「船」が使われ、霊魂のイニシエーションの様相もある。ユーミエンと漢族は父系血縁の重視では共通するが、祖先観は大きく異なる。「船」はユーミエンでは、漢族文化の換骨奪胎と新たな文脈への組み込みの儀礼要素として位置付けられる。

ヤオ族の祖先はミャオ族と同様に、長江中・下流域を源郷としていたが、漢族に圧迫されて移動し、山地に住むことを余儀なくされた。しかし、漢字を使用する慣行を早くに取り込むなど漢族との関係ではヤオ族は宥和的で共存関係を維持しつつ暮らしてきた。道教の知識が換骨奪胎して儀礼の中に詰め込まれ、漢語は儀礼言語として必須であり、表意文字の漢語も普通に使われた。この点では、ミャオ族のように漢族と対立し、抵抗し、文字をもたずに口頭伝承で歴史を伝えてきた人々とは大きく異なる。神話と儀礼における海洋性の発露も、ミャオ族とヤオ族の歴史観のあり方に応じて差異がみられ、相互の比較はより深めていく必要がある。

八　船の儀礼に関する一般化と比較の試み

最後に、船に関しての一般理論構築の可能性を探ってみたい。船は水との関係が基本であり、海や川の水上に浮かぶという、不安定性や危険性の認知が潜在的にあって、それへの対応として常に禁忌や儀礼が伴っていた[35]。日本には、船乗りの仕事の危険性への警告として「板子《いたご》一枚下は地獄」という諺があり、船の下は地獄に譬えられる。船での航行は、日常とは異なる「境界の時空間」で、禁忌で防御され、船は神霊の乗り物や祭具に変貌する。カツオ漁などの遠洋航海で危険性が増す場合は、乗組員は常時、儀礼を執行する。嵐に遭遇した時には、海を鎮め難破を防ぐ祈願がなされ、究極には人身供犠も行われた。西晋の陳寿撰『魏志倭人伝』（三世紀末）には、倭人は船に「持衰《じさい》」という特別な人間を乗せ、航海中は禁忌を守らせ、船が安全に航行し終われば沢山の褒美を得たが、失敗すれば海に突き落とされたと記す(36)。

船の儀礼では、実用の船、儀礼用の船、想像の船の三種が区別されよう。船は「乗り物」であり、乗り手は誰かを考えると、人間・霊魂・人形、そして供物が加わる。通常は造船に際しては木の伐り出し、木材の運搬、船の完成と進水（船下ろし）などに際しては複雑な儀礼が行われる。特に木の霊が憑いてくるので「木霊《こだま》返し」を行って丁寧に森の霊を和める必要がある。船自体を祭具として祀る場合は、水神の乗り物、霊魂の器（うつろ船）などと見なされ、「眼」が横面に描かれ、生命体と観念される場合もある。船の形状は龍の顕現と見なされて神聖視され、鳥とも観念的に連合する。日本や南中国の沿岸部では、航海安全の祈願のために、船中にフナダマ（船魂）を祀り、御神体は女神として白粉・女性の髪の毛・裁縫具・サイコロなどを奉納する。これは女性が船に乗ることを禁忌とする場合、守護神霊には女性性を付与して男性の加護を願うという象徴的逆転の事例であろう。

以下に、船の儀礼の特徴を一般化して列記しておく。


流動性。不安定と安定、危険と安全、浮かぶと沈む、統御と転覆の両極を揺れ動く。

媒介性。此岸と彼岸、現世と他界。崖上の船（懸崖葬）。精霊船。霊魂の器。墓所の船。

浮遊性。海上の船、河に浮かぶ船。漂う。流される。流動や移動の感覚と移住の結合。

複合性。龍や鳥と複合。龍船。天の鳥船。鳥人と船。宝船と夢。米俵を満載する船。

境界性。水界と川面、人間界と霊界。結合と分離。洞窟の中の船。供犠。橋と類似。

禁忌性。女性の乗船の禁忌。船降ろし儀礼には女性を乗せる。女装した男性を乗せる。

船は雨乞いや止雨、豊穣祈願など自然現象と深く関わる。神霊・祖先・死霊の送迎、虫送りや厄病送り、禍なすもの祟りなすものの祓いなど、攘災の儀礼の媒体となる。不可視の神霊との交渉に関わり、死霊の鎮めや他界での再生の祈願を籠める。船は浮遊する霊魂（タマ）と連動する。冥界へ霊魂を運ぶ船のイメージは、鳥の信仰と習合し、天空を飛ぶ「天の鳥船」に展開して太陽信仰と結びつき、大きなコスモロジーの一角を形成する。船は神話と儀礼の海洋性が具現化された媒体でもある。山地民であるがゆえに、船の存在は強い非日常性を伴って意識化される。船の造形を媒介項として、山と川と海、そして現世と他界が融通無碍に交流して、宇宙全体が一体化する世界を構築することが、人々の究極の願いであったのかもしれない。

注

（1）古歌の「遡河西遷」の原文では故地をチャンシー・ゴー（Jangb Xib Gox）とする。この一節を漢訳した時に「爺媽住在東方的江西果」［馬学良・今旦（編）　一九八三：二六四］としたので、東方の故地の「江西果」を現在の江西省（Jiangxi）と同じとする見解が生まれた。江西は長江中流域の鄱陽湖を含み、神話の故地を実在の地名に結びつける見解は説得力を持つ。しかし、あくまでも口頭伝承であり史実とは言えない。ミャオ語の発音をそれに近い漢語の発音の「江西」にあてることは一つの解釈に過ぎない。江西から来たとする伝承は貴州のプイ（Buyi, 布依）族や雲南のイ（Yi, 彝）族にもあり、ミャオ族に限らない。

（2）ヤオ（瑤）族、トン（侗）族、コーラオ（仡佬）族、トゥチャ（土家）族、プイ（布依）族、チワン（壮）族、ハニ（哈尼）族、チノー（基諾）族、チャン（羌）族、そして漢族などである。百田弥栄子は中国南部の兄妹神婚型として一六二の事例を紹介している［百田　二〇〇四：一四六〜一七八］。

（3）ノンは「食べる」、ニウは「鼓」の意味で、漢語では吃鼓蔵・吃鼓臓・吃牯臓・鼓蔵節・鼓臓節・牯臓節・鼓社節・祭鼓節・吃牛・椎牛・拉鼓などと表記されてきた。一三年ごとが多いが、五年、七年、二十五年の周期もある［李廷貴　一九九一：一七］。

漢語では牛を「ニュウ」というので、ノンニウを「吃牛」と訳すこともあるが、苗語と漢語の合成語である。

（4）漢語の音声表記は「江紐」「江略」とする。父系血縁集団で伝説的な究極の始祖を同じくする父系のクラン（氏族、clan）にあたり、同じ氏族に属する人間は結婚できないという族外婚（exogamy）の規則がある。系譜を辿ることの出来る同じ祖先からの集団である父系リネージ（lineage）の場合は、ミャオ語では「ゼ」や「チ・ゼ」という。

（5）ゴウシャンリャン（ghet xiang dlings）、直訳すれば「霊魂の師匠・専門家」で、リャン（dlings）は霊魂や精霊を意味するが、漢語では「鬼」にあてるので、意味が変化する。

（6）ノンニウは一九四九年以降の社会主義化、大躍進（一九五八〜一九六〇）、文化大革命（一九六六〜一九七六）で廃絶や中断を余儀なくされたが、一九七九年以降の改革開放で状況が変わり、一九八〇年代の半ば過ぎから一九九〇年代にかけては復活した所も増えた。筆者は一九九七年の雷山県烏流寨、一九九九年の三都水族自治県の小脳村のノンニウに参加して記録をとって考察を加えた［鈴木　二〇一二：一一五―一二六］。

（7）田兵の序文の日付は一九六三年で、出版は改革開放後であった。古歌には、収録地、演唱者、捜集者、整理者を記載するが、地域と伝承者が区別されずに混淆し一次資料ではない。捜集地は台江、施秉、凱里、丹寨、剣河で、整理者は燕宝、唐春芳、潘光華、龍従漢であった。内容は「開天辟地歌」「楓木歌」「洪水滔天」「跋山渉水歌」に整理されている。『貴州民間文学選粋叢書』（一九九七）に「苗族古歌」として再録され、湘西方言と川黔滇方言の古歌が補充され、古歌の集大成となった。

（8）台江県辣子寨（La Ci）の劉富生（Ghe Hfu Dlen）の記録で収集の経緯が明らかである。

（9）一九八五年から一九八七年の整理で、演唱者を明記し個人の話者を特定化する。「創造宇宙」「楓木生人」「活劫復生」「沿河西遷」で構成され、捜集地は凱里と台江である。

（10）射日神話と呼ばれ、劉安編『淮南子』（紀元前二世紀）によれば、堯帝の時代に十個の太陽が出て暑いので弓の名人の羿に命じて九個を射落とさせ、太陽の中の烏も死んだとある。『山海経』（戦国期から前漢時代）の「海外東経」「大荒南経」にも十個の太陽の話が記されている。射日・招日神話は、洪水神話と同様に、中国の大陸部に広く伝わり［百田　二〇〇四：一一三〜一一七］、北アメリカから北方ユーラシアや、台湾の高山族、インドネシアのニアス島民、東北インドのナガランドのナガ族などにも分布する。

（11）犀牛説もあるが、解釈は不安定である［田兵（編）　一九七九：四］。

（12）ミャオ族に文字が伝わらない理由を説く。ミャオ族は遠い昔は文字を持っていたが、ある時期に失ったと語る神話を多く伝えている。漢族に対する抵抗意識がある。

（13）男女が山・村境・市場などで歌を掛け合って恋愛する慣行で、年中行事に組み込まれる。

(14) 山野の鬼怪で病気の原因とされて、家鴨や豚を供物に祀る［燕宝（編）一九九三：五〇一］。

(15) 醸《ニャン》鬼《クイ》は亮《リャン》鬼《クイ》とも表記され、意図せずに相手に害を及ぼすので妖術（witchcraft）である。富裕者に憑依するとされ、子孫に伝えられ友人にもうつって不幸に陥れるので、通婚忌避など社会的排除の対象になる［馬学良・今旦（編）一九八三：二九八］。ただし、分布は台江県、施秉県、凱里市などに限定され、剣河県、雷山県には少なく、漢族との交渉地帯での外来者との葛藤が反映している［曽士才　二〇〇七：二一六、二三七］。『苗族史詩』［馬学良・今旦（編）一九八三］は台江県での収集資料であることに留意する必要がある。

(16) 蠱は女性によって統御される毒物で、意図的に相手に呪いをかける邪術（sorcery）にあたる。蛇、毛虫、蛙、蛭から作られ、食物から感染して体内で生育して害を及ぼすとされ、母から娘にうつる［馬学良・今旦（編）一九八三：二九八］。他の民族や漢族にもある。考察には民族間関係や歴史的観点が必要である［川野　二〇〇五］。漢語はグ（guk）である。

(17) グーワン（Gu Vang 顧養）といい、復讐で呪いをかけて人を害するために送られる。蝦や百足を赤い紐で縛り、相手の家に置くと悪霊に取り憑かれて破滅するとされる。

(18) 牛を殺した時に祖先を祀って、肉を食べ血を飲んだとされ、これが十三年に一度行われるノンニウの起源を語る起源神話であるとも考えられる。

(19) マンサク科の落葉樹で日本でいう楓とは異なる。

(20) 祭祀を行う鼓蔵年には特別の名称があり、短裙苗はニョニョウという。

(21) 従江や融水では漢語で埋岩会議と呼ばれる。これは岩の前で神明に誓って厳粛に物事を決定していた慣行に因む意訳である。

(22) 内容は、正確には蝶母誕生、十二箇蛋、弟兄分居、打殺蜈蚣、尋找木鼓、追尋牯牛、尋找祭服、打猟祭祖から構成される。

(23) デシナン（det xix nang）と言い、漢語では「保命竹」という。堂屋の「中柱、ドン（dongt）の前に立てる。中柱は祖先が宿る楓香樹で作られていて、苗年には祖先が柱を辿って地上に降りてくるとされ、柱下に供物をそなえてお祈りする。無言で共食する所もある。

(24) ルミン（Lu Men 魯閔）とも呼ばれ、漢語では意訳して饒舌鬼と表記する。

(25) 雷山県龍井村では、粳米には化学肥料を使うが、糯米の田には一トンを越える堆肥（農家肥）を一一月初めに入れて年間の農作業を終了して翌年に備える。糯米を栽培する田は毎年輪作して田を変えて地味が衰えないようにし、一年中水を張って鯉や鮒を飼って肥沃度を維持する。糯米の収穫高は粳米に比べて三割も少ないにも拘わらず、細かく準備し人手をかけて育てる理由は、祭事の儀礼食としての役割が大きいからである（「人間は何を食べて生きてきたか　第一集　モチ米　大地に捧げる神の食」（ＮＨＫ一九九四年一月一日放映）。

(26) 稲作の起源地は長江中・下流域とされ、推定される故地と重なる。洞庭湖（湖南省）や鄱陽湖（江西省）に近い長江中流域の彭頭山遺跡（紀元前六〇〇〇年。湖南省常徳市澧県）からは水稲の花粉や土器に籾殻が発見され、隣接する城頭山遺跡（紀元前六五〇〇年）は長江下流域の河姆渡遺跡（紀元前五〇〇〇年。現在の浙江省寧波市・舟山）と類似しているという。長江中流域には、彭頭山や城頭山だけでなく、屈家嶺（紀元前三〇〇〇年。湖北省荊門市京山県）、石家河（紀元前二六〇〇年）、長江下流域では河姆渡の他に馬家浜（紀元前五〇〇〇年）、良渚（紀元前三五〇〇年）などの古い水稲稲作の栽培の痕跡を留める遺跡が発見されている［佐藤　一九九六］。長江文明はその後、北方からの畑作牧畜民（漢族の母体か）の南下で危機に陥り、気候の寒冷化や春秋戦国時代の大動乱の時代を経て、長江流域の稲作漁撈民は、南方の山岳地帯に移動したか、海上へ乗り出したかと推定されている。海上に向かった人々の中に、ミャオ族の祖先が含まれていて、一衣帯水の日本へ稲を運んだのではないかというロマンチックな仮説も唱えられているが、実証は難しい。

(27) モ（mol）は「卯」の意味で、旧暦六月の卯日に穂が出たことを祝ったことに由来する。

(28) 最近は蚩尤を祀ることも増えてきた。これは漢族主体の愛国主義運動に対抗して、一九九五年以来ミャオ族の祖先を漢族と対抗させる言説として登場してきた。従来の「三苗」をさらに遡り、黄帝に対抗した人物を究極のミャオ族の祖先に祀り上げたのである。「三苗」の初出は『書経』で、原文は「三苗、國名、縉雲氏之後、為諸侯、號饕餮。三危西裔」で、三苗は西の辺境にある三危に放逐されたとある。

(29) 調査は一九四六年に石鍾健らが行った［石鍾健　一九八二：一〇〇～一一八］。一九七〇年代に調査が再開され、一九八一年三月には黄現璠や霍巍などが本格的な調査をした。分布は、珙県の洛表鎮の西南に位置する麻塘壩に集中している。霍巍による一九九六年の龍洞溝や呉家溝などの調査報告が詳しい［霍巍　一九九九：四二～五三］。考古学者は『華陽国志』（永和一一年（三五五）編纂）の「死して石棺・石椁を作る」という記事を引いて四川省の巴蜀文化（紀元前五〇〇年～二〇〇年）と結びつけ、祖先は長江下流域から遡行したという説も出ている。しかし、元代の李京による『雲南志略』の懸崖葬の記録は確実な史料で、当時の「土僚蛮」（仡佬族と対応か）が担い手とみられる。その後、明代の萬歴年間（一五七三～一六二〇）に当地の「都掌蛮」が滅ぼされた時に百個の銅鼓を持っていたという記録があり、岩画の銅鼓は死者の埋葬場に描いたという説も提唱されている［霍巍　一九九九：四九］。しかし、この地域の記録は、実質的には元代・明代にまでしか遡らず、古代に結びつけることは難しい。NHK製作の番組「中国　天空の棺――断崖に消えた民族の謎」（二〇〇四年一月三一日放映）では、懸棺葬の担い手は古代における海からの移住者で、歴史の変遷を潜り抜けて生き残ったと説明した。現在も銅鼓や木鼓の儀礼を執行している地元民は「都掌蛮」の末裔とする。しかし、これは実証できない仮説である。

(30) 原文は「五溪之蛮、皆盤瓠種也。聚落区分、名亦随異。沅其故壤、環四封而居者、今有五、曰貓、曰猺、曰獠、曰獞、曰犵狫、

風声気習大約相似、不巾不履、語言服飾率異乎人」と記して、野蛮な民として、「蛮」の表記には「犭」へんがついていた。この記述では『後漢書』以来の犬祖神話に触れているが、龍犬の盤瓠を始祖とする伝承はその後はヤオ族に受け継がれた。ミャオ族の一部も犬祖神話を伝承しているが、現在では嫌悪して隠蔽しようとする。黔東南のミャオ族の一部にはかつて狗頭をかたどる髪型を結う習俗があったが、解放後、急速に廃れたとされ、その理由は「犬の子孫」への蔑視があったからだという。

(31) 武夷山に関しては「地仙の宅と謂い、半巌に懸棺数千有り」と顧野王（五一九～五八一）が記した文献の記録があるという。

(32) 最後に記された奥書の日付は、景定元年が多い。十二～一三世紀頃の宋朝の大規模な「渓蛮征討」によってヤオ族諸集団が分裂した時に、過山瑤が社会組織の再編と正統性の主張を試みるために作った偽文書ではないかという［竹村　一九八一：二六五］。

(33) 毎年五月一一日の盤瓠の誕生日に錦江に龍船を浮かべて田姓が主体となって祖先祭祀を行う。盤瓠廟が麻陽には十八ケ所あり、いずれも錦江の畔であるという。詳細は一九八五年に現地を調査した［譚子美・李宜仁　一九九一］の報告に記されている。

(34) 渡海神話は一四～一五世紀に南京を中心とした江南の動乱に巻き込まれたヤオ族の祖先の受難と脱出の歴史的事件を基に成立したという説もある［竹村　一九八一：二八四］。

(35) オセアニアではカヌーは呪術の焦点で大海原の航海の危険を克服する願いが託された。

(36) 櫛けずらず、衣も変えず、動かない。航海の間の時間の象徴と言えるかもしれない。

参考文献

〈日文〉

川野明正
　二〇〇五　『中国の〈憑きもの〉――華南地方の蠱毒と呪術的伝承』東京：風響社。
佐藤洋一郎
　一九九六　『DNAが語る稲作文明――起源と展開』（NHKブックス）東京：日本放送出版協会。
鈴木正崇
　一九九一　「洞窟葬のムラ――青瑤の婚姻と葬制」『春秋』三三八号、東京：春秋社、一九―二三頁。
　一九九二　「銅鼓と魚と馬――水族の端節にみる世界観」『自然と文化』三七号（特集　儀礼と生命原理――中国西南少数民

族の祭祀）、東京：日本ナショナルトラスト、一四―二七頁。
二〇一二『ミャオ族の歴史と文化の動態――中国南部山地民の想像力の変容』東京：風響社。
二〇一五「中国・貴州省水族の民族文化に関する一考察――端節・銅鼓・水書を中心に」『史学』第八四巻一・二号合併号（文学部設立一二五年記念号第一分冊）、印刷中。
曽　士才
二〇〇七「華南におけるミャオ族のケガレ観念――婚姻忌避の深層」阿部年晴・綾部真雄・新屋重彦（編）『辺縁のアジア――〈ケガレ〉が問いかけるもの』東京：明石書店、二一二―二四一頁。
霍　巍
一九九九「蜀と滇の間の考古学――考古学から見た古代西南中国」ダニエルス・C、渡部武（編）『四川の考古と民俗』東京：慶友社、六―五七頁。
竹村卓二
一九八一『ヤオ族の歴史と文化――華南・東南アジア山地民族の社会人類学的研究』東京：弘文堂。
陶　冶
二〇〇八『中国ミャオ族の儀礼と社会の変容――貴州省東南部雷山県の「短裙苗」の事例を中心として』東京：慶應義塾大学大学院社会学研究科博士論文。
村松一弥（編訳）
一九七四『苗族民話集――中国の口承文芸二』東京：平凡社（原書：中国民間文芸研究会主編。貴州省民間文学工作組編『苗族民間故事選』北京：人民文学出版社、一九六二（『苗族民間故事』香港：海鷗出版公司、一九七五、再刊）。
百田弥栄子
一九九九『中国の伝承曼荼羅』東京：三弥井書店。
二〇〇四『中国神話の構造』東京：三弥井書店。
吉野　晃
二〇一二「タイ北部、ユーミエン（ヤオ）の船送り」『カラダが語る人類文化――形質から文化まで』（国際シンポジウム報告書Ⅲ）国際常民文化機構・神奈川大学日本常民文化研究所、一四一―一四七頁。

〈外文〉
陳明芳
　一九九二　『中国懸崖葬』重慶：重慶出版社。
黄　海
　一九九七　『瑤山研究』貴陽：貴州人民出版社。
李廷貴
　一九九一　『雷公山上的苗家』貴陽：貴州民族出版社。
李廷貴・酒素
　一九八一　「苗族〝慣習法〟概論」『貴州社会科学』一九八一年第五期、六七―七六頁（胡起望・李廷貴（編）『苗族研究論叢』貴陽：貴州民族出版社、一九八八、三四六―三六六頁に再録）。
馬学良・今旦（編・訳注）
　一九八三　『苗族史詩 HXAK HMUB』北京：中国民間文藝出版社。
梅華全
　一九八八　「武夷山懸棺葬族属再探――兼論東南築懸棺葬属干〝七閩〟族」『広西民族研究』一九八八年第一期、南寧：広西民族学院、六一―六五頁。
譚子美・李宜仁
　一九九一　「〝漫水龍歌〟与〝盤瓠崇拝〟」『貴州民族研究』一九九一年四期、貴陽：貴州民族学院、五三―五六頁。
石鍾健
　一九八二　「四川縣棺葬」中国民族学会編『民族学研究』第四号、北京：民族出版社、一〇〇―一一八頁。
田　兵（編）
　一九七九　『苗族古歌』貴陽：貴州民族出版社（潘定智・楊培徳・張寒梅（編）『貴州民間文学選粋叢書』貴陽：貴州人民出版社、一九九七、に再録）。
席克定
　一九九〇　『霊魂安息的地方――貴州民族墓葬文化』貴陽：貴州人民出版社。
徐新建
　一九九八　『生死之間――月亮山牯臓節』杭州：浙江人民出版社。

燕　宝（編・訳注）

一九九三『苗族古歌 HXAK LULHXAK GHOT』（貴州省少数民族古籍整理出版規画小組辨公室）貴陽：貴州民族出版社。

Bender,Mark.

2006　*Butterfly Mother: Miao (Hmong) Creation Epics from Guizhou, China*, translated by Mark Bender, Indianapolis: Hackett Publishing Company.

後記

本研究は、高橋産業経済研究財団の研究費支援のもと、慶應義塾大学東アジア研究所のプロジェクトとして二年間（二〇一一—二〇一二年）なされたものです。記して、同財団および本塾東アジア研究所の関係者各位に感謝します。また、風響社石井雅氏には、いつに変わらぬひとつ返事で出版を快諾していただいた。併せて謝意を表する次第です。

二〇一五年三月

野村伸一

10章

11章

12章

6章

7章

8章

9章

4章

5章

論考篇

1章

2章

3章

写真・図表一覧

総説

ラ

マ

ヤ

ナ

ハ

タ

サ

カ

索　引

ア

湾のキリスト教における民俗的健康観―生活者の視点からの健康研究に向けて」(『生活学論叢』Vol.13、2008年)、「社会脈絡中的基督教研究―走出神学与思想研究的宗教人類学」(金沢・陳進国主編『宗教人類学』第2輯、2010年)など。

稲澤　努(いなざわ　つとむ)
1977年生まれ
2011年東北大学大学院環境科学研究科博士課程単位取得退学。博士(学術)。
専攻は文化人類学、華南地域研究。
現在、東北大学東北アジア研究センター教育研究支援者。
主著書として、『消え去る差異、生み出される差異―中国水上居民のエスニシティ』(東北大学出版会、近刊)、『日本客家研究的視角与方法―百年的軌跡』(社会科学文献出版社、2014年、共著、第7章担当)、論文として「新たな他者とエスニシティ―広東省汕尾の春節、清明節の事例から」(『東北アジア研究』17号、2013年)、「消される差異、生み出される差異―広東省汕尾の「漁民」文化のポリティクス」など。

上原孝三(うえはら　こうぞう)
1956年生
1986年法政大学大学院修士課程修了。沖縄県立芸術大学後期博士課程中途退学。
専攻は琉球文学
現在、沖縄尚学高等学校　教諭
論文として、「女神“山のフシライ”をめぐって」(『沖縄文化』60号、1990年、沖縄文化協会)、「宮古島の御嶽・神話・伝承」(『奄美沖縄民間文芸研究』第２２号、1999年、奄美沖縄民間文芸研究会)など。

金 容 儀(キム　ヨンウィ)

1961年生まれ。

1998年大阪大学大学院文学研究科博士課程修了。文学博士。

専攻は民俗学、日本文化学。

現在、全南大学校人文大学日語日文学科教授。

主な著訳書として、『遠野物語』(韓国語訳、全南大学校出版部、2009年)、『遺老説伝』(韓国語訳、全南大学校出版部、2010年)、『혹부리영감과 내선일체 (瘤取爺と内鮮一体)』(全南大学校出版部、2011年)、『일본설화의 민속세계 (日本説話の民俗世界)』(全南大学校出版部、2013年)、『일본의 스모 (日本の相撲)』(民俗苑、2014年)など。

金 良 淑(キム　ヤンスク)

1971年生まれ。

2012年東京大学大学院人文社会系研究科博士課程単位取得退学。

専攻は韓国巫俗信仰、済州島地域研究。

現在、立教大学講師。

主論文として、「済州島出身在日一世女性による巫俗信仰の実践」(『韓国朝鮮の文化と社会』4号、2005年)、「日本で営まれる済州島のクッ」(『アジア遊学』92号、2006年)、「韓国の出稼ぎ巫者とトランスナショナルな信仰空間の生成」(『旅の文化研究所 研究報告』18号、2009年)など。

宮下良子(みやした　りょうこ)

2001年九州大学大学院人間環境学研究科博士後期課程単位取得退学。修士(教育学)。

専攻は文化人類学、 北米、東アジア(アメリカ、韓国、日本)地域研究。

現在、大阪市立大学都市研究プラザ特別研究員。

主著書として、『聖地再訪　生駒の神々―変わりゆく大都市近郊の民俗宗教』(創元社、2012年、共著)、『叢書　宗教とソーシャル・キャピタル２　地域社会をつくる宗教』(明石書店、2012年、共著)、論文として、「『朝鮮寺』から『在日コリアン寺院』へ―在日コリアンの宗教的実践を中心として」(『人文学報』第106号、2015年)、“Shamanism Crossing Boundaries : A Case Study of First-Generation Korean Women Living in Japan,” *Studies of Urban Humanities*, Vol.1, 2010、「済州スニム(僧侶)のトランスナショナリティ―大阪市生野区の事例を中心に」(『白山人類学』第12号、2009年)、「越境するシャーマニズム―在日コリアン一世女性の事例から」(『韓国朝鮮の文化と社会』第4巻、2005年)など。

鈴木正崇(すずき　まさたか)
1949年、東京都生まれ。
慶應義塾大学大学院文学研究科博士課程修了。文学博士
専攻は文化人類学、宗教学、民俗学。
現在、慶應義塾大学文学部教授。慶應義塾大学東アジア研究所副所長。
著書:『山岳信仰―日本文化の根底を探る』(中央公論新社、2015年)、『ミャオ族の歴史と文化の動態―中国南部山地民の想像力の変容』(風響社、2012年)、『祭祀と空間のコスモロジー―対馬と沖縄』(春秋社、2004年)、『神と仏の民俗』(吉川弘文館、2002年)、『女人禁制』(吉川弘文館、2001年)、『スリランカの宗教と社会―文化人類学的考察』(春秋社、1996年)、『山と神と人―山岳信仰と修験道の世界』(淡交社、1991年)、『中国南部少数民族誌―海南島・雲南・貴州』(三和書房、1985年)など。

執筆者紹介（掲載順）

葉 明 生（イェ　ミンシェン）

1946年生まれ。

1987年中国芸術研究院大学院卒業。

現在、福建省芸術研究院研究員、厦門大学、中山大学兼任教授。

主要著作として、『福建四平傀儡戯奶娘伝』（台湾、『民俗曲藝』、1994年）、『福建省龍岩市東肖閭山教科儀本彙編』（台湾、新文豊出版公司、1996年）、『福建傀儡戯史論』上下冊（中国戯劇出版社、2004年）、『宗教与戯劇研究叢稿』（台湾、国家出版社、2009年）、『莆仙戯劇文化生態研究』（厦門大学出版社、2007年）、『古田臨水宮志』（香港天馬出版公司、2010年）など。論文として『道教閭山派与閩越神仙信仰考』（中国社会科学院『世界宗教研究』、2004年）、『共生文化圏之巫道文化形態探索―福建閭山教與湖南梅山教之比較』（四川大学『宗教学研究』、2006年）、『福建泰寧的普庵教追修及与瑜伽教関係考』（中華書局、2007年）、『臨水夫人與媽祖信仰関係新探』（中国社会研究院『世界宗教研究』2010年）など。

呉 慧 穎（ウー　フイイン）

1977年生まれ。

2008年厦門大学中文系卒業、博士。

現在、厦門市台湾芸術研究院副院長、副研究員、『閩南文化研究』主編。

主著作として、『高甲戯』（鷺江出版社、2013年）、『歌仔戯』（社会科学文献出版社、2013年）、『閩南戯劇』福建人民出版社、2008年）、論文として「荷拠時期台湾戯劇活動初探」、「高甲戯“傀儡丑”表演形態初探』など。第三回「中国戯劇奨―理論評論奨」優秀作品賞、第四回中国「海寧杯」王国維戯曲論文章など受賞。

道上知弘（みちうえ　ともひろ）

1973年生まれ。

慶應義塾大学大学院博士課程単位取得退学。

専攻は中国民間戯曲史、香港粤劇研究。

現在、慶應義塾大学文学部非常勤講師、東京大学教養学部非常勤講師。

主な論文として、「台湾語映画の黎明期と歌仔戯―香港製厦門語映画との関係の中で」（『慶應義塾大学日吉紀要中国研究』第2号、2009年）、戦後初期の「広東語文芸映画」（『「読み・書き」から見た香港の転換期―1960～70年代のメディアと社会』、明石書店、2009年）、翻訳として徐晓望「福建省における女性の生活と女神信仰の歴史」（『東アジアの女神信仰と女性生活』、慶應義塾大学出版会、2004年）、葉明生「女神陳靖姑の儀礼と芸能伝承」（同前書）、葉明生「蒲仙傀儡北斗戯と民俗、宗教の研究」（『日吉紀要・言語・文化・コミュニケーション』No.30、2003年）、葉明生「福建民間傀儡戯の祭儀文化の特質について」（同前紀要No.32、2004年）、謝聰輝「泉州南安奏籙儀礼初探―洪瀬唐家を中心に」（『国際常民文化研究叢書7―アジア祭祀芸能の比較研究』、神奈川大学国際常民文化研究機構、2014年）など。

謝 聡 輝（シエ　ツンフイ）

1963年生まれ。

1999年国立台湾師範大学国文研究所博士班修了。博士。

専攻は道教学、台湾文化信仰。

現在、国立台湾師範大学国文系教授。

主著書として、『新天帝之命―玉皇、梓潼与飛鸞』（台湾商務印書館、2013年）、『台湾民間信仰儀式』（国立空中大学、2005年、共著）、『台湾斎醮』（国立伝統芸術籌備処、2001年、共著）、論文として、「南台湾和瘟送船儀式的伝承与其道法析論」（『民俗曲芸』184号、2014年）、「正一経籙初探―以台湾与福建南安所見為主」（『道教研究学報』5号、2013年）など。

山田明広（やまだ　あきひろ）

1976年生まれ。

2008年関西大学大学院文学研究科博士課程後期課程修了。博士（文学）。

専攻は中国思想史、道教儀礼史。

現在、関西大学非常勤講師。

主著書として、『台湾道教における斎儀―その源流と展開』（大河書房、2015年）、『道教と共生思想』（大河書房、2009年、共著）、『東アジアの儀礼と宗教』（雄松堂出版、2008年、共著）、論文として、「台湾南部地域の放赦科儀について―高雄・屏東地域の放赦科儀を中心に」（『東方宗教』109号、2007年）、「台湾道教合符童子科儀之形成的初歩探討」（『成大歴史学報』39号、2010年）など。

藤野陽平（ふじの　ようへい）

1978年東京生まれ。

2006年慶應義塾大学大学院社会学研究科博士課程単位取得退学。博士（社会学）。

専攻は宗教人類学、東アジア地域研究。

現在、東京外国語大学アジア・アフリカ言語文化研究所研究機関研究員。

主著書として『台湾における民衆キリスト教の人類学―社会的文脈と癒しの実践』（風響社、2013年）、『鳥海山麓遊佐の民俗』（遊佐町教育委員会、2006年、共著）、『情報時代のオウム真理教』（春秋社、2011年、共著）、論文として、「台湾キリスト教の歴史的展開―プロテスタント教会を中心に」（『哲学』第119集、2008年）、「台

編著者紹介
野村伸一（のむら　しんいち）
1949年生まれ。
1981年3月、慶應義塾大学大学院文学研究科博士課程単位取得退学。博士（文学）。
専攻は東アジア地域文化研究。
現在、慶應義塾大学文学部教授。
主著として、『東シナ海文化圏―東の〈地中海〉の民俗世界』（講談社、2012年）、『東シナ海祭祀芸能史論序説』（風響社、2009年）、編著『東アジアの祭祀伝承と女性救済―目連救母と芸能の諸相』（風響社、2007年）、編著『東アジアの女神信仰と女性生活』（慶應義塾大学出版会、2004年）など。

東アジア海域文化の生成と展開　〈東方地中海〉としての理解

2015年3月20日　印刷
2015年3月31日　発行

編著者　野村伸一
発行者　石井　雅
発行所　株式会社　風響社

東京都北区田端4-14-9（〒114-0014）
Tel 03(3828)9249　振替 00110-0-553554
印刷　モリモト印刷

ISBN978- 4-89489-214-9 C3039